Vom Gelde, das dem Leben dient

FINANCE & ETHICS

Herausgegeben von Johannes Krall

Band 2

PETER LANG
Frankfurt am Main · Berlin · Bern · Bruxelles · New York · Oxford · Wien

Helmut Berg

Vom Gelde, das dem Leben dient

Mikrofinanz und andere Aspekte sozial verantwortbaren Umgangs mit Geld im Licht der ökonomischen Bedingtheit des Menschen

PETER LANG
Internationaler Verlag der Wissenschaften

Bibliografische Information der Deutschen Nationalbibliothek
Die Deutsche Nationalbibliothek verzeichnet diese Publikation in der Deutschen Nationalbibliografie; detaillierte bibliografische Daten sind im Internet über http://dnb.d-nb.de abrufbar.

Umschlaggestaltung:
© Olaf Glöckler, Atelier Platen, Friedberg

SEFO
SUSTAINABILITY ECONOMIC FORUM

ISSN 1869-554X
ISBN 978-3-631-63088-4

www.peterlang.de

Inhaltsverzeichnis

Vorwort des Herausgebers

Die Brücke vom Geld zum eigenen Gewissen

In einer Zeit auf materiellen Gewinn ausgerichteten Denkens und Handelns nimmt verantwortungsvoll gelebte Finanzdienstleistung eine besondere Funktion ein. Ein gut entwickeltes Finanzsystem bildet eine Voraussetzung, um Armut entgegenzuwirken. Mikrofinanzinstitutionen können hilfreich sein, Unternehmensgründungen zu erleichtern und wirtschaftlich benachteiligten Menschen helfen. Die ursprüngliche Idee des Mikrofinanzwesens in den Entwicklungsländern war es, Menschen, die sich eine selbständige Existenz aufbauen möchten, fairen Finanzierungszugang zu schaffen.

Ein wesentlicher Erfolgsfaktor für das Geschäftsmodell Mikrofinanzierungen ist der schnelle und vor allem unkomplizierte Zugang zur Finanzierung für den Kreditnehmer. Mikrofinanzbanken arbeiten in den Regionen oft vernetzt zusammen; das bewährt sich vor allem in Krisenzeiten und gewährleistet eine sichere und langfristige Rückzahlbarkeit der Kredite. Mikrofinanzinstitute kennen durch ihre Nähe zum Kunden vor allem mögliche Risikokomponenten und können vor Ort bei Problemen in der Rückzahlung gute Hilfestellung leisten.

Mikrokreditnehmer sind keine Almosenempfänger. Sie versuchen ihre Zukunft selbst zu gestalten. Dieses Bewusstsein schafft innere Freiheit.

Verantwortungsvolle Kundenbetreuung wird in der Finanzdienstleistung kein kurzfristiges Trendthema sein, sondern ein wesentlicher Bestandteil in einer auf Langfristigkeit ausgerichteten Kundenbeziehung.

In Kundengesprächen werde ich oft gefragt, ob Mikrofinanzierungen eine Spende an den Kreditnehmer darstellen. Diese Frage ist durchaus berechtigt. Vor allem, da Mikrofinanznehmer ihre Kredite ohne entsprechenden Sicherheiten bekommen. Mikrokredite sind keine Spende. Anleger, die in Mikrofinanzfonds investieren, bauen vielmehr eine Brücke vom Geld zum eigenen Gewissen auf. Und als kleine Beimischung (mehr „sollte" es auch nicht sein) in der individuellen Depotstrategie ein gutes Ziel zu verfolgen macht persönlich glücklich. Wünschenswert wäre es, wenn Mikrofinanzfonds in unserer Veranlagungs- und Wertpapierkultur einen Platz finden.

Dieses Buch bietet Beratern und Anlegern, sowie allen Mikrofinanz interessierten Lesern eine wertvolle Orientierungshilfe. In den letzten Jahren hat das

Angebot an Kapitalanlagemöglichkeiten stark zugenommen. Vor diesem Hintergrund ist es wichtig eine Übersicht zu finden. Dem Verfasser ist es in besonders hervorragender Weise gelungen, den gesamten Themenbereich praxisorientiert zu gestalten und den Lesern dieses Segment umfassend zu vermitteln. Ich freue mich auch darüber, dass der Autor im Rahmen seines Doktoratsstudiums mit „seinem" Thema im wahrsten Sinne des Wortes zusammengewachsen ist. Es war für mich mit Freude zu verfolgen, wie der Autor den inhaltlichen Aufbau seines Buches gewählt hat.

Es ist mir ein besonderes Anliegen, auch in Zeiten von Budgetknappheit die politischen Entscheidungsträger zu überzeugen, wie wichtig der Stellenwert von geordneter Hilfeleistung ist. Der Gesetzgeber könnte darüber nachdenken, eine kleine Ertragskomponente der Asset-Kategorie Mikrofinanz steuerfrei zu stellen, um so die Attraktivität dieses Instrumentes zu heben.

Für die großzügige finanzielle Unterstützung möchte ich mich bei allen Inserenten dieser Publikation bedanken.

Für die redaktionelle Bearbeitung des Inseratenteils und die Koordination mit dem Verlag, ein herzliches Danke an meine Frau Mag. Jutta Krall, der Geschäftsführerin des Sustainability Economic Forum, die in bewährter Form auf alle Details betreffend der Veröffentlichung dieses Buches geachtet hat.

Dr. Johannes Krall, MBA

Geleitworte

Diözesanbischof Dr. Alois Schwarz

Die Frage und das Problem des Geldes ist dem Christentum wie wohl allen Weltreligionen ins Stammbuch geschrieben[1].

Auch die biblischen Evangelien befassen sich von Anfang bis zum Schluss auf verschiedene Weise mit der Bedeutung und Verwendung von Geld, „Mammon“ und dem Gebrauch der anderen irdischen Güter. In der „Zeit der Kirche“, in den biblischen Texten der Apostelgeschichte bis zur Offenbarung des Johannes, ist und bleibt Geld, und alles was damit zusammen hängt, weiterhin und bis heute ein kritisches Thema.

Je nach historisch bedingter Entwicklung und Akzentsetzung gibt es innerhalb der verschiedenen christlichen Konfessionen, Traditionen und kirchlichen Gemeinschaften verschiedene Antworten und Problemlösungsversuche[2].

In realprophetischer Klarheit hat Papst Johannes Paul II. im Jahre 1987 in der Sozialenzyklika „Sollicitudo rei socialis“ die Zeichen nicht nur seiner, sondern viel mehr noch auch unserer Zeit analysiert, die Gefahr einer Vergötzung des Geldes klar beim Namen genannt und dargelegt, *„dass die bezeichnendsten*

---

1 Vgl. z. B. : Schröder, Heinz: Jesus und das Geld. Wirtschafskommentar zum Neuen Testament. Karlsruhe: Verlag der Gesellschaft für Kulturhistorische Dokumentation e. V., 1. Aufl. 1979, 3. Aufl. 1981.

2 Weber, Max: Die protestantische Ethik und der Geist des Kapitalismus (1904/1905; 1920). *Vollständige Ausgabe.* Herausgegeben und eingeleitet von Dirk Kaesler, 3. durchgeseh. Aufl. München: C.H. Beck 2010. – Wagner, Falk: Geld oder Gott? Zur Geldbestimmtheit der kulturellen und religiösen Lebenswelt. Stuttgart: Klett-Cotta, 1985. – Hübner, Jörg: „Macht euch Freunde mit dem ungerechten Mammon!“ Grundsatzüberlegungen zu einer Ethik der Finanzmärkte. Stuttgart: W. Kohlhammer, 2009. – Innerhalb der Römisch-Katholischen Kirche wurde und wird die Frage und das Problem des Geldes vor allem von der Katholischen Soziallehre thematisiert und behandelt, gefördert und herausgefordert durch die großen päpstlichen Sozialenzykliken: „Rerum Novarum“ (1891, Papst Leo XIII), „Quadragesimo anno“ 1931, Papst Pius IX.), „Mater et Magistra“ (1961, Papst Johannes XIII.), und danach auf der Grundlage der Pastoralen Konstitution über die Kirche in der Welt von heute „Gaudium et spes“ (1965) des II. Vatikanischen Konzils: „Populorum progessio“ (1967, Papst Paul VI.), „Octogesima adveniens“ (1971, Papst Paul IV.), „Laborem exercens“ (1981, Papst Johannes Paul II.), „Sollicitudo rei socialis“ (1987, Papst Johannes Paul II.), „Centesimus annus“ (1991, Papst Johannes Paul II.) und „Caritas in veritate“ (2009, Papst Benedikt XVI.).

Handlungen und Verhaltensweisen, die im Gegensatz zum Willen Gottes und zum Wohl des Nächsten stehen, sowie die ‚Strukturen', die sie herbeiführen, heute vor allem zwei zu sein scheinen: auf der einen Seite die ausschließliche Gier nach Profit und auf der anderen Seite das Verlangen nach Macht mit dem Vorsatz, anderen den eigenen Willen aufzuzwingen. Jeder dieser Verhaltensweisen kann man, um sie noch treffender zu kennzeichnen, die Qualifizierung hinzufügen: ‚um jeden Preis'. Mit anderen Worten, wir stehen vor einer Absolutsetzung menschlicher Verhaltensweisen mit allen ihren möglichen Folgen.

Auch wenn beide Haltungen an sich voneinander getrennt werden können, weil die eine ja ohne die andere zu existieren vermag, finden sie sich doch in dem Bild, das sich unseren Augen darbietet, unauflöslich verbunden, mag auch die eine oder die andere vorherrschen.

Dieser doppelten sündhaften Haltung verfallen offensichtlich nicht nur Einzelpersonen, sondern auch Nationen und Blöcke. Das begünstigt noch mehr das Entstehen von ‚Strukturen der Sünde', von denen ich gesprochen habe. Wenn man gewisse Formen eines modernen ‚Imperialismus' im Licht dieser moralischen Kriterien betrachten würde, könnte man entdecken, dass sich hinter bestimmten Entscheidungen, die scheinbar nur von Wirtschaft oder Politik getragen sind, wahrhafte Formen von Götzendienst verbergen: gegenüber Geld, Ideologie, Klasse oder Technologie.

Mit dieser Analyse wollte ich vor allem die wahre Natur des Bösen aufzeigen, mit der wir es bei der Frage der Entwicklung der Völker zu tun haben: Es handelt sich um ein moralisches Übel, die Frucht vieler Sünden, die zu ‚Strukturen der Sünde' führen. Das Böse so zu erkennen bedeutet, auf der Ebene menschlichen Verhaltens den Weg genau anzugeben, den man gehen muss, um es zu überwinden" (Nr. 37).

Die vorliegende, in Buchform veröffentliche theologische Dissertation hat sich nicht nur im bewussten Bezug auf die katholische Soziallehre dieser profunden Analyse, von der Papst Johannes Paul II. spricht, gestellt und diese systematisch umfassend erörtert, sondern will auch in der Zielsetzung erfüllen, was der Papst sagt: „*Das Böse so zu erkennen bedeutet, auf der Ebene menschlichen Verhaltens den Weg genau anzugeben, den man gehen muss, um es zu überwinden*".

Jede wissenschaftliche Untersuchung und Erörterung dazu ist begrüßenswert, da sie die kritische Wachsamkeit der biblischen Aussagen erneuert und dafür mit Sorge trägt, dass „die Geldreligion" nicht „ihre Kinder frisst"[3].

Klagenfurt am Wörthersee, im August 2011.

Dr. Alois Schwarz
Diözesanbischof von Gurk-Klagenfurt

Dkfm. Peter Püspök, Vorstandsvorsitzender Oikocredit Austria

Wenn man siebenunddreißig Jahre im Bankgeschäft verbringt und sich zum Christentum als Wertebasis bekennt, stößt man unweigerlich auf viele Fragen, die das Verhältnis von Religion und Geld betreffen. Zum eigenen Überleben ist man gezwungen, sich eine Philosophie zusammen zu zimmern, die jedoch immer wieder neuen Herausforderungen durch neue Erkenntnisse ausgesetzt ist. Einerseits findet man in der Geschichte interessante Diskussionsbeiträge. Andererseits ist gerade die aktuelle Entwicklung des Finanzwesens eine Provokation für alle bisher gültigen Weltbilder der Finanzwelt. In der auf die Finanzkrise folgenden Diskussion, ist meines Erachtens in den letzten Jahren mehr Verwirrung als Klärung entstanden.

Das vorliegende Werk von Helmut Berg ist für mich ein faszinierendes Kompendium, das die Mannigfaltigkeit des Themas sowohl in der historischen Entwicklung, als auch in der derzeitigen Analyse aufzeigt. Die Diversität der zitierten Beiträge trägt dazu bei, dass man sich dem Thema „Geld oder Leben" bzw. „Geld und Leben" wohl nur demütig nähern kann.

Besonders wertvoll erscheint mir das Aufzeigen von positiven Beispielen in der Steuerung von Geldflüssen zu den tatsächlich Bedürftigen. Am Beispiel der Genossenschaftsbewegungen des 19. Jahrhunderts und der Entwicklung der Mikrofinanz in den letzten Jahrzehnten werden segensreiche Alternativen in der Finanzwirtschaft verdienstvoll thematisiert.

Durch seinen engagierten Einsatz für die ökumenische Entwicklungsgenossenschaft Oikocredit konnte der Autor nicht nur den wissenschaftlich-theoretischen Stand der aktuellen Fachdiskurse über die Entwicklung der Mikrofinanz-Branche in umfassender Weise einarbeiten, sondern auch den praxisnahen

3 Höhler, Gertrud: Götzendämmerung. Die Geldreligion frisst ihre Kinder. München: W. Heyne, 2010.

Zugang in seiner Forschungsarbeit berücksichtigen. Dabei erscheint mir speziell der Ansatz zum Thema Rating für Mikrofinanzprodukte besonders geeignet, die Entwicklung in Richtung Anlegerorientiertheit positiv zu beeinflussen.

Das äußerst umfassende Werk ist nicht nur anregend und durch die Akribie des Quellenstudiums beeindruckend, sondern kann auch einen wesentlichen Beitrag zur Versachlichung der Auseinandersetzung mit dem Thema Geld bei christlich orientierten Menschen bringen. Es ist zu wünschen, dass die vorliegende Arbeit einen breiten Kreis von Interessierten erreicht, verdienen würde sie es jedenfalls.

Richard Lernbass / Finance & Ethics Research, Geschäftsführer von software-systems.at

Bei meinen ersten Kontakten zum Autor des vorliegenden Buches entstanden für mich bereits interessante Anknüpfungspunkte, die auch in unserem Unternehmen häufig thematisiert werden: Es geht nicht vorrangig um Umsatz, Profit oder – wie in unserer Welt meist üblich – um kurzfristige oder kurzsichtige Betrachtungsweisen um scheinbar erfolgreich zum Ziel zu kommen, sondern vor allem um den Sinn und die Auswirkungen der täglichen Arbeit. In unserem Falle um eine inhaltliche konsumentenfreundliche Aufbereitung von Finanzprodukten, die wir versuchen so darzustellen, dass inhaltliche Vergleiche vor allem der Wertigkeiten, Performancemessung und der Risiken objektiviert möglich gemacht werden.

Wir beschäftigen uns unter anderem auch, wie Helmut Berg, mit den unterschiedlichen Arten der Mikrofinanzierung. Dabei muss beachtet werden, dass 2,5 Milliarden Menschen derzeit weder ein Bankkonto noch einen Zugang zu Krediten haben. Viele kennen die Idee von Muhammad Yunus aus Bangladesch. Auffällig sind die unterschiedlichsten Studien, welche jedoch alle in eine Richtung zeigen: Mikrokredite puffern Notlagen ab und geben armen Familien mehr Sicherheit. Das bedeutet, dass auch wichtige Bereiche wie z.B. ärztliche Versorgung oder Ausbildung für Kinder möglich werden.

Wir beobachten bei Mikrofinanzierungen drei Teilnehmergruppen: Die Geldgeber, die Empfänger und die Organisationen.

Die Motivation für Geldgeber und Organisationen sollte die Bereitstellung von Geldmittel für einen geringeren Renditeanspruch sein.

Für uns als Finanzdatendienstleister geht es bei der Beurteilung von Mikrofinanzprodukten vor allem darum, die unterschiedlichen Anbieter und Produkte aus der Perspektive des Investors zu bewerten.

Dass nun Helmut Berg sich in seiner Doktorarbeit mit „Mikrofinanzen“ beschäftigt kam uns sehr gelegen, da wir schon seit Jahren versuchen, diesen Bereich so aufzubereiten, dass ethisch orientierte Investoren für eine „Rendite-Risiko-Bewertung“ einen für sich notwendigen Vergleich der unterschiedlichen Mikrofinanzprodukte vornehmen können. Gleich an dieser Stelle möchte ich jene interessierten Anleger für Mikrofinanzprodukte auf unsere WEB-Site verweisen, welche in Kooperation mit Helmut Berg abgestimmt wurde und weiter entwickelt wird: www.software-systems.at

Über die Suchmaschine EDA let’s go gelangen Sie zur Auswahlseite:

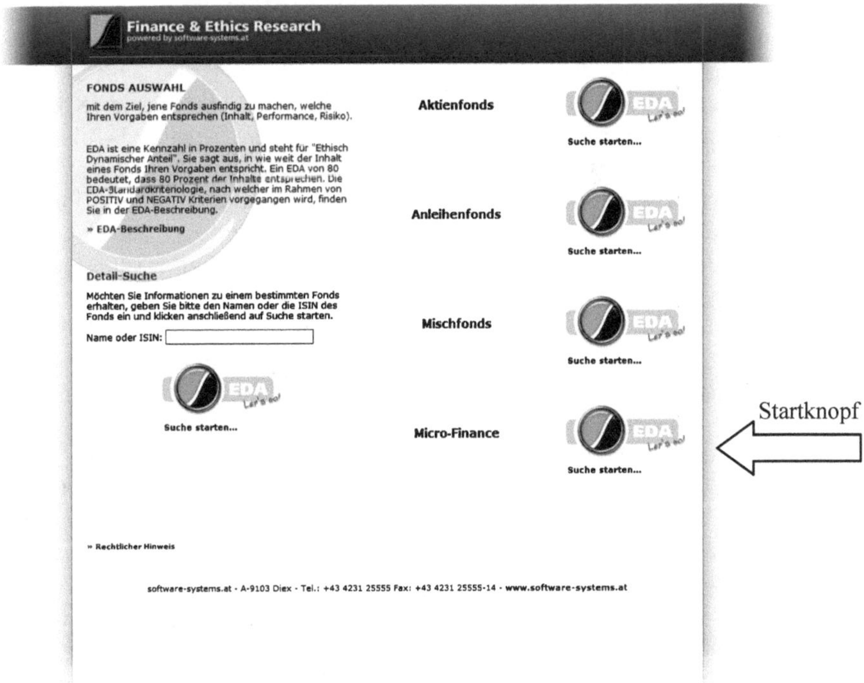

Über den Startknopf „Micro-Finance“ gelangen Sie zu den Mikrofinanzprodukten, für welche es umfangreiche Infos und Auswertungen gibt.

Nun haben wir dank Helmut Berg und in Kooperation mit der Alanus Hochschule in Bonn, sowie den Kontakt zu Frau Dr. Professor Silja Graupe ein Projekt mitinitiiert, welches verstärkt das Problem der Analyse und des Ratings der Assetklasse Mikrofinanzen zum Thema hat.

Wir gehen davon aus, im Juni 2012 erstmals im Rahmen der geplanten SEFO-Veranstaltung im Stift St.Georgen/Längsee eine erste Vorstellung des Ratings vornehmen können, worauf ich mich sehr freue. Vielleicht können wir als erster Finanzdatendienstleister einen Ratingansatz vorstellen, an welchem sich Investoren für Mikrofinanzprodukte orientieren werden können.

Ich weiß, dass Helmut Berg und seiner Gattin auch Themen, welche uns in den letzten Jahren intensiv beschäftigt haben am Herzen liegen. Vor allem der bis dato in unseren Breiten sehr vernachlässigte Bereich der „Lebensmittelproduktion“ und deren Auswirkungen auf Mensch, Tier und Umwelt. Vor allem dann, wenn es sich dabei um lebenslang gequälte Mitgeschöpfe handelt. Dass hier moralische Instanzen leider versagen und kaum Einfluss nehmen, obwohl sich diese im Klaren sein müssten, dass sie an diesem System beteiligt sind, ist leider Tatsache.

Eine Ausnahme konnte ich am 03.05.2011 beim Finance & Ethics Kongress im Stift St. Georgen wahrnehmen: Univ. Prof. Dr. Rainer Hagencord – ein Theologe aus Münster, der es leider sehr schwer hat, mit seiner Betrachtungsweise akzeptiert zu werden. Ich denke, dass das Ehepaar Berg so wie ich sehr froh sind, dass es solche Menschen gibt, weshalb ich diese Initiative von Dr. Hagencord hier auch in Verantwortung unseren Mitgeschöpfen gegenüber erwähnen möchte.

Ich stelle zunehmend fest, dass immer mehr Menschen, unter den Auswüchsen moderner „sozialer Beteiligungen“ wie z.B. den überhand nehmenden Charitys, Sponsoringaktivitäten für Kunst, Kultur, Sport, Wissenschaft usw. und dem verführerisches Marketing leiden.

Die Auswüchse z.B. der Kunst-, Kultur- und Sportförderungen durch Unternehmen, Versicherungen oder Banken sind trauriges Beispiel unserer Gesellschaft.

Nach außen wird es so kommuniziert, als würde der Gesellschaft etwas zurückgegeben werden. In Wirklichkeit geht es nur um ein Ziel: Den Profit zu maximieren – und alle Mittel dazu sind recht. Die heimliche Sportart mancher Reichen, keine oder so wenig wie nur möglich Steuern zu bezahlen, weil vom „Wirtschaftstreuhänder“ empfohlen, zeigt, dass sich hinter allen scheinbar auch gesetzeskonformen Vorgehen in vielen Fällen leider nur ein Ziel verbirgt, andere für eigene materielle Vorteile zu missbrauchen.

Unser Ziel in den nächsten Jahren wird auch sein, die Sponsoren-Tätigkeiten der Konzerne genau unter die Lupe zu nehmen. Geht es doch auch darum, inwieweit z.B. ein Bankkunde durch seine Kreditgebühr oder Kostenbelastung Sportmillionäre oder Eintrittskarten für Reiche bei Festivals mitfinanziert. Dass diese Art der indirekten Beteiligungen auch noch steuerschonende Auswirkungen haben, ist das Paradoxon an diesem System.

Abschließend möchte ich zum Ausdruck bringen, dass ich dem Autor dieses Buches für die zahlreichen Initiativen und seine Schaffenskraft Projekte voranzutreiben sehr dankbar bin.

Ich hoffe auf eine weiterhin gute Zusammenarbeit und wünsche Helmut Berg viel Erfolg mit diesem Buch und alles Gute für die Zukunft.

Vorwort des Autors

Das Thema meiner Arbeit habe ich bei Schönwetter wirtschaftlicher Hochkonjunktur des Jahres 2007 gewählt; nicht ahnend, dass aufgrund des drastischen „Klimawandels“, herbeigeführt durch die weltweit einsetzende Finanzwirtschaftskrise, völlig neue Herausforderungen auf mein zu behandelndes Fragenbündel – unter völlig veränderten Bedingungen – zukommen würden. Altgediente Losungen wie „Money makes the world go round“ schienen nicht mehr angemessen, vielmehr hatte es den Anschein, die Finanzwelt würde einen Moment still stehen und den Atem anhalten. Während der Recherchen und dem Abfassen dieser Arbeit türmten sich immer dichter werdende Wolken über den weltweiten Finanzmärkten auf, verdunkelten Hoffnungen, schürten existenzielle Ängste, stellten den Glauben an Finanzprodukte und schließlich auch an das Geld selbst auf die Probe und warfen bange Fragen der Wertorientierung des Menschen inmitten eines global vernetzten kapitalorientierten Wirtschaftssystems auf, in welchem selbst unsere sozialen Interaktionen nicht selten einen vergeldlichten Charakterzug tragen.

Die Finanzmarkt- und Wirtschaftskrise hat Menschen tief verunsichert. Sie hat aber auch drastisch vor Augen geführt und in Erinnerung gerufen, dass Markt und Moral grundsätzlich zusammengehören. Die sich tsunamiartig über alle Finanzmärkte ausbreitende Schockwelle des Wirtschaftsabschwungs hinterließ bei nicht wenigen Menschen ein Ohnmachtsgefühl, welches bisher ohnehin schon subkutan brennende, aber zu wenig oft geäußerte Fragen quasi über Nacht dramatisch aktualisierte.

Erstens, die Frage nach dem Verhältnis der Wirkmacht des Geldes und unserer persönlichen Verantwortung. Wenn es stimmen sollte, dass Geld tatsächlich die Welt regiert, wer, wenn nicht der Mensch selbst, regiert dann das Geld? Und: Haben uns die Geldabläufe in der modernen Wirtschaft dazu gebracht, unser Vertrauen weniger in Mitmenschen und soziale Kontakte oder Wertesysteme wie Gerechtigkeit, Wahrhaftigkeit und Freiheit zu setzen, sondern uns wohler im Glauben an die Wirkmacht des Geldes zu fühlen? Es hat zuweilen den Anschein, als regierten die hochgeschätzten europäischen Werte, wie moralische Integrität und Menschenechte nur an der Oberfläche während darunter, oft spürbar deutlich, die schiere Macht des Mammons zu regieren scheint.

Mag das Geld auch noch so praktisch sein und als Grundbedingung und Antriebskraft unserer arbeitsteiligen Tauschwirtschaft die Alltagsgeschäfte erleichtern und unsere finanziellen Transaktionen zu rationalisieren, es kann aber auch – unter der Hand – zur Ökonomisierung unserer sozialen Beziehungen führen. Das Schlagwort von der Monetarisierung aller Lebensbereiche zeigt sich nicht zuletzt darin, dass alles und alle – auch uns nahestehende Menschen – gewissermaßen mit einem symbolischen Preisschild versehen und dergestalt vergeldlicht werden können. Kein in den Industriestaaten lebender Mensch vermag sich dem Geldsystem vollends zu entziehen. Geld ist unserer Gesellschaft längst inhärent. In einer an Paul Watzlawick angelehnten Paraphrase könnte man formulieren: „Wir können nicht nicht konsumieren oder Geld ausgeben."[4] Genausowenig können wir uns jenseits des Geldsystems positionieren und es quasi „von außen" betrachten. Ein solcher „Extra-nos-Standpunkt" scheint in einer globalisierten Geldwirtschaft ohnehin unmöglich.

Zweitens: Wo und wie können wir selbst unter prekären Wirtschaftsbedingungen ethisch verantwortlich in das Räderwerk des Finanzsystems eingreifen, welches zeitweise gleichsam führerlos, sich eigendynamischen Kräften überlassen schien, denkt man an die Achterbahnfahrten beinahe aller Börsenindizes, deren Kurssprünge von der Realwirtschaft wochenlang so abgekoppelt schienen, wie ihrer Lokomotive verlustig geratene Eisenbahnwaggons auf ungebremster Talfahrt. Ihre Zugbegleiter indes, „professionelle" InvestorInnen, AnalystInnen und FinanzmanagerInnen verhielten sich in jenem Ernstfall der Geschichte eher konditioniert-fischschwarmartig bis panisch oder verwiesen gebetsmühlenartig auf die Normativität des Faktischen, was in beiden Fällen einer Abgabe jedweder individuellen Verantwortung gleichzukommen schien.

Wenn Ökonomen Schiffbruch erleiden, Ratingagenturen sich ver-bewerten, Investmentbanker entzaubert werden und Geld, das universelle Medium für Tauschvorgänge, plötzlich fragwürdig wird, beginnen Menschen zu recht an jener „Übereinkunft" zu zweifeln, für die das Geld steht. Die „Option auf Optionen", die Verwirklichung von Möglichkeiten in der Zukunft, verdunkelt sich, beflügelt aber auch die noch gefesselte Fantasie, dem Geld wieder Geltung verschaffen zu wollen, es gewissermaßen auf neue Grundsätze zu stellen. Denn: Geld kennt kein Zuviel, keine Grenzen. Jedoch: Das von grenzenloser Gier begleitete, sich dann aber doch nicht autopoietisch vermehrende Geld, das hatten wir schon und waren, ob seiner blanken Entmystifizierung, enttäuscht.

---

4 Das Ausgangszitat lautet: „Man kann nicht nicht kommunizieren." In: P. Watzlawick/ J. H. Beavin/D. D. Jackson: Menschliche Kommunikation. Formen, Störungen, Paradoxien (1967). Bern / New York 1982, 53.

Hierauf kann nachgefragt werden, ob und wie Geld dem Leben dienen kann, oder wohnt dem Geldgeschäft an sich und apriorisch ein Hang zur Amoralität inne? Zugespitzt formuliert: Ist man bei Geldgeschäften letztendlich stets vor die biblisch-jesuanische Alternative gestellt, sich entweder für Gott oder den Mammon entscheiden zu müssen? Können bibeltheologische, soziologische, philosophische oder wirtschaftsethische Problemzugänge die Frage erhellen, wie und warum Menschen ihr Geld lebensdienlich einsetzen oder nicht? Und: Ist eine Tendenz erkennbar, die Mut macht, dass nicht zuletzt aufgrund der leidvoll erfahrenen Finanzmarktkrise und der sich ihr anschließenden globalen Wirtschaftskrise mehr Menschen über die Lebensdienlichkeit des Geldes nachdenken und aus diesem Erkenntnisprozess zu gereifteren, der ethischen Implikation des Geldes und seiner Sozialpflichtigkeit zunehmend gewahr werdenden FinanzakteurInnen mutieren? An diesen Überlegungen haften zwingend Fragen nach praktischen Möglichkeiten ethisch verantwortlicher Geldanlage und möglicher politischer Unterstützung ethisch-nachhaltigen Investments als sinnvolle Forderung hinsichtlich entwicklungspolitischer und sozialpolitischer Aspekte. Diesen Fragen versucht diese Arbeit nachzugehen.

Danksagungen

Ganz herzlich danke ich meinem Betreuer, Herrn Univ. Prof. Dr. Ferdinand Reisinger, für seine stets engagierte Begleitung und Unterstützung während meines Doktorandenstudiums.

Meiner Frau Claudia möchte ich für ihre umfangreichen und wertvollen Recherchen aus internationalen Quellen danken, für unendlich viel unterstützende Mitarbeit, wie auch für ihre Geduld und Verständnis dafür, dass ich diese Arbeit teilweise berufsbegleitend verfasst habe und wir viel Beziehungszeit dafür opfern mussten.

Meinem Vater Herbert danke ich, dass er immer für mich da war und mir durch sein Beisein Kraft gegeben hat.

Ich danke auch Dkfm. Peter Püspök und Dr. Klaus Gabriel, beide sind mir menschliche wie fachliche Vorbilder und ich verdanke ihnen viele wertvollen Einsichten in die Komplexität der umfangreichen Materie ethisches Investment.

Mein Dank gilt ebenso P. Mag. Arno Jungreithmair vom Stift Kremsmünster für viele Jahre seelsorgerlicher und freundschaftlicher Begleitung.

Desgleichen bedanke ich mich bei Pfarrer Mag. Markus Klepsa und ev. Pfarrer Mag. Friedrich Rößler für ihre Freundschaft und stete Unterstützung.

Meinem Freund, Mag. Harald Foll, danke ich für sein Korrekturlesen und seinen scharfen und kritischen Blick auf die Richtigkeit meiner schriftlichen Ausdrucksweise.

Herzlichen Dank auch allen Menschen, die mir während der Recherchen und der Abfassungszeit dieser Arbeit mit wertvollen fachspezifischen Anregungen, Reflexionen, Diskussionen, kurz gesagt, mit Rat und Tat beistanden, wie die ProfessorInnen der KTU, meine KollegInnen bei Oikocredit und beim Geld & Ethik Beirat des Börsen-Kurier und Mag. Michael Walk (Fa. WALKforhelp), der mich mit neuen Ideen inspirierte und mich in meiner Zeiteinteilung für das Vollenden dieser Arbeit verständnisvoll unterstütze.

Für die finanzielle Unterstützung meiner Forschungsarbeit danke ich:

Dem Bischöflichen Fonds zur Förderung der Katholisch-Theologischen Privatuniversität Linz, dem Stift Kremsmünster, dem Raiffeisenverband sowie Mag. Dietmar Ecker von Ecker & Partner.

Präambel

Die Teilhabe an der globalen Medien- und Informationsgesellschaft scheint an das Vorhandensein von Geld gebunden. Wer ohne Geld und Internetzugang dasteht, läuft Gefahr, von der mundial-pluralistischen, ausdifferenzierten und säkularen Gesellschaft gleichsam exkommuniziert zu werden und außerhalb des global village eine geldlose Rand- oder Nischenexistenz zu fristen.

Diese Arbeit möchte zu einem reflektierten wie sozial verantwortlichen und fairen Geldumgang animieren, um so die lebensdienlichen Eigenschaften des Geldes ins Rampenlicht zu rücken. Gezielter Geldeinsatz kann zu mehr Gerechtigkeit im Hinblick eines ethisch-verantwortbaren, nachhaltigen Wirtschaftens führen.[5] Kurz gesagt: Geldanlagen haben explizit ethische Relevanz oder anders gewendet: Mit Geld geht eine soziale Verpflichtung einher.

Auch wenn das Geld ein alltägliches Ding zu sein scheint, beeinflusst es gleichzeitig fast all unsere Lebenswelten als stets mitschwingender Begleitakkord. Geld ist ein Verwandlungskünstler, es tritt gleichzeitig hochabstrakt (als binärer Code) wie auch konkret (in barer Münze) auf. Es scheint einmal unveränderlich und dennoch laufend anders, es ist ein Maßstab und doch auch messbar. „Geld hat die Aura des Magisch-Mythischen und ist zugleich etwas Platt-Profanes, es wird mit aller Inbrunst verteufelt und voller Leidenschaft vergötzt", es ist ungeheuer praktisch und doch hochkompliziert.[6] Geld bleibt ein kniffliges Paradoxon.

Seit Bestehen des Geldes schien klar, dass auch über seinen verantwortungsvollen, lebensdienlichen Umgang nachgedacht werden muss. In Ciceros Werk „Über den Staat" heißt es: „Nichts ist ein besserer Beweis einer beschränkteren und kriecherischen Einstellung, als vom Geld geleitet zu werden, während es nichts Vornehmeres und Erhabeneres gibt, als es zu verachten, wenn man keines

5 Der Begriff *Ethik* meint hier nicht die theologische oder philosophische Disziplin, sondern begleitet und umfasst kontextuell und interdisziplinär geldrelevante Begriffsfelder wie Sozialverantwortlichkeit, Nachhaltigkeit, Natur- und Kulturverträglichkeit. Nicht zuletzt verweist *Ethik* auch auf die sich einem theologischen Paradigma verdankende Schöpfungsgerechtigkeit. Vgl. dazu: Michael Rosenberger: Im Zeichen des Lebensbaumes. Ein theologisches Lexikon der christlichen Schöpfungsspiritualität, Würzburg 2001, 126f.

6 Vgl. dazu: Wolfram Weimer: Geschichte des Geldes. Frankfurt am Main und Leipzig 1992. 7f.

besitzt; und wenn man es hat, es zum Vorteil und mit Großzügigkeit zu verwenden."[7]

Wo das Geld fehlt, müssen Worte herhalten. Sie sind weniger knapp und können auch gewechselt werden, wenn die Geldbeutel und Konten leer sind. Ein italienisches Sprichwort bringt die Malaise auf den Punkt: „Wer kein Geld im Beutel hat, muss Honig im Munde haben."[8] Doch leider kennt die nackte Not keine Worte, nur Bares.

Sich dieses Diktum zu Herzen nehmend, scheint es an der Zeit, Initiativen zu setzen, um einerseits die ökonomische Bedingtheit unserer geldgeprägten sozialen Interaktionen zu untersuchen und andererseits praktikable Veränderungsvorschläge zu erarbeiten, mit dem Ziel, mehr Menschen die Wichtigkeit und die soziokulturellen Implikationen ethisch verantwortlicher Geldanlage vor Augen zu halten.

Die Bestimmung des Geldes oder, prosaisch ausgedrückt, sein schierer Verwendungszweck, kann, den Wechselfällen des Lebens und den Bedürfnissen seiner Besitzer unterworfen, gar unterschiedlich ausfallen.

Beträchtliche Geldsummen sowohl privater als auch institutioneller Rücklagen fließen in Anlageformen, die als ethisch bedenklich bezeichnet werden können, verfolgen sie doch weder nachhaltige, sozial-, kultur-, oder naturverträgliche Ziele. Solche, von KontoinhaberInnen völlig unbeabsichtigten, wie auch kaum wahrnehmbaren Investitionen geschehen quasi automatisch und zu jeder Zeit mit Geldern, die auf Girokonten oder Sparbüchern liegen. Sie werden in den Kreislauf des Geldmarkts eingespeist, ohne dass jemand fragt, einfach deshalb, weil Banken Geldgeschäfte tätigen, die von den KundInnen kaum hinterfragt werden.

Nicht zuletzt aufgrund der Finanzwirtschaftskrise fühlt sich eine wachsende Zahl von AnlegerInnen dafür verantwortlich, was ihr Geld so anstellt, wenn es „arbeitet". Immer mehr Menschen sagen: Ich will nicht, dass ich durch die Zinsgewinne meiner Ersparnisse anderen Menschen auf der Welt schade, indem sie weniger Lohn, weniger Arbeitsrechte, weniger Gesundheit und weniger politische Rechte haben; nur damit ich höhere Zinsen bekomme. Immer mehr Menschen sagen: Banken[9] sollen als Dienstleister ihrer Kunden die Wünsche ihrer AnlegerInnen ernst nehmen. Immer mehr Menschen sagen: Ich entkomme ohne-

---

7 Cicero: Über den Staat, übersetzt v. Walther Sontheimer. Reclams Universal-Bibliothek, Stuttgart 1987. Zit. in: W. Weimer: Geschichte des Geldes, 56.

8 Zit. in: J. Weiß: Mammon, Eine Motivgeschichte zur Religiosität des Geldes. Inauguraldissertation an der Fakultät für Sprach- und Literaturwissenschaft der Universität Mannheim 2004, 67.

9 Das Wort „Bank" lässt sich auf den Tisch (banco) des spätmittelalterlichen Geldwechslers und Geldverleihers zurückführen. Vgl. Wolfram Weimer: Geschichte des Geldes, 83.

hin kaum der „Shareholder-Value"-Welt, aber dort, wo ich bestimmen kann, was mit meinem Geld unter welchen Bedingungen passiert, möchte ich diese Verantwortung auch gerne übernehmen. Immer mehr Menschen sagen: Transparenz bei der Veranlagung öffentlicher Gelder nicht nur ankündigen, sondern auch tatsächlich leben.[10] Mitbestimmen, wofür das eigene ersparte Geld am Markt eingesetzt werden soll, ist ein legitimes Recht der SparerInnen.

Werden beispielsweise mehr Spareinlagen zu Investitionen in Menschen, denen dadurch neue Lebenschancen eröffnet werden, kann Armut in einem wortwörtlich doppelten Sinn „erspart" werden, denn zur finanziellen Rendite tritt dann die soziale Rendite hinzu. Letztere kommt nicht nur den AnlegerInnen, sondern dem Gemeinwohl einer emanzipierten Solidargemeinschaft zugute. Ethische Geldanlage gereicht auch zum Wohl von Wirtschaftssparten, die dringend sinnvolle Investitionen benötigten. Die Macht der GeldanlegerInnen ist enorm, das Bewusstsein darüber wächst und sollte über ein „vermeidendes Verhalten, welches ethisch bedenkliche Anlageformen rundweg ausschließt, zu einem fördernden Einsatz des Geldes in lebensdienliche Projekte mit einem hohen Potenzial für nachhaltige, natur- und sozialverträgliche Entwicklungen ausgebaut werden."[11]

Bevor jedoch auf der empirisch-praktischen Ebene konkrete Beispiele ethischer Implikation des Geldes untersucht werden können, soll dem Phänomen Geld und seiner gesellschaftlichen Wechselwirkungsprozesse auf theologischer, philosophischer und wissenschaftlich-interdisziplinärer Ebene nachgegangen werden.

Fairer Geldumgang hat mit Gerechtigkeit und Nachhaltigkeit zu tun; eingebettet in die unhintergehbare Kernforderung der christlichen Soziallehre, derzufolge ökonomische Prozesse keinen Selbstzweck darstellen, sondern dem Gemeinwohlprinzip folgend, stets auf das gelingende gesellschaftliche Zusammenleben hin ausgerichtet sein müssen, welches die Achtung der Menschenwürde und auch die Aufrechterhaltung einer lebensfördernden Biosphäre heutiger und zukünftiger Generationen mit zu berücksichtigen hat.[12]

Aus den für die christliche Soziallehre konstituierenden und einander wechselwirkend bedingenden Determinanten Personprinzip – Gemeinwohl, Subsidia-

---

10 Vgl. zu den hier aufgegriffenen Trendbeobachtungen: Josef Urschitz: Dem Geld ein Mascherl geben. Ein für diese Arbeit initiiertes Presse-Round-Table Gespräch zum Thema Ethisches Investment. In: Die Presse, 02.01.2010, 11 und Helmut Berg: Roundtable Gespräch Ethik-Sparbuch. Mit verarbeiteten Wortmeldungen von Renata Schmidtkunz, Peter Püspök und Klaus Gabriel. In: Börsen-Kurier Nr. 42, Beilage: Geld und Ethik, 21.10. 2010, 1.

11 Klaus Gabriel, in: ebd. 1.

12 Vgl. dazu auch: GS 63 und Klaus Gabriel: Nachhaltigkeit am Finanzmarkt. Mit ökologisch und sozial verantwortlichen Geldanlagen die Wirtschaft gestalten. München 2007, 63.

rität – Solidarität und Nachhaltigkeit, ergibt sich ein Overall-Prinzip der Gerechtigkeit, mit welchem die zentralen Anfragen an wirtschaftliche Vorgänge und Regelprozesse im Allgemeinen und den Geldumgang im Besonderen zu stellen sind. Auch das Ökumenische Sozialwort der Kirchen ermutigt zum verantwortungsbewussten Wirtschaften und zur ethisch-nachhaltigen Geldanlage.[13]

Die simple Frage: Was geschieht mit meinem Geld? ist imstande einen Bewusstwerdungsprozess in Gang zu setzen, an dessen Ende die Erkenntnis stehen kann, dass Geld nicht nur Privatsache ist, sondern über das Geld und seine Sozialpflichtigkeit auch enorme Einflussnahme auf wirtschaftliche, soziale und politische Prozesse genommen werden kann. Am Ende könnte die Erkenntnis stehen: So kann mein Geld Leben fördern, oder theologisch gewendet, der Schöpfungsgerechtigkeit dienen. Wie aber kann Geld tatsächlich dem Menschen dienen und nicht der Mensch dem Geld? Wie und unter welchen Voraussetzungen kann Geld ganz allgemein dem Leben dienen? Fragen, denen sich diese Arbeit auf unterschiedlichen Reflexionsebenen zuwenden möchte.

13 Bereits im Jahr 2003 waren im „Sozialwort" ChristInnen „aufgerufen, verantwortliches Wirtschaften in ihrem eigenen Lebensbereich umzusetzen und in ihren Geld- und Vermögensanlagen auf ethisches Investment zu achten." Sozialwort des Ökumenischen Rates der Kirchen in Österreich. Ökumenischer Rat der Kirchen in Österreich (Hg), Wien 2003, Nr. 202.

Zum Aufbau der Arbeit

Mit der Problemstellung, Anreize für den lebensdienlichen Umgang mit Geld wissenschaftlich zu untermauern, gliedert sich die Forschungsarbeit in einen theoretischen und einen praktisch-empirischen Teil.

Vor der theologisch-philosophisch aufgespannten Deutefolie, welche die ökonomische Bedingtheit des Menschen zum Thema hat, weiß sich eine dazu komplementär verlaufende Reflexionsebene Handfesterem verpflichtet, wie zum Beispiel der verblüffenden Tatsache, dass nur zwei Prozent des täglichen Devisenhandels aufgrund realer Geschäfte abgewickelt werden, was ergibt, dass sich beinahe der gesamte Finanzmarkt von der stofflichen Basis abgelöst zu haben und sich in virtuellen Geschäften zu ergehen scheint.

In diesem Sinne schreitet *der erste Teil aus theologisch-philosophischer Sichtweise* die gesammelten und in ihren jeweiligen Plausibiltätsansprüchen einander stützenden Argumentationsfiguren vor einem fachtheoretischen Horizont ab und versucht, nach definitorischer und geschichtlicher Befassung mit dem Thema Geld, zunächst Spuren gesellschaftlich relevanter Implikationen des Geldes und seiner möglichen Entmythologisierung freizulegen. Ein Etappenziel auf diesem Pfad ist etwa das ernüchternde Fallenlassen des märchenhaften Traumes, Geld könne „arbeiten", so dass aus Geld allein immer mehr Geld entstünde. Der Entzauberung dieses Mythos' haben die jüngsten Umstände der Finanzmarktkrise mehr oder minder unfreiwillig zugearbeitet.

Anhand theologischer und philosophischer Aspekte und Problemaufrisse wird die Möglichkeit der Emanzipation des Menschen aus seiner ökonomischen Bedingtheit untersucht, wobei auf die gesellschaftlichen und theologischen Beziehungsverhältnisse und Wechselwirkungen zum Geld unter dem Gesichtspunkt einer gesellschaftlichen Umbrüchen begleitenden, differenzierten Kapitalismus-, und Ökonomismuskritik Bezug genommen wird, womit zwangsläufig eine Entzauberung der Metaphysik des Marktes einhergeht.

Im interdisziplinär vernetzten Nachdenken über die Lebensdienlichkeit unserer geldgeprägten Gesellschaftsstrukturen und sozialen Interaktionen fließen auch biblisch-theologisch aufbereitete Konnotationen ein, wenn beispielsweise Fragen die Begriffsfelder Schuld und Schulden, Zinsen oder das Denken in kurzfristigen Gewinnerwartungen zu erhellen trachten. Das gleichsam vergötzte wie verteufelte Geld qua Mammon kann dem Leben dienen, aber auch das Leben und die gesellschaftlichen Beziehungen zutiefst beeinträchtigen und belasten.

Ein „ethic turn“ wird für den Geld- und Kapitalmarkt zwar erhofft, doch steht dieser Hoffnung das „Gewinn-Ego“ einer nachhaltig geldgläubigen gesellschaftlichen Erwartungshaltung gegenüber, deren „Heilshoffnung“ darauf zu fußen scheint, dass aus Geld immer mehr Geld werden könne.

Inwieweit sich das heutige, digitale Geld vermittels seiner völligen Entstofflichung bereits selbst entzaubert, indem es sein manifestes Erscheinungsbild zugunsten eines binären Codes verlassen hat, oder vielleicht gerade deshalb zum Mythos „auferstanden“ ist, eröffnet weitere Fragen im Themenfeld des Geldes und seiner Abstraktion und leitet somit auf den praxisbezogen Teil über.

Der praktisch-empirische Teil untersucht in kritischer Auseinandersetzung mit ethisch-nachhaltigen Geldanlagemöglichkeiten und dem Schwerpunkt der Mikrofinanzen praxisorientierte Möglichkeiten des lebensdienlichen Einsatzes des Geldes, wobei der Forschungsfrage nachgegangen wird, ob sich ein Trend in Richtung eines verantwortungsbewussten ethisch-nachhaltigen Anlageverhaltens erkennen lässt und wie weit die Kirchen und kirchliche Einrichtungen in ihrem Geldumgang und Anlageverhalten dabei Vorbildwirkung haben (können). Theologisch leitend dabei ist ein affirmativ-kritisch-relationaler Zugang der Entitäten Gott und Geld, dessen Hauptaugenmerk auf die Chancen, Anwendungs- und Interventionsmöglichkeiten des Geldes gerichtet ist und dadurch einer ressourcenorientierten gegenüber einer defizitorientierten Grundhaltung der Vorrang geboten wird. Ferner wird auch die These vertreten, dass aus dem biblisch fundierten und der Soziallehre der Kirche in die Praxis hineinzutragenden theologischen Erfahrungsschatzes ein breites Spektrum praxistauglicher sozioökonomischer Umsetzungsmöglichkeiten eröffnet werden kann.

Die seit Ende 2008 nunmehr global wirkende Finanzwirtschaftskrise beeinflusste zwangsläufig auch den praktisch-empirischen Teil dieser Arbeit, die dadurch auch eine starke Aktualisierung erfährt, indem die Themenfelder ethische Geldanlagen allgemein und Mikrofinanz im Besonderen in ihrer gesellschaftlichen Relevanz auch international im wissenschaftlichen Diskurs auf höchster Prioritätsstufe behandelt werden. Einige dieser Forschungserträge führten zur Fokussierung auf die weltweit beobachtbare, intensive wissenschaftliche Auseinandersetzung mit ethisch-ökologischen Implikationen des Geldumgangs im Spiegel der Finanzwirtschaftskrise.

In diesem Abschnitt wird auch der Versuch unternommen, unter Einbeziehung sowohl interdisziplinärer wissenschaftlicher Erträge als auch Recherchen aus einschlägigen finanztechnischen Quellen, eine kritisch-relative Position zu empirisch vorfindbaren Möglichkeiten ethisch verantwortlicher Geldanlagemöglichkeiten zu entwickeln, wobei angesichts der Abfassungszeit dieser Arbeit noch völlig offen bleiben muss, ob und inwieweit der Schock auf den Finanzmärkten einen realistischeren und verantwortungsvolleren Umgang mit Geld zeitigen wird. Insofern könnte sich hier der Kreis zum theoretischen Teil schließen, in welchem theologische und philosophische Erklärungsmodelle die Entmythologisierung des Geldvermehrungsglaubens auch literarisch-wissenschaftlich zu plausibilisieren trachten, während Rezession und Finanzwirtschaftskrise diesen Mythos schlagartig manifest zu falsifizieren scheinen.

Die empirisch-praktische Forschungsarbeit zeigt auch die Möglichkeiten medialer „Bewerbung“ ethisch-nachhaltigen Verhaltens bei Geldumgang in einer ausdifferenzierten Mediengesellschaft, wobei als Forschungsthese die Ingangsetzung eines Schwungrad-Effektes angenommen wird, welcher die Wechselwirkungen und Interdependenzen zwischen Medien, Politik und Banken veranschaulichen soll. In diesem Kontext wird mithilfe eigens für diese Arbeit induzierter Medienbeiträge auch der Versuch unternommen, den Prozess der Public-Relations für ethisch-nachhaltiges, sozialverträgliches Investitionsverhalten zu dokumentieren und wenn möglich zu verfeinern, um die Schwungraddynamik und die damit verbundene Interdependenz der Determinanten Medien, Politik und Banken besser zu verstehen.

Als Forschungsthese wird die Forderung nach staatlichen Förderungen und steuerlicher Besserstellungen ethisch-nachhaltiger Geldanlagen erhoben, da diese Maßnahmen nachweislich zur Verbesserung des Gemeinwohls beitragen würden und von dezidiert gesellschaftspolitischer wie entwicklungspoltischer Relevanz für eine funktionierende Solidargemeinschaft wären.

Teil 1

1 Zum Begriff Geld. Versuche inhaltlicher wie definitorischer Annäherungen.

Das deutsche Wort *Geld* hängt sprachlich wie inhaltlich mit *gelten* zusammen. Gleichfalls verwandt sind die Begriffe *Währung* und währen.[14] Geld ist, was *gilt*, darum verleiht es auch demjenigen, der viel davon hat, *Geltung*. Von daher ist es auch verständlich, dass sich umgangssprachlich der Slogan durchgesetzt hat: Wer Geld hat, „schafft an“, im Sinne von „befehlen“.[15] Gar nicht so selten birgt dieses „Anschaffen“ auch die Versuchung der Überheblichkeit in sich, womit eine wenig sympathische Ausprägungsform geldlich bedingter Machtausübung zum Ausdruck gebracht wird. Der Macht über Geld haftet jedoch, nüchtern betrachtet, noch keineswegs und automatisch der Hang zum Ungeselligen an. Macht kann nicht *über,* sondern auch *für* ein bestimmtes Ziel kanalisiert und eingesetzt werden. So kann die Macht über Geld auch seinen lebensdienlichen Einsatz zum Wohl der Gemeinschaft bewirken.

Geld ist alles, womit bezahlt werden kann, könnte eine ökonomische Gelddefinition lauten, die das Geld rein funktional in den Blick nimmt. Die erste klassische Funktion des Geldes war wohl die Tauschfunktion. Seit der Geldprägung ist Geld Zahlungsmittel und Recheneinheit. Mit der Herausbildung nationaler Ökonomien wurde Geld auch Wertaufbewahrungsmittel und Wertmesser. In seiner beinahe unbefristeten Existenz kann es gehortet werden, ohne dass es verfault oder verrottet. Historiker nennen es einen Spiegel der Zeiten, „Soziologen ein Mittel sozialer Differenzierung, für Moraltheologen ist es die Inkarnation des

---

14 Das Wort „Geld“ heißt lat. *pecunia* und ist mit *pecus*, dem „Opfertier“ verwandt. Das Rind, einst Zahlungsmittel, wurde in religiösen Kulthandlungen auch zum Opfergeld. Viele antike Münzen tragen Bilder von Rindern. Weiß verbindet auch das lat. *capitale* mit „Herde“ = Kapital, Geldsumme. Noch heute bedeutet engl. *stock* „Wertpapier“, „Vorrat“ oder „Viehbestand“. *Stock market* bezeichnet die „Aktienbörse“ und den „Viehmarkt“. *To take a cut* heißt „einen Anteil übernehmen“ aber auch „Fleisch abschneiden“, *chattles*, „bewegliches Vermögen“, ist mit *cattle*, „Vieh“ verwandt. Vgl. Tad Crawford: Das geheime Leben des Geldes. Mythen, Symbolik, Rituale. Was den Umgang mit Geld über uns verrät. Zürich 2000, 234–235 und J. Weiß: Mammon, 140.

15 Vgl. dazu auch die Überlegungen von Oswald von Nell-Breuning und J. Heinz Müller: Vom Geld zum Kapital. Freiburg 1962, 13–14. Im Klappentext des Buches sagt Nell-Breuning: „Ich bin kein hochgeistiger Denker, sondern ein brutaler Realist, der es mit ganz handfesten Problemen zu tun hat.

Diesseitigen, für Juristen ein Rechtsanspruch, für Ethnologen ein Kultobjekt … für Literaten ein Chiffre der Habgier."[16]

Oftmals ist von der vermeintlichen Allmacht des Geldes die Rede. Geld regiert die Welt, konstatierte schon der lateinische Schriftsteller Publius Syrus[17] ein Diktum, das bis heute seine Gültigkeit nicht verloren hat, wenngleich es nicht selten mit resignativem Unterton zitiert wird. Der Mensch verbringt offensichtlich viel Zeit damit, sich Gedanken um das Geld im Allgemeinen und um das eigene Geld im Besonderen zu machen. Passend dazu begriff Immanuel Kant in seiner „Theorie des Geldes" dieses als „eine Sache, deren Gebrauch nur dadurch möglich ist, daß man sie veräußert. Hierauf läßt sich vorläufig eine Realdefinition des Geldes gründen; es ist das allgemeine Mittel, den Fleiß der Menschen gegeneinander zu verkehren; so: daß der Nationalreichtum, insofern er vermittels des Geldes erworben worden, eigentlich nur die Summe des Fleißes ist, mit der die Menschen sich untereinander lohnen, und welcher durch das in dem Volke umlaufende Geld repräsentiert wird. … Geld ist also derjenige Körper, dessen Veräußerung das Mittel und zugleich der Maßstab des Fleißes ist, mit welchem Menschen und Völker untereinander Verkehr treiben."[18]

Möglicherweise ist das Gewinnstreben dem *homo oeconomicus* inhärent, dessen wirtschaftliches Erfolgsrezept von niederschmetternder Trivialität zu sein scheint. Wo kaufe ich billig ein? Wie verkaufe ich etwas möglichst gewinnbringend? Wo und wie erziele ich für mein Geld eine hohe Rendite? Allesamt Überlegungen, die sich der Begabung oder vielleicht sogar dem Trieb verdanken etwas billig zu erstehen oder zu produzieren, um es dann so teuer wie marktmöglich zu verkaufen oder anzulegen. Vorderhand bietet dieser leicht nachvollziehbare logische Kausalzusammenhang keine moralische Angriffsfläche, solange man dem Wühltischtextil oder anderer Diskontware ihre Herkunft aus Kinder- oder Gefängnisarbeit in einem Entwicklungsland nicht ansieht. Auch übermäßiger Reichtum schreit von selbst noch nicht nach seiner Sozialpflichtigkeit. Ganz im Gegenteil. Ein beredtes Zeugnis darüber, wie es semantisch bewältigbar ist, nackten Egoismus in herzensanrührender Schlichtheit als ausschließlich soziale Pflichterfüllung zu camouflieren, gab einst eine der halbgöttlichen Lichtgestalten des Kapitalismus, der legendäre Ölmagnat John Davison Rockefeller: „Ich glaube, die Macht, Geld zu verdienen, ist eine Gabe Gottes … die weiterentwickelt und nach unseren besten Möglichkeiten zum Wohl der Menschheit gebraucht

16 Ebd. 7.

17 Zit. nach: Thomas R. Fischer: Handel mit der Zukunft. In: Kursbuch 130. Das liebe Geld. Berlin 1997, 117.

18 Immanuel Kant: Eine Theorie des Geldes, in: Die drei Kritiken, Stuttgart 1949. Als Zitat in: W. Weimer: Geschichte des Geldes, 143–145.

werden soll. Ausgestattet mit der Gabe, die ich nun mal habe, glaube ich, daß es meine Pflicht ist, Geld zu verdienen und immer noch mehr Geld, und dieses Geld, das ich verdiene, zum Besten meiner Mitmenschen zu gebrauchen, entsprechend den Vorschriften, die mir mein Gewissen auferlegt.“[19] Vorbildlich exemplifiziert hier ein „ökonomischer Heiliger“ die Dienerschaft des Mammons.[20] Zur Aufrechterhaltung eines illusorischen Geldglaubens muss wohl der Möglichkeitsrahmen aufgespannt bleiben, welcher die Verheißung trägt, dass unendlicher Reichtum jedermann zugänglich sei. Der amerikanische Traum vom armen Tellerwäscher zum erfolgreichen Selfmademillionär verleitet mitunter zum Zirkelschluss protestantischer Ethik, Gott schenke seinen Auserwählten Erfolg und allein daran erkenne man ihr Auserwähltsein.

John Maynard Keynes unterscheidet zwei Anwendungsbereiche von Geld: Geld als allgemein definierten Besitz um des Besitzes und der Hortung wegen und Geld als konkretes Finanzierungsmittel für klar definierte Vorstellungen. Nur Letzteres erfüllt Keynes Anspruch nach Sinnhaftigkeit und Existenzberechtigung. Amouröse oder gar zwanghafte Liebesbeziehungen zu Geld bezeichnet Keynes als Krankheit: „Die Liebe zu Geld als Besitz – anders als die Liebe zu Geld als Mittel zur Erfüllung persönlicher Wünsche und Bedürfnisse – wird als das erkannt, was sie eigentlich ist. Nämlich eine irgendwie ekelerregende Krankhaftigkeit, eine dieser halbkriminellen, halbkrankhaften Veranlagungen, die man nur mit Schauder an die Spezialisten für Geisteskrankheiten weiterreicht.“[21]Abgeklärt prosaisch hingegen verfährt Josef Schumpeter mit Geld, das für ihn nichts anderes ist, „als ein technisches Hilfsmittel des Wirtschaftsverkehrs, eine Spielmarke ohne Eigenbedeutung.“[22]

Wiewohl Geld vor allen Dingen die Transaktionsfunktion des Tausches ermöglichen soll, ist es zugleich auch Wertmesser und Wertaufbewahrungsmedium. Der simple Tausch, Ware gegen Ware, stößt naturgemäß schnell an Grenzen, wie Thomas R. Fischer unter Heranziehung verschiedener Arbeiten der Nationalökonomie des 19. Jahrhunderts, allen voran der Analysen von Karl Marx, plausibel darstellt, denn „die Singularität des Gebrauchswerts erzeugt schon im Akt des Tauschs das Tertium comparationis – den Tauschwert, den Wert im gesellschaftlichen Kontext. Und Geld ist die Form, in der sich dieser

---

19 John Davison Rockefeller: Gabe Gottes, in: Robert W. Kent und Lothar Schmidt (Hg.): Geld. Königstein 1988. Als Zitat in: W. Weimer: Geschichte des Geldes, 247 und bei Stefan Welzk: Geld regiert die Welt. Aber wie? In: Kursbuch 130. Das liebe Geld. Berlin 1997, 1–18, hier: 9.

20 Vgl. dazu auch: J. Weiß: Mammon, 272.

21 J. M. Keynes: Liebe zu Geld. Finanzierungsprozesse, Investition und Instabilität des Kapitalismus, 1990, ohne Ortsangabe. Als Zitat in: W. Weimer: Geschichte des Geldes, 196.

22 J. Schumpeter: Das Sozialprodukt und die Rechenpfennige. In: Archiv für Sozialwissenschaft und Sozialpolitik, Band 44, 1917/18. Hier zit. nach: Stefan Welzk: Geld regiert die Welt, 15.

Widerspruch zwischen Gebrauchswert und Tauschwert bewegen kann."[23] Auch die heute in der Finanzwelt angewandten komplexen Handelsprinzipien, die mit Optionen und sogenannten Futures spekulieren, gehen auf einfache, wenn auch höchst riskante Geschäftspraktiken englischer und holländischer Kaufleute zurück, die Schiffe ausrüsteten, um sie in ferne Weltgegenden zu entsenden, in der Hoffnung, dass diese wohlbehalten und reich beladen mit Waren und Schätzen in ihre Heimathäfen zurückkehrten. „Jeder Kaufmann erwarb sich mit seiner Beteiligung an der Fahrt eine Option auf den zukünftigen Gewinn. Der Handel mit der Zukunft hatte begonnen und wurde zur Selbstverständlichkeit."[24] Ein Grundprinzip, das bis heute seine Gültigkeit zu besitzen scheint.

1.1 Geld als Ermöglichungsgrund für Kapital

Darüber, was mit der Bezeichnung Geld gemeint ist, scheint sich nicht einmal die Deutsche Bundesbank im Klaren zu sein, näherhin was alles dem Geld angehörig sei, weswegen auch keine genaue Nennung der umlaufenden Geldmenge angegeben werden könne, wie schon Nell-Breuning in den 1960er Jahren verwundert feststellen musste. „Der Begriff *Geld* wird nun einmal bald weiter, bald enger gefasst. ... Die ursprüngliche Bedeutung von *Kapital* ist ‚Hauptgeld' im Gegensatz zu Zinsen."[25] Festgehalten werden kann, dass nicht alles Geld Kapital und nicht alles Kapital Geld ist. Bildhaft ausgedrückt, handelt es sich um zwei Kreise, die sich zu einem Teil überdecken.

Für die Praxis kann gelten, dass jedes Geld, welches für Erwerbs- oder Investitionszecke bereitgestellt wird, als Kapital bezeichnet werden kann. Nell-Breuning nennt zwei zusätzliche, konstitutive Eigenschaften, die Kapital auf sich vereinigen sollte: es muss für *längere Zeit* zur Verfügung stehen und nicht jeden Tag vom Geldgeber abgerufen werden können und es muss die für das jeweilige Projekt gefordert *Kaufkraft* besitzen, um Anlagegüter, Material oder Dienstleistungen zu bezahlen.[26]

Den Versuch einer Rangordnung vornehmend, stellt Nell-Breuning das Geld, als Ermöglichungsgrund für Kapital, über jenes, weil „alles, was es an Kapitalgütern gibt oder geben kann, erst mit Hilfe des Geldes wirtschaftlich nutzbar

---

23 Thomas R. Fischer: Handel mit der Zukunft, In: Kursbuch 130. Das liebe Geld. Berlin 1997, 117.

24 Ebd. 119.

25 Oswald von Nell-Breuning und J. Heinz Müller: Vom Geld zum Kapital, Vom Geld zum Kapital. Freiburg 1962, 96–97. (Eigene Kursivsetzung).

26 Vgl. ebd. 98.

gemacht werden kann."[27] In Anlehnung an Othmar Spann bezeichnet Nell-Breuning deshalb das Geld als „Kapital höherer Ordnung"[28] und sieht sich in der Begründung dieser Definition auch durch ein bekanntes Diktum von Lenin bestärkt, der propagandistisch auf den (wunden) Punkt brachte: „Um die bürgerliche Gesellschaft zu zerstören, muß man ihr Geldwesen ruinieren."[29] Geld ist also nicht nur die Bedingung der Möglichkeit für Kapital an sich, sondern zugleich, wie hier Lenin zugespitzt behauptet, die Lebensader der kapitalistisch-bürgerlichen Gesellschaft.

In der Tat kann die Bedeutung eines gesunden und geordneten Geldwesens nicht hoch genug eingeschätzt werden. Wie fragil und leicht angreifbar die Dynamik dieses gleichsam komplex und global ausgerichteten Geldwesen ist, machten nicht zuletzt auch die wirtschaftlichen Verwerfungen im Zuge der internationalen Finanzmarktkrise deutlich. Selbst reiche Wirtschaftsnationen geraten ins Trudeln, wenn namhafte Investmentbanken zahlungsunfähig werden. Wenn Kapital als Finanzierungsmittel für Investitionen gedeutet wird, schwebt zugleich der mögliche Vorwurf einer zu leichten Verwechslung mit dem Geld, oder einer Einander-gleich-Setzung im Raum. Diese Kritik lässt jedoch Nell-Breuning nicht gelten und stellt klar: „Solange das Geld ausschließlich seine primären Funktionen als allgemeines Tauschmittel und Recheneinheit erfüllt, ist es nur Geld, aber kein Kapital. Dagegen ist Geld, das als Finanzierungsmittel für Investitionen zur Verfügung steht oder tatsächlich zur Finanzierung von Investitionen dient, Kapital. Dieses Geld ist eben nicht mehr bloßes Zahlungsmittel: es verleiht demjenigen, der es hat, die Macht, Teile des Sozialproduktes nicht in den Verbrauch fließen zu lassen, sondern sie zu Anlagezwecken und damit produktiver Verwendung zuzuführen."[30]

Resümee: In einer arbeitsteiligen, ausdifferenzierten und marktwirtschaftlich geordneten Gesellschaft kann Realkapital nur gebildet werden, wenn die betreffenden InvestorInnen entweder aus eigener Kraft über die dafür notwendigen Geldmittel verfügen, oder ihnen Finanzierungsmittel für ihre Investitionsvorhaben zur Verfügung gestellt werden. Genau dieser wunde Punkt war und ist noch immer von den Auswirkungen der weltweiten Finanzwirtschaftskrise betroffen und zeigt schmerzlich, dass das Vorhandensein auch von riesigen Geldsummen,

---

27 Ebd. 103

28 Ebd. 103.

29 Lenin, zit. n. Nell-Breuning, ebd. 103.

30 Ebd. 107. Diese Meinung teilt auch Joseph Schumpeter: „Das Kapital ist nichts anderes als der Hebel, der den Unternehmer in den Stand setzen soll, die konkreten Güter, die erbraucht, seiner Herrschaft zu unterwerfen, nichts anderes als ein Mittel, der Produktion ihre neue Richtung zu diktieren." In: J. Schumpeter: Theorie der wirtschaftlichen Entwicklung. München 1926, 165.

noch lange nicht bedeutet, dass diese als Investitionsmittel qua Kapital zur Verfügung gestellt werden, wenn atavistische Gefühle wie Angst und Misstrauen auch vor hohen und höchsten Entscheidungsträgern aus Politik und Wirtschaft nicht Halt machen und die für die Wirtschaft konstitutive Metamorphose des Geldes in Kapital schlichtweg lähmen. Das Geld, im Sprung gehemmt und seiner potenziellen Wirkkraft beraubt, ruht sanft als „totes" Kapital.

1.2 Kann Geld „arbeiten"? Kann es sich wirklich vermehren?

Geld kann weder arbeiten, noch sich vermehren. Nur die um die Anlegergunst buhlenden Banken trumpfen in ihren Hochglanzprospekten mit dem imperativischen Slogan auf: „Lassen Sie ihr Geld arbeiten!" Eine Losung, der in den vergangenen 25 Jahren viel Vertrauen entgegengebracht wurde. Professionelle Finanzinvestoren und Fondsmanager warben mit missionarischem Eifer in den Medien für den Glauben an die wundersame Geldvermehrung. Das Geld, so war allerorts zu vernehmen, arbeite gar bienenfleißig, so dass es ruhigen Gewissens auch zur Altersvorsorge und unter Hinnahme der Schwächung des sozialstaatlichen Pensionssystems in private Investmentfonds umgeleitet werden könne.[31] Dort angekommen, lief es im Umverteilungs-Hamsterrad einer Niederlassung der globalen Finanzkasinogesellschaft, in welchem Geld, „durch Tausch unterschiedlicher Geldformen, quasi ohne Umweg über die Realwirtschaft"[32] selbstbezüglich vermehrt werden sollte, wie Stephan Schulmeister in seiner systemischen Diagnose zur Weltwirtschaftskrise analysiert. Einer weitverbreiteten Meinung zum Trotz, macht Schulmeister nicht die *Gier* für die Krise verantwortlich, denn diese sei „nur das böse Wort für die Triebkraft des Kapitalismus, das Profitstreben. Und dieses kann durchaus die Effizienz erhöhen und so den Wohlstand steigern. Es kommt darauf an, welche Aktivitäten das Profitstreben betreibt und antreibt."[33] Rudolf von Jhering ruft in Erinnerung: „Das Geld ist der wahre Apostel der Gleichheit; wo es aufs Geld ankommt, verlieren alle sozialen, politischen, religiösen, nationalen Vorurteile und Gegensätze ihre Geltung."[34]

Geld ist – nüchtern betrachtet – ein bloßes Tauschäquivalent, aber auch ein Wertspeichermedium zukünftiger Wunscherfüllung, dessen „Darüberhinaus"

---

31 Vgl. Stephan Schulmeister: Großes Geld, große Krise. In: Der Standard, 25.04.2009, Album A 1–2.

32 Ebd. A 1.

33 Ebd. A 2.

34 Rudolf von Jhering. Der Zweck im Recht (1877–1883) Zit. b. Armin J. Kammel: Ökonomische Reflexionen zum Mythos Geld. In: Diakonia 38 (2007), 10.

gerne in Geldtempeln hinterlegt, wo es zur Vermehrung seiner selbst, gut gebündelt, der „heiligen" Trias Sicherheit, Rendite und Verfügbarkeit überantwortet wird. Nicht wenige Anheimsteller beträchtlicher Vermögenswerte behaupten, ihr Geld „arbeite" wie ein autonomes Subjekt. Dies scheint durchaus geboten, in einer Gesellschaft, die der Gewinnmaximierung und geldlichen Rentabilität hohe und höchste Prioritätsstufen einräumt und gerne nach geeigneten Anlageplätzen und sicheren Geldhäfen Ausschau hält, um das freie und Freiheit verheißende Kapital samt seinen aus sich selbst abreifenden Beträgen möglichst gewinnbringend zu verankern.

Wenngleich auch das Klimpern der Münzen auf dem Kopf, wie weiland Dagobert Duck es unter seiner Gelddusche genoss, in Zeiten des auf elektronischen Pfaden wandelnden und lautlos über Buchungsvorgänge fließenden Giralgeldes der Vergangenheit angehört, soll nicht vergessen werden, dass schon die alten Babylonier im Führen von Konten und Büchern eine Aufwandsersparnis gegenüber dem mit Transport, Tausch und Horten von Geldstücken verbundenem Bargeschäft erkannten.[35]

Geld kann kein Wert an sich sein; es ist bestenfalls eine Bewertungseinheit für reale Güter und Dienstleistungen und damit so etwas wie ein Transmissionsriemen für die Realwirtschaft, von der es nicht selten gänzlich abgekoppelt operiert. Denn Geld wird heute immer öfter mit Geld-Derivaten verdient, denen keinerlei realwirtschaftliche Fundamentalwerte oder Güter zugrundeliegen. Geld selbst kann aber keine Werte schaffen, dazu bedarf es menschlicher Arbeit, Produktions- und Dienstleistungen.[36]

1.3 Der unerschütterliche Glaube an die selbstreferenzielle Deckung des Geldes

„Non aes, sed fides", „nicht Kupfer, sondern Glaube"[37] lautete die Aufschrift alter Malteser Münzen, oder etwas freier übersetzt: Nicht der Wert des Geldstückes ist entscheidend, sondern das Vertrauen, das es repräsentiert. Wie Gott selbst, so scheint also auch das Geld auf den Glauben der Menschen angewiesen, mit anderen Worten: Gedeckt scheint das Geld lediglich durch den selbstreferen-

35 Vgl. ebd. 19

36 Vgl. Günther Robol: Wie „Geld" entsteht. In: IWIP – Institut für Wirtschaft und Politik (Hg.): Geld statt Arbeit. Die Träume der Finanzwirtschaft. Anleitungen zum Aufwachen. Wien 1999, 50f.

37 Martin Honecker: Nicht Kupfer, sondern Glaube. Zum Ethos des Geldes. In: Wolfgang Böhme u.a. (Hg.): Zeitwende. Wissenschaft Spiritualität Literatur. Jahrgang 54. (O.O.) 174.

ziellen Glauben an das Geld selbst zu sein. Worauf aber stützt sich dieser Glaube[38] der Investoren[39], ihr Geld besser hier als anderswo anzulegen? Warum ist der Glaube an das Geld, so irrational er auch sein mag, im Grunde doch sehr gefestigt, ja unerschütterlich? Kein Geldgeschäft wird ohne Glauben (=Vertrauen) an seinen guten Ausgang abgeschlossen. Der Glaube ist „das Fundament einer jeden Währung, das als gemeinschaftlicher Codex die einzige Basis für den Geldwert darstellt.[40]

Zur Auffächerung möglicher Begriffsdefinitionen des Wortes Glauben im Kontext des Geldumgangs erscheint auch die besitz- und habenorientierte Konnotation interessant, die Erich Fromm im Kontrastbezug zum Begriff des Seins entwickelt.

Auf dieser Reflexionsebene erscheint der Glaubensbegriff vornehmlich in der Existenzweise des Seins und ist nicht in erster Linie ein Glaube an bestimmte *Ideen* (obwohl er das auch sein kann), sondern eine innere Orientierung, eine *Einstellung*, weshalb Fromm empfiehlt: „Es wäre besser zu sagen, man *sei* im Glauben, als man *habe* Glauben. (Die theologische Unterscheidung zwischen *fides quae creditur* und *fides qua creditur* spiegelt eine ähnliche Unterscheidung zwischen Glaube als *Inhalt* und Glaube als *Akt*.)“[41]

---

38 Das deutsche Wort *Glaube* leitet sich *von* ahd. *giloub* und got. *galaufs*, „vertraut machen“. Ursprünglich auch mit dem Wort *Laub* verbunden. „Laubbüschel als Futter und Lockmittel für das Vieh“, um es „zutraulich, folgsam und handzahm“ zu machen. Vgl. Friedrich Kluge: Etymologisches Wörterbuch der deutschen Sprache. Bearbeitet von Elmar Seebold. Berlin / New York 1995, 326 u. 528. J. Weiß erwähnt eine interessante, wenn auch unsichere Brücke zum Begriff *Lust*. Im übertragenen Reichen des „Futterlaubs“ einer bestimmten (religiösen) Botschaft an die Gläubigen, kann auch Lust, got. *lustus* geweckt aber auch kompensiert werden. Vgl. J. Weiß: Mammon. 27. Das griechische *pistis* heißt sowohl „Glaube“ wie auch „Vertrauen“. Vgl. Molly Whittaker/Horst Holtermann. Einführung in die griechische Sprache des Neuen Testaments. 5. Auflage, Göttingen 1989, 63, 176. Das hebräische Wort für Glaube heißt *emuna* (Gewissheit), stammverwandt mit *amen* (gewiss). Vgl. Erich Fromm: Haben oder Sein. Die seelischen Grundlagen einer neuen Gesellschaft. Stuttgart 1976, 51.

39 Investition k. v. lat. *investire*, „bekleiden, einsetzen“, sowie *vestis* „Bekleidung, Kleid“. Eine glückliche Investition kann somit – auch im übertragenen Sinne – das Tragen statusentsprechender „Kleidung“, Ansehen, den Besitz von Gütern, wie auch das Bekleiden einer gesellschaftlich angesehen Position zur Folge haben. Vgl. F. Kluge: Etymologisches Wörterbuch der deutschen Sprache. Berlin 1995, 405.

40 J. Weiß: Mammon, 85. Weiß versucht seine These zu erhärten, derzufolge das Geld wie Religion funktioniert, „ohne dass das Funktionieren den Glauben ausmachen würde, sondern vice versa: Jeglicher Zweifel ist ein ökonomischer Satan.“ Ebd. 85.

41 Erich Fromm: Haben oder Sein. Die seelischen Grundlagen einer neuen Gesellschaft. Stuttgart 1976, 50. (Kursiv- und Klammersetzungen im Original). In der auf den drei Säulen *Privateigentum*, *Profit* und *Macht* ruhenden, gewinnorientierten Gesellschaft erblickt Fromm die Basis für die Existenzweise des Habens. „Erwerben, Besitzen und Gewinnmachen sind die geheiligten und unveräußerlichen Rechte des Individuums in der Industriegesellschaft. Dabei

Fromm erwähnt in diesem Zusammenhang Dietmar Mieth, der von der „Besitzstruktur des Menschen“ spricht und zwar in einem gleichen Sinn, wie Fromm von der „Existenzweise des Habens“ oder der „Habenstruktur der Existenz“. Mieth bezieht sich in diesem Zusammenhang auch auf den Marxschen Begriff der „Expropriation“ und meint damit den Durchbruch der inneren Besitzstruktur, die für ihn die radikalste Ausprägung der Expropriation darstellt. In dieser Existenzweise des Habens kann Alles und Jedes zum Objekt der Begierde werden.[42]

1.4 Das Geld-Credo: Vorspiegelung falscher Tatsachen?

Verdankt sich der Glaube an das Geld am Ende einer Vorspiegelung falscher Tatsachen? Bedenkt man mit Weiß, dass Geld zwar überweisbar, jedoch nicht fest zuweisbar[43] ist, weil es „keinen Signifikanten und keine Wahrheit außer sich selbst (hat)“[44], so wird man nachdenklich. Diese Nachdenklichkeit mündet zwingend in tiefste Beunruhigung, alsbald man sich vor Augen hält, dass die Referenz des Geldes grundsätzlich eine Vortäuschung sein muss, da seine „Einlösung in Gold, Land und was auch immer, selbst bei realer Deckung spätestens logistisch scheitern muss. So ist jeder Geldschein prinzipiell eine Fälschung, weil er den Beweis seines Wertes nicht erbringen kann. Er verweist nur auf Versprechungen, die im Krisenfall schnell leer werden.“[45]

Für Umberto Eco ist, semiotisch gesehen, ein gefälschter Geldschein mit einem echten völlig identisch, solange der Schwindel nicht auffliegt.[46]

---

spielt weder eine Rolle, woher das Eigentum stammt, noch ist mit seinem Besitz irgendeine Verpflichtung verbunden.“ In: ebd. 74. Interessant am Rande, dass in der Diskussion um gerechte Verteilung des Geldes bereits Fromm die Vorteile und Notwendigkeiten eines garantierten Mindesteinkommens plausibel begründet. Vgl. ebd. 188–189.

42 Vgl. ebd. 68. Und D. Mieth: Christus. Das Soziale im Menschen. Düsseldorf 1971, 138.

43 Die Assignate, der Papiergeldschein der Ersten Französischen Republik, verweist auf das franz. assignable, „zuweisbar“. Vgl. dazu: J. Weiß: Mammon, 179.

44 J. Weiß: Mammon, 179f. Dass wahrer, unerschütterlicher Glaube – auch in Bezug auf materielle Güter – keiner rationalen Begründung bedürfe, vermeint Weiß am Beispiel des biblischen Hiob beweisen zu können, wobei er den selbstreferenziellen Charakter des Glaubens herausstreicht. Weiß spricht von einem „reflexiven Mechanismus“, womit er m.E. weder zum Kern einer selbstreferenziellen Bestätigungshaltung vorzudringen vermag, noch wird es leicht sein, dem religiösen Glauben in toto jedweden rationellen Rekurs abzusprechen. Zu berücksichtigen ist in diesem Zusammenhang allerdings, dass Weißens Forschungsansatz kein theologischer, sondern ein literarisch-sprachwissenschaftlicher ist.

45 Ebd. 179.

46 Vgl. U. Eco: Semiotik. Entwurf einer Theorie der Zeichen. München 1976, 239f.

In Anlehnung an das christliche Religionsverständnis Schleiermachers, vergleicht Simmel das Geld mit dem christlichen Glauben. Beiden ist gemeinsam, ihre Frömmigkeit zeit- und ortsungebunden zu entwickeln und dabei nicht an heilig definierte Orte oder Zeiten gebunden zu sein. „So ist das Verlangen nach Geld die dauernde Verfassung, welche die Seele bei durchgeführter Geldwirtschaft aufweist.“[47]

Der Mensch hat unter dem Geld-Paradigma auf einer monetär geprägten Reflexionsebene nur noch Wert, wenn er Geld repräsentiert. Der Mensch selbst verschwindet hinter dem Geld und seine soziale Stellung und Teilhabe am gesellschaftlichen Geschehen wird nur mehr an seinem finanziellen Einkommen, seinem Barvermögen oder Besitz gemessen. Die dadurch entstehende gesellschaftliche Kälte hat schon Georg Simmel dazu bewogen, den allgemeinen Marktcharakter intersubjektiven Austausches allegorisch-kritisch zu verarbeiten: „Indem man mit Geld bezahlt hat, ist man mit jeder Sache am gründlichsten fertig, so gründlich, wie mit der Prostituierten nach erlangter Befriedigung.“[48] Weil das intimste der Menschen, ihre zwischenmenschlichen Beziehungen mit Geld aufgewogen werden, ist für Simmel der Vergleich zur Prostitution angebracht.[49]

Wird einmal die Persönlichkeit zu Geld, „droht der Verkauf all ihrer Teile, ihre monetäre Usurpation.“[50]

Im herkömmlich-klassischen Bankwesen wird dem „Wertpapier“ Mensch nur soviel Kredit (credo=Vertrauen) entgegengebracht, „wie seine materielle Deckung (Eigentum bzw. Wert als Arbeitskraft) und das Maß, wie andere seinen Kurswert (sein Ansehen) einschätzen, es zulassen.“[51]

1.5 Über Geld und „Vermögen“

Ein mitunter noch größeres Machtpotenzial, zum Guten wie zum Schlechten, kann jenes Geld zur Entfaltung bringen, das man nicht hat, aber haben möchte. Nell-Breuning spricht in diesem Zusammenhang von einer die Menschen heim-

---

47 G. Simmel: Das Geld in der modernen Cultur. Sociologische Studie (1896). In: Gesamtausgabe, Vol. 5., Frankfurt 1989, 191.

48 G. Simmel: Philosophie des Geldes (1900). In: Gesamtausgabe, Vol. 3. Berlin 1989, 514.

49 Ebd. 515.

50 J. Weiß: Mammon, 250.

51 Ebd. 258, unter Verwendung eines Zitats von Herbert Kaiser: Studien zum Deutschen Roman nach 1849. Duisburg 1977, 76.

suchenden, entwürdigenden Geldgier, der viele erliegen, „ja einem Rausch des Geldes verfallen."[52]

In der enormen Bandbreite seines Wirkungsfeldes birgt das Geld seine reichhaltige Fülle von der Potenzialität zur Aktualität. Wunscherfüllung, Freiheit, Triebaufschub, politische und ökonomische Macht, aber auch Ungerechtigkeit, Unterdrückung und Entfremdung gehören zum „*Vermögen*"[53] eines vordergründig banalen Zahlungsmittels.

Dieses *Vermögen* repräsentiert nicht nur den Wert einer bestimmten Warensumme oder Dienstleistung, sondern zugleich die Eröffnung von Freiheit, näherhin der geprägten Willensfreiheit, die uns dank dem Gelde nach Dostojewski erschlossen wird[54], während Tolstois defätistische Einschätzung im Geld bloß „eine neue Form der Sklaverei"[55] erkennen will.

Jean-Jaques Rousseau versuchte die Bipolarität der gleichsam Freiheit wie Knechtschaft verheißenden Aspekte des Geldes in einprägsame Worte zu fassen: „Das Geld, das man besitzt, ist das Mittel zur Freiheit; dasjenige, dem man nachjagt, das Mittel zur Knechtschaft."[56]

Geld oszilliert in faszinierender Weise zwischen schier unzählbaren Handlungsoptionen, Versprechungen, „es beseitigt und begünstigt zugleich soziale Differenzierung und es erleichtert die Herausbildung und Verfeinerung von Herrschaft."[57] Geld kann Sozialprestige verschaffen, der Triebbefriedigung dienen, oder einfach nur spekulative Zukunftsvisionen beflügeln. An diesem Plus,

---

52 Oswald von Nell-Breuning und J. Heinz Müller: Vom Geld zum Kapital, 13.

53 In der Mehrfachbedeutung des Wortes „Vermögen" steckt nach Alois Halbmayr bereits ein erster Hinweis auf tiefere Ursachen, wie den durch das Geld schier grenzenlos sich eröffnenden Freiheitsraum und den sich dadurch auftuenden potenziellen Möglichkeiten einer Transzendenzerfahrung. „Mit Geld kann man eine Reise buchen, ein Haus kaufen, ins Kino gehen, die Zuneigung einer Frau erwerben, bestechen, Gönner spielen, großzügig sein usw. Das könnte *ich* alles, wenn *ich* wollte." In: A. Halbmayr: Die Wechselwirkung von Gott und Geld. Georg Simmels *Philosophie des Geldes* als Beitrag zur Relativität der Gottesrede. Habilitationsschrift. Katholisch-Theologische Fakultät der Paris-Lodron-Universität Salzburg, 2007. 20–21. (Kursivsetzungen im Original).

54 Einem berühmten Diktum Dostojewskis zufolge, ist Geld „geprägte Freiheit" vor der Kontrastfolie der Knechtschaft, die er im Gefängnisalltag erlebt: „Ein Sträfling, der etwas Geld besaß, litt zehnmal weniger als einer, der gar keines besaß. … Die ganze Bedeutung des Wortes Sträfling bezeichnet einen Menschen ohne Willen, verschwendet er aber Geld, so handelt er nach *eigenem Willen.*" Fjodor M. Dostojewski: Aufzeichnungen aus einem Totenhaus (und drei Erzählungen). München / Zürich 1980, 124 u. 125.

55 Zit. nach: Stefan Welzk: Geld regiert die Welt. Aber wie? In: Kursbuch 130. Das liebe Geld. Berlin 1997, 5.

56 J.-J. Rousseau, Bekenntnisse 1,1. Zit. nach: Klaus W. Bender: Geldmacher. Das geheimste Gewerbe der Welt. Weinheim 2004, 6.

57 Ebd. 5.

diesem Mehrwert des Geldes hängen inkommensurable menschliche Gefühle und Bedürfnisse, werden Potentiale entfaltet, aber auch Ängste geschürt und Gefahren heraufbeschworen.

Das Geld ist „im Zuge der Globalisierung zur neuen Internationale, zur neuen weltumspannenden, wahrhaft katholischen Institution geworden, die weitgehend über Haben und Sein, Leben oder Nichtleben entscheidet."[58]

In überzeugender Art und Weise legt Georg Simmel den Doppelcharakter des Geldes offen: Zum einen ist Geld der große Schrittmacher der Industrie- und Dienstleistungsgesellschaft, die von individueller wie gesellschaftlichen Freiheiten geprägt ist, zum anderen auch „Symbol und Paradigma neuer Entfremdungen und Gefahren."[59]

1.6 Geld stinkt nicht, oder doch?

Der Freudschen anal-erotischen Devaluation des Geldes als übelriechender Kot könnte sogleich der apologetische Satz „Geld stinkt nicht" entgegen bzw. vor die rümpfende Nase gehalten werden. Ein Euphemismus mittels Umkehrung, wie man heute annimmt, denn die ursprüngliche Losung dürfte gelautet haben: „pecuna olet"[60], womit der Geld-Kot-Vergleich seine Berechtigung zu haben scheint.[61]

Teresa von Avila schien selbst dieser Tatsache noch etwas Positives abzuringen: „Geld ist der Kot des Teufels, aber er ist ein wunderbarer Dünger."[62]

Gleichzeitig scheint die Annahme einer gewissen theoretischen Tragweite berechtigt, die Freuds Zusammenführung von Geld und Fäkalien im Zuge eines historischen Verdrängungsaktes zu unterstützen scheint, wie Noam Yuran unter Zuhilfenahme von Berührungspunkten zu Karl Marx zu verdeutlichen sucht. Freuds spekulativer Ansatz wird dabei anhand eines Stufenmodells erklärt, wel-

---

58 A. Halbmayr: Die Wechselwirkung von Gott und Geld, 21.

59 Zit. n. A. Halbmayr: Die Wechselwirkung von Gott und Geld, 11.

60 So die These von Sándor Ferenczi: Pecunia olet (1917), in: Internationale Zeitschrift für Psychoanalyse, Jg. IV., erläutert in: In: Kursbuch 130. Das liebe Geld. Berlin 1997,152. Der bekannte Ausspruch „Pecunia non olet" wird dem Kaiser Vespasian (9–69) zugeschrieben, der damit die Einführung der Toilettensteuer begründet haben soll. Vgl. dazu Dietrich Bauer: Geldgeschichten der Bibel. Stuttgart 2006, 12, 17.

61 Die trügerische Sprache verrät Rudimente dieser anal-sexuellen Konnotationen, wenn jemand um sein Geld *beschissen* wird, einer einen *Haufen* Schulden hat, man von *harter* und *weicher* Währung spricht, von *Geldsäcken* und *Dukatenscheißern*, von *potenten Kunden* und *Schmiergeld*. Vgl. dazu: Iris Mainka: Das große Geschäft. In: Kursbuch 130. Das liebe Geld. Berlin 1997, 154;

62 Zit. nach Karl Gaulhofer: Die Geldwäscher Gottes. In: Die Presse, 27.09.2009, 20.

ches vom frühkindlichen Interesse an Fäkalien hin zu einer reiferen Faszination für Geld verläuft.[63]

Demgegenüber wohnt dem Geld jene faszinierende Sinnlichkeit inne, die, von der Verheißung schier unbegrenzter Möglichkeiten angefeuert, Menschen in höchste (durchaus auch sexuell konnotierbare) Erregungen versetzt, wie nicht nur an Casinospieltischen sondern auch auf dem Börsenparkett zu beobachten ist. In Krisenzeiten freilich scheinen viele Menschen, von Verlustängsten gepeinigt, schweren Herzens und um jeden Preis, Erinnerungen an die Sinnlichkeit des Geldes just im Augenblick ihres Verschwindens festhalten zu wollen. In Abwandlung Margaretes' Stoßseufzer in Goethes Faust 1 ließe sich durchaus sagen: „Am Gelde hängt, zum Gelde drängt doch alles. Ach wir Armen!"

Die ungebrochene Inklination der Menschen zum Geld und noch mehr zum Gold ist spätestens seit dem Spürbarwerden der Finanzwirtschaftkrise augenscheinlich, wobei das Edelmetall Gold als Anlageform wieder mehr umschwärmt ist. In Lobeshymnen wird seine Aura als Inbegriff von Sicherheit und Wertbeständigkeit (Stichwort „Inflationsschutz") gepriesen. Kaum jemand will Goethes Gretchen beipflichten, die bloß Betroffenheit und Ungemach über den Goldglanz ausbreitet. Doch wer auf die Sicherheit des glänzenden Edelmetalls rückhaltlos zu vertrauen gedenkt, sollte der Tücken des Goldes und viel mehr noch seines wahren Wertes in Krisenzeiten gewahr sein. Hier kann an den Benjaminschen Begriff der *Aura* erinnert werden. Diese Aura, die sich am Geld zu bewähren hätte, scheint im Augenblick ihres Entschwindens „eine besonders konzentrierte, melancholische Faszinationskraft" anzunehmen.[64]

1.7 Geld zwischen Tabu und Irrationalität.

Obwohl Geld in aller Munde ist, bleibt es eines der letzten Tabuthemen in unserer ansonsten offenen, demokratisierten, ausdifferenzierten und säkularen Gesellschaft. Es fällt vielen Menschen auffallend schwer über die Höhe ihrer Einkünfte oder ihrer angelegten Gelder zu sprechen. Das große Tabu Geld bleibt wohlgehütet im erlauchten Kreis der jeweils Eingeweihten. Für Geld wird nicht nur gelogen und betrogen, auch genötigt und gemordet. Über Geld spricht man/frau nicht gerne, vielleicht weil es aus Bernhard Lietaers psychoanalytischer Sichtweise

63 Vgl. N. Yuran: Geld als Verdrängung. Ansichten aus der Psychoanalyse und der heterodoxen Ökonomie. In: Sigmund Freud Museum (Hg.) Internationale Konferenz „Geld und Seele". Booklet zur Tagung. 15.10.2010 Wien, 5.

64 Vgl. Joachim Kalka: Das bespiene Antlitz Christi und der Geldspeicher von Dagobert Duck. In: Kursbuch 130. Das liebe Geld. Berlin 1997, 165.

neben der Sexualität und dem Tod zu den drei wesentlichen Tabus der westlichen Gesellschaft zählt. „Das Tabu des Geldes existiert sowohl auf der persönlichen als auch auf der kollektiven Ebene. Es gilt als ‚unanständig', jemanden zu fragen, wieviel Geld er besitzt oder woher er es hat."[65] In Anlehnung an C. G. Jung erkennt Lietaer im Geld, der Sexualität und dem Tod drei Hauptattribute eines einzigen Archetyps, der „großen Mutter", deren Dominanz wir uns persönlich wie kollektiv bewusst werden sollten, auf dass das Geld nicht über uns herrsche, sondern wir es zu unserem „Diener" machen.[66] Als Schattenwesen dieser „großen Mutter" Geld tauchen die Phänomene Gier und Angst vor Knappheit auf, wobei die Angst vor Knappheit wieder Gier gebiert, was nach Lietaers Darstellungsweise an eine durch kollektive Emotionen ausgeformte, zirkuläre Konstruktion erinnert, in welcher Geld nicht als fixe Größe, sondern vielmehr als gesellschaftliche Übereinkunft erscheint. Jedoch legen Lietaers Ausführungen sowohl den Ausbruch aus dem geldgewirkten Zirkelschluss nahe, als auch die Entmystifizierung der scheinbaren Heiligkeit des Geldes. Beide Extreme zeigen sich verstärkt in den von Finanzhysterien begleiteten, episodenhaft auftretenden Boom-und-Bust-Zyklen[67], in welchen die Märkte in mitunter wahnwitzige Anfälle von Kaufräuschen verfallen, um danach irgendwann, einen meist von irrationalem Angstfieber begleiteten Zusammenbruch zu erleiden. Solche Crash-Szenarien treten durchschnittlich alle 15–20 Jahre irgendwo in der Welt auf und treffen die Märkte ausgerechnet dann, „wenn alle Beteiligten glauben, sie seinen gegen solche ‚primitiven', irrationalen Probleme immun."[68] Ein rätselhafter wie unerklärlicher Vorgang, wie Lietaer einräumt, jedoch darf innerhalb seiner Analyse nicht übersehen werden, dass ein „rationaler Markt", so es diesen überhaupt gibt, vom Menschen qua hyperrationalen Homo oeconomicus[69]

---

65 B. A. Lietaer: Mysterium Geld. Emotionale Bedeutung und Wirkweise eines Tabus. Mönchengladbach 2000, 18.

66 Vgl. ebd. 18–19, sowie die vertiefenden Erläuterungen zum Archetypus Mutter und Muttergottheiten in verschiedenen Religionen, 38–88.

67 Zum *Boom-Bust-Phänomen* vgl. ebd. 113–117, mit einer vergleichenden Zusammenschau der großen Finanz-Crashs der Börsengeschichte, wie etwa der Tulpomanie von 1631, dem Südseeschwindel 1729, dem legendären New Yorker Börsenkrach 1929 und dem „Schwarzen Montag" am 19.10. 1987, an dem der Dow-Jones-Index nach ungehemmten Spekulationen und der Angst vor einem jähen Umschlagen des damaligen Börsenbooms um rund 23 Prozent (!) einbrach.

68 Ebd. 111.

69 Das Konzept des *Homo oeconomicus* fügt – als psychologischer Eckpfeiler der Wirtschaftswissenschaften – der klassischen Definition des rational handelnden Individuums eine zusätzliche Dimension hinzu. Lietaer kritisiert die psychologische Annahme der eine „Gruppen- oder Massenpsychologie" zugrundeliegt, welche die individuellen Züge des Menschseins unberücksichtigt lässt. Als nützliche Hypothese dient der *Homo oeconomicus* den Wirt-

gelenkt wird, wobei massenpsychologische Phänomene wie auch der schlichte Einbruch des Kontingenten wichtige Rollen spielen.

1.8 Literarische Beispiele der Geldkritik

Hörisch vermeint, im Antigone-Stoff einen Beleg für die These gefunden zu haben, Geld etabliere sich mittels täuschender Weltvorstellungen als „gegengöttliches Medium“,[70] womit argumentativ die Untergrabung der Vorstellung einer Göttlichkeit des Geldes schon in der Antike einen beachtenswerten literarischen Beleg vorzuweisen hat.[71] Sophokles bezeichnet Geld als „schmählich Übel“, welchem zerstörerisches Potenzial innewohnt. Es „verkehrt den edlen Sinn“, prägt falsche Vorstellungen, erhebt sich schließlich gegen Gott und wird damit zum „gottverhassten Werk“.[72] Dementsprechend scharf fällt Kreons Geldanklage aus:

„Kein ärgrer Brauch erwuchs den Menschen als
Das Geld! Es äschert ganze Städte ein,
Es treibt die Männer weg von Haus und Hof,
Ja, es verführt auch unverdorbne Herzen,
Sich schändlichen Geschäften hinzugeben,
Es weist den Sterblichen zur Schurkerei
Den Weg, zu jeder gottvergeßnen Tat!
Doch alle, die um Gold sich so vergingen,
Was sie zuletzt erwirkten, war die Strafe. …
Verdienen darf man nicht um jeden Preis,
Denn schmutzige Gewinnsucht führt bekanntlich
Ins Unheil öfter als in Sicherheit.“[73]

In einer treffenden Paraphrasierung des politisch heiklen Motivs „Jedem das Seine“ sinniert Bertolt Brecht über den geldlichen Glückseligkeitstraum, der schon im Hier und Jetzt der Verheißung, die Erfüllung anheimstellt:

---

schaftswissenschaften allemal als vereinfachender Aspekt der geschäftstätigen Eigenschaften des Menschen. Vgl. ebd. 120–121.

70 J. Hörisch: Poesie des Geldes. In: UNIVERSITAS. Zeitschrift für Wissenschaft, Kunst und Literatur, Jahrgang 45, Heft 4, 1990, 334–44, 335.

71 Vgl. J. Weiß: Mammon, 205.

72 Ebd. 205. Mit einem Verweis in FN 201 auf Karl Marx, der das Antigone-Zitat ebenfalls verarbeitet hat, in: K. Marx: Das Kapital. Kritik der politischen Ökonomie. Buch 1: Der Produktionsprocess des Kapitals. In: MEW:, Vol. 23. Hamburg 1977, 146.

73 Sophokles: Antigone, übersetzt von Wilhelm Kuchenmüller. In: Reclams Universal-Bibliothek, Stuttgart 1987. Zit. in: Wolfram Weimer: Geschichte des Geldes, Frankfurt und Leipzig 1992, 38f.

„Niedrig gilt das Geld auf dieser Erden
Und doch ist sie, wenn es mangelt, kalt
Und sie kann sehr gastlich werden
Plötzlich durch des Gelds Gewalt.
Eben war noch alles voll Beschwerden
Jetzt ist alles golden überhaucht.
Was gefroren hat, das sonnt sich
Jeder hat das, was er braucht.“[74]

Für Weiß steht fest, dass sich die semantische Leere des Begriffes Geld erst in der praktischen Anwendung mit botschaftlicher Bedeutung füllt. So lange Geld ruht, mag es als nebensächliches Ding, bloßes Mittel zum Zweck angesehen werden. Ab dem Zeitpunkt seines Einsatzes wird jedoch klar, dass die durchaus geläufige Zuschreibung des nebensächlichen Gebrauchswerts zu kurz greift. Die im Geld versteckten Güter offenbaren sich gleichsam in der Kaufentscheidung.[75] Dieser religiös konnotierte Offenbarungsgedanke, den auch Hofmannsthals Protagonist Jedermann preist, entfaltet die Übersetzungskraft von der ideellen zur güterlich-ökonomischen Botschaft, in welcher das Geld seine allumspannende Möglichkeit nicht nur bewirkt, sondern gleichzeitig auch diese Möglichkeit stets *ist*.

„Nimm die Belehrung von mir an:
Das war ein weiser und hoher Mann,
Der uns das Geld ersonnen hat
An niederen Tauschens und Kramens statt.
Dadurch ist unsere ganze Welt
In ein höher Ansehen gestellt
Und jeder Mensch in seinem Bereich
Schier einer kleinen Gottheit gleich,
Daß er in seinem Machtbezirk
Gar viel hervorbring und bewirk.“[76]

1.9 Kann Geld Zukunft kaufen, oder anders gefragt, welche Heilkräfte birgt der Konsum?

Nach dem Terroranschlag auf das World Trade Center glaubten viele New Yorker in der Befolgung des Appells ihres Bürgermeisters, Rudolph Giuliani: „Geht

74 B. Brecht: Niedrig gilt das Geld. In: Gesammelte Werke in 20 Bänden, Band 3, Frankfurt am Main 1967. Als Zitat in: W. Weimer: Geschichte des Geldes, 244.

75 Vgl. J. Weiß: Mammon, 91f.

76 Hugo von Hofmannsthal: Jedermann. Das Spiel vom Sterben des reichen Mannes. (1901) Frankfurt, 1973, 20f. Zit. n. J. Weiß: Mammon, 92.

einkaufen!“ ihr Heil in der Konsumption finden zu können; also mithilfe vermehrten Geldausgebens über ein geeignetes Handwerkzeug für die Trauerarbeit des sich abzeichnenden Post-9/11-Traumas zu verfügen. In der Tat verfiel der Big Apple mitnichten in die befürchtete Massendepression, dafür aber in einen kaum da gewesenen Konsumrausch, „der die Preise für alles von der Banane über Plätze in der Oper bis zur Wohnung in fast jeder Lage in obszöne Höhen trieb – und aus New York auch für den, der sie liebt, eine Stadt machte, in der nicht mehr viel geschah außer der fiktiven Geldvermehrung.“[77]

Jener herbei ersehnte Kapitalzufluss vermehrte jedoch nicht die Lebensqualität der New Yorker, war also alles andere als biophil und lebensdienlich. Vielmehr schien – aus heutiger Sicht – das sich immer schneller drehende Preiskarussell nur zündender Funke eines Auftakts für eine noch viel umfangreichere Katastrophe, nämlich jener auf den Finanzmärkten zu sein. Dass Geld und seine möglichst umfangreiche Zirkulation per se nicht zwingend dem Leben dienen muss, auch wenn dies von höchster Stelle aus als Rosskur herzhaft empfohlen wird, erfuhren leidvoll nicht nur jene, die heute noch an den „Klagemauern“ der Wall Street ihren Sinn- und Kapitalverlust abzuarbeiten trachten, es zeigte sich auch dramatisch, dass der Preis des Heilsmittels zu hoch war, dass der Glaube an die Wirkmächte des Hyper-Konsums enttäuscht und damit eine Zeit des tiefgehenden Vertrauensverlustes in die Allmacht des Mammons eingeläutet schien. Das englische „*fortune*“ steht nicht umsonst für eine breite Bedeutungs-Klaviatur, auf welcher zum Kontrast der hochtönenden Klänge „Reichtum“, „Vermögen“ und „Glück“ (meist zugleich) die Bassakkorde „Schicksal“, „Zufall“ und „Fanal“ mitgespielt werden. Auf den Börsen[78] scheint der Zufall zur Regel geworden sein; der Einbruch des Kontingenten regiert nicht selten absolutistisch über die rationalen Kalkulationen der Analysten, welche schon am Folgetag so fern und weltfremd anmuten, sodass zur Kontingenzbewältigung das legendäre „Hobellied“ aus Ferdinand Raimunds Zaubermärchen „Der Verschwender“ herangezogen werden darf, in dem es nivellierend heißt: „Da ist der allerärmste Mann, der andere viel zu reich. Das Schicksal setzt den Hobel an und hobelt alle

---

77 Verena Lueken: Zwischen Ufern. In: FAZ, 15.11.2008, 46.

78 Die erste Börse Europas entsteht 1409 in Brügge. Der Name „Börse“ verdankt sich der Brügger Kaufmannsdynastie „van der Burse“ (dieser Name ist wahrscheinlich vom niederländischen „beurs“ = Geldbeutel, abgeleitet). Aus den regelmäßigen Handels- und Geldgeschäften beim Brügger Markt entwickelt sich eine permanente Finanzinstitution in welcher auch Wertpapiertransaktionen getätigt werden. Börsen entstehen auch 1460 in Antwerpen, 1462 in Lyon, 1531 in Amsterdam und 1540 in Nürnberg und Augsburg. Vgl.: Wolfram Weimer: Geschichte des Geldes, 80.

gleich."[79] Dieses Lied bietet zugleich die verblüffend-praktische, gleichsam augurenlächelnde Conclusio für alle mit dem Brustton der Fachkompetenz vorgetragenen analytischen Finanzweissagungen an, nämlich: „ …am End weiß keiner nix."[80] Für Geld kann man fast alles kaufen, dadurch steigt aber auch das Risiko enorm, sich eines Tages falsch zu entscheiden.

1.10 Zur Ambivalenz eines geldvermittelten Gefühls der Sicherheit

Auf die intersubjektiven Beziehungen der Menschen übertragen, lässt sich auf der theologischen Reflexionsebene die Frage stellen, welchen Stellenwert die Menschen dem Geld in ihrem Leben einräumen, ob und warum sie ihre Herzen an Geld und Besitz hängen, welche Hoffnungen sie damit verknüpfen und welche Opfer sie für die Erhaltung und Vermehrung ihrer Geldvermögen bereit sind zu erbringen.

Besitzstreben kompensiert gesellschaftliche Ängste. Während sich aber das besessene Gut stets auf einen Sinnzusammenhang, eine Botschaft bezieht, „verweist Geld schlichtweg auf sich selbst."[81] Weiß versucht der Göttlichkeit des Geldes auf die Spur zu kommen. Wie kann das Geld „zum religiösen Fach" übertreten? Wie gewinnt es neben seiner funktional-diesseitigen auch eine religiöse jenseitige Bedeutung?

Geld bedeutet nicht nur die Möglichkeit, Bedürfnisse im Hier und Jetzt zu befriedigen, es kann auch einen in weite Ferne gesetzten Triebaufschub einer vielleicht nie einzulösenden Option evozieren. Ein vielleicht lebenslang waltender, theoretisch stets realisierbarer Traum, der den Geldbesitzenden als Möglichkeit zur Wirklichkeit dient und damit ein Wohlgefühl der Entspannung vermittelt. Gedanklich ins Unendliche aufschiebbar, wird das nie verwendete Geld gleichsam obsolet und zur ewigen Nullstelle.

Freilich können mit dem Geld bei weitem nicht alle Risiken des Lebens abgedeckt werden, aber: Geld scheint bis zu einem gewissen Grad den Einbruch des Kontingenten abzumildern und eine Entlastungsfunktion gegenüber lebensfeindlichen Kräften zu übernehmen, oder wie Niklas Luhmann meint, man „wird unabhängiger in bezug auf die Gefahr der Not. Als Konzentration und Dezentra-

79 F. Raimund: Das Hobellied, aus dem Zaubermärchen „Der Verschwender" (1833), dritter Aufzug. In: www.ferdinandraimund.at/stuecke/verschwender/verschwender.pdf, 117–118. Download: 05.12.2008.

80 Ebd. 118.

81 J. Weiß: Mammon, 128.

tion der Vorsorge für Zukunft löst Geld, soweit es reicht, soziale und religiöse Sicherungsmittel ab. Geld haben heißt Zukunft haben, und Geldverwendung ist trading in futures."[82] Jedoch sind auch hier, wie Halbmayr trefflich anmerkt, die vermeintlichen Sicherheiten und Errungenschaften des Geldes von nicht geringen Risiken begleitet. „Darin stecke die tiefe Ambivalenz des Geldes: Auf der einen Seite transformiert Geld die Kontingenz in bewältig(bare) Einheiten, auf der anderen Seite erzeugt sie genau dadurch neue Risiken, weshalb die symbolische Generalisierung einen diabolischen Charakter aufweist. Geld führt nicht zu einem sorgenfreien Leben, aber zu einer Systematisierung der Unsicherheit auf wirtschaftsspezifische Abhängigkeiten."[83]

1.11 Mit nichts mehr in der Hand: Virtuelles Geld.

In seiner amorphen Existenz als elektronisches Zeichen und als binärer Zahlencode kam dem virtuellen Buchgeld jedwede materielle Symbolik abhanden. Es ging seines ehemals dreidimensionalen Münzseins verlustig. Buchgeld reduziert seine Dimension auf den Ausdruck seiner „gesellschaftlich-göttliche(n) Abstraktion". Virtuelles Geld ist nichts anderes als es ist: Ausdruck eines abstrakten, gesellschaftlichen Wertes über eine Zeitspanne.[84]

Im Datenverkehr hat das Geld den bisher letzten Schritt seiner Evolution vollbracht und ist, in Anlehnung an Descartes ganz *res cogitans* geworden, ohne dabei seine Wirkmacht in der Sphäre der *res extensa* aufgegeben zu haben.[85]

Im Gedicht „Zahlungsmittel" schlägt Hans Magnus Enzensberger eine metaphorische Brücke von den Eigenschaften des virtuellen Gelds zum Heiligen Geist:

„Drahtlos
wie der Heilige Geist,
kann es nicht schlafen.
Es ist zu nervös, wittert
und flieht. Oft hat es Nullen,
will, daß man daran glaubt,
religiös wie es ist und humorlos,
möchte es, daß man es wäscht,
sammelt, zählt und bewegt,
damit es arbeiten kann,

82 N. Luhmann: Die Wirtschaft der Gesellschaft. Frankfurt ²1996, 268.

83 A. Halbmayr: Die Wechselwirkung von Gott und Geld, 429.

84 Vgl. J. Weiß: Mammon, 276.

85 Vgl. ebd. 277.

wachsen, schneller und schneller.
Dann ist es plötzlich weg."[86]

In der digitalen Welt, könnte man resümierend feststellen, wird der aristotelische *Satz vom Widerspruch*[87] aufgehoben, demzufolge es unmöglich sei, dass X zugleich Nicht-X sein kann. Zumindest semantisch, wie Weiß hinzufügt, gilt jedoch im elektronischen Rechenvorgang die Möglichkeit, dass 1 gleich 0 ist.[88]

86 H. M. Enzensberger: Zahlungsmittel. In: ders.: Leichter als Luft. Moralische Gedichte. Frankfurt 1999, 29. (In Übernahme der Verszeileneinteilung und der Groß- u. Kleinschreibung v. Original).

87 In Auseinandersetzung mit dem sophistischen Relativismus, der den Wahrheitsbegriff verschwimmen lässt, sucht Aristoteles in seiner Metaphysik nach einem „sicheren Prinzip", das eine Täuschung unmöglich macht und findet es im sog. „Satz vom Widerspruch": „Ein und dasselbe (kann) demselben Gegenstande und in derselben Bedeutung nicht zugleich zugesprochen und abgesprochen werden." In: Christoph Helferich: Geschichte der Philosophie. 2., überarb. und erw. Aufl., Stuttgart 1992, 44.

88 Vgl. J. Weiß: Mammon, 286.

2 Gedanken zum Ursprung des Geldes

Verfolgt man die Spur des Geldes zunächst ausschließlich über seine wirtschaftswissenschaftliche Definition, zeichnet sich seine über das explizit Ökonomische hinausragende Bedeutung nur ansatzhaft ab. Denn unter dieser Betrachtungsweise erscheint Geld nur als Wertmaßstab, Recheneinheit, Tauschmittel und Wertaufbewahrungsmittel. Das Geld steht für das „tertium comparationis" aller erdenklicher Waren und Dienstleistungen, wenn es denkbar Grundverschiedenes hinsichtlich seines möglichen Tauschwerts vergleichbar, handelbar und preislich verrechenbar macht.[89] Geld erweitert aber auch die Freiheitsgrade des Individuums, näherhin seine Wahl-, Entscheidungs-, und Handlungsfreiheit.[90]

Um 25.000 v. Chr. setzt Weimer einen Zeitpunkt, der als frühester Nachweis für die Verwendung von dem angesehen werden kann, was wir heute gemeinhin als Geld benennen. In den Höhlen Westeuropas lebten Menschen, die Nephritbeilchen[91] als Zahlungsmittel benutzten. Gleichzeitig aber tauschten andere Urvölker, was sie brauchten, gegen Nahrungsmittel, Sklaven und vor allem Vieh ein. „Das englische Wort ‚fee' (deutsch Vieh, altenglisch feoh), das lateinische ‚pecunia' (von pecus = Rindvieh) erinnern noch heute an diese uralte Kulturtradition."[92] Auch Muscheln waren über Jahrtausende bei vielen Völkern als Geld gebräuchlich.

Aristoteles beschreibt zwei Arten der Erwerbskunst: die Hausverwaltungskunst (oikonomia) und die Kaufmannskunst (chrematistik). Letztere weiß sich der Gewinnrationalität verbunden und scheint sich, so Aristoteles, nur ums Geld zu drehen, welches seiner Auffassung zufolge aus den Bedürfnissen des Tauschverkehrs geschaffen wurde, schließlich sind nicht alle Güter leicht zu transportieren. Allein dem Geld verdankt sich die Kaufmannskunst, bei der es kein Genug

89 Vgl. dazu: Karl Homann / Andreas Suchanek: Ökonomik. Eine Einführung, Tübingen 2000, 316ff.

90 Vgl. zum Freiheitsaspekt auch Christoph Deutschmann: Kapitalismus, Religion und Unternehmertum: eine unorthodoxe Sicht. In: Ders. (Hg.): Die gesellschaftliche Macht des Geldes, Wiesbaden 2008, 85–103, bes. 93.

91 Der Nephrit ist ein lauch- bis graugrüner, durchscheinender, aus wirr durcheinander geflochtenen Mineralformen zusammengesetzter Stein. Vgl. dazu: DUDEN, Das Fremdwörterbuch. 8., neu bearbeitete und erweiterte Auflage. Mannheim 2005, 699.

92 Wolf Weimer: Geschichte des Geldes, 25. (eigene Kursivsetzung, Klammersetzung im Original).

zu geben scheint. Der Reichtum, der sich dieser Erwerbsart verdankt, sei unbegrenzt, so Aristoteles, dem es scheint, als wäre bei den Kaufleuten allein der Gelderwerb das Ziel, auf das alles ausgerichtet sein müsse. „da es aber eine doppelte Erwerbskunst gibt, ... die des Kaufmanns und die des Hausverwalters, und diese notwendig lobenswert ist, die Tauschkunst (i.e. Gelderwerb) dagegen mit Recht getadelt wird ..., so ist erst recht der Wucher hassenswert, der aus dem Gelde selbst den Erwerb zieht und nicht aus dem, wofür das Geld da ist. Denn das Geld ist um des Tausches willen erfunden worden, durch den Zins vermehrt es sich aber durch sich selbst ... Diese Art des Gelderwerbes ist also am meisten gegen die Natur."[93]

2.1 Über die Annahme einer religiösen Herkunft des Geldes

Um zum Ursprung einer möglicherweise religiös konnotierten Geld-Idee vorzustoßen, wird unter Heranziehung eines weitgehenden Forschungskonsenses angeraten, das 4. Jahrtausend vor unserer Zeitrechnung, im Zweistromland Mesopotamien näher zu betrachten, wo die Sumerer verbindliche Gewichtsmengen für Gold, Silber und zeitweilig auch Kupfer als Rechen- und Handelseinheiten festlegten.[94] Von diesem ersten Quasi-Geld bis zur Prägung der ersten Münzen im antiken Griechenland vergingen beinahe eineinhalb Jahrtausende. Am Übergang vom 8. zum 7. Jahrhundert v. Chr. beschloss Pheidon, der Tyrann von Argos, den Richtern ihren Lohn für ihre Urteilssprüche nicht mehr in Bratspießen mit dem Fleisch der Opfertiere, Obelos genannt[95], auszuzahlen, sondern in Münzgeld.[96] Der griechische Geschichtsschreiber Herodot nennt den lydischen König Alyattes (ca. 619–560 v. Chr.) im westlichen Zentralanatolien als Begründer des Münzwesens, welches von seinem Sohn Kroisos, dessen Reichtum bis heute sprichwörtlich geblieben ist, lukrativ fortgeführt wurde. „Die religiöse Bindung der Münze – Ersatz für Fleischstücke des Opfertiers – blieb lange ge-

---

93 Aristoteles: Die zwei Arten der Erwerbskunst. – Das Zinsverbot, in: Politik und Staat der Athener, übersetzt von Olof Gigon. Zürich, Stuttgart 1955. Zit. in: W. Weimer: Geschichte des Geldes, 42.

94 Klaus W. Bender: Geldmacher. Das geheimste Gewerbe der Welt. Weinheim 2004.11f.

95 Latinisiert wurde daraus *Obolus* und eine bis heute in der Forschung diskutierte Frage, ob die Geldschöpfung tatsächlich auf sakrale Handlungen zurückzuführen ist, wie Bender nahelegt. Vgl. ebd. 12f.

96 Vgl. ebd. 12.

wahrt. Im alten Rom wurden die Münzen im Tempel der Juno Moneta[97], auf dem heutigen Kapitolshügel, von Priestern geprägt."[98]

Dies kann als Indiz dafür gelten, dass der Ursprung des Geldes durchaus von einem religiösen Beziehungs- und Austauschcharakter mitgeprägt war. Jedenfalls scheint Geld von archetypischer Bedeutung zu sein, wofür sich auch Tad Crawford ausspricht.[99] Die Mutter- und Fruchtbarkeitsgöttin Juno hatte mehrere Beinamen und war die wichtigste Göttin im alten Rom. Als „Mutter des Geldes" trug sie den Beinamen Moneta.[100] Die römische Göttin Juno Moneta hat die griechische Göttin Mnemosyne zum Vorbild, dem Sinnbild des Gedächtnisses. „Wer sich erinnert, kann warnen – und das tut Moneta. Um einen Eindruck davon zu erhalten, welche unterschiedlichen Einflüsse Geld auf uns hat, brauchen wir nur daran zu denken, daß die griechischen Wörter *menos* (mit der Bedeutung Geist, Mut und Entschlossenheit) und *mania* (Verrücktheit) dieselbe Wurzel haben wie Moneta und Mnemosyne", erläutert Crawford und hebt damit einmal mehr den ambivalenten Doppelcharakter des Geldes hervor, das, besonnen aber auch völlig närrisch in Umlauf gebracht, eine unermessliche Vielfalt an Wirkungen zeitigt. Der maßvolle Umgang und das zum Geld gehörende (Wert)*Messen*, geht auf die indoeuropäische Wurzel *me* zurück, die auf geistige Fähigkeiten anspielt. Dieser wichtige Aspekt des Geldes sollte, wie Crawford betont, stets mitbedacht werden, denn Messen, Gedächtnis und Warnung sind Schlüsselbegriffe für den bewussten Geldumgang.[101]

Zu einer kaum bestreitbaren Entstehung der Geldwirtschaft aus der Sphäre des Religiösen führen auch die Untersuchungsergebnisse von Hans Joachim Höhn, der davon ausgeht, dass die Spur des Geldes in die heiligen Bezirke antiker Städte führt.[102] Um Gottheiten günstig zu stimmen, wurden – und werden teilweise noch immer (eigene Anm.) – Opfergaben zum einem heiligen Tausch bereitet. Das lateinische *pecunia*, welches sich von *pecus* (Vieh) herleitet, dessen Fleisch

---

97 Vgl. dazu den in der deutschen Umgangssprache üblichen Begriff *Moneten*. Ebd. 12

98 Ebd. 12.

99 Crawford wendet hier die von C.G. Jung entwickelte Theorie der Archetypen als uralte, überall vorfindbare, gemeinsame Erfahrungsmotive und –muster in Denken und Verhalten der Menschen auf den Geldumgang an. Vgl. T. Crawford: Das geheime Leben des Geldes, 24f, unter Bezugnahme auf Daryl Sharp: Jung Lexicon. Toronto 1991, 29.

100 Jeder ihrer Namen symbolisierte einen Aspekt ihrer Natur. Als *Juno Pronuba* war sie Brautführerin, als *Juno Opigena* oder *Juno Lucina* stand sie Gebärenden bei, als *Juno Matronalia* beschützte sie die Mutterschaft und als *Juno Caprotina* war sie Schutzgöttin der Sklavinnen. Der lat. Begriff *moneta* geht auf die indoeuropäische Wurzel *men* zurück, die *denken* bedeutet. Vgl. T. Crawford: Das geheime Leben des Geldes, 26–27.

101 Vgl. ebd. 27.

102 Vgl. H.J. Höhn: Mythos Kapital. Zur kulturellen und religiösen Relevanz des Geldes. In: ThGl 100 (2010) 31–33.

man auf der Opferstange *obulus* aufspießte, weist – so Höhn – eindeutig zur ursprünglichen Absicht des Geldes.[103] Ferner bringt Höhn die antike Gerichtsverhandlung ins Spiel, für die im Vorfeld Prozessgeld *(sacramentum)* zu entrichten war, welches im sacrum, dem Tempel hinterlegt wurde. Ein festes Gebäude, in dem Priester mit der treuen Aufbewahrung des Geldes befasst waren. „Die Gottheit sollte die Sicherheit des Geldes garantieren und die Ehrlichkeit der Menschen bewirken, die mit dem Geld umgehen."[104] Auch Höhn schließt die Klammer zum Tempel der altitalienischen Ehegöttin Juno, den man als Hauptdepot und Münzstätte wählte, und weist auf die Korrelation zu dem bei der Eheschließung versprochene Treueschwur hin, den Juno einmahnt; deshalb trägt sie den Beinamen *Moneta*.[105] In diesem semantischen Zusammenhang sei auch auf die Feststellung von Wilhelm Zauner hingewiesen, der das deutsche Wort Geld einer religiös-kultischen Sprache zuordnet: „Geld ist das, was vor Gott gilt"[106] Es scheint demnach nicht verwunderlich, dass etwas, das vor Gott Geltung erlangt, zum Geltungs- und Tauschmedium für Verbindlichkeiten aller Art avanciert. So wurden auch die „vertraglichen Regelungen zwischen Gläubigern und Schuldnern häufig in Tempelbezirken abgewickelt", und Tempel selbst traten als Kreditgeber, Mahnungs- und Eintreibungsinstanzen hervor. Mit einem Vergleich in die Gegenwart verweist Höhn auf die anhaltende Neigung vieler Geldinstitute, ihre Architekten bewusst oder auch unbewusst anzuhalten Bankhäuser wie Tempel aussehen zu lassen.[107] Ferner bleibt dem geschulten Blick auch im deutlich priesterlich-strengen Dresscode der Bankkaufleute die religiöse Erbschaft des Geld-Genres nicht verborgen. Höhn will auch die tabernakelhafte Form der Tresore und Schließfächer und das altarähnliche Design der Bankschalter nicht unerwähnt lassen, um die modernen Korrelationen zwischen Geld und Religion zu verdeutlichen, die er als „Resultat von Konversionen" einstuft. Denn: Das einstige Leitmedium Religion habe in der Moderne seine allgemeine Geltung verloren. „Also muss man es in eine gültige Leitwährung konvertieren."[108] Je-

103 Vgl. ebd. 37.

104 Ebd. 37.

105 Von hier wird die Bezeichnung *Monete* für das in den Tempeln hinterlegte Geld offensichtlich. Auch die Begriffe *Münze* und *money* gehen laut Höhn auf diese Wurzeln zurück. Vgl. ebd. 37.

106 W. Zauner: Religion und Geld. In: Diakonia 26 (1995) 73.

107 Vgl. H.J. Höhn: Mythos Kapital, 38.

108 Ebd. 38. Einige Arbeiten versuchen zur Klärung der Umstände des Substitutionsprozesses beizutragen, in dessen Verlauf das Geld die Symbolik und Semantik des Religiösen überformen und ersetzen. Dazu zählt auch das Projekt einer „Ontosemiologie". Vgl. dazu: Jochen Hörisch: Kopf oder Zahl. Die Poesie des Geldes, Frankfurt a.M. 1996, oder ders.: Gott, Geld, Medien. Studien zu den Medien, die die Welt im Innersten zusammenhalten. Frankfurt a.M. 2004.

doch erblickt Höhn im Wechsel vom Leitmedium Religion zum Leitmedium Geld „keine substanzielle Umwandlung“, sondern eine funktionale Äquivalenz, für die als Indiz die Aufschrift auf der Dollarnote „in God we trust“ durchaus gelten kann. „Geld wird zum funktionalen Doppelgänger Gottes und Gott wird zum Double des Geldes“[109], stellt Höhn dazu fest. Joachim von Soosten spricht in diesem Kontaxt von einem Spiegelstadium, das er zwischen Gott und Geld für erreicht hält. „Gott und Geld erkennen sich wechselseitig in ihrem Bild (imago) und Gleichnis (similitudo).“[110]

Daraus ergibt sich für Höhn auch eine neue, gleichsam geldbezogene wie praxisübersetzte Allmachtsdefinition, die in der Vorstellung mündet sich alles leisten zu können, überall hin zu können und das jederzeit, somit scheint mit der finanziellen Unabhängigkeit „die monetäre Umschreibung für Freiheit und Autonomie“ gefunden zu sein, oder wie Höhn zugespitzt formuliert: „Was Gott schon lange konnte, vermag nun endlich auch der Mensch – dank seines Geldvermögens.“[111]

Zusammenfassend soll auch der Umstand Berücksichtigung finden, dass Juno Moneta eine Fruchtbarkeitsgöttin ist und somit die (un)heiligen Interaktionen zwischen Menschen und Göttern auch ein Stück weit mit der Entwicklung des Geldes und des Marktes zusammenhängen. Die Hervorhebung des Fruchtbarkeitsaspektes des Geldes könnte für weitere Schritte dienlich sein, die den fruchtvollen Einsatz des Geldes zu beleuchten trachten.

2.2 Am Anfang war der Handel: Die Geldwirtschaft als eine Konsequenz der Tauschverhältnisse

Georg Simmel stellt die Frage, warum und unter welchen Voraussetzungen das Geld, als Objekt der Begierde, zum universalen Tauschmittel aufsteigen konnte, wobei er seine Thesen zunächst auf psychologische Motivforschungen stützt, um von dieser Reflexionsebene ausgehend zu den sozialen Bedingungen der Geldwirtschaft vorzudringen.[112] Auf diesem Forschungspfad entfaltet Simmel seine *Werttheorie*, eines der Herzstücke der *Philosophie des Geldes*, wie Halbmayr

---

109 H.J. Höhn: Mythos Kapital, 38. Klammersetzung im Original.

110 J.v.Soosten: Schwarzer Freitag: Die Diabolik der Erlösung und die Symbolik des Geldes. In: Dirk Baecker (Hg.): Kapitalismus als Religion. Berlin ^{2}2009, 121–144, bes. 132.

111 H.J. Höhn: Mythos Kapital,39.

112 G. Simmel: Philosophie des Geldes (1900), GSG 6, Frankfurt a.M. ^{4}1996. 23–138. Das programmatische Eröffnungskapitel „Wert und Geld“.

hervorhebt.[113] Simmels grundlegende These kulminiert im Destillat seiner Untersuchungen über das ökonomisch geprägte Tauschverhalten. Er gelangt zu dem Ergebnis, dass die Geldwirtschaft als Konsequenz der Tauschverhältnisse entstanden sein muss und nicht deren Ursache darstellt, oder zugespitzt formuliert: Am Anfang war der Handel; Menschen interagierten im Warentausch, unterhielten lange vor der Monetarisierung ihrer Welt rege Austauschbeziehungen, aus denen heraus sich allmählich eine Geldwirtschaft entwickeln konnte. Simmel verneint explizit Geldentstehungstheorien, die auf religiöse Opferkulte oder von der politischen Obrigkeit verkündete Erlässe rekurrieren, womit er ein prozesshaft-dynamisch-evolutives Modell vertritt, in welchem er die Kernfrage stellt, „welche psychologischen und kognitiven Voraussetzungen denn gegeben sein müssen, um überhaupt ein solch hochkomplexes System wie die auf den Faktor Geld gegründete Wirtschafts- und Gesellschaftsordnung aufbauen zu können,“[114] wie Halbmayr kompakt zusammenfasst und darauf hinweist, dass von dieser Verortung her auch Simmels Anliegen verständlich wird, „der Marx'schen These von der gesellschaftlichen Bestimmung des Bewusstseins eine Komplementärperspektive zur Seite zu stellen.“[115]

Jenseits von Subjekt und Objekt etabliert Simmel den Begriff des Wertes als eine dritte Größe, die erst durch den Akt des Warentausches zu einer ökonomischen wird, wodurch die Wertsetzung als ein durch die Akteure initiierter Vorgang zu begreifen ist. Simmel kann zeigen, dass erst im intersubjektiven Tauschprozess so etwas wie Wert konstituiert wird, sobald die Akteure im sachlichen Verhältnis ihr Begehr für ein Objekt oder Individuum zum Ausdruck bringen. Mit anderen Worten entsteht aus einer Gefühlsbedeutung die Relativität der Wertbestimmung und somit ihre Objektivierung.[116]

2.2.1 Kein Tausch ohne Mehrwert

Ein Tausch kommt demnach erst dann zustande, wenn die beteiligten Tauschakteure einen je subjektiven Mehrwert aus diesem Verhältnis beziehen, der sich mit Geld ausdrücken lässt. Objektiv besehen könnte man zur Ansicht gelangen, dass beide Gleiches für Gleiches getauscht haben, subjektiv aber, muss wohl für jeden

113 Vgl. A. Halbmayr: Die Wechselwirkung von Gott und Geld, 222f.

114 Ebd. 222, unter Bezugnahme auf G. Simmel, Philosophie des Geldes, Kapitel 1: 2.2.3.

115 Ebd. 222. Halbmayr diesbezüglich zu bedenken, dass Simmel damit die Marxsche Position indirekt bestätigt und nicht, wie des Öfteren behauptet wurde, korrigiert.

116 Vgl. G. Simmel, Philosophie des Geldes, 56, sowie die darauf fußenden umfangreichen Untersuchungen von A. Halbmayr: Die Wechselwirkung von Gott und Geld, 224–234.

Beteiligten der Wert des Erhaltenen das Gegebene übersteigen, ansonsten keine Tauschzufriedenheit aufkäme.[117] Der Wert repräsentiert im Tauschverhältnis also jene dritte Instanz, dem eine objektive Messung subjektiver Wertungen der Akteure zugrundeliegt. Diese dritte Wertinstanz kann durch das Geld überindividuell repräsentiert werden und – so von den Tauschpartnern akzeptiert – als eine Größe sui generis ins Spiel gebracht werden, die den Tauschprozess aufgrund vereinfachter Quantifizierungsnormen erleichtert und in vielen Fällen überhaupt erst ermöglicht. Mit anderen Worten: Simmels Untersuchungen der Tauschverhältnisse basieren nicht auf additiven Prozessen des Gebens und Nehmens, „sondern ein neues Drittes ... entsteht, indem jeder von beiden Prozessen im absoluten Zugleich Ursache und Wirkung des andern ist."[118]

Somit wird Geld zum universalen Symbol und Ausdruck des wirtschaftlichen (Tausch-) Wertes von Waren, Individuen und Dienstleistungen, welcher diesen erst in einem ökonomisch bedingten Austauschprozess zufällt.

Halbmayr erinnert auch daran, dass das Geld für den frühen Marx in Anlehnung an Moses Hess „die verdinglichte Entfremdung menschlicher Arbeit (repräsentiert), die in den Tauschbeziehungen zum Vorschein kommt."[119] Das Geld fördert für Marx den in den Waren enthaltenen Widerspruch von Tausch- und Gebrauchswert sichtbar zu Tage. Im Transformationsprozess zu ihrem geldlichen Tauschwert erfährt die Ware eine vom Gebrauchswert völlig losgelöste Existenz, bar jeder proportionalen Verhältnismäßigkeit.[120] Simmel kommt jedoch auf die für Marx zentralen Probleme, die mit der Verhältnisbestimmung von Tausch- und Gebrauchswert einhergehen, nur indirekt zu sprechen: „Der Wert, der den Dingen durch ihre Tauschbarkeit zufällt zuwächst, bzw. diese Metamorphose ihre Wertes, durch die er zu einem wirtschaftlichen wird, tritt zwar mit der extensiven in intensiven Steigerung der Wirtschaft immer reiner und mächtiger an den Dingen hervor – eine Tatsache, die Marx als das Ausgeschaltetwerden des Gebrauchswertes zugunsten des Tauschwertes in der warenproduzierenden Ge-

---

117 Vgl. ebd. 231–232, sowie G. Simmel, Philosophie des Geldes, 70, 77, 79. Ferner: Hans Blumenberg: Geld oder Leben. Eine metaphorische Studie zur Konsistenz der Philosophie Georg Simmels. In: Hannes Böhringer / Karlfried Gründer (Hg.): Ästhetik und Soziologie um die Jahrhundertwende 121–134 (o.O. u. J.); Andrea Steinhilber: Die Dritte Seite der Medaille. Zu Georg Simmels Philosophie des Geldes und ihrem Beitrag zu einem Verständnis von Wirtschaft. Heidelberg 2003, 63.

118 G. Simmel, Philosophie des Geldes, 73f.

119 A. Halbmayr: Die Wechselwirkung von Gott und Geld, 234. Den Spuren von Moses Hess und Karl Marx folgend, beschreibt Georg Simmel auch das „Ware-Werden der Arbeit" als Entfremdungsprozess, in dem sie zum Fetisch degradiert wird. Vgl. G. Simmel, Philosophie des Geldes, 633.

120 Vgl. K. Marx: Grundrisse der Kritik der politischen Ökonomie (1857 / 58), Berlin 1974, 82ff.

sellschaft ausdrückt –, aber diese Entwicklung scheint nie zu ihrer Vollendung kommen zu können."[121]

Zusammenfassend lässt sich sagen, dass Geld nach Simmels Analyse des Tauschprozesses imstande ist, die Welt des Ideellen und Materiellen zu verknüpfen, indem gezeigt werden kann, dass der Wert etwas Geistiges, „aber nicht bloß Subjektives; etwas Objektives, aber nicht bloß Materielles (ist)"[122] und sich im Geld jenes tauschökonomische Momentum manifestiert, welchem menschliche Relation und Interaktion unabdingbar konstitutiv zugrundeliegen, oder wie Simmel es formuliert: Geld ist ein „Ausdruck und Mittel der Beziehung, des Aufeinanderangewiesenseins der Menschen, ihrer Relativität, die die Befriedigung der Wünsche des einen immer vom anderen wechselseitig abhängen lässt."[123] In diesem von Simmel plausibel dargelegten Aufriss geldlicher Repräsentationsfunktionen der Wertverhältnisse, *ist* das Geld Relation[124], wie auch Halbmayr in Betonung des Simmelschen Diktums der Doppelrolle des Geldes hervorhebt „und in seiner Funktion als ‚Weltformel' steht es jenseits dieser Funktion und *hat* damit Relation."[125]

2.3 Schulden. Ursprung des Geldes?

Die Universalität des Geldes wird durch die Fixiertheit auf sein Fehlen konterkariert. Geld scheint im Übermaß vorhanden, doch kaum jemand, der für sich selbst nicht gerne mehr davon hätte. Peter Selby, der anglikanische Bischof von Durban (Südafrika) führt aus, wie stark das ökonomische System der Industriestaaten darauf ausgerichtet ist, Menschen – ohne Rücksicht auf ihr sozioökonomisches Umfeld und über die Grenzen ihrer finanziellen Möglichkeiten hinaus – zum Schuldenmachen zu verführen.[126]

Im Kredit macht das Geld die Zukunft im Hier und Jetzt verfügbar. Für Hörisch ergibt sich aus dieser Projektion in die Zukunft eine religiöse Konnotation, die er als eschatologischen Vision bezeichnet.[127] Ein Darlehen beruht, wie Weiß

121 G. Simmel, Philosophie des Geldes, 138.

122 Wilfried Geßner: Das Geld als Paradigma. Magdeburg 2002, 18, u. vgl. 37.

123 G. Simmel, Philosophie des Geldes, 179.

124 Vgl. ebd. 131: In seiner berühmt gewordenen These zur gesellschaftlichen Wechselwirkung des Geldes formulierte Simmel, dass Geld Relation *ist* und Relation *hat*.

125 A. Halbmayr: Die Wechselwirkung von Gott und Geld, 238.

126 Vgl. P. Selby: Grace and Mortgage. The Language of Faith and the Dept of the World. London 1997.

127 Vgl. J. Hörisch: Poesie des Geldes. In: Universitas. Zeitschrift für Wissenschaft, Kunst und Literatur, Jahrgang 45, Heft 4, 1990, 334–44 bes. 341.

in seiner Analyse des *Merchant of Venice* zeigt, „immer auf einer optimistischen Prognose und ist die bankliche Prophezeiung glücklicher Tage. … Geld ist die potenzierte Vorratshaltung, in der der Mensch das unternimmt, was er eigentlich erst in Zukunft erledigen müsste."[128]

Muss der Mensch sein Leben lang für die biblische Urschuld „bezahlen"? Daraus ließe sich mit Weiß eine Eschatologie der Zentralbank entwickeln, „die Aufschub bis zur endgültigen Abrechnung gewährt."[129] Dirk Baecker datiert den Beginn des Geldkreislaufs in die Zeit der Sumerer und der Gewohnheit der Priester, „mit Schuldverschreibungen, namentlich Anweisungen auf die Getreidebestände des Tempels, Arbeiter zu bezahlen, die diese als Steuer wieder abgaben."[130]

Letztendlich scheint Geld immer nur durch sich selbst gedeckt. In Krisenzeiten droht sich das fragile Wirtschaftskonstrukt in ein Nullsummenspiel aufzulösen. Weiß ist überzeugt: „Diese Null hinterlässt ein Loch der Ungewissheit, das nur mit religiösem Glauben geschlossen werden kann."[131] Verlöre die Geld-Glaubensgemeinschaft ihre Bindung, entstünde eine Sinnlücke, in welche die Gemeinschaft zu fallen drohte und die mit Lévi-Strauss gleichfalls nicht ohne Schuld gedacht werden kann, weil für ihn Schuld als die grundlegende Gemeinschaftsstruktur angesehen werden muss.[132]

2.3.1 Kredit kommt von credo

Viele Redewendungen beziehen sich auf zwischenmenschliche Schuldverhältnisse.[133] Schulden zu haben, bedeutet notwendigerweise, dass man jemandem etwas „wert" ist, dass letztlich jemand einem vertraut und zutraut, das Geliehene

---

128 J. Weiß: Mammon, 194.

129 Ebd. 119.

130 D. Baecker: Die Beobachtung der Paradoxie des Geldes. In: Hans-Ulrich Gumprecht/ K. Ludwig Pfeiffer (Hgg.): Situationen offener Epistemologie. Frankfurt 1991, 180. Vgl. auch J. Weiß: Mammon, 119, mit dem inhaltlichen Verweis auf Simmel, der erkannt haben will, „dass alles Geld nur eine Anweisung auf die Gesellschaft ist; es erscheint gleichsam als ein Wechsel, in dem der Name des Bezogenen nicht ausgefüllt ist." In: G. Simmel: Philosophie des Geldes, 213.

131 J. Weiß: Mammon, 119.

132 Vgl. Claude Lévi-Strauss: Einleitung in das Werk von Marcel Mauss. In: Marcel Mauss: Soziologie und Anthropologie, Vol. 2, Frankfurt 1950, 31.

133 Z.B.: „Das wirst du mir bezahlen", „wir sind quitt", „mit dir habe ich noch eine Rechnung offen", oder Redewendungen, die auf das Zahlen abzielen, wie „dafür kann ich mir nichts kaufen", den kauf ich mir", etc. Vgl. dazu: Wolfgang Krüger: Die Faszination des Geldes: Begierde, Sehnsucht, Leidenschaft. München 1998, 51.

wiederzuerhalten. Der Umkehrschluss würde bedeuten, Unverschuldete seien nicht nur im ökonomischen Sinne wertlos, zumal das nichtvorhandene Credo des Kredits in Wechselwirkung zum offensichtlich fehlenden Vertrauen in den Menschen steht. In sie will niemand sein Credo investieren.[134]

Doch wehe dem, der das in ihn investierte Credo verspielt hat. Im Falle der Uneinbringlichkeit der Schulden zeigte das Geld im Laufe seiner Geschichte nicht nur, dass es Opfer ersetzen kann; es fordert auch Opfer: „Qui non habet in aere, luat in cute".[135] Das Eintreiben von Schulden geht mancherorts auch heute noch immer mit Gewaltanwendung einher, welche die Kompensation zu regeln trachtet. In den heutigen Industrienationen meist nur noch in symbolischer Form, die Georg Simmel im zweiten Kapitel seiner „Philosophie des Geldes", des Öfteren als „Opfer" bezeichnet, „das man geben muss, um Gewinn zu erzielen. Aber implizit steckt die wirkliche Todesandrohung in der Zahlung, die nur geronnenes Opfer darstellt".[136]

Im Kreditverhältnis findet Marx zufolge die „*Schätzung* eines Menschen in *Geld*" statt. Er hält das für eine „Niederträchtigkeit". Weiß zeigt, dass Marx diesen Gedanken aus Shakespeares *Merchant of Venice* aufgegriffen und folgendermaßen weiterverarbeitet hat: „Der Kredit scheidet den Geldwert nicht mehr in Geld, sondern in menschliches Fleisch und in menschliches Herz."[137]

Der Ausdruck eines Menschen in Geld(wert) ist aber auch eine – auf den ersten Blick nicht zwingend erkennbare – Humanisierung des Schuldgeschäfts und dient letztendlich dem Schutz und der Unversehrtheit der Person, „die mit dem Darlehen nicht mehr sich selbst geben muss. Das Geld ersetzt den guten Namen, mit dessen Aussprache auch immer Macht über den Träger gewonnen wäre."[138]

Bei Bertolt Brecht tritt denn auch klar zutage, dass es einen großen Unterschied macht, mit welcher Geldsumme man sich verschuldet. Je mehr, desto besser, könnte man meinen, denn auch hier gilt in Abwandlung eines Brechtschen Diktums, dass man nur die sieht, die im Licht stehen: „In der Politik ist es

---

134 Vgl. J. Weiß: Mammon, 119ff.

135 „Wer kein Geld hat, büße es im Fleisch", verlangt das Römische Zwölf-Tafel-Gesetz. Zit. in: J. Weiß, Mammon, 125, nach Dietrich Schwanitz: Das Shylock-Syndrom oder die Dramaturgie der Barbarei. Frankfurt, 1997, 30.

136 J. Weiß: Mammon, 125, der auch das literarische Beispiel des Dr. Faustus einbringt, welcher einem jüdischen Gläubiger sein Bein als Zahlungsaufschub für sechzig Taler überlässt, „das er sich aufgrund seiner Zauberkräfte zurückholen und wieder an seine gewohnte Stelle setzen kann". In: Anonymus: Historia von D. Johann Fausten. Text des Drucks von 1587. Kritische Ausgabe, hg. v. Stefan Füssel/Hans J. Kreutzer. Reclam, Stuttgart 1988, 85.

137 Zit. n. J. Weiß: Mammon, 126, aus K. Marx: Auszüge aus James Mills Buch „Éléments d'économie politique." Trad. par. J.T. Pariso, Paris 1823. In: MEW, Ergänzungs-Vol., Teil1, 1981, 449. (Kursivsetzungen im Original).

138 J. Weiß: Mammon, 126.

wie im eigentlichen Geschäftsleben. Kleine Schulden sind keine Empfehlungen, große Schulden, das ändert den Aspekt. Ein Mann, der wirklich viel schuldet, genießt Ansehen. Für seinen Kredit zittert nicht mehr nur er selber, sondern auch der Gläubiger. Es müssen ihm große Geschäfte zugeschoben werden, sonst verzweifelt er und läßt alles seinen Lauf nehmen. Man kann auch nicht seinen Umgang meiden, da man ihn ja ständig mahnen muß. Kurz, er ist eine Macht.“[139]

Halbmayr denkt darüber nach, ob die Verschuldung als eine Grundvoraussetzung der Funktionsweise des Geldes betrachtet werden kann. Diese dunkle Kehrseite des goldglänzenden Geldes steht für Verarmung, Verlust, Unglück und Niedergang. „Ohne Schuld und Schulden gibt es offensichtlich keine funktionierende Ökonomie.“[140]

Auch Walter Benjamin sah im verschuldeten Charakter ein zentrales Merkmal der auf Dauer gestellten Kultreligion des Kapitalismus und seines Geldkultes: „Der Kapitalismus ist vermutlich der erste Fall eines nicht entsühnenden, sondern verschuldenden Kultus. ... Ein ungeheures Schuldbewußtsein, das sich nicht zu entsühnen weiß, greift zum Kultus, um in ihm diese Schuld nicht zu sühnen, sondern universal zu machen, dem Bewußtsein einzuhämmern und endlich und vor allem den Gott selbst in diese Schuld einzubegreifen.“[141]

2.4 Schuld, Schulden und Erlösung im bibeltheologischen Kontext.

Dass die Begriffsfelder Schuld, Erlösung und Vergebung ihren ursprünglichen Sitz im Leben in der Ökonomie haben, wird in den folgenden Kapiteln zu erhellen sein, denn sie kreisen um die ökonomische Bedingtheit, in die Menschen besonders stark verstrickt sind, wenn ihnen das Notwendigste zum Leben fehlt. Mit dem Wort „Vergebung“ ist auch im biblischen Kontext ursprünglich der Schuldenerlass gemeint, und die Hoffnung auf „Erlösung“ meint in vielen Fällen den Freikauf aus der Schuldknechtschaft, wie im Folgenden gezeigt werden kann.

---

139 B. Brecht: Die Geschäfte des Herrn Julius Caesar. In: ders.: Gesammelte Werke 14. Frankfurt/M. 1967, 1332. Zit. nach Martin Leutzsch: Verschuldung und Überschuldung, Schuldenerlaß und Sündenvergebung. Zum Verständnis des Gleichnisses Mt 18,23–35. In: Marlene Crüsemann und Willy Schottroff (Hgg.): Schuld und Schulden: biblische Traditionen in gegenwärtigen Konflikten. München 1992, 117, FN 24.

140 A. Halbmayr: Die Wechselwirkung von Gott und Geld, 28.

141 W. Benjamin, Kapitalismus als Religion, 100f.

2.4.1 Der theologische Begriff der „Erlösung" in seiner ökonomischen Relevanz

Dass Erlösung im religiösen Sprachgebrauch auch etwas mit Geld und einem Kauf-Geschehen zu tun haben könnte, ruft bei nicht wenigen Menschen Befremdung hervor, haftet dem Begriff Erlösung im gängigen Sprachbewusstsein doch etwas Erhabenes und Befreiendes an, ohne dabei eine geldliche Konnotation in Anklang zu bringen.

In der Analyse zahlreicher Bibelstellen des Alten und Neuen Testaments, sowie in der Ausleuchtung der vielfältigen bildspendenden Hintergründe verdeutlicht Röhser, wie nahe der Begriff Erlösung seinen Sitz im Leben zu ökonomischen Berührungs- und Anknüpfungspunkten einnimmt, sodass er zum Schluss kommt, dass wir uns der geldlichen Konnotation von Erlösung (salvation) in ihrer ursprünglichen Begrifflichkeit wieder bewusst werden sollten, „was Hans-Josef Klauck ‚Auffrischung der theologischen Sprache' genannt hat."[142]

Den semantischen Fokus breitet Röhser über das weite Feld antiker Sklaven- und Gefangenenbefreiungen und der nach Kräften ersehnten und angestrebten Beendigung eines ansonsten als drückend und aussichtslos erfahrenen Schuld- und Abhängigkeitsverhältnisses; hinzu tritt ggf. die Begründung eines neuen Zugehörigkeits-, Abhängigkeits- oder Besitzverhältnisses."[143] Es gehe, so Röhser, um eine Lösung und Befreiung „aus fremder Herrschaft im weitesten Sinne" und man werde die Metaphorik des Sklaven- und Gefangenenfreikaufs im damaligen zeit- und vorstellungsgeschichtlichen Kontext wohl schwerlich als „kühn" oder „überraschend" abtun können, schon viel eher als auf der Hand liegend und „konventionell", womit eine große Bandbreite einer Verlebendigung und Remetaphorisierung gegeben sei.[144]

2.4.2 „Der Schuldner ist des Gläubigers Knecht."[145] Die Schuldknechtschaft und das unbarmherzige Schuldrecht.

Im antiken Orient konnte ein mittelloser Mensch relativ rasch – und dem geltenden Recht entsprechend – in die Schuldknechtschaft gezwungen werden. Das Alte Testament bringt dazu zahlreiche Belegstellen. Das Schuldrecht im antiken

142 G. Röhser: Erlösung als Kauf. Zur neutestamentlichen Lösegeld-Metaphorik. In: JBTh Band 21 (2006) Gott und Geld, 189.

143 Ebd. 189

144 Vgl. ebd. 191.

145 So heißt es klar und kühl in: Spr 22,7.

Judentum war, nicht unähnlich zu benachbarten Rechtssystemen, aber auch im späteren römischen Recht, mit einer „zweckgerichteten Zugriffsgewalt auf den Körper einer hausfremden Person verbunden“ wie Hans Kippenberg, gestützt durch zahlreiche biblische Belegstellen nachweist, in welchen die Herausbildung von geldschuldbezogener Abhängigkeit thematisiert wird.[146] Geriet ein Israelit in Geldnöte, konnte er sich selbst in die Knechtschaft verkaufen (Ex 21,1–6; Dtn 15,12–18; Lev 25,39–55), ein Vater konnte seine Tochter zur Schuldsklavin bestimmen (Ex 21,7–11), ein Dieb konnte in die Knechtschaft verkauft werden (Ex 22,1f) und Gläubiger hatten das Recht, ihre Schuldner, allenfalls mitsamt deren Familienangehörigen, in die Schuldknechtschaft zu zwingen (Dtn 15,1f.). In diesen Kontexten werde klar, dass Schuldner sich selbst oder ihre Familienmitglieder in die Knechtschaft verkaufen müssen, nur um einer gewaltsamen Ergreifung zuvorzukommen, bemerkt Kippenberg, wobei dem Verkauf oder der Verpfändung von Kindern dem Selbstverkauf Vorrang eingeräumt wurde (vgl. Neh 5,1–5). Hierauf spiele auch die Drohung des Profeten Jesaia (Jes 50,1) an, Jahwe werde sein Kind Israel an einen Gläubiger verkaufen müssen.[147]

All diesen Fällen ist gemein, dass der Schuldner nicht mehr Herr seiner selbst ist. Mit Aufnahme seines Darlehens hat er bereits seine Freiheit aufs Spiel gesetzt.[148] Der Gläubiger „kauft“ ihn. Damit ist (vgl. Am 8,16) meist „die Übernahme in die Schuldknechtschaft gemeint.“[149] Als einer der Profetenjünger des Elisa stirbt, klagt dessen Frau Elisa ihr drohendes Leid: „Nun kommt der Gläubiger und will sich meine beiden Knaben als Knechte holen (2 Kön 4,1).

In seinen Untersuchungen alttestamentlicher Insolvenzregelungen versucht Erhard S. Gerstenberger der Frage nachzugehen, was einerseits biblische Gesetzgeber und Sozialkritiker veranlasste, Gesetze der Zwangsvollstreckung zu erlassen und welche Entschuldungsregeln retrospektiv überhaupt als praktikabel

---

146 Vgl. dazu: H. Kippenberg: Die Entlassung aus Schuldknechtschaft im antiken Judäa: Eine Legitimitätsvorstellung von Verwandtschaftsgruppen. In: G. Kehrer (Hg.): Vor Gott sind alle gleich. Düsseldorf 1983, 94–124, hier: 97f.

147 Vgl. ebd. 97f.

148 Dass mit der Verschuldung die Freiheit verloren gehen kann, wird auch in Dtn 28,12.44.68 vorausgesetzt.

149 H. Kippenberg: Die Entlassung aus Schuldknechtschaft im antiken Judäa, 99. Im Zusammenhang mit der Schuldknechtschaft wird auch der viel ältere Codex des altbabylonischen Königs Hammurabi (1728–1686 v. Chr.) zitiert: „Wenn die (schuld-) Verpflichtung (wörtlich: Bindung) einen Mann ergriffen hat und er (deshalb) seine Ehefrau, seinen Sohn oder seine Tochter verkauft hat oder sie in ein Gewaltverhältnis gegeben hat, so sollen sie drei Jahre lang im Hasu ihres Käufers oder ihres Herren arbeiten; im vierten Jahr soll ihre Freilassung (anduraru) gewährt werden.“ Zit. n. Kippenberg unter Heranziehung v. J. P. Brown: The role of Women and the Treaty in the Ancient World, in: BZ 25 (1981) 1–28, hier: 25.

angesehen werden können.[150] So zum Beispiel wollen die Freijahrbestimmungen von Ex 21,1–11; Dtn 15,1–18 und Lev 25 versklavte Schuldner rehabilitieren, wenngleich sie für Gerstenberger sämtlich „etwas utopisch“ klingen. „Wir wissen nicht, ob und wie sie im Alltag umgesetzt wurden. Die Beispielerzählung Jer 34,8–16 stimmt nicht sehr optimistisch.“[151] Andererseits seien, so Gerstenberger abwägend, die Erlassjahrbestimmungen von Lev 25 „der eigenartigste und am weitesten reichende Versuch im Alten Testament, schwere soziale Verwerfungen nach Insolvenz von Privatbetrieben ‚abzufedern‘. Es geht um die Rückgabe verpfändeter Immobilien und um die Freilassung von Schuldsklaven.“[152] In einem gut nachvollziehbaren Überblick altorientalischer und jüdisch-christlicher Motivstudien[153] zur Sorge um Mitmenschen, welche privat oder geschäftlich in die Schuldenfalle geraten, gelangt Gerstenberger zur Überzeugung, dass es sich keine Regierung leisten kann, die Verelendung bedeutender Bevölkerungsteile aufgrund von Überschuldung einfach hinzunehmen, ohne dadurch unhaltbare soziale Verwerfungen zu riskieren. Immerhin galten die ehernen Gesetze des Kapitalmarktes auch schon im Alten Orient. „Kredite mussten hoch verzinst zurückgezahlt werden.“[154] Entschuldungseinrichtungen setzen „ad hoc für einen begrenzten Zeitraum oder nach Ablauf einer bestimmten Zeitspanne die ökonomischen Gesetze außer Kraft. Freilassung der Verschuldeten und Rückgabe ihres Eigentums stellten ein gewisses wirtschaftliches Gleichgewicht wieder her.“[155]

Als *Zwischenertrag* kann festgehalten werden, dass die Metapher von der Schuldbefreiung nicht nur ein enormes religiöses Gewicht bekam. Als politisch angewandte Theologie beflügelte sie die gelebte Solidarität mit den wirtschaftlich und sozial in Bedrängnis Geratenen; nicht zuletzt auch die Befreiungstheologen Lateinamerikas. In Zeiten wirtschaftlicher Krisen, Hartz IV-Realitäten und 1-Euro-Jobs reichen selbst altorientalische Debatten um Entschuldung hochaktuell in die Gegenwart herüber.

150 Vgl. E.S. Gerstenberger: In der Schuldenfalle: Zwangsvollstreckung? Insolvenzregelungen in Lev 25 und ihre theologischen Folgen. In Bibel und Kirche. 62. Jg. 1/2007, 16–21.

151 Bald nach Befolgung der göttlichen Anordnung, alle Sklaven zu entlassen, änderten die Menschen ihren Entschluss und holten ihre Sklaven und Sklavinnen wieder mit Gewalt zurück. Vgl. Jer 34, 8–16.

152 E.S. Gerstenberger: In der Schuldenfalle, 16.

153 Vgl. ebd. 16–19.

154 Ebd. 20.

155 Ebd. 20.

2.4.3 Das Erlassjahrgesetz Dtn 15,1f: Nicht Erlass von Schulden, sondern Erlass leiblicher Haftung für Schulden ist gemeint

Für ein umfassendes Verstehen der schuldrelevanten biblischen Gesetzgebung erscheint Kippenberg wichtig, dass in der Erlassjahrgesetzgebung nicht der Erlass von Geldschulden, sondern (nur) das Ende der leiblichen Zugriffsgewalt auf den Schuldner gemeint sei. Seine diesbezügliche Argumentationsgrundlage stützt sich auf den Text von Dtn 15,1–3 selbst: „Alle sieben Jahre sollst du Verzicht gewähren. Jeder Gläubiger verzichte auf das *Pfand* in seiner Hand für das Darlehen, das er bei seinem Nächsten ausstehen hat. Er soll seinen Nächsten und Bruder nicht (länger) drängen, denn man hat für Jahwe einen Verzicht ausgerufen."[156] Die so vereinbarte Haftung bezieht sich somit auf die physische Zugriffsmöglichkeit des Gläubigers auf die Person des Schuldners und erst in zweiter Linie auf ein eventuell vorhandenes Vermögen. Die Frage, ob durch die zwangsweise Indienstnahme des säumigen Schuldners als Knecht nur das Kapital, oder auch die anfallen Zinsen abgearbeitet werden sollen, wird im wissenschaftlichen Diskurs unterschiedlich beantwortet.[157] Kippenberg sieht im Text von Dtn 15,7–11 seine Auffassung gestützt, dass die Schuldknechtschaft der Abarbeitung des Kapitals, nicht aber seiner Zinsen diente, denn darin werde vorausgesetzt, „dass mit dem Verzicht auf den Gebrauch des Pfandes auch die Pflicht des Schuldners erlosch, das aufgenommene Darlehen zurückzuerstatten. Sonst müsste nämlich nicht der potentielle Gläubiger ermahnt werden, auch im Falle eines nahenden Erlassjahres dem bedürftigen Bruder zu leihen."[158]

Eine eindrucksvolle Illustration der auf den ersten Blick eher harmlos anmutenden Verzichtforderung von Dtn 15,1f liefert Nehemia 5. Hier zeigt sich die harte Wirklichkeit des Schuldrechts in seiner praktischen Auswirkung. Ein Gläubiger konnte sich die Güter und die Familienmitglieder eines säumigen Schuldners als Pfand aneignen. Nehemia indes drängt die Vornehmen und Vor-

---

156 Zit. in H. Kippenberg: Die Entlassung aus Schuldknechtschaft im antiken Judäa, 100. (Eigene Kursivsetzung).

157 Zur Frage, ob bei Schuldknechtschaft Zins- oder Kapitalantichrese vorlag, gibt es zahlreiche Untersuchungen, die hier nur als Randbemerkung Erwähnung finden können, wie z.B. Burkart Kienast: Zum altbabylonischen Pfandrecht. In: ZSavRG Rom. Abt 83 (1966), 334–338, Isaac Mendelsohn: Slavery in the Ancient Near East, Oxford 1949, 28f. Beide Autoren behandeln die weitverbreitete Zinsantichrese. Anders die Untersuchungen von Herbert Petschow: Neubabylonisches Pfandrecht AAL Philhist. Kl Bd. 48, Berlin 1956, 104f. Hier wird betont, dass bei den meisten Pfändern unsicher sei, ob reine Zins- oder aber Zins- und Kapitalantichrese vereinbart waren.

158 H. Kippenberg: Die Entlassung aus Schuldknechtschaft im antiken Judäa, 101, gestützt auf die Sichtweise von Ramon Sugranyes de Franch: Études sur le droit palestinien à l'époque évangélique. Fribourg 1946, 85ff.

steher Judäas, die Pfandhaftung gegenüber ihren Brüdern nicht auszuüben. Hier wird die gnadenlose Praxis greifbar, die in der profetischen Kritik von Amos ihren Niederschlag findet, wenn er tadelt, dass Unschuldige wegen Geldschulden und Arme wegen eines Paares Sandalen verkauft werden (vgl. Am 2,6; u. 8,6).

Dass die physische Zugriffsgewalt auf Schuldner proportional zum sozialen Gefälle zunahm, verwundert nicht. Je mitteloser, desto ausgelieferter, gilt für die gesamte biblische Epoche, von den zum Teil bereits vorstaatlichen Rechtsbestimmungen im Bundesbuch, bis weit hinein in das Rechtssystem der römischen Kaiserzeit. Letzteres traf eine eindeutige Unterscheidung zwischen *honestiores* und *humiliores* im Hinbick auf die Möglichkeit einer Personalexekution, deren Auswirkungen gegenüber den Rechtsunterworfenen Friedrich von Woeß mit der Aussage kommentiert: „Wer nicht zu den begünstigten Klassen gehörte, haftete mit seinem Leib für seine Schulden.“[159] Der Schuldknecht büßte auch seine familienrechtliche Gewalt ein und verlor seine Stellung als pater familias.[160]

Zusammenfassend kann gesagt werden, dass die Institution der befristeten Schuldknechtschaft, wie auch die Institution der Entlassung aus ihr, sich im antiken Judentum zu sozialen Symbolen herausgebildet haben. Die ökonomische Bedingtheit der Menschen griff dabei bis zur äußersten physischen Gewaltanwendung in die Lebenswirklichkeit ein. Die Auswirkungen der Schuldknechtschaft tendierten dabei bei Mann und Frau auf jeweils genderbedingt zugeschnittene Unterjochungsformen, die bis in heutige Tage nach dem gleichen Muster ablaufen: bei Männern stand die ökonomische Ausbeutung im Vordergrund, bei Frauen die sexuelle Unterdrückung und Versklavung. Im sozialen Symbol der Entlassung aus der Schuldknechtschaft wird die weit ausschwingende Disparität einer Institution sichtbar, die sich von etwas clangesellschaftlich bedingt Faktischem zu etwas Normativem hin entwickelt hat und in welcher Verwandtschaftsbeziehungen und Sippenzugehörigkeit eine größere Bedeutung hatten als die Aneignung von geldlichem Surplus. Mit dieser Anmerkung sollen allerdings keine idyllischen Vorstellungen tribaler Dorfgemeinschafts-Usancen vor dem Hintergrund einer heute zurecht grausam anmutenden Schuldeintreibepraxis unter drückenden Abhängigkeitsverhältnissen ausgemalt werden, sondern lediglich die ökosoziale Analyse geschärft werden.

---

159 F. von Woeß: Personalexekution und cessio bonorum im römischen Reichsrecht. In: ZSavRG Rom Abt. 43 (1922), 485–529, hier: 491.

160 Schon in Ex 21,3 f verliert der Sklave alle Rechte über seine Familie. Diese gehen auf seinen Herren über. Vgl. dazu auch: H. Kippenberg: Die Entlassung aus Schuldknechtschaft im antiken Judäa, 102 f.

2.4.3.1 Das Erlassjahrgesetz im Spiegel heutiger Wirtschaftszusammenhänge

Krisenhafte Entwicklungen in Wirtschaft und Gesellschaft verlangen nach kritischen Analysen, politischen Maßnahmen und sozialen Abfederungen im Gesamtinteresse des Gemeinwesens. Für Rainer Kessler stellt das deuteronomische Gesetz über das Erlassjahr, welches alle sieben Jahre eine allgemeine Schuldentilgung vorsieht, einen Versuch dar, eine für antike Gesellschaften typische Schulden- und Finanzkrise zu steuern.[161] Das sich im 8. und 7. vorchristlichen Jahrhundert abzeichnende judäische Szenario der Überschuldung und Abhängigkeit bäuerlicher Familien von ihren Kreditwucherern könnte genauso ins Hier und Heute eines Entwicklungslandes übertragen werden. Freilich merkt auch Kessler an, dass die Herausforderungen einer globalen Finanzwirtschaftskrise des 21. Jahrhunderts umfangreichere Regelungen verlangen als die elf biblischen Verse, dennoch könnten Impulse daraus für die gesellschaftliche Debatte hilfreich sein.[162]

Schuldenerlässe haben im Alten Orient durchaus Tradition. Bereits aus dem 2. Jahrtausend verfügt ein Edikt des Königs Ammisaduqa von Babylon (17. Jh. v. Chr.), dass geliehene Sachgüter unter bestimmten Bedingungen nicht mehr zurückgegeben werden müssen.[163] Wie beinahe alle antiken Gesetze gelten sie jeweils nur für ein bestimmtes Volk. So gilt auch das Erlassjahrgesetz nur für die rechtsunterworfene jüdische Gesellschaft. Ausländische Schuldner dürfen davon keinen Gebrauch machen. Kessler betont, dass diese nationale Eingrenzung des gesetzlichen Gültigkeitsrahmens nicht auf Fremdenfeindlichkeit abziele, sondern vielmehr juristische Differenzierungen hinsichtlich der Verwendung der Darlehen berücksichtige. Die Bauern Judäas nahmen keine Konsumkredite auf, sondern sogenannte Notdarlehen, um Zeiten schlechter Ernte, Phasen von Krankheit oder Todesfälle in der Familie finanziell überbrücken zu können.

An Ausländer wurden keine Notdarlehen, sondern reine Handelskredite zum Erzielen von Gewinn vergeben.[164] Wenn also das Deuteronomium zwischen Krediten an „den Bruder“ und an solche an Ausländer differenziert, dürfte es sich juristisch an jene altorientalische Linie anlehnen, die schon im Ammisa-

---

161 Vgl. R. Kessler: Das Erlassjahrgesetz Dtn 15,1–11. Ein Gebot und seine Umsetzung. In: ThGl 100 (2010) 15–30.

162 Vgl. ebd. 16.

163 „Wer Gerste oder Silber … ausgeliehen hat und sich eine Urkunde (darüber) hat ausstellen lassen – weil der König gerechte Ordnung dem Lande geschaffen hat, ist seine Urkunde ungültig …“ zit. ebd. 17, unter Verwendung von Fritz Rudolf Kraus: Königliche Verfügungen in altbabylonischer Zeit. (Studia et documenta ad iura Orientis antiqui pertinentia 1), Leiden 1984.

164 Vgl. R. Kessler: Das Erlassjahrgesetz, 17.

duqa-Edikt sichtbar wird, so Kessler, der herauszuarbeiten versucht, dass die Erlassjahr-Idee nicht auf den potenten Geschäftspartner und Unternehmer abzielt, sondern den armen Schuldner im Auge hat.

In einem *ersten Resümee* und Überlegungsschritt zu heutigen Verhältnissen und zur Zielsetzung dieser Arbeit zeigt sich hier schon recht deutlich, dass unmittelbare, existenzielle Not und die Sicherung fundamentaler Lebensbedürfnisse wohl kaum mit einem Kredit abgefedert werden können, wohl eher durch gezielte Krisenintervention mit breit angelegten, lokalspezifischen Hilfsmaßnahmen oder gezielten Spenden. Im Endeffekt mutiert ein nicht rückzahlbares Darlehen ohnehin zu einer Spende. Diese Überlegungen werden im praktisch-empirischen Teil dieser Arbeit bei der Beurteilung des Mikrofinanzwesens von Bedeutung sein.

Dass die vorderhand erlösende Idee eines Schuldenerlassjahres nicht nur Vorteile mit sich führt, legt Kessler nahe, wenn er darauf hinweist, dass beim Heranrücken eines solchen Entschuldungstermins die Bereitschaft drastisch sinkt, Kredite herzugeben. „Denn je näher das Erlassjahr rückt, desto geringer ist die Wahrscheinlichkeit, den Kredit zurückzubekommen.“[165] Im Grunde zeigt sich hier ein strukturelles Dilemma, das sich bei vielen Sozialgesetzen der Gegenwart mutatis mutandis stellt: Schon die Ankündigung eines internationalen Schuldenerlasses kann zur Folge haben, dass bedürftige Staaten keine Kredite mehr erhalten. Kessler legt in diesem Zusammenhang Wert auf die Feststellung, dass es sich beim Erlassjahr um „kein romantisches Konzept“[166] handelt, weil die bestehenden Gegensätze zwischen Arm und Reich, Herr und Knecht nicht aufgehoben werden. Vielmehr appelliert das Gesetz an Wohlhabende, dieses gleichsam naturwüchsige Gesetz von Herrscher und Beherrschtem allmählich in eine geschwisterlich angelegte Gesellschaft zu überführen. Dies scheint im Alten Orient einfacher zu bewerkstelligen zu sein als heute, da Clangesellschaften per se als großer verwandtschaftlich geprägter Zusammenhang gedacht sind. Bei allen unleugbaren wirtschaftlich bedingten Interessensgegensätzen konnte sich die judäische Gesellschaft im Rückblick auf die Ursprungsgeschichte Israels[167] viel mehr als Solidarverband verstehen als Menschen individualisierter, ausdifferenzierter Gesellschaften heutiger Industriestaaten.

Was die praktische Umsetzung des Erlassjahrgesetzes betrifft, gibt Kessler zu bedenken, dass bald nach seiner Formulierung, wahrscheinlich Ende des 7. Jh., Juda von den Neubabyloniern besetzt wurde (586 v. Chr.) und damit seine Ei-

165 Ebd. 19.

166 Ebd. 20.

167 Vgl. dazu Dtn 15,15: Du sollst daran denken, dass du Sklave warst in Ägypten und JHWH dein Gott dich befreit hat.“

genständigkeit verloren hatte. „Ob die Bestimmungen des Erlassjahrgesetzes bis dahin jemals angewendet wurden, entzieht sich unserer Kenntnis."[168]

2.4.3.2 Das Erlassjahr in der römischen Epoche

Sichere Belege für die Existenz dieses Gesetzes existieren dahingehend, dass zahlreiche Verträge zu seiner Umgehung verfasst wurden.[169] Schuldner müssen darin bei Kreditvergabe versprechen, das Darlehen vollständig zurückzuzahlen, selbst wenn die Tilgungsfrist ein Erlassjahr einschließt. Der soziale Charakter des sogenannten Prosbol, einer Art Hinterlegungsanzeige bei Gericht, die Rabbi Hillel, ein Zeitgenosse Jesu eingeführt hat, wird erst bei genauerem Hinsehen verständlich. Kessler zitiert diesbezüglich aus dem Bericht der Mischna Schebiit 10,2–4, worin Hillel erklärt, er habe diese Maßnahme ergriffen, „als er sah, dass das Volk sich abhalten ließ, sich gegenseitig auszuleihen."[170] Ohne diese Umgehungsmaßnahme wären in Not geratene Menschen überhaupt nicht mehr an Kredite gekommen, die sie zum Überleben dringend benötigten. Damit gilt aber gleichzeitig als belegt, dass eine gewisse Erwartung gehegt wurde, die gesetzliche Praxis des Erlassjahres könnte tatsächlich angewandt werden.

2.4.3.3 Sozialethische Folgerungen des Erlassjahrgesetzes

In seinem Versuch, aus der Befassung mit dem Erlassjahrgesetz wesentliche Impulse und Erträge für die instabile Finanzwirtschaft heutiger Prägung sammeln zu können, geht Kessler zunächst davon aus, dass es zur Steuerung krisenhafter Entwicklung niemals genügen könne, ethisch korrektes Verhalten einzufordern. Genauso wenig können juristische Bestimmungen alleine ein Regelwerk der Besserung bewirken, ohne in einen möglichst breiten ethischen Konsens

---

168 R. Kessler: Das Erlassjahrgesetz, 22. Mit der Zeit des babylonischen Exils bricht mit dem Heiligkeitsgesetz eine neuer, stark priesterlich geprägter Lebensentwurf an. Lev 25,1–7 nimmt dabei den den deuteronomischen Siebenjahresentwurf auf, beschränkt ihn aber auf die agrarische Brache. Nach Lev 25,10 soll erst im Jobeljahr, im 50. Jahr, eine allgemeine „Freilassung" ausgerufen werden, die höchstwahrscheinlich auch einen Schuldenerlass impliziert, der – so Kessler – auffälligerweise unerwähnt bleibt. Jedoch hat auch das „Jobeljahr in der weiteren Geschichte Israels keine nachweisbaren Spuren hinterlassen." In: Ebd. 22.

169 Ein Schuldvertrag aus dem Wadi Murabba'at (55/56 n. Chr.) legt fest, dass der Schuldner verspricht, das geliehene Geld bis zu einem bestimmten Termin vollständig zu bezahlen, „selbst wenn es sich um ein Erlassjahr handelt." In: Ebd. 27 unter Heranziehung von Heinrich Clementz: Des Flavius Josephus Jüdische Altertümer. Wiesbaden [5]1983.

170 R. Kessler: Das Erlassjahrgesetz, 28.

eingebettet zu sein, ist Kessler überzeugt.[171] Wichtig erscheint ihm ferner, dass die Gesetzesformulierung von Dtn 15,1–3 eine Differenzierung in Kredite an den „Nächsten und Bruder“ und an den „Ausländer“ vorsehe, was aber nicht als Scheidung in eine Binnen- und Außenmoral missverstanden werden dürfe, sondern als Differenzierung unterschiedlicher Kreditarten und Kreditbestimmungen: Das Notdarlehen und der explizite Geschäftskredit. Dies sei, so Kessler, deshalb so beachtenswert, „weil es auch heute nicht angeht, dass Kredite, die arme Länder zur Behebung von Notlagen bekommen, gleich behandelt werden wie Kredite, die zur Abwicklung Profit bringender Geschäfte gegeben werden.“[172]

Was die ethische Argumentation von Dtn 15,7–11 angeht, streicht Kessler den Gedanken der Geschwisterlichkeit hervor, wohl wissend, dass dieser auch romantisch wie populistisch missbraucht werden kann, um real bestehende Interessensgegensätze oder soziale Spannungen in einer Gesellschaft zu übertünchen. Vielmehr sei hier ein Verweis herauszulesen, „dass eine Gesellschaft nur bestehen kann, wenn sie die Partizipation aller ermöglicht.“[173]

Vor dem Hintergrund der biblischen Botschaft, derzufolge am Anfang eines Wirtschaftskreislaufs immer der Segen Gottes steht, zeichnen sich die beiden seit Adam Smith gängigen Grundannahmen der modernen Volkswirtschaftslehre, die am Anfang bloß den Mangel sehen und als Mittel zu seiner Überwindung die menschliche Arbeit, besonders kontrastreich ab. Soziale Gerechtigkeit ergibt sich also unter einem biblischen Paradigma, wenn der Wirtschaftskreislauf vom göttlichen Segen begleitet zu vermehrtem Segen führt. „Ein Wirtschaften, das nur die Vermehrung des Reichtums zum Ziel hat und darüber die Frage der Teilhabe aller an dem erwirtschafteten Reichtum aus dem Auge verliert, kann auf Dauer nicht segensreich sein. Darüber, ob alle partizipieren, entscheiden nicht die Reichen, sondern die, die wirtschaftlich benachteiligt sind.“[174]

Zusammenfassend und für die weitere Befassung mit dem Thema dieser Arbeit von Bedeutung, sollen zwei Aspekte aus Kesslers Erträgen besonders beleuchtet werden. Erstens, die Vergabe von Darlehen an bedürftige Menschen zum Erhalt oder zur Neugründung von Existenzen muss sich von den Usancen einer Geschäftskreditvergabe deutlich unterscheiden. Geht es bei ersterem um eine gleichsam lebensdienliche wie lebenserhaltende Anschubfinanzierung als Bedingung der Möglichkeit fundamentale Bedürfnisse einer menschenwürdigen Existenz grundzulegen, dient ein Geschäftskredit der Profitsteigerung und unterliegt völlig anderen Gesetzmäßigkeiten. Eine Trennschärfe muss freilich auch

171 Vgl. ebd. 29.
172 Ebd. 29.
173 Ebd. 29.
174 Ebd. 29.

dahingehend entwickelt werden, ob ein rückzahlbares Darlehen an Menschen, denen es an Grundlegendem mangelt, ethisch vertretbar ist. Als Soforthilfe sind meist nicht rückzahlbare Darlehen vernünftiger, wie Beispiele aus der Mikrofinanz und einschlägige UN-Untersuchungen im empirisch-praktischen Teil dieser Arbeit zeigen werden. Zu diesem Thema führt auch der zweite wichtige Aspekt aus Kesslers Untersuchungen zum Erlassjahr, den er als „Partizipation aller" anklingen lässt und der in weiterer Folge bei Beobachtungen aus der Mikrofinanz als Instrument der „Beteiligungsgerechtigkeit" von Bedeutung sein wird.

2.4.4 Schuld und Schulden im neutestamentlichen Kontext

Parallel zu seiner theologischen Analyse führt Christoph Niemand auch auf einer soziologischen Reflexionsebene in die Lebenssituation der galiläischen und judäischen Gesellschaft in der ersten Hälfte des 1. Jahrhunderts, um das sozioökonomische Umfeld, in welchem Jesus und seine *„radikale Bettelprophetengruppe*"[175] ihren Raum zu finden trachteten, auszuleuchten.[176] Niemands Forschungsansatz bezieht in sein Gesamtbild die an die römische Besatzungsmacht zu entrichtende enorme Steuerlast mit ein, welche zu einer Überschuldungskrise geführt hat, in der „viele Menschen aus den unteren Mittelschichten ihre wirtschaftlichen Lebensgrundlagen (kleinbäuerliche oder handwerkliche Familienbetriebe) verloren oder in Gefahr sahen."[177] Ähnlich wie heute ging mit der Verarmung auch das Folgephänomen der sozialen Entwurzelung einher.[178] In diesem

175 Ch. Niemand: Jesus und sein Weg zum Kreuz. Ein historisch-rekonstruktives und theologisches Modellbild. Stuttgart 2007, 51. (Kursivsetzung im Original).

176 Vgl. die von Niemand angeführten Beispiele: Lk 9,57ff; Mk 6,6b–13; parr Mt 10,5–15 und Lk 9,2–5; 10,4–12: „Bettelei und demonstrative Unbehaustheit bei den Predigtwanderungen." In: ebd, 51; FN 63.

177 Ebd. 52. Niemand verweist auf die Häufigkeit der Themenfelder unbezahlbare (Steuer)-*Schulden*, bzw. „deren ersehntem *Erlass* in vielen Bereichen der Jesusüberlieferung als – selbstverständlich vorausgesetzter – sozioökonomischer Erfahrungshintergrund: Mt 5,25f; 6,12 (Vaterunser, Vergebung der (Geld)-*Schuld*); 18,23–25; Lk 16,1–7 u.a." In: ebd. 52, FN 65. (Eigener Hinweis in Klammer, Mt 6,12 betreffend, da die Diskussion um die Frage der darin evt. mitgemeinten Geldschuld in dieser Arbeit gesondert behandelt wird).

178 Vgl. dazu die von Niemand angeführten, durch die Krisensituation ausgelösten unterschiedlichen Reaktionsmuster der ortsansässigen gesellschaftlichen und religiösen Bewegungen: „Einerseits Auswanderergruppen, räuberische Banditen oder vagabundierende Bettler als desintegrierte Varianten; andererseits die Qumran-Gruppe (mit ihrem ‚Neuanfang in der Wüste'), bewaffnete Widerständler in den Zelotenbanden und prophetische Bewegungen (wozu die Jesus-Gruppe zu rechnen wäre) als religiös motivierte Varianten, die sich als Erneuerungsbewegungen verstehen. In: C. Niemand: Jesus und sein Weg zum Kreuz, 52, FN 66.

soziohistorischen Kontext lenkt Niemand einerseits die Aufmerksamkeit auf die Zusammenschau der eminenten Bedeutung zentraler Verkündigungsinhalte der Botschaft Jesu mit der radikalen Lebensform seiner Gruppe und arbeitet andererseits den „soziologisch beschreibbaren Funktionszusammenhang“[179] heraus, der nur in Korrelation mit dem „*theologischen und eschatologischen Anspruch*“[180] der Jesus-Bewegung verstanden werden kann, die „von Gottes königlichem Herrschen eine gütig-souveräne Neuverteilung der gesellschaftlichen Positionen und Güter“[181] erwartet, bei gleichzeitiger demonstrativer Inanspruchnahme und Vorwegnahme der sich im Hier und Jetzt schon Bahn brechenden Königsherrschaft Gottes.

In der Soteriologie wird zur Deutung des Erlösungsgeschehens Christi immer wieder auf den ökonomischen Sprachschatz zurückgegriffen. So zum Beispiel erwiesen sich die ökonomisch codierten Erlösungsmetaphern vom *Loskauf* (Mk 10,45; 1 Kor 6,20; 7,23; Gal 3,13; 4,5) oder das traditionsgeprägte Bild vom *wunderbaren Tausch*[182] für die christologische Reflexion als höchst anknüpfungsfähig.[183]

In seinen Untersuchungen zur neutestamentlichen Lösegeld-Metaphorik erachtet es Günter Röhser als Tatsache, dass die exegetische und theologische Tradition viel getan hat, um die mögliche Provokation der Lösegeld-Metaphorik nicht nur zu entschärfen, sondern sie auch letztlich „als der ‚Sache‘ unangemessen zu entlarven. … Finanzielle Kategorien … seien deshalb durch ‚personale‘ zu ersetzen.“[184] Zumindest in der Glaubens-Theorie war man versucht, die Bereiche Kapital und Religion säuberlich auseinander halten zu wollen, was nicht verwundert, da dieses Unterfangen im Alltagsleben kaum gelingt. „Wenigstens die Religion sollte ein Bereich sein, in dem es auf tief greifende ‚Beziehungen‘ ankommt und nicht auf ‚Tauschgeschäfte‘ (Leistung und Gegenleistung, Werk und Lohn), finanzielle Transaktionen und ähnliche Verpflichtungen.“[185] Jesus schien kaum Berührungsängste vor der lebensnahen Verquickung von Geld und Glaube zu haben, wovon einige themenspezifische biblische Gleichnisse künden.[186] Einen weiteren wichtigen Schritt setzt Röhser mit der Aufnahme des

---

179 Ebd. 52.

180 Ebd. 52 (Kursivsetzung im Original).

181 Ebd. 52.

182 Vgl. dazu: Raymund Schwager: Der wunderbare Tausch. Zur Geschichte und Deutung der Erlösungslehre, München 1986, 77–100.

183 Vgl. auch A. Halbmayr: Die Wechselwirkung von Gott und Geld, 29.

184 G. Röhser: Erlösung als Kauf. Zur neutestamentlichen Lösegeld-Metaphorik. In: JBTh Band 21 (2006) Gott und Geld 161–192, hier 161.

185 Ebd. 161. (Anführungszeichen und Klammersetzung im Original)

186 Vgl.: Mt 13,44–46; 25,14–30; Mk 4,25; Lk 14,28–30; 16,1–9.

„positiven“ Aspekts des Heilsvorgangs in die theologische Bedeutung des frühchristlichen Erlösungsbegriffs. Es geht darin nicht nur um die Befreiung von Altlasten und um Vergebung, sondern vielmehr um die Grundlegung eines neuen Lebens, flankiert von einer Reinigungsmetaphorik. Dieser Beobachtung zollt Röhser theologisches Gewicht, denn wenn der Ausdruck „Erlösung“ im Neuen Testament auch nur ansatzweise nicht nur Vergebung und Befreiung von Vergangenem bedeutet, sondern auch Erneuerung und „Ermächtigung zur Zukunft“ (vgl. auch den gängigen Terminus „Empowerment“ im Zusammenhang mit ökonomischen Start-Ups), „so steht er damit in prinzipieller Strukturanalogie zum paulinischen Verständnis von ‚Rechtfertigung‘ und zu den Konzepten von ‚Sühne und Stellvertretung‘, die wir ebenfalls im Umfeld oder sogar in engster Verbindung mit unserer Vorstellung finden,“[187] gibt sich Röhser zuversichtlich, damit wichtige Voraussetzung für den späteren Siegeszug des umfassenden theologischen Fachbegriffs Erlösung aufgezeigt zu haben, welcher in seiner Genese im Wesentlichen zwei Phasen und Momente umfasst: zunächst in alttestamentlichen Kontexten die Implikation aller nur denkbaren Kontingenzen und Unheilsvorstellungen, *von* denen durch Gottes Hilfe Erlösung gewährt wird und schließlich im Frühchristentum „die Verbindung mit den positiven Aspekten der Kaufmetaphorik (Zugehörigkeit zu Gott und Christus) und anderen wichtigen theologischen Begriffen und Konzepten, die die Grundlegung des neuen Lebens ‚in Christus‘ zum Gegenstand haben.“[188]

Die metaphorische Kraft, so Röhser, zeige sich in aller Deutlichkeit und Lebendigkeit, wo ein besonderes Lösegeld bezahlt (vgl. Jes 43,3f; Mk 10,45 par.), die Zahlung von Lösegeld verweigert wird (vgl. Jes 52, 3) oder verschiedene Arten von Lösegelder einander gegenübergestellt werden (vgl. 1Petr 1,18f). Röhser glaubt, dass besonders die soteriologische Deutung der Sendung in der Christologie, näherhin des Lebens und Sterbens Jesu „zu einer deutlichen Remetaphorisierung älterer geprägter Sprachmuster geführt (hat)“[189] (vgl. Tit 2,14), wobei der „Erlösung als Kauf“ ein wichtiger Platz unter den frühchristlichen soteriologischen Metaphern zukommt.

In der neutestamentlichen Lösegeld-Metaphorik werde eindeutig die Befreiung des Menschen aus seiner Schuld und Sünde mit einer finanziellen Metapher zum Ausdruck gebracht (vgl. Gal 3,13).[190] Sie beschreibt „eine geldliche Leis-

---

187 G. Röhser: Erlösung als Kauf, 190. Anführungszeichen im Original, eigene Anm. in Klammer

188 Ebd. 190. Klammersetzung und Anführungszeichen im Original.

189 Ebd. 190. Eigene Klammersetzung.

190 Vgl dazu das Vaterunser Mt 6,12, wo sogar explizit um die Befreiung von Schuld(en) gebetet wird. Vgl. dazu Kapitel .. in dieser Arbeit.

tung, die erbracht werden muss, wenn die Befreiung gelingen soll."[191] Es geht um nichts Geringeres als um die Aufhebung der verbindlichen Ordnung, die im Tun-Ergehen-, bzw. Sünde-Unheil- Zusammenhang beheimatet ist und an deren „Spielregeln" der Mensch sich durch den Glauben an Gott und an die sich auch Gott gewissermaßen selbst gebunden hat.[192]

Resümierend kann dazu gesagt werden, dass Röhsers Untersuchung die Notwendigkeit hervorstreicht, beim Begriff der Erlösung im Bild der Zahlung oder des Kaufes zu verbleiben und auch von einer „Leistung" zu sprechen. Die Geldmetapher erscheint dabei der religiösen Dimension weder widersprüchlich noch unangemessen, sondern, wie Röhser es selbst formuliert, „ausgesprochen sachangemessen und treffend", weswegen ein Ausweichen auf andere Metaphern wie z.B. „Befreiung" als Allgemeinbegriff oder der theologischen Variante der „Sühne" mit einem Profilverlust des eigentlich Gemeinten einhergehen würde, welches in aller Deutlichkeit hervorzustreichen Röhsers ureigenstes Anliegen ist, wenn er soteriologisch untermauert, dass Jesus es sich eben etwas „kosten" ließ, die Menschen aus ihren tödlichen Verstrickungen „herauszulösen" und damit zu „erlösen", nämlich seine ganze Existenz bis hin zum Kreuzestod.[193]

Dass Jesus sich in verschiedenen Logien besonders kritisch zur Verschuldungsproblematik äußert, verwundert Annette Merz nicht, da in diesem Phänomen „einer der zentralen Mechanismen der Akkumulation von Reichtum bzw. der Massen Verarmung zu sehen ist."[194] In einigen jesuanischen Gleichniserzählungen wird das Thema Schuldenerlass aufgegriffen, um einerseits die vorbildhafte Güte Gottes zu demonstrieren, andererseits die Menschen zum nachahmenden Verhalten ihren Mitmenschen gegenüber zu motivieren und der kritisierten Hartherzigkeit wahre Großzügigkeit und Herzensgüte gegenüberzustellen.[195] Säumige Schuldner und ihre Familien litten unter den inhumanen Rechtsverhältnissen, wie sie in Mt 5,25f und Mt 18,25–34 beschrieben werden. Brutale Sanktionsmaßnahmen wie Folter, Schuldhaft, Zwangsversteigerung der Güter und

191 G. Röhser: Erlösung als Kauf. Zur neutestamentlichen Lösegeld-Metaphorik. In: JBTh Band 21 (2006) Gott und Geld, 191.

192 Will der Mensch diesem unheilvollen Zusammenhang entrinnen, ist entweder vom Menschen selbst (vgl. Ex 21,30) oder von einem dazu qualifizierten Stellvertreter (vgl. Mk 10,45) die Zahlung eines Lösegelds erforderlich.

193 Vgl. G. Röhser: Erlösung als Kauf, 191.

194 A. Merz: Mammon als schärfster Konkurrent Gottes. Jesu Vision vom Reich Gottes und das Geld. In: Severin Lederhilger (Hg.): Gott oder Mammon. Christliche Ethik und die Religion des Geldes. Frankfurt 2001, 56–66.

195 Vgl. Mt 18, 23–24; Lk 7,41–43. Einen guten Überblick zum Thema bietet Martin Leutzsch: Verschuldung und Überschuldung, Schuldenerlaß und Sündenvergebung. Zum Verständnis des Gleichnisses Mt 18,23–35. In: Marlene Crüsemann und Willy Schottroff (Hgg.): Schuld und Schulden: biblische Traditionen in gegenwärtigen Konflikten. München 1992, 104–131.

Schuldsklaverei der gesamten Familie gehörten trotz anderslautenden Rechtsvorschriften der Tora zur Alltagswelt im Palästina des ersten nachchristlichen Jahrhunderts. Wahrscheinlich spielen deshalb auch die Themenfelder Verschuldung und Überschuldung in der Jesusüberlieferung eine so große Rolle.

2.4.4.1 Zum Gleichnis vom unbarmherzigen Gläubiger

In der Gleichniserzählung Mt 18,23–25 kommen diese Probleme am ausführlichsten und anschaulichsten in den Blick, wobei Martin Leutzsch in seinen Analysen einen Schritt weiter geht, indem er die inneren Zusammenhänge von Schuld und Sünde behutsam herausschält. Seines Erachtens dient die Gleichniserzählung dazu, „einen bestimmten Umgang mit Sünde einzuüben, zu bekräftigen und zu verstärken.“[196] Zunächst entsteht mit dem König und dem ersten Schuldner von 10.000 Talenten ein spannungsreicher Dialog innerhalb eines asymmetrischen Machtverhältnisses, der mit dem Erlass der unglaublich hohen Schuldsumme endet. Parallel und in einer unübersehbaren Kontrastfunktion gestaltet, wiederholt sich der Handlungsablauf in der darauffolgenden Szene: Der erste Schuldner, dem soeben eine unermesslich hohe Geldsumme erlassen wurde, kennt für den bei ihm mit einer relativ kleinen Summe von 100 Denaren Verschuldeten keine Gnade, vielmehr spielt er das Machtgefälle Gläubiger-Schuldner brutal aus. Beide aber sind Sklaven[197] desselben Herrn, zu dem sie in einer direkten Abhängigkeitsbeziehung stehen. Kontrastreich gestaltet sind nicht nur die beiden aufeinanderfolgenden Szenen, auch die jeweiligen Schuldsummen könnten kontrastreicher nicht sein. Sie stehen im Verhältnis von 1: 600.000, wie Leutzsch in seiner Arbeit errechnet hat.[198] In seinem sozialgeschichtlichen Gang durch die Erzählung stellt Leutzsch die Frage, ob eine Schuld von 10.000 Talenten in der Lebenswirklichkeit des römisch besetzten Palästinas denkbar ist.[199]

---

196 Ebd. 105.

197 Leutzsch weist darauf hin, dass in den altorientalischen Monarchien, Israel eingeschlossen, freie wie unfreie Beamte sich oft selbst „Sklaven des Königs“ nannten. Vgl. ebd. 116 und K. H. Renstorf, Art: doulos ktl, in: ThWNT II, 264–283, bes. 270.

198 Vgl. Martin Leutzsch: Verschuldung und Überschuldung, Schuldenerlaß und Sündenvergebung, 106.

199 Privatvermögen von 10.000 Talenten und mehr sind in der Fachliteratur für die späte römische Republik und die Kaiserzeit nachgewiesen, wie Leutzsch anhand eines historischen Überblicks nachweist. Jedoch handelt es sich dabei um eine Summe, wie sie in Zusammenhang mit den Vermögen von Fürsten, Königen und Feldherrn genannt wird. So wurde beispielsweise Karthago nach der Niederlage von Zama 201 v. Chr. zu einer Entschädigungszahlung von 10.000 Talenten an Rom verpflichtet, zahlbar in 50 Jahresraten zu je 200 Talenten! Dem Schatz des Jerusalemer Tempels werden zur Zeit Jesu wiederholt „große Beträge“ von

Jedenfalls dürfte ihre astronomische Höhe angetan sein, der Gläubiger-Schuldner-Dramaturgie ein zusätzliches Spannungselement zu verleihen, um die fatale Abhängigkeit und Aussichtslosigkeit der Rückerstattung dieses Betrages drastisch zu betonen und die daraufhin, sich aus dem Machtgefälle ergebenden, drohenden Konsequenzen für Leib und Leben zu verstärken. Auch Leutzsch vertritt die Auffassung, dass in Mt 18,23–35 die Gläubiger-Schuldner-Relation als Beziehung von Herr und Sklave gestaltet ist, um die existenzielle Abhängigkeit des Schuldners vom Gläubiger zu unterstreichen.[200]

Zusammenfassend lässt sich für die erste Szene der Gleichniserzählung feststellen, dass mit dem immens hohen Schuldbetrag von 10.000 Talenten gesellschaftliche Verhältnisse in den Blick kommen, wie sie nur in höchsten Kreisen anzutreffen sind. Aus der Perspektive der „kleinen Leute" wird bestätigt, wie die „da oben" es sich richten, wie also auch riesig große Ausfallshaftungen und Vermögensunterschlagungen in den Sphären der *High Society* der Herrschenden mit der „Demutsgebärde des Niederfallens vor dem Gläubiger"[201] *gentlemenlike* aus der Welt geschaffen werden können, wohingegen die Schulden der Armen bis aufs Blut verfolgt und im Falle ihrer Uneinbringlichkeit mittels Schuldsklaverei abgedient werden müssen.

Der Sprung zur zweiten Szene des Gleichnisses (V. 28ff) führt mit dem Schuldbetrag von 100 Denaren[202] kontrastreich in die völlig anders gestaltete gesellschaftliche Sphäre der kleinen Leute. Hier helfen weder Kniefall noch Erbarmungsbitten des Schuldners. Noch bevor er um Stundung seiner Schuld ersuchen kann, wird er von seinem Gläubiger gewürgt, worin Leutzsch ein für die damalige Zeit gesellschaftstypisches Merkmal öffentlich zur Schau gestellter Gewaltzufügung erblickt.[203] Die Situation scheint also sozialgeschichtlich die Alltagserfahrungen vieler Menschen zu beschreiben, die der physischen Gewalt ihrer durch staatliche Rückendeckung geschützten Gläubiger (etwa Steuerpächter) hilflos ausgeliefert waren und die andererseits schon an den traurigen Anblick von alltäglicher Ungerechtigkeit gewohnt waren. Beim Gläubiger hinge-

---

3.000 Talenten entnommen und das Vermögen Herodes I. wurde von Josephus auf bloß 1.000 Talente geschätzt; etwas zu niedrig, wie Leutzsch hinzufügt. Vgl. ebd. 114–116 unter Verwendung von: Josephus, ant. 7,393; 13,249 sowie Josephus, bell. 1,179; ant 14,105–109.

200 Vgl. Martin Leutzsch: Verschuldung und Überschuldung, Schuldenerlaß und Sündenvergebung, 116.

201 Ebd. 119.

202 Die Arbeiter am Weinberg (Mt 20,1–16) erhalten einen Tageslohn von einem Denar. Im damaligen Palästina hätte ein Betrag von 100 Denaren einen Lohnarbeiter samt Familie so recht und schlecht ein halbes Jahr lang durchgebracht. Auch eine mittelmäßige Kuh hätte man um diese Summe erwerben können. Zahlreiche weitere Beispiele bringt M. Leutzsch in: ebd. 119f.

203 Vgl. ebd. 120.

gen, der eben noch selbst Schuldner war, „dominiert das Eigeninteresse über das Schutzinteresse: Er ist an einer Aufrechterhaltung des Schuldverhältnisses – so der Vorschlag des Schuldners – nicht interessiert, sondern an dessen Beendigung durch sofortige Vollstreckung."[204]

In der dritten Szene (V.31) wird den HörerInnen des Gleichnisses mit den MitsklavInnen, die dem König Bericht erstatten, ein Identifikationsangebot unterbreitet. Ihre Solidarität und ihre Bemühen um Gerechtigkeit und Gleichbehandlung wird vom König belohnt, der den ersten Schuldner, dem er die 10.000 Talente erlassen hat, in der vierten Szene (V.32ff) vorführen lässt. Leutzsch äußert die Vermutung, dass der Schuldenerlass der ersten Szene vielleicht noch keine Rechtswirksamkeit erlangt haben könnte.[205] Der zentrale Vorwurf, der Mann hätte doch Erbarmen haben müssen, *wie* auch er Erbarmen erfahren hat, führt zur Reziprozität des *Wie* in der fünften Bitte des Vaterunser (Mt 6,12)[206] Die eigene Erfahrung von Vergebung konnte oder wollte der unbarmherzige Gläubiger nicht weitergeben. Als Strafsanktionen drohen ihm nun Folter und Schuldhaft.[207]

Resümierend lässt sich mit Leutzsch feststellen, dass diese Gleichniserzählung von den Hoffnungen der „kleinen Leute auf das Einschreiten der Staatsspitze gegen eine als ungerecht wahrgenommene Praxis von Mächtigen"[208] getragen wird. Der König hält dem ersten Schuldner den Spiegel vor und fällt danach ein der Zeit durchaus angepasstes Urteil, ohne die härteste mögliche Strafe, die Hinrichtung, oder den Verkauf in die Schuldsklaverei auszusprechen, wie bereits in V 25 intendiert, was den sozialen Tod des Verurteilten bedeutet hätte, wie Leutzsch erklärend hinzufügt.[209] Vor diesem Hintergrund kann auch der Aspekt der Begrenzung und Beendigung von Schuldverhältnissen und sündenbelasteten Beziehungsverhältnissen zur Sprache kommen, der in der Betonung der Barmherzigkeit Gottes zur Erzählebene und dem ursprünglichen Anliegen des historischen Jesus zurückführt. Für die matthäische Gemeinde war darüberhinaus wohl auch von Bedeutung, im geschwisterlichen Miteinander (vgl. Mt 23,8) die le-

204 Ebd. 121.

205 Vgl. ebd. 122.

206 Vgl. dazu Kapitel 2.4.4.2: „Und erlass uns unsere Schulden", in dieser Arbeit.

207 Wie M. Leutzsch ergänzend festhält, kam es vor, dass römische Provinzstatthalter auch vor solchen drastischen Maßnahmen gegenüber städtischen Honoratioren nicht zurückschreckten, wenn dadurch Aussicht bestand, ausstehende, eventuell auch unrechtmäßig erworbene Gelder zurückzuerhalten. „Selbst der Hungertod von Inhaftierten wurde in Kauf genommen". Martin Leutzsch: Verschuldung und Überschuldung, Schuldenerlaß und Sündenvergebung, 122 unter Hinweis auf Cicero, ad Att. 6,1,6.

208 Ebd. 122.

209 Vgl. ebd. 123.

bensfördernde Macht der Sündenvergebung (vgl. Mt 18,18) zu etablieren, um Umkehr, Neubeginn und Beziehungsfähigkeit zu ermöglichen (vgl. Mt 18,21.35). „In der Jesusüberlieferung steht das Engagement für die Begrenzung und Linderung von Schuldverhältnissen neben dem Appell zur Umkehr und der Aufforderung, Sünde zu vergeben. Beides hängt miteinander zusammen und verstärkt sich gegenseitig.“[210] Leutzsch empfiehlt in diesem Zusammenhang der Kirche, sich in der heutigen Situation vermehrt für die „Begrenzung und Beendigung von wirtschaftlichen Schuldverhältnissen ein(zu)setzen“[211], denn so könne ernst genommen werden, dass Sündenvergebung tatsächlich ein zentrales Anliegen der Kirche ist.

Annette Merz geht der Frage nach, wie weit zur Zeit Jesu die bereits im Aramäischen wie im Griechischen vorfindliche Metaphorisierung der Wortfelder Schuld, Schuldeintreibung, Schuldenerlass und Abrechnung zu allgemein bekannten, „stehenden“ Metaphern für Sünde, Vergebung und letztes Gericht vorangeschritten war. „Innerhalb der Bearbeitung der synoptischen Traditionen durch die Evangelisten ist deutlich eine Tendenz hin zu einem gänzlich übertragenen Verständnis der Schuldenerlassgleichnisse und –logien zu verzeichnen“[212], wobei Jesus Merz’ Auffassung zufolge „die Doppeldeutigkeit der Worte für ‚Schulden‘ / ‚Sünden‘ bewusst einkalkuliert (hat), so dass Mt 18,23ff den realen Schuldenerlass als den konkretesten Fall der geforderten globalen Vergebungsbereitschaft mit einschließt.“[213] Mit anderen Worten: Für Jesus bedeutete der göttliche Auftrag zur Nächstenliebe auch die Aufhebung von Zahlungsverpflichtungen, worauf Logien hindeuten, die zum rückhaltlosen und uneingeschränkten Geben auffordern wie Mt 5,42 und Lk 6,30. Selbst dort, wo keine Rückgabe des Geldes zu erwarten ist, besteht eine Verpflichtung zu leihen, weil die gelinderte Not weit über dem Gegenverrechnungsgedanken steht.[214]

Im Gleichnis vom klugen Verwalter (Lk 16,1–8) lobt Jesus sogar den Schuldenerlass durch eine Schuldscheinfälschung, obwohl von dem „Gaunerstück“ nicht nur die Schuldner profitieren, sondern auch der vor der Entlassung stehende Verwalter. Merz gelangt zur Auffassung, dass in diesem Gleichnis ein kleiner

---

210 Ebd. 131, und FN 44, mit einem Hinweis auf Lk 3,12–14: Johannes der Täufer verbindet seine Verkündung zur Umkehr mit einem Verzicht auf eine Ökonomie der Ausbeutung: „Es kamen auch Zöllner zu ihm, um sich taufen zu lassen, und fragten: Meister, was sollen wir tun? Er sagte zu ihnen: Verlangt nicht mehr, als festgesetzt ist. Auch Soldaten fragten ihn: Was sollen denn wir tun? Und er sagte zu ihnen: Mißhandelt niemand, erpreßt niemand, begnügt euch mit eurem Sold!“

211 Martin Leutzsch: Verschuldung und Überschuldung, Schuldenerlaß, 131.

212 A. Merz: Mammon als schärfster Konkurrent Gottes, 67.

213 Ebd. 67.

214 Vgl. Lk 6,35b; 6,36.37b.38a; Mt 5,7.

Gauner einen großen beraubt, indem er sich der typischen Schläue der „Kinder dieser Welt“ befleißigt, „die der Herr in V. 8 anerkennt, und von der die Kinder des Lichtes in bestimmter Hinsicht lernen sollen.“[215] Unmittelbar im Anschluss an das Gleichnis heißt es in Vers 9: „Macht euch Freunde mit der Hilfe des ungerechten Mammons, damit ihr in die ewigen Wohnungen aufgenommen werdet, wenn es (mit euch) zu Ende geht.“[216]

2.4.4.2 „Und erlass uns unsere Schulden ...“ (Mt 6,12) – Der Geldschuldaspekt im Vaterunser

Es sprechen gute Argumente dafür, dass die Bitte um Erlassung der Schulden im Vaterunser den realen Aspekt eines konkreten Geldschuldenerlasses miteinschloss. Zu den Befürwortern dieser These zählt auch Annette Merz, die in dieser Vaterunserbitte ein sachliches Pendent zur ebenso sehr klar und vor dem Hintergrund einer real formulierten Bitte um das tägliche Brot sieht.[217] Es geht in beiden Fällen um Linderung existenziell erfahrener, lebensbedrohender Nöte: Hunger und Verschuldung. Eine nicht leicht zu klärende Frage ist die nach der metaphorischen Bedeutungsbreite des Wortes „Schulden“ bei den von Jesus erstangesprochenen Adressaten. Galt die Vaterunserbitte eher der Geldschuld oder klang bereits der weitgefasste Gedanke der „Sünde“ mit, wie Annette Merz dies annimmt, unter Hinweis auf die durch die Evangelisten später erfolgte harmonisierende Ersetzung des eindeutig ökonomisch aufgeladenen Begriffes *opheilemata* (Geldschuld) in Mt 6,14f durch *hamartia* (böswillige Verfehlung gegen Gott, 174x im NT!) in Lk 11,4.[218]

---

215 A. Merz: Mammon als schärfster Konkurrent Gottes, 70.

216 Als „Freunde“ könnten die Almosenempfänger gemeint sein, wie A. Merz unter Heranziehung rabbinischer Parallelen annimmt. Vgl. ebd. 70, FN 78.

217 Vgl. A. Merz: Mammon als schärfster Konkurrent Gottes, 67; D. E. Oakman: Jesus and the Economic Questions of His Day (Studies in the Bible and Early Christianity 8), Lewiston – Queenston 1985; Frank Crüseman: „... wie wir vergeben unseren Schuldigern.“ Schulden und Schuld in der biblischen Tradition. In: Marlene Crüseman und Willy Schottroff (Hgg.): Schuld und Schulden: biblische Traditionen in gegenwärtigen Konflikten. München 1992, 90–103.

218 Vgl. A. Merz: Mammon als schärfster Konkurrent Gottes, 67. Im Gleichnis vom unbarmherzigen Gläubiger (Mt 18,23–35) ist von *opheile*, also von Geldschulden die Rede. Der Geldschuldner, *opheiletes* taucht aber auch als Metapher für Sünder auf, wie in Lk 13,4. Alle anderen ntl. Belege des Wortstammes *opheil* verwenden das Wort im Sinne einer (Geld)-Verpflichtung, dem Verpflichtet-Sein und spielen deshalb im Kontext der Sündenterminologie keine Rolle. Die jesuanische Tradition scheint der Geldschuld und dem damit verbundenen sündhaften Kontext näher zu stehen. Vgl. dazu. Michael Rosenberger: Abwendung von Gott: Theologische Deutung der Schuld als Sünde. In: Frei zu Leben. Entwurf einer Fundament-

Auch Martin Leutzsch neigt zu der Annahme, dass der Zusammenhang von Sündenvergebung und Schulderlass in der fünften Vaterunserbitte vermutlich enger ist, als meist angenommen wird, weil auch im unmittelbaren Anschluss an das Vaterunser in Mt 6,14f zur erneuten Sündenvergebung aufgefordert und dadurch die Bitte um Erlass der Schuld(en) verstärkt wird.[219]

In Bezug auf das Vaterunser stellt Frank Crüsemann die provokante Frage: „Wissen wir, was wir da beten?"[220] Mit dem von Jesus überlieferten Herrengebet wird in jedem Gottesdienst nichts Geringeres als die Mitte, das Herz des christlichen Glaubens angesprochen. Crüsemanns Anliegen ist es, zu vermitteln, dass „damit dieser Glaube selbst auch etwas mit finanziellen, ökonomischen Schulden und ihrer Aufhebung zu tun hat."[221] Kernstück des christlichen Glaubens ist, dass die Glaubenden Gott um Vergebung bitten können und ihnen diese Vergebung zugesagt ist. Jedoch ist diese Vergebung an das Kriterium zwischenmenschlicher Reziprozität gebunden, wie unmittelbar nach dem Vaterunser in Mt 6,14–15 erklärt wird: „Denn wenn ihr den Menschen ihre Verfehlungen vergebt, dann wird euer himmlischer Vater auch euch vergeben. Wenn ihr aber den Menschen nicht vergebt, dann wird euch euer Vater eure Verfehlungen nicht vergeben." Mit anderen Worten: Die Vergebungszusage basiert nicht auf einen Automatismus, sondern auf dem Maß der eigenen Vergebungsbereitschaft anderen gegenüber, denn „nach dem Maß, mit dem ihr meßt und zuteilt, wird euch zugeteilt werden."[222]

Bevor sich Crüsemann die für seine Untersuchungen entscheidende Frage nach der Miteinbezogenheit der ökonomischen Schulden im Vaterunser stellt, erscheint ihm das auf die Bitte um Erlassung der Schulden weiterführende „wie" zentral, an dem die Betenden gemessen werden. Denn für die göttliche Zusage scheint das wechselseitige intersubjektive Vergebungsgeschehen eine conditio sine qua non zu sein.

---

almoral. Vorlesungsskriptum an der Katholisch Theologischen Privatuniversität Linz, WS 2008/09, Kapitel 8.2.3.

219 Vgl. Martin Leutzsch: Verschuldung und Überschuldung, Schuldenerlaß und Sündenvergebung. Zum Verständnis des Gleichnisses Mt 18,23–35. In: Marlene Crüsemann und Willy Schottroff (Hgg.): Schuld und Schulden: biblische Traditionen in gegenwärtigen Konflikten. München 1992, 104f.

220 F. Crüseman: „... wie wir vergeben unseren Schuldigern". Schulden und Schuld in der biblischen Tradition. In: Marlene Crüseman und Willy Schottroff (Hgg.): Schuld und Schulden: biblische Traditionen in gegenwärtigen Konflikten. München 1992, 90–103. 90.

221 Ebd. 90.

222 Mt 7,2, basierend auf einer breit belegten jüdischen Tradition, die auch in Jesus Sirach 28,2 ihre Spuren hinterlassen hat: „Vergib deinem Nächsten das Unrecht, dann werden dir, wenn du betest, auch deine Sünden vergeben." Vgl. dazu auch H.P. Rüger: „Mit welchem Maß ihr meßt, wird euch gemessen werden." In: ZNW 60, 1969, 174–182.

Crüsemann geht zunächst davon aus, dass die in der Vaterunserbitte verwendeten griechischen Begriffe opheilémata und opheiletés, die sowohl ökonomische wie moralische oder sittliche Verpflichtungen bezeichnen, einen ersten Hinweis darauf erlauben, dass die Vergebungsbitte keineswegs nur ökonomische Schulden beinhaltet.[223] Vielmehr ist mit hoher Wahrscheinlichkeit davon auszugehen, dass der in der Vaterunserbitte verwendete Begriff in der Sprache des Judentums zur Zeit Jesu „der allgemeinste Ausdruck für ‚Sünde' und zugleich ein Begriff für materielle Schulden"[224] war. Es sei ferner davon auszugehen, dass in den im Vaterunser formulierten Bitten sowohl eine jahrhundertelange gesellschaftliche Erfahrung als auch die großen biblischen Traditionen „im Umgang mit Schulden auf eine neue und theologisch aufregende Weise"[225] zusammenfließen und sich erst vor diesem Hintergrund erschließen, der sehr praxisnahe am konkreten Zusammenleben der Menschen und ihrer Beziehung zu JHWH gestaltet war. So sind auch die Aussagen der Evangelien im Licht dieser Tradition zu beurteilen. Das Vaterunser beginnt mit einer sehr lebensnahen existenziellen Bitte um Nahrung. Die Bitte um das tägliche Brot steht unmittelbar vor der Bitte um Erlass der Schulden. Crüsemann gibt sich davon überzeugt, dass in einem solchen soziokulturellen Milieu „die Frage nach dem Schuldenerlass nicht aufzuteilen ist, in eine ethisch-religiöse und eine materiell-finanzielle Seite, beides ist nicht trennbar."[226] Es ist nach Crüsemann völlig ausgeschlossen, dass die Vaterunserbitte meinen könnte: „... wie wir vergeben unseren Schuldnern – soweit nicht materielle Schulden berührt sind"[227], wiewohl viele ChristInnen dies beim Gebet so auffassen mögen. Vergebung von Schuld muss notwendigerweise auch die „Tilgung finanzieller und damit sozialer Abhängigkeiten"[228] miteinbeziehen, und erst von hierher erschließt sich für Crüsemann die eigentliche theologische Leistung der Vaterunserbitte, die weit davon entfernt zu sein scheint, eine die Realität und Religion trennende Spiritualisierung des Schuldbegriffs zu transportieren, wie dies in der Entwicklungsgeschichte der christlichen Auslegung leider der Fall war. Vielmehr scheint eine Verkoppelung der Vergebung angesprochen

223 Vgl. Frank Crüseman: „... wie wir vergeben unseren Schuldigern", 92f. Auf Plato rückgreifend, zeigt Crüsemann, dass im Griechischen wie im Deutschen (und Lateinischen) durchaus mit einer durchgehenden Doppeldeutigkeit der Begriffe zu rechnen ist. Schuldig sein hat in all diesen Sprachen einen sehr weit gesteckten Bedeutungsumfang, wie Crüsemann in seinem literarischen Überblick belegt.

224 Ebd. 93, wobei sich Crüseman zur Rekonstruktion der aramäischen Grundlage auf neue Textfunde stützt, die frühere Arbeiten von Dalman bestätigen. Vgl. dazu G. Dalman: Die Worte Jesu. (o.0.) ^{2}1930, 338.

225 Frank Crüseman: „... wie wir vergeben unseren Schuldigern", 94.

226 Ebd. 101–102.

227 Ebd. 102.

228 Ebd. 102.

zu sein, „die wir von Gott erbitten und die wir zum Leben brauchen mit dem Erlaß aller Schuld unsererseits, wobei finanzielle Schulden eingeschlossen sind.“[229] Unverzichtbar ist dabei aber die dem theologischen Konzept konstitutiv zugrundliegende Reziprozität, derzufolge niemand die Vergebung seiner Schuld erwarten kann, „ohne selbst zum Verzicht auf die Außenstände bereit zu sein.“[230]

Im Evangelium der Bauern von Solentiname kommen Menschen in nicaraguanischen Basisgemeinden zu Wort, deren Lebensumstände mit denen im antiken Palästina durchaus vergleichbar sind, weshalb vielleicht auch der biblische Tiefensinn der jesuanischen Botschaft in erstaunlich praxisnaher und klarer Sprache umgesetzt wird: „Wir sollen unseren Schuldigern vergeben. Das kann irgendeine Beleidigung sein. Es können aber auch Geldschulden sein. Ich sage nicht, daß wir unser Geld nicht von einem zurückfordern sollen, der etwas hat, aber einem, der nichts hat, dem sollen wir auch diese Schuld vergeben. Für viele Reiche ist es leichter, eine Beleidigung zu vergeben, als eine Geldschuld zu streichen! ... Und dann kann ein Reicher dieses Gebet auch nicht beten, wenn er nicht bereit ist, nicht nur Beleidigungen, sondern auch die Schulden zu vergeben.“[231]

Auch Rainer Kessler kommt in seinen Untersuchungen zum Erlassjahr in der römischen Epoche zur Auffassung, dass die deutsche Übersetzung von Mt 6,12 in die falsche Richtung weist. „Und vergib uns unsere Schuld, wie auch wir vergeben unseren Schuldigern ... erweckt den Eindruck, hier gehe es nur um moralische Schuld. Dazu gibt sie den griechischen Plural ... (ta opheilémata) ‚die Schulden‘ singularisch als ‚die Schuld‘ wieder und macht aus ‚den Schuldnern‘ das theologische Sonderwort ‚Schuldiger‘. Zwar ist das Griechische (und seine aramäische Vorlage) doppeldeutig, aber eben so, dass es auch die materiellen Schulden umfasst.“[232] Daraufhin regt Kessler an, Mt 6,12 folgendermaßen zu übersetzen: „Und erlass uns unsere Schulden, wie wir sie unsern Schuldnern erlassen haben.“[233]

---

229 Ebd. 102.

230 Ebd. 102.

231 Ernesto Cardenal: Das Evangelium der Bauern von Solentiname. Gespräche über das Leben Jesu in Lateinamerika. GTS 327, Bd. 1, ^{2}1980, 102. Cardenal fügt ergänzend hinzu, dass die kirchenoffizielle spanische Übersetzung das Wort Schulden (*deudas*) durch „Beleidigungen / Kränkungen“ (*offensos*) ersetzt hat. Die deutsche Wiedergabe der „Schulden“ durch den Singular „Schuld“ (anstelle des Pluralwortes im griechischen Original), sowie die Ersetzung des „Schuldners“ durch das seltsame Kunstwort „Schuldiger“ geht in eine ähnliche, den Blick auf das Original verstellende Richtung. Vgl. dazu auch Frank Crüseman: „... wie wir vergeben unseren Schuldigern“, 103.

232 R. Kessler: Das Erlassjahrgesetz Dtn 15,1–11. Ein Gebot und seine Umsetzung. In: ThGl 100 (2010), 28.

233 Ebd. 28. So gelesen schwingt auch der Anklang an das Schuldenerlassjahr von Dtn 15,1–11 hörbar mit.

Crüsemann stellt an die ChristInnen der westlichen Welt die berechtigte Frage, ob wir in Zeiten globaler finanzieller Verflechtungen und Verfehlungen die Bitte richtig interpretiert und ihren gesamten Kontext allumfassend mittragend, überhaupt mitbeten können und lässt die Antwort darauf offen. Vieles wird davon abhängen, was wir unter dem „wir“ und „unseren Schulden“ verstehen. ChristInnen könnten sich nicht den transnationalen Verantwortungen für die ökonomischen Verschuldungsmechanismen entziehen, weder als Individuen, noch als christliche Communio. Crüsemann legt diesbezüglich nahe, die Vaterunserbitte in einem neuen Kontext zu verstehen: „Vergib uns, daß wir unseren Schuldnern nicht vergeben können.“[234] Es wäre schon viel gewonnen, so Crüsemann abschließend, könnten wir in Hinkunft das Vaterunser nicht mehr beten, ohne diesen Zusammenhang mitklingen zu lassen.

2.4.4.3 „... und stell all unsere Schuldkonten auf null!“

Vor dem historischen Hintergrund einer ökonomischen Schuldenkrise der jüdischen Gesellschaft im ersten Jahrhundert, untersucht Christoph Niemand Jesu auffallende Parallelführung von Sündenvergebung und Schuldenerlass „als eine typische Begleiterscheinung der Aufrichtung der Gottesherrschaft“.[235] Die Steuerlast der römischen Besatzungsmacht ist dermaßen drückend, dass sie kleine Handwerker und Bauern nicht länger tragen können. Viele sehen sich dazu gezwungen, ihr Eigentum zu verpfänden, um mithilfe teurer Kredite die Außenstände zu bedienen. Die daraus resultierende Schuldenspirale ist unentrinnbar, und die Schuldenfalle schnappt zu. Das Hab und Gut der Darlehensnehmenden fällt daraufhin an ihre Kreditoren, und die einstigen Handwerker und Kleinbauern werden zu abhängigen Lohnarbeitern ihrer Gläubiger. „Im schlimmsten Fall geraten sie (und womöglich ihre Familien) in Schuld-Haft oder Schuldsklaverei.“[236]

Niemand lenkt seine Aufmerksamkeit zunächst auf Jesu bemerkenswerte Verbindung „von *religiösem und ökonomischen* Sprechen“[237] und findet im Kontext der jesuanischen basileia-Verkündung die dort regelmäßige Parallelsetzung von Schuldenerlass und Entschuldung. Jenen SünderInnen, die das Hereinbrechen des Gottesreiches annehmen können, spricht Jesus die bedingungslos ver-

---

234 Frank Crüseman: „... wie wir vergeben unseren Schuldigern“, 103.

235 Vgl. Ch. Niemand: Jesus von Nazareth: Wirken und Botschaft. VL-Skriptum, Katholisch Theologische Privatuniversität Linz, WS 2008/09, 33.

236 Vgl. ebd. 33, unter Verweis auf Mt 5,25,–26; 18,23–25.30. (Klammersetzung im Original).

237 Ebd. 33, (Kursivsetzung im Original).

gebende Vaterliebe Gottes zu. Jedoch wird damit auch eine Verpflichtung eingegangen, denn die „Kinder dieses königlich-souveränen Vaters“[238] stehen nunmehr unter der Verpflichtung „auch ihrerseits moralische *und* ökonomische Schuld, die andere Menschen ihnen gegenüber haben, (zu) vergeben und (zu) erlassen.“[239] Niemand spitzt diese Vorgabe einer religiös-ökonomischen Interdependenz auf die griffig formulierte Erkenntnis zu, dass Jesu Sprechen von Vergebung und Schulderlass gleichzeitig eine „Zusage und Zumutung“[240] ist!

Konkret auf die fünfte Vaterunser-Bitte (Mt 6,12) angewendet, hebt Niemand hervor, dass diese *ohne* Verwendung einer *religiösen* Sündenterminologie auskommt. Vielmehr finden sich hier Ausdrucksweisen der sozialen Ökonomie. Auch Niemand weist, wie andere Autoren, darauf hin, dass beim Satz: „Erlass uns unsere Schulden“, der griechischen Begriff *opheilémata* Verwendung findet, der dem ökonomischen Sprachgebrauch zuzuordnen ist. Wichtiger aber ist m.E. der von Niemand explizit herausgearbeitete reziproke Charakter der Zusage-Zumutung-Konstruktion im Rahmen einer einleuchtend wechselseitigen Bezogenheit berechtigter religiöser Hoffnung und sozioökonomischer Notwendigkeit. Denn: was Gott im Rahmen der (jetzt schon) hereinbrechenden basileia-Herrschaft an uns tut, „das gelte auch hier und jetzt uns, die wir so mit Jesus beten.“[241]

Die Jesus Anhänger sind, wie Niemand verdeutlicht, aufgefordert, nunmehr selbst Gleiches zu tun, heißt es doch im Gebet: „*Wie* auch *wir* unseren Schuldnern *erlassen haben*!“ Man beachte hier die Einzigartigkeit dieses „Selbstverpflichtungsnachsatzes“ im Vaterunser. In keiner anderen Vaterunser-Bitte wird den Betenden Vergleichbares zugemutet. Diese Zumutung, so Niemand, muss Jesus sehr wohl bewusst gewesen sein, aber im Anbrechen der Gottesherrschaft werden bislang gültige Regeln mitunter auf den Kopf gestellt. Da „sitzen“ Sünder gemeinsam mit den „Frommen“, und Letztere können für sich weder Vorrechte noch bessere Rahmenbedingungen vor und bei Gott aushandeln oder gar für sich beanspruchen. Im Selbstverständnis Jesu muss denn die anbrechende Gottesherrschaft auch einen umfassenden gesellschaftlichen Neuanfang nach sich ziehen, „in dem Gott alle Schuldkonten auf Null stellt‘: Gott gewährt – in einem souveränen ‚new deal‘ – das neue Heil *allen* unverdient und ungeschuldet, aber er kann es nicht ertragen, wenn wir ‚alte Rechnungen und Ansprüche‘ in die neue Situation hinein mitnehmen und sie dort (untereinander) eintreiben wollen

---

238 Ebd. 33.
239 Ebd. 33. (Eigene Klammersetzung und gesperrte Schreibweise).
240 Ebd. 33.
241 Ebd. 33.

(vgl. nochmals Mt 18,23–35)."[242] Hierin greift Niemand erneut den Gedanken der Zumutung auf, die im Blick auf Lk 6,36 eigentlich eine Ermächtigung ist, denn dort scheint auch der hermeneutische Schlüssel vorfindbar zu sein, wenn klar dazu aufgefordert wird: „Werdet barmherzig, wie euer Vater barmherzig ist." Dem fügt Niemand den Gedanken hinzu: „Gott kann sich diese Freigiebigkeit leisten – und ihr Königskinder Gottes könnt (das) auch! Das Vergeben und das Erlassen ist in den Augen Jesu somit eine Art ‚Nagelprobe', ob jemand Kind der Gottesherrschaft geworden ist."[243]

2.4.5 Zusammenfassung und kritische Würdigung

Die heute vorherrschende Logik des Geldes und des Geldgeschäftes scheint in einem beinahe unüberwindbaren Widerspruch zu zahlreichen biblischen Empfehlungen und Paränesen zu stehen, die den Umgang mit Geld sowohl in einen sozioökonomischen Sinnzusammenhang, als auch in der Perspektive des herannahenden Königreich Gottes stellen. Damalige wie auch rezente ökonomische Verfasstheiten und Logiken werden dabei kritisch hinterfragt, aufgebrochen oder gar auf den Kopf gestellt. Zum alltäglichen Geldgeschäft gehören die Schuldeintreibung wie auch die sorgfältige Überprüfung der Kreditwürdigkeit potentieller Schuldner sowie die eiserne Regel, niemals Geld an Menschen zu vergeben, deren Insolvenz absehbar ist.[244] Demgegenüber fordert Jesus in der lukanischen Feldrede die Gläubigen nicht nur zur Feindesliebe auf, sondern, Geld auch da zu leihen, „wo ihr nichts dafür erhoffen könnt."[245] Aus der Sichtweise von Merz steuern die radikaltheokratischen biblischen Antinomien von Überbietung oder Gegensatz auf „eine Depotenzierung des Mammons im Dienste der egalitären Theokratie hinaus."[246]

---

242 Ebd. 33. (Kursiv- und Klammersetzungen im Original).

243 Ebd. 33.

244 Vgl. dazu die Ausführungen von A. Merz: Mammon als schärfster Konkurrent Gottes, 83.

245 Lk 6,35. Gerd Theißen plädiert in seinen Untersuchungen zum sozialen Hintergrund und zur exakteren Übersetzung des Logions anstelle von „*nichts dafür erhoffen*" oder „*zurückerwarten*", besser „nicht verzweifeln" zu verwenden, da dies der Bedeutung von „*apelpizein*" näher kommt. Vgl. G. Theißen: Die Religion der ersten Christen. Eine Theorie des Urchristentums. Gütersloh 2000, 138 und F. Bovon: Das Evangelium nach Lukas 1,1–9,50 (EKK III/1), 1989, 318.

246 A. Merz: Mammon als schärfster Konkurrent Gottes, 83. Um ihre Theorie zu belegen, tastet Merz verschiedene Lebensbereiche auf ihre mammonistischen Beziehungsstrukturen ab. Die Bereiche der individuellen Existenzsicherung, des sozialen Zusammenlebens und, ansatzweise, der politischen Strukturen. Vgl. ebd. 84–88.

Der biblische Schuldbegriff zieht keine Trennlinie zwischen einer theologischen Ebene, auf der die Schuldfrage vor Gott oder vor den Mitmenschen abgehandelt wird, und der materiell-ökonomischen Ebene, auf der es um konkrete Geld- oder Sachschulden geht. Mit den Begriffen Sündenvergebung und Schuldenerlass fließen beide Ebenen gleichsam ineinander.[247] In Anbetracht dieser Vernetzungsmöglichkeit zweier in der Moderne säuberlich getrennt einhergehender gesellschaftlicher Sachbereiche werden auch an das Wirtschaftsleben strengere ethische Maßstäbe angelegt, die letztendlich die Frage aufwerfen, wie den „Geringsten" und Schwächsten einer Gesellschaft ein menschenwürdiges Leben jenseits von Ausbeutung und permanenter Abhängigkeit zuteil werden kann. Die göttlichen Gesetze durchbrechen immer wieder vermeintlich gängige und erprobte ökonomische Normen und formulieren spannende Alternativen zu den angeblich heilenden Selbstregulierungskräften des freien Marktes, die vom Elend Millionen Betroffener scheinbar unberührt bleiben. Vor diesem realwirtschaftlichen Hintergrund stellt sich mitunter die Frage nach der Verwandtschaft und der Interdependenz der Begriffe Schuld und Verschuldung. Ist die Schuld den Schuldnern immer anzurechnen oder sind auch die Gläubiger schuldig und woran glauben die Gläubiger? Marlene Crüsemann und Willy Schottroff stellen dazu die pointierte Frage: „Wer vergibt wem, wenn Schulden erlassen werden?"[248]

247 Marlene Crüsemann und Willy Schottroff (Hgg.): Schuld und Schulden: biblische Traditionen in gegenwärtigen Konflikten. München 1992, 13ff.

248 Ebd. 14–15.

3 Zinsen, aus dem Geld „geborenes“ Inter-esse.

Die sogenannt „*abreifenden* Erträge“ eines veranlagten Kapitals inspirieren zum Nachdenken über eine vielleicht lebensspendende, mit landwirtschaftlicher Produktion konnotierende Intention nachhaltiger, gesunder und fruchtbringender Geldvermehrung. Banktechnisch gewendet, könnte man auch salopp sagen: Das Konto wehrt sich mit Zinsen gegen seinen finanziellen Verfall und verweigert damit seine Alterung, womit dem Geld ein inhärenter Trieb zum Lebenserhalt unterstellt wäre.

Zins heißt franz. *intéret* und engl. *interest*, in beiden Sprachen *Interesse.*“[249] Wessen und welches Interesse tritt in diesem Dazwischen-Sein (inter-esse) zutage? Max Webers These, derzufolge der Geldverleih samt Zinsen zum Herrschaftsmittel und Herrenrecht der Wohlhabenden zu rechnen sei[250], wird nach Weiß von einem weiteren Aspekt „des facettenreichen Wortes *Geld* unterstützt. Demnach kommt es von got. *gilt*, das auch ‚Steuer‘ heißt und immer eine staatliche oder religiöse Abgabe darstelle.

Luther meinte einmal, der Teufel habe den Zins erdacht, Calvin indes bestritt vehement, dass Geld unfruchtbar sei, zitiert Reinhard Friesenbichler in seinen Einschätzungen über Zins und Zinseszinsen, die er zunächst aus rein ökonomischen Überlegungen zu rechtfertigen versucht, indem er Inflationsausgleich, Risikoprämien und Opportunitätskosten ins Treffen führt, „denn der Gläubiger hätte schließlich das Kapital auch anderweitig verwenden können.“[251] Jedoch: Würden wir auch Zinsen von unseren Kindern, Freunden und Verwandten so ohne Weiteres einfordern? legt sich Friesenbichler als Anfrage an die menschlichen Moralvorstellungen durchaus selbstprüfend vor.

Für eine allfällige Beschränkung des Zinsverbots hinsichtlich „wie viel“ und „ob überhaupt“ gibt es kulturell und historisch die unterschiedlichsten Ausprägungen nominativer Bestimmungen und Begründungen in Recht- und Sitten-

---

249 J. Weiß: Mammon, 137. Das griechische Wort für Zins heißt *tókos*, „das sich als ‚das Geborene‘ wie ‚gebären‘ in die monetären Nachkommen einreiht.“ In: ebd. 140.

250 Vgl. M. Weber: Wirtschaftsgeschichte. Abriss der universalen Sozial- und Wirtschaftsgeschichte. Berlin 1958, 234.

251 R. Friesenbichler: Zinsen, Zinsen, Zinseszinsen. Kann Geld Junge bekommen? In: Börsen-Kurier, Beilage Geld und Ethik, 16.12.2010, 17.

Codices, je nachdem ob sie politisch-praktischer Natur oder sittlich-ethischen Grundsätzen gerecht werden wollen.[252]

Im Zinsnehmen erblickte bereits Aristoteles einen Gerechtigkeitsverstoß, da das Geld sich von Ertrag generierenden Wirtschafts- oder Agrargütern durch seine Unfruchtbarkeit unterscheide. „Geld heckt keine Jungen." Lediglich Beschaffungs- oder Übermittlungskosten dürfe ein Geldverleiher in Rechnung stellen.[253]

Andererseits kann geliehenes Geld, auch wenn dafür Zinsen aufgebracht werden müssen, durchaus not-wendend wirken, denn auf die Anschubfinanzierung von Darlehen sind sowohl aufwendige Wirtschaftsprojekte als auch kleine und kleinste unternehmerische Aktivitäten angewiesen. Allerdings finden sich die Leihenden gegenüber ihren Kreditgebenden nicht selten in einer einschneidenden Abhängigkeit wieder.

3.1 Zinsen im historischen Spiegel theologischer Argumente

Gegen den Darlehenszins wurden auch theologische Autoritätsargumente aus der jüdisch-christlichen Lehrtradition geltend gemacht. Unter Berufung auf die Heilige Schrift verurteilten christliche Schriftsteller des 3. Jahrhunderts, wie Klemens von Alexandrien oder Tertullian[254] das Zinsnehmen als Sünde „gegen die Nächstenliebe *und* gegen die Gerechtigkeit."[255] Die Verhängung eines Zinsverbots wollte in erster Linie verhindern, dass jemand innerhalb der jüdischen und später christlichen Adressaten die Notlage eines Mitmenschen ausnützt. Vor allem Arme mussten sich Geld oder Nahrung leihen, konnten nach Missernten ihre Schuld nicht begleichen und gerieten mitunter in Schuldknechtschaft.[256]

---

252 Vgl. ebd. 17.

253 Vgl. Klaus Gabriel/Markus Schlagnitweit: Das gute Geld. Innsbruck 2009, 59. In FN 4 findet sich auch der Hinweis, dass spätere Philosophen und Staatsmänner der klassischen Antike wie Platon, Cato und Seneca an der aristotelischen Meinung festhielten.

254 Vgl. adv. Marc. 4,17,4. In: TRE, Bd.22., 96

255 K. Gabriel/M. Schlagnitweit: Das gute Geld, 60. Zentrale biblische Referenzstellen für die Argumentation frühchristlicher Zinsverbote sind u.a.: Lev 25,35f: „Wenn dein Bruder verarmt und sich neben dir nicht halten kann, sollst du ihn, auch einen Fremden oder Halbbürger, unterstützen, damit er leben kann. Nimm von ihm keinen Zins und Wucher!" Dtn 23,20: „Du darfst von deinem Bruder keine Zinsen nehmen: weder Zinsen für Geld noch Zinsen für Getreide noch Zinsen für sonst etwas, wofür man Zinsen nimmt." Oder: Lk 6,34: „Wenn ihr nur denen etwas leiht, von denen ihr es zurückzubekommen hofft, welchen Dank erwartet ihr dafür? Auch die Sünder leihen Sündern in der Hoffnung, alles zurückzubekommen."

256 Vgl. R. Marx: Das Kapital. Ein Plädoyer für den Menschen. München 2008,

Die alttestamentlichen Schriften lassen durchaus unterschiedliche Einstellungen zum Geldverleih und Schuldenmachen erkennen. Josefs Vergabe von Getreide während der großen Hungersnot erfolgt anfangs gegen Geld, danach auch gegen Vieh, Boden und Schuldknechtschaft.[257] Die Bibel verurteilt dieses Vorgehen nicht. Eine deutliche Abhebung von im Alten Orient üblichen Wirtschaftspraktiken sieht Erhard Gerstenberger im fundamentalen Widerspruch gegen das Zinsnehmen von hebräischen Volks- und Glaubensgenossen gegeben, der eindeutig religiös begründet ist, weil „die Israeliten unter ihrem Gott JHWH Geschwister sein sollen, … Niemals soll man an der Notlage des Volksgenossen verdienen."[258] Zinsen durften die Israeliten nur von Fremden einheben. Das Zinsverbot als Sondernorm der an Jahwe Glaubenden ist, Gerstenbergers Einschätzung nach, erst im Exil entstanden und dient wohl auch dazu, eine Verarmung von Teilen der israelitischen Bevölkerung zu verhindern. Untereinander keine Zinsen zu nehmen war ein wesentliches Unterscheidungsmerkmal der Juden zu den benachbarten Völkern.[259]

Das Problematische am Zinsverbot ist, dass es sich gegen die Zwänge des Marktes nicht wirklich durchzusetzen vermag. Bis heute verhilft man sich – auch im Bereich des Islamic Banking[260] – mit Hilfskonstruktionen, um in Vermeidung des Terminus' *Zins* von verschieden formulierten Gegenleistungen, Spesen und Gebühren zu sprechen oder die geleistete oder bezogene Geldsumme als temporäre Beteiligungsansprüche zu camouflieren.[261] Diese Modelle wurden von spanischen und osteuropäischen Juden dahingehend verfeinert, „dass einfach jedes

---

257 Vgl. Gen 47,21: „ … das Volk machte er dem Pharao leibeigen." Auch Laban arbeitet mit seinen Diensten bei Jakob seine Schulden ab. In Wahrheit „zahlt" er mit seiner Arbeitskraft für die Erlaubnis Rahel ehelichen zu dürfen. Gen 29,15.

258 E. S. Gerstenberger: Das alttestamentliche Zinsverbot – und wie man es umging. In: Welt und Umwelt der Bibel Nr. 47 – 1/2008, 49. Als Belegstellen werden angeführt: Ex 22,24; Lev 25,35; Dtn 23,20f;

259 In Babylonien betrugen die Zinssätze während der ersten Hälfte des 2. Jahrtausends rund 20–30% p.a. Altorientalische Könige gingen aufgrund ihres göttlichen Auftrags für soziale Gerechtigkeit zu sorgen, wiederholt mittels dekretierter Zinsbegrenzungen gegen die Geldverleiher vor. Vgl. E. S. Gerstenberger: Das alttestamentliche Zinsverbot – und wie man es umging, 50.

260 Der Koran spricht sich strikt gegen das Zinsnehmen aus: „Gott hat (nun einmal) das Kaufgeschäft erlaubt und die Zinsleihe verboten" (Sure 2,275). Zit. bei: E. S. Gerstenberger: Das alttestamentliche Zinsverbot – und wie man es umging, 51.

261 Das Umfunktionieren von Zinsen zu freiwilligen Geschenken, Schuldverschreibungen, Beteiligungen, Warenpreisaufschlägen, Rentenkäufen, Leibrenten, Pfandnutzungsgebühren usw. blühte als „frisierter Geldhandel" auch in den von den Franziskanern seit 1462 errichteten Pfandleihhäusern, Montes Pietatis, in denen die „Bearbeitungsgebühren" auf bis zu 10% ansteigen konnten. Vgl. R. Sprandel, TRE 36, 684., zit. v. E. S. Gerstenberger: Das alttestamentliche Zinsverbot – und wie man es umging, 51.

Darlehen als Produktivkredit deklariert wurde, für den eine Gewinnabgabe anfiel."[262]

Die christliche Kirche übernahm nicht nur das alttestamentliche Zinsverbot, sondern auch alle damit einhergehenden Imponderabilien, die sofort zutage treten, will man dieses Verbot auf die lebendig-dynamische Wirtschaftspraxis anwenden. Zunächst behalf man sich mit klassisch-antiker moralphilosophischer Untermauerung unter Aufnahme der theologischen Argumentation der Kirchenväter und betrachtete Zinsnehmen als groben Verstoß gegen die christliche Bruderliebe. „Wie schon später Thomas v. Aquin rekurrierten die Kirchenväter auf Aristoteles' These, dass Geld unproduktiv sei. Daher dürfe man nur exakt dieselbe Summe zurückverlangen, die man ausgeliehen hatte. Jeder Betrag darüber hinaus verstoße gegen das Naturrecht, da Geld sich nicht vermehren könne und dürfe."[263] Aristoteles schlussfolgerte deshalb, dass Zinsgeschäft Wucher und widernatürlich sei. Der reziproke Charakter erfordere bei Gelderträgen, dass nie mehr zurückzuzahlen sei, als ursprünglich verliehen wurde.[264]

Im Jahr 306 beschließt die Synode von Elvira in Spanien, dass es weder Klerikern noch Laien gestattet ist, Zinsen zu nehmen. Zuwiderhandelnden droht die Exkommunikation. Hier nimmt das abendländische Zinsverbot seinen Anfang, obwohl die Synoden von Arles (314) Nicäa (325) die Vorschriften etwas lockern und differenzieren.[265] So fand zum Beispiel der Canon 17 der Konzilsbestimmungen von Nicäa in unterschiedlichen Textvarianten seine Verbreitung. Einerseits wurde darin Klerikern und Mönchen untersagt, Darlehenszinsen zu nehmen, andererseits durften dieselben Adressaten beim Verleih von Naturalgaben wie Getreide oder Wein das Eineinhalb- bis Zweifache von den Schuldnern zurückfordern.[266]

Das Zinsverbot sollte zunächst nur für Kleriker gelten, unter Strafandrohung der Degradation und sogar der Exkommunikation, später jedoch, unter Papst Leo 1. (440–461), wurden Strafsanktionen auch Laien angedroht. Als unter Karl dem Großen das Ächten von Kapitalzinsen staatlich legalisiert wurde, stand man im

---

262 Ebd. 51.

263 Ebd. 51, unter Heranziehung von Aristoteles: Politik 1258b5–10.

264 Vgl. Aristoteles Pol. 1,10.1258b 2–8. Zit. n. Sigrid Müller: Vom Obolus zum „ehrlichen Gewinn". In Diakonia 38 (2007), 28

265 Vgl. Wolfram Weimer: Geschichte des Geldes. Frankfurt am Main und Leipzig 1992, 51. Etwa zur gleichen Zeit verfügt Kaiser Konstantin (306–337) eine Neuordnung des römischen Geldwesens. Der *Solidus*, eine neue Goldmünze, lebt bis heute sprachlich in Sold, Soldat und solide bis heute weiter. Vgl. ebd. 51.

266 Vgl. Sigrid Müller: Vom Obolus zum „ehrlichen Gewinn". In Diakonia 38 (2007), 27.

christlichen Abendland vor demselben Dilemma wie im nachexilischen Israel.[267] Es wurde dabei argumentiert, „dass der Wucherer Zeit verkaufe, die allein Gott gehöre. Dies sei besonders empörend, wenn es sich um Feier- und Sonntage handle, in denen das Geld des Wucherers arbeite.“[268]

Für das christliche Mittelalter gilt die Geldleihe gegen Zins unter Berufung auf die Bergpredigt (Mt 5–7, bes. 6,19–24) als moraltheologisch sündhaft und unredlich. „Die Kirchenlehrer Ambrosius, Hironymus und Augustinus verurteilen als Wucher alles, was der Gläubiger über das Geliehene hinaus zurückempfängt. Allein die Hoffnung auf Gewinn ist nach Augustinus Sünde. ... Auch Handelsgeschäfte werden von der anti-merkantilen Geistesströmung kritisiert, weil sie angeblich die Seele von ihrem letzten Ziele fernhalten.“[269]

Dem mittelalterlichen Wirtschaftsleben gereichten diese restriktiven Bestimmungen nicht gerade zum Vorteil, konstatiert Gerstenberger. „Eine stetig verschärfte kirchliche und staatliche Verbotspolitik blockierte den steigenden Kapitalbedarf. Die Haltung der Kirchenväter und scholastischen Theologen hemmte den wirtschaftlichen Aufschwung des 11. bis 13. Jahrhunderts. Der Geldverleiher wurde zu einem Urbild des Sünders.“[270]

Aus der Zeit der Klosterreform im Jahr 1071 ist folgender Text überliefert:

„Und in der Tat, nicht ohne Grund hat der Herr über die Mönche unseres Landes Verachtung ausgeschüttet. Denn die persönliche Schändlichkeit einiger Pseudomönche hatte das Mönchtum in sehr üblen Ruf gebracht, denn sie kümmerten sich nicht mehr um göttliche Dinge, sondern beschäftigten sich ausschließlich mit Geld und Gewinn. Sie bestürmten die Ohren der Fürsten ungestüm nach Abteien und Bistümern und bemühten sich um kirchliche Würden nicht wie unsere Vorfahren auf dem Wege der Tugenden, sondern suchten sie sich auf dem Schleichweg der Gunstbuhlerei und durch verschwenderische Freigebigkeit mit ihren übel erworbenen Geldern zu ergattern. Selbst um ein kleines

267 In der Karolingerzeit wurde das Zinsgeschäft auch für Laien unter die schwere Strafe der Exkommunikation gestellt. Vgl. Gabriel/Schlagnitweit: Das gute Geld, 60.

268J. Weiß: Mammon, 141, unter Heranziehung von Rolf Kramer: Ethik des Geldes. Eine theologische und ökonomische Verhältnisbestimmung. Berlin 1996, 52–55.

269 Wolfram Weimer: Geschichte des Geldes, 51f. Im Neuen Testament wird das Zinsverbot nur einmal indirekt, dafür sehr pointiert, im Gleichnis vom anvertrauten Geld thematisiert. (Lk 19, 11–27). Vgl dazu: Claus F. Lücker: Zinsverbot und Schuldenerlaß. Eine bibeltheologisch-sozialgeschichtliche Studie zur Frage nach ethischen Kriterien für Kapitalanlagen kirchlich-institutioneller Anleger in Deutschland. Frankfurt/Main 1999, 211–217.

270 E. S. Gerstenberger: Das alttestamentliche Zinsverbot – und wie man es umging, 51. Das Zinsverbot gelangte abgeschwächt auch in den Corpus Iuris Canonici (Nr 1543), bis zu dessen Neufassung von 1983. Erst in der Enzyklika Centesimus annus (1991) akzeptiert Johannes Paul II. die wirtschaftlichen Zwänge, die eine auch maßvollen und sozial verantwortlichen Kapitalismus prägen.

Amt zu erkaufen, versprachen sie täglich goldene Berge … noch dazu solche Menschen, die das ‚Ärgernis des Kreuzes‘ und den Ehrentitel der Armut als Aushängeschild benutzten und vorgaben, außer einfacher Nahrung und Kleidung nichts zu besitzen.“[271]

War den Klerikern und Mönchen also bereits in der Frühkirche das Zinsnehmen striktest untersagt, weitete das Zweite Laterankonzil (1139) die kanonische Verwerfung des Zinses im Sinne eines Wucherverbots auf die gesamte Christenheit aus (DH 716). Diese Bestimmung wird im Decretum Gratiani (um 1140) nachdrücklich bekräftigt. Aufgrund verschiedener Einzelurteile, die in die später verfassten kirchlichen Rechtssammlungen aufgenommen wurden, geht allerdings hervor, dass die Ausweitung des Zinsverbots auf alle Christen geographisch unterschiedlich schon seit dem 7. Jahrhundert gegeben war.[272]

3.1.1 Zinsnehmen und Geldverleih, neuralgische Punkte im Glaubensverständnis der mittelalterlichen Kirche

Insgesamt kann mit Berndt Hamm an dieser Stelle zusammengefasst werden, dass sich die mittelalterliche Kirche, gestützt auf ihre biblische und patristische Tradition, zunächst als Hemmschuh einer allmählich expandierenden Kapitalwirtschaft erwies, wiewohl gleichzeitig zu beobachten sei, dass in spätmittelalterlichen religiöse Schriften relativ unbefangen merkantiles Vokabular des Warentausches und Geldverkehrs Verwendung findet, um das menschliche Beziehungsverhältnis zur göttlichen Gnade und zum himmlischen Jenseits zu beschreiben.[273] Vor allem das Geldverleihen und Zinsnehmen können als „neuralgische Punkte“ heiß geführter Auseinandersetzungen bezeichnet werden, „durch das kanonische Zinsverbot und das kirchliche Verdikt über jede Art forcierten Gewinnstrebens wurden die Kaufleute als Wucherer gebrandmarkt, die bis zum Hals in der Todsünde der *avaritia*, der Habgier, steckten. Handel und Reichtum standen also prinzipiell im Odium moralischer Verruchtheit und waren zumindest gesellschaftlich umstritten.“[274]

---

271 Klosterreform Lamperti Monarchi Hersfeldensis Annales, aus: Walter Arend: Geschichte in Quellen, Band 2, München 1965. Als Zitat in: Wolfram Weimer: Geschichte des Geldes. Frankfurt am Main und Leipzig 1992, 89.

272 Sigrid Müller: Vom Obolus zum „ehrlichen Gewinn“. In Diakonia 38 (2007), 27.

273 Vgl. B. Hamm: Den Himmel kaufen. Heilskommerzielle Perspektiven des 14. bis 16. Jahrhunderts. In: JBTh, Band 21 (2006) Gott und Geld, 239–276, hier: 239 u. 246.

274 Ebd. 246, (eigene Kursivsetzung), unter Verweis auf Hans-Henning Kortüm: Menschen und Mentalitäten. Einführung in die Vorstellungswelten des Mittelalters, Berlin 1996, 123–132,

Sowohl auf dem zweiten als auch auf dem dritten (1179) Laterankonzil wird die Raubsucht der Wucherer generell verurteilt. Ihnen wird mit dem Entzug aller kirchlichen Rechte sowie der Strafe der Infamie gedroht.[275] Bei Tatwiederholung wurde Priestern die Entlassung angedroht. „Dabei wurde teils das Zinsnehmen an sich (usura), teils ein ‚verwerflicher Gewinn' (turpe lucrum) mit Strafe belegt."[276]

Dass diese kirchenrechtlichen Entwicklungen nicht linear verliefen, sondern vielmehr von einer komplexen Handlungsvielfalt begleitet und manchmal sogar von widersprüchlichen praktischen Beispielen durchbrochen und konterkariert wurden, zeigt Michel Clévenot anhand der Tatsache, dass Papst Innozenz III. im Jahr 1197 einen steinreichen Bankier und Kaufmann aus Cremona zur Ehre der Altäre erhoben hat.[277] Er trug den vielsagenden Ehrennamen *Homobonus*. Clévenot meint dazu: „Nun ist es geschafft: Das Geld wird nicht länger verflucht, und der Kapitalismus kann mit dem Segen der Kirche seinen triumphalen Aufstieg beginnen."[278] Hamm spricht davon, dass auch immer mehr Angehörige des reichen Handelsbürgertums in den Ordensstand treten können, und sogar das Geld selbst scheint eine neue Art von Heiligkeit zu gewinnen, und zwar nicht nur in seiner bekannten Form als Opfergeld, welches während der Heiligen Messfeiern zu den Altären gebracht wird und somit seine Profanität für diesen Moment abwerfen kann, quasi sakralisiert wird.[279] Auch die Münze selbst kann durch ihr Aussehen und ihre besondere Qualität gleichsam geheiligt werden. „Bestimmte Münzen werden nun als schutzbringende Reliquien verehrt, und es kommen Geldwährungen mit Christusinschriften auf den Markt. So lässt sich der französische König Ludwig IX. (der Heilige) im 13. Jahrhundert Goldmünzen mit der

---

sowie Horst Fuhrmann: Überall ist Mittelalter. Von der Gegenwart einer vergangenen Zeit. München 1996, 123–136.

275 Für das Konzil von Vienne (1311–1312) sind all jene Häretiker, die behaupten, Zinsnehmen sei keine Sünde; das 5. Laterankonzil (1512–1517) erneuert alle früheren kirchlichen Zinsverbote. Vgl. dazu auch: Gabriel/Schlagnitweit: Das gute Geld, 60f.

276 S. Müller: Vom Obolus zum „ehrlichen Gewinn", 27.

277 M. Clévenot: Lieber Jesus, mach mich reich! Geschichte des Christentums im XIV. und XV. Jahrhundert. Luzern 1993, 17.

278 Ebd. 17. Zu diesem bekanntesten Fall der Kanonisierung eines Geschäftsmannes im 12. Jh. und seinen Folgen vgl. auch: Werner Williams-Krapp: „Dieser mensch was ein schneider." Der Homobonus-Kult im deutschsprachigen Raum, mit einer Edition der Legende „Von sant Gutman". In: Litz u.a. (Hgg.): Frömmigkeit – Theologie – Frömmigkeitstheologie. Contributions to European Church History, Festschrift für Berndt Hamm, Leiden / Boston 2005, 235–252.

279 Vgl. B. Hamm: Den Himmel kaufen. Heilskommerzielle Perspektiven des 14. bis 16. Jahrhunderts. In: JBTh, Band 21 (2006) Gott und Geld, 253.

Umschrift ,Christus vincit, Christus regnat, Christus imperat' prägen. Sie blieben bis ins 14. Jh. das Ideal jeder königlichen Münzprägung."[280]

Als Höhepunkt der gesellschaftlichen Ächtung der „Wucherer" ortet Fuhrmann das 15. ökumenische Konzil von Vienne (1311), wo alle städtischen Statuten als nichtig erklärt werden, die einen Darlehenszins für zulässig erklären. Ferner seien alle Richter, die einem Gläubiger Zins zuerkennen, zu exkommunizieren, und wer es dennoch wagen sollte, „gegen das Zinsverbot aufzutreten, oder wer Zweifel an seiner Berechtigung vorbringe, sei als Ketzer zu betrachten und als solcher zu behandeln. Der überführte Ketzer aber – so lautete seit dem 13. Jahrhundert die Vorschrift – war dem weltlichen Arm zu übergeben, der ihn dem Scheiterhaufen überantwortete."[281] Das „schmutzige" Darlehens- und Zinsgeschäft überließ man nicht ungern jüdischen Geschäftsleuten, weswegen sie auch zur bevorzugten Zielscheibe des Zornes gegen die sich zusehends etablierende Geldwirtschaft wurden.[282]

Allmählich kristallisiert sich allerdings eine Konkretisierung der Problemstellung heraus: Nicht das Zinsnehmen per se, sondern der unangemessen hohe Wucherzins stellt die eigentlich abzulehnende Praxis dar. Vor der Gefahr einer Geldförmigkeit der Kirche warnten wiederholt Waldenser, Franziskaner und andere Kirchenreformer. Sie hielten den Machthabern der Kirche „die Armutsfrömmigkeit der Christusnachfolge entgegen".[283]

Sigrid Müller räumt mit dem weitverbreiten Vorurteil auf, dass aufgrund der Ausdehnung des Zinsverbots auf alle Christen nur mehr jüdische Geldverleiher das Kreditgeschäft übernahmen. Es gab auch christliche Geldverleiher aus Cahors und die Lombarden. „Die staatliche Obergrenze für Zinssätze wurde

280 Ebd. 253. Hamm erinnert in diesem Zusammenhang daran, dass die Formel „Christus vincit, Christus regnat, Christus imperat" bereits im 12. Jh. zu einer nachweisbaren parodistischen Umprägung geführt hat: „Nummus vincit, nummus regnat, nummus cunctis imperat." Ferner, so Hamm, sei daran zu erinnern, dass, „die verbreiteteste mittelalterliche Geldmünze seit dem 13. Jahrhundert, der Florenus, das Bildnis Johannes Täufers, des Schutzheiligen von Florenz trug. Von diesem monetär-sakralen Verquickungsphänomen her lässt sich eine Tradition bis zu den US-amerikanischen Dollar-Scheinen mit der Inschrift ,In God we trust' verfolgen." Ebd. 254.

281 H. Fuhrmann: Überall ist Mittelalter. Von der Gegenwart einer vergangenen Zeit. München 1996, 130.

282 Vgl. ebd. 137–146 und die reiche Literaturangabe ab 288f.

283 B. Hamm: Den Himmel kaufen, 246. Jedoch gewannen im 13. und 14. Jh. – trotz bleibender Widerstände – wie Hamm vermerkt, „diejenigen Kräfte in der Kirche die Oberhand, die ein positives Verhältnis zum Kapitalerwerb entwickelten." Ebd. 246. Bemerkenswert dabei ist die Tatsache, dass auch die einflussreichen städtischen Bettelorden, und ausgerechnet die ehemals geldkritischen Franziskaner, ein durchaus positives Verhältnis zum Kapitalerwerb entwickelten, wie Hamm kontrastreich hervorhebt. Vgl. ebd. 246.f.

dabei in der Praxis nicht eingehalten, ohne dass dies im Alltag auf Gegenwehr stieß. Die effektiven Jahreszinsen beliefen sich von 24% bis 91%."[284]

Im 14. und 15. Jahrhundert entwickelten Juristen und Theologen wie Bischof Antonius von Florenz (1389–1459) weitere Präzisierungen, in deren Folge sich eine differenziertere Auffassung durchsetzt, die den Zinswucher vom sittlich durchaus vertretbaren Unternehmensgewinn unterscheidet.[285]

3.1.2 Die Vorläufer der Mikrokredite im 14. und 15. Jahrhundert

Als Frühformen des heute populären Armutslinderungsinstruments Mikrofinanz können jene Kleinstkredite gelten, die von den franziskanischen Observanten für arme Menschen der städtischen Gesellschaft bereitgestellt wurden.[286] Besonders der Schülerkreis des Bernhardin von Siena und dessen Schüler San Giovanni Capistrano (1386–1456) gründeten ab den 60er-Jahren des 15. Jahrhunderts mehrere kirchliche Pfandhäuser, die Anschubfinanzierungen zur Verbesserung basaler Lebensbedürfnisse vergaben. Die frühen Mikrofinanzinstitute hießen „Montes pietatis". Das bildlich gesprochen zu einem Berg (lat. Mons) angehäufte Geld war Ausdruck der Sammlung von Almosen. Der einbehaltene Zinsbetrag für die Darlehen schwankte zwischen 4% und 12%, lag damit deutlich unter dem Zinsniveau der freien Geldverleiher und diente, ähnlich wie bei der heutigen Mikrofinanzkalkulation, der Kostendeckung für die Zurverfügungstellung des Geldes und der Gehälter der Bediensteten. Diese gleichzeitig soziale und ökonomisch wohl durchdachte kirchliche Einrichtung ging auf die profane Praxis der Städte zurück. „Diese hatten in Notzeiten durch verpflichtende ‚Staatsanleihen', für die sie den geldgebenden Bürgern eine Verzinsung bezahlten (2% oder 5%), Geldmengen für verschiedene Zwecke geschaffen."[287]

Gelegentlich gab es Versuche, den Bedürftigen mit zinslosen Darlehenskassen unter die Arme zu greifen. Diese Institute waren jedoch rasch zahlungsunfähig. Schließlich genehmigte das 5. Laterankonzil (1515) die Geschäfte und Konditionen der Kreditvergabe der montes pietatis. (DH 1442–1444). Somit waren die kirchlichen Pfandhäuser nun auch offiziell Teil eines ohnehin, auch gegen alle Verbote, florierenden Kreditgeschäfts.

284 S. Müller: Vom Obolus zum „ehrlichen Gewinn", 28.
285 Vgl. ebd. 28.
286 Vgl. ebd. 29.
287 Ebd. 29.

3.1.3 Die Normativität des Faktischen setzt sich durch: Geld kostet Geld

Mit der Ausweitung des Handels und den zunehmenden Geschäftsverbindungen mit Übersee vollzieht sich während des späten 15. und des beginnenden 16. Jahrhunderts eine mit der ökonomischen Entwicklung einhergehende Akzeptanz und danach sogar Legitimierung des Zinsnehmens. Sigrid Müller macht historische Ereignisse und deren rezipierte Reflexionen wie die Entdeckung Amerikas die daraufhin einschneidende Erfahrung der Preisrevolution und der Inflation in Spanien mitverantwortlich für eine völlige Neubewertung des Geldes, zumal auch der unterschiedliche Wert der Landeswährungen evident wurde.[288]

Große Handelshäuser, wie die der Fugger und Welser, werden zu bedeutenden Geldgebern für Fürsten- und Königshäuser; das staatliche Zinsverbot wird von der normativen Kraft des faktisch florierenden Geldgeschäfts obsoletes bzw. totes Recht und wird im 16. Jahrhundert aufgehoben.

Auf dem Konzil von Trient (1545–1562) erging schließlich die Erlaubnis, bei Geldgeschäften einen Zinsfuß von fünf Prozent offiziell einheben zu dürfen.[289]

1525 wird das kanonische Zinsverbot im Heiligen Römischen Reich kaum noch eingehalten. Kreditgeschäfte sind alltäglich geworden, zudem erklären auch landesgesetzliche Regelungen den Darlehenszins für zulässig. Zuerst in Kurtrier 1525, dann in Kursachsen 1550, Mecklenburg 1562 und Nürnberg 1564. Als strafbarer Wucher werden nur mehr Zinsforderungen geahndet, die über einen gesetzlich bestimmten Satz hinausgehen. 1543 erteilt Kaiser Karl V. niederländischen Kaufleuten offiziell seine Erlaubnis, Geld gegen Zinsen zu verleihen. Damit wird das mittelalterliche Zinsverbot erstmals vom Kaiser selbst ausgehebelt.[290]

In der katholischen Kirche lässt sich mit der Person Alfons Maria de Liguori (1696–1787) eine gewisse kirchlich unterstützte Öffnung in der Frage nach legitimer Zinsforderung ausmachen, wenngleich die dafür dargelegte Argumentationsfigur etwas praxisfremd anmutet: Liguori kann sich eine *aus freiem Willen* über das Darlehensvolumen hinausgehende Rückzahlung des aufgenommenen Geldes vorstellen, doch dürfe diese Mehrleistung nie rechtsbindender Vertragsgegenstand sein.[291]

---

288 Vgl. Sigrid Müller: Vom Obolus zum „ehrlichen Gewinn“, 29f. Von Martin de Azpilcueta (1493–1586) stammt nicht nur das damals am weitesten verbreitete Kompendium für Beichtväter; er legt auch das Fundament einer ökonomischen Quantitätstheorie, die den Geldwert von der umlaufenden Geldmende abhängig macht, indem er die Abhängigkeit der Warenmarktpreise von Angebot und Nachfrage als gegeben sieht. Vgl. ebd. 29.

289 Vgl. J. Weiß: Mammon, 141f.

290 Vgl. Wolfram Weimer: Geschichte des Geldes, 102–103.

291 Vgl. Sigrid Müller: Vom Obolus zum „ehrlichen Gewinn“, 30.

Wenn auch das Wucherverbot 1745 durch Benedikt XIV. in der Enzyklika Vix pervenit formal erneut bestätigt wurde (DH 2546–2550), wird darin von mannigfaltigen Gelegenheiten gesprochen, die einen dem ausgeliehenen Geld hinzufügbaren Zusatzbetrag rechtfertigen können. Auf diese Art und Weise wurde Darlehensgebern die Berechtigung eingeräumt, einen „ehrlichen Gewinn" zu erzielen und bestimmte Gewinnanteile für Kredite zu verrechnen, was einer faktischen Abschaffung des Zinsverbotes gleichkam. Müller vermutet, dass dieser Schritt in Richtung Akzeptanz eines Gewinns beim Geldverleih unter dem Einfluss des Papstschülers Scipio Mafei (1675–1755) zustande kam. Er zeigte sich überzeugt, „dass es in der Bibel kein Zinsverbot gab und das Wuchergebot nur übermäßige Zinsen, nicht aber mäßige von 4–5% betraf."[292]

Von einer offiziellen De-facto-Aufhebung des Zinsverbots seitens der katholischen Kirche zeugt ein Antwortschreiben Pius VIII. an den Bischof von Rennes aus dem Jahr 1830. Der Papst spricht sich darin dafür aus, auch solche Menschen in der Beichte loszusprechen, „die in gutem Glauben andere Dinge beichteten, von denen aber bekannt war, dass sie aus geliehenem Geld Gewinn erzielten." (DH 2722–2724).

3.1.4 Die dem Geldverleihgeschäft innewohnende Dichotomie

Eine nähre Beobachtung der historischen Entwicklung des Zins- und Wucherverbots lässt die Annahme einer eigenartigen Dichotomie im Umgang mit Geld sichtbar werden. Auch frühen christlichen Gemeinden leuchtete ein, dass diakonische Ansprüche nur dann mit Leben zu füllen sind, wenn gleichzeitig auch eine solide ökonomische Bestandssicherung der Gemeinde gewährleistet ist. Jedoch warf die berechtigte Ablehnung des Zinswuchers einen sittlichen Schlagschatten auf das Geldgeschäft und schließlich auf das Geld selbst, da die negativen Auswirkungen auf die Lebensumstände der geldabhängigen Menschen überwogen. „Geldtempel" und die Anhäufung großer Geldsummen förderten die Vorstellung, Geld würde um seiner selbst willen vergötzt und zum bloßen Selbstzweck gehortet, anstatt es zum lebensdienlichen Wohl für viele Menschen in Umlauf zu bringen. Aus christlicher Sicht kann die anfängliche Dichotomie dahingehend aufgelöst werden, indem guten Gewissens auf den lebensdienlichen Aspekt des Geldes verwiesen werden kann.[293]

292 Ebd. 30. Offene Kritik an der traditionellen kirchlichen Ablehnung des Zinses äußerten Montesquieu (1689–1755), Adam Smith (1723–1790) und Jeremy Bentham (1748–1842).

293 Vgl. dazu ein ähnliches Resümee von Sigrid Müller: Vom Obolus zum „ehrlichen Gewinn", 30–31.

In diesem Sinne kann es durchaus ein Glaubenszeugnis sein, Geld zu fairen Konditionen zu verleihen, um damit Menschen eine neue ökonomische Lebensbasis zu ermöglichen. Auch das ist ein Aspekt der Sozialpflichtigkeit des Geldes, wenn das im Wort Kredit enthaltene *credo* sowohl an den Glauben an jene Menschen erinnert, denen Geld zur Verfügung gestellt wird, als auch an den Glauben daran, dass ein Geld-Investment auch zu mehr struktureller Gerechtigkeit und Nachhaltigkeit beitragen kann.

Bleibend ist dabei zweifellos das Spannungsverhältnis zwischen Gott und Geld, welches als Thema der katholischen Soziallehre seit dem späten 19. Jahrhundert immer wieder aufgegriffen wird. Seither gehören die Forderungen nach der Sozialpflichtigkeit des Geldes und seiner Rückgebundenheit auf das Gemeinwohl unter Achtung der Menschenwürde, die immer Vorrang vor dem Kapital zu haben hat, zu den konstitutiven Elementen eines menschengerechten Wirtschafts- und Finanzsystems innerhalb der jeweils gegebenen sozioökonomischen Verhältnisse.[294]

Angesichts der krisenbedingten Verwerfungen der Wirtschaftswelt hat auch Klaus Gabriel die Frage nach der Sinnhaftigkeit eines allfälligen Zinsverbots aktualisiert und von der individualethischen auf die institutionen- und sozialethische Ebene verlagert.[295] Ein in diesem Zusammenhang auf makroökonomischer Ebene oftmals vorgebrachtes Argument lautet, Zinsen blockierten wirtschaftliche Entwicklungsvorgänge, indem das Geld realwirtschaftlichen Prozessen entzogen und stattdessen spekulativen Finanzmarktaktivitäten zugeführt werde. „Dabei wird immer wieder die Idee des biblischen oder islamischen Zinsverbotes aufgegriffen, die allerdings im Wesentlichen nicht makroökonomisch, also institutionenethisch, sondern mikroökonomisch und somit individualethisch konzipiert ist."[296]

Resümee: Mit der Frage, welches Zinssystem vor dem Hintergrund der sich weltweit auswirkenden Finanzwirtschaftskrise das geeignetste sei, sollte der Rückblick auf alttestamentliche Auseinandersetzungen mit dem Thema das Auge auf das Problem der Abhängigkeiten schärfen, in die Menschen zu ihren Geldgebern geraten können.

Die allmähliche geschichtliche Entwicklung einer differenzierenden Trennschärfe zwischen Zins und Wucher schien wohl auch durch die Einsicht begleitet, dass man begann, zwischen Investitionsdarlehen für Wirtschaftsaktivitäten und Darlehen zur Bestreitung basaler Lebensgrundlagen zu unterscheiden. Bei

---

294 Vgl. dazu auch K. Gabriel: Das Zinsverbot in den Religionen und seine aktuelle Relevanz. Manus. Institut für Sozialethik der Theologischen Fakultät der Universität Wien 2008, 2.

295 Vgl. ebd. 2.

296 Ebd. 2.

ersteren tragen die Geldgeber ein hohes Maß an unternehmerischen Risiken mit, wodurch es nicht unmoralisch erscheint, auch am möglichen Gewinn, also an der wirtschaftbedingten Vermehrung des Geldes prozentuell beteiligt zu sein.

Die biblischen Zinsverbote thematisieren ausschließlich die zweite Form von beinahe unter Zwang aufgenommenen Darlehen, ohne die Menschen um ihr Lebensnotwendiges gebracht würden. Die momentane Linderung ihres Hungers, die wohltuende Möglichkeit, sich zu wärmen, oder die Chance, medizinisch versorgt zu werden, wird teuer „geliehen“ und kann in enorme Abhängigkeiten und ausbeuterische Beziehungsverhältnisse zu den jeweiligen Darlehensgebern führen. Durch Wucherzinsen belastete Kreditabhängige geraten mitunter in lebensbedrohende Umstände und Schuldsklaverei. Hier ist der Schutz der Bedürftigen, im Sinne einer verbindlichen Option für die Armen, nach wie vor oberste, unaufgebbare, christliche Maxime und die nicht nur biblische Kritik an solchen Zinsgeschäften mehr als berechtigt.

Aus theologischer Perspektive lässt sich daraus die Forderung nach einem Finanz- und Wirtschaftssystem erheben, in dessen Mittelpunkt immer der Mensch zu stehen hat, womit die Frage nach gerechten Zinsen ganz eng mit der Forderung verbunden ist, möglichst menschen-, gesellschafts- und sachgerecht zu wirtschaften.[297] Nicht das Vorhandensein oder die Höhe von Zinsen ist m.E. von Bedeutung, sondern inwiefern sie mit dem Konzept eines lebensdienlichen Geldeinsatzes zu verantworten sind.

3.2 Zinskritik in Überschneidungsmengen theologischer, philosophischer und literarischer Kontexte

Weder staatliche noch kirchliche Argumente, Verbote und Strafandrohungen waren je in der Lage, das Geschäft mit dem Geld wirksam einzudämmen. Vielmehr zeugen zahlreiche von späteren römischen Kaisern erlassene Gesetze zur Festlegung von Zinsobergrenzen (schwankend von 6 bis 12%), dass „die stetige Fortentwicklung des Zinswesens in der wirtschaftlichen Praxis des Abendlandes“ nicht mehr aufzuhalten war, „weil die genannten philosophischen und theologischen Begründungen des Zinsverbotes selbst auf fragwürdigen Beinen stehen,“ wie Gabriel und Schlagnitweit ausführen.[298]

297 Vgl. ebd. 2 u. Sozialwort des ökumenischen Rates der Kirchen in Österreich, Wien 2003, Nr. 187.

298 Vgl. Gabriel/Schlagnitweit: Das gute Geld, 61f.

Philosophischen Argumentationsfiguren fehlt schlichtweg die empirisch abgesicherte Basis einer Kapitaltheorie.[299] Diese konnte sich erst in der allmählich wachsenden, modernen Wirtschaft der Neuzeit entwickeln. Die biblisch-theologische Begründung des Zinsverbots steht aufgrund interpretatorischer Mängel auf tönernen Füßen.[300] Der theologische Kern aber fokussiert, wie sich aus dem weiteren Kontext der zinskritischen Passagen bei Gabriel und Schlagnitweit ergibt, gar nicht so sehr die wirtschaftsethischen Probleme des Zinsnehmens, sondern das schamlose Ausnutzen von Menschen in Notsituationen.[301] Des Weiteren erstrecken sich die meisten Verbote nur auf den Binnenraum des jüdischen Volkes, wohingegen das Einheben von Zins aus Geschäften mit nicht-jüdischen Geschäftspartnern erlaubt war.[302] Die Widersprüchlichkeit biblischer Aussagen zum Zinsnehmen zeigt sich nicht zuletzt im scharfen Kontrast der geldkritisch-klassischen Topoi des Alten Bundes zum Gleichnis über das anvertraute Geld im Lukasevangelium.[303] Freilich verweist der exegetische Befund dieser neutestamentlichen Erzählung ebenso auf eine eindeutig geldkritische Grundhaltung, jedoch wird klar, dass sich ein absolutes Zinsverbot aus einzelnen Bibelstellen nur unter Ausblendung kontextueller, textkritischer, sozio-historischer und anderer maßgeblicher Sinnzusammenhänge aufrechterhalten lässt.

Weiß wiederum erblickt im biblischen Gleichnis vom anvertrauten Geld[304] eine „positive Einstellung zum riskanten Unternehmertum“[305], welches Spekulati-

299 Sehr gut zu zeigen am aristotelischen Diktum, Geld sei genuin „unfruchtbar“. Sein Investitionspotenzial und sein ökonomischer Mehrwert als Kapital kommen hier noch nicht in den Blick. Vgl. ebd. 62.

300 Hinzu tritt das sprachliche Problem. Hebräisch wird nur ein Wort für Zins und Wucher verwendet. Zwei Begriffe, die in anderen Sprachen für durchaus ausdifferenzierte Bedeutungen stehen. Während man unter Wucher ein Rechtsgeschäft versteht, das durch Ausnutzung einer Zwangslage oder Unerfahrenheit des benachteiligten Partners gekennzeichnet ist, meint der biblische „Zins/Wucher“ nicht nur eine überhöhte, sondern jede unberechtigte Forderung. Vgl. dazu die ausführlichen Gegenüberstellungen in: Gabriel/Schlagnitweit: Das gute Geld, 62f.

301 Einschlägig: Ex 22,24ff: „Leihst du einem aus meinem Volk, einem Armen, der neben dir wohnt, Geld, dann sollst du dich gegen ihn nicht wie ein Wucherer benehmen. Ihr sollt von ihm keinen Wucherzins fordern. Nimmst du von einem Mitbürger den Mantel zum Pfand, dann sollst du ihn bis Sonnenuntergang zurückgeben; denn es ist seine einzige Decke.“

302 Dtn 23,20f: Du darfst von deinem Bruder keine Zinsen nehmen: weder Zinsen für Geld noch Zinsen für Getreide noch Zinsen für sonst etwas, wofür man Zinsen nimmt. Von einem Ausländer darfst du Zinsen nehmen, …

303 Lk 19,23: „Warum hast du dann mein Geld nicht auf die Bank gebracht? Dann hätte ich es bei der Rückkehr mit Zinsen abheben können.“

304 Vgl. Lk 19,11–27 und Mt 25,14–30.

305 J. Weiß: Mammon, 142.

on[306] belohnt und Hortung bestraft. Freilich klingt der Satz „Wer hat, dem wird gegeben werden, wer aber nicht hat, dem wird auch noch genommen, was er hat“[307] beim ersten Hinhören befremdend, sozialdarwinistisch oder wie aus einem Handbuch für neoliberale Wirtschaftspolitik.

Zwiespältig können nicht nur bibelexegetische Befunde zum Thema Geld ausfallen. Wie leicht Menschen im Umgang mit dem Geld und der damit oft einhergehenden Verlockung, es vermehren zu wollen, in einen inneren Widerstreit geraten können, erzählt Thomas Mann in der Kurzgeschichte eines Abtes, die den bezeichnenden Titel trägt: „Heckgeld nehmen“:[308]

„Ein Abt möchte das ihm zu treuen Handen übergebene Geld gewinnbringend anlegen und nicht bloß als toten Wert eintruhen, denn durch das biblische Gleichnis vom anvertrauten Geld (Mt 25,14–30) wird er daran erinnert, dass Gott den Diener bestraft, der die Silbertalente einfach vergräbt und jene belohnt, die das ihnen Anvertraute vermehren. Und doch drückt ihn sein Gewissen und geht so manch Synoden- und Konzilsbeschluss ihm durch den Kopf, wo wiederholt und mit Nachdruck allen Geistlichen das Zinsgeschäft untersagt wurde und darf der Wucher doch niemals des Christen Sache sein. Inmitten dieses Zwiespalts wendet er sich vertrauensvoll an seinen Mitbruder Chrysogonus welcher dem Abt dazu rät, die gesamte Summe dem gelderfahrenen Juden Timon von Damaskus zu übergeben, denn es gebe ‚keinen frömmeren Wucherer‘. Der Abt willigt ein, ‚damit das Geld alsbald zu hecken anfängt, und bring mir das Recepisse!‘

Um aber sein schlechtes Gewissen zu beruhigen, erteilt der Abt seinem Geldboten den Auftrag, sich nach Abschluss des Geschäftes in die Geißelkammer hinabzuverfügen, um ‚zur Sühne eine mäßige Bestrafung an dir vorzunehmen.‘ ‚Nicht doch‘, erwiderte der Bruder. ‚Ich bin schon sechzig und vertrage Geißelhiebe sehr schlecht. … Ihr aber seid um zehn Jahr jünger, und das Geld ist Euer. Darum, wenn es Euch um Buße zu tun ist, müßt Ihr Euch schon selbst in die Kammer hinabbegeben und Euch das Angemessene versetzen.‘ ‚Geh mit Gott‘, sagte der Abt und wandte sich wieder seiner Lektüre zu.“[309]

Auch den Scholastikern war die Unterscheidung von (Leih-)Geld und (Leih-) Kapital durchaus bekannt, wie Oswald v. Nell-Breuning am Beispiel des Antonin von Florenz zeigt, in dessen Augen es keine *usura* war, Zins für ein Gelddarlehen zu beanspruchen und zwar „wegen seiner *Kapital*eigenschaft (ratione suae

306 Vgl. dazu die weitgehend heute noch gültigen individual- und sozialethischen Kritikpunkte der Spekulation in: Oswald v. Nell-Breuning: Grundzüge der Börsenmoral. Freiburg im Breisgau 1928, 127–164.

307 Lk 19, 26.

308 Thomas Mann: Heckgeld nehmen. In: Der Erwählte, Frankfurt am Main 1983. Als Zitat in: W. Weimer: Geschichte des Geldes, 93.

309 Ebd. 93.

capitalitatis). … Es verstößt nicht gegen die Gerechtigkeit, wenn einer wegen dessen, was seiner ausdrücklichen Absicht nach und gewissermaßen schon in Wirklichkeit *Kapital* in seinen Händen war, schadlos gehalten wird"[310] Antonins eher vages Zugeständnis für Zinseinnahmen entwickelt sich bei Bernhard von Siena zur vollen Klarheit: „Das, was mit festem Willensentschluß seines Eigentümers schon hingeordnet ist auf einen aussichtsreichen Unternehmensgewinn (oder: Gewinnchance), hat nicht bloß die Eigenschaft schlichten Geldes oder einer schlichten (=unfruchtbaren) Sache, sondern besitzt darüber hinaus eine gewisse Gewinnerzeugungskraft (wörtlich: samenhafte Eigenschaft des Gewinnbringenden), die wir gemeinhin *Kapital* nennen."[311] Die rezente Begriffsbestimmung von Kapital als zinstragendes Geld lag den Scholastikern jedoch noch fern. Lediglich seine Bestimmung, nicht verausgabtes Konsumgeld, sondern in unternehmerischer Absicht gewinnbringend veranlagt zu sein, verleiht in der Auffassung der scholastischen Autoren dem Geld seinen Kapitalcharakter. Der gerechte Kapitalleihpreis indes wird dem „Interesse" nach berechnet, wie Antonin definiert: „Interesse ist Entgang dessen, worauf einer rechtlichen Anspruch hat, … sein entstehender Verlust oder entgehender Gewinn."[312] Den mittelalterlichen Geschäftsverhältnissen durchaus entsprechend, kam auf diese Art und Weise noch kein geregelter Marktpreis für Leihkapital zustande, sondern nur eine individuell gestaltete Vereinbarung zwischen Darlehensgebern und Darlehensnehmern. Allerdings war der Weg zur Abstreifung des individuellen Einzelfalls nicht mehr weit, wie Nell-Breuning abschließend festhält.[313]

Als Thomas von Aquin die bange Frage bewegte: „Ist die Zinsnahme für geliehenes Geld Sünde?" führte er dazu folgende Betrachtung aus:[314]

„Zins zu nehmen für geliehenes Geld, ist an sich ungerecht: denn da wird verkauft, was es nicht gibt, und wodurch offenkundig eine Ungleichheit begründet wird, die im geraden Gegensatz zur Gerechtigkeit steht. … Das Geld aber ist dem Philosophen (Aristoteles) 5. Ethic. (5n 10) und 1. Polit. (3n 13f.) nach

---

310 „Iniquum non est, si ratione c a p i t a l i s, quod iam expressa intentione et quasi in facto habebat, indemnis servetur (s. th. 2, tit. I, c. 7, § 15). Zit. n. Oswald v. Nell-Breuning: Grundzüge der Börsenmoral, 113. (Gesperrte Schreibweise im Original).

311 „Illud, quod in firmo proposito domini sui est ordinatum ad aliquod probabile lucrum, non solum habet rationem simplicis pecuniae sive rei, sed etiam ultra hoc quandum seminalem rationem lucrosi, quam communiter c a p i t a l e vocamus." (Serm. 34, a. I, c.3), zit. ebd. 113. (Klammern und gesperrte Schreibweisen im Original).

312 Interesse dicitur, cum aliquid alicui deest, quod ei debetur de iure, (S. th. II, tit. I, c. II, § 26) … sive interesse sit in damno emergente sive in lucro cessante. (Ebd., c. 7, § 19)., zit. in ebd. 118.

313 Vgl. ebd. 118.

314 Vgl. Thomas v. Aquin: Summe der Theologie, 3. Band, Stuttgart 1985. Als Zitat in: W. Weimer: Geschichte des Geldes, 94–95.

hauptsächlich eingeführt worden, um Tauschungen vorzunehmen; und dergestalt ist der eigentümliche und hauptsächliche Gebrauch des Geldes sein Verbrauch oder die Verausgabung, sonach es für Tauschungen verwandt wird. … Und wie sonst ungerecht Erworbenes der Mensch gehalten ist, zurückzuerstatten, so auch das Geld, das er durch Zinswucher bekommen hat." –

In seinem Resümee bemerkt Thomas dann allerdings versöhnlich, dass menschliche Gesetze eben manche Sünden straflos belassen, wegen der Unvollkommenheit der Menschen. Viel Nützliches unterbliebe, räumt Thomas ausgleichend ein, würden alle Sünden streng durch Strafanwendung verhütet.[315]

3.2.1 Die reformatorische Zinskritik und die Aufgeschlossenheit Calvins

Luther verortet seine biblisch fundierte Zinskritik in einen traditionellen individualethischen Rahmen, in welchem der Fokus auf den Geiz und die sinnlose Hortung des Geldes um seiner selbst willen gerichtet ist. In seinem wortgewaltigen „Sermon von dem Wucherer"[316] geißelt der junge Luther die Zinsumtriebe seiner Zeit, denen er mit biblischer Gerechtigkeits-Reziprozität scharf entgegentritt:

„Nun sollen die zusehen, wo sie bleiben, die Wein, Korn, Geld und was dergleichen ist ihren Nächsten leihen, daß sie diese verpflichten oder beschweren und überladen, übers Jahr Zinsen zahlen, so daß sie mehr oder ein Besseres, als sie geborgt haben, wiedergeben müssen. Das sind jüdische Stücklein und Tücklein. Es ist ein unchristliches Verhalten, wider das heilige Evangelium Christi, ja wider das natürliche Gesetz und Recht, das der Herr anzeigt Luk 6, 31, das sagt: ‚Was du willst, daß dir die Menschen tun und lassen sollen, das tu und laß du auch ihnen'. Es ist niemand, der nicht gern wollte, daß man ihm ohne Zinsen leihe. Warum tut er dann das Gegenteil einem anderen gegenüber? … Da sollten die Machthaber einschreiten. Hier wird das arme gemeine Volk heimlich ausgesogen und schwer unterdrückt."[317]

Luthers scharfe Zinskritik entlädt sich auch in seinem heiligen Zorn gegen die Geldverleiher: „Denn wer also leyhet, das er's besser odder mehr widder nehmen will, das ist eyn offentlicher und verdampter wucher."[318]

---

315 Vgl. ebd. 94–95.

316 Martin Luther: Ein Sermon von dem Wucherer, in: Ausgewählte Schriften, hg. v. Karl Bornkamm und Gerhard Ebeling, Band VI (Briefe), Frankfurt 1982. Als Zitat in: W. Weimer: Geschichte des Geldes,120–121.

317 Ebd. 121.

318 M. Luther: Von Kaufshandlung und Wucher (1524). In: Dr. Martin Luthers Werke. Kritische Gesamtausgabe, Vol. 15. Graz 1966, 302f.

Viel Phantasie wurde auch in die Umgehung der Zins-Restriktionen investiert, veranschaulicht Friesenbichler anhand des „Contractus trinus", welcher ein Kreditgeschäft formal durch einen „dreiteiligen Vertrag aus Beteiligung an einer Transaktion + Garantie eines Mindestertrages + Verzicht auf einen möglichen Mehrertrag" juristisch ausgefeilt ersetzt. Dem Erfinder dieser Dreieckskonstruktion, einem gewissen Professor Dr. Eck, schlug Luthers „heiliger" Zorn stets entgegen.[319]

Um 1600 beobachtet Müller im Luthertum den Vollzug eines relativ raschen Wandels, von der strikten Ablehnung des Darlehenszinses zur Akzeptanz seines wirtschaftlichen Nutzens und damit einhergehend auch ein ziemlich entspanntes Verhältnis zum Gelderwerb und Geldbesitz.[320]

Im Luthertum des 17. Jahrhunderts werden das Geld und sein wirtschaftlicher Nutzen unter reformierten Christen alltagstauglich. Einer neuzeitlichen Wirtschaft hing das Zinsverbot ohnehin wie ein Klotz am Bein.[321]

Auch Johannes Calvin bricht eine Lanze für das Zinsnehmen, solange kein Wucher getrieben wird.[322] Er zeigt sich Geld gegenüber aufgeschlossen und stuft den Gelderwerb und Geldbesitz moralisch vollends neutral ein, käme es doch darauf an, *wie* das erwirtschaftete Geld eingesetzt werde und ob die Gemeinde daraus einen Nutzen zöge. Der Kaufmann könne mit einem aufgenommenen Darlehen schließlich Gewinne erwirtschaften, und so sei es eben nur recht und billig, wenn der Geldgeber einen Teil dieser Erträge für sich beanspruche. In dieser ökonomisch geprägten Sichtweise vermeint Friesenbichler eine Brücke zu erkennen, auf der man vom calvinistischen Arbeitsethos zur modernen Managementeinsicht des Multitalents Benjamin Franklin „Time is money" übersetzten könne.[323]

Spätestens mit Calvin wird also die Unzeitgemäßheit des alttestamentlich verankerten Zinsverbots deutlich. Deutlicher noch als Calvin sieht der Gründer der Methodisten, John Wesley (1703–1791), den christlichen Glauben mit dem

---

319 R. Friesenbichler: Zinsen, Zinsen, Zinseszinsen,17. Friesenbichler verweist in diesem Kontext auch darauf, dass das bis heute formal bestehende Zinsverbot im Islam eine Reihe mehr oder weniger eleganter Fluchttüren durchaus verwandter Konstruktionen offen lässt. „Zinsverbote sind dazu da, um umgangen zu werden", konstatiert Friesenbichler, in: ebd . 17.

320 Vgl. Sigrid Müller: Vom Obolus zum „ehrlichen Gewinn", 30.

321 Vgl. dazu: Johannes Wallmann: Zins VI. Christentum. In: RGG Bd. 8, ^{4}2005, 1868f.

322 Vgl. J. Weiß: Mammon, 143.

323 R. Friesenbichler: Zinsen, Zinsen, Zinseszinsen, 17 unter Verweis auf Benjamin Franklin: Advice to a Young Tradesman" 1748, ergänzt durch die ebenfalls daraus stammenden Zitate: Credit is money" und „Money can beget money". Max Webers Resümee auf Franklins Empfehlungen hebt die fehlende Sorgfalt im Geldumgang hervor. Dementsprechend drastisch lautet der Vorwurf, er morde „Kapital-Embryios", was einem ethischen Defekt gleichzusetzen sei. Zit. in: ebd. 17.

Gelderwerb vereinbar. In Wesleys Predigt über die Verwendung von Geld wird seine religiöse Grundhaltung sichtbar, die große Ähnlichkeit mit den gleichfalls berühmten, wie auch in vielen Details widerlegten Thesen Max Webers aufweist, die für die Entwicklung der modernen kapitalistischen Ökonomie konstitutiv waren: „Erstens: erwirb, soviel du kannst. Zweitens: spare, soviel du kannst (d.h. verschwende nichts). Drittens: Gib, soviel du kannst.“[324]

Im scharfen Kontrast dazu sei noch Heinrich Heines eher nachdenklich düster gehaltene Zinselegie dargeboten:

„Hier in Frankreich herrscht gegenwärtig die größte Ruhe. Ein abgematteter, schläfriger, gähnender Friede. Es ist alles still, wie in einer verschneiten Winterlandschaft. Nur ein leiser monotoner Tropfenfall. Das sind die Zinsen, die fortlaufend hinabträufeln in die Capitalien, welche beständig anschwellen; man hört sie ordentlich wie sie wachsen, die Reichtümer der Reichen. Dazwischen das Schluchzen der Armut. Manchmal auch klirrt etwas wie ein Messer, das gewetzt wird.“[325]

3.3 Zinsen als „Eigentumsprämien“

Ulrich Duchrow entwirft seine alternativen, dem Leben dienenden ökonomischen Ansätze aus biblisch-theologischer Sicht.[326] Seine Hauptthese führt geradewegs über den Wert des Eigentums zwingend zu einem Kreditsystem, in welchem die Kreditnehmenden über das Geliehene hinaus auch noch zusätzlich Zinsen, die Duchrow „Eigentumsprämien“ nennt, zurückzahlen müssen. Er vertritt die Auffassung, „dass wir die Mechanismen des Kapitals und ihre verarmenden, zerstörerischen und ausschließenden Wirkungen nicht verstehen können, ohne die ihnen zu Grunde liegenden Eigentumsstrukturen zu erkennen.“[327] Duchrov versucht nachzuweisen, dass sich die Geldwirtschaft aus einer neuen

---

324 John Wesley: Predigt über Lk 16,9: „The Use of Money“. In: Wesley's Standard Sermons, ed. E.H. Sudgen. London ^{2}1956, 309–327. Zit. n. Sigrid Müller: Vom Obolus zum „ehrlichen Gewinn, 30.

325 Heinrich Heine: „Lutetia“ (langjährige Berichterstattung für die „Allgemeine Zeitung“, Artikel 52, v. 04.12.1842. Auch als Buch erschienen, 1854. Hier als Zitat v. Tristan Abromeit: Das Geld, das „Giralgeld“, das Kapital, der Zins und die Produktionsfaktoren haben schon viele kluge Köpfe verwirrt. Manus v. Mai 2006, 161. In: www.tristanabromeit.de/pdf/vom%20 Gelde%20und%20vom%20kapital%204.06.pdf. Download: 17.02.2010.

326 Vgl. Ulrich Duchrow: Wirtschaften für das Leben. Alternative wirtschaftliche Ansätze aus biblisch-theologischer Sicht. In: Gott oder Mammon. Christliche Ethik und die Religion des Geldes. 2. Ökumenische Sommerakademie Kremsmünster 2000, hg. von Severin J. Lederhilger. Frankfurt 2001, 145–160.

327 Ebd. 150.

Eigentumswirtschaft im Griechenland des achten vorchristlichen Jahrhunderts entwickelt hat. Parallel dazu entstand das Kreditwesen, dessen Auswüchse, wie z. B. die Schuldsklaverei, auch von den biblischen Profeten scharf kritisiert wurden.[328] Als theologisches Schlüsselargument fungiert immer wieder die Erkenntnis: Gott ist der Eigentümer des Landes (Lev 25,23) und der Israeliten, die schon allein deshalb nicht versklavt werden können, weil sie Gott gehören, der sie aus der ägyptischen Sklaverei befreit hat. (Lev 25,39ff).

Im späteren römischen Recht erfährt das Eigentum einen absoluten, von theologischen Abhängigkeiten völlig losgelösten Status: „Eigentum ist das Recht, die eigenen Güter zu gebrauchen oder zu missbrauchen, solange wie das Vertragsrecht nicht verletzt wird."[329] Einen scharfen Kontrast hierzu bildet der kollektive Gesellschaftsansatz der Jerusalemer Urgemeinde zur gemeinsamen Nutzung der Güter, auf dass es keine Armen in der noch jungen Christengemeinde gebe (vgl. Apg 4,32–37).[330] Dieser Pilotversuch fand schon damals nur wenig Nachahmer.

3.4 Das Grundproblem: Der Geldgewinn aus Geld, ein Funktionsfehler?

Um für Krisenzeiten gewappnet zu sein, legte man schon in antiken Gesellschaften Vorräte von Sachgütern an. Auch anhand der biblischen Josefsgeschichte[331] lässt sich zeigen, wie ein weiser Staatsmann und Ökonom für sieben magere Jahre mit dem Bau von Getreidespeichern vorsorgt.[332] Seit Jahrtausenden sparen Menschen für Notzeiten, doch erst in der jüngeren Vergangenheit fand die Transformation der Vorratslager im privaten Speicher zum Spargroschen im Bankhaus statt. Dies sei nicht nur kontraproduktiv, sondern zeige auch, dass unsere Gesellschaft ein großes Problem mit dem Umgang mit Geld habe, hebt Josef Taus

328 Vgl. z.B. das Buch Amos, die Rechtsreformen im Bundesbuch Ex 21–23, das Zinsverbot und die sozialen Reformen des Pfandwesens Ex 22,24, sowie die Bestimmungen das Sabbatjahr und den alle sieben Jahre zu erfolgenden Schuldenerlass betreffend in Dtn 15,2. Vgl. zu dieser Thematik auch: R. Kessler: Staat und Gesellschaft im vorexilischen Juda vom 8. Jahrhundert bis zum Exil. Leiden 1992.

329 Zit. n. Ulrich Duchrow: Wirtschaften für das Leben, 151.

330 Vgl. dazu auch die Anmerkungen in Kapitel 6.1 Geld in der Gemeinschaftskasse. Zum Postulat eines angeblich biblisch belegbaren Urkommunismus, dieser Arbeit.

331 Vgl. Gen 37–50.

332 Vgl. Gen 41,48–49.

hervor, weil ein riesiger Beschäftigungsapparat mit Geld zu füttern sei.[333] Dieses aber gelangt fest gebunden als verzinste Hoffnung auf sein Krisenbewältigungspotenzial nicht mehr in den Wirtschaftskreislauf, wo es für Kredite benötigt wird und verstärkt somit, was es hintanzuhalten hofft: die Krise.

Geld eignet sich also, und das mag beim ersten Hinsehen verblüffen, nicht so gut für die Vorratslagerhaltung wie Getreide. Jedoch nur, weil niemand Besonnener je auf die Idee verfiele, dass aus gelagertem Getreide mit der Zeit mehr Getreide würde, sich Getreide also dank Lagern vermehrte. Beim Geldgeschäft jedoch scheint dieser Wunsch systemimmanent. Aus Geld soll kontinuierlich mehr Geld werden. Gewinne entstehen demnach zur Erfüllung dieses Wunsches dort, „wo sie nicht entstehen sollten – nämlich im Geldsystem. Die Funktion des Systems wird oft falsch gesehen, das schnelle Geld gibt es nicht. Das US-Finanzsystem trägt beispielsweise zum Gesamtwachstum der US-Volkswirtschaft vier oder fünf Prozent bei, hat aber in den vergangenen Jahren 40 Prozent aller Gewinne lukriert. Da funktioniert etwas nicht."[334] Dieser möglicherweise grundsätzliche Defekt menschlicher Geldwirtschaft birgt sozialen Sprengstoff in sich, der in Krisenzeiten das soziale Netz zum Einreißen bringen könnte.

3.5 Die Frage nach einem sittlich angemessenen Zinsfuß im Spiegel der Finanzwirtschaftskrise

Wiederholt platzten Spekulationsblasen, weil genügend liquides Kapital vorhanden war, um sie bis zum Bersten mit Geld vollzupumpen. Die Bereitstellung von Geld qua Kapital wirft die Frage nach der sittlichen Rechtfertigung von Zinsen und ihrer Höhe auf. Wenn der Zins nichts anderes als die mehr oder weniger berechtigte Beteiligung der Darlehengebenden am Gewinn der Darlehenempfangenden ist, erhebt sich die Frage, ob ein sittlich vertretbarer Zinssatz nicht dort seine Obergrenze finden müsste, wo die durch den Kapitaleinsatz „voraussichtlich zu erzielende realwirtschaftliche Wachstumsrate anzusetzen ist?"[335] Gabriel und Schlagnitweit stellen auch die Frage, ob nicht „jeder über dem real erwirtschafteten Mehrwert liegende Zinssatz notwendigerweise zur wachsenden Verschuldung des Darlehensnehmers – und somit genau hinein in die Abhängigkeitsverhältnisse" führen muss, welche genau jenen Markt verzerren, der ideali-

333 Vgl. Oliver Tanzer: „... dann wird es gefährlich." Interview mit Josef Taus über den sozialen Sprengstoff der Wirtschaftskrise, die grundsätzlichen Defekte menschlicher Geldwirtschaft und die Schwächen der Ökonomen. In: Die Furche, 23.04.2009, 9.

334 Ebd. 9.

335 K. Gabriel/M. Schlagnitweit: Das gute Geld, 65.

ter eine nachhaltige Entwicklung für alle Marktteilnehmenden garantieren sollte.[336]

Als eine Art „ökonomische Konstante“ stuft Friesenbichler die Zinsen ein, die aus dem Wirtschaften, insbesondere aus dem Kapitalismus geboren wurde. Spätestens „mit dem Entstehen der Nationalökonomie als wissenschaftliche Disziplin beginnt auch die systematische Beschäftigung mit dem Wesen des Zinses.“[337] Im Sinne von Adam Smith's „unsichtbarer Hand“ sorge der Zinssatz – als Preis des Geldes – für eine „effiziente Allokation des Kapitals“, so Friesenbichler, der mit Eugen Böhm-Bawerk, einem Vertreter der österreichischen Schule der Nationalökonomie eine Gegenstimme zur Smithschen Theorie laut werden lässt, welche die Zinsen nicht als Preis des Geldes gelten lässt, sondern vielmehr als Preis für die Zeit, die der Verleiher für die Verschiebung seines Konsums aufwendet. John Maynard Keynes schließlich qualifiziert den Zins als „Entschädigung für die Aufgabe von Liquidität, die man – z.B. im Gegensatz zu einem Schuldschein – praktischerweise jederzeit und gegen jede gewünschte Ware umwandeln kann.“[338]

Im System von Zins und Zinseszinsen und der damit verbundenen (exponentiellen) Wachstumsprämisse erblicken Vertreter moderner Kapitalismuskritik die Wurzel zunehmender sozialer Ungleichheit, die zu einer Überlastung der natürlichen Umwelt und einer Destabilisierung der Ökonomie führen kann. Friesenbichler zitiert als frühen Vertreter dieser Richtung Karl Marx, der das zinstragende Kapital als „äußerlichste und fetischartigste Form der Ware“ bezeichnet. Der von Marx beschriebene Vorgang eines Geldverleihs gegen Zins differenziert zwischen dem „Geldkapitalisten“ als Geber und dem „industriellen Kapitalisten“ als Darlehensempfänger, welcher einen Geldvorschuss qua Kredit in Anspruch nimmt, um diesen nach Ablauf einer bestimmten Frist, als sogenannt „realisiertes Kapital“, das Mehrwert geschaffen hat, an seinen Ausgangspunkt zurückzubringen.[339] Beide Kapitalisten teilen nach Auffassung von Marx den dadurch entstehenden Profit. Diese historischen Zinskritiken miteinbeziehend, erhebt Friesenbichler im Licht der Gegenwart unter anderem die Frage, ob Zinsen als Motor oder Begleiterscheinung von wirtschaftlichem Wachstum, oder als davon völlig unabhängiges Phänomen zu betrachten sind. Daraus ergibt sich auch die Überlegung, ob Zinsen auch in einer stationären oder gar schrumpfenden Ökonomie existieren könnten, was Joseph Schumpeter verneint, jedoch nicht ohne gleich-

336 Vgl. ebd. 65.
337 R. Friesenbichler: Zinsen, Zinsen, Zinseszinsen, 17.
338 Zit. n. Friesenbichler, ebd. 17.
339 Vgl. die Darstellung der Zitatsplitter n. Friesenbichler, ebd. 17.

zeitig darzustellen, dass dies aus seiner Sicht nicht mit einem Untergang der Märkte oder des Geldes gleichzusetzen wäre.[340]

340 Vgl. die Ausführungen ebd. 17.

4 Geldkritik als Thema gesellschaftlicher Transformationsprozesse

Die Ökonomie als Wissenschaft kann gesellschaftliche Phänomene und Auswirkungen der Geldwirtschaft auf die sozialen Interaktionen und Lebensbedingungen der Menschen nicht zu ihrem Hauptanliegen erklären, deshalb waren und sind sind Geistes- und Kulturwissenschaften aufgerufen, im interdisziplinären Verbund die sozialen Funktionen des Geldes zu untersuchen. Folgende Streiflichter gesellschaftlich relevanter Geldkritik setzen im 18. Jahrhundert an und sollen zunächst eine gewisse Sensibilität für das Problemfeld erzeugen, welches mit der philosophischen Geld- und Ökonomiekritik seine philosophische und soziologische Zuspitzung erfährt.

4.1 Der soziale Aspekt des Geldes im Spiegel der Französischen Revolution.

Als sich gegen Ende des 18. Jahrhunderts eine zur Staatsumwälzung entschlossene Bourgeoisie gegen einen über Jahrhunderte festgemauerten Feudalabsolutismus auflehnte, unterschied sich dieser revolutionäre Ansatz von früheren vor allen Dingen dadurch, dass damit der nationale Rahmen gesprengt, die revolutionären Ideen über die Grenzen Frankreichs hinausgetragen und somit auch zur Bedrohung der Machthabenden anderer europäischer Monarchien wurden, weil die allgemeingültigen Befreiungslosungen der Revolutionäre nicht nur an das eigene Volk, sondern an die gesamte Menschheit gerichtet waren. Walter Grab hebt in diesem Zusammenhang hervor, dass dadurch das Tor zu einer neuen Menschheitsgeschichte aufgesprengt wurde.[341] Der geistesgeschichtliche Standpunkt der Aufklärung sollte realpolitisch mit Leben erfüllt, die Bevormundung

341 Umgangssprachlich hauptsächlich als singuläres Ereignis wahrgenommen, ergibt eine nähere Betrachtung der Französischen Revolution, die meist bloß mit dem Sturm auf die Bastille oder den von der Nationalversammlung 1789 feierlich erklärten Menschen- und Bürgerrechten in Zusammenhang gebracht wird, das Bild eines sich über viele Jahre entwickelnden, multikausalen und vielschichtigen politischen Prozesses, dessen gesellschaftliche Verformungen und Neuordnungen enorme Auswirkungen auf die Menschheitsgeschichte nach sich zogen und dessen Ideen bis in die Jetztzeit ihre Gültigkeit behielten.Vgl. Walter Grab (Hg.): Die Französische Revolution. Eine Dokumentation. München 1989, hier bes. 11.

der kirchlichen und adeligen Gewalt abgeschüttelt und alle Lebensbereiche säkularisiert werden.

Auch haftete der Französischen Revolution kein religiöser Aspekt an, wie früheren englischen oder niederländischen Erhebungen gegen die Willkürherrschaft despotischer Monarchen. Der wesentlichste Punkt scheint aber darin gegeben, dass die Aufständischen keine Veränderungen *innerhalb* eines bestehenden politischen Systems (der Monarchie), sondern den radikalen Umsturz und die völlige Neuordnung der herrschenden Verhältnisse anstreben. Sie sind als politische Akteure also nicht rückwärts- sondern vorwärtsgewandt und wollen eine auf Vernunftprinzipien aufruhende, „noch niemals dagewesene Staats- und Rechtsordnung errichten, … ein auf Freiheit und soziale Gerechtigkeit gegründetes Gemeinwesen“ herstellen.[342] Wesentlich unbekannter als die allgemein soziopolitischen Forderungen der Revolutionäre sind zwei konkrete Bezugnahmen auf das Geld, die aus der Revolutionszeit in zwei Reden erhalten sind.

4.1.1 Die Rede Robespierres im Nationalkonvent über das Eigentum

Robespierre erhebt in seiner Rede vom 24. April 1793 weitgehende Forderungen gegen „niedrige und gemeine Seelen, die nur am Gold hängen![343] Ich will eure Schätze nicht antasten, wie zweifelhaft auch deren Herkunft sein mag.“[344] Im Unterschied zu radikal sozialistisch-kommunistischen[345] Forderungen ist Robespierre davon überzeugt, dass „eine Gleichheit des Besitzes ein Traumgespinst ist.“ Jedoch zeigt er den sozialen Aspekt des Geldes und Besitzes auf und kritisiert, dass vielen Besitzenden die moralische Grundlage fehle, denn „als ihr die Freiheit definiert habt, das erste Gut und das heiligste Recht des Menschen, das er von der Natur empfangen hat, da habt ihr ganz richtig gesagt, daß die Freiheit ihre Grenzen in den Rechten des Nächsten hat; warum habt ihr diesen Grundsatz nicht auch auf das Eigentum angewandt, das doch ebenfalls eine soziale Einrichtung ist?“[346] Robespierre ist davon überzeugt, dass der durchaus legitime An-

342 Vgl. ebd. 12.

343 Vgl. ebd. 188–191.

344 Ebd. 188.

345 Die Begriffe Sozialismus und Kommunismus wurden in der ersten Hälfte des 19. Jh. noch bedeutungsgleich verwendet. Im damaligen französischen Sprachgebrauch verstand man unter „Sozialisten“ diejenigen, die sich mit der „Organisation der Arbeit“, jedoch unter Beibehaltung der Besitzverhältnisse begnügten, während die „Kommunisten“ darüber hinaus eine völlige Neuordnung der Besitzverhältnisse anstrebten. Vgl. dazu: Shlomo Na'aman: Emanzipation und Messianismus. Frankfurt 1982, 142–144.

346 Ebd 189.

spruch auf Sicherung persönlichen Eigentums, wie er in den Rechtskodex aufgenommen wurde, nicht der Mehrheit der Menschen zugutekomme, „sondern für die Reichen, die Spekulanten, die Wucherer und die Tyrannen gegeben zu sein scheint."[347] Demzufolge fordert Robespierre eine Reihe sozialpolitischer Maßnahmen, die auch heute noch sehr modern klingen, wie ein steuerfreies Existenzminimum, einen Progressivsteuersatz und die Sozialbindung von Eigentum.

4.1.2 Jaques Roux: Das „Manifest der Enragés"

In seiner legendären Rede vom 25. Juni 1793 trägt der Sansculottenführer[348] Jaques Roux in seinem „Manifest der Enragés" dem Konvent seinen energischen Protest gegen Wucherer und Spekulanten vor.[349] „Die Freiheit ist nur ein leerer Wahn, solange eine Klasse die andere ungestraft verhungern lassen kann. Die Gleichheit ist nur ein leerer Wahn, solange der Reiche kraft seines Monopols über Leben und Tod seiner Mitmenschen entscheidet. Die Republik ist nur ein leerer Wahn, solange die Gegenrevolution täglich am Werk ist, indem sie alle Lebensmittelpreise hinaufschraubt, die von Dreiviertel der Bürger nur unter Tränen aufgebracht werden können."[350] Roux fordert einen Verfassungsbann gegen Börsenspekulation und Hamsterkäufe. Er sieht im Handel ein Instrument, welches die Bürger zugrunde richtet, und streicht heraus, dass bisher nur die Reichen von der Revolution profitiert haben. Die Handelsaristokraten seien, so Roux, schlimmer als Adel und Klerus zusammen. Lange werde das Volk die täglich steigenden Preise für Grundnahrungsmittel nicht mehr ertragen können. Er fordert den Konvent auf, „die Blutsauger des Volkes herauszufinden und zu vernichten. … Wenn ihr der Habgier der Hamsterer nicht einen nationalen Zügel anlegt, wird der Kapitalist, der Händler schon morgen mit Hilfe seines Monopols und seiner Erpressermethoden diese Last auf die Sansculotten abwälzen."[351]

Es bestand ein eklatanter Unterschied zwischen der revolutionären, dynamisch-bürgerlichen Gesellschaftsstruktur Frankreichs und den ständisch gegliederten feudalabsolutistisch geführten europäischen Monarchien. Das bekannte Diktum Kants (1724–1804) bringt das Problem auf den Punkt: „Die Deutschen machen ihre Revolutionen nur im Kopfe."[352] Schrieben die Vorläufer des Proto-

---

347 Ebd. 189.

348 Sansculotte heißt „ohne Kniehose" und war eine Bezeichnung des proletarischen Revolutionärs der Französischen Revolution. Vgl ebd. 18f.

349 Vgl. Walter Grab (Hg.): Die Französische Revolution, 218–229.

350 Ebd. 218.

351 Ebd. 222.

352 Zit. in ebd. 56.

Sozialismus noch Freiheit, Gleichheit und Brüderlichkeit gleichrangig auf ihre Fahnen, so änderte sich diese Balance mit der Geldkritik eines der Begründer des deutschen Sozialismus, Moses Hess (1812–1875), der sich stets als Kind der Französischen Revolution bezeichnete und gerne vom „sanguistischen Temperament" der revolutionären Franzosen sprach, welches den Deutschen völlig fehle.[353]

4.2 Die philosophische Geldkritik anhand inhaltlicher Zusammenhänge von Moses Hess und Karl Marx

Marxens Darstellung der quasi-religiösen Komponente an Ware und Geld findet sich in einem kurzen Kapitel am Anfang des „Kapitals" und trägt den Titel: „Der Fetischcharakter der Ware und sein Geheimnis."[354] Reisinger gibt zu bedenken, dass der hermeneutische Schlüssel zur Deutung der gesellschaftlichen Diagnose der Arbeits- und Warenwelt von Marx in seiner markanten Frühschrift „Zur Judenfrage"[355] aus dem Jahr 1843 zu finden ist, für die auch Marxens Mitstreiter Moses Hess mit seinem Aufsatz „Über das Geldwesen"[356] (1840) wichtige Vordenkarbeit geleistet hat. Moses Hess wendet darin die Feuerbachsche Kritik „zur Analyse ökonomischer und sozialer Erscheinungen der kapitalistischen Gesellschaft (an). Dieses Denkverfahren, dialektisch strukturiert und um den Begriff der *Entfremdung* zentriert, zielt auf die Kritik der bestehenden Religion, nicht weniger aber auch auf die Analyse der Politik insgesamt und vor allem des Geld- und Warenverkehrs."[357] Das wechselvolle und spannungsgeladene Freund-

---

353 Vgl. ebd. 56.

354 MEW 23, 86–98. F. Reisinger verweist auf wichtige Kommentare zum Thema: U. Erckenbrecht: Das Geheimnis des Fetischs. Grundmotive der Marxschen Erkenntniskritik. Frankfurt 1976. F. J. Hinkelammert: Die ideologischen Waffen des Todes. Münster-Freiburg, 1985, bes. 26–36: Der Geldfetischismus. Angeregt wurde Marx über den religionswissenschaftlichen Begriff des „Fetischs", in die damalige Diskussion eingebracht durch Charles de Brosses: Du culte des dieux fetiches. Paris 1760, auf deutsch: Über den Dienst der Fetischgötter oder Vergleichung der alten Religionen Egyptens mit der heutigen Religion. Berlin 1785. Nach der in Deutschland einsetzenden Rezeption des Fetisch-Begriffs (z.B. auch bei Hegel) hat ihn Marx für seine Arbeiten übernommen. Vgl. dazu F. Reisinger: „Geld oder Leben!" – Über die Wirkkräfte des Geldes auf/über die Menschen, 98ff.

355 MEW 1, 347–377, bes. der zweite Teil: 371–377.

356 Von Marx 1845 editiert. Vgl. dazu die Erläuterungen von F. Reisinger in: „Geld oder Leben!" – Über die Wirkkräfte des Geldes auf/über die Menschen, 99 und das folgende Kapitel 4.2.1 in dieser Arbeit.

357 F. Reisinger: „Geld oder Leben!" – Über die Wirkkräfte des Geldes auf/über die Menschen, 99. (Eigene Klammersetzung und Hervorhebung).

schafts- und Arbeitsverhältnis zwischen Marx und Hess hatte großen Einfluss auf den später wirkmächtigeren Marx.

4.2.1 Die Befreiung des Menschen aus seiner ökonomischen Bedingtheit aus der Sichtweise von Moses Hess „Über das Geldwesen" (1844)

Zvi Rosen reiht den Aufsatz „Über das Geldwesen"[358] unter die bedeutendsten intellektuellen Leistungen des deutschen Vormärz. Hess porträtiert darin die bisherige Entwicklungsgeschichte der Menschheit als einen Zustand zunehmender Entfremdung, der durch die Produktionsweise bewirkt wird.[359] In den Jahren 1837 bis 1843 vertiefte und verfeinerte Hess seine Kritik am Geldsystem als Verkörperung der kapitalistischen Gesellschafts- und Wirtschaftsordnung, wobei der satanischen Rolle des Mammons als Symbol der Abschreckung das erlösende Hoffnungsbild der Befreiung vom Geld gegenübergestellt wird. Die Bedingung der Möglichkeit dieser Befreiung ist für Hess die Emanzipation vom Geld, dem entäußerten Vermögen des Menschen, seiner verschacherten Lebenstätigkeit. – Dass diese Auffassung des Geldes derjenigen der Nationalökonomie diametral entgegengesetzt ist, muss nicht extra betont werden. In der Diktion von

---

358 Der Anfang 1844 ausgearbeitete Aufsatz erschien erst 1845 in den „Rheinischen Jahrbüchern für gesellschaftliche Reform". Er war ursprünglich für die von Marx und Ruge in Paris herausgegebenen „Deutsch-französischen Jahrbücher" vorgesehen, die das Werk der untergegangenen Rheinischen Zeitung fortsetzen wollten, von denen aber nur ein Doppelheft erschien. Vgl. dazu: S. Na'aman: Emanzipation und Messianismus, 131–133.
Moses Hess (1812–1875) zählte zum Kreis jener revolutionär-politischen Philosophen, die gegen die herrschenden Zustände mit Vehemenz und Entschlossenheit und mit einer bis dahin unerhörten Radikalität auftraten. Der missionarische Eifer, den Moses Hess bei der „Verkündigung" seiner gesellschaftsverändernden Visionen an den Tag legte, erinnert mitunter an die Verve, das radikale Engagement und den Angriffsgeist, mit dem alttestamentliche Propheten ihre beißend-bittere Gesellschaftskritik vortrugen. Horst Lademacher, beeindruckt vom religiös-ambitionierten Duktus der Texte des rheinischen Philosophen, charakterisiert ihn als „Apostel und Philosoph", womit sein religiös-missionarischer und eschatologisch konnotierter Charakterzug in den Vordergrund tritt, der auch von einigen anderen Hess-Biographen als für den Autor typisch betrachtet wird. Vgl. dazu: Horst Lademacher: Einleitung: Apostel und Philosoph. In: Moses Hess. Ausgewählte Schriften. Wiesbaden o.J. [1981]. 5–7
Für Zvi Rosen bildet die eschatologische Heilserwartung das zentrale, wenn auch manchmal „verborgene Motiv in Hess' Konzeption der gesellschaftlichen Umgestaltung." Hess' Kommunismus sei demnach eingebettet in eine als Heilsgeschichte gestaltete Weltgeschichte. Vgl. Zvi Rosen: Moses Hess und Karl Marx. Ein Beitrag zur Entstehung der Marxschen Theorie. Hamburg 1983. (=Hamburger Beiträge zur Sozial- und Zeitgeschichte, Bd. 18), 14 u. 73.

359 Vgl. Z. Rosen: Moses Hess u. Karl Marx, 54ff.

Hess bedeutet das die Ausbeutung des arbeitenden Menschen durch den kapitalistischen Menschen, um Geld anzuhäufen.[360]

Ausgangspunkt und Handlungsort des kritischen Ansatzes Hess' ist also die Krämerwelt, in der die egoistische Praxis den Ton angibt und das Individuum für sich alleine und nur auf sich bedacht lebt und nicht – wie Hess das fordert – für die Gattung. In dieser verkehrten Welt wird das Geld zum Gott erhoben.

„Was der Gott fürs theoretische Leben, das ist das Geld fürs praktische Leben. ... Das Geld ist der in Zahlen ausgedrückte menschliche Wert – es ist der Stempel unserer Sklaverei. ... Das Geld ist der geronnene Blutschweiß der Elenden, die ihr unveräußerliches Eigentum, ihr eigenstes Vermögen, ihre Lebenstätigkeit selbst zu Markte tragen, um dafür ... Kapital einzutauschen und kannibalisch von ihrem eignen Fette zu zehren. – Und diese Elenden sind wir alle."[361]

Geld ist für Hess das Produkt der entäußerten Wirklichkeit, die er moralisch verurteilt. Er kontrastiert „das falsche Eigentum" mit dem „wahren Eigentum", welches für eine Gesellschaft vorgesehen ist, in der die Menschen „der Stimme der Liebe und der Vernunft Gehör schenken."[362]

Hess legt großen Wert auf das Praktischwerden seiner Theorie: „Wir mögen uns theoretisch noch so sehr von dem verkehrten Weltbewußtsein emanzipieren, solange wir nicht auch praktisch aus der verkehrten Welt heraus sind, müssen wir, wie es im Sprichwort heißt, mit den Wölfen heulen."[363]

Aus Hess' Sichtweise entäußert der Mensch seine ureigensten, ideellen, intrinsischen Wesenszüge in materielle Gegenstände, die systemimmanent notwendig zu Geld werden. „Das Geld soll, nach den Prinzipien der politischen Ökonomie, das allgemeine Tauschmittel, also das Lebensmedium, das menschlich Vermögen, die wirkliche Produktionskraft, der wirkliche Schatz der Menschheit sein. – Wenn dieser entäußerte Schatz wirklich dem inneren entspräche, so wäre jeder Mensch gerade so viel wert, als er bar Geld hat oder Geldeswert besitzt – und wie die konsequente Theologie den Menschen nur nach dem Maße seiner Orthodoxie, so dürfte die konsequente Ökonomie ihn nur nach der Schwere seines Geldsackes schätzen. ... Die Nationalökonomie ist die Wissenschaft des irdischen wie die Theologie die Wissenschaft des himmlischen Gütererwerbs. Die Menschen aber sind ja keine Güter!"[364]

---

360 Vgl. ebd. 144–147.

361 M. Hess: Über das Geldwesen. In: ders: Ökonomische Schriften, 69.

362 Ebd. 9.

363 Ebd. 69.

364 Ebd. 70.

4.2.2 „Geld ist, was da geltet…“

Hess’ Kritik im Aufsatz „Über das Geldwesen“ richtet sich demnach gegen die beiden „heiligen Wissenschaften“ der Krämerwelt: die Ökonomie und die Theologie. Wo sie Anwendung finden, gilt nur der, der hat, i.S.v. Besitz. Daraus folgert Hess, dass Geld das Produkt der gegenseitig entfremdeten Menschen sein muss. „Geld ist, was da geltet für menschliche Produktionskraft.“[365]

Wer gelten will, sollte Geld haben. Eine auch – und vor allem – in der heutigen Mediengesellschaft der Reichen und Schönen gültige Formel, in der Hess die mit zunehmendem Geldbesitz direkt proportional ansteigende Anerkennung des Individuums in einer verkehrten Krämerwelt, die für ihn eine Schein- und Lügenwelt ist, aufzeigt. Hess bietet einen Ausweg aus dieser Situation an, den man am ehesten mit dem Schlagwort „Devaluation“ definieren und mit der Frage einleiten könnte: Was, wenn der Mensch keinen Tauschwert mehr hätte? Dazu Hess im Originalton: „Was nicht vertauscht, was nicht verkauft werden kann, hat auch keinen Wert. Sofern die Menschen nicht mehr verkauft werden können, sind sie auch keinen Pfennig mehr wert – wohl aber, sofern sie sich selbst verkaufen oder ‚verdingen‘.“[366]

4.2.3 Die Verkehrung des Humanismus in sein Gegenteil im Aufsatz „Über das Geldwesen“

Na’aman betont die Maßlosigkeit von Hess’ Theorie kommunistischer Gleichheit und Freiheit und deren inhärenter Unterwerfung unter den Zwang des Notwendigen. Realpolitisch erweckt sieht Na’aman dieses beinharte, menschenverachtende Konzept nur von Stalin, mit all seinen heute bekannten Folgen. Hess’ Humanismus drückt sich in erster Linie „in der Vorbereitung des Massenglücks zukünftiger Generationen“[367] und nicht im Hier und Jetzt aus. Liebe tritt bloß im Gewand der Solidarität mit denen auf, „die bei der Verwirklichung des Kommunismus diszipliniert und makellos tätig sind.“[368]

Der methodische Ausgangspunkt in Hess’ Anthropologie ist aus der Sicht Na’amans „die Gleichsetzung des menschlichen Wesens mit dem menschlichen Verkehr.“[369] Der Mensch qua Gattungswesen existiert also nur in der Vorstellung

365 Ebd. 71.
366 Ebd. 71. (Pfeilsymbole im Original).
367 S. Na’aman: Emanzipation und Messianismus, 136–137.
368 Ebd. 137.
369 Ebd. 137.

seiner sozialen Interaktion, was Hess einen „Gattungsakt“[370] nennt. Die Lebenstätigkeit, das Zusammenwirken der Menschen, macht den Menschen aus, ist sein „Vermögen“. Hess schreibt: „Der gegenseitige *Austausch* der individuellen Lebenstätigkeit, der Verkehr, die gegenseitige Erregung individueller Kräfte, dieses *Zusammenwirken* ist das *wirkliche* Wesen der Individuen, ihr *wirkliches* Vermögen.“[371]

Der Mensch bei Hess ist der gesellschaftliche, der organisierte Mensch. Das isolierte Individuum ist ohnmächtig, es ist als letzter und unteilbarer Baustein einer Gesellschaft sogar als Begriff hinfällig. Das ist die radikale Denkgrundlage von Hess.

Hier leuchtet m.E. auch schon das Menschenbild bei Marx als „Ensemble der gesellschaftlichen Verhältnisse“[372] durch. Und hier wird auch klar, dass infolge der Deduktion aus dem Szenario einer kollektiven Lebensgemeinschaft der Gattungsmenschen jedes Privatvermögen obsolet wird. Hess behauptet sogar, Privatvermögen sei „Usurpation“.[373]

---

370 Als Zitat aus Heß Schriften, 331. In S. Na'aman: Emanzipation und Messianismus, 137.

371 M. Hess: Über das Geldwesen, zit. in: S. Na'aman: 137. (Kursivsetzungen im Original).

372 Vgl. Karl Marx: „Aber das menschliche Wesen ist kein dem einzelnen Individuum inwohnendes Abstraktum. In seiner Wirklichkeit ist es das Ensemble der gesellschaftlichen Verhältnisse.“ Aus These Nr. 6 der „Thesen über Feuerbach“. In: MEW 3/5–7. – Rosen ist sich sicher: „Hess hat diese Kritik vor Marx geübt … und den Menschen nicht als Abstraktum, sondern als Gemeinwesen gefasst.“ In: Z. Rosen: Moses Hess u. Karl Marx, 135.

373 Zit. in: S. Na'aman: Emanzipation und Messianismus, 137. Hess zitiert hier möglicherweise aus dem am 30. November 1795 vor der Pariser Volksvertretung verlesenem „Manifest der Plebejer“ des französischen Frühsozialisten Francois Noel Babeuf, der ein Reich der sozialen Gleichheit und eine egalitär-kommunistische Gesellschaft propagierte, in der das Privateigentum abgeschafft werden sollte. Jegliche Aneignung von Grund oder Betriebsmittel stellt für Babeuf ein Verbrechen dar, denn seiner Ansicht nach haben alle Menschen die natürliche Berechtigung auf den Genuss aller Güter. In Anlehnung an das biblische Vorbild übereignet Babeuf den Armen zehn Gebote der heiligen Menschheit des Sansculottismus. In einem an Rousseau orientierten „vollkommenen Gesellschaftszustand“, in dem jedem das Seine gegeben werde, erblickt Babeuf die notwendige Transformation vom Naturzustand zu einem gesellschaftlichen Zustand der Gleichheit aller, in dem es weder Privatbesitz noch Erbrecht geben dürfe. „Wir werden beweisen, daß alles, was ein Glied des Gesellschaftskörpers weniger besitzt als es zur Befriedigung seiner verschiedenen Bedürfnisse immer braucht, einen Raub an seinem natürlichen persönlichen Eigentum darstellt, begangen von denen, welche gemeinschaftliche Güter an sich reißen. … Daß alle unsere bürgerlichen Einrichtungen, unser gegenseitiger Verkehr, nur Akte einer beständigen Räuberei sind … Daß es nach obigem klar ist, daß alles, was diejenigen besitzen, die mehr haben als ihren gebührenden Anteil am Reichtum der Gesellschaft, Diebstahl und Usurpation ist.“ Diese Stelle ähnelt frappant der o.a. Hess-Paraphrase. In: W. Grab: Die Französische Revolution, 374–382; bes.: 379. – Zvi Rosen berichtet zwar über die Bedeutung des französischen Frühsozialismus für Hess' intellektuelle Entwicklung, lässt aber die m.E. wichtigen Berührungspunkte zum „fürchterlichen Manifest“,

Der sich aus den Forderungen von Hess zwangsläufig ergebende Antagonismus fußt einerseits auf der eschatologisch konzipierten Hoffnung eines hereinbrechenden Friedensreiches der Gleichheit aller Gattungsmenschen, die, befreit von der Welt des Schachers, ihr harmonisches Gattungsleben entfalten können, andererseits scheint diese paradiesische Vision an schier unmenschliche und untragbare Lebensbedingungen geknüpft.

4.2.3.1 Resümee und kritische Würdigung

Es ist kritisch zu hinterfragen, was der Mensch gewönne, würde er seine ökonomische Bedingtheit oder Verstrickung in dem von Hess kritisierten liberalkapitalistischen System zugunsten jener Bedingtheit fahren lassen, die das politische Gesellschaftsmodell des „wahren Sozialismus" verspricht, auf das Hess seine Hoffnung baut. Ist die Bedingtheit des im Kollektiv „verkehrenden" Gattungsmenschen der ökonomischen Bedingtheit entfremdeter, den Imponderabilien der freien Wirtschaft preisgegebener Individuen am Ende vorzuziehen?

Mit andern Worten: Der kritische Ansatz von Moses Hess ist ein berechtigter Einspruch gegen die Unterwerfung des Menschen unter die Herrschaft des Geldes und der Ökonomie sowie ein verständlicher Protest gegen Ausbeutung und Entfremdung. Der empfohlene Ausweg des „wahren Sozialismus" aus dieser Situation der ökonomischen Bedingtheit des Menschen verändert aber nicht die Tatsache der Bedingtheit und Unfreiheit an sich, der der Mensch ausgesetzt ist, sondern hebt bloß den Status der kritisierten Bedingtheit zugunsten einer verheißenen Bedingtheit auf, die aus heutiger Sicht und der mittlerweile geschichtlichen Erfahrung mit dem „realen Sozialismus" zu kaum weniger leidvollen Lebens- und Gesellschaftsumständen geführt hat als die ursprünglich gescholtene und verworfene Bedingtheit der ökonomischen Zwänge. Diese empirische Grundlage fehlte freilich dem Verkünder des utopischen und wahren Sozialismus, der sein sozialpolitisches Wunschkonzert vorerst nur auf dem Notenblatt niederschrieb, ohne je die mittlerweile gescheiterten realpolitischen Umsetzungsversuche seiner Theorie zu erleben. Vielleicht blieben ihm deshalb die Dissonanzen seiner Kompositionen verborgen. Die erhoffte Lebensdienlichkeit seiner Überzeugung konnte der politische Missionar Hess – bei allem Willen zur Tat – letztlich doch nur als theoretisches Planspiel antizipieren.

---

wie Babeuf sein Werk nannte, unerwähnt. Vgl. Z. Rosen: Moses Hess und Karl Marx, 74; 81–82; 89.

4.2.4 Hess und Marx, eine ambivalente Beziehungsgeschichte[374]

Karl Marx und Moses Hess waren anfänglich Freunde und Redaktionskollegen in der „Rheinischen Zeitung." Die Frage, ob Hess' Kritik der sozialen und wirtschaftlichen Zwänge ein Vorläufer des Marxschen „Kapitals" war, ob und inwiefern er Marx durch seine Arbeiten beeinflusst hat, wird in der Forschung unterschiedlich beantwortet. Detlev Horster verneint eine direkte Abhängigkeit und verweist in diesem Zusammenhang auf die vernichtende Kritik an den „wahren Sozialisten" im „Kommunistischen Manifest".[375] Dem widerspricht Lademacher, der in Hess' Analysen der sozioökonomischen Verhältnisse bereits die Grundzüge des „Kommunistischen Manifests" vorgezeichnet sieht.[376]

Zvi Rosen vertritt die Auffassung, man habe in der früheren Forschung einerseits zu viel Hegelsches bei Marx gesucht, andererseits zu viel Gedanken und Ideen als Marx-Spezifika angesehen, „die andere radikale Junghegelianer schon vor ihm formuliert haben."[377] Rosen, dessen Untersuchungen sich auf Hess' Gedanken und Argumente der dreißiger und vierziger Jahre des 19. Jahrhunderts konzentrieren, analysiert und vergleicht Inhalte der Theorien von Hess und Marx, fragt nach ihrer methodischen Stringenz und zeigt anhand zahlreicher vergleichender Textpassagen sehr eindrucksvoll, „daß ohne den Ideenreichtum und den sozialistischen Gehalt des Denkens von Hess die Marxsche Theorie undenkbar ist", wobei Hess' Synthese von Sozialismus und Philosophie als prägend angesehen werden müsse. Mit Recht, so Rosen, könne man Hess als den Vater des deutschen Sozialismus bezeichnen.[378] Außerdem habe Hess Marx' intellektuelle Entwicklung dermaßen nachhaltig beeinflusst, dass er einerseits als der bedeutendste Anreger des Marxschen Kommunismus gelten darf, anderer-

374 Die Forschungserträge von Zvi Rosen u. a. lassen es als äußerst plausibel erscheinen, die Begegnungen mit Karl Marx als prägend und impulsgebend für die berufliche wie private Lebensentwicklung von Moses Hess zu erachten. Deshalb führe ich Erträge dieser Beziehungsdynamik bewusst unter dem Kapitel „Biographisches" an, weil spätere Abschnitte dieser Arbeit sich direkt oder indirekt auf diese prägende Phase beziehen.

375 Vgl. MEW 4/485 ff. In: Moses Hess: Ökonomische Schriften. Hg. u. eingel. v. Detlev Horster. Darmstadt 1972, 5 u. 19–20. Hess selbst bezeichnete seinen gesellschaftsrevolutionären Ansatz als „wahren Sozialismus". Vgl. ebd. 5.

376 Vgl. H. Lademacher: Einleitung, 15.

377 Z. Rosen: Moses Hess u. Karl Marx, 7. – Rosen zeigt das differenzierte Spektrum oft kontroverser Meinungen in der Forschung, bietet einen reichhaltigen Überblick zur Literatur über die intellektuellen Beziehungen zwischen Hess und Marx und verweist abschließend – in Konsens mit anderen Wissenschaftern – darauf, dass bis dato keine zufriedenstellende vergleichende Textanalyse der Werke von Marx und Hess geleistet worden sei. Vgl. ebd. 95–111.

378 Vgl. ebd. 8ff. An anderer Stelle zitiert Rosen Engels, der Hess als den ersten Kommunisten in der Partei bezeichnet. Vgl. ebd. 95.

seits sich durch seinen ethisch gefärbten Sozialismus und Humanismus allmählich von Marx entfremdete.[379]

Fest steht, dass Marx seinen ehemaligen Freund und wahrscheinlich auch Ideengeber Hess nach einseitiger Aufkündigung ihrer Freundschaft per Fußtritt verabschiedete, mit zynischem Spott übergoss, ihn einen „Verfasser schöngeistig religiös durchtränkter Redeblumen“ und „Kommunistenrabbi“ nannte.[380] Hess hingegen zeigte bis an sein Lebensende Wertschätzung für das sozialistisch-kommunistische Wirken jenes Mannes, von dem er sich schon nach der ersten Begegnung tief beeindruckt zeigte.

4.2.5 Gleichheit statt Freiheit. Der Mensch und seine Inklination zum Geld, „aufgehoben“ in Moses Hess' philosophischem Kommunismus[381]

Ob Juden oder Christen, alle Menschen stellen für Hess bloß „das menschliche Raubtier dar, das dem Geld auflauert.“[382] Einzelinteressen haben deshalb hinter den Interessen des „Gemeinschaftskörpers“ hintanzustehen. Hess propagiert die Aufhebung des Einzeldaseins in der Gattung und treibt dabei seine theoretischen Spekulationen auf die Spitze. Er endet schließlich, nach Auffassung Na'amans, als „totalitärer Denker“.[383] Die von Hess propagierte Domestizierung des raubtierhaften, geldversessenen Menschen birgt aus heutiger Sicht die Gefahr des Verlustes just jener Freiheit des Individuums in sich, die als bürgerlich-liberale Freiheit bezeichnet werden kann.

Die liberté der Französischen Revolution hat Hess nicht vor Augen. Er will die égalité, die Gleichheit, der Freiheit voranstellen, in dem er methodisch das revolutionär sanguistisch-französische Element mit dem deutschen kritischen Denken vereinen möchte. Die Freiheit des Einzelmenschen steht bei Hess nicht zur Debatte, denn sie ist in der freien Tat des Gattungsmenschen hegelianisch „aufgehoben“. Mit anderen Worten: Die freie Tat realisiert sich nur im organischen Zusammenleben der Gattungsmenschen. Sie *ist* bereits die Hervorbringung seines individuellen Lebens, gleichsam „die Schaffung der Voraussetzungen für die Existenz der kommenden Generation, also die Garantie für das Fortbestehen der Gattung in organischer Gleichheit.“[384]

---

379 Vgl. ebd. 177.
380 H. Lademacher: Einleitung, 7.
381 Vgl. dazu das 5. Kapitel in: S. Na'aman: Emanzipation und Messianismus, 131–144.
382 Ebd. 131.
383 Ebd. 131.
384 Ebd. 133.

Das bedeutet also, dass Hess' philosophischer Kommunismus jedwede individuellen Zukunftswünsche des Einzelnen, wie sie für den Menschen der Postmoderne selbstverständlich und konstitutiv für das Zusammenleben in einer individualisierten, ausdifferenzierten, säkularen Gesellschaft sind, nicht vorsah.

Unmissverständlich definiert Hess „die wahre Freiheit … (als) Negation des Einzelnen, sein Aufgehen in das Allgemeine. Das Individuum ist in Wahrheit nicht ein einzelnes, totes Ding, sondern ein kontinuierlicher Prozeß … das Wesen der Menschheit, die Gattung richtet das Individuum"[385]

Für Hess war die Vorstellung von Freiheit erst *nach* der Etablierung von Gleichheit zu verwirklichen. Auch Na'aman weist in aller Deutlichkeit darauf hin, dass sich der Freiheitsbegriff bei Hess nicht, wie in unserem gewöhnlichen Sprachgebrauch üblich, in „die Sphäre der individuellen Lebensgestaltung" einordnen lässt, „sondern ein Korrelat der Gattung, das Wirken des Individuums in ihr und für sie: sie ist einfach die Manifestation der individuellen Existenz innerhalb der Gattung."[386]

Na'aman verweist in diesem Zusammenhang auf die inhaltlichen Brücken zu Feuerbachs Gattungsphilosophie und seine Vorstellung von religiöser Entfremdung, die Hess auf die gesellschaftliche Entfremdung überträgt.[387] Darauf aufbauend, etabliert er den Gedanken organischer und gesellschaftlicher Gleichheit, der aber auf die Franzosen wenig Eindruck machte. Zu abstrakt und zu weit entfernt von ihrem gut eingeführten empirisch naturrechtlichen Vulgärhumanismus erschien ihnen der Gattungshumanismus von Hess. Die Franzosen waren also nicht bereit, „ihre hausbackenen menschenrechtlichen Begriffe von Freiheit, Gleichheit und Brüderlichkeit durch spekulative Begriffe, bei denen der moralische Gehalt oft sehr schwankend war, abzulösen."[388] Auch Marx, der wie viele anderen Junghegelianer mehrmals durch den Feuerbach gewatet war, musste damit leben, dass die nachhaltige Befruchtung der französischen Praxis durch die deutsche Theorie ein Wunschbild der deutschen Philosophen blieb. Empört über den „kleinbürgerlichen Sozialismus"[389] und die Tatsache, dass deutsche Philosophen und Schöngeister sich zwar literarisch und intellektuell den Forderungen der Französischen Revolution verbunden wussten, merkt Marx im „Kommunisti-

---

385 Heß Schriften, 259. Zit. in: S. Na'aman: Emanzipation und Messianismus, 134.

386 Ebd. 134–135.

387 Hess ließ aber den Humanismus Feuerbachs als Grundlage des „wahren Sozialismus" bzw. „philosophischen Communismus" sehr bald zugunsten einer historisch-nationalökonomischen Fundierung fallen, „so dass der philosophische Kommunismus Feuerbachscher Prägung nicht mehr als eine Zwischenstufe für Heß ist." Ebd. 136.

388 Ebd. 135–136.

389 K. Marx: Das Manifest der Kommunistischen Partei. In: Karl Marx: Die Frühschriften, (Hg.) Siegfried Landshut, Stuttgart 1953, 550.

schen Manifest" frustriert an, dass mit den Schriften aus Frankreich „die französischen Lebensverhältnisse nicht gleichzeitig nach Deutschland eingewandert waren."[390] Den deutschen Literaten macht er zum Vorwurf, ihren „philosophischen Unsinn"[391] aus dem Dunsthimmel der philosophischen Phantasie, dem französischen Original einfach hinzuzufügen. „Zum Beispiel hinter die französische Kritik der Geldverhältnisse schrieben sie ‚Entäußerung des menschlichen Wesens'. … Die französische sozialistische-kommunistische Literatur wurde so förmlich entmannt."[392] Das aus schöngeistigen Redeblumen durchtränkte spekulative „Spinnweb", in welchem deutsche Sozialisten (wie Moses Hess), ihre knöchernen „ewigen Wahrheiten" einzuhüllen pflegen, war Marx ein Gräuel.[393]

4.2.5.1 Sklave Gottes und des Geldes? Der fremdbestimmte Mensch

Der Not in unserer Gesellschaft verspricht Hess Abhilfe durch Ausbildung eines humanen Bewusstseins, zu welchem wir nicht durch einen transzendenten Gott über uns, sondern durch Gott in uns befähigt werden sollen. Gleichermaßen außer uns ortet Hess die uns versklavende und deshalb abzulehnende Versuchung, dem „transzendenten Gelde" anzuhängen, welches unser praktisches Vermögen, unsere Kräfte, Talente und Fähigkeiten in ihrer Entwicklung hemmt.[394] Vom Sozialismus verspricht sich Hess die Aufhebung des dialektischen Gegensatzes von entäußertem Gemeinwesen und Privatmensch im Zusammenwirken der Individuen. Gott und Geld stünden demzufolge dem Menschen nicht mehr als äußerliches Gut gegenüber, sondern wären mit ihm organisch verwachsenes Eigentum. „Die Not- und Sklavenarbeit, in welcher nicht nur unsere Proletarier, sondern auch die reichsten Bankherren befangen und gefangen sind – denn sie sind allesamt Sklaven des Geldes – … diese Sklavenarbeit, sagen wir, hört nicht eher auf, als bis das Wesen, welches uns zur Tätigkeit bestimmt ist, *in uns* ist, bis wir uns *selbst* bestimmen."[395] Das Wesen des Menschen, so Hess, entfaltet sich im vergesellschafteten Gattungsmenschen, nicht im isolierten, egoistischen Individuum.

---

390 Ebd. 552.

391 Ebd. 552.

392 Ebd. 553.

393 Vgl. ebd. 554.

394 Vgl. M. Hess: Über die Not in unserer Gesellschaft und deren Abhilfe. In: ders.: Ökonomische Schriften, 81ff.

395 Ebd. 85. (Kursivsetzung im Original).

4.2.6 Kritische Würdigung

Kritisch zu beleuchten ist Hess' „unmöglicher" Traum einer vollkommen emanzipierten Menschengesellschaft, die durch soziale, politische und ökonomische Revolutionen und Reformen etabliert werden könne. Wie aber verträgt sich die sozialistisch durchorganisierte Friedensidylle eines verordneten harmonischen Zusammenwirkens der Individuen qua Gattungsmenschen mit der aus der Lebenspraxis gewonnenen Tatsache, dass der Mensch sich darüberhinaus selbstbestimmt erleben möchte? Ein ernst zu nehmender Widerspruch ergibt sich allein schon in der Frage, wie sich der seit Aristoteles als zoon politikon definierte, gemeinschaftssuchende Mensch in das eng gezogene Korsett abstrakt-kollektiver Gesellschaftsutopien einpassen lässt, ohne dabei sein unverlierbares und unaufgebbares individuelles Menschsein preiszugeben.

Rosen vermutet, Hess fände den nur in Kollektivität existierenden Gesellschaftsmenschen mit dem aristotelischen zoon politikon ohnedies nur fast identisch. Die Betonung liegt hier m.E. auf dem Wort „fast". Am Ende der von Hess entworfenen Heilsgeschichte einer zukünftigen Gesellschaft ist der Mensch Selbstzweck. Das zumindest verspricht sein eschatologischer Ausblick, mit dem Kommunismus als Schluss und Vollendung der Entstehungsgeschichte der Menschheit.[396]

Hess hat wiederholt versucht, seine Vorstellungen eines kommunistischen Gesellschaftskonzeptes so präzise wie möglich zu formulieren. Beispielhaft zugespitzt und in einzelne Lebensbereiche aufgeteilt, hat Hess die relevanten Kernaussagen seines kommunistischen Bekenntnisses in einem gleichnamigen Fragen- und Antwortkatalog zusammengefasst.

4.2.7 Kommunistisches Bekenntnis in Fragen und Antworten (1846). Von dem Gelde und der Knechtschaft[397]

Der unheilvollen Korrelation von Geld und Knechtschaft widmet Hess das zweite Kapitel seines als Frage-Antwort-Dialogs gestalteten „Kommunistischen Katechismus":

---

396 Vgl. Z. Rosen: Moses Hess u. Karl Marx, 23.

397 M. Hess: Kommunistisches Bekenntnis in Fragen und Antworten. In: ders.: Ökonomische Schriften, 86–94. Aus inhaltlichen Gründen konzentriert sich die Arbeit auf Kernaussagen der Kapitel: „Vom Gelde und der Knechtschaft", „Vom Vermögen und von der Freiheit", „Vom Übergange zur kommunistischen Gesellschaft" und „Von der Religion".

„Was ist Geld? Es ist der in Zahlen ausgedrückte Wert menschlicher Tätigkeit, der Kaufpreis oder Tauschwert unseres Lebens (14). ... Was ist der, welcher für Geld verkauft werden kann oder sich selbst für Geld verkauft? Wer verkauft werden kann, ist ein Sklave, und wer sich selbst verkauft, ist eine Sklavenseele (16). ... Wie lange noch werden die Menschen Sklaven bleiben und sich mit allen ihren Fähigkeiten für Geld preisgeben? (18)"[398]

Die Beantwortung dieser Frage gestaltet Hess zu einem propagandistisch gebauten Ausblick auf eine verheißungsvolle, kommunistische Gesellschaftsordnung, in welcher die gegenseitige Ausbeutung, der Privaterwerb also, aufgehoben sein wird, weil jedem Menschen die Mittel geboten werden, seine menschlichen und damit persönlichen Fähigkeiten zu entwickeln und anzuwenden. Inkongruent erscheint m.E. in diesem Kontext, dass Hess hier implizit einräumen muss, dass auch der vollends vergesellschaftete Gattungsmensch nur durch Ausbildung seiner ganz persönlichen, individuellen Fähigkeiten imstande ist, gestaltender Teilnehmer der Gesellschaft zu sein, in der er seine individuellen Bedürfnisse äußert und zu verwirklichen trachtet. Hier wird es schwer, eine Anthropologie aufrecht zu erhalten, die vom Individuum zugunsten eines – sich als sehr theoretisch entwickeltes Konstrukt darstellenden – Gattungsmenschen absieht.[399]

Hess gibt sich dessen ungeachtet überzeugt, dass die kommunistische Gesellschaft das Joch der Geldwirtschaft und dadurch auch das Übel der menschlichen Sklaverei abschütteln werde. An die Stelle des feindseligen Konkurrenzkampfes werde in Hess' auf Harmonie bedachter Gesellschaftsvision das friedvolle Zusammenwirken freier, tätiger Menschen treten.[400]

4.2.7.1 Der Spagat über dem Einzel- und Gattungswesen, kritisch nachgefragt

Unklar bleibt auch im Folgenden, wie Hess den Spagat über dem nur schemenhaft Kontur gewinnenden, vergesellschafteten Gattungsmenschen auf der einen und dem notwendigen persönlichen, revolutionären Engagement des Einzelnen auf der anderen Seite zustande bringen möchte. Hess selbst kann doch als Paradebeispiel eines revolutionären Pioniers des Frühsozialismus gelten, der über weite Strecken als getriebener wie vertriebener Einzelkämpfer auch vor einer nur kleinen Anhängerschar sein Vortragstalent zu agitatorischen Höhenflügen führt. Ohne die Akzeptanz des Vorhandenseins individueller Freiheit, die eben nicht im vergesellschafteten Menschen aufgehoben, sondern dem Individuum selbst als

398 Ebd. 86. (Fortlaufende Nummerierung im Original, hier in Klammer gesetzt).

399 Vgl. die Argumente von Hess ebd. 86.

400 Vgl. ebd. 87.

Bedingung der Möglichkeit seiner eigenen Hervorbringung innewohnt, wäre jeder, aus der Teilnehmerperspektive heraus vollzogene, performative Akt, wie Hess' politisch-revolutionärer Einsatz, undenkbar. In seiner philosophischen Anthropologie spricht sich Hess aber just gegen eine dem Einzelnen individuell offenstehende Entfaltungsmöglichkeit innerhalb eines gesellschaftlich polymorph gebauten Beziehungsgeflechts aus, die Hess aber für sein genuin eigenes Schaffen voraussetzen muss, will er nicht in Aporien geraten.

Man könnte an dieser Stelle ganz im Sinne Hess' verteidigend einwerfen, dass es im von ihm antizipierten System keines Einzelkämpfers mehr bedürfen werde, jedoch muss fraglich bleiben, wie lange ein abgeschlossenes System ohne individuell kritisch-erneuerndes Potenzial und osmotische Durchlässigkeit am Leben bleiben kann. Ferner müsste zu denken geben, dass sich allein schon die gedankliche Hervorbringung des gewünschten Gesellschaftskonstrukts der schöpferischen Kraft vieler Individuen verdankt. Für Aufrechterhaltung und Weiterentwicklung des Systems wären die Kreativleistungen vieler Einzelner dann mit einem Schlag verzichtbar?

Dennoch: Hess hält am Gattungskonstrukt fest und sieht den Einzelmenschen „mit all seinen Kräften, Fähigkeiten und Mitteln … nur (als) Erzeugnis der Natur und der menschlichen Gesellschaft; er vermag als Vereinzelter nichts, kann daher noch viel weniger vereinzelt ein Vermögen hervorbringen (21).“[401] Vermögen i.S.v. Fähigkeiten generieren laut Hess nur die Natur und die menschliche Gesellschaft, weswegen auch alle aus dieser Konstellation abreifenden Erträge (ideell wie materiell) niemals einem Einzelnen, sondern nur der Gesamtheit als Gemeingut zufallen können.[402]

Wer für sich in Anspruch nimmt, die Früchte seiner Arbeit selbst genießen zu wollen, ist nach Hess ein Räuber, ein in „tierischer Versunkenheit“ und Müßiggang Schwelgender, der seinen Nebenmenschen die Lebensgrundlage entzieht. Allein die kommunistische Gesellschaft sei der Garant dafür, das Eigentum des Einzelnen als den verbürgten, bedarfsorientierten Besitz zu definieren. Jeder erhält, wessen er „zu seinem Leben und Wirken bedarf.“[403] Hess bleibt jedoch die praxisbezogene Antwort schuldig, welche Instanz innerhalb dieses Gesellschaftskonstrukts jedem „das Seinige“[404] garantiere und kraft welcher Einschätzung und Abwägung über individuelle Bedürfnisse, Zuteilungsmengen und Verhältnismäßigkeiten zu bestimmen wäre. Mit anderen Worten: „Das Seinige“

401 Vgl. ebd. 87. Unter dem Kapitel: Vom Vermögen und von der Freiheit.

402 Vgl. ebd. 87. Die Punkte 21–25.

403 Vgl. ebd. 88. Die Punkte 26–30

404 Zitat Hess, ebd. 88.

bleibt eine relative, schwammige Größe. Es kann sehr viel und auch sehr wenig sein.

Hess räumt aber ein, dass seine Vorstellungen von Freiheit, (wahrem!) Eigentum und Vermögen erst durch Erziehung und Einübung einer heranwachsenden Generation in die kommunistische Lebenspraxis ihre praktische Umsetzung erfahren werden. Er rekurriert bei seinen Ausführungen wiederholt auf naturrechtliche Argumente, denen er ein statisches, unhistorisches Menschenbild zugrundelegt und des Öfteren Formulierungen wie „den Gesetzen der menschlichen Natur", „Natur gemäß leben und wirken"[405] usw. verwendet, um sich auf ein vorderhand unverrückbares anthropologisches Format stützen zu können, das freilich aus heutiger Sicht als völlig unhaltbar und untragbar angesehen werden muss.

4.2.8 Die Abschaffung des Geldes im utopischen Sozialismus

Den Übergang zur kommunistischen Gesellschaft will Hess fließend gestalten. Die Hinführung zum Thema schmückt er mit hoffnungsfroh gestalteten Szenarien einer harmonischen Gesellschaft und humanen Zuständen aus, die das Ende von Sklaverei und Despotismus markieren. Die gegenwärtigen Eigentumsverhältnisse plant Hess durch drastische Erhöhung der Steuern, tiefgreifende Veränderungen im Erbrecht, unentgeltliche Erziehung und andere Sozialleistungen von Grund auf zu reformieren.[406] Schließlich widmet er sich der Frage nach Abschaffung des Geldes und antwortet wie folgt: „Das Geld verliert in demselben Maße seinen Wert, als die Menschen an Wert zunehmen. Der Wert des Menschen steigt notwendig bis zur Unbezahlbarkeit und der Unwert des Geldes sinkt notwendig zur gänzlichen Wertlosigkeit herab ...(43)"[407] Hess gibt sich überzeugt, dass die Zeitspanne eines Menschenalters ausreichen werde, um die Lohnarbeit abzuschaffen und auch die letzte Spur „der gegenwärtigen Eigentumsverhältnisse aus der Gesellschaft zu entfernen (43)."[408]

Hess' utopischer Sozialismus, den er auch den „wahren Sozialismus" nennt, will letztendlich auch die jüdisch-christliche Religion durch eine „Religion der Liebe und Menschlichkeit" reformieren, die, „in der Brust aller guten Menschen"[409] vorfindbar, dank der kommunistischen Gesellschaft zum Erblühen

405 Vgl. ebd. 88–89. Formulierungen in den Punkten 32–39.

406 Vgl. ebd. 90–91. Die Punkte 41 u. 42.

407 Ebd. 91.

408 Ebd. 91.

409 Ebd. 92. Die Punkte 51 u. 52.

gebracht werden soll. Auch hier argumentiert Hess naturrechtlich, indem ein allen Menschen nicht nur inhärentes, sondern sogar *identes* Set an Grundeigenschaften postuliert wird, unter völliger Absehung sozio-kultureller Kontexte. Dementsprechend gleichgeschaltet sind die propagandistisch klingenden, eudämonistischen Zielvorstellungen wie die „Glückseligkeit aller Menschen durch Liebe, Freiheit und Gerechtigkeit", die das Christentum zwar verspreche, aber nicht einlöse. Vor dem Kontrast einer düster gezeichneten christlichen Deutefolie heben sich die Schönfarben kommunistischer Erfüllung aller christlichen Verheißung umso deutlicher ab, weil Hess das Christentum auf den „Glauben an das bittere Leiden der menschlichen Gattung" reduziert.[410]

4.2.9 Das teuflische Geld, das schlechte Wesen der Welt

In seiner These, das Christentum selbst verkünde die Welt nur als schlecht und verwerflich, führt Hess seine Argumentation einem Kulminationspunkt entgegen, in dem das schlechte Wesen der Welt, wogegen auch das Christentum eifere, im Geld festzumachen sei. Seine ihm innewohnende dämonische Kraft regiere die gesamte Wirklichkeit und verwandle alles zur Ware, sogar Liebe und Leben. Das Geld, so Hess, sei „der Fürst der Welt, der Böse oder der Teufel, vor dessen Verführung das Christentum warnt … dieser verfluchte Mammon, den wir unseren Schatz nennen."[411] Christen hätten sich, so Hess, das sündhafte Geldwesen schon immer unter dem Bild des Teufels vorgestellt.

Diese Argumentationslinie stringent weiterentwickelnd, stellt Hess die Frage, ob denn die Hölle etwas anderes sein könne, „als die Erde unter der verfluchten Geldherrschaft?" und liefert sogleich die wenig überraschende Affirmation: „diese Erde (ist) die wahre, wirkliche Hölle".[412] Der Himmel sei nichts anderes als die wahre Liebe, erläutert Hess, und Gott nichts anderes als die in Liebe vereinigte Menschheit.

Gott erscheint bei Hess also keineswegs als ein außerhalb des Menschen liegendes Glaubensphänomen, womit sich sein Ansatz deutlich von der Projektionsthese Feuerbachs abhebt. Vielmehr hätten die Menschen die Chance, in und mit Gott und in Liebe vereint zu leben. Diesem hoffnungsfrohen Ziel nähertretend, schließt Hess seinen kleinen „Katechismus" mit folgendem eschatologischen Heilsausblick: „So wie wir uns aber vereinigen und im Kommunismus leben werden, ist die Hölle nicht mehr auf der Erde und der Himmel nicht mehr

410 Vgl. ebd. 92–93. Die Punkte 51–62.
411 Ebd. 93. Die Punkte 63–64.
412 Vgl. ebd. 93. Die Punkte 65–70.

jenseits der Erde, und alles, was uns im Christentum prophetisch und phantastisch in Aussicht gestellt worden (ist), geht in der wahrhaft menschlichen Gesellschaft nach den ewigen Gesetzen der Liebe und Vernunft vollständig in Erfüllung (72).“[413]

4.2.10 Was Gott für die Theorie, ist das Geld für die Praxis

Hess wirft die Frage auf, wie es denn kam, dass der Mensch als allerletzter Grund jeder Wissenschaft und Kultur, als Gelehrter, Schöpfer und Bildner der politischen Staatskunst, wie also dieses gleichsam mächtige und ohnmächtige Wesen Mensch „all sein Vermögen einem einzigen allmächtigen und allgegenwärtigen Gotte, dem Gelde“ erteilen konnte?[414]

Die Antwort auf diese Frage klingt in ihrer Einfachheit zunächst banal, doch ist sie durchaus typisch für Hess’ politische Didaktik: Allein kraft des Sozialismus würde der Mensch seine wahre eigene Schöpferkraft und sein Vermögen als soziales Wesen im Zusammenwirken mit anderen Individuen erkennen. Auch hier präsentiert Hess das „Gattungswesen“[415] als messianisch-soteriologisches Versprechen für die Menschheit.

Hess denkt Feuerbachs Theorie der bestehenden Eigentumsverhältnisse weiter, wonach Geldeigentum das entäußerte, verkäufliche Besitztum darstelle. Im vollkommenen Staat sieht Hess „das menschliche Wesen ebenso *praktisch* entäußert wie in der vollkommenen Religion *theoretisch*, nämlich absolut, sodass alles Vermögen … einem jenseitigen Wesen vindiziert ist, das nun alle Attribute des ‚Schöpfers‘ annimmt.“[416] Hess gelangt zu folgender Formel: „Das Geld ist im praktischen Leben den entäußerten Menschen … ebenso die Quelle alles Heils und Segens, wie Gott es in ihrem theoretischen Leben ist.“[417] Hess wundert sich anschließend, warum nicht schon Feuerbach zu diesen wichtigen, praktischen Konsequenzen seines eigenen Prinzips vorgedrungen sei, wo er doch so weit war, herauszufinden, dass das Wesen Gottes nichts anderes als das transzendente Wesen des Menschen sei, Theologie eben Anthropologie. Doch habe Feuerbach übersehen, so folgert Hess, dass dies nicht die ganze Wahrheit sei. Der gesellschaftliche Mensch muss der feuerbachschen Anthropologie hinzuge-

---

413 Ebd. 94.

414 Vgl. M. Hess: Über die sozialistische Bewegung in Deutschland (1844). In: ders.: Ökonomische Schriften, 74.

415 Ebd. 75, wobei Hess auf Feuerbach, „den deutschen Proudhon“ (S. 76) verweist, bei dem das „Gattungswesen“ noch mystisch konnotiert war.

416 Ebd. 77. (Kursivsetzung und Pfeilsymbole im Original).

417 Ebd. 77.

dacht werden, denn: „Anthropologie ist Sozialismus". Alsdann verstehe sich von selbst, „daß in derselben Weise wie das Wesen Gottes auch das Wesen des Geldes zu bestimmen (ist), daß es nämlich ebenfalls das transzendente, praktisch entäußerte Wesen des Menschen ist."[418]

Hess erhebt den Sozialismus zur „höchsten Religion" und zur „höchsten Wissenschaft" und fordert von Sozialisten, Apostel und Philosophen zu sein, um ihr Ziel zu erreichen.[419]

In diesem Zusammenhang hält er seinen Kritikern entgegen, dass es ihm nicht darum gehe, „das *persönliche* Eigentum aufzuheben, sondern das *nicht persönliche*, … den Menschen nämlich ihr soziales Besitztum, ihre Mittel zum Leben … zu *verbürgen.* Was vom Zufalle der Geburt und von einer blinden Macht, dem Gelde, abhängig ist, soll von der Vernunft der vereinigten Menschen abhängig gemacht werden. Der *Verkehr*, die Ausgleichung, der Austausch der menschlichen Produkte … soll diesem Geldgötzen wieder entzogen und nach vernünftigen Gesetzen geregelt werden. Es handelt sich nicht darum, die Eigentümer zu berauben, sondern die Räuber zu Eigentümern, ja, zu *ehrlichen, gerechten und menschlichen* Eigentümern zu machen!"[420]

Als notwendige Konsequenz aus seiner Analyse über das Wesen des Geldes in der kapitalistischen Gesellschaft formuliert Hess die Diagnose, derzufolge „das Geld im praktischen Leben des Menschen ebenso allmächtig und allgegenwärtig (ist), ebenso die Quelle des Heils und Segens bildet wie Gott im theoretischen."[421]

4.2.11 Entfremdung und Eigentum: Produkt der Arbeit und des Geistes

Während Marx in den Pariser Manuskripten „die Entfremdung als wesentliches Merkmal der arbeitenden Klasse"[422] sieht, fasst Hess den Begriff Entfremdung moralisch, und zwar als Mangel am Allgemeinen im abstrakt Individuellen. Hess zielt dabei auf jene Gruppe von Menschen, „die sich in ihrer Habsucht, in ihrer Eigentumsbezogenheit ihres Gattungswesens (entäußern), in dem sie es verneinen".[423] Das entfremdende Prinzip ist hier, so Lademacher, mit Willkür gepaart, mit Herrschaft verbunden und wird deshalb als übergreifendes, menschliches

418 Ebd. 77.
419 Vgl. ebd. 77.
420 Ebd. 79.
421 Z. Rosen: Moses Hess u. Karl Marx, 47.
422 Zit. in: H. Lademacher: Einleitung: 19.
423 Ebd. 19.

Prinzip weiter gefasst als bei Marx, der es im Binnenbereich der arbeitenden Klasse verortet.

Die völlige Umwälzung der bestehenden Verhältnisse, wie Hess sie fordert, steht bei ihm unter dem Zeichen der Moral und einer „idealistisch – schwärmerischen Neigung“, wie Erich Thier es ausdrückt.[424] Jedenfalls anders als bei Marx, der den ökonomisch-wissenschaftlichen Zugang wählt. Hier zeigt sich auch deutlich der Unterschied zwischen Marxens „wissenschaftlichem Sozialismus“ und dem von ihm mehrfach gescholtenen „wahren Sozialismus“ von Hess, dem Philosophen und „ekstatischen Denker“ mit dem „sanguinischen Temperament“, um nochmals Thier zu zitieren.[425]

Proudhon fragt nach der Beschaffenheit des Eigentums und charakterisiert es als „Produkt der Ausbeutung des wirklichen Produzenten durch den vermeintlichen Produzenten. Das Produkt befehle nunmehr seinen Produzenten.“[426]

Hierbei wird die menschliche Entfremdung in zweifacher Form sichtbar, und zwar einerseits als Mangel an Humanismus an einer tragfähigen, emphatisch geprägten Ich-Du-Beziehung und andererseits als Mangel an der Verfügungsgewalt des wirklichen Produzenten gegenüber dem Produkt, nämlich der Arbeit.[427]

Beide Darstellungsformen erklären m.E. das Phänomen ex negativo, aufgrund des Nichtvorhandenseins eines gewünschten Zustandes, wobei der zweite Weg auch ein Ohnmachtsgefühl gegenüber einem vom Individuum nicht beherrschbaren System vermittelt. Ferner könnte man die beiden beschriebenen Phänomene je zwei verschiedenen Nöten zuordnen: einer geistigen, sich intersubjektiv-relational zeigenden und einer materiell-dinghaft auftretenden.

Moses Hess nennt Feuerbach den Proudhon der religiösen Revolution und zeigt in der Annäherung an den Begriff des Eigentums eine interessante, religiös-ökonomisch konnotierte Parallele auf.[428] „Proudhon hat den Angelpunkt der alten politischen Ökonomie, das Kapital, in Frage gestellt. … Feuerbach hat den Angelpunkt der alten religiösen Ökonomie in Frage gestellt, Gott und die individu-

---

424 Vgl. ebd. 20.

425 Vgl. ebd. 20.

426 Ebd. 31. Der französische Schriftsteller Pierre Joseph Proudhon (1809–1865) hatte großen Einfluss auf die Frühsozialisten. HW: Was ist Eigentum? Seine Hauptthese: Eigentum ist Diebstahl. Proudhons ökonomische Forderung: Tauschzentralen zur Abschaffung der Handelsspannen zum Schutz der Unterprivilegierten und Ausgebeuteten. Moses Hess rezensierte das noch unveröffentlichte Manuskript Proudhons „Qu'est-ce-que la Propriété?“ in den „Pariser Briefen“. Eine Übersicht dazu, in: S. Na'aman: Emanzipation und Messianismus, 133. Bestätigend dazu s. auch die Proudhon Passage in: M. Hess: Sozialismus und Kommunismus. In: ders.: Ökonomische Schriften, 58 u.111.

427 Vgl. H. Lademacher: Einleitung, 31.

428 M. Hess: Jugement dernier du vieux monde social. Genf 1851. In: ders.: Ökonomische Schriften, 111ff.

elle Unsterblichkeit, das himmlische Kapital."[429] Hess streicht heraus, dass die Argumentationsfigur, mit der Feuerbach auf die Frage „Was ist Religion?" antwortet, beinahe ident ist mit der in der Antwort Proudhons auf die Frage „Was ist Eigentum?" (Siehe oben). Feuerbach definiert Religion als „die Ausbeutung des wirklichen menschlichen Wesens durch das vermeintliche menschliche Wesen."[430] Beide, Feuerbach und Proudhon, sagen, dass man den Menschen ihr „Kapital" zurückgeben muss; das Produkt ihrer Arbeit ebenso wie das Produkt ihres Geistes.

Auch Zvi Rosen hebt hervor, dass Hess Proudhons Feststellung, Eigentum sei schlichtweg Diebstahl, aus voller Überzeugung zustimme, weil materielles Eigentum nichts anderes als das Produkt der Entfremdung der menschlichen Tätigkeit sei. Die daraus resultierende Forderung nach Abschaffung des Eigentums an Produktionsmitteln ist demnach „nicht Selbstzweck, sondern Mittel zur Aufhebung der Entfremdung."[431]

4.2.12 „Gott und Geld regieren die Welt." Die Frage ist nur: Wie?

Hess drückt den Zusammenhang von Religion und Ökonomiekritik sehr pointiert aus, wenn er konstatiert: „Gott und Geld regieren die Welt, jawohl die Welt der Gläubiger und Krämer, die Alles, was sie in sich, entäußert haben, und daher selbst zu Objekten herabsinken, welche veräußerlich, verkäuflich sind."[432] Hess glaubt in der Analogie Religion (Gott) – Geld (Kapital) eine tragfähige Grundlage für seine These gefunden zu haben, mithilfe derer es ihm möglich ist, das Geld als „das realisierte Wesen des Christentums" zu definieren.[433] Mit missionarischem Eifer, aber auch voller Zorn, wie Rosen bescheinigt, will Hess den Götzen Mammon vernichten. „Ja wir meinen das harte, kalte Gold, das die Seele unserer Zeit ist, jenes dämonische Metall, das die Menschheit in unheimlich galvanische Zuckungen versetzt."[434]

429 Ebd. 111.
430 Ebd. 111.
431 Z. Rosen: Moses Hess u. Karl Marx, 45. Vgl. auch die Ausfaltung des Gedankengangs der Theorie der Entfremdung in: ebd. 44–62.
432 Ebd. 58.
433 Vgl. ebd. 59.
434 Ebd. 144.

4.2.13 Die extreme Kritik am Geld und Judentum als Brücke zu Marx

Na'aman vermutet, dass Hess sich mit seiner Anklage gegen die jüdische Geldaristokratie Zustimmung aus dem deutschen Bürgertum für seine politischen Ziele erhoffte und wirft dem Polittalent Hess Fahrlässigkeit und Leichtsinnigkeit bei der Formulierung seiner Geldkritik vor, die er in seiner bekannt agitatorischen Schärfe am Judentum festmacht: „Das Geld ist das soziale Blut, aber das entäußerte, das vergossene Blut. – Die Juden, die in der Naturgeschichte der sozialen Tierwelt den weltgeschichtlichen Beruf hatten, das Raubtier aus der Menschheit zu entwickeln, haben jetzt endlich diese ihre Berufsarbeit vollbracht. – Das Mysterium des Judentums und des Christentums ist in der modernen jüdisch-christlichen Krämerwelt offenbar geworden. Das Mysterium des Blutes Christi, wie das Mysterium der altjüdischen Blutverehrung, erscheint hier endlich ganz unverhüllt als das Mysterium des Raubtieres."[435]

Na'aman empfindet die Metapher vom Geld, das den sozialen Kreislauf speist, noch annehmbar, auch dass es in einer entfremdeten Gesellschaft zu vergossenem Blut werden kann. Unverzeihlich und empörend aber, so Na'aman, sei angesichts der tief im christlichen Bewusstsein verankerte Blutbeschuldigung der Juden[436] die Verbindung von Juden und vergossenem Blut sowie die irreführende und unwissenschaftliche Verkoppelung altjüdischer Blutverehrung mit dem Mysterium des Raubtieres.[437]

Rosen nähert sich dem Thema über die Rechtfertigung einer These, die Hess aufzustellen suchte, als er mit dem Brustton der Überzeugung davon ausging, die Eigenschaften Habsucht, Geldsucht und Egoismus wären ohne Judentum und Christentum nie zustande gekommen. Aus welchem Grund er diese wohl allen Völkern und Kulturen inhärenten Eigenschaften nur Juden und Christen zuschrieb, bleibt im Dunkeln. Auch dass Rosen diese evidente Klarstellung nicht trifft, ist schade, während er die Vermutungen Hess' über die Existenz einer altjüdischen Mysterienreligion der Blutverehrung als prototypischen Blutkultus ausbreitet, „der im Christentum theoretisch, idealistisch, logisch verwirklicht wurde. Mit anderen Worten: Judentum ist praktisches Christentum und Christentum theoretisches Judentum."[438] Der Opportunismus des revolutionären Frühsozialisten Hess verführte ihn womöglich – unter Absehung von der eigenen jüdi-

---

435 Heß Schriften, 345. Zit. in: S. Na'aman, Emanzipation und Messianismus, 140.

436 Vgl. die biblische Grundlage in Mt 27,25: „Da rief das ganze Volk: Sein Blut komme über uns und unsere Kinder!"

437 Vgl. S. Na'aman, Emanzipation und Messianismus, 140.

438 Z. Rosen: Moses Hess u. Karl Marx, 148.

schen Abstammung – zur Anbiederung an tiefverwurzelte bürgerlich-antisemitische Ressentiments.

Marx konkretisiert in seiner Entfremdungstheorie die These, Geld sei „die sichtbare Gottheit, die Verwandlung aller menschlichen und natürlichen Eigenschaften in ihr Gegenteil, die allgemeine Verwechslung und Verkehrung der Dinge.“[439]

Zwar übte auch Marx scharfe Kritik an der jüdischen Krämerwelt, hielt aber sichere Distanz zu den Blutbeschuldigungs-Assoziationen; dafür zeigte er sich umso hemmungsloser in rassistisch konnotierten Angriffen gegen den jüdischen „Schacher“ im nur einmal erschienenen Doppelheft der Deutsch-französischen Jahrbücher im Jahr 1844. Darin erschien sein Artikel „Zur Judenfrage“[440], der augenscheinliche Parallelen zu Hess' Aufsatz „Über das Geldwesen“ enthält. Nach Ansicht Na'amans formuliert Hess jedoch unbestimmter und maßloser, „und dem widersetzte sich Marx.“[441] Rosen geht einen Schritt weiter und bringt Indizien, die eine direkte Abhängigkeit von Hess plausibel erscheinen lassen.[442] Diese Sichtweise wird auch von Auguste Cornu und Robert Tucker mitgetragen, wobei letzterer der Überzeugung ist, dass Hess' Entdeckung der ökonomischen Entfremdung einen großen Einfluss auf Marx ausgeübt habe.[443]

---

439 Zit. in: ebd. 148, s. FN 56: K. Marx: Frühe Schriften, Bd. 1, 634. Rosen verweist darauf, dass Marx' Formulierung an Hess' Worte aus dem „Geldwesen“ erinnert: „Was der Gott fürs theoretische Leben, das ist das Geld fürs praktische Leben der verkehrten Welt: das entäußerte Vermögen des Menschen.“ (Vgl. Kapitel 5 in dieser Arbeit).

440 Vgl. K. Marx: Zur Judenfrage. In: MEW 1, 347–377. Marx' Aufsatz „Zur Judenfrage“ setzt sich mit Bruno Bauers Haltung zur Emanzipation der Juden auseinander, der die Judenfrage auf das Verhältnis von Religion und Staat bezieht. Für Juden und Staat fordert Bauer die Emanzipation von der Religion. „Da jedoch der Jude hinter den Staatsbürger nicht zurücktreten will und auf das Recht, seinen Glauben zu behalten, nicht verzichtet, ist Bauer gegen die Emanzipation der Juden, während Marx die Gewissensfreiheit, das Recht, einen beliebigen Kultus auszuüben, als organischen Bestandteil der politischen Emanzipation betrachtet und dementsprechend die Befreiung der Juden fordert. In diesem Zusammenhang entwickelt Marx seine Auffassung vom bestehenden Staat als Krämerstaat. Unter Hess' Einfluss behauptet er, daß der Schacher der weltliche Kultus des Judentums und das Geld sein weltlicher Gott sei.“ In: Z. Rosen: Moses Hess u. Karl Marx, 150. Auf vergleichende Textanalysen Hess-Marx kann im Rahmen dieser Arbeit nicht eingegangen werden.

441 S. Na'aman: Emanzipation und Messianismus, 132.

442 So z. B. den Forschungsansatz von Silberner, der in seiner Studie Beweise anführt, die Marx' Auffassungen über die bürgerliche Gesellschaft, die Menschenrechte, das Wesen des Geldes, wie sie in seinem Artikel „Zur Judenfrage“ vorfindbar sind, als eindeutig von Hess' Anschauungen im Aufsatz „Über das Geldwesen“ inspiriert erkennen will. Vgl. dazu: Z. Rosen: Moses Hess u. Karl Marx, 106–107 u. 122.

443 Tucker fügt diesbezüglich hinzu, dass zwar nicht sicher sei, ob Marx zur Zeit der Abfassung des Artikels „Zur Judenfrage“ das Manuskript von Hess „Über das Geldwesen“ gekannt habe. „Auf jeden Fall waren ihm die Ideen von Hess aus persönlichen Gesprächen ganz vertraut.“

Freilich besteht über die Abhängigkeitstheorien der genannten Autoren alles andere als Forschungskonsens. Die nicht selten geäußerte Annahme, Hess habe keinen nennenswerten Einfluss auf die Marxsche Theorie ausgeübt, sieht Rosen in der Tatsache begründet, dass Marx Hess abgelehnt „und seine Auffassungen in polemischen Auseinandersetzungen zu einer Karikatur gemacht hat."[444]

4.2.14 Karl Marx „Zur Judenfrage". Der fragwürdige Versuch einer rassistisch begründeten Emanzipation vom vergötzten Geld.

Mit der Schrift „Zur Judenfrage" ist Marx in der entfremdeten Wirklichkeit angekommen, die Geld heißt. Er will diese Wirklichkeit revolutionieren, das heißt für ihn: von Grund auf erneuern.[445]

Marx wirft Bruno Bauer[446] vor, „den Juden" auf seine religiöse Existenz zu reduzieren. Dieser, seiner Meinung nach, sträflichen Engführung, will er nun „den wirklichen Juden, nicht den *Sabbaths Juden*, wie Bauer es thut, sondern den Alltagsjuden"[447] entgegenhalten. Im Bild aber, das Marx vom „wirklichen Juden" zeichnet, ist keineswegs eine differenzierte Darstellung zu erkennen, sondern eine neuerliche Reduktion in der Zeichnung eines säkularen, eigennützigen Menschenschlages: „Welches ist der weltliche Kultus des Juden? Der Schacher. Welches ist sein weltlicher Gott? Das Geld."[448] Marx empfiehlt der Gesellschaft „eine Emancipation vom Schacher und vom Geld"[449] als gleichsam Selbstemanzipation vom praktischen und realen Judenthum, dem er „ein allgemeines ge-

---

Silberner kommt darüberhinaus zum Schluss, dass Marx Hess' Artikel als Manuskript bekannt war und ihn seit September/ Oktober 1843 während der Abfassung des Aufsatzes „Zur Judenfrage" stark beeinflusste. – Rosen verschweigt indes nicht, dass viele Marxologen den Einfluss von Hess auf Marx nicht zur Kenntnis nehmen wollen. Klassisch dazu die Position Wolfgang Mönkes, für den die Meinung, „Hess habe Einfluss auf Marx' geistige Entwicklung ausgeübt, ‚offensichtlich irrig' ist". Vgl. die Auflistung der Pro und Contras, sowie die Zitate in: Z. Rosen: Moses Hess u. Karl Marx, 108f u. 142.

444 Ebd. 113.

445 Vgl. dazu die Zitate ebd. 99 sowie die weiterführende Literatur bei FN 19: R. Buchbinder: Bibelzitate, Bibelanspielungen, Bibelparodien, theologische Vergleiche und Analogien bei Marx und Engels, Berlin 1976, 323. Zum Thema „Religion und Geld" bei Marx: A. Künzli: Karl Marx. Eine Psychographie. Wien 1966, bes. 581ff (Der Mammon).

446 Karl Marx reagiert in seinem Aufsatz „Zur Judenfrage" sehr heftig auf zwei Artikel Bruno Bauers: „Die Judenfrage." Braunschweig 1843, und: „Die Fähigkeit der heutigen Juden und Christen frei zu werden." Zürich und Winterthur, 1843. Vgl. K. Marx: Zur Judenfrage. In: MEW 1, 347–377 und in: MEGA^2 I/2, 141–169.

447 Ebd. 164. (Kursivsetzungen im Original).

448 Ebd. 164.

449 Ebd. 164.

genwärtiges antisociales Element"[450] unterstellt. Ferner, so Marx in diffamierender Weise fortfahrend, habe sich „der Jude" nicht nur „die Geldmacht angeeignet", durch ihn sei „das Geld zur Weltmacht und der praktische Judengeist zum praktischen Geist der christlichen Völker geworden."[451] Als Folge der Emanzipation der Juden seien die Christen nolens volens zu Juden geworden, ist Marx überzeugt. Dies könne man an der Lebensweise der nordamerikanischen Gesellschaft ablesen, welche den Mammon vergötze, in der der Schacher sich längst aller Gedanken bemächtigt habe und die Lebenswelt als eine Börse angesehen werde.[452] Mit anderen Worten: Marx ist davon überzeugt: Das Geld ist der Gott der Juden und der Bourgeoisie. Das säkulare Judentum ist Marx zufolge im Besitz einer allumfassenden Geldmacht, welche im Widerspruch zur Forderung nach mehr politischer Macht stehe, da mit der Verfügungsgewalt über große Geldsummen de facto auch die Einflussnahme auf das politische Geschehen in einer Gesellschaft gegeben sei.[453]

Am dramaturgischen Höhepunkt seiner kritischen Entgegnungen angelangt, verknüpft Marx in zunehmend verletzender Zuspitzung seiner Thesen theologische und gesellschaftspolitische Aspekte mit dem Ziel, die jüdische Religion per se zu desavouieren. Ihre Grundlage sei „der Egoismus. ... Der Gott des praktischen Bedürfnisses und Eigennutzes ist das Geld. Das Geld ist der eifrige Gott Israels, vor welchem kein andrer Gott bestehen darf. Das Geld erniedrigt alle Götter des Menschen, – und verwandelt sie in eine Waare. Das Geld ist der allgemeine, für sich selbst constituierte Werth aller Dinge."[454]

4.2.14.1 Der analytische Kern: Der Mensch, beherrscht vom „fremden Wesen" Geld

Interessanterweise zimmert Marx aus den mehr oder weniger eklektisch eingesammelten religiösen Versatzstücken seines biblischen Repertoires, die er Bauer gezielt an den Kopf wirft, auch eine gesellschaftspolitisch höchst relevante Analyse des Geldes, die als Brückenschlag zwischen der Vorstellung von Entfremdung und religiösem Verhalten beinahe untergeht: „Das Geld ist das dem Menschen entfremdete Wesen seiner Arbeit und seines Daseins und dies fremde Wesen beherrscht ihn, und er betet es an."[455] Im Vorgang der Anbetung, lässt

450 Ebd. 165.
451 Ebd. 165.
452 Vgl. ebd. 165.
453 Vgl. ebd. 166.
454 Ebd. 166.
455 Ebd. 166 und in: MEW 1, 374f.

sich mit Marx sagen, entfremdet das Geld die Menschen, erniedrigt sie, und verwandelt sie in Ware. Marx verweilt aber nur ganz kurz bei diesem eminent spannenden soziopolitischen Aspekt, um danach sofort wieder zu den religiösen Implikationen der Warenwelt zurückzukehren.

4.2.14.2 Geld ist der „Weltgott"

Im Geld identifiziert Marx den Gott der Juden, der zum „Weltgott" geworden ist, womit für Marx jedwede nationale Verortung der Juden obsolet erscheint. „Die *chimärische* Nationalität des Juden ist die Nationalität des Kaufmanns, überhaupt des Geldmenschen."[456] Marx hat 1844 bereits ein globalisiertes Finanz-Weltjudentum vor Augen. Er kann nicht ahnen, welch brisante Saat er mit diesen und ähnlichen Äußerungen in den für antisemitische Ressentiments fruchtbaren deutschen Boden ausstreut. In Abrundung seines soziopolitisch-religiösen Themenbogens postuliert Marx als Höhepunkt eines am Gelde orientierten gesellschaftlichen Entwicklungsprozesses die Vollendung des Judentums in der bürgerlichen Gesellschaft. Diese aber sei christlich, was ihn deduktiv schlussfolgern lässt: „Das Christenthum ist aus dem Judenthum entsprungen. Es hat sich wieder in das Judenthum aufgelöst. Der Christ war von vorn herein der theoretisierende Jude, der Jude ist daher der praktische Christ, und der praktische Christ ist wieder Jude geworden."[457] Der Gesellschaft rät Marx, „das empirische Wesen des Judenthums, den Schacher und seine Voraussetzungen aufzuheben"[458], um den Juden „unmöglich" zu machen, wobei der Begriff „Jude" bei Marx zusehends zur Metapher für Menschen wird, die der kapitalistischen Weltsicht des „Schachers" anhängen, was zu folgender, von Marx offenkundig intendierter semantischer Gleichung führt: Judentum=Schacher=der Kapitalismus.[459]

Ein Jahr nach Abfassung des Artikels „Zur Judenfrage" präzisieren Marx und Engels in einer neuerlichen Auseinandersetzung mit Bruno Bauer ihre Vorstellungen einer politisch-religiösen Implikation kapitalistischer gesellschaftlicher Verhältnisse: „Herr Bauer begreift nur das *religiöse* Wesen des Judentums, nicht

---

456 MEGA^2 I/2, 167. (Kursivsetzung im Original).

457 Ebd. 168.

458 Ebd.169.

459 Vgl. dazu den gesamten Themenbogen (ebd. 163–169), der von der Frage der politisch gesellschaftlichen Emanzipation der Juden ausgehend, dem Judentum in toto Eigenschaften wie Gier, Eigennutz, Schacher uvm. unterstellt, womit auf religiös konnotierten Umwegen schlussendlich der Kapitalismus als Gesellschaftssystem identifiziert wird und die Ausgangsfrage einer Emanzipation der Juden im abschließenden Aphorismus aufgehoben wird: „Die *gesellschaftliche* Emancipation des Juden ist die *Emancipation der Gesellschaft vom Judenthum*", i.e.: der Kapitalismus. In: ebd. 169. (Kursivsetzung im Original).

aber die *weltliche, reale Grundlage* dieses religiösen Wesens. ... Herr Bauer ahnt daher nicht, daß das wirkliche, *weltliche* Judentum und darum auch das *religiöse* Judentum fortwährend von dem *heutigen bürgerlichen Leben* erzeugt wird und im *Geldsystem* seine letzte Ausbildung erhält."[460] Marx und Engels werfen „dem kritischen Theologen oder theologischen Kritiker"[461] Bauer somit vor, die theologische Reflexionsebene nicht verlassen zu wollen, auf welcher er in Betrachtung der Relation Judentum-Christentum über den religiösen Gegensatz nicht hinauskomme und deshalb die außerreligiöse Dimension des bürgerlichen Gesellschaftssystems nicht wahrnehme, habe doch das Bürgertum mit der Rezeption des Geldsystems längst die jüdische Religion absorbiert. Es gelte deshalb, „die Unmenschlichkeit der heutigen Lebenspraxis, die im Geldsystem ihre Spitze hat, aufzuheben."[462]

Marx wendet seine Diagnosen in Bezug auf Geld und Entfremdung auch in seinen Spätschriften an, wie Reisinger anhand einiger Belegstellen zeigt: „In den Vorarbeiten zum Kapital, in den sog. ‚Grundrissen' (1857/58) und zu Beginn des ‚Kapitals' erscheint das Geld in seiner quasi-göttlichen Eigenschaft: in der Allgegenwart, in der Allmacht und in der Erlösungskraft."[463] So findet sich in den „Grundrissen" die Aussage: „Das Geld ist der Gott unter den Waren."[464] Marx gibt sich überzeugt, es herrsche ein „Magie des Geldes"[465], wie eine „verzauberte Welt der Ding-Menschen und der Menschendinge"[466], ferner glaubt er einen „Mystizismus der Warenproduktion"[467] zu erkennen.

Aber auch schon in den 1844 erschienenen Pariser Manuskripten bringt Marx das Geld in die Nähe magisch-mystischer Erklärungsmuster: „Das Geld, indem es die Eigenschaft besitzt alles zu kaufen, indem es die Eigenschaft besitzt alle Gegenstände sich anzueignen, ist also der Gegenstand im eminenten Besitz. Die Universalität seiner Eigenschaft ist die Allmacht seines Wesens, es gilt daher als allmächtiges Wesen."[468] Angesichts dieser Formulierungen nimmt es Wunder, dass der Atheist Marx, für den es unumstößlich ein religiöses Verhältnis nicht mehr länger geben kann und darf, allem Anschein nach keine Probleme mit der

---

460 K. Marx / F. Engels: Die Heilige Familie (1845). In: MEW 2, 115f.

461 Ebd. 117.

462 Ebd. 117.

463 F. Reisinger: „Geld oder Leben!" – Über die Wirkkräfte des Geldes auf/über die Menschen, 100. Vgl. auch: R. Buchbinder: Bibelzitate, Bibelanspielungen, Bibelparodien, theologische Vergleiche und Analogien bei Marx und Engels, 324ff.

464 K. Marx: Grundrisse der Kritik der politischen Ökonomie (1857/58). Berlin 1974, 132f.

465 Ebd. 136 sowie in: „Das Kapital" in: MEW 23, 107

466 K. Marx: Das Kapital. In: MEW 23, 838.

467 Ebd. 85, 90.

468 MEW EB 1, 563.

Verwendung metaphysisch-transempirischer Begriffe wie „magisch“, „mystisch“, „Allmacht“, usw. hat. Andererseits ist sein religionskritisches Postulat mehr als eindeutig: „Wie der Mensch in der Religion vom Machwerk seines eigenen Kopfes, so wird er in der kapitalistischen Produktion vom Machwerk seiner eigenen Hände beherrscht.“[469] Schon in einem seiner Frühwerke, „Zur Judenfrage“ lässt er keine Zweifel über seine antireligiöse Haltung aufkommen und schließt jedwede transempirischen Seinsmöglichkeiten kategorisch aus: „Wir verwandeln nicht die weltlichen Fragen in theologische, wir verwandeln die theologische Frage in eine welthafte. Nachdem die Geschichte lang genug in Aberglauben aufgelöst worden ist, lösen wir den Aberglauben in Geschichte auf.“[470]

Marx gelang mit seiner Geldanalyse ein einzigartiger Brückenschlag zwischen Ökonomie und Theologie, wie Ferdinand Reisinger hervorhebt. Erst 80 Jahre später wird Walter Benjamin diesen Faden wieder aufnehmen, um seine Aphorismen über den Kapitalismus als dogmenfreie, „reine Kultreligion“, fragmentarisch darzulegen.[471] Diese habe sich im Laufe der Geschichte parasitär am Christentum genährt. Benjamins gefordertes Untersuchungsprojekt sollte jene Verbindungen aufspüren, die das Geld „im Lauf der Geschichte mit dem Mythos eingegangen ist, bis es aus dem Christentum so viel mythologische Elemente an sich ziehen konnte, um einen eigenen Mythos zu konstituieren.“[472] Reisinger verweist jedoch darauf, dass die diagnostische Beurteilung dieser von Benjamin aufgestellten Fragen schon von Marx und seinem Umfeld geliefert wurde.[473]

4.2.14.3 Zu den religiösen Zügen der Marxschen Systemanalyse

Publikationen der Neuzeit beschreiben mannigfach das Motiv religiöser Geldmotive. Die zahlreichen Verbindungen, Vergleiche und Implikationen verschiedenster Gott-Geld Relationen unterstellen das Vorhandensein einer monetär geordneten Gesellschaft, in der die je persönliche Einstellung zum Geld religiöse bis magieähnliche Züge annehmen kann.

Auch die marxistische Systemalternative trägt deutlich religiöse Züge. Sie verspricht einer zu etablierenden proletarischen Gemeinde die Erlösung von

---

469 MEW 25, 649.

470 MEW 1, 352.

471 Vgl. F. Reisinger: „Geld oder Leben!“ – Über die Wirkkräfte des Geldes auf/über die Menschen, 98, in Heranziehung von: W. Benjamin: Kapitalismus als Religion, 100–103 (fr. 74).

472 Ebd., zit. n. F. Reisinger: „Geld oder Leben!“ – Über die Wirkkräfte des Geldes auf/über die Menschen, 98.

473 Vgl. ebd. 98.

Geld und Privatbesitz im Glauben an eine sozialistische „Religion", deren Prophet Karl Marx den dialektischen Materialismus als Offenbarung am Glaubensweg zu einem kommunistischen Paradies verkündet. Weiß ist zuzustimmen, wenn er die Annahme vertritt, der Kommunismus bemächtige sich der gleichen Mythen wie der Kapitalismus, „wenn er e.g. eine zweckmäßige Produktion und eine pragmatische, wirklichkeitsorientierte Produktentwicklung verspricht. ... Aber selbst wenn die Nivellierung von Einzelinteressen gelingen sollte: Geld wird überleben, und die Drohung der Konzentration heiliger Kräfte überdauern."[474]

4.2.15 Das Geld als Gott und Herr der Waren bei Marx

Marx sieht mit dem Aufkommen der papierenen Kopie der Münze nicht nur die Entleibung des Geldes als seine ernüchternde Frottage gegeben, vielmehr gilt ihm der Geldschein[475] als bloßes Menetekel[476] des sich vom göttlichen Gold und der Aura des Göttlichen allmählich ablösenden Geldes, welches nur mehr gezählt (aram. *mene*), aber nicht mehr gewogen (aram. *tekel*) wird. „Der Münzenname des Geldes löst sich ab von seiner Substanz und existiert außer ihr in wertlosen Papierzetteln."[477]

Das mit scheelem Blick betrachtete „Zeichen- oder Willkürgeld"[478] kann auch als evolutive Abstraktionsleistung einer Innovationszeit betrachtet werden, die durch die Aufklärung beginnt und im 18. Jahrhundert vor allem durch Erfindun-

474 J. Weiß: Mammon, 303.

475 Zum Geld-Schein oder Schein des Geldes, passt auch der Begriff der Bank-*Note*, von lat. *nota*, „Zeichen, Kennzeichen". Die ersten „Depotscheine" der Bank von Palermo bilden 1552 die Vorform des Geldscheins. Der erste Großversuch zur Einführung des Papiergeldes wir 1717 in Frankreich von John Law durchgeführt. Vgl. dazu: J. Weiß: Mammon, 167.

476 Ursprgl. „mene mene tekel u-parsin". Eine Schrift, die der Überlieferung nach während einer Feier des Babylonischen Königs Belsazar (vgl. Dan 5,25) an der Wand erschien und als Zeichen drohenden Unheils angesehen wurde. Was den Sinn der Worte angeht, bietet die theologische Forschung mehrere Lösungsvorschläge an. Konsens scheint darin zu bestehen, dass Gewichtseinheiten (aram. *Tekel*, hebr. *Schekel*) verglichen, gewogen werden und im übertragenen Sinn eine drohende persische Gefahr ankündigen könnten. Vgl. dazu eine Zusammenfassung der Forschungserträge in: Helmut Burkhart u.a. (Hgg.): Das Grosse Bibellexikon, Band 4, Wuppertal und Zürich 1996, 1485–1487.

477 K. Marx: Zur Kritik der Politischen Ökonomie (1859). In: MEW, Vol. 13. 1978, 94. Marx vertritt die Auffassung, das Gold habe nicht seinen Schatten verkauft, „sondern kauft mit seinem Schatten". In: ebd. 95.

478 J. Weiß: Mammon, 167.

gen, Entdeckungen und Eroberungen mit beträchtlichen finanziellen Gewinnen einhergeht.[479]

Für Marx tritt mit der rasch fortschreitenden Abstraktion, in welcher sich der Mensch von der Natur ablöst, eine Entsprechung zum Wesen des Geldes ein, denn „je abstrakter es ist, je weniger *natürliches* Verhältnis es zu den andren Waren hat, ... Daher ist das Papiergeld und die Zahl der *papiernen Repräsentanten des Geldes* (wie Wechsel, Mandate, Schuldscheine etc.) das *vollkommnere* Daseins des *Geldes als Geld* und ein notwendiges Moment im Fortschritt der Entwicklung des Geldwesens."[480]

Auf dem Papier wird einerseits die gesellschaftliche Abstraktionsleistung monetärer Vorstellungskraft lebendig, andererseits mag auch ein gewisser Realitätsverlust zu diagnostizieren sein, wenn mit dem papierenen Gesellschaftsgeld der Gott in der Münze zu Grabe getragen wird. Marx jedoch erhebt auch dieses Geld „aus seiner Knechtgestalt" zum „Herrscher und Gott in der Welt der Waren. Es stellt die himmlische Existenz der Waren dar, während sie seine irdische darstellen."[481] Das Geld wird zum Götzen einer in Klassen differenzierten Warenproduktionsgesellschaft stilisiert. Dieser gilt das Hauptaugenmerk der Marxschen Kritik, die er historisch zu untermauern versucht. In alten Kulturen, so Marx, galt das Anhäufen von Geld und Gold als „priesterliches und königliches Privilegium".[482] Hierin zeige sich, dass der von Marx postulierte „König der Waren" tatsächlich nur Göttern und Königen zukomme, die nicht selten vergöttlicht wurden. Die antiken Tempel identifiziert Marx als die „ursprünglichen Banken", worin der Staatsschatz, „das Allerheiligste" aufbewahrt wird. Später führte das Aufhäufen und Konservieren der staatlichen Reservefonds zur Ausbildung von Banken, den modernen Geldtempeln.[483]

In der Unvergänglichkeit von Geld erblickt Marx ein göttliches Attribut, und der Geldkultus trage eindeutig religiöse Züge in Ausbildung seines unverwechselbaren „Ascetismus", seiner Entsagung, Selbstaufopferung, Sparsamkeit und

---

479 Vgl. J. Weiß: Mammon, 167 unter Heranziehung von Hans Harlandt: Die Evolution des Geldes. Heidelberg 1989, 8.

480 K. Marx: Auszüge aus James Mills Buch „Éléments d'économie politique." Trad. par. J.T. Pariso, Paris 1823. In: MEW, Ergänzungs-Vol., Teil1, 1981, 448. (Kursivsetzungen im Original).

481 K. Marx: Grundrisse der Kritik der Politischen Ökonomie (Rohentwurf 1857–1858). In: MEW, Ergänzungs-Vol., Teil 3, 1974, 133. Vom Geld als Götzen, der damit einhergehenden Bereicherungssucht des Menschen, bis zum „Geldkultus", welcher nach Marx im „Ascetismus" des englischen Puritanismus oder des holländischen Protestantismus grundgelegt ist, fächert er das Thema auf. Vgl. ebd. 133–135, 141–143.

482 K. Marx: Grundrisse der Kritik der politischen Ökonomie, 142.

483 Vgl. ebd. 141ff. Vgl. zu diesem Thema auch die Positionen Walter Benjamins in Kap. ... dieser Arbeit.

Frugalität. Hinzu kommt „das Verachten der weltlichen, zeitlichen und vergänglichen Genüsse; das Nachjagen nach dem *ewigen* Schatz."[484] Hierin sei Marx zufolge der eindeutige Zusammenhang des englischen Puritanismus, wie auch des holländischen Protestantismus mit dem Geldmachen nachweisbar.[485]

484 Ebd. 143. (Hervorhebung im Original).
485 Vgl. ebd. 142–143.

5 Gott und Geld. Das Geld im Spiegel seiner soziokulturellen und religiösen Relevanz

Es spricht vieles für die Beobachtung, die Ökonomie habe die Funktion eines gesellschaftlich relevanten Leitsystems übernommen und Geld bestimme alle Vorgänge der Gesellschaft und des individuellen Lebens, wie Hans-Joachim Höhn diagnostiziert, wenn er sogar behauptet, Geld trete zunehmend an die Stelle der Religion, werde zum Ort von Erlösungshoffnung und Sinngebung aufgeblasen und dementsprechend auch vergöttert.[486] Eine Feststellung also, die durchaus geeignet erscheint, die Herkunft der Geldwirtschaft aus der Sphäre des Religiösen in Erinnerung zu rufen. Höhn wirft der christlichen Theologie vor, selbst zu dieser Entwicklung beigetragen zu haben, „indem sie die Beziehung Gott-Mensch durch die Forderung moralischen Wohlverhaltens der Logik von Leistung und Lohn unterstellte. Dem ist die ‚unverhältnismäßige' Logik des christlichen Gnadenbegriffs entgegenzustellen."[487]

Der aus dem Musical „Cabaret" berühmt gewordene Satz „Money makes the world go round" kennzeichnet treffend eine Epoche, die im Zeichen des Geldes steht und von diesem evolutiv bewegt scheint. Mit Geld werden Existenzen gegründet, wird Leben versichert und werden Stiftungen gegründet, die sogar den eigenen Tod überdauern, weshalb Höhn zugespitzt formuliert, dass es keine Weltherrschaft gebe, die nicht zugleich auch eine Geldherrschaft sei. Seines Erachtens sei es geradezu naiv anzunehmen, durch Drängen auf etwaige Neuregelungen der Finanzmärkte eine Wiederholung der 2008 ausgebrochenen Krise an den Finanzmärkten verhindern zu können. Dies sei bestenfalls ein bemüht-engagierter Symptombekämpfungsversuch. Moderne soziale Gefüge sprechen nicht mehr auf einen moralischen, sondern auf einen ‚monetären' Koordinations- und Integrationsmodus an",[488] ist Höhn überzeugt, da die gesellschaftlichen Prozesse weitgehend „geldvermittelt" ablaufen. Das Geld greift dadurch „mit seiner eigenen Funktionslogik auf alle anderen Bereiche über. … Die Geldbestimmtheit

486 Vgl. H.J. Höhn: Mythos Kapital. Zur kulturellen und religiösen Relevanz des Geldes. In: ThGl 100 (2010) 31–45.

487 Ebd. 31.

488 Ebd. 32.

aller Vorgänge scheint die moderne Weise der Integration komplexer Gesellschaften zu sein.“[489]

5.1 Vom Monotheismus zum Moneytheismus

Mit dem strahlkräftigen Bild vom Geld als ökonomischem „Faszinosum“ schreitet Höhn in seinen Beschreibungen geldbestimmter Denkweisen in lebensweltlichen, existenziellen und von religiöser „Prägekraft“ gekennzeichneten Kontexten voran. Schließlich wird der „Mythos Geld“ mit dem modernen „Moneytheismus“ verknüpft, der absolut herrschend den Spielraum zwischen Gott und Mammon vollkommen absorbiert hat. Möglich wird dies unter einer Geldregierung, deren Losung lautet: „Divid(end)e et impera!“[490] Die Herrschaft des Geldes wird gestützt durch ihren Souverän, den Homo Oeconomicus, der Höhn zufolge darauf aus ist, „von zwei ansonsten kaum unterscheidbaren Angeboten das billigere zu wählen und im übrigen seine eigenen Angebote an Waren, Dienstleistungen und Arbeitskraft so teuer zu verkaufen, wie es der Markt erlaubt.“[491] Man könnte mit Höhn schlussfolgern, dass kraft dieser Beobachtungen die Selbstbehauptung des Menschen auf seine Selbstvermarktung reduziert wird. Unterstützt wird diese Beobachtung auch durch die Semantik des Geldes, dessen binärer Code „kaufen / verkaufen“ in der alltagsweltlichen Kommunikation immer mehr auch auf Menschen angewandt wird. Höhn bringt das umgangssprachliche Beispiel: „Der / die verkauft sich gut“[492], um den Anforderungen eines gesellschaftlichen Wertesystems zu genügen, das monetär geprägt ist, denn aus allem gilt es Kapital zu schlagen, auch aus dem Menschen und seinen sozialen Beziehungen. Geschäftsleben und teilweise das Geschlechtsleben stehen, so Höhn, im Zeichen des Geldverkehrs, Inflation und Haussen inbegriffen“[493], weshalb es schier unmöglich sei über den Menschen, das Dasein, die Zeit, den Wert und den Sinn zu reden, ohne zugleich das Geld als mitbestimmenden Faktor dieser Entitäten mit einzubeziehen.

---

489 Ebd. 32 unter Heranziehung der Thesen von Niklas Luhmann: Die Wirtschaft der Gesellschaft, Frankfurt a.M. 1988. Vgl. zum Gesamtthema auch: Karl-Heinz Brodbeck: Die Herrschaft des Geldes. Geschichte und Systematik. Darmstadt 2009 und Konrad Paul Liessmann (Hg.): Geld. Was die Welt im Innersten zusammenhält? Wien 2009.

490 H.J. Höhn: Mythos Kapital, 33.

491 Ebd. 34.

492 Ebd. 35.

493 Ebd. 35, unter Einbeziehung von Gotthard Fuchs: Geldanschauung. Aufgabenbeschreibung für eine konkrete Theologie. In: Diakonia 19 (1988), 251–257, bes. 252.

Die monetäre Metaphorik durchdringt alle Lebensbereiche und selbstverständlich auch das religiöse Sprachspiel. Die Aufzählung semantischer Analogien wie Credo und Kredit, Schuld und Schulden, Glaube und Gläubiger, Offenbarung und Offenbarungseid liefern erste Indizien für eine unbestreitbare Wahlverwandtschaft zwischen den Sphären Geld und Religion. Höhns Einschätzung zufolge haben wir es bei der „Geldreligion" mit einer „feindlichen Übernahme" zu tun.[494] Wenn ja, dann wirft diese paradigmatische Wende ein Bündel an Fragen auf. Wird also Geld das säkulare Sakrament der bürgerlichen Gesellschaft? Beruht die Faszination des Geldes letztendlich darauf, ein Äquivalent für religiöse und moralische Kategorien bereitzustellen? Höhn spricht von der Ermöglichung, moralische Schuld in ökonomische Schulden schlichtweg umzubuchen, also eine sittliche Verrechenbarkeit und Konvertierbarkeit ist hier angedacht, an deren Ende die Ablösung der Buße durch die Bezahlung von Schadenersatz stehen könnte. „Geld ist der ‚god term' der Moderne," so Höhn, „der Monotheismus wandelte sich zum ‚Moneytheismus' – nicht allein aus dem Grund, weil Geld de facto die alles bestimmende Wirklichkeit ist und unter dieser Rücksicht die Nachfolge Gottes angetreten hat, sondern auch, weil man es aus freien Stücken vergöttert und sein Herz daran hängen kann."[495]

5.2 Die religiöse Aufladbarkeit des Geldes

Das Medium Geld ermöglicht einerseits eine effektive Koordination von unterschiedlichen Gaben und Bedürfnissen, „zugleich vermag es die Menschen wie kein anderes Gut in seinen Bann zu ziehen",[496] gibt sich Halbmayr überzeugt.

Dass nicht nur innerhalb dieses Bannkreises auch eine hochgradig religiöse Aufladung des Geldes stattfinden kann, war für Friedrich Engels nichts Ungewöhnliches, denn für ihn stand fest: „Jedes Ding kann dir Gott sein, du musst es ihm nur lang genug sagen."[497] Marx indes analysiert gewohnt religionspessimistisch: „Das Geld erniedrigt alle Götter des Menschen – und verwandelt sie in eine Ware."[498] Geld wird deshalb nach Marx nicht nur zum „Gott unter den Waren"[499], sondern zu einem Gott der Welt, weit über die Gesamtheit der Güter

494 Vgl. H.J. Höhn: Mythos Kapital, 35.

495 Ebd. 40.

496 A. Halbmayr: Die Wechselwirkung von Gott und Geld, 128.

497 Zit. n. U. Erckenbrecht: Das Geheimnis des Fetischs. Grundmotive der Marxschen Erkenntniskritik, Frankfurt 1976, 72.

498 K. Marx: Zur Judenfrage. In: MEW 1, 374.

499 K. Marx: Grundrisse der Kritik der Politischen Ökonomie (Rohentwurf 1857–1858). In: MEW, Ergänzungs-Vol., Teil 3, 1974, 132.

hinausgehend. Die Warenwelt erscheint Marx zufolge zunächst als „triviales Ding". Doch ergibt ihre Analyse, „daß sie ein sehr vertracktes Ding ist, voll metaphysischer Spitzfindigkeit und theologischer Mucken".[500] Es ist mit Ferdinand Reisinger anzufragen, inwieweit die in den Waren- und Kapitalverhältnissen lauernden „theologischen Mucken" nicht tatsächlich eine neue Form „anonymer ‚Religiosität' widerspiegeln; und Christen wie Marxisten ist die Aufgabe gestellt, eine aktuelle und konstruktive ‚Götzenkritik' zu entwickeln."[501] Marx sah im „Warenfetischismus" eine abstrakte Herrschaft von Produktions- und Handelsmechanismen und darin „einen Rest der religiös-bürgerlichen Entfremdung."[502]

5.3 Geldwerdung Gottes oder Gottwerdung des Geldes?

Im Bild des monetären Gewässers, dem sog. Geldfluss, in welchem die für die Wirtschaft „lebensspendende, ja lebensbedingende Kraft" fließt, findet Hörisch eine religiöse Metapher, die an das christliche Taufwasser gemahnt.[503]

Im Geld jedenfalls wiederholt sich nach Weiß die Transsubstantiation: „Zeigt sich im Abendmahl das Blut im Wein, so ist es jetzt im Geldschein."[504]

Der Reim zu dieser Metaphorik mag etwas holpern, doch Weiß macht nicht nur auf die Parallele zu Blut als „Lebenssaft" aufmerksam, er stellt auch die Frage, ob die neuen Medien des Informationszeitalters angesichts ihrer durch Digitalisierung ausgelösten Anämie das „dritte Leitmedium Blut" beerben können.[505]

Heinrich Heine sprach der Blutmetapher ihren religiösen Charakter ab; säkularisierte und ökonomisierte sie zugunsten einer Geldreligion: „Heut zu Tage ist die Menschheit verständiger; wir glauben nicht mehr an die Wunderkraft des Blutes, weder an das Blut des Edelmanns noch eines Gottes, und die große Men-

---

500 K. Marx: Das Kapital. In: MEW 23, 85.

501 F. Reisinger: Christentum und Marxismus – ein Beispiel ideologischer Auseinandersetzung. In: Funkkolleg Religion. Studienbegleitbrief 12, Weinheim 1984, 98. (=Studientexte Funkkolleg Religion, P. Fiedler u.a. (Hg), Weinheim Gütersloh/Düsseldorf 1986.)

502 Ebd. 98.

503 Weiß zufolge, fand Jochen Hörisch den Ursprung dieser Metapher bei Thomas Hobbes, der nach der Entdeckung des Blutkreislaufs durch William Harvey (1628) dem lat. Sprichwort „Geld ist eine andere Art von Blut" eine neue, zirkuläre Bedeutung gab, welche sich fortan großer Beliebtheit erfreute. Vgl. dazu: J. Hörisch: Kopf oder Zahl. Die Poesie des Geldes. Frankfurt 1996, 341; Th. Hobbes: Leviathan, or the Matter, Form, and Power of a Commonwealth, Ecclesiastical and Civic. Oxford (o. J.), 164 und J. Weiß: Mammon, 171 und FN 32.

504 J. Weiß: Mammon, 171.

505 Vgl. ebd. 171.

ge glaubt nur an Geld." Danach stellt er für Weiß die entscheidende Frage: „Besteht nun die heutige Religion in der Geldwerdung Gottes oder in der Gottwerdung des Geldes? ... Genug, die Leute glauben nur an Geld; nur dem gemünzten Metall, den silbernen und goldenen Hostien, schreiben sie eine Wunderkraft zu; das Geld ist der Anfang und das Ende aller ihrer Werke."[506]

Auch Hörisch kommentiert die morphologische Ähnlichkeit zwischen Hostien und Münzen und begreift die Abendmahlfeier als ein analoges Leitmedium in Konkurrenz zum digitalen Leitmedium Geld.[507] Teilnahmepflichtig sei man da und dort, so Hörisch. Neben der Gemeinsamkeit müsse aber auch die Differenz wahrgenommen werden: „Gott ist das Prinzip der Fülle. Geld ist das Prinzip der Knappheit. Ihr Geld ist das Geld, das ich nicht habe. Es ist also digital: Entweder mein Geld oder dein Geld. ... Also ist der Code des Geldes absolut binär – haben oder nicht haben, zahlen oder nicht zahlen, kaufen oder nicht kaufen. Das sind lauter Dinge, die etwa für andere Medien nicht gelten. ... Brot und Wein bei der Eucharistie genießen auch die anderen neben mir."[508]

Die Inschrift auf dem „Greenback" „In God We Trust" belegt den religiösen Status des US-amerikanischen Dollars.[509] Wolfgang Krass, der den Dollar ein Zahlungsmittel „in seiner transzendenten Form" nennt, verweist darauf, dass auch die US-Münzen die göttliche Widmung tragen, aber das „weltweite Evangelium" vor allem von den grünen Scheinen verkündet wird.[510] Tad Crawford vertritt sogar die Auffassung, dass das Glaubensbekenntnis auf der Dollarnote als bestehendes Rudiment den ursprünglich göttlichen bzw. religiös-sakral konno-

---

506 H. Heine: Die romantische Schule. In: Historisch-kritische Gesamtausgabe der Werke, Vol. 8[1]. Hamburg 1979, 221f.

507 Christian Fischill: Magnet Mammon. In Geld we trust. Interview mit Jochen Hörisch, vom 18.09.2008, am Rande des „Philosophicums Lech". Thema des Jahres 2008 (v. 17.–21.09.) war: „Geld. Was die Welt im Innersten zusammenhält." In: www.fischill.com/download/interview-Mammon-long.pdf, 1–6. Download: 04.01.2009.

508 Ebd. 2.

509 Die Vorgeschichte des Dollars führt in das böhmische Erzgebirge, wo 1516, im Joachimsthal, enorme Silbervorkommen entdeckt wurden, aus welchen die Grafen von Schlick, als Inhaber der Grubengebiete, allein zwischen 1520 bis 1530 mehr als drei Millionen Silberguldengroschen schlagen ließen, die bald „Joachimsthaler", nach dem Schutzheiligen der Bergbaugebiete genannt wurden. Dieser Taler wurde zu der am meisten geprägten Silbermünze der Geschichte. Aus dem *Taler* leitete sich über verschiedene Sprachen und Ausdrucksweisen von *talar, tallero, daalder*, u.a, im Lauf der Zeit der Begriff *Dollar* ab. Vgl. dazu: Peter Martin: Der Dollar: Leitwährung oder Leidwährung? In: Kursbuch 130. Das liebe Geld. Berlin 1997, 88, sowie: Hans Joachim Funck (Hg.): Geld. 3., überarb. Auflage, Frankfurt 1987, 250 und Günter Ludwig / Günter Wermusch: Silber. – Aus der Geschichte eines Edelmetalls. 2. Auflage, Berlin 1988, 117.

510 Vgl. S. Krass: In God We Trust. Der Dollar als Botschaft. In: Merkur, Jahrgang 56, Heft 5, Mai 2002 (o.O.). 444–451.

tierten Ursprung des Geldes vergegenwärtige, der in Vergessenheit geriet, und dass die auf Banknoten gedruckte Verkündigung „In God We Trust“[511] umso erstaunlicher ist „in einem Land, dessen Verfassung die Trennung von Kirche und Staat vorschreibt. Die erste Verfassungsergänzung lautet nämlich: Der Kongreß darf kein Gesetz erlassen, das eine bestimmte Religion begünstigt oder ihre freie Ausübung einschränkt.“[512] Nicht unironisch zieht Crawford daraufhin den Schluss, dass es womöglich mit dem göttlichen Ursprung des Geldes zu tun haben könnte, dass die US-Amerikaner den Satz „Wir vertrauen Gott“ zwar auf ihren Geldscheinen, nicht aber in ihren Schulen akzeptieren.[513]

Diese Sichtweise wird von Norbert Rief nicht geteilt. Vielmehr bezieht er das auf dem Dollar gedruckte Gottesbekenntnis auf die gegenüber Europa tief religiöse Einstellung der US-Amerikaner: „Nur 41 Prozent der Europäer sagen, dass sie an Gott glauben. In den Vereinigten Staaten sind es 82 Prozent.“[514] In der US-Gesellschaft ist Gott allgegenwärtig. So auch auf dem Geldschein. Im Treueschwur der USA, dem „Pledge of Allegiance“, der tagtäglich auch im Kindergarten aufgesagt und mit dem der Tag sozusagen begonnen wird, ist von „einer Nation unter Gott“ die Rede, wobei der Zusatz „unter Gott“, den Rief als sogar als Widerspruch zu den Intentionen der Gründerväter der USA sieht, erst 1954 in den Treueschwur aufgenommen wurde. „Zwei Jahre später machte man ‚In God We Trust‘ zum offiziellen Staatsmotto der Vereinigten Staaten.“[515]

In krisenhaften Zeiten der Rezession, Depression und einer schrumpfenden Wirtschaftsleistung bietet das Gottesbekenntnis auf Geldscheinen einen weiteren Anknüpfungspunkt, den Crawford in folgender These veranschaulicht, die hier zusammengefasst wiedergegeben werden soll: In einer offenen, demokratischen, säkularen und ausdifferenzierten Gesellschaft verliert das Geld plötzlich an Macht und große Geldtempel drohen in sich zusammenzubrechen. Geld ist zwar ein profanes Instrument, aber es setzt, Crawfords Grundannahme eines göttlichen

---

511 Über eine Anerkennung des „allmächtigen Gottes auf unseren Münzen“ in Form einer einprägsamen Losung dachte zum ersten Mal 1861 der Priester N. R. Watkinson aus Ridleyville in Pennsylvania nach. 1864, während des US-amerikanischen Bürgerkriegs, einigte man sich nach zum ersten Mal und nach Sichtung vieler ähnlicher Formulierungen auf den Wahlspruch „In God We Trust“, der auf die neue Zwei-Cent-Münze geprägt wurde. Schon ein Jahr später verfügte der Kongress, dass dieses Bekenntnis ab sofort auf allen amerikanischen Münzen stehen müsse. 1955 unterzeichnete Präsident Eisenhower ein Gesetz, wonach die Worte „In God We Trust“ auch auf die amerikanischen Bankoten gedruckt werden mussten. Vgl. dazu die Erläuterungen bei Tad Crawford: Das geheime Leben des Geldes, 45–47 unter Rekurs auf: S. Bradley Reed (Hg.): Coin World Almanac. New York 1990, 271.

512 T. Crawford: Das geheime Leben des Geldes, 31.

513 Vgl. ebd. 32.

514 N. Rief: Ohne Gott geht gar nichts. In: Die Presse, Spectrum, II, 14.07.2007.

515 Ebd. II.

Ursprungs des Geldes zufolge, das Vertrauen auf eine höhere Macht voraus. Wenn aber die Finanzwirtschaft schwächelt, sehnen sich die Menschen nach einer erlösenden Kraft, die jedoch ist auf den Geldscheinen zumindest als Glaubenslosung grundgelegt. Im Tempel der Juno Moneta brachten Priester Opfer dar. Heute sind viele Menschen der Meinung, dass unsere Politiker das Wahlvolk opfern, „dann verlangen wir die Opferung der Politiker“, worin Crawford einen sakral konnotierten Vorgang zu erkennen glaubt, mit dem an seine These vom göttlichen Ursprung des Geldes im Tempel der Juno Moneta trefflich anzuknüpfen wäre.[516] Ob jedoch der von einer aufgebrachten Volksmenge oder von den Medien tatkräftig unterstützte Ruf der „Opferung“ von Politikern und erfolglosen Managern zwingend die Grundannahme eines ursprünglich religiös-rituell geprägten Geldopfers an eine Gottheit zu stützen imstande ist, sei dahingestellt, zumal auch naheliegendere, nur allzumenschliche Erklärungsmuster, wie die Beweggründe des Ressentiments, der Empörung, der Vergeltung usw., durchaus plausibel erscheinen mögen.

Für Jochen Hörisch stellt das Banknoten-Emblem: „In God we trust“ ein wunderbares Beispiel der engen Gott-Geld-Beziehung dar. In Erinnerung an Marxens Waren-Fetischismus-Analyse im „Kapital“, zeigen sich hier die „metaphysischen Spitzfindigkeiten und die theologischen Mucken des Geldes“ sehr deutlich. „Auch Marx ist sich als antireligiöser Mensch im Klaren darüber, dass wir in der Neuzeit die Religion nicht los sind; sie ist nur zu großen Teilen in das Geld-, Banken-, und Wirtschaftssystem eingewandert.“[517]

Auch das Dollarzeichen ($) soll einer These zufolge, wie Weiß betont, religiösen Ursprungs sein und auf Kaiser Karl V. zurückgehen, „der auf die Rückseite seiner Taler (daher Dollar) zwei Pfeiler prägen ließ, die von einer Schriftrolle umgeben waren und die Säulen des Salomon-Tempels symbolisierten.“[518]

Für Deutschmann hat Geld die Rolle der Religion übernommen. Im Expansionsdrang der Geldreligion wurde jener ubiquitäre Geltungsanspruch durchgesetzt, den die christliche Religion stets für sich in Anspruch zu nehmen hoffte.[519]

Geld ermöglicht seinen Besitzenden eine gottgleiche Ubiquität. In seiner Rund-um-die-Uhr-Verfügbarkeit per Kredit- oder Bankomatkarte „erhebt es

516 Vgl. T. Crawford: Das geheime Leben des Geldes, 70–71.

517 Christian Fischill: Magnet Mammon. In Geld we trust. Interview mit Jochen Hörisch, 3.

518 J. Weiß: Mammon, 181.

519 Vgl. Ch. Deutschmann: Die Verheißung des absoluten Reichtums. Zur religiösen Natur des Kapitalismus. Frankfurt 1999, 78.

einen mystischen Anspruch der Allgegenwärtigkeit, die Gralsqualitäten gleichkommt.“[520]

Egon Friedell hält die strikte Trennung von Gott und Geld zwar aufrecht, spricht Letzterem jedoch göttliche Qualitäten zu. „Da man nicht gleichzeitig an Gott und das Geld glauben kann, so wird das Geld zum Gottersatz. Und ebendarum, weil es ein überreales Prinzip, weil es Gegenstand einer Religion ist, hat es auch die Tendenz, Selbstzweck zu werden. ... Der wahrhaft Geldgläubige verehrt das Geld nicht, weil man sich damit alles kaufen kann, sondern weil es seine höchste Instanz, sein Polarstern, der Sinngeber seines Daseins ist.“[521]

5.4 Geld als numinose Schicksalsmacht?

Im dialektisch-theologischen Versuch von Friedrich Delekat[522] werden das Geld und seine Objektivationen unter Heranziehung des paulinischen Macht- und Gewaltbegriffs der *exousia* in die Vorstellungswelten der „Schicksalsmächte“ eingereiht: „Daß das Geld eine Schicksalmacht ist, auf die wir alle angewiesen sind und von der unser Wohl und Wehe im hohen Grade abhängt, ist ohne weiteres einleuchtend. ...Wenn wir statt von ‚objektiven Werten‘ von ‚Schicksalsmächten‘ reden, so ist freilich ein weiterer Schritt getan, nämlich vom Ontologischen zum Mythologischen.“[523] Zum Proprium solcher der Schöpfung unterstellter Mächte gehört es freilich, dass sie sowohl als dämonisch-numinose Mächte als auch als Engelsmächte auftreten können, wodurch leider auch ein dualistisch-antithetisches System auf die Wirkmächte des Geldes übertragen wird, die außerdem der Königsherrschaft Christi entgegengesetzt werden. „Es handelt sich bei diesem Gegensatz vielmehr um einen *Kampf* zwischen Christus und den Mächten dieser Welt, bei dem es darum geht, ob die Menschen an die exusia Christi oder an die der Weltmächte *glauben*, und der erst sein Ende findet, wenn alles archai, exusiai, dynameis entmächtigt sind (1 Kor 15,24).“[524]

Falk Wagner nimmt an, dass Delekats Konzeption des Geldes als Schicksalsmacht unter dem Aspekt der im „Dritten Reich“ vorherrschenden Bedingungen

---

520 J. Weiß: Mammon, 193 unter Verweis auf Michael Köhler: Von Walhall zur Wallstreet. Bemerkungen zur Raffgier. In: Neue Gesellschaft/Frankfurter Hefte, Jahrgang 44, Heft 4, April 1997, 335–339.

521 E. Friedell: Kulturgeschichte der Neuzeit. Die Krisis der europäischen Seele von der schwarzen Pest bis zum ersten Weltkrieg. München 1960, 1036f.

522 Vgl. F. Delekat: Der Christ und das Geld. Eine theologisch-ökonomische Studie. München 1957.

523 Ebd. 16 u. 6.

524 Ebd. 7. (Kursiv- und Klammersetzungen im Original).

und der damit verbundenen Hoffnung zu sehen ist, dass Gott das Weltregiment nicht in die Hände des Götzen Mammon, sondern in die Hände Jesu Christi legen möge.[525] Jedoch scheint das Unternehmen Delekats einer christologisch-eschatologisch proklamierten „Entmythisierung“ des Geldes an der unleugbar existenten „Objektivität des Geld- und Kapitalumgangs in der bürgerlich-kapitalistischen Gesellschaft“ zu scheitern.[526] Delekats in Klugheitsregeln ausmündenden, individualethisch unterfütterten Appelle zum „Umgang mit dem Gelde“[527] tragen laut der Analyse Wagners lediglich dazu bei, „daß die weit über die Ökonomie hinausreichende Omnipräsenz des Geldes sachlich und theologisch unbegriffen bleibt.“[528]

Resümee: Es ist m. E. Wagners Blickpunkt insofern zuzustimmen, als Delekats Subsummierung des Geldes als Schicksalsmacht, welcher er die Königsherrschaft Jesu kontrafaktisch entgegensetzt, das theologisch spannende und eigentlich relevante Problem verdeckt, nämlich die Frage nach den Bereichen des Übergriffs der geldbestimmten Kommunikation und sozialen Interaktion auf die Bereiche von Theologie und Religion.[529] Der Möglichkeit einer soziokulturellen oder sozioökonomischen Aufdeckung wird in dieser schroffen Entgegensetzung der Nährboden entzogen. Der Dualismus von christologisch-eschatologisch begründeter Entwertung des Geldes als entweder „fluchbeladene oder segenbringende Schicksalmacht“,[530] verbunden mit einer individualethisch empfohlenen Indienstnahme, verstellt den Blick auf den bereits zur Zeit der Abfassung der theologisch-ökonomischen Studie Delekats geldgeprägten Weltzustand, der kaum eingebunden erscheint. Da hilft es auch nur wenig, wenn implizit stets die Befürchtung, das verabsolutierte Geldmedium tendiere zur Ersetzung des Absoluten (Göttlichen), gleichsam als Hintergrundmusik mitschwingt.

5.5 Kritische Würdigung des „religiösen“ Aspekts des Geldmythos

Auf den ersten Blick erscheint das „religiöse“ System des Kapitalismus als dogmenfreies Kräftespiel der Märkte, das keine regulierende Einmischung duldet.

525 Vgl. F. Wagner: Geld oder Gott? Zur Geldbestimmtheit der kulturellen und religiösen Lebenswelt. Stuttgart 1985, 103.

526 Vgl. ebd. 103.

527 So die gleichlautende Kapitelüberschrift in: F. Delekat: Der Christ und das Geld. 68.

528 F. Wagner: Geld oder Gott?, 104.

529 Ich beziehe in meinem Resümee auf Wagners Sichtweise in ebd. 104 sowie auf Textstellen in F. Delekat: Der Christ und das Geld, 65–68.

530 Ebd. 68.

Lediglich der lizenzierte Handelsplatz, die Börse, als Geld- und Kapitalmarkt, hat sozusagen die Funktion eines Transformators, der entsprechend dem schwankenden Bedarf an langfristiger und kurzfristiger Kapitaldisposition Geld in Kapital oder Kapital in Geld transformiert.[531]

Vielleicht aber ist dieser Blick durch den Umstand getrübt, dass die kapitalistischen Dogmen nur hinter vorgehaltener Hand und nicht aufgrund eines religiös offenbarten Wahrheitsanspruchs verkündet werden. Dieser Umstand mag den Geldmythos insofern stützen, als die schlichte Kontingenz des Geldes vielen Menschen ein Mysterium bleibt. Das mythisch-magische Dreieck, welches das göttliche Auge auf der Dollarnote eingrenzt, mag Menschen Anlass sein, sich in Mutmaßungen verborgener, spiritueller, vielleicht geheimer Wirkkräfte des Geldes zu ergehen.

Ökonomen stützen sich auf Wahrheitsansprüche, die unter der Belastung krisenhafter Grenz- und Ausnahmesituationen als Legenden zerbröseln. Postulate wie das eines stets marktgerechten und freien Handelns sind einem Adaptionsprozess unterworfen, der das Religiös-Mythische zugunsten der Normativität des Faktischen hinter sich lässt. Die Anpassungsfähigkeit an wirtschaftliche Besonderheiten bringt einen kulturellen wie gesellschaftlichen Wandel mit sich. Überzeugte Wirtschaftsliberalisten werden zu Bittstellern an den Geldhähnen staatlicher Interventionshilfen. Der kapitalistische „Glaubensabfall“ könnte größer nicht sein. Das Bild vom reumütig heimkehrenden Sohn zum verzeihenden Vater (Staat) aus dem 15. Kapitel des Lukasevangeliums drängt sich auf. Hierin wird aber auch das dem Christentum wie dem Kapitalismus konstitutive Element der Integration als heilsam-verbindendes Element gleichsam sichtbar und wirksam.

5.6 Geld: Woran du dein Herz hängst, da ist dein Gott

In Anlehnung an Martin Luthers Auslegung des ersten Gebots im großen Katechismus sei zunächst an die damit verbundene Grundfrage im Original erinnert: „Denn zwei gehören zuhauf (zusammen), Glaube und Gott. Woran du nun, sage ich, dein Herz hängst, und worauf du dich verlässest, das ist eigentlich dein

531 Vgl. dazu: Oswald v. Nell-Breuning: Grundzüge der Börsenmoral. Freiburg im Breisgau 1928, 112. Breuning schärft auch begrifflich den Sinn, indem er darauf aufmerksam macht, dass am Kapitalmarkt überhaupt keine Kapitalien gekauft, sondern geliehen werden und der Leihpreis der Zins ist. Außerdem kann man „Kapital“ gar nicht kaufen, „sondern nur konkrete Kapital g ü t e r.“ Ebd. 28. (Gesperrter Schriftsatz im Original).

Gott."[532] Luther erhebt damit die individuell-protestantisch geprägte Grundentscheidung zwischen Gott und Geld zur Systemfrage seines Denkens.[533]

Geld als funktionierende Gottheit, ein Abstraktum, das zu einer Gottheit hypostasiert. Geld kann in der Produktions- und Konsumgesellschaft zum funktionalen Ersatz von Religion im Sinne eines Substituts verlorener spiritueller Gefühle Platz greifen. Doch kann es auch Sinn anbieten?[534] Oder mit anderen Worten, sind der „liebe Gott" und das „liebe Geld" zu vergleichbaren, transzendenzeröffnenden Sinnmedien geworden? Jochen Hörisch verneint diese Frage, denn sobald sich das Geld zum allgemeinen Gott erhebt, würde es seines notwendigen Kriteriums für Religiosität, nämlich seines individuellen Sinns verlustig.[535]

Dirk Baecker gibt sich überzeugt, Religion könne durch den Kapitalismus ersetzt werden, „der dann zwar noch eine religiöse Struktur (Benjamin) beziehungsweise eine religiöse Natur (Deutschmann) aufweise, aber selbst keine Religion mehr sei."[536]

Weiß zufolge hat Marx anhand Shakespeares *Timon of Athens* dem Geld zwei Eigenschaften zugestanden: Zum einen sei es die sichtbare Gottheit, zum anderen „die allgemeine Hure, der allgemeine Kuppler der Menschen und Völker."[537]

Gerade wegen seiner Quasigöttlichkeit treibt das Geld aus dem Blickpunkt Nietzsches den Menschen zum Verbrechen. Mit Geld komme der „Fanatismus des Machtgeflüsters" wieder zum Vorschein, so Nietzsche. Der Mensch wähne sich im Gelde im Besitz einer Art göttlicher Wahrheit. Daraufhin könne er es wagen, „mit gutem Gewissen unmenschlich zu sein ... und was man ehedem

---

532 Martin Luthers Erklärung zum Ersten Gebot im „Großen Katechismus." In: Die Bekenntnisschriften der evangelischen Kirche, VELKD, (1986) Nr. 587, 589.

533 Vgl. dazu auch Wolfgang Huber: „Woran du aber dein Herz hängst, das ist dein Gott". Vortrag auf dem Kongress christlicher Führungskräfte. Leipzig, 18.01.1997. In: www.ekd.de/vortraege/huber/070118_huber_fuehrungskraeftekongress.html. Download: 23.01.2011.

534 Vgl. zu dieser Fragestellung: J. Weiß: Mammon, 204 mit einer Zitatensammlung von Hörisch und Baecker u.a.

535 J. Hörisch: Kopf oder Zahl. Die Poesie des Geldes. Frankfurt 1996, 260ff. Weiß steuert dazu als hermeneutische Hilfestellung die Erklärung bei, dass Hörisch das „Geld generell als allegorisch und Religion generell als symbolisch bis fetischistisch sieht." In: J. Weiß: Mammon, 204, FN 197.

536 D. Baecker: Volkszählung. Als Manuskript in Vorbereitung für: Kapitalismus als Religion, Berlin 2002. Zit. n. J. Weiß: Mammon, 204. (Klammersetzungen im Original).

537 K. Marx: Ökonomisch-philosophische Manuskripte aus dem Jahr 1844. In MEW, Ergänzungs-Vol., Teil 1, 563 u. 565. Das von ihm verwendete Shakespeare Zitat, tadelt auch die Abkehr der Priester von den Göttern hin zum Gold, wie Weiß im Zitieren der engl. Originalversion der Arden-Ausgabe herausstreicht: „Gold? Yellow, glittering, precious gold? No, gods, I am no idle votarist." In: J. Weiß, Mammon, 96.

‚um Gottes willen‘ that, thut man jetzt um des Geldes willen, das heißt um dessen willen, was jetzt am höchsten Machtgefühl und gutes Gewissen giebt.“[538]

Mit Beginn der kapitalistischen Wirtschaftsordnung konnten Menschen mithilfe des Geldes eigene Werte produzieren. Geld ist und hat Mittel, sich bei diesem Vorgang „als eigene Gottheit zu inthronisieren und kulturelle Götter zu stürzen.“[539]

5.7 Möglichkeiten einer theologischen Verhältnisbestimmung von Gott und Geld

Auf der Suche nach ausdifferenzierenden Lösungsansätzen zur Entschärfung des meist bipolar aufgebauten Spannungsverhältnisses von Gott und Geld entwickelten sich in der modernen Theologie im Wesentlichen drei Modelle, wie Alois Halbmayr übersichtlich darstellt:[540]

– Das *neutral-parallelisierende (auch neutral-ignoriende) Modell*: Gott und Geld werden darin in zwei völlig autonomen Diskursen ohne jeglichen Zusammenhang behandelt, weshalb es in diesem Modell zu keinen Überschneidungen, Konkurrenzverhältnissen, konfliktiven Spannungsverhältnissen oder Anfragen an das christlich-ethische Gottes- und Glaubensverständnis kommen kann.[541]

---

538 F. Nietzsche: Morgenröthe. Gedanken über die moralischen Vorurtheile (1881). In: Sämtliche Werke, Vol. 3. München 1988, 180 (Nr. 204).

539 J. Weiß: Mammon, 165.

540 Vgl. ebd. 250–253. In seiner Habilitationsschrift widmet sich A. Halbmayr den theologischen Modellen der Verhältnisbestimmungen von Gott und Geld in ausführlich-systematischen Untersuchungen, auf die ich im Folgenden punktuell und auf die thematische Vorgabe dieser Arbeit zugeschnitten, zurückkomme. Vgl. dazu: A. Halbmayr: Die Wechselwirkung von Gott und Geld, 89–138. Die negativ-exklusivierenden Modelle nehmen dabei den größten Raum ein. Sie enthalten Beiträge von Friedrich Delekat, Friedrich-Wilhelm Marquardt, Falk Wagner und Thomas Ruster (89–125), gefolgt von den affirmativ-identifizierenden Modellen (126–133), die neutral-ignorierenden Ansätze (134) und schließlich als Desiderat ein kritisch-relatives Modell (135–138).

541 Vgl. A. Halbmayr: Ökonomien des Heils, 250. Halbmayr weist darauf hin, dass in den meisten systematisch-theologischen Entwürfen, wie auch in den enzyklopädisch angelegten Dogmatiken (von Karl Barth, Karl Rahner, Hans Urs von Balthasar und Wolfhart Pannenberg) das Thema Geld kein expliziter Gegenstand der theologischen Reflexion ist. Gleichfalls fehlt der Stichworteintrag „Geld“ in: A. Hertz / W. Korff (Hgg.): Handbuch der christlichen Ethik. 3 Bände, Freiburg i. Br. 1978ff. (Ebenso in der Neuausgabe 1993). Vgl. auch die Leerstellen und blinden Flecken in der neueren protestantischen Theologie bei Rolf Kramer: Ethik des Geldes. Eine theologische und ökonomische Verhältnisbestimmung. Berlin 1996, 62–66.

- Das *affirmativ-identifizierende Modell* stellt die positiven Leistungen, Errungenschaften und Funktionen des Geldes, wie seine tauschökonomischen und kulturellen Vorzüge heraus. Etwaige Gefährdungen durch das Geld werden durch seine lebensdienlichen Aspekte und Freiheitspotentiale aufgewogen. Geld könne „nur durch den Glauben zu einer Funktion des eschatologischen Willens Gottes werden. ... Zwischen Gott und Geld besteht keine unmittelbare Konkurrenz.“[542] Vielmehr bedingen und stärken sie einander wechselseitig. Das Gespür für strukturelle Gefahren und Engführungen des Mediums Geld bleibt in diesem Modelle weitgehend ausgeblendet.[543]
- Das *negativ-exklusivierende* Modell: Das mit Abstand prominenteste und einflussreichste der drei Modelle – sowohl in der evangelischen als auch katholischen Theologie – arbeitet mit einem hauptsächlich das semantische Gefährdungspotenzial thematisierenden Geldbegriff. Für den schleichenden Profil- und Identitätsverlust des Christlichen werden hier die vielschichtigen Säkularisierungsprozesse verantwortlich gemacht, innerhalb derer Gott zum verwechselbaren Gott wurde, da sich der Gottesbegriff der Moderne „zu sehr an die Bedürfnisse der herrschenden Verhältnisse angepasst und sein kritisches Potential am Altar von Markt und Ökonomie geopfert (hat). ... Die auf Geldgrammatik umgepolte Rationalität ist bereits so tief in die Refugien der privaten Lebenswelt eingedrungen.“[544] Halbmayr streicht die in diesem Modell vorfindbaren Ähnlichkeiten zur spätmarxistischen Waren- und Konsumkritik hervor. Die entscheidende Frage lautet: Worin besteht die Bedingung

---

Halbmayr konstatiert für das Geldthema auch ein Nischendasein in den jüngeren dogmatischen Lehr- und Handbüchern, wie z.B. T. Schneider (Hg.): Handbuch der Dogmatik, 2, Düsseldorf [2]1995 und W. Beinert (Hg.): Glaubenszugänge. Lehrbuch der Katholischen Dogmatik, 3, Paderborn u.a. 1995.

542 A. Halbmayr: Ökonomien des Heils, 251.

543 In diesem Kontext bemerkt Halbmayr, dass auch viele theologische Lexika von diesem Denken geprägt sind. Geld könne eine vom Glauben getragene, gesellschaftlich integrative Funktion übernehmen. Vgl. ebd. 251. So fehlt auch dem Eintrag über das Geld in der aktuellen Ausgabe der RGG zur Gänze ein genuin theologischer Aspekt, wie Halbmayr bemängelt. Im Vordergrund stehen vielmehr nationalökonomische Fragestellungen. Vgl. Hans Tietmeyer: Art. Geld, in: RGG[4] Bd.3 (597–602), Tübingen 2000. Eine Entwicklung in der Rezeption der Geldthematik ist Halbmayr zufolge bei den Beiträgen von Martin Honecker auszumachen. Während der Geldartikel in der TRE auf das Individuum und seine Praxis als die entscheidende Kategorie in der Bestimmung des Geldes abgestimmt ist, geht Honecker in einem jüngeren Beitrag explizit auf die politische Dimension des Geldes, die Herausforderungen der Globalisierung und die Geldpraxis der Kirchen ein. Vgl. dazu: M. Honecker: Art. Geld, in: TRE 12, Berlin / New York 1984, 277–298 und ders.: Geld – der sichtbare Gott? In: Lutherische Kirche in der Welt 52 (2005) 39–57. Vgl. dazu die weiterführenden Hinweise und Analysen von A. Halbmayr in: Die Wechselwirkung von Gott und Geld, 126–128.

544 A. Halbmayr: Ökonomien des Heils, 251.

der Möglichkeit, also der unvordenkliche Anknüpfungspunkt, „von dem her sich dieses geschlossene, das Denken korrumpierende System des immanent Materiellen aufsprengen ließe, damit die unversehrten und ‚wahren' Gehalte des biblischen Gottesglaubens wieder zur Geltung kommen können."[545] Ein mögliches Auswegszenario bestünde darin, eine christliche Kontrastidentität jenseits des Geldpantheismus zu positionieren. Freilich bleibt innerhalb dieser theoretischen Plausibilität, die eine nicht näher bestimmbare Rückgewinnung des christlichen Profils anstrebt, die praktische Umsetzungsmöglichkeit nach Einbettung und Konstituierung einer solchen Lebensform im Hier und Heute unbeantwortet. Darüberhinaus kritisiert Halbmayr völlig zu Recht das Chimärenhafte einer von der Utopie der Ursprungssituation des Christentums ausgeleuchteten biblischen Wirklichkeit, deren Normativität in unauflösbarer Differenz zur Welt von heute steht, ja stehen muss. Ferner besteht die Gefahr, die an sich „dringend gebotene Kritik an der ökonomischen Überformung des Religiösen in einprägsamen aber verkürzenden Imperativen"[546] zu verflachen.

Zusammenfassend ist der Halbmayrschen Kritik insofern beizupflichten, als mit dem bloßen Verweis auf biblische Vorgaben innerhalb einer modernen, ausdifferenzierten und säkularen Gesellschaft ein christliches Welt- und Menschenverständnis nur unter Plausibilitätsverlust etabliert werden kann. Biblische Inhalte bedürfen permanenter Übersetzungsprozesse und aktualisierender Bezugsetzungen auf die konkreten Zeichen der Zeit.[547] Nur dank einer konsequenten Implementierung konstitutiver Außenbezüge in eine biblische Tradition kann deren Erbe für die theologische Analyse im Hier und Heute fruchtbar gemacht werden. Viele der klassischen Verhältnisbestimmungen von Gott und Geld verzichten darüber hinaus auch auf die Einbeziehung sozialwissenschaftlicher Analyseinstrumentarien, ohne die „keine konzise Theorie über die göttliche Macht des Geldes"[548] zu entwickeln ist, wie Halbmayr betont. Man gelangt auf diesem Weg nur zu einem stark „reduzierten Geldbegriff, in dem entweder nur die schwachen oder nur die starken Seiten in den Blick kommen."[549]

545 Ebd. 252.

546 Ebd. 252.

547 Vgl. GS 4: „Zur Erfüllung dieses ihres Auftrags obliegt der Kirche allzeit die Pflicht, nach den Zeichen der Zeit zu forschen und sie im Licht des Evangeliums zu deuten." In: Karl Rahner, Herbert Vorgrimler: Kleines Konzilskompendium. Sämtliche Texte des Zweiten Vatikanums. 24. Auflage, Freiburg im Breisgau 1966 / 1993, 451.

548 Ebd. 253.

549 Ebd. 253.

5.7.1 Über die Wechselwirkungsprozesse von Gott und Geld an Beispielen von Georg Simmel.

Die in das Geld gesetzten Hoffnungen und Erwartungen lassen es mitunter als göttliche Macht erscheinen. Halbmayrs Forschungsansatz untersucht die „Wechselwirkung von Gott und Geld“[550] in ihren vielschichtigen Dimensionen, worin die Arbeiten Georg Simmels für ihn „ein beeindruckendes Panorama“ bieten.[551] Auch darin erfährt die religiöse Implikation im Geldwesen ihre zugespitzte Fragestellung: „Ist das Geld der neue Gott unserer Zeit, der an die Stelle des christlichen Gottes tritt?“[552] Es spricht viel dafür, dass sich zu Geld sehr leicht ein religiöses Beziehungsverhältnis aufbauen lässt, wird es doch von einigen Menschen durchaus gottähnlich verehrt, werden Erwartungen in das Geld gesetzt, die göttliche Attribute insinuieren, allen voran performative Ansprüche des christlichen Glaubens, wie soteriologische Hoffnungen auf Heil, Rettung und Erlösung.

Halbmayr will die Verflochtenheit und Interdependenzen zwischen dem christlichen Gottesbegriff und dem Geld aufzeigen. Letzteres aus unserer Lebenswirklichkeit auszublenden, hieße nicht nur wichtige Aspekte und Dimensionen der Gottesrede zu verschweigen, sondern auch die Frage nach dem eschatologischen Momentum, worauf sich die Signifikanten Gott und Geld in semantischer wie pragmatischer Perspektive häufig beziehen.[553]

Mit anderen Worten: Wer heute vom christlichen Gott spricht, sollte auch jenes wirkmächtige Zeichen nicht verschweigen, das die Präsenz einer religiösen Wirklichkeit teilweise überlagert oder ihr sogar kontrafaktisch entgegensteht.

Warum, lässt sich mit Halbmayr fragen, gelang es einem bloßen Tauschmittel, seine ursprüngliche Funktion zu überschreiten und sich göttliche Eigenschaften anzueignen? Wodurch wurde die Ablösung des God-term durch den Geld-term möglich?[554]

Halbmayrs These zufolge wird die Rede von Gott „nur dort überzeugend zur Sprache kommen, wo sie sich konkret auf die jeweiligen Realitäten bezieht, wo sie also dem Geld nicht ausweicht und die Differenzen nicht einebnet, sondern offen und engagiert die widerstreitenden Bedeutungen austrägt.“[555]

550 A. Halbmayr: Die Wechselwirkung von Gott und Geld, 7, bes. 315–440.

551 Besonders: G. Simmel: Philosophie des Geldes. Für Halbmayr die theoretische Grundlage einer Verhältnisbestimmung der unterschiedlichen Symbolsysteme und Sprachspiele.

552 Ebd. 7.

553 Vgl. ebd. 9.

554 Ebd. 10. Halbmayr verweist in FN 3 bezüglich der Begriffe *God-term* und *Geld-term* auf J. Hörisch: Kopf oder Zahl. Die Poesie des Geldes, Frankfurt 1996.

555 A. Halbmayr: Die Wechselwirkung von Gott und Geld, 14.

Halbmayr benennt konkrete Figurationen, wie finanzielle Kompensationsleistungen in der Rechtssprechung, sowie Zeichen der Zeit, in welchen sich die „funktionale Äquivalenz des religiösen mit dem ökonomischen Diskurs zeigt, an welchen Phänomenen deutlich wird, dass dem Geld jene Attribute und Qualitäten zukommen, die nach christlichem Verständnis allein Gott vorbehalten sind.“[556]

Resümee: Dank Simmels Wechselwirkungskonzept wird deutlich, dass Wirklichkeit zwar stets standpunktbezogen in den Blick genommen wird, von dort jedoch auch auf das Ganze gesehen werden muss. Die gilt mutatis mutandis auch für Begriffsbestimmungen wie Wahrheit, Objektivität, Gott, oder Geld, die sich nur in ihren konkreten Relationen zu den sie umgebenden, mit ihnen vernetzten oder ihnen komplementär zukommenden Begriffen als wahr und bedeutsam erweisen können. Die notwendige Bindung der Wahrheit an ihre Relativität und ihre soziale Anerkennung nimmt ihr weder Gültigkeit noch Objektivität, sondern begründet sie vielmehr neu.

In Zuspitzung der beiden Diskursebenen könnte man mit Halbmayr die Behauptung aufstellen, dass sich in der Moderne alles, was für den Gottesbegriff ausgesagt wird, auch für das Geld aussagen lässt. „Vergleicht man die Semantiken und Funktionen des Realsymbols *Gott* mit denen des Realsymbols *Geld*, so wird einerseits eine weitgehende Identität ihrer Bedeutungen offensichtlich, zugleich zeigen sich aber auch tiefgreifende Differenzen.“[557] Die sich daran anschließenden Fragen möglicher Vermittlungsmodelle der beiden Realsymbole Gott und Geld, versucht Halbmayr mithilfe der relationalen Wechselwirkungskonstruktionen Simmelscher Bauart zu lösen, in welchen beide Größen als relative, aufeinander verwiesene Einheiten zu entschlüsseln sind.

5.7.2 Das Konzept der Wechselwirkung als kritisch-relative Verhältnisbestimmung von Gott und Geld

Auf der Suche nach einem Modell, in welchem einerseits die Vermittlung der ökonomischen mit den transökonomischen Geld-Funktionen gewährleistet und andererseits mit der Gottesfrage vermittelbar bleibt, fand Halbmayr in Georg Simmels „Philosophie des Geldes“[558] das Konzept der *Wechselwirkung*,[559] „mit

556 Ebd. 16.
557 A. Halbmayr: Die Wechselwirkung von Gott und Geld, 351. (Kursivsetzungen im Original).
558 Georg Simmel (1858–1918), einer der Begründer der modernen Soziologie und Religionssoziologie, legte im Jahr 1900 auf über 600 Seiten ein voluminöses Buch vor, welches heute neben Freuds „Traumdeutung“ und Husserls „Logischen Untersuchungen“ zu den drei großen

dem sich eine kritisch-relative Verhältnisbestimmung von Gott und Geld entwickeln lässt."[560]

Das daraus emergierende *kritisch-relative Modell* reflektiert die vielfältigen Relationen und Symbolisierungen des Geldes zueinander und ermöglicht darüber hinaus eine Beziehungssetzung zum Symbol „Gott", womit der theologische mit dem ökonomischen Diskurs verbunden und Berührungspunkte, Verbindungslinien und Differenzen zwischen diesen beiden Heilsökonomien aufgezeigt werden können, „ohne deren spezifische Funktionen ineinander aufzulösen oder in alte Fronstellungen zu verfallen."[561]

Mit Georg Simmels Spezifikum der Wechselwirkung wird es möglich, auf der historischen Reflexionsebene zu zeigen, dass „unser Denken, unsere Ideen, Überzeugungen und Werthaltungen nachhaltig von ökonomischen Entwicklungen beeinflusst werden. Zugleich erlaubt sie auch die Einbeziehung der umgekehrten Perspektive, dass die politische und ökonomische Entwicklung unserer Welt keinem bestimmten Naturgesetz oder einer geheimen Teleologie unterliegt, sondern … eine Konsequenz von ideellen Prozessen, Weltanschauungen, kollektiven Wertvorstellungen, religiösen Überzeugungen und individuellen Präferenzen darstellt."[562]

In einem solchen wechselseitigen Prozess gibt es keine unüberbrückbaren Antagonismen, kein Entweder-Oder, welches darauf drängt, sich zwischen einer materialistisch-historischen und einer idealistischen Perspektive entscheiden zu müssen. Vielmehr sind beide Perspektiven ineinander, in endloser Gegenseitigkeit, verwoben und bedingen einander.[563]

Wiewohl Simmels Begriff der Wechselwirkung den relationalen Kategorien zuzuordnen ist, unterscheidet er sich von ihnen gravierend, wie Halbmayr her-

---

Publikationen des Jahres 1900 gezählt wird: G. Simmel: Philosophie des Geldes (GSG 6), Frankfurt a.M. ^{4}1996. Simmel erklärt die Bedeutung des Geldes einerseits aus den Lebensverhältnissen und Lebensbedingungen, zugleich untersucht er aber auch umgekehrt den Einfluss dieser Lebenskonstellationen auf die Entwicklung der Geldwirtschaft und Ökonomie, womit ein Konstitutivum für seinen Forschungsansatz der *Wechselwirkung* gegeben ist.

559 Mit dem Begriff der *Wechselwirkung* greift Simmel einen von Schleiermacher eingeführten philosophischen Terminus auf, mit dem sich „unterschiedliche Diskurse und Bedeutungsebenen in ihrer Identität und Differenz analysieren" lassen. Vgl. A. Halbmayr: Ökonomien des Heils, 254 und F. D. E. Schleiermacher: Versuch einer Theorie des geselligen Betragens (1799), in: KGA Abt. 1, Band 2, hg. v. H.J. Birkner, Berlin 1984, 163–184.

560 A. Halbmayr: Ökonomien des Heils, 253.

561 Ebd. 253.

562 Ebd. 254.

563 Vgl. ebd. 255. Simmel exemplifiziert seinen zentralen Gedanken der Wechselwirkung an einer historischen Fragestellung, die er, unter Rückgriff auf die Erkenntnistheorie Kants, auch ausführlich begründet, wie Halbmayr betont.

ausarbeitet: „In jedem Erkenntnisprozess kommt mit dem Gegenüber des Gegenstandes eine dritte Größe ins Spiel, die weder der Subjektivität noch dem Objekt zugeschlagen werden kann, sondern eine Kategorie sui generis präsentiert."[564] Besonders deutlich wird diese dritte Größe in der Urform der Ökonomie, dem Tauschverhältnis, sichtbar. Dieses ist unhintergehbar in ein Netz von anderen Tauschakten und sozio-ökonomische Gesetzmäßigkeiten des Geldes eingeflochten. Diese dritte Größe ist für Simmel „die soziale Gesamtheit, d.h. die Gesellschaft in ihren konkreten strukturellen Formen, mit all ihren Reglements, Machtverhältnissen und Wertvorstellungen."[565]

Der Simmels Epistemologie zugrundeliegende paradigmatische Perspektivenwechsel vom dualistischen Substanzdenken zum triadischen Beziehungsdenken kennzeichnet moderne Erkenntnisprozesse und geht mit dem heute umstrittenen, von Simmel aber so verwendeten Begriff des „Relativismus"[566] einher. Wo immer vordergründig duale Wechselwirkungen beobachtet werden, „ist konstitutiv Drittes mit im Spiel. … Dieses Dritte wird repräsentiert durch die Gesellschaft bzw. die soziale Gesamtheit, die den Ort markiert, an dem sich die Wahrheit und die Gültigkeit unserer Überzeugungen und Begriffe bewähren müssen."[567]

5.7.2.1 Exkurs: Freud und Simmel an der Wegkreuzung der psychischen und sozialen Ökonomie

In diesem Zusammenhang erscheint auch ein Seitenblick auf ein zweites epochemachendes Werk des Jahres 1900 von Bedeutung: *Die Traumdeutung* von Sigmund Freud. Auch sie entwirft, wie Simmels *Philosophie des Geldes*, eine Metapsychologie, die am Kreuzungspunkt von psychischen und sozialen Realitäten anzusiedeln ist, wie Alain Deneaults Untersuchungen der „gekreuzten Lektüren" von Sigmund Freud und Georg Simmel nahelegen. „Als Fundament dieser

564 Ebd. 255.

565 Ebd. 255 und FN 33: Simmel bezeichnet die soziale Gesamtheit als „eine dritte Instanz … die für das Geld einen entsprechenden Realwert zur Verfügung stellt." G. Simmel: Philosophie des Geldes, 213.

566 Dieser Begriff war schon zu Simmels Zeit aufgrund seiner Verwechselbarkeit mit dem erkenntnistheoretischen Skeptizismus und Indifferentismus heftig umstritten. Halbmayr gibt in diesem Kontext zu bedenken, dass auch innerhalb der heutigen Theologie „Relativismus" weitgehend mit diskreditiert und mit „Skeptizismus" identifiziert wird, weshalb er zur Ausräumung von Missverständnissen empfiehlt, nicht sklavisch an der Simmelschen Diktion festzuhalten und heute lieber anstelle von *Relativismus* den Begriff *Relativität* und ihre adjektivische Form *relativ* vorzuziehen. Vgl. A. Halbmayr: Ökonomien des Heils, 256–257, wo Simmels Erkenntnisschritt von der Substanz zur Relativität nachgezeichnet wird.

567 Ebd. 258.

Intuitionen fungiert der gesamte Diskurs einer Epoche, aber auch die vergessene biologische Philosophie des Neukantianers Richard Avenarius, welche die triebhaften, intellektuellen und sozialen Aspekte der psychischen Ökonomie zusammenhält"[568], erklärt Deneault, indem er Freud und Simmels Werke als komplementäre Beiträge im Namen dieser psychischen Ökonomie zur Geltung bringt, in welcher sich das pekuniäre Symbol als vorzügliches Spiel- und Beobachtungsfeld präsentiert. Dieses gibt, so Deneault, Aufschluss über den Kreuzungsverlauf zwischen psychischer Ökonomie, von der Freud so oft in seiner Auseinandersetzung mit Geldfragen spricht, sowie jenen Geldfragen, die sich Simmel zu Eigen macht, indem er das Funktionieren des psychischen Apparats untersucht.

5.7.3 Die Konsequenzen des Simmelschen Wechselwirkungskonzepts für die Verhältnisbestimmung von Gott und Geld

Halbmayr konstatiert im defizitären Relativitätsverständnis der bisherigen systematisch-theologischen Modelle einer Verhältnisbestimmung von Gott und Geld einen deutlichen Problemüberhang:[569] Während *das neutral-parallelisierende Modell* eine Verbindung zwischen den beiden Symbolwelten gänzlich negiert, ordnet *das affirmativ-identifizierende Modell* das Zeichen „Gott" dem Zeichen „Geld" zu und präsentiert Letzteres ausschließlich in seinen positiven Funktionsmöglichkeiten. „Die Normativität des Erkenntnisprozesses erfolgt allein in eine Richtung, vom Geld zu Gott hin, die Vorrangstellung der monetären Sphäre wird bestätigt und legitimiert."[570] Den genau umgekehrten Weg verfolgt *das negativ-exklusivierende Modell* in seiner schroffen Gegenüberstellung beider Symbolsysteme. Geld erweist sich darin nicht selten als eine absolute Macht, die in unmittelbare Konkurrenz des Göttlichen tritt. „Gott oder Mammon, auf diese Alternative hatten viele theologische Ansätze diese verwobene Problematik reduziert."[571] Das Geld übernimmt hier jene Funktionen, „die in einem religiösen

568 A. Deneault: Das Geld als kulturelles Vorbewusstes. Gekreuzte Lektüren von Sigmund Freud und Georg Simmel. In: Sigmund Freud Museum (Hg.) Internationale Konferenz „Geld und Seele". Booklet zur Tagung. 15.10.2010 Wien, 4.

569 Vgl. A. Halbmayr: Ökonomien des Heils, 259–261.

570 Ebd. 259.

571 A. Halbmayr: Die Wechselwirkung von Gott und Geld 352.

Paradigma Gott vorbehalten sind. In diesem Modell ist der Sinn für die sozialen Funktionen des Geldes … unterentwickelt“.[572]

5.7.4 Ein kritisch-relatives Beziehungsmodell als Desiderat und Konsequenz der Simmel-Rezeption

Halbmayrs Simmel-Analyse konnte überzeugend darlegen, dass es den meisten theologischen Ansätzen der Verhältnisbestimmung von Gott und Geld nicht zu gelingen scheint, die beiden Referenzgrößen in einem Zueinander zu entwickeln, in welchem weder die Valenz der einen Entität auf Kosten der anderen negiert oder gar entwertet wird, „noch ihr komplexes, von Rivalitäten und Kongruenzen getragenes Wechselverhältnis geleugnet oder ausgeblendet werden müsste. Weitgehend fehlt in den analysierten theologischen Entwürfen eine überzeugende Vermittlung der soziologischen Größe *Geld* mit der theologischen Größe *Gott*.“[573]

Alle drei bisher vorgestellten Modelle operieren mit dualistischen, die beiden Entitäten Gott und Geld einander gegenüberstellenden Erkenntnistheorien, die eine dritte, relativierende Größe nicht einbeziehen, wodurch das Beziehungsverhältnis von Gott und Geld in seinen vielschichtigen Wechselwirkungsprozessen nicht wahrgenommen werden kann.

Mit Simmels zentraler Theorie der *Wechselwirkung*[574] steht Halbmayr ein Begriffsinstrumentarium zuhanden, mithilfe dessen er eine neue Form der Vermittlung der Symbolgrößen Gott und Geld unter Einbeziehung einer dritten Instanz

572 Ebd. 259, unter Einbeziehung der Analysen von T. Ruster: Von Menschen, Mächten und Gewalten. Eine Himmelslehre. Mainz 2005, 89–116. Vgl. A. Halbmayr: Ökonomien des Heils, 259.

573 A. Halbmayr: Die Wechselwirkung von Gott und Geld, 139. (Kursivsetzungen im Original).

574 Der Begriff der Wechselwirkung wird in der Simmel-Forschung immer wieder sein zentraler philosophische Begriff bezeichnet. Im Konzept der Wechselwirkung geht es keineswegs um die Auflösung von Wahrheitsansprüchen, sondern – im Gegenteil – um die Neubegründung der jeweiligen Geltungsansprüche jenseits altbekannter Aporien. Vgl. dazu ebd. 145 und FN 20. Birgitta Nedelmann hält fest, dass Simmels Konzept der Wechselwirkung mindestens drei forschungsstrategische Anforderungen erfüllt: Erstens, die Untersuchung der wechselseitigen Relationen zwischen Individuen, Gruppen und anderen analytischen Einheiten, zu denen sie auch die „absoluten Kategorien Gott und Geld“ zählt, zweitens, das Aufbrechen des Kausalitätsschemas zugunsten der Möglichkeit eines zirkulären Ansatzes, drittens, „die Betonung des dynamischen Prinzips, das ein starres, lineares Denken ablöst.“ Ebd. 170–171, unter Verwendung von Brigitta Nedelmann: Georg Simmel (1858–1918), in: Dirk Kaesler (Hg.): Klassiker der Soziologie1. Von Auguste Comte bis Norbert Elias. München 1999, 133–136.

einleitet. Hieraus entwickelt Halbmayr ein *kritisch-relatives Modell*,[575] das einen differenzierteren Blick unter Einbeziehung einer dritten, relativierenden Größe erschließt, die nach Simmel in der sozialen Gesamtheit, näherhin in den gesellschaftlichen Verhältnissen und Wirklichkeiten aufzufinden ist. Mit diesem, der Theoriebildung konstitutiv zugrundeliegenden dritten Element, verfügt *das kritisch-relative Modell* über die erforderlichen Parameter zur präziseren Bestimmung der Gott-Geld Relation, deren Auflösung zu einer Seite hin dank der Miteinbeziehung einer dritten Größe verhindert wird. Vielmehr wird ein möglicher Antagonismus in ein offenes Spiel der Kräfte transformiert.

Halbmayr schreibt diese Gedanken didaktisch eindrucksvoll einer Relativitätsgrammatik ein, für die gilt: „Nicht nur Geld ist ein Interpretament Gottes, sondern auch Gott ein Interpretament des Geldes.“[576]

Die Zeichen „Gott“ und „Geld“ verweisen auf einen gemeinsamen Referenzraum, in welchem sie symbolhaft für Begriffe wie Freiheit, Sinn, Identität, Heil und Rettung stehen. Daher ist es nicht verwunderlich, dass „Geld in seiner formalen Transzendenz eine starke religiöse Signifikanz (besitzt).“[577]

Wie aber kann es gelingen, die bemerkenswerten Gemeinsamkeiten der beiden Symbolsysteme Gott und Geld, wie beispielsweise ihre zweifellos bestehenden soteriologischen Aspekte der Hoffnung auf Erlösung und Befreiung, gattungsspezifisch auseinanderzuhalten, also ihre Differenz präzise zu bezeichnen? Unterließe man dieses Vorhaben, erschienen Gott und Geld tatsächlich weitgehend identisch.

Halbmayr ist davon überzeugt, dass sich diese Differenz nur über „eine Analyse der Diskurse, Wissensformen und Praktiken bestimmen (lässt), die diese beiden Symbolsysteme erzeugen und repräsentieren.“[578]

---

575 Vgl. dazu die ausführliche Darstellung der Genese des Projekts, sowie die kritischen Reflexion der Begriffe Relationalität und Relativität in ihrer philosophischen, theologischen und soziologischen Relevanz, in: A. Halbmayr: Die Wechselwirkung von Gott und Geld, 139–170.

576 A. Halbmayr: Ökonomien des Heils, 260.

577 Ebd. 260.

578 Ebd. 260 sowie FN 44: Halbmayr stützt sich dabei auf die Analyse Armin Kreiners, derzufolge religiöse Sätze drei Kriterien entsprechen müssen: a) logisch sein, b) explikativ sein, also einen Erklärungswert besitzen, c) ein pragmatisches Kriterium plausibel darstellen können, wie z.B. Antworten auf die Frage geben können: Wie ist sinnvolles Leben möglich? „Religiöse Überzeugungen sollen also auch zum Gelingen eines guten Lebens beitragen, das Bewusstsein schärfen für das, was den Menschen fehlt, und Orientierung bieten, um ein erfülltes und solidarisches Leben führen zu können. Das pragmatische Kriterium, so formuliert es Kreiner, ist natürlich das schwammigste, aber vermutlich das wichtigste.“ Ebd. FN 44. Vgl. A. Kreiner: Rationalität zwischen Realismus und Relativismus, in: R. Bernhardt / P. Schmidt-Leukel: Kriterien interreligiöser Urteilsbildung [Beiträge zu einer Theologie der Religionen 1]. Zürich 2005, 21–35, 312.

Folgende Fragen ergeben sich daraus: Kann sichtbar gemacht werden, wo, wann und warum Geld über seine genuinen Ursprungsformen hinaus Fetischfunktionen eines warenförmigen Bewusstseins übernimmt? Ist die Annahme einer genuinen Ursprungsform des Geldes als reines Tauschmittel überhaupt zu halten, oder wohnten nicht jedem Tauschmittel schon immer auch transökonomische Erwartungen inne? Wo immer Geld auf seinen reinen Selbstzweck, als Objekt der Begierde, Zuneigung, und Verehrung, also auf seine mammonistischen Züge reduziert wird, scheint es tatsächlich vergötzt zu werden, indem Menschen ihr Herz und ihr Leben an das Geld hängen; eine Intensität der Zuneigung, der Martin Luther seine Definition für Gottgläubigkeit zugrundelegte: „Ein Gott heisset das, dazu man sich versehen sol alles guten und zuflucht haben ynn allen noeten. Also das ein Gott haben nichts anderes ist den yhm von hertzen trawn und gleuben."[579]

Halbmayr schlägt in diesem Kontext die Brücke zur einer globalisierten Geld- und Weltwirtschaft, in welcher „die menschlichen Interaktionsverhältnisse sukzessive nach den Imperativen des Warentausches umgestaltet werden."[580]

5.7.5 Das Simmelsche Wechselwirkungskonzept postuliert: Geld *ist* Relation und *hat* Relation

Georg Simmels Geldtheorie lässt sich im Postulat der Doppelstruktur des Geldes treffend zusammenfassen: Geld *ist* Relation und *hat* Relation.[581] Diese Feststellung ist nicht nur geeignet, die gleichsam schwebende wie doch sehr gut verankerte Architektur des Simmelschen Wechselwirkungskonzepts auszudrücken, sie ist auch, wie Halbmayr bestätigt, eine „sprudelnde Quelle von Missverständnissen".[582] Geld besitzt in seiner Eigenschaft als universales Tauschmittel zweifellos auch eine brückenbauende Fähigkeit zwischen den Dingen und den Menschen, worin Halbmayr bereits deutliche Überschneidungen zum Gottesbegriff ausmacht.[583]

In permanenter Wechselwirkung mit anderen gesellschaftsprägenden Symbolsystemen stehend, fällt dem Zeichen „Gott" eine theologisch wie soziologisch eminent funktionskritische Rolle zu, deren Aufgabe darin bestehen könnte, zunächst die Deformationen des Geldes aufzudecken, ohne jedoch dessen Errun-

---

579 M. Luther: Der große Katechismus. In: WA 30 / 1, 123–238, 133.

580 A. Halbmayr: Ökonomien des Heils, 260.

581 Vgl. G. Simmel, Philosophie des Geldes, 131.

582 A. Halbmayr: Die Wechselwirkung von Gott und Geld, 211.

583 Ebd. 211.

genschaften aus dem Blick zu verlieren. Gerade im Versuch seiner Entmythologisierung besteht die Chance, jene vom Geld auf einer oberflächlichen Reflexionsebene erhofften soteriologischen Versprechungen in Differenz zum Zeichen „Gott" auf ihre Einlösbarkeit hin zu untersuchen.

Festgehalten kann hierauf werden, dass unter dem Licht vielfältiger und durchaus lebensdienlicher Qualitäten des Geldes sein ebenso zweifellos vorhandenes Suchtpotenzial nicht ausgeblendet werden darf, denn kein je erreichter Geldgewinn scheint endgültige Befriedigung zu schaffen. Mit anderen Worten: Beim Geld gibt es kein Genug, während die Gottesbeziehung immer genügt; sie schließt quantitative Erwägungen ab ovo aus, ja lässt sie von vornherein absurd erscheinen.

Gerade in Zeiten der seit 2008 grassierenden Finanzwirtschaftskrise ließe sich vor der Hintergrundfolie Gott zeigen, wie trügerisch und verfallsanfällig die auf das Geld gestützte Heilshoffnung sein kann. Hierin könnte deutlich werden, dass sich Geld als bloßes Interpretament Gottes nur sehr bedingt als Kontingenzbewältigung bewährt. Zwar können die meisten persönlichen und sozialen Risiken des Lebens durchaus bis zu einem gewissen Grad monetär abgedeckt werden, jedoch nur so lange das Geld selbst seine Kaufkraft und Gültigkeit behält.

5.7.5.1 Die Ablösung des Gottesparadigmas durch das Geldparadigma

Eine leitende These in Halbmayrs Forschungsansatz erklärt die Gotteskrise der späten Moderne mit der Ablösung der Gottesparadigmas durch das Geldparadigma. Das Geld sei von einer sakralen Aura umwoben, es ziehe jene Aufmerksamkeit und Inbrunst auf sich, „die einst allein Gott zugedacht und vorbehalten war, weil Menschen zum Geld ein religiöses Verhältnis einnehmen."[584] Deshalb, so Halbmayr, besitzt Geld eine hohe religiöse Signifikanz. Nicht mehr der verkündigte Gott, sondern das Geld vermittelt vielen Menschen jene Freiheit, Sicherheit und Zukunftsperspektive, wie es ein italienisches Sprichwort einprägsam auf den Punkt bringt: *nuovo divo denaro*: Das Geld, der neue Gott unserer Zeit.[585]

Schon Walter Benjamin versuchte in seiner philosophisch präzisen Analyse zu zeigen, wie grenzenlos und umfassend die kapitalistische Lebensform die menschliche Existenz bestimmt, da aus seiner Sicht kein Leben außerhalb des Kapitalismus möglich ist, denn dieser habe sich sogar „auf dem Christentum

584 A. Halbmayr: Die Wechselwirkung von Gott und Geld, 30.
585 Vgl. ebd. 31.

parasitär im Abendland entwickelt, dergestalt, daß zuletzt im wesentlichen seine Geschichte die seines Parasiten, des Kapitalismus ist."[586]

5.8 Kapitalismus als Religion des Geldes? Ein Blick zu Walter Benjamin

Die Andächtigkeit opulent geschmückter Warenaltäre in den Schaufenstern Pariser Einkaufspassagen zu Beginn des 20. Jahrhunderts inspirierte Walter Benjamin, über die religiösen Anleihen der Geldwirtschaft und über die Relation von Geld und Religion nachzudenken, die sich sehr augenscheinlich im Überflussangebot großstädtischer Konsumtempel zu manifestieren scheint. Benjamin schreibt dem ökonomischen System nicht nur eine „essentiell religiöse(n) Erscheinung" zu, er sieht den Kapitalismus per se als eigenständige Religion, welche die christliche verdrängt hat.[587]

Walter Benjamin diagnostizierte, der Kapitalismus habe sich auf dem abendländischen Christentum parasitär eingenistet.[588] Diese Sichtweise birgt einen brisanten Zündstoff für die hermeneutische Aufschlüsselung der Geschichte des neuzeitlichen Christentums, wie Halbmayr konstatiert, denn Benjamin stellt in diesem Kontext die uns allen so selbstverständlich gewordenen Logiken und Imperative einer Tausch- und Konkurrenzökonomie warnend vor Augen: Sie „sind bereits so tief in das Selbstverständnis des Christentums eingedrungen, dass sie nicht mehr als solche erkannt und reflektiert, sondern als genuin christliche Parameter interpretiert werden."[589]

Walter Benjamin zufolge konnte sich die Geldreligion deshalb etablieren, weil sie so lange ignoriert worden ist. In dieser Zeit wurde der mammonistische Glaube verheimlicht und konnte ungestört reifen. Für die bestehenden Religionen schien es unvorstellbar zu sein, „von Seiten der Profanität angegriffen zu werden."[590]

Aus der Sichtweise Benjamins feiert sich der kapitalistische Geldkultus in Permanenz selbst, denn jeder Tag ist ein Festtag des Warenfetischismus. Seine Adepten zelebrieren diesen Kult unausgesetzt und in äußerster Anspannung. Für

586 W. Benjamin, Kapitalismus als Religion, (Fragment Nr. 74), in: GS 6, hg. v. R. Tiedemann/ H. Schweppenhäuser, Frankfurt a. M. 1985, (100–103), hier: 102.

587 Walter Benjamin: Kapitalismus als Religion. In: Gesammelte Schriften. Unter Mitwirkung von Theodor W. Adorno und Gershom Scholem. Vol. 6, Fragment 74. Frankfurt 1985, 100. Das aus Benjamins Nachlass erhaltene Textfragment wurde 1921 verfasst.

588 Vgl. W. Benjamin: Kapitalismus als Religion, 102.

589 A. Halbmayr: Die Wechselwirkung von Gott und Geld, 244.

590 J. Weiß: Mammon, 304, unter Verwendung von W. Benjamin: Kapitalismus als Religion, 101.

Norbert Bolz ergibt sich daraus zwingend, dass der Tauschwert zum Gegenstand religiöser Verklärung und zum Medium eines religiösen Rausches wird, was religionssoziologisch betrachtet, auch die Begründung des Schlüsselbegriffs in Benjamins Werk sein dürfte: *die Phantasmagorie*. „Gemeint ist ein Raum des Vergnügens und der Zerstreuung, der sich genau dort auftut, wo der Gebrauchswert der Waren gleichgültig wird. ... Die Inthronisierung der Ware, ihre Verehrung als Fetisch nach dem Ritual der Mode, ist der einzige Inhalt des kapitalistischen Kultus."[591] Bei Benjamin erscheinen Marxens „theologische Mucken der Ware", womit ihr ontologisch zweideutiger Status als sinnlich-übersinnliches Ding angesprochen war, als der Moderne konstitutiv unterlegte Glaubensgrundlage. Benjamins Kategorisierungen und religiös konnotierte Zuordnungen seien demnach alles andere als metaphorisch gemeint, gibt sich Bolz sicher, wenn beispielsweise davon die Rede ist, dass in der „Warenreihe" einer Pariser Einkaufspassage „ein Rest von Kirchenschiff" zu erblicken sei. Es gehe Benjamin auch darum, die Sakralarchitektur der kapitalistischen Religion als deren sichtbar funktionalen Aspekt zu entlarven und die Banknoten als die Heiligenbilder des Geldkultus.[592] Benjamin identifiziert in der Ornamentik des Geldes und der Emblematik der Banknoten die „Reinform der Verklärung des Tauschwertes; sie schiebt sich als Schirm der Phantasmagorie vor die Schwelle jenes Reiches, in dem man – nach gemeinsamer Auffassung von Dante und Marx – alle Hoffnung fahren lassen muss", paraphrasiert Bolz Benjamins Definition der Bilderwelt des Geldes, die dort den verheißungsvollen Namen „Fassadenarchitektur der Hölle" trägt.[593]

Auch Walter Lesch hält Benjamins Beweisführung hinsichtlich der religiösen Struktur des Kapitalismus für gelungen und stringent. Benjamin selbst verfährt kurz und bündig: „Im Kapitalismus ist eine Religion zu erblicken, d.h. der Kapitalismus dient essentiell der Befriedigung derselben Sorgen, Qualen, Unruhen, auf die ehemals die so genannten Religionen Antwort gaben."[594] Benjamin identifiziert vier Strukturmerkmale des religiös Vorfindbaren im Kapitalismus: „Erstens ist der Kapitalismus eine reine Kultreligion, vielleicht die extremste, die es

591 N. Bolz: Wo Geld fließt, fließt kein Blut. In: K. P. Liessmann (Hg.): Geld. Was die Welt in ihrem Innersten zusammenhält. Wien 2009, 51. Dieser Sammelband enthält alle Beiträge des 12. Philosophicum Lech mit dem gleichnamigen Titel (v. 17. Bis 21.09.2008 in Lech am Arlberg).

592 Vgl. ebd. 53.

593 Vgl. ebd. 54.

594 W. Benjamin, zit. v. W. Lesch: Kapitalismus und Konsum als Religionsersatz. In: Bulletin ET 17 (2006/1) Special Issue, 84. Der zitierte Text und eine interessante Debatte darüber sind aufschlussreich dokumentiert in Dirk Baecker (Hg.) Kapitalismus als Religion, Berlin ²2004, 15–18.

je gegeben hat."[595] Unter einer Kultreligion versteht Benjamin einen neuheidnischen Ritus, erklärt Lesch in seiner Textanalyse. Dieser Ritus komme ohne den einen inkarnierten Gott oder eine explizit formulierte Theologie aus, auch sei er frei von rational fassbaren Dogmen. Er schöpfe seine Kraft allein aus dem Zelebrieren ritueller Abläufe, so Lesch.[596] Diese Feststellung ist mit dem zweiten von Benjamin genannten Charakteristikum in Verbindung zu bringen: die Permanenz des Kultus, der ohne Unterlass durchinszeniert, keine Feiertagsunterbrechungen duldet. Unterbrechungen werden vielmehr als Störfaktoren im endlosen Konsum angesehen, dem sich die Menschen im Rauschzustand hingeben."[597]

Als drittes Charakteristikum führt Benjamin den verschuldeten Charakter der kapitalistischen Kultreligion an, da Schuld und Verschuldung im Geldkreislauf eine wichtige Rolle spielen und die Konsumenten in die Abhängigkeit treiben. Der Kultus des Kapitals macht nicht frei, sondern verstärkt die ständige Sorge eines jeden Akteurs um die Sicherung der Existenz."[598]

Als viertes Charakteristikum der Kultreligion des Kapitalismus bringt Benjamin, in offenbarer Anlehnung an Nietzsches Übermenschen, die Figur eines „verheimlichten Gottes" ins Spiel, der sein eigentliches freies Menschsein, seine „transzendente Kraft", wie Lesch es formuliert, einbüßt „und in die Mechanismen ökonomischer Nutzenkalküle integriert wird."[599]

Die Aktualität des dritten Charakteristikums manifestiert sich auch in zahllosen Beispielen angeschlagener oder gar vernichteter Existenzen sowie gescheiterter Existenzgründungsversuche die der jüngsten Finanzwirtschaftskrise zum Opfer fielen. In paraphrasierender Anlehnung an die christliche Religion sowie an Benjamin selbst ließe sich behaupten: Keine Hoffnung außerhalb des Marktes, denn nach wie vor scheint zu gelten, was auch Lesch hervorstreicht, dass

595 Ebd. 15.

596 W. Lesch: Kapitalismus und Konsum als Religionsersatz, 84.

597 Vgl. ebd. 84.

598 W. Benjamin, zit. bei D. Baecker (Hg.) Kapitalismus als Religion, Berlin ^{2}2004, 15f. Lesch merkt dazu an, dass zur Thematisierung dieser „Schuldverstrickung" heute „bezeichnenderweise wieder die theologische Kategorie der Sünde bemüht (wird). Vgl. W. Lesch: Kapitalismus und Konsum als Religionsersatz, 84, (eigene Klammersetzung), unter Verweis auf G. Schulze: Die Sünde. Das schöne Leben und seine Feinde. München 2006.

599 W. Lesch: Kapitalismus und Konsum als Religionsersatz, 84. Lesch geht es, eigenen Angaben zufolge, nicht darum das Textfragment Benjamins aus dem Jahr 1921 „als Forschungsprogramm einer Theologie im 21. Jahrhundert zu empfehlen." Ebd. 84. Es hat m.E. wohl viel mit Benjamins tragischer Biografie zu tun, dass seine treffenden Beobachtungen, seine Intuition, die Banknoten als Heiligenbilder und Warenhäuser als Tempel empfand, im Fragmentarischen einer Zeitaufnahme eingefroren blieb, wiewohl Lesch die Meinung vertritt, dass daraus vielleicht gar kein großes Programm zu gestalten gewesen wäre. Vgl. ebd. 85.

sich „alle Erwartungen auf die Fortführung der Verschuldungspraktiken (richten).“[600]

5.8.1 Der Zusammenfall des ökonomischen und theologischen Schuldbegriffs bei Benjamin

Der Dreh- und Angelpunkt in Benjamins Fragment über den kapitalistischen Geld-Kult ist für Bolz im Begriffspaar *Schuld* und *Verschuldung* zu finden, wie er in seiner Untersuchung zu zeigen versucht. „Sich schuldig fühlen und Schulden machen werden hier radikal identifiziert.“[601]

Wie umfassend der kapitalistische Kultus bei Benjamin alles Lebendige als Schuldzusammenhang konstituiert, zeigt Bolz nicht nur anhand von Originalzitaten, welche die „kapitalistische Religion“ per se in ihrer operierenden Praxis als verschuldenden Kultus deutlich in Erscheinung treten lassen, Bolz zeigt auch auf, dass bei Benjamin der ökonomische und der theologische Begriff der Schuld zusammenfallen. Die „Schuld des Geldes“ ist dabei gleichermaßen als genitivus objectivus und subjectivus zu begreifen. Mit anderen Worten: „Geld schulden und Schuld durch Geld vererben.“[602] In dieser doppelten Bezugnahme wird auch verständlicher, wenn Benjamin eine „Gestalt der ewigen Schuld“ postuliert, welche durch Geldschuld gleichsam erschaffen wird und die sodann von Schuldnern getragen werden muss, die sich von ihr nicht entsühnen können, was Benjamin als das „Fürchterliche“ des kapitalistischen Zeitalters ansieht. Der kapitalistische Kultus auferlegt den Menschen einen immerwährenden Schuldzusammenhang, näherhin die Unentrinnbarkeit und Unentsühnbarkeit ihres Seins.[603]

Mit seiner These von der gnadenlosen kapitalistischen Universalisierung der Schuld tritt Benjamin freilich auch in scharfe Konkurrenz zu anderen wirksamen Weltbildern, wie etwa zu Max Webers religionssoziologischer Begründung des

600 Ebd. 84. (Eigene Klammersetzung).

601 N. Bolz: Wo Geld fließt, fließt kein Blut. In: K. P. Liessmann (Hg.): Geld. Was die Welt in ihrem Innersten zusammenhält. Wien 2009, 56. Außerdem ist Bolz der Auffassung, dass sich Benjamin damit den Zugang zum eigentlichen Problem verbaut, weil er die spezifisch moderne Verwandlung des Schuldsymbolismus verkennt, dessen Ausgangspunkt Bolz unter Verweis auf Niklas Luhmann rekapituliert. Demnach wurde Schuld um der Erlösung willen erfunden und institutionalisiert. Schuld wird ferner als die Präsenz anderer Möglichkeiten erlebt, deren der Mensch sich in seiner Vergangenheit hätte bedienen können. Die Erbsünde schließlich fasst (vormodern) Zukunft als Wiederholung von Schuld auf. „Modern jedoch verweist Schuld als Investitionskredit auf Zukunft. Schuld heißt nun ökonomische Schulden.“ In: Ebd. 56.

602 Ebd. 54.

603 Vgl. ebd. 54.

Universalitätsanspruchs okzidentaler Rationalität[604] oder zu Sigmund Freuds religionspsychologischer Begründung des abendländischen Schuldbewusstseins, welches er von der Spätantike bis zur Gegenwart dokumentierte.[605]

Ein erstes Resümee kann mit dem Versuch gezogen werden, nach einer Antwort auf die spannende Frage zu suchen, die aus der These von der unsühnbaren Schuldauffassung im Benjaminschen Geldkultus resultiert; allein schon aus der Tatsache heraus, dass sich wohl kaum ein Mensch freiwillig in eine dermaßen irreversible Schuldverstrickung begeben möchte. Ferner erscheint als Aporie, dass ein vom Geldumgang bewirktes, „ungeheures Schuldbewusstsein", welches sich nicht zu entsühnen weiß, ausgerechnet zu einem Kultus greift, der überhaupt nicht imstande ist Schuld zu sühnen, sondern diese vielmehr universal macht und darüber hinaus Gott selbst (in der Benjaminschen Zwangsläufigkeit somit auch das Geld) in diese Schuld miteinschließt, denn dieser Gott ist weder tot noch transzendent, sondern als universal verschuldender Geldkultus dem Menschenschicksal inhärent. Der Kapitalismus als Religion kann nach Benjamins Entwurf niemals auf Entlastung oder gar Befreiung aus seiner Verzweiflung hoffen. Vielmehr hat es den Anschein, als erwarte er das Heil paradoxerweise aus dem Manifestwerden jener Verzweiflung, die sich am gnadenlosen Weltzustand nährt. In diesem Modus der geistigen Ausweglosigkeit scheint an die Stelle des Hoffens nach Erlösung bloß das schiere Ausharren und Durchhalten einer im Grunde untragbaren Situation zu treten, die an das Schicksal der beiden Protagonisten Wladimir und Estragon im Theaterstück „Warten auf Godot" von Samuel Becket gemahnt. Hierin scheint auch ein rhetorischer Trick zu finden sein, den Becket und Benjamin anwenden, wenngleich dieser bei Ersterem auch zum dramaturgischen Grundduktus gehört: Die gefühlte Hoffnungslosigkeit ist mit der Perfektion eines gegebenen Paradigmas funktional äquivalent. Es macht für die Betroffenen keinen Sinn, sich um Veränderungen ihres Daseins zu bemühen, auch wenn sie über die Ausweglosigkeit erschrecken mögen, dass es eben dahin geht, wie es geht und so lange es geht. Kein Schreckensszenario erwartet die dem Geldkultus Unterworfenen; nur dass alles so weitergeht, wie es geht, ist die Katastrophe.

---

604 Vgl dazu auch das Frühwerk v. Max Weber: Gesammelte Aufsätze zur Religionssoziologie, Bd. I, Tübingen 1920.

605 1907 gründete der deutsche evangelische Theologe Gustav Vorbroth die „Zeitschrift für Religionspsychologie". Als Gegner jeder Dogmatik wollte er mit psychologischen Mitteln Formen gelebter Religiosität erfassen und ein gesundes Glaubensleben von einem krankmachenden unterscheiden – ein bis heute aktuelles Thema in der Mental-Health-Forschung. Er gewann Sigmund Freud als Autor für den ersten Beitrag des ersten Heftes. Freuds vielfältige Auseinandersetzung mit religionspsycholgischen Themen ist glänzend dokumentiert von Susanne Heine: Grundlagen der Religionspsychologie. Göttingen 2005.

In der Analyse von Bolz sehen die dem Geldkultus Unterworfenen, die Benjamin vor Augen hat, genau aus diesem Grund die heraufdämmernde Katastrophe nicht, weshalb ihnen auch der Gedanke der Umkehr fern scheint.[606] Doch genau hier scheint Benjamin mit seinem Begriff der „Unterbrechung der Geschichte" einzuhaken: „Metanoia, Sühne, Reinigung", oder Revolution als „hot dressing"[607], wie Bolz es nennt.

Der Benjaminsche Geldkultus ist also gnadenlos. Er kann nicht entsühnt werden. Wer Schuld auf sich lastet, muss diese, anders als in christlich-religiösen Selbstvollzügen unter harten Bedingungen abarbeiten.

Im Unterschied zu Bolz hält Halbmayr im Benjaminschen Universum des Geldkultus wenn schon nicht Entsühung, doch zumindest die Möglichkeit die Exkulpierung für möglich. Sie erfolgt jedoch keineswegs *gratis*; für eine allfällige „Lossprechung" aus monetären Schuldverhältnissen muss eine beträchtliche Summe an die Gläubiger entrichtet werden, oder wie Halbmayr den Vergleich zuspitzt: „Das *Ungeschuldete* der Gnade ist definitiv ausgeschlossen."[608]

Hinzu tritt in der Analyse Benjamins die fatale Atemlosigkeit des Geldkults, welche eines seiner markantesten Kennzeichen ist. Er nennt es „die permanente Dauer des Kults".[609] Als Befriedigungsinstrument will der Kapitalismus, wie andere Religionen auch, Antwort auf Kontingenzerfahrungen wie Sorgen, Qualen, Unruhen, geben. Aber anders als ein genuin religiöser Glaube gestattet der Geldkultus „keine Unterbrechung, keine Gnade, keine Differenz zwischen Wochentag und Sonntag, zwischen sakral und profan, sondern allein die auf Permanenz gestellte Verehrung des eigenen (projizierten) Gottes."[610]

Dieses Selbstverständnis des Geldkultus und seiner religiösen Züge hat Benjamin in seiner hellsichtigen Analyse schon 1926 durchschaut, ohne jedoch damals dafür auf breite Zustimmung zu treffen. Konstitutiv für Benjamins Vorstellung einer Metaphysik des Marktes, in welche die Ideologie des Ökonomismus zwangsläufig gipfeln musste, war nach Ansicht Kuno Füssels die religiöse Einschätzung des Ökonomismus schlechthin als „der schier bodenlose Glaube an die aus der Selbstvermehrung des Geldes als Kapital sich ergebende Illusion eines

606 Vgl. N. Bolz: Wo Geld fließt, fließt kein Blut, 56.

607 Ebd. 56.

608 A. Halbmayr: Die Wechselwirkung von Gott und Geld, 28. (Kursivsetzung im Original). Halbmayr führt vor Augen, dass wichtige Begriffe der Geldwirtschaft einen religiösen Ursprung besitzen und sukzessive in die Sprache der Ökonomie eingewandert sind, wie Kredit, Schuld, Schuldner, Gläubiger, Messe, Offenbarungseid, u.a. Offensichtlich eignet sich die religiöse Semantik für die Transformation in ein ökonomisches Paradigma. Vgl. ebd. 29.

609 W. Benjamin, Kapitalismus als Religion, 100.

610 A. Halbmayr: Die Wechselwirkung von Gott und Geld, 376, als Zusammenfassung der Gedanken W. Benjamins.

unendlichen Lebens in Fülle."[611] In diesem theologischen Konzept bewahrheiten sich diese religiös aufgeladenen Illusionen nur scheinbar. Ihren Nahrungszufluss erhalten sie von den (Finanz)Märkten, auf denen das Geld, in Kapital verwandelt, jene Macht bekommt, „sich aus sich selbst heraus zu vermehren und wo es nur zu diesem Zwecke durch Investition oder Spekulation tätig wird."[612]

Als *Synthese* kann gefragt werden, was dadurch für die Erhellung des Zusammenhangs der Entitäten Schuld, Geld und Gott gewonnen ist? Zunächst spricht vieles dafür, dass die technische Normalisierung der Schuld mehr oder weniger exakt der technischen Substitution Gottes durch das Geld entspricht. So kann in Anlehnung an Bolz resümiert werden, dass Geld als God Term keine Figur der Religion ist, aber auch kein säkularisiertes Derivat davon. Der Umstand, dass Geld Gott zu ersetzen vermag, kann nur dann als Säkularisierungsthese kommuniziert werden, wenn fürderhin ein theologischer Anspruch auf eine kritische Beschreibung des gesellschaftlichen Ganzen erhoben werden sollte, der sich mithilfe dieser These zu rechtfertigen versucht.

Die Behauptung, der Kapitalismus sei religiös bedingt, steht damit als Konkurrenzthese zur marxistischen Grundformel im Raum, derzufolge das gesellschaftliche Sein alle Gestalten des Bewusstseins bestimme. Vor dieser Kontrastfolie entwickelt Benjamin seinen Begriff der kapitalistischen Religion und ist dabei um den Nachweis der essentiell religiösen Struktur des Kapitalismus bemüht.

5.8.2 Über die ubiquitäre Wirkkraft des Geldes im Spiegel seiner funktionalen Äquivalenz zur Religion

Weiß versucht nach Benjamins Zuspitzung einer zunächst vagen Entsprechung religiös-liturgischer Abläufe im vorfindbaren ökonomischen System, zu einer „funktionalen Äquivalenz zwischen Geld und Religion in ihren sozialen Wirkungen"[613] vorzudringen. Als Ausgangspunkt dienen Weiß Max Webers Untersuchungen über die Ursprünge „einer diesseitig orientierten Ethik für die Rechtfertigung ökonomischen Gewinns"[614], welche durch schlüssige Indizien- und Kausalketten die religiöse Herkunft der Ökonomie zu belegen trachten.

611 K. Füssel: Gold, Geld und der Wille des wahren Gottes. Anmerkungen zum kapitalistischen Götzendienst. In: Diakonia 38 (2007) 32.

612 Ebd. 32.

613 Jochen Weiß: Mammon, 5.

614 Ebd. 5–6.

Anhand Shakespeares Dramas „The Merchant of Venice“ zeigt Weiß die gemeinschaftseröffnenden und -erweiternden Machtsphären, die durch die Ordnungskraft des Geldes durchschritten werden. Eine Handelsgesellschaft bedient sich desselben, in der Religion maßgeblich gewordenen Kommunikationsimpetus: „Die Schuld, deren Aufrechnung von Sünde und Sühne (wird) in die buchhalterische Berechnung von Schulden übernommen. Geld wird zum Maßstab der Gesellschaft.“[615]

Weiß sieht im Laufe der Neuzeit eine Etablierung der Vergötterung des Geldes und fragt, ob dieser nicht „eine Vergeldung Gottes vorangegangen ist.“[616]

Das unbegreiflich Göttliche, nicht bewertbare Numinose einer Gottheit, wird nach Weiß einer Metamorphose unterzogen, „die einen Bruch mit ihr darstellt, der in *nomisma*, der ‚Münze‘ zum Ausdruck kommt.“[617] Das englische Wort *to sell* leitet sich aus dem gotischen Verb *saljan* ab: „Das Blut eines menschlichen Opfers auf dem Altar der Götter zu vergießen.“[618]

Im Kontrast zur Auffassung Benjamins ist Dirk Baecker davon überzeugt, dass in einer ausdifferenzierten säkularen Gesellschaft die Religion als Teil einer „fröhlichen Unbekümmertheit“ hingenommen werde, die neben der Wirtschaft und der Wissenschaft ihren mehr oder weniger fixen Platz einnimmt. Baecker will eine spürbar um sich greifende Aussichtslosigkeit und damit einhergehende Anspruchslosigkeit vieler Menschen ausamchen, das Ganze zu verstehen oder ordnen zu wollen.[619]

Baeckers methodische Reflexionen und Bildmotive trachten danach, die veränderte Deutung des Beziehungsverhältnisses von Kapitalismus und Religion zu erschließen. Dabei kommt Religion als Kontingenzbewältigung nicht mehr ins Blickfeld. Die Glaubensressource der aushaltbaren Unbestimmtheit scheint Religion als Glaube an die ubiquitäre Wirkkraft des Geldes nicht mehr zu benötigen. Diese These erhärtet Baecker anhand seiner Erträge, knüpft aber inhaltlich an die Sichtweisen Benjamins an: „Die Frage danach, ob der Kapitalismus als eine Religion zu verstehen sei, trifft gegenwärtig auf eine Situation, in der man kaum zögern wird, sie umstandslos zu bejahen. Seit die sozialistische Alternative nicht mehr verfügbar ist und damit die Form der Gesellschaft nicht mehr Gegenstand

615 Ebd. 7.

616 Ebd. 45. In Anlehnung an Hubertus Busche: Das Geld als Zeichen – Orientierung an einem Medium von undefinierter Bedeutung. In: Werner Stegmaier (Hg.) Kultur der Zeichen. Zeichen und Interpretation VI. Frankfurt 2000, 218.

617 J. Weiß: Mammon, 51.

618 Ebd. 48, wobei Weiß in FN 186 auch auf das altisländische *selja* als „verkaufen“ im Sinne einer Opfergabe rekurriert.

619 Vgl. D. Baecker (Hg.): Kapitalismus als Religion. Berlin 2003, 7f, 13.

einer ideologisch begründeten politischen Entscheidung ist, glaubt diese Gesellschaft an den Kapitalismus. Sie glaubt, dass er ihr Schicksal ist."[620]

Die an die frühprotestantische Ethik gemahnende Auffassung vom Gelderwerb zum Ruhm Gottes durchlief in der kapitalistischen Gesellschaft zweifellos eine Metamorphose, löste sich aus ihrer religiösen Wurzel und wurde mitunter zum Selbstzweck, da äußere Güter als „stahlhartes Gehäuse"[621] zunehmend wichtiger wurden. Eingeschlossen in diesem Gehäuse scheint der physische Mensch, sein Geist, während seine religiös-ethische Gesinnung dem Drang des reinen Gelerwerbs wich.

Als *Aspekt einer kritischen Würdigung* sei hier in Ergänzung zu Baeckers Einschätzung über die ubiquitäre Wirkkraft des Geldes angemerkt, dass dem Geld auch nachgesagt wird, alles zu Gütern zu verwandeln. Dies bedeutet, dass im Zuge dieser synthetisierenden Leistung auch geistige und gesellschaftliche Werte zu güterlichen Botschaften verwandelt werden, die im Warentausch ihren Preis haben. Dieser Gedanke erlaubt die Vorstellung einer breiten Klaviatur von Wirklichkeitsperspektiven, die (kultureller) Kommunikation zugrundeliegen können.

5.8.3 Geld statt Gott: Die alles bestimmende Wirklichkeit?

Ein von Halbmayr unternommener phänomenologischer Vergleich der beiden Entitäten Gott und Geld zeigt frappierende Gemeinsamkeiten: Während im religiösen Kontext die alles bestimmende Wirklichkeit lange Zeit mit Gott allein ausgesagt war, scheint die Wirkmacht des Geldes sich an die gleiche Stelle zu setzen, was zu einer Verwechselbarkeit des einen Gottes führen kann. „Das Geld basiert wie der christliche Gott auf Glauben, er bewirkt ebenfalls Liebe, Vertrauen, Hoffnung, Treue, aber auch Angst und Verzweiflung."[622]

Thomas Rusters Analyse vom Auseinanderfallen Gottes und der alles bestimmenden Wirklichkeit (Geld), führt dazu, Gott hinfort als jemanden zu denken, „der von der alles bestimmenden Wirklichkeit erlöst. Das Christentum ist nur in seinem Gegenüber zur herrschenden Religion (Geld) richtig zu erfassen."[623] Rusters Wahrnehmung zufolge führt der religionsgeschichtlich nur allzu

---

620 Ebd. 47

621 Ein Diktum von Max Weber: Die Protestantische Ethik und der Geist des Kapitalismus, in: Gesammelte Aufsätze zur Religionssoziologie, Band 1, Tübingen ^{2}1922, 203.

622 A. Halbmayr: Die Wechselwirkung von Gott und Geld, 111, unter Heranziehung von Thomas Ruster: Art. Geld, in: Norbert Mette / Folkert Ricker (Hg.): Lexikon der Religionspädagogik 1. Neukirchen-Vluyn 2001, 669–675, 673.

623 Th. Ruster: Der verwechselbare Gott. Theologie nach der Entflechtung von Christentum und Religion (QD181). Freiburg 2000 (^{7}2004). (Zusätze in Klammern, HF).

bekannte Dauerkonflikt zwischen Gottes- und Götzendienst zu den Anfängen des Christentums zurück, worin ungeahnte Chancen für eine konstruktive und kreative Neupositionierung des Glaubens wahrzunehmen wären, wie etwa eine Reformulierung der Eschatologie, die Erlösung heils-*ökonomisch* denkt, sowie eine Neukonzeption der Lehre von der Sündenvergebung.[624] Wie Halbmayr erklärend hinzufügt, rekurriert Ruster bei diesen Überlegungen auf den von Walter Benjamin postulierten *verschuldenden Charakter* des Kapitalismus als Religion, in welchem er eines der zentralen Merkmale der Geldgläubigkeit identifizierte.[625]

Im Vergleich zu früheren Arbeiten Rusters ortet Halbmayr eine zunehmend negativ-pessimistische Sicht der Wirklichkeit. Rusters Blick auf die gegenwärtige Gesellschaft „ist von starken apokalyptischen Fäden durchzogen."[626] Der Vergleich zu Luther bietet sich an, der für eine auf Zinswucher, Preistreiberei und Ausbeutung beruhende Gesellschaft ein katastrophales Ende voraussah. Soll man, Ruster folgend, als Reaktion auf die mammonistischen Erosionserscheinungen unserer Gesellschaft „Theologie in antikapitalistischer Zuspitzung" treiben?[627] Mit Halbmayr ist die berechtigte Frage zu stellen, ob Rusters „Kennzeichnung des Geldes als die neue Religion der Moderne und als der Gott unserer Zeit"[628] aufrechtzuhalten sind, weil zuvor untersucht werden müsse, ob Rusters Begriff von Religion als alles bestimmender Wirklichkeit, „als symbolisch-affirmative Darstellung des höchsten Wesens, als Legitimationskategorie herrschender Verhältnisse und als Deutungsleistung der Erfahrungen im Lichte einer höchsten Macht"[629] in einer ausdifferenzierten, säkular geprägten Gesellschaft überhaupt zuzustimmen sei, zumal in all diesen Bestimmungen der semantische Gehalt ausgespart bleibt. Halbmayr vertritt die Auffassung, dass selbst nach eingehender Analyse dieser Fragen und eventuell diskursiver Akzeptanz einer Definition für Religion noch nicht ausgemacht ist, ob „der religiöse Diskurs mit dem ökonomischen verwechselbar (geworden) ist und in welcher Weise der biblische Gottesbegriff an Profil gewinnen müsste. Warum sollte das Bedürfnis nach Sicherheit, Verlässlichkeit, Planbarkeit und Identität allein mit dem

---

624 Vgl. Th. Ruster: Jenseits aller Ethik: Geld als Religion? In: Hermann Kochanek (Hg.): Ich habe meine eigene Religion. Sinnsuche jenseits der Kirchen. Zürich / Düsseldorf 1999, 182–209, 203.

625 Vgl. W. Benjamin: Kapitalismus als Religion, 101: Der Kapitalismus ist „vermutlich der erste Fall eines nicht entsühnenden, sondern verschuldenden Kultus … Darin liegt das historisch Unerhörte des Kapitalismus, daß Religion nicht mehr Reform des Seins sondern dessen Zertrümmerung ist." Vgl. auch die Auseinandersetzung zum Verhältnis Ruster und Benjamin in: A. Halbmayr: Die Wechselwirkung von Gott und Geld, 114–115.

626 Ebd. 116.

627 Vgl. Ebd. 118.

628 Ebd. 119.

629 Ebd. 119.

Symbolreservoir des Glaubens abgedeckt werden?“[630] Mit anderen Worten: Die apriorische Ablehnung des dem Gelde innewohnenden scheinbar großen Versprechens seiner möglichen soteriologischen Wirkkraft kann mit dem theologischen Verweis auf den Götzen und Abgott Geld allein nicht plausibel entkräftet werden.

5.9 Zur Kritik des Gott-Geld Vergleichs

Zunächst muss in diesem Zusammenhang die prinzipielle Frage gestellt werden, ob eine Verknüpfung oder kritische Auseinanderhaltung eines soziologischen Gelddiskurses mit einem theologischen Gottesdiskurs nicht auch eine Diskussion des Gottesverständnisses an sich unumgänglich macht. Halbmayr nennt zwei triftige Gründe dafür: erstens wegen des unleugbaren Vorhandenseins einer engen Wechselwirkung „zwischen der subjektiven Dimension des Glaubens (die gewiss primär bleibt) und seiner objektiven, materialen Ausgestaltung. Die Explikation der religiösen Subjektivität ist ohne Formen nicht möglich, die wiederum auf die subjektive Entfaltung zurückwirken.“[631] Zweitens ist jedes Gottesverständnis auch Ausdruck einer je eigenen, bestimmten Pragmatik, die ihrerseits als religiöses Handeln und mit Interpretations- und Gestaltungsfragen auf die Gesellschaft einwirkt.[632]

Wo immer im praxisnahen Bereich der Eindruck gewonnen werden könnte, Geld leiste zum Wachstum des Reiches Gottes einen substanziellen Beitrag, käme dies unter Umständen einer Indienstnahme des Geldes als Ausdruck Gottes in der Welt nahe. Der lebensdienliche Einsatz des Geldes ist, so Halbmayr, „als eine Explikation Gottes selbst zu verstehen, in dem das zur Sprache kommt und Wirklichkeit wird, was mit dem Reich Gottes angebrochen ist und ins Dasein drängt.“[633] In diesem Sinne *ersetzt* das Geld Gott, ohne freilich an seine Stelle zu rücken und erfüllt in dieser Funktion auch nicht die Kriterien der Vergötzung oder des Mammonismus.

630 Ebd. 122. (Klammersetzung im Original).

631 A. Halbmayr: Die Wechselwirkung von Gott und Geld, 344.

632 Vgl. ebd. 344.

633 Ebd. 391.

5.9.1 Die Unverwechselbarkeit des biblischen Gottes als kategorische Absage einer Gott-Geld Identifikation

Eine spannende Gegenposition zu den durchaus plausiblen Beispielen einer Gott-Geld Identifikationsmöglichkeit wird auf Basis bibeltheologischer Argumente geführt, die mögliche Berührungspunkte der beiden Entitäten ebenso kontrastreich wie stringent ihrer unüberwindbaren Differenzen und Widersprüche überführt.

Der evangelische Theologe Friedrich-Wilhelm Marquardt (1928–2002) gehörte zur nicht geringen Zahl protestantischer TheologInnen, die unter Hinweisen auf Analogien zwischen Christentum und Sozialismus eine Versöhnung der beiden Lager anstrebten. Marquardts politische Untersuchungen befassten sich demzufolge zwangsläufig mit der Kapitalismuskritik, die seine Überzeugung stärkten, dass der Sozialismus als Kontrast zur feudalistisch-bürgerlichen, kapitalistischen Welt, „die dem Biblischen nächste Verwirklichungsgestalt, die verwandteste Gesamtbewegung ist – die mich eben deswegen auch theologisch anzuregen vermag."[634]

Marquard war überzeugt, dass eine Aufrechterhaltung des Glaubens und ein Bezug zu Gott der Auseinandersetzung mit der sozialen Wirklichkeit bedürfen. In lutherischer Tradition versucht er aber den Unterschied zwischen einem Abgott, wie zum Beispiel dem Geld, und „einem Gott, der zu uns spricht und so überraschend sich treffen lässt",[635] in aller Deutlichkeit herauszuarbeiten. Theologie und Kirche müssen wieder lernen, „das Wörtlein Gott mit dem Namen Abrahams, Isaaks, Jakob/Israels und mit dem Namen Jesu von Nazareth so unverwechselbar zu machen, dass es als Projektionsbegriff und –medium nicht mehr frei zur Verfügung und zu beliebiger Verwendung steht."[636] Das Wort Gott, so Marquard könne gar nicht eng genug mit der Geschichte Israels und Jesu in Verbindung gebracht werden. Nur so sei zu verhindern, dass es austauschbar werde oder Gefahr laufen könne, mit Begriffen wie dem Geld in eins gesetzt zu werden.

---

634 F. W. Marquard: Wir Theologen in der bürgerlichen Gesellschaft. In: EvTh 31 (1971) 161–170, 169f. Wie A. Halbmayr erklärend hinzufügt, betonte Marquard allerdings, „dass ihm weder daran gelegen sei, eine Theorie historischer Kontinuität zwischen Christentum und Sozialismus (etwa im Kontext einer Säkularisierungshypothese) zu formulieren noch eine Immanenz sozialistischer Hoffnungen oder Weltzielvorstellungen in den biblischen Texten zu behaupten, sondern lediglich auf die Analogien zwischen beiden zu verweisen." A. Halbmayr: Die Wechselwirkung von Gott und Geld, 93–94 u. FN 68.

635 F. W. Marquard: Was dürfen wir hoffen, wenn wir hoffen dürften? Bd. 1: Eine Eschatologie. Gütersloh 1993, 251.

636 Ebd. 257.

Christen seien also dringend aufgefordert, den sich selbstzusagenden und offenbarenden Gott qua Jesus Christus nicht zu verwechseln oder gar gegen einen „Abegott“ wie das Geld auszutauschen.

5.9.2 Wider einen Geldpantheismus; zur Schärfung der Differenz Gott und Geld

In seiner zeitgeistigen Diagnose der sozialen Realität ortet Falk Wagner eine Grundstruktur der ökonomiebestimmten Moderne, die im Medium „Geld“ als alles bestimmende Wirklichkeit auf ihren Begriff gebracht werden kann. Geld löst damit „die Funktion des Gottesgedankens in der Gestalt eines Geldpantheismus ab, der alle lebensweltlichen und systemischen Bereiche des individuellen und sozialen Weltumgangs durchdringt.“[637] An mehreren Stellen konstatiert Wagner eine vornehme Zurückhaltung, welche die Theologie dem Geldthema entgegenbringe[638] und die sowohl im Gegensatz zu den biblischen Berührungspunkten als auch zur Dominanz einer auf das Geld gepolten Rationalität stehe, die bereits tief in unser geldgeprägtes Dasein eingedrungen und sich in geldmechanistischen Denk- und Handlungsmustern eines ökonomisch codierten Bewusstseins äußert.[639]

Nicht nur unsere Gefühlswelten und Kommunikationsformen seien Wagner zufolge längst von der normativen Kraft einer geldökonomischen Tauschlogik erfasst, auch der Bereich des Religiösen, weshalb von einem Geldpantheismus gesprochen werden könne. Das Geld ersetzt aus der Sicht Wagners „nicht nur religiöse Sicherungsmittel, sondern wird auch selber zum ‚god term‘[640], der nicht nur im engeren Bereich der Wirtschaft seine universelle Geltung unter Beweis stellt.“[641]

Gegen einen Übergriff des ökonomisch überformten Wirklichkeits- und Erfahrungssystems auf das religiöse Erleben empfiehlt Wagner die bewusste Schärfung der Differenz zwischen Gott und Geld, um den Gottesgedanken zu profilieren, „dass er nicht mit den pantheistischen Verwertungstendenzen des Geldes

637 F. Wagner: Geld oder Gott? Zur Geldbestimmtheit der kulturellen und religiösen Lebenswelt. Stuttgart 1985, 3.

638 Vgl. dazu die Passagen in: ebd. 7; 105–121 u. 134–146.

639 Vgl. F. Wagner: Geld oder Gott? Zur Geldbestimmtheit der kulturellen und religiösen Lebenswelt. Stuttgart 1985, 13.

640 Vgl. zu diesem Begriff K. Burke: A Grammar of Motives. New York 1962, 355f und den diesbezüglichen Verweis bei N. Luhmann: Wirtschaft als soziales System. In: ders.: Soziologische Aufklärung. Opladen 1971, 204–231.

641 F. Wagner: Geld oder Gott?, 9.

verwechselt werden kann."[642] Wie Halbmayr dazu kritisch anmerkt, werden Wagners Überlegungen hinsichtlich einer praktischen oder zumindest theoretischen Anleitung „an dieser Stelle undeutlich und brechen unvermittelt ab mit der rhetorischen Frage, ob die Theologie überhaupt fähig (und wohl auch willens) sei, in Anknüpfung an die Trinitätslehre Gott so zu denken, dass er der Urheber allen Seins ist, aber zugleich Autonomie gewährt."[643] Halbmayr gelangt zur Auffassung, dass Wagners Vertrauen in die Veränderungskraft der Theologie ein enden wollendes ist. Jedoch liegt Wagners großes Verdienst darin, sich als einer der ersten Theologen äußerst kompetent und offensiv mit der gesellschaftlichen Macht des Geldes auseinandergesetzt zu haben.[644]

5.9.3 Die Parteilichkeit Gottes, ein wesentliches Unterscheidungsmerkmal zur Parteilosigkeit des Geldes

Halbmayr stößt in seiner Simmel-Analyse[645] auf ein bemerkenswertes, aber weitgehend unbekanntes, weil wenig diskutiertes Unterscheidungsmerkmal, auf das Simmel hinweist[646]: Während religiöses Engagement auf individueller wie gesellschaftlicher Ebene in Auseinandersetzung mit Lebensfragen das parteiliche Eintreten für eine Überzeugung nicht scheut, da Zivilcourage und Solidarität, nicht zuletzt nach dem Vorbild Jesu, zu den christlichen Tugenden zählen, steht das Geld – wie könnte es auch anders – in völliger Gleichgültigkeit gegenüber Menschen und Dingen, die es ohne Rücksicht allein nach ihrem wirtschaftlichen Geld-Wert taxiert. Mit dieser markanten Gegenüberstellung schält Simmel ein zentrales Unterscheidungsmerkmal zwischen Gott und Geld heraus. Für den christlichen Gottesbegriff ist Parteilichkeit ein unaufgebbares, Identität konstituierendes Element; die geldgegebene allgemeine Indifferenz erwiese sich jedoch für den Zusammenhalt einer Gesellschaft als schlechterdings ungeeignet. Simmel bezeichnet das Geld als „das durchgreifendste, weil für sich völlig indifferente Mittel"[647], das zwar Distanz und Freiheit ermöglicht, jedoch um einen hohen Preis, „denn Geld hilft und rettet allein den, der es hat. Den aber, der seiner entbehrt, lässt es im Stich, da es kein Mitleid und keine Barmherzigkeit kennt, kein Ansehen der Person, sonder allein der Quantität. Das Wort hingegen bezeichnet

642 Ebd. 135.
643 A. Halbmayr: Die Wechselwirkung von Gott und Geld, 104. (Klammersetzung im Original).
644 Vgl. ebd. 106.
645 Vgl. ebd. 366–368.
646 Vgl. G. Simmel, Philosophie des Geldes, 691, 692, u. 695.
647 Ebd. 691.

im christlichen Kontext eine Option, die nicht auf eine abstrakte, formale Transzendenz referiert, sondern auf ein Potential zielt, das Lebensmöglichkeiten für alle eröffnet und allen Hilfe anbietet, ohne jegliche Bedingungen, also unabhängig davon, ob und in welcher Weise die Menschen auf monetäre Ressourcen zurückgreifen können."[648]

Dies tut der Tatsache keinen Abbruch, dass Geld als funktionale Größe menschliche Entwicklungsmöglichkeiten unterstützen und fördern kann. Geld ist imstande, „das Tor zu den Entfaltungsräumen des Individuums weit"[649] aufzustoßen. Hier zeigt sich erneut der Diskursvorsprung im Proprium einer relativen Gottesrede, mit welcher sowohl die herausragenden Möglichkeiten und Freiheitsleistungen des Geldes gewürdigt, als auch „an die Vorläufigkeit und Begrenztheit dieser medialen Grammatik erinner(t)"[650] werden kann.

5.9.4 Resümee und kritische Würdigung

Wenn auch der dieser Arbeit zugrundeliegende Forschungsansatz eher den lebensdienlichen Einsatzmöglichkeiten des Geldes nachzuspüren trachtet, so verdankt sich wissenschaftliche Redlichkeit gleichzeitig dem Bedürfnis, jede sich bietende Relativierung und Differenzierung aufzugreifen, wie sie beispielsweise Simmel in der detailreichen Aufarbeitung Halbmayrs bietet, mit dem an dieser Stelle festzuhalten ist, dass der allgemeinen Parteilosigkeit des Geldes, in ihrer formalen Bestimmung als reine Quantität, die Gegenkraft entschiedener Parteilichkeit Gottes entgegenzuhalten ist, um in diesem kontrastreichen Gegensatz zur Kategorie Gott den relativen Charakter des Geldes in aller Deutlichkeit hervorzuheben. „Das Wort Gott repräsentiert eine engagierte Parteilichkeit, die nicht auf die distanzierte, quantitative Größe des Besitzes zielt, sondern eine Leben spendende Kraft bezeichnet, die aus dem Glauben an die Botschaft Gottes erwächst."[651] Mit Simmel lässt sich dazu die Frage stellen, warum das Geld, zumindest allem Anschein nach und im Vergleich zu anderen Sachgütern, sukzessive seiner spezifischen Qualitäten verlustig ging, so dass am Ende nur mehr pekuniäre Quantität übrig blieb. Simmels Gedankengang mündet in einen treffenden Aphorismus: „Die Quantität des Geldes ist seine Qualität."[652] Damit ist in

648 A. Halbmayr: Die Wechselwirkung von Gott und Geld, 367.
649 Ebd. 367.
650 Ebd. 367.
651 Ebd. 368.
652 Als Überschrift im Inhaltsverzeichnis lautet der Satz: „Die Quantität des Geldes als seine Qualität". In: G. Simmel, Philosophie des Geldes, 17.

aller Kürze viel gesagt. Das Geldinteresse zielt auf die alles entscheidende Frage nach dem „Wieviel". Seine Qualität liegt ausschließlich in seiner Quantität, die nach oben hin kein Genug kennt.

Das Integratorwort Gott hingegen steht für eine Lebenswirklichkeit, in welcher die Entfaltung des Humanum völlig unabhängig vom ökonomischen Wachstum, materieller Güteranhäufung und normiertem Leistungsdenken voranschreiten kann. Die Qualität Gottes bietet jedweder ökonomischen Durchrationalisierung die Stirn und leistet Widerstand, der in wirtschaftlichen Wachstumsphasen der Hochkonjunktur manchen als Anachronismus erscheinen mag, dem jedoch in Zeiten der Rezession zumindest mancherorts mehr Gehör geschenkt wird. In Anlehnung an Simmels Ernüchterung und Skepsis kurz nach Ausbruch des ersten Weltkriegs fasst Halbmayr dessen scheinbar zeitlos gültige Gedanken zusammen: „Denn in Zeiten unvorhergesehener, einschneidender Umbrüche werde plötzlich offenbar, auf welch sandigem Untergrund die monetäre Welt erbaut sei und welch hochambivalenten Verlauf die Kultur bereits genommen habe."[653] Die christliche Gottesrede wirbt deshalb für eine andere Ökonomie, die Halbmayr ihrer Bedingungslosigkeit der Gabe wegen gezielt als „Anders-Ökonomie"[654] bezeichnet.

In seiner Unberechenbarkeit sei das Geld mit Gott vergleichbar, meint Weiß. Beiden müsse sich der Gläubige betend fügen.[655] Gerade aber die Eigenschaft der Unberechenbarkeit ist m.E. ein triftiger Grund, Geld mit Gott nicht vergleichen zu können, solange man mit der Bezeichnung „Gott" den Gott der Bibel meint, der als rettender, befreiender, verzeihender und barmherziger Gott geradezu als Ausbund an Verlässlichkeit beschrieben, erfahren und glaubend rezipiert wird. Seine gleichzeitige Inkommensurabilität tut seiner Verlässlichkeit für die, die an ihn glauben, keinen Abbruch. Luther hat das Geld als „einen Gott" bezeichnet, „der heisset Mammon,... welchs auch der aller gemeynest Abgott ist auff erden."[656]

653 A. Halbmayr: Die Wechselwirkung von Gott und Geld, 371.

654 Ebd. 433–439 und vgl. A. Halbmayr: Ökonomien des Heils, 262–263.

655 Vgl. J. Weiß: Mammon, 278.

656 M. Luther: Deutsch Katechismus (Der Große Katechismus, 1529). In: Dr. Martin Luthers Werke, Vol. 30[1]. Wittenberg 1964, 133. Hier zit. nach: J. Weiß: Mammon, 206.

6 Geldfragen und ökonomische Aspekte anhand ausgesuchter biblischer Beispiele

Geld und Fragen der Ökonomie spielen in der Bibel eine wichtige Rolle. Wiederholt setzen sich die biblischen Autoren in ihren Texten mit sozioökonomisch bedingten Strukturproblemen auseinander und den daraus resultierenden Ungerechtigkeiten, die ein menschenwürdiges Leben als Ebenbild Gottes erschweren oder gar verunmöglichen.

Die frühen alttestamentlichen Propheten Amos, Jesaja und Micha werfen in ihrer harschen Sozialkritik den Reichen soziale Unterdrückung und Entrechtung der Armen vor.[657] Die vorexilischen Propheten wie Amos, Hosea und Jeremia fordern mit besonderem Nachdruck soziale Gerechtigkeit für die Bedürftigen ein. Dieser Gerechtigkeitsbegriff, im Sinne einer umfassend zu verstehenden Lebensgerechtigkeit, ist „eines der großen und durchgängigen Leitmotive der ganzen biblischen Überlieferung."[658]

Eine Begebenheit über die faszinierend verführerische Anziehungskraft des Geldes und der Not vieler Menschen, sich ihr nicht widersetzen können, findet sich als tragisches Schicksal von Achan im Buch Josua (7, 19–21; 24–25): „Josua sagte zu Achan: Mein Sohn, gib dem Herrn, dem Gott Israels, die Ehre, und leg vor ihm ein Geständnis ab! Sag mir offen, was du getan hast, und verheimliche mir nichts! Achan antwortete Josua: Es ist wahr, ich habe mich gegen den Herrn, den Gott Israels versündigt. Das und das habe ich getan: Ich sah unter der Beute einen schönen Mantel aus Schinar, außerdem zweihundert Schekel Silber und einen Goldbarren, der fünfzig Schekel wog. Ich wollte es haben und nahm es an mich. … Da nahm Josua Achan, den Sohn des Serachs, ebenso das Silber und den Mantel und den Goldbarren, seine Söhne und Töchter, seine Rinder, Esel und Schafe, sein Zelt und seine ganze Habe. Er und ganz Israel brachten alles ins Tal Achor. Dann sagte Josua: Womit du uns ins Unglück gestürzt hast, damit stürzt dich der Herr heute ins Unglück. Und ganz Israel steinigte Achan."

---

657 Vgl. Jes. 1,17ff, u.a. Die Option für die Armen wird theologisch mit theologisch mit der Parteilichkeit Gottes begründet. Er hört die Schreie der Unterdrückten und ergreift für sie Partei. Vgl. Am 5,21 ff. Jesaia fordert, die Schuldsklaven freizulassen, die Nahrung gerecht zu verteilen und Nackte zu bekleiden. Vgl. Jes 58,6f.

658 A. Halbmayr: Die Wechselwirkung von Gott und Geld, 393.

Einen starken Kontrast dazu bildet die weisheitliche Wohlstandstheologie, die Geldbesitz und Reichtum als Segenszeichen Gottes auffasst. Zwar finden sich auch hier kritische Aussagen gegen die Habgier und die Mahnung, nicht auf Almosen zu vergessen,[659] doch zeigt sich der vollzogene Perspektivenwechsel sehr deutlich, wenn Armut als Unheil und Reichtum als Ausdruck von göttlichem Segen und Frömmigkeit empfunden wird: „Der Lohn für Demut und Gottesfurcht ist Reichtum, Ehre und Leben“ (Spr 22,4). „Diese weisheitliche Anschauung wirkte stark auf das rabbinische Judentum und später auch auf Calvin“[660]

Petracca hebt hervor, dass diese weisheitliche Wohlstandstheologie im Neuen Testament nicht rezipiert wird. Andere Probleme scheinen vordringlicher zu sein. Eher greifen die Autoren bewusst auf das sozialkritische Erbe der alttestamentlichen Profeten zurück, die auf den tiefen sozialen Riss der israelitischen Gesellschaft des 8.Jh.v.Chr. Bezug nehmen. Diese Anknüpfung sei, so Petracca, besonders in der Lazaruserzählung deutlich spürbar.[661]

6.1 Geld in der Gemeinschaftskasse: Zum Postulat eines angeblich biblisch belegbaren Urkommunismus

Zu den Autoren, die einen erhofften sozialen Ausgleich kollektiver Bauart deshalb für möglich halten, weil sich dieses Gesellschaftsmodell bereits in biblischen Zeiten bewährt haben soll, gehört Moses Hess. Leider bleibt dunkel, an welchen konkreten Bibelstellen Hess seine Utopie eines biblisch-jüdischen Urkommunismus festzumachen gedenkt, worauf er also rekurriert, wenn er das kommunistische Gattungswesen bereits als biblisch gegeben voraussetzt. Eher ist anzunehmen, dass er seine These eines historisch (!) belegbaren jüdischen Urkommunismus schlichtweg unter der Hand zum Beweis erhebt und auf diesem Fundament seinen Überbau errichtet. Im Voranschreiten seiner Theorie rekurriert er dann stets unhinterfragt auf jenes „Faktum“, welches er selbst dem Konstrukt

659 Vgl. Spr 19,17: Wer sich des Armen erbarmt, der leiht dem Herrn.

660 Vincenco Petracca: Lazarus, Zachäus und das Nadelöhr. Geld und Reichtum in der Bibel. In: Diakonia 38 (2007), 19.

661 Vgl. ebd. 19 unter Verweis auf Lk 16,19–31: Ein anonymer Reicher erleidet nach einem Leben in Saus und Braus Höllenqualen, während sich der arme Lazarus postmortal in Abrahams Schoß geborgen wiederfindet. Dieser Gegensatz stellt die sozioökonomischen Bedingungen im Reich Gottes auf den Kopf. „Ein Rollentausch aufgrund göttlicher Gerechtigkeit“, wie Petracca betont. Ebd. 18f.

zugrundegelegt hat, bleibt aber den Nachweis für dessen Existenz letztendlich schuldig.[662]

Ein möglicher biblischer Berührungspunkt könnte unter Umständen in der priesterlichen Ideologie auszumachen sein. In Lev 25 kommt klar zum Ausdruck: Das Land Israel und die Israeliten gehören Jahwe, womit sowohl das Verbot für endgültigen Grundbesitz (25,23f) als auch das Zins- und Sklavenverbot (25,35–43) begründet werden. „Denn mir gehören die Israeliten als Knechte." (25,55). Jedoch: Diese sozialen Regeln galten nur für den innerjüdischen Bereich im Zusammenhang mit den Sabbat- und Jubeljahr-Bestimmungen, aus welchen sich keinerlei Empfehlungen für gemeinschaftlichen Besitz ableiten lassen. Als Gegenargument lässt sich gut zeigen, mit welch schneidender Kritik und schlagender Beweiskraft schon alttestamentliche Propheten gegen die herrschende soziale Ungerechtigkeit aufgetreten sind (z.B. Amos), wie sich dieser prophetische Protest kontinuierlich über alle Generationen der Geschichte Israels weiterentwickelt hat und schließlich in neutestamentlicher Zeit von Juden und Christen in der Nachfolge Jesu weitergetragen wurde.[663]

Selbst der neutestamentlich überlieferte „kommunistische Pilotversuch" der in Parusie- Naherwartung lebenden Jerusalemer Urgemeinde, auf den Hess wohl kaum abzielte, blieb ohne nennenswerte Nachahmer und scheiterte höchstwahrscheinlich an seinen hohen Idealen: „Keiner nannte etwas von dem, was er hatte, sein Eigentum, sondern sie hatten alles gemeinsam. ... Denn alle, die Grundstücke oder Häuser besaßen, verkauften ihren Besitz, brachten den Erlös und legten ihn den Aposteln zu Füßen." (Apg 4,32ff).[664]

---

662 Vgl dazu die Passagen und Zitate in: S. Na'aman: Emanzipation und Messianismus 138–139, sowie das auf S. 139 unter FN 34 angeführte Zitat aus: M. Hess: Rom und Jerusalem, 152: „das jüdische Volk, welches vom Beginne der Weltgeschichte an die Mission hatte, die während der Geschichte auseinandergehenden einseitigen Bestrebungen des sozialen Lebens in Einem (sic!) Brennpunkt zu vereinen." –

663 Einen guten Überblick zum Thema bietet Klaus Koch: Die Profeten. 3., völlig neu bearb. Aufl. Stuttgart 1995.

664 Vgl. dazu die etwa 15 Mitglieder (Ehepaare und Einzelpersonen) der 1981 im österreichischen Pinkafeld (Diözese Eisenstadt) gegründeten Franziskusgemeinschaft (FG). Sie leben als Gebets-, Arbeits- und Gütergemeinschaft nach den Regeln von Apg 4,32 in weitgehender Selbstversorgung. Bei der Aufnahme übertragen die Mitglieder ihr Eigentum der Gemeinschaft und beziehen fortan nur noch ein Taschengeld aus der gemeinschaftlich verwalteten Kasse. Die aus Wirtschaftserträgen und Veranlagungen resultierenden Überschüsse fließen dem Armenfonds der Franziskusgemeinschaft zur Unterstützung Bedürftiger zu. Vgl. dazu: F. Giglinger: Christliches Wirtschaften zwischen Radikalität und Kompromiss. Die Franziskusgemeinschaft Pinkafeld. In: Gott oder Mammon. Christliche Ethik und die Religion des Geldes. 2. Ökumenische Sommerakademie Kremsmünster 2000, hg. von Severin J. Lederhilger. Frankfurt 2001, 200–202.

Helmut Nausner plädiert dafür, den biblischen Impuls nicht vorschnell vom Tisch zu schieben. Er hielt den „frühchristlichen Urkommunismus" lange Zeit als bewundernswert aber zu Recht „fehlgeschlagen", weil unverwirklichbar, bis er sich der Frage der Beziehung zum Besitz intensiver zuwandte und sie mit der Gottesbegegnung konfrontierte, näherhin mit der durch die Apostel in Apg 4,33 erfahrbaren Begegnung mit dem Auferstandenen, die ihre Leben von Grund auf änderte.[665] Nausner schlussfolgert daraus: „Nur wer Befreiung von Schuld und Sünde erlebt und dann weiß, dass er geborgen ist in Gott, kann loslassen und die Illusion aufgeben, als gäbe Geld und Gut letzte Sicherheit in diesem Leben."[666]

6.2 Zur Ambivalenz der Geldaussagen in den Evangelien

In den Evangelien zeigt sich ein breites Panorama hochambivalenter Aussagen über das Geld, die von völliger Ablehnung und Verurteilung bis zur unverhohlenen Hochschätzung des Geldes reichen.[667] In diese affirmative Linie wäre beispielsweise die biblische Aufforderung einzureihen, sich mithilfe des ungerechten Mammons Freunde zu machen (Lk 16,9), oder das vielschichtige Gleichnis von den anvertrauten Talenten (Lk 19,11,–27 / Mt 25,14–30).[668] Nach Halbmayrs Einschätzung gelingt es den Autoren des Neuen Testaments unter Heranziehung eines relativen Modells der Verhältnisbestimmung von Gott und Geld die Gefah-

---

665 Vgl. H. Nausner: Die „Option für die Armen" als kirchlicher Auftrag. Ein Zwischenruf aus der Perspektive der Methodistischen Kirche Österreichs. In: Gott oder Mammon. Christliche Ethik und die Religion des Geldes. 2. Ökumenische Sommerakademie Kremsmünster 2000, hg. von Severin J. Lederhilger. Frankfurt 2001, 203–205, hier: 204.

666 Ebd. 204.

667 Vgl. A. Halbmayr: Die Wechselwirkung von Gott und Geld, 396 und FN 247, mit dem Verweis auf Martin Honecker: Art. Geld, in: TRE 12, Berlin 1984, 278–298, in dem auf die ambivalenten Aussagen und Urteile im NT eingegangen wird. – Ähnlich Karl Lehmann: Geld. – Segen oder Mammon? Biblische Aspekte. – Ein Arbeitspapier, in: Helmut Hesse / Otmar Issing (Hg.): Geld und Moral. München 1994, 125–137. Lehmann unterscheidet positive und ambivalente Aussagen über das Geld, hält es aber für problematisch, solche „Fetzen" aus biblischen Traditionen unhinterfragt auf kontemporäre Probleme, näherhin auf die Geldwirtschaft von heute, anzuwenden.

668 Vgl A. Halbmayr: Die Wechselwirkung von Gott und Geld, 396f u. FN. 247. Halbmayr führt aus, dass zu dieser Tradition auch das in der Alten Kirche wichtige Agraphon „Seid kundige Geldwechsler!" gehört, das Joachim Jeremias zufolge zu den authentischen Jesusworten zählt und zu seiner Zeit äußerst beliebt war und dementsprechend oft zitiert wurde. Vgl. dazu: Joachim Jeremias: Unbekannte Jesusworte, Gütersloh ^{4}1965, 95–97 und Johan S. Vos: Das Agraphon „Seid kundige Geldwechsler!" bei Origenes, in: William L. Peterson, u.a. (Hg.): Sayings of Jesus: canonical and non canonical (Essays in Honour of Tjtze Baarda). Leiden 1997, 277–302.

ren des Geldes einerseits „als die große Widermacht Gottes aufzudecken“ und sie andererseits als „ein herausragendes Mittel für die Gerechtigkeit Gottes zu gewinnen.“[669] Wichtig dabei erscheint, den Begriff der Relativität hier wieder in seiner doppelten Funktionalität zu verstehen, die sich praxisbezogen bewährt, wie anhand des Umgangs mit dem ambivalenten Spannungsverhältnis der zahlreichen affirmativen und abweisenden Geldpassagen zu zeigen ist, die nicht unvermittelt im dualistischen Nebeneinander verlaufen, sondern miteinander im Lichte der Botschaft Jesu vom nahen Kommen des Gottesreiches vermittelt werden. Dies erfordert das Zulassen einer Pluralität von Perspektiven, Zugängen und Wegen, die untereinander durchaus im Widerstreit liegen können, jedoch die Einflugschneise für mediatorische Gestaltungsmöglichkeiten stets geöffnet halten.[670]

Halbmayrs Forschungsansatz in Bezug auf bibelrelevante Problemstellungen fragt nicht nach dem Verhältnis von Jesus selbst zum Geld, sondern – und damit berührt seine Fragestellung auch das Kernthema dieser Arbeit – welcher Umgang mit Geld kann dem Kommen des Gottesreiches dienlich sein oder sein Wachstum fördern?[671] Mit anderen Worten: Wie und unter welchen Bedingungen lässt sich Geld lebensdienlich einsetzen und im Rahmen einer Theologie des Lebens verorten?

Anhand einschlägiger Perikopen sucht Halbmayr Elemente einer Kriteriologie zu gewinnen, mithilfe derer gezeigt werden kann, „ob und in welcher Weise Geld und Reichtum eine Funktionsgröße für das Reich Gottes bilden oder sich zu einer widergöttlichen Macht, zum Mammon verdichten.“[672]

Die inkarnatorische Präsenz Gottes im Menschen Jesus von Nazareth bietet im breiten Spektrum ihres Wirkens auch Aspekte, die Rückschlüsse auf die Geldpraxis Jesu zulassen. Diese ist, nach Halbmayrs Auffassung, von einer relativierenden Grammatik geprägt. Jesus bedient sich ungefragt und selbstverständlich des Geldes, „wo es der Freiheit und Gerechtigkeit des Reiches Gottes dient,“[673] aber er übt auch radikale Kritik am Geld, „wo es die wahren Ressourcen des Lebens austrocknet und den Blick für die Dinge jenseits ihres ökonomischen Werts eintrübt.“[674] So zum Beispiel bei Mt 6,19f, par. Lk 12,33f: „Sammelt euch nicht Schätze hier auf der Erde, wo Motte und Wurm sie zerstören und

669 A. Halbmayr: Die Wechselwirkung von Gott und Geld, 397.

670 Vgl. ebd. 398.

671 Vgl. ebd. 401.

672 Ebd. 401, stets unter Verweis auf die relative Grammatik Jesu, durch die das Geld in eine auf die *basileia tou theou* Bezug nehmende Verhältnisstruktur eingeordnet wird.

673 A. Halbmayr: Die Wechselwirkung von Gott und Geld, 392.

674 Ebd. 392.

wo Diebe einbrechen und sie stehlen. Denn wo dein Schatz ist, da ist auch dein Herz."

Frühchristen lebten in der Parusie-Naherwartung und waren von der apokalyptischen Überzeugung erfüllt, dass mit dem Wiederkommen des Auferstandenen das Reich Gottes endgültig heranbrechen, und dass Gott in seinem Heilsplan das Ende der bestehenden Ordnung, die Unfreiheit, Leid und Qual bedeutet, beenden werde.

In diesem Sinnzusammenhang sind auch die Aufrufe an die Armen in der Feldrede bei Lukas und der Bergpredigt bei Matthäus zu verstehen, Lk 6,20f: „Er richtete seine Augen auf seine Jünger und sagte: Selig, ihr Armen, denn euch gehört das Reich Gottes. Selig, die ihr jetzt hungert, denn ihr werdet satt werden. Selig, die ihr jetzt weint, denn ihr werdet lachen."

6.2.1 Der locus classicus des Geldes ist zugleich seine Personifizierung: Gott oder Mammon? (Mt 6,19–24 / Lk 16,9–13)

Jesus spricht hier vom Geld, indem er es personifiziert. Mit der Bezeichnung „Herr" wird das Geld zunächst auf ein und dieselbe Betrachtungsebene wie Gott gehoben, gleichzeitig aber wird seine radikale Unverträglichkeit mit dem wahren „Herrn" betont.

Mt 6,24f: „Niemand kann zwei Herren dienen; er wird entweder den einen hassen und den anderen lieben, oder er wird zu dem einen halten und den anderen verachten. Ihr könnt nicht beiden dienen, Gott und dem Mammon."[675]

Schon kurz davor heißt es prägnant: „Wo euer Schatz ist, da ist euer Herz" (Mt 6,21). Diese Sentenz steht in direktem Zusammenhang mit dem Mammonwort, ist Petracca überzeugt. Sie leitet ein und ebnet den Boden für das Einsehen, sein Herz nicht an vergängliche Schätze zu hängen, „die von Motten zerfressen und von Dieben gestohlen werden können, sondern an unvergängliche, himmlische Schätze."[676] Für Petracca bezeichnet das aramäische Wort Mammon hier das Geld und andere irdische Vermögenswerte, passend zu seinem ursprünglichen Wortsinn: „das, worauf man vertraut" oder „das, was zuverlässig ist".

---

675 Dieses berühmte Diktum Jesu wird der sogenannten Logienquelle (Q) zugeordnet, einer vorwiegend aus Jesusworten bestehenden oralen Tradition, die sich rekonstruktiv in den Evangelien von Matthäus und Lukas erhalten hat. Vgl dazu: Paul Hoffmann / Christoph Heil (Hg): Die Spruchquelle Q. Studienausgabe Griechisch und Deutsch, Darmstadt ^{2}2007, 98 (Q 16,13).

676 Vincenco Petracca: Lazarus, Zachäus und das Nadelöhr. Geld und Reichtum in der Bibel. In: Diakonia 38 (2007), 20f.

Gleichzeitig wird Mammon als „Herr (griech. Kyrios) Gott gegenübergestellt und damit personifiziert.“[677]

Die strenge jesuanische Grenzziehung und Unvereinbarkeit geldlicher Werte und göttlicher Verehrung überrascht, denn im jüdischen Glaubenskontext stand der Besitz zeitlicher Güter keineswegs im Widerspruch zum Glauben an Gott. Wie kam es also zu diesem Umschwung? Dieser Frage widmetet sich Daniel Marguerat, der seine Befundaufnahme mit der alttestamentlich gestützten These vom Reichtum als Segenszeichen Gottes beginnt: „Reichsein galt als Gnade Gottes: Mir gehört das Silber und mir das Gold – Spruch des Herrn der Heere.“[678] (Hag 2,8). Im Angesicht eines freigiebigen Gottes lebte Israel im festen Glauben daran, dass am Geld nichts Schädliches haftet. Der von Gott gesegnete Isaak „erntet hundertfältig. ... Der Mann wurde reicher und reicher, bis er sehr wohlhabend war.“ (Gen 26,12–13). Allerdings ist der Reichtum ungleich verteilt; eine soziale Gesetzgebung will das Elend der Armen mildern.[679] Marguerat unterstreicht, dass dabei „nicht an den guten Willen oder das Gefühl appelliert wird; es wird nicht zur Nächstenliebe ermahnt, sondern es wird ein Grundsatz sozialer Gerechtigkeit bestimmt, indem der Überschuss zum Eigentum der Bedürftigen erklärt wird.“[680] Bis heute ist wissenschaftlich umstritten, ob die sozialutopischen Extremmaßnahmen wie das auf null Stellen aller Schulden und das Freigeben aller Sklaven im Sabbatjahr, tatsächlich angewandtes Recht war, oder ob es sich dabei um ein Ideal handelte, dem es nachzueifern galt.[681]

Bei aller Hochschätzung des von Gott gegebenen Besitzes sparen die Autoren des Alten Testaments, näherhin die Propheten, nicht mit harscher Kritik an den Reichen: „Mächtig und reich geworden, fett und feist, sündigen sie durch ruchlo-

677 Ebd. 21.

678 D. Marguerat: Gott und Geld – ein Widerspruch? In: Welt und Umwelt der Bibel Nr. 47 – 1/2008, 10.

679 Ein Beispiel dafür ist Dtn 24,19: „Wenn du dein Feld aberntest und ein Garbe auf dem Feld vergisst, sollst du nicht umkehren, um sie zu holen. Sie soll den Fremden, Waisen und Witwen gehören, damit der Herr, dein Gott, dich bi jeder Arbeit deiner Hände segnet.“

680 D. Marguerat: Gott und Geld – ein Widerspruch? In: Welt und Umwelt der Bibel Nr. 47 – 1/2008, 10.

Ebd. 10, unter Verweis auf Dtn 15,4: ... „eigentlich sollte es bei dir keine Armen geben, denn der Herr wird dich reich segnen in dem Land, das der Herr, dein Gott dir als Erbbesitz gibt und das du in Besitz nimmst.“

681 Vgl. Lev 25; Dtn 15. Helga Kaiser geht davon aus, dass das Erlass- oder Sabbatjahr vom 3. bis zum 1. Jh. v. Chr. von weiten Teilen der Bevölkerung eingehalten wurde und in der Antike zum Brachjahr mutierte, wohingegen das Jobeljahr (Lev 25,8–55, nach jedem siebten Erlassjahr, also in jedem 50. Jahr) nie realisiert wurde, wie die Mehrheit der ForscherInnen annimmt. Vgl. H. Kaiser: Erlassjahr, Sabbatjahr und Jobeljahr. In: Welt und Umwelt der Bibel Nr. 47 – 1/2008, 46.

ses Tun." (Jer 5,27)[682] Der prophetische Zorn richtet sich nicht gegen das Besitztum per se, wohl aber gegen seinen Missbrauch und die Missachtung seiner Sozialpflichtigkeit, wie man heute sagen würde.

Marguerat zeigt auf, dass die Tonart an Schärfe zunimmt, wenn Jesus eine scharfe Trennlinie zwischen Gott und dem personifizierten Geld qua „Herr" bzw. „Mammon" zieht. Soll damit dem Geld seine bloße Gegenständlichkeit entzogen werden? Kann es nicht jeden Augenblick zu einem Gott werden, dem Menschen ihr Leben opfern? Mehr noch als die Moralität scheint hier die Spiritualität ausschlaggebend zu sein, denn die jesuanische Unterscheidung der Geister stellt den Menschen vor die Frage, worauf er sein Dasein bauen möchte, welchem Gott er sich anvertraut, womit Marguerat Jesus wieder auf festem alttestamentlichem Fundament angekommen sieht. So kann das Geld zu Gott werden, was so viel heißt, wie „dem Mammon zu dienen, seine Existenz dem Dienst am Geld zu verschreiben."[683] Dass die Beweggründe dafür nicht selten von den Gefühlen der Existenz- und Todesangst initiiert und begleitet sind, hebt Marguerat hervor und zeigt anhand des biblischen Gleichnisses vom sinnlosen Anhäufen der Vorräte das (arche)typische Schutzsuchen und Zufluchtnehmen eines Menschen in den personalisierten „Schutzgott gegen den Tod", Mammon.[684]

6.2.2 Mammon; einige Erträge zu einem vielsagenden Begriff

Der Begriff Mammon findet auch außerbiblisch breite Verwendung. Es scheint Forschungskonsens darüber zu herrschen, dass das Wort mit dem aramäischen Begriff *aman*, der Wurzel für den Gebetsschluss *amen* zusammenhängt, einer Bekräftigung dessen, was man bewusst gebetet und gewollt hat, etwas, hinter dem man stehen kann.[685]

---

682 Weitere Beispiele bei Jes 10,1–3; Ez 28,5, u.a.

683 D. Marguerat: Gott und Geld – ein Widerspruch? 14.

684 Vgl. ebd. 14, unter Heranziehung von Lk 12,16: Das Beispiel von der falschen Selbstsicherheit des reichen Mannes.

685 Vgl. D. Marguerat: Gott und Geld – ein Widerspruch? 14. Auch Gotthard Fuchs leitet *Mammon* von aramäisch *mammona* („auf das man vertraut") ab. Es gehört demnach demselben Wortstamm an wie *Amen* und bedeute höchste Verlässlichkeit und Treue. Vgl. Gotthard Fuchs: Diskretion, bitte! „Nach Golde drängt / Am Golde hängt doch alles": Zur Mystik des Geldes. In: Die Furche Nr.19 / 08.05.2008, 10.

Auch andere Quellen leiten den Begriff *Mammon* vom (aram.) *amon /aman*, „das, worauf man traut“, her.[686] Hier tritt die enge Verwandtschaft zum hebräischen Wort *amen*, „wahrlich“, „so sei es“[687] oder auch: „es gilt, es steht fest“[688], deutlich zutage.

Aman bezeichnet auch Stabilität und Standfestigkeit. Von daher könnte mit *Mammon* „das Solide, Gesicherte, Beständige, auf das man sein Vertrauen setzen kann“ ausgesagt werden, womit der Ausdruck *Mammon* zu einem Garanten der Sicherheit würde.[689] Somit ist es naheliegend, dass diese dem Wort *Mammon* innewohnende Sicherheit im biblischen Israel für Geld und Besitz herbeigesehnt wurde.

Im Neuen Testament benutzt nur Jesus den Begriff; interessanterweise jedoch in einem seine ursprüngliche Aussage konterkarierenden Kontext. Das Geld qua *Mammon* wird von den Autoren der Evangelien in den betreffenden Passagen als böse, dämonische und ungerechte Macht dargestellt und darüber hinaus auch als „Herr“ personifiziert, womit ein gefährliches Abhängigkeitsverhältnis der vom Geld versklavten Menschen insinuiert wird.[690] Der „Herr“ *Mammon* scheint dabei zu einer Gefahr für das Verhältnis Gott und Mensch zu werden.[691] Es hat auch den Anschein, als würden beide, Gott und der Mammon, um die Zugeneigtheit der Menschen kämpfen. Doch wer sich seinem Besitz und seinem Geld unterwirft, begibt sich nach Aussagen der Evangelien nicht nur in eine trügeri-

---

686 So z.B. Friedrich Hauck: *mamonas*. In: Gerhard Kittel (Hg.): THWNT, Vol IV. Stuttgart 1942, 390f. und Ulrich Kremer: Geld und Bibel. In: Diagonal – Zeitschrift der Universitäts-Gesamthochschule-Siegen. Zum Thema: Geld, No.1 1991, 273–275.

687 Als Bekräftigung eines Segensspruches, Schwures oder Gebetes. In: Friedrich Hauck / Gerhard Schwinge: Theologisches Fachwörterbuch. 8., erneut durchges. und erg. Aufl., Göttingen 1997, 15.

688 Johannes Hanselmann / Uwe Swarat (Hgg.): Fachwörterbuch Theologie. 2., verb. und erw. Aufl., Wuppertal 1996, 14.

689 Vgl. D. Marguerat: Gott und Geld – ein Widerspruch? 14.

690 Mit und ohne explizite Nennung des Begriffs Mammon wird dieser geldabhängige Ductus in den Evangelien an vielen Stellen deutlich. Vgl. dazu: Vom rechten Gebrauch des Reichtums, Lk 16, 9–13. Vom Der reiche Mann und der arme Lazarus, Lk 16,19–31. Das Gleichnis vom heimkehrenden Sohn, Lk 15,11–32. Das Gleichnis von den Arbeitern im Weinberg, Mt 20,1–16. Das Gleichnis vom anvertrauten Geld, Mt 25,14–30; Lk 19,11–27. Das Gleichnis von der verlorenen Drachme Lk 15,8–10. Die Frage nach der kaiserlichen Steuer, Mk 12,13–17; Mt 22,15–22; Lk 20,20–26. Jesus beim Mahl beim Zollpächter Zachäus, Lk 19,1–10. Von Reichtum und Nachfolge, Mk 10,17–31; Mt 19,16–30; Lk 18,18–30. Der gute Hirt und die Tagelöhner, Joh 10,11–18. Das Gleichnis vom guten Verwalter, Lk 16, 1–8. Das Gleichnis vom unbarmherzigen Gläubiger, Mt 18,23–35. Das Gleichnis von der falschen Selbstsicherheit des reichen Mannes, Lk 12,13–21; u.a.

691 Vgl. ebd. 12 und den Locus classicus: „Ihr könnt nicht beiden dienen, …“, Mt 6,24 / Lk 16,13, aus der Logienquelle (Q).

sche Sicherheit, sondern betet auch den falschen „Herrn“ an. In dieser „lebensgefährlichen“ Vergötzung des Geldes und Besitzes steht angesichts einer eschatologischen Naherwartung nichts weniger als das eigene Heil auf dem Spiel. Aus dieser Haltung heraus wird dann verständlich, wenn als plausible Folge dessen, zum möglichst gerechten und freizügigen Verschenken und Verteilen allen Geldes und Besitzes an die Bedürftigen aufgerufen wird.[692]

Stefan Alkier spitzt die Situation, in der der aramäische Begriff *Mammon* im Lukas- und Matthäusevangelium Verwendung findet, konkret zu: „Die Not des Einen wird zum Gewinn des Anderen.“[693] Hier tritt die himmelschreiende Ungerechtigkeit, die der Begriff (auch) enthält, zutage. Alkier legt Wert auf die Feststellung, dass diese Kritik weder eine „leib- und freudefeindliche Kasteiung und Askese“ einfordere, noch das Geld selbst zur Kritik stehe. „Es geht vielmehr um die radikale Ablehnung von auf Kosten anderer erworbenen Besitzes um des Besitzens Willen.“[694] Genau deshalb stehe der Mammon als Synonym für Ungerechtigkeit in der Geldwirtschaft, umgekehrt hänge auch die Gewinnmaximierung untrennbar mit der Erfindung des Geldes zusammen, so Alkier. Im krassen Gegensatz dazu preisen die „Apostel“ des Mammons in der Hoffnung auf immer mehr Gewinn ihr Geld, beten es an und „opfern“ es auf dem Altar des Luxuskonsums.

In Anlehnung an radikaltheokratische Alternativen, dem Mammon wie anderen Göttern oder vergöttlichten Menschen (wie dem Römischen Kaiser) dienen zu wollen[695], weitet Annette Merz die Bedeutungsbreite des Wortes Mammon zunächst auf den Begriffshorizont der Sünde aus, wie er in Röm 6 von Paulus als Alternative zur Gottestreue aufgestellt wird: „Gott dienen oder der Sünde.“[696]

Den Begriff Mammon versteht Merz als ein „ein unübersetzt gelassenes aramäisches Wort mit einem breiten Bedeutungsspektrum, es bedeutet Geld, aber auch Besitz, Reichtum und Gewinn“[697]. Sein Herleiten aus einer wahrscheinlich

---

692 Vgl. Mt 6, 19–21; Lk 12,33; Vom wahren Schatz: „Verkauft eure Habe, und gebt den Erlös den Armen!“ Mt 10,9; Mk 6,8; Lk 9,3; Aussendung der Jünger: Sie sollen auf ihren Wegen kein Geld, keinen Vorrat, keine Sicherheit mitnehmen. Vgl auch. D. Marguerat: Gott und Geld – ein Widerspruch? 12.

693 S. Alkier: Wirtschaftsleben in der Antike. In: Bibel und Kirche, 62. Jg. 1/2007, 8, in Bezug auf die Referenzstellen bei Mt 6,24 u. Lk 16,13: „Ihr könnt nicht beiden dienen, Gott und dem Mammon.“

694 S. Alkier: Wirtschaftsleben in der Antike, 8.

695 Vgl. „Ihr könnt nicht Gott dienen und dem Mammon“, Mt 6,24 / Lk 16,13, bzw. die Frage nach der kaiserlichen Steuer in Mk 12,13–17 parr.

696 Vgl. A. Merz: Mammon als schärfster Konkurrent Gottes, 48 und FN 35.

697 Ebd. unter Verwendung von: F. Hauck: Art. *mamonas*, in: ThWNT IV (1942) 390–392; H. Balz, Art. *Mamonas*, in: EWNT II (^{2}1992) 941 f; M. Wilcox: Art. MAMMON, in: ABD 4 (1992) 490.

hebräischen Wurzel mit der Bedeutung: „Das, worauf man traut“, oder „das, was einem Sicherheit gibt, weil es Bestand hat“, sei nach wie vor Gegenstand wissenschaftlichen Diskurses und somit nicht ausgemacht, so Merz.[698] Bei Jesus erfährt das Wort eine eindeutig negative Konnotation[699], indem er harsche Alternativen aufreißt, die vom Gottgläubigen verlangen, den Mammon zu verachten oder gar zu hassen. Der Mammondienst erscheint hier als ein den Menschen von Gott und dem Gottesdienst entfremdendes Grundübel der Zeit. Wer dem Mammon, der als personifizierte oder dämonisierte Macht auftritt, dient, kann Gott nicht dienen.[700]

Einen suchtbezogenen Zugang zum Thema steuert Petracca unter Rückgriff auf Ex 20,2, bei. Davon ausgehend, dass der Dienst an Gott Ausdruck der persönlichen Freiheit ist, versklavt der Mammon den Menschen und bringt ihn in eine drogenähnliche Abhängigkeit. Im historischen Kontext sei beim Ansammeln des Geldes um des Geldes und seiner Vermehrung willen die Dualität Gott und Dämon zu beachten, dem der Geldbesessene verfällt. „Durch die Sucht der Anhäufung wird man unversehens zum Sklaven des Mammons. Der Mammon ist nur scheinbar eine Sache, die man besitzt, tatsächlich ist er ein Götze, der vom Menschen Besitz ergreift. Er erhebt Anspruch auf die völlige Hingabe des Menschen und gaukelt ihm Sicherheit durch gierige Anhäufung von Geld vor.“[701] Der aus der Mode gekommene Begriff „Geldteufel“ beschreibt Petraccas Auffassung zufolge ziemlich genau den Charakterzug des Mammons, von dem ein Mensch ergriffen ist, der der Illusion verfällt, sich durch Geld bleibende Lebenssicherheit erkaufen zu können.[702]

Unter Berufung auf Kremer bringt Weiß ein Bespiel für die Interessensverflechtung von Recht und ökonomischen Interessen: In rabbinischen Schriften wird mit dem Begriff Mammon nicht nur der unehrenhafte Profit bezeichnet, „sondern auch die Schadenersatzzahlung im Gericht wie das Bestechungsgeld,

---

698 Diese Ableitung ist, wie Merz anmerkt, nicht unumstritten. Während W. Nauck dafür optiert, ist sich H. P. Rüger sicher, dass es sich bei *mamonas* um ein kanaanäisches Lehnwort handelt, dessen Wurzel an *„Verpflegung“* und *„Vorrat“* denken lässt. Vgl die zusammengefassten Diskussionsbeiträge in: A. Merz: Mammon als schärfster Konkurrent Gottes, 49f u. FNN 36–40.

699 Diese steht in einer sehr alten Verwendungsgeschichte, wie der älteste Beleg in im hebräischen Sirachbuch zeigt. Hier wird Reichtum nicht als Lohn, sondern als Test für Rechtschaffenheit aufgefasst: „Glücklich der Reiche, der schuldlos befunden und nicht hinter dem Geld (Mammon) herläuft. .. Wer ist es, der versucht wurde und unversehrt blieb? Es soll ihm das zum Ruhme gereichen. (Sir 31,8.10)

700 Vgl. die Erläuterungen von A. Merz, in: Mammon als schärfster Konkurrent Gottes, 48–53.

701 Vincenco Petracca: Lazarus, Zachäus und das Nadelöhr. Geld und Reichtum in der Bibel. In: Diakonia 38 (2007), 21.

702 Vgl. ebd. 21.

das der Richter erhält. Was der Prozessgewinner einnimmt gehört dem Richter."[703]

In der Personifikation des Mammons, wie er in Hofmannsthals „Jedermann" auftritt, erkennt Weiß eine „Vereinfachung des kapitalistischen Gefüges."[704] Im Anschluss an Weiß ist zu verdeutlichen, dass man die Vorstellung eines göttlichen Subjekts des Geldes erst auflösen muss, um zu erkennen, dass das Phantom, dem alle Menschen dienen, eben nichts Göttliches an sich hat, dass ihm weder bleibender Wert noch Entelechie zugeschrieben werden kann.[705]

6.2.2.1 Die Entlarvung der scheinbaren Göttlichkeit des Geldes im Gott-Mammon Kontrast

Das Ins-Leben-Holen des Geldes stellt gleichzeitig seine Profanierung dar. Das Geld wird seiner scheinbaren Göttlichkeit entlarvt, seiner Macht entzogen, seiner Suggestionskraft beraubt und wird letztendlich banales, materielles Ding. Es wird als nur temporär wirksames Analgetikum oder Psychopharmakum auf seinen Austauschcharakter reduziert. Ein Vorgang, den Jacques Ellu als „Profanieren" des Geldes bezeichnet. „Man nimmt dem Geld seinen sakralen Charakter, indem man in einer Gesellschaft, die vom Mammon beherrscht ist, die Dimensionen des Schenkens und des Kostenlosen einführt."[706] Doch damit alleine scheint nur ein Aspekt der mitunter fatalen Wechselwirkungsdynamik des disparaten Begriffspaares „Gott oder Mammon" und der damit verbundenen Frage, ob und wie der Mensch denn beiden dienen könne, angesprochen zu sein.

Die lukanische Perspektive thematisiere „von unten" die extremen Unterschiede zwischen Arm und Reich in der Gemeinde, ist sich René Krüger sicher.[707] Wo „Niedrigstehenden" die blanke Verachtung der überheblichen Reichen entgegenschlägt, solidarisiert sich Jesus mit den Benachteiligten. „Geld und Güter sollen eine soziale Funktion haben und dazu dienen, Leben zu ermöglichen und zu fördern"[708], entschlüsselt Krüger das sozioökonomische Projekt des Lukasevangeliums und dessen Aussagen einer Ökonomie, die im Dienst des Lebens stehe. Überhaupt enthalte das Kapitel 16 „die explosivsten Texte des ganzen Lukasevangeliums in Sachen Ökonomie und ist eine Synthese der luka-

703 J. Weiß: Mammon, 111, fußend auf Ulrich Kremer: Geld und Bibel, 273.

704 J. Weiß: Mammon, 251.

705 Vgl. ebd. 251f.

706 D. Marguerat: Gott und Geld – ein Widerspruch? 15.

707 R. Krüger: Gott oder Mammon? Wirtschaftstexte im Lukasevangelium. In: Bibel und Kirche. 62. Jg. 1/2007, 22–29.

708 Ebd. 23.

nischen Texte über Ausbeutung, Wucherei, Vergeudung, Ungerechtigkeit und die Versklavung durch Reichtum und Güter."[709]

Krüger ist es daran gelegen hervorzustreichen, dass Gott in diesem Gleichnis nicht die Unehrlichkeit oder gar Ungerechtigkeit, sondern die Klugheit des Verwalters lobt. Klug sei nämlich seine Absicht, „sich in einem kritischen Moment Freunde zu verschaffen, und sein konkretes Handeln, das im Schuldenerlass besteht, und das vom orientalischen Quellenmaterial her zur Haushalterschaft herzu betrachten ist. ... Ein antiker Verwalter hatte freie Hand in den Geschäften seines Herrn. ... Aus der Sicht der Armen ist Geldverleih mit Zinsen (und ganz besonders mit Wucherzinsen) natürlich ein durch und durch ungerechtes System, das die Kluft zwischen Arm und Reich nur vergrößert. Der Verwalter nutzt den Rest seiner dahinschwindenden Macht noch schnell aus, um Sympathie durch Befolgung des Gesetzes zu wecken und dieses System zu korrigieren."[710]

Krüger weist sehr wohl darauf hin, dass diese Korrektur durchaus aus Eigennutz geschieht, dennoch unterstützt dieses Handeln die Interessen der Benachteiligten im Sinne einer „alternativen Wirtschaftsmoral", die allerdings auf jüdischen Gesetzen aufruht.[711] Die „Ungerechtigkeit" von Vers 8. bezieht sich, so Krüger eindeutig auf den im V. 9 genannten Mammon, und nicht auf eine allfällige Charakterschwäche des Verwalters.[712] Krüger hebt hervor, dass bisher noch keine Verbindung des Wortes Mammon zu einem Gott, Götzen oder Dämon des alten Orients gefunden werden konnte. Jedoch: „Durch die Gegenüberstellung zu Gott wird in diesem Spruch Jesu die wirtschaftliche Macht erstmals personifiziert, und damit verwandelt der Text den Mammon in ein vergöttlichtes Subjekt, das die Menschen versklavt."[713]

Wiewohl der Mensch die Freiheit besitzt, zwischen den beiden „Herren" Gott und Mammon zu wählen, verwandelt ihn die Entscheidung für Letzteren in des-

709 Ebd. 24.

710 Ebd. 26. (Klammersetzung im Original)

711 Ex 22,25; Lev 25,35–37 u. Dtn 23,19–20 untersagen jüdischen Geld- und Warenverleihern das Zinsennehmen von Glaubensbrüdern. Somit ist Krüger zuzustimmen, wenn er davon überzeugt ist, dass das lukanische Gleichnis indirekt auf eben diese Gesetzgebung hinweist und von einer „ökonomischen Umkehr des Haushalters" spricht, der bestehendes Recht gegenüber Gottes Geboten als minder wichtig erachtet. Vgl. R. Krüger: Gott oder Mammon, 26.

712 In Lk 16,13 erblickt Krüger im Mammon-Begriff die theologische und praktische Zusammenfassung des gesamten Kapitels. Der vom aram. Substantiv *mamon* abgeleitete gr. Ausdruck *mamonas* verweist auf den Verbstamm *mn*, trauen, vertrauen. Somit gewinnt *Mammon* die Bedeutung von „worauf man vertraut", oder „was zulässig ist". Diese Konnotation findet sich dann in der rabbinischen Texttradition und im NT im den Bedeutungsfeldern Besitz, Vermögen, jeweils mit dem Unterton des unredlich erworbenen Geldes. Vgl. R. Krüger: Gott oder Mammon, 26.

713 Ebd. 26

sen Sklaven. Krüger im lukanischen Herrschaftsvergleich bleibend: „Der Mammon ist kein kontrollierbares Ding oder Objekt; sondern ein Subjekt, ein Herr, dem man dient, der herrscht und versklavt.“ Die moralische Rechtfertigung des Gleichnisses kann aus der Erkenntnis gezogen werden, dass der Mammon per se nur ungerecht sein kann, weswegen sein Einsatz zum Nutzen der Bedürftigen der einzig richtige ist. Somit scheint der Verwalter den Spagat, beiden „Herren“ zu dienen, in gewisser Weise doch bewerkstelligt zu haben.

Diese zum Sprichwortschatz der Populärkultur herangereiften Bibelworte betten die Autoren der beiden Evangelien in durchaus divergierende Kontexte ein, welche jeweils unterschiedliche Bedeutungshorizonte eröffnen, wie auch Halbmayr hervorhebt.[714]

6.2.2.2 Gott und Mammon: Glaube und Sozialverhalten in biblischen Kontexten

Die Problemstellung, gleichzeitig Gott und dem Mammon dienen zu können, bildet auch den Ausgangspunkt der Untersuchungen von Annette Merz, die davon überzeugt ist, dass „dieses Logion ins Zentrum der Botschaft Jesu führt“ und es in die historischen Kontexte des ersten nachchristlichen Jahrhunderts hineinstellt.[715] Gleichzeitig kommt die bereits in der Alten Kirche und auf den Erfahrungsschatz des Alten Testaments zurückgreifende Frage mit ins Spiel, ob die schneidende Antinomie von Gott und Mammon denn überhaupt berechtigt sei, wo doch der Reichtum durchaus auch als Gabe Gottes gesehen werden kann.[716] Geht man also davon aus, dass der Segens- und Geschenkcharakter des Geldes auch biblisch aufrechtzuerhalten ist, bleiben die Fragen nach dem persönlichen Verhältnis zum Geld und seiner vielfältigen Verwendungszecke offen. Ulrich Luz betont, dass die Gegenüberstellung von Gott und Mammon im Matthäus-

---

714 Vgl. A. Halbmayr: Die Wechselwirkung von Gott und Geld, 402f.

715 Vgl. A. Merz: Mammon als schärfster Konkurrent Gottes. Jesu Vision vom Reich Gottes und das Geld. In: Severin Lederhilger (Hg.): Gott oder Mammon. Christliche Ethik und die Religion des Geldes. Frankfurt 2001, 34–90.

716 Vgl. Dtn 16,20, wo die politischen und ökonomischen Weisungen der Tora im Gerechtigkeitsbegriff einen Kulminationspunkt erfahren: „Gerechtigkeit, Gerechtigkeit – ihr sollst du nachjagen, damit du Leben hast und das Land in Besitz nehmen kannst, das der Herr, dein Gott, dir gibt.“ Auch für die Kirchenväter galt Geld als Gottesgabe, dem Menschen zur getreuen Verwaltung anvertraut, wobei das Almosengeben den höchsten Stellenwert einnahm. Während des ersten Jahrtausends kann kirchengeschichtlich keine kritische Einstellung zum Reichtum beobachtet werden. Die Kirche Christi sollte sogar über großes Kapital verfügen. Vgl dazu: Reinhart Staats: Deposita pietatis. – Die Alte Kirche und ihr Geld. In: ZThK 76 (1979) 1–29, bes. 4. Einen zusammenfassenden Überblick zur Diskussion bietet: A. Halbmayr: Die Wechselwirkung von Gott und Geld, 403f.

evangelium in ihrer Radikalität nicht unterschätzt werden dürfe. Hier gehe es konkret um die Besitzfrage als Grundeinstellung des Menschen, und der Evangelist sei tatsächlich davon überzeugt gewesen, „daß das Geld der Ort ist, wo der Mensch sein Herz hat“[717], so er nicht gerade spirituelle Ausflüge zu Gott und den himmlischen Schätzen unternimmt.

Im Vergleich der Anliegen der jüdischen antirömischen Widerstandsbewegung unter Judas Galilaios und der religiösen Erneuerungsbewegung, für die Jesus und seine JüngerInnen eintraten, gelangt Merz zur Auffassung, dass beide Gruppen „eine radikaltheokratische Hoffnung mit naheschatologischem Charakter (vertraten). Beide hofften, dass Gott selbst bald eingreifen und seine Herrschaft aufrichten würde“[718], wiewohl die Wege zum Ziel höchst unterschiedlich gestaltet waren. „Ihr könnt nicht Gott dienen *und* dem Mammon“, regt nicht nur individualethische, soziale und politische Überlegungen für den gerechten Umgang mit Geld und Besitz an, es verbindet auch, was viele Menschen gerne voneinander trennen wollen: Glaube und Sozialverhalten. Die jüdische Widerstandsbewegung, die in ihrer kritischen Einstellung zu Geld und Besitz, wie auch in ihrer theokratischen Grundtendenz der Jesusbewegung nahe stand, tat sich mit ihrer politischen Losung „Gott oder der Kaiser“ leichter, ein den Glauben gefährdendes, klar definiertes Feindbild aufzubauen. Jesu Vision einer neuen, lebbaren Wirtschafts- und Sozialordnung, in welcher die Herrschaft des Geldes aufgehoben und gerechte Verhältnisse mit dem Anbrechen des Gottesreichs implementiert würden, lokalisiert den gefährlichsten Gegner der Menschen in ihnen selbst und mündete in die Alternative „Gott oder Mammon“.[719] Beide Losungen erwuchsen vor dem Hintergrund einer politisch, ökonomisch und kulturell angespannten und im hohen Maße instabilen Situation im Palästina des ersten Jahrhunderts.[720]

Wer sich aber für das Reich Gottes engagiert, muss nach Merzens Interpretation des Jesus-Logions Geld und Besitz radikal entwerten. Ungerechte Formen des Gelderwerbs seien deshalb schon zu verwerfen, weil das Geldthema in einer Paraphrase des *Schema Israel*[721] folgendermaßen aufzufassen sei: Man müsse „sich mit ganzem Herzen, ganzer Seele und seiner ganzen Kraft, auch der finanziellen, für das Reich Gottes einsetzen.“[722] Merz zieht in diesem Zusammenhang

717 U. Luz: Das Evangelium nach Matthäus (EKK 1). Düsseldorf / Zürich [5]2002, 471.

718 A. Merz: Mammon als schärfster Konkurrent Gottes, 88.

719 Ebd. 89.

720 Vgl. ebd. 37.

721 „Höre, Israel! Jahwe, unser Gott, Jahwe ist einzig. Darum sollst du den Herrn, deinen Gott, lieben mit ganzem Herzen, mit ganzer Seele und mit ganzer Kraft.“ (Dtn 6,4–5).

722 Ebd. 89. In FN 120 bietet Merz eine diese Auffassung nahelegende Auslegung von Dtn 6,5 in mBer 9,5: „Du sollst lieben Jeja deinen Gott, von ganzem Herzen, von ganzer Seele, mit aller

einen Vergleich zur der politisch hochbrisanten Frage an Jesus, ob es denn erlaubt sei, dem Kaiser Steuern zu zahlen.[723] Die Steuermünze trug den Kopf des Kaisers Tiberius und zwang Jesus zu einer symbolpolitischen Handlung[724], denn nichts Geringeres wurde gefragt, „ob man Gott allein als Herrn und König anerkennt."[725] Jesus entschärft den Konflikt, ohne die Frage zu beantworten und differenziert klar zwischen einer säkularen und einer religiösen Perspektive: „So gebt dem Kaiser, was dem Kaiser gehört, und Gott, was Gott gehört!" (Mk 12,17).

Die Quasi-Vergöttlichung des Geldes, oder seine Mammonisierung, scheint ihre Wurzel in der durch Jesus nahegelegten Parallelisierung von Gottesdienst und Mammondienst zu haben, denn für die dem Mammon vollends Verfallenen hat Mammon eine vergleichbare Bedeutung „wie Gott für die wahrhaft Gläubigen."[726] Für die Geldgläubigen gilt, dass sie ihr Herz an ihre irdischen Schätze hängen, wogegen sich Mt 6,20f paränetisch ausspricht und das Sammeln von Schätzen im Himmel empfiehlt, „wo weder Motte noch Wurm sie zerstören und keine Diebe einbrechen und sie stehlen. Denn wo dein Schatz ist, da ist auch dein Herz." Ein Aufruf gegen jedwedes Kumulieren von Reichtümern. Merz hebt hervor, dass es bei biblischen Fragen nach der Verwendung von Geld sehr oft um das das Herz geht, welches „das unteilbare Personzentrum des Menschen" repräsentiert.[727] Das Herz des Menschen soll aber, wie schon weiter oben unter Berufung auf Dtn 4–6 gezeigt wurde, ganz im Dienst Gottes stehen und sich auf ihn verlassen, denn „wer Gott *mit ganzem Herzen* liebt, erwartet keine Existenzsicherung von irdischen Schätzen, sammelt vielmehr unter Einsatz *aller* seiner Mittel und Kräfte Schätze im Himmel."[728] Jedoch scheitert der reiche Jüngling in Mk 10,17–22 an genau diesem in radikaler Form erhobenen Anspruch. Merz gibt sich überzeugt, dass die Zuspitzung in der Alternative „Gott oder Mammon" nicht allein in der Forderung zu erklären ist, damit aufzuhören, Scheinsicherungen hinterherzujagen. Viel eher dürfte sich Jesu kritische Haltung gegenüber dem Geld an dessen Rolle „im Wirtschaftsleben, in der Politik und auch im reli-

---

Macht. Von ganzem Herzen: mit beiden Trieben, dem guten und bösen; von ganzer Seele: selbst wenn er dir deine Seele nimmt; mit alle Macht: mit allem Vermögen (wörtl.: mit all deinem Mammon)."

723 Vgl. Mk 12, 13–17 parr.

724 Vgl. Gerd Theißen: Jesus und die symbolpolitischen Konflikte seiner Zeit. In: EvTheol 57 (1997) 378–400.

725 A. Merz: Mammon als schärfster Konkurrent Gottes, 47.

726 Ebd. 53.

727 Vgl. ebd. 55.

728 Ebd. 56.

giösen Leben Palästinas“ entzündet haben.[729] Die Masse der Armen und Bettelarmen, die durch Steuern, Zölle und immer tiefere Verschuldung in die Verelendung und in den Hungertod getrieben wurde, muss beträchtlich gewesen sein. Hier scheint auch der Sitz im Leben des beinahe zynisch klingenden Jesuswortes gegen Ende des Gleichnisses von anvertrautem Geld zu finden sein: „Wer hat, dem wird gegeben werden; wer aber nicht hat, dem wird auch noch genommen, was er hat.“[730] Damit scheint Jesus nichts weniger als eine nüchterne Diagnose damaliger sozioökonomischer Verhältnisse zu erstellen. Die Schuldenspirale treibt die Menschen immer tiefer in die Abhängigkeit ihrer Gläubiger, in die Schuldsklaverei und in den Tod. Die herbeigesehnte Gegenwelt der *basileia tou theou* scheint in dieser Aussage in unerreichbare Ferne gerückt und kontrastiert hoffnungsfrohe Ausblicke Jesu wie: „Wenn ich aber die Dämonen durch den Finger Gottes austreibe, dann ist doch das Reich Gottes schon zu euch gekommen,“[731] oder: „Die Zeit ist erfüllt, das Reich Gottes ist nahe“[732] und „Das Reich Gottes ist (schon) mitten unter euch.“[733] Annette Merz beschäftigt die Frage nach dem Ausschluss der Reichen und Mächtigen aus dem Reich Gottes. Eine Annahme, die Mk 10,25 nahelegt. Lässt sich daraus schlussfolgern, dass Reichen der Zutritt zur *basileia* verweigert wird oder dass Reichsein bedeutet, den Willen Gottes entgegenzuarbeiten? „Oder um es in den Worten der radikaltheokratischen Alternative zu sagen: Wer reich ist, dient nicht Gott, sondern dem Mammon.“[734]

Merz untersucht nicht nur die radikaltheokratische Alternative „Gott oder Mammon“ in Bezug auf Jesu Vision von der Gottesherrschaft. Auf einer sozioökonomischen Reflexionsebene stellt das Jesus-Logion die Menschen keineswegs vor eine Alternative zwischen zwei gleich potenten Größen, sondern fordert eine persönliche religiöse Entscheidung zwischen Gott und einem völlig überschätzten Usurpator, dem Geld, ein.[735] Es gehe, so Merz, um eine harsche Kritik an den ökonomischen Verhältnissen, deren Absicht es sei, die Menschen in aussichtsloser Verschuldung und vollkommener Abhängigkeit zu halten. Damit ziele das Logion auf der religiösen Ebene auf eine radikale Entwertung des Geldes. Gott und Mammon stehen alternativlos in einem unaufhebbaren sachlichen Gegensatz, wie auch „in einem hierarchischen Verhältnis zueinander.“[736]

729 Vgl. ebd. 57.
730 Lk 19,26.
731 Lk 11,20.
732 Mk 1,15; Mt 10,7; Lk 10,9.
733 Lk 17,21.
734 A. Merz: Mammon als schärfster Konkurrent Gottes,53.
735 Vgl. ebd. 53–76.
736 Ebd. 82.

Sich für das Reich Gottes einzusetzen, verlangt aus der Sichtweise Merz' die radikale Entwertung von Geld und Besitz. Man dürfe sich „nicht weiter ungerechten Formen des Gelderwerbs widmen und muss sich mit ganzem Herzen, ganzer Seele und seiner ganzen Kraft, auch der finanziellen, für Gott und das Reich Gottes einsetzen."[737]

6.2.2.3 Über die Möglichkeit einer Auflösung der Gott – Mammon Dichotomie

Dass sich die aus der Merzschen Exegese gezogenen Konsequenzen zu einer Entweder-Oder-Alternative steigern, zeigt Halbmayr kritisch auf und stellt die berechtigte Frage, wer denn angesichts einer derart hochliegenden Messlatte den Ansprüchen des Reiches Gottes noch genügen könne?[738] Gibt es denn jenseits der Disparität von Spiritualisierung und Radikalisierung keine Alternative, oder deutlicher gesprochen: ist denn das dichotome *Gott UND Geld* ein Skandalon? Legt nicht, wie Halbmayr aufzeigt, bereits der Autor des Matthäusevangeliums eine Spur zu einer tragbaren Vermittlung? Im Anschluss an das scharfe Logion (VV 24–33) fordert Jesus in einer ausführlichen Rede über die Sorglosigkeit dazu auf, „sich um das Reich Gottes zu kümmern, was den Verzicht auf die Besitzorientierung impliziert, doch ist die Besitzlosigkeit keine Voraussetzung sine qua non."[739] Der Fokus liegt vielmehr auf der Sorge um eine libidinös besetzte Besitzfixierung.

In der Version des Lukasevangeliums stellt sich die bange Frage, ob der Akzent auf dem verantwortungsvollen Gebrauch von Geld und materiellen Gütern oder auf der betonten Gerissenheit des Verwalters liegt, die letztendlich allem Anschein nach belohnt wird, weshalb es exegetisch empfehlenswert ist, die Perikope im Kontext der dem lukanischen Sondergut zugehörigen, unmittelbar vorausgehenden Parabel vom klugen Verwalter anzusehen (Lk 16,1–8). Halbmayr appelliert an dieser Stelle, nicht der Versuchung zu unterliegen, das Widerständige glatt bürsten und aus dem Text herausdestillieren zu wollen, denn „die Frage, die hier zur Diskussion steht und der lukanischen Gemeinde offenbar unter den Nägeln brennt, ist genau die nach den Möglichkeiten eines Engagements für das Reich Gottes *in* und nicht jenseits einer von Markt und Geld bestimmten Welt."[740] Halbmayr verweist in diesem Zusammenhang auf René Krüger, der die Meinung vertritt, dass es Lukas in dieser Parabel primär um das Lebensrecht und

---

737 Ebd. 89.

738 Vgl. A. Halbmayr: Die Wechselwirkung von Gott und Geld, 405.

739 Ebd. 405.

740 Ebd. 406. (Kursivsetzung im Original).

die Entwicklungsmöglichkeiten der Armen gehe, was notwendigerweise eine kritische Auseinandersetzung mit den Reichen impliziere.[741]

In Beantwortung der Frage, wie er den biblischen Aufruf, nicht zugleich Gott und Geld dienen zu können, einschätzt, bezeichnet Jochen Hörisch Jesus als den ersten Systemtheoretiker, „der einfach weiß, dass unterschiedliche Sphären unterschiedlichen Logiken folgen. Man kriegt die Ökonomie und die Religion, etwa auch die christliche, nicht zur Deckung. … Ihr könnt nicht Gott und dem Mammon dienen. Gebt dem Kaiser, was des Kaisers ist … Dies sind lauter Sphärentrennungen, heute würde man sagen: ausdifferenzierte Teilsysteme."[742]

Für Halbmayr kommt in der strikten Sphärentrennung *Gott und Mammon* nicht nur die grundsätzliche Skepsis gegenüber dem Geld zum Ausdruck, zugleich scheint darin eine ethische Forderung mit ausgesagt zu sein, die sich mit der exkludierenden und alternativlosen Gegenüberstellung nicht zufrieden gibt.[743] Auch historisch gesehen wich der auf die Entweder-Oder-Konstruktion *Gott oder Geld* fußende kirchliche Widerstand gegenüber dem Zinswesen einer friedlichen Koexistenz unter „dem gemeinsamen Dach der moralischen Anstrengung. Parallel zu einer aus prophetischen Quellen schöpfenden Ablehnung und Negativierung des Geldes hat sich eine Tradition entwickelt, die den Antagonismus aus diesem Verhältnis herausnimmt und in eine produktive Partnerschaft verwandelt."[744]

Die Gott-Mammon Dichotomie offenbart für Halbmayr erneut das markante, unverwechselbare Profil der biblischen Grammatik der Relativität, dank der jeglicher „geld- und besitzkritischer Impetus von dem alles normierenden Fluchtpunkt der Reich-Gottes-Botschaft getragen ist. … Aber zugleich kann für die Evangelisten, insbesondere für Lukas, das Geld auch ein vorzügliches Instrument des Reiches Gottes sein, indem es Menschen aus Not und Ungerechtigkeit herausreißt, damit sie überhaupt erst die Chance erlangen, ein Leben in Freiheit und Würde führen zu können."[745] Dieser Gedanke führt inhaltlich bereits zu

---

741 Vgl. ebd. 407, FN 279 und R. Krüger: Gott oder Mammon? Wirtschaftstexte im Lukasevangelium. In: BiKi 62 (2007) 22–29.

742 Christian Fischill: Magnet Mammon. In Geld we trust. Interview mit Jochen Hörisch, vom 18.09.2008, am Rande des „Philosophicums Lech". Thema des Jahres 2008 (v. 17.–21.09.) war: „Geld. Was die Welt im Innersten zusammenhält." In: www.fischill.com/download/interview-Mammon-long.pdf, 1. Download: 04.01.2009. Den von der modernen Theologie entwickelten drei Modellen der Verhältnisbestimmung von Gott und Geld zufolge, reiht sich Hörischs Position in das „neutral-parallelisierende Modell" zweier völlig autonomer, sich weder überschneidender noch konkurrierender Diskurse ein. Vgl. zur Verhältnisbestimmung der drei Modelle: Alois Halbmayr: Ökonomien des Heils. In: ThG 51 (2008) 249–253, bes. 250.

743 Vgl. A. Halbmayr: Ökonomien des Heils, 249–253.

744 Ebd. 249.

745 A. Halbmayr: Die Wechselwirkung von Gott und Geld, 407.

jenen Motiven, die den empirisch-praktischen Teil dieser Arbeit stützen und begleiten werden.

6.2.3 Das Gleichnis von den anvertrauten Talenten (Lk 19,11–27 / Mt 25,14–30)

Als Musterbeispiel für die Relativität des Geldes bezeichnet Halbmayr diese auf ökonomisch hochproblematischen Vorgaben basierende und in beiden Versionen äußerst aspektreich erzählte Parabel eines Mannes, der seinen Dienern je unterschiedliche Geldbeträge zur Veranlagung zurücklässt und nach einiger Zeit die daraus abgereiften Renditen einfordert.[746] Die erzielten Kapitalerträge könnten unterschiedlicher nicht sein. Sie reichen von Verzehnfachung des anvertrauten Kapitals bis zum schlichten aber immerhin rechtschaffenen Aufbewahren der Geldmenge ohne Kapitalertrag. Aus der Fülle möglicher Auslegungsvarianten scheint im Kontext dieser Arbeit zunächst eine Lektüre angebracht, die sich von den sozioökonomischen Impulsen herausfordern lässt, die eher in der matthäischen Variante vorfindbar sind und deshalb inhaltliche Anknüpfungspunkte zur Schonungslosigkeit bieten, mit der „das herrschende, von der Macht des Mammons bestimmte Funktionssystem der Ökonomie“[747] aufgedeckt wird, wie Halbmayr im Blick auf den Kontrast zu einer der Gerechtigkeit Gottes verpflichteten Gesellschaftsordnung analysiert. Sowohl in der Rezeption der matthäischen wie der lukanischen Variante der Parabel kann die Frage aufgeworfen werden, ob eine Verdoppelung oder gar Vervielfachung eines investierten Geldbetrags innerhalb kurzer Zeit mit legalen, toragemäßen Mitteln überhaupt möglich ist, ohne dass Spekulation, Betrug oder Zinswucher im Spiel wären, wodurch eindeutig gegen die Gebote Gottes verstoßen würde.[748]

Jener Diener im Gleichnis, der sich – aus welchen Beweggründen auch immer – der Geldvermehrung widersetzt, wird von seinem Herrn nicht nur gescholten, sondern soll in der matthäischen Fassung sogar „in die äußerste Finsternis“ verbannt werden. Weigerte sich der Mann, jene Härte und Skrupellosigkeit an den Tag zu legen, mit der seine *erfolgreichen* Mitbewerber ihre Gewinne und das Lob ihres Herrn einheimsten? Handelt es sich beim auf den ersten Blick geschäftlich untauglichen Diener um einen toratreuen, gottesfürchtigen Juden, der seine Verweigerung „als konsequente, aber unbelohnte Befolgung der göttlichen

746 Vgl. ebd. 410ff.

747 Ebd. 412.

748 Vgl. ebd. 412. Halbmayr erinnert in diesem Zusammenhang auch an das Zinsverbot der Tora in Ex 22,24; Lev 25,25 und Dtn 23,20f

Vorschriften (versteht), um die wachsende Kluft zwischen Arm und Reich, wie sie der Lazarusgeschichte zugrundeliegt (Lk 16,19–31) zu verringern,"[749] wie Kuno Füssel vermutet? Für ihn ist das Gleichnis ein Lehrstück der Kapitalakkumulation, welches einer Unternehmensphilosophie huldigt, in deren Zentrum die schiere, skrupellose Gewinnmaximierung steht, die eine Umverteilung von unten nach oben vorsieht.[750]

Es lässt sich *resümierend* mit Halbmayr feststellen, dass die Parabel von den anvertrauten Talenten der Ökonomie des Reiches Gottes und keineswegs der Kapitallogik des Geldes verpflichtet ist. Nur im Kontext einer konsequenten Relation zur umfassenden Botschaft Jesu vom Reich Gottes kann denn auch verstanden werden, dass diese „den Bedürfnissen der Menschen, insbesondere der Marginalisierten und Entrechteten"[751] verpflichtet ist.

6.3 Die folgenreiche Beurteilung von Reichtum und Geld in der Alten Kirche. Clemens von Alexandrien: „Quis dives salvetur". Eine Homilie vom Reichen Jüngling (Mk 10,17–31)

„Quis dives salvetur" lautet der Titel des ersten vollständig erhaltenen, ausführlichen und zusammenhängenden Dokuments über die Behandlung der Themenfelder Reichtum und Geld in der Alten Kirche. Clemens von Alexandrien hat dieses homiletische Traktat im dritten Jahrhundert als Auslegung von Mk 10,17–31 verfasst. Die von Jörg Ulrich vorgenommene Untersuchung und Analyse des Dokuments betrachtet es als Paradigma für die Beurteilung des Umgangs der Menschen mit Geld und Reichtum und als paränetische Warnung vor Geldgier vor dem Hintergrund der christlichen Gemeinde im reichen und prosperierenden

---

749 Ebd. 413 mit Rekurs auf Kuno Füssel: Die ökonomischen Lehrstücke im 25. Kapitel des Matthäusevangeliums, in: Max Küchler / Peter Reinl (Hg.): Randfiguren in der Mitte (FS Hermann-Josef Venetz), Luzern / Freiburg 2003, 333–343. – Eine völlig anders gezeichnete Charakteranalyse des dritten Dieners zeichnet Peter Fiedler. Er beschreibt ihn „als ängstliche und risikoscheue Figur, die wenig Vertrauen in den Herrn besitzt und angesichts der Parusierverzögerung eine Gefahr für die Gemeinschaft des Matthäus darstellt." Dieser wolle mit der Gleichniserzählung die Mutlosen aufrütteln; sie mögen sich doch an den erfolgreichen, treuen und zuverlässigen Dienern orientieren. Vgl. P. Fiedler: Das Matthäusevangelium (Theologischer Kommentar zum Neuen Testament 1) Stuttgart 2006, 373ff. Vgl. auch die Zusammenstellung zu dieser Diskussion bei A. Halbmayr: Die Wechselwirkung von Gott und Geld, 412ff.

750 Kuno Füssel: Die ökonomischen Lehrstücke im 25. Kapitel des Matthäusevangeliums, 340f.

751 A. Halbmayr: Die Wechselwirkung von Gott und Geld, 413.

Alexandria.[752] Unter den wohlhabenden Menschen schien angesichts der Aussagen von Mk 10,25 die Angst zu grassieren, „wegen ihres Reichtums vom eschatologischen Heil ausgeschlossen zu sein.“[753] Clemens von Alexandrien, später auch augenzwinkernd „Beichtvater der Bourgeoisie“[754] genannt, leitet den Traktat geradenach mit einer zur Perikope vom reichen Jüngling herausfordernden Intention ein: „Es gehe darum, dass man die Reichen auf alle mögliche Weise zum Heil zu führen suche.“ Vorausgesetzt ist freilich, dass es sich um christgläubige Reiche handelt, für die es laut Clemens viel schwieriger sei zum Heil zu gelangen. Dem von der Perikope ausgehenden Anstoß, alles zu verkaufen was man beitzt (Mk 10,21; Mt 19,21), will Clemens nicht als grundsätzlichen Verzicht auf Besitz und Geld verstanden wissen. Er deutet ihn allegorisch in der Weise, „dass der Mensch von der Leidenschaft, vom Verlangen und von der Gier nach Besitz frei sein bzw. werden solle.“[755] Geld zu haben ist für Clemens nicht mehr und nicht weniger gut als keines zu haben. Von der Verachtung des Reichtums nimmt er eindeutig Abstand. Geldmangel oder der freiwillige Verzicht darauf haben keinen positiven Wert an sich, sie bergen vielmehr die Gefahr der Unfreiheit. Im Falle des Geldmangels zeige sich diese Unfreiheit in der gezwungenermaßen starken Fixierung auf die Finanzierung basaler Lebensbedürfnisse, wohingegen freiwilliger Verzicht auf Geld und Besitz eitlen Stolz heraufbeschwören „und so die Leidenschaften der Seele nur noch zusätzlich entfachen.“[756] Ulrich merkt hier an, wie augenscheinlich „das Kriterium der ‚inneren Freiheit‘ von den ‚äußeren Dingen‘ bei Clemens zum Interpretationsmaßstab der Perikope Mk 10,17–31 wird.“[757]

---

752 Vgl. J. Ulrich: Clemens Alexandrinus’ „Quis dives salvetur“ als Paradigma für die Beurteilung von Reichtum Geld in der Alten Kirche. In: JBTh Band 21 (2006) Gott und Geld, 213–238.

753 Ebd. 214 u. die Ergänzungen in FN 6. Begüterte Christen bezogen das Herrenwort vom Kamel und dem Nadelöhr aus Mk 10,25 wörtlich und angsterfüllt auf sich. Ulrich verweist in FN 13 darauf, dass Clemens nur andeute, ob das Kamel auch eine „höhere Bedeutung“ habe, ob es also allegorisch interpretiert werden könne (q.d.s 26,8) Es findet sich jedoch weder in „Quis dives salvetur“ noch in anderen Schriften des Clemens eine Aufklärung dieser einigermaßen dunklen Andeutung. Vgl. ebd. 215.

754 Ebd. 214 unter Hinweis auf M. Clévenot: Die Christen und die Staatsmacht. Geschichte des Christentums im II. und III. Jahrhundert. Freiburg (Schweiz) 1988, 98–104.

755 Q.d.s 11,2: „Er befiehlt ihm ..., aus seiner Seele die Gedanken an den Besitz zu verbannen, die leidenschaftliche Liebe zu ihm, das gewaltige Verlangen darnach, die krankhafte Unruhe darum, die Sorgen, die Dornen des irdischen Lebens, die den Samen des ewigen Lebens ersticken.“ Übersetzung nach O. Stählin BKV^2 8. München 1934, 239f, zit. in: J. Ulrich: Clemens Alexandrinus’ „Quis dives salvetur“, 216.

756 Ebd. 217, unter Verwendung von Q.d.s 11,4; 12,5.

757 Ebd. 217.

Dass Geld auch und vor allem zu lebensdienlichen Zwecken verwendet werden sollte, zeigt Clemens, indem er die eigentliche Schärfe der Perikope aus Mk 10 durch allerlei biblische Belege relativiert und dabei aufzeigt, „wie Geld und Reichtum nützliche Wirkung im Sinne der Weisungen des Herrn haben können: Die Perikope selbst gibt ja mit der Aufforderung ‚*und gib's den Armen*' eine klare Richtung vor."[758]

Folgende *Zwischenbilanz* kann aus dem Bisherigen gezogen werden: Nach Ulrichs Sichtweise will Clemens zunächst auf einer philosophischen Ebene den „adiaphoristischen" Stellenwert des Reichtums begreiflich machen, also gewissermaßen eine moralisch wertneutrale bis gleichgültige Einstellung dem Geld und Besitz gegenüber nahebringen. Eine der Ataraxia verwandte Gemütshaltung, die möglicherweise mit Clemens' Nähe zur Ethik der kaiserzeitlichen Stoa erklärlich ist[759], um dann auf einer zweiten, empirischen Entwicklungsebene praktisch-ethische Überlegungen ins Spiel zu bringen, die konkrete Antworten auf die Frage geben: Was tun mit dem Geld?

6.3.1 Besitz ist besitzenswert, Vermögen vermag Gutes zu bewirken

Hier wird Clemens sehr konkret: Man solle frei werden, „das vorhandene Geld einzusetzen, um anderen, bei denen es nötig ist, helfen zu können. Mit materiellen Gütern kann bzw. soll man sich Freunde machen (Lk 16,9), Hungernde speisen, Nackte bekleiden (Mt 25, 35–43) und wohltätig sein. Man darf das Vermögen, das auch unserem Nächsten nützen kann, nicht wegwerfen; denn es ist ein Besitz, weil es besitzenswert ist, und heißt Vermögen, weil es etwas vermag und nützt und zum Nutzen der Menschen von Gott geschaffen ist."[760]

Bei Clemens wird Reichtum zu einem eindeutig vormoralischen Begriff als Werkzeug[761] bezeichnet, mit dem man geschickt, aber auch ungeschickt umge-

---

758 Ebd. 217 (eigene Kursivsetzung). Ulrich merkt zu diesem Kontext von Q.d.s 19,6 erklärend an, dass sich die interpretatorische Leistung des Clemens nicht einfach in einer stoisierenden Allegorese der Markusperikope erschöpft. Mit anderen Worten: Die Beseitigung des buchstäblichen Verständnisses von „verkaufe alles, was du besitzt", sei nur der erste Schritt in Richtung eines ethisch verantwortbaren Umgangs mit Geld. Vgl. FN 27.

759 Vgl. zu dieser Thematik: Adolf Martin Ritter: Christentum und Eigentum bei Klemens von Alexandrien auf dem Hintergrund der frühchristlichen „Armenfrömmigkeit" und der Ethik der kaiserzeitlichen Stoa In: ZKG 86 (1975) 1–25 und Martin Hengel: Eigentum und Reichtum in der frühen Kirche. Aspekte einer frühchristlichen Sozialgeschichte. Stuttgart 1973.

760 Q.d.s. 14,1 in der Übersetzung O. Stählins in BKV 243, zit. in: J. Ulrich: Clemens Alexandrinus' „Quis dives salvetur", 218. Klammersetzungen im Original.

761 Vgl. Q.d.s. 13,5; 15;5 zit in: J. Ulrich: Clemens Alexandrinus' „Quis dives salvetur", 218.

hen kann. Geld ist für Clemens nicht per se gut oder schlecht.[762] Das Wesen des Geldes habe dienende, nicht herrschende Eigenschaften, womit auch ausgesagt ist, dass Clemens zwischen einem wahren und einem falschen Reichtum unterscheidet. Ersterer ist ausgerichtet auf Gott, hat seinen Bezugspunkt in der wohltätigen Christengemeinde und speist sich vom Reichtum der Tugenden. „Der falsche, missbrauchte Reichtum ist die Versklavung unter das Joch des eigenen (äußerlichen und vergänglichen) Besitzes."[763]

Clemens adressiert seine paränetischen Aussagen wiederholt und explizit an die reichen Christen in Alexandria, deren Leben er als „permanenten Kampf", gekennzeichnet von „Begierden nach Äußerlichem" eindrucksvoll beschreibt. Diese Reichen liefen tatsächlich Gefahr, „das eschatologische Heil zu verlieren."[764]

Um vom Besitz frei, unbesiegt, gesund und unverwundet leben zu können, empfiehlt Clemens als Richtschnur „das Doppelgebot der Liebe nach Mk 12,30f. und Lk 10,27 und die allegorisch auf Christus gedeutete Erzählung vom barmherzigen Samariter nach Lk 10,30–37. Eine besondere Rolle im Tableau der biblischen Referenzstellen spielt ferner das Herrenwort Lk 16,9: Macht euch Freunde mit dem ungerechten Mammon. Es dient einerseits als Beweis dafür, dass es möglich ist, auch mit den Mitteln ungerechten Besitzes eine gerechte und heilbringende Tat zu vollbringen, und zeigt andererseits, dass man beim Tun des Guten die Initiative ergreifen soll anstatt zu warten, bis man explizit gebeten wird."[765]

Der Traktat „Quis dives salvetur" schließt mit einem mutmachenden Ausblick und der Aufforderung, sich nicht in Verzweiflung zu ergehen. Denn selbst reiche Christen, die ihrem Geld und Besitz erliegen und den Kampf um die Freiheit vom Mammon schon des Öfteren verloren haben, mögen stets gewahr sein, dass kein Anlass zur Hoffnungslosigkeit bestehe, vielmehr der Weg zur Umkehr jederzeit offen stehe und Gott die Türe niemandem verschließe. Mit anderen Worten: Clemens' einladende Homilie bringt zum Ausdruck, dass es auch für die reiche bußfertige Oberschicht kein „zu spät" gibt.[766]

---

762 Ebd. 218, bezogen auf Q.d.s. 14,2–4.

763 Ebd. 218, bezogen auf Q.d.s. 14,3; 16,3; 17,2–4; 19,1. (Eigene Klammersetzung zur inhaltlichen Einbeziehung zugehöriger Aussagen in einem Nebensatz).

764 Ebd. 219, bezogen auf Q.d.s. 3,3f.5f.; 24,5; 25,4,

765 Ebd. 219, bezogen auf Q.d.s. 10,1; 31,6.

766 Vgl. ebd. 220.

6.3.2 Der Nachhall von Clemens' Traktat bei den Kirchenvätern

Im Anschluss daran sucht Ulrich in der Kirchenväterliteratur Ähnlichkeiten und Divergenzen zu den Positionen Clemens' und gelangt dabei zur Auffassung, dass sich die Aussagen zu den Themenfeldern Geld und Reichtum zwischen dem Ost- und Westteil des Römischen Reiches nicht signifikant unterscheiden. Ambrosius von Mailand zum Beispiel pflichtet Basilius von Caesarea bei, dessen Sichtweise eine gewisse Verwandtschaft zu Clemens aufweist.[767] Auch hier wird das Geld per se nicht apriorisch ins schlechte Licht gerückt, sondern es wird einer differenzierten Betrachtungsweise unterzogen. Denn Reichtum und Geld sind zunächst einmal gute Gaben Gottes, die jedoch mit einer Art Gebrauchsanweisung und dem Warnhinweis versehen werden, „dass materieller Besitz eine Gefahr für die Seele sein und zur Habgier verleiten kann."[768] Andererseits, so sind sich Basilius und Ambrosius einig, gibt es Reiche, deren Seele auch durch viel Geld und Besitz unverdorben bliebe. Ihnen gebühre Ruhm und Anerkennung, denn das Geld, mit dem sie die Armen unterstützen, wirke daraufhin „wie ein Spargroschen auf das ewige Leben."[769] Dazu verwandt auch die Haltung von Hieronymus; weder Geld noch Besitz sei jemandem vorzuwerfen, sondern ein Zuviel an Sorge um die Geldvermehrung, denn dann werde Reichtum zum Mammon und der Mensch zum Sklaven seines Geldes. Auch hierauf erfolgt ein „Hinweis auf den adiaphoristischen Stellenwert des Geldes und der Auffassung, dass die Vernunft als Freiheit von den Affekten den sachgemäßen Umgang mit dem Besitz und das Erbarmen mit den Armen ermöglicht, womit auch hier eine starke Annäherung zum Traktat des Clemens' auszumachen ist.[770]

Aus den Predigten des Augustinus filtert Ulrich dessen Einstellung zum Geldbesitz heraus. Nicht der Besitz des Geldes, sondern die Gier nach dem Geld wird darin als schädlich gebrandmarkt: „Wer dieser Gier verfällt, kann geradezu ein

767 Vgl. ebd. 229, bezogen auf: Das Geld als gute Gabe Gottes: Ambr., Nab. 16,67; Der Reichtum als Gefahr für die Seele: Ambr., off. 2,5; 2,9; in: Luc. 4, 53; 7,246. Das Quellenmaterial der lateinisch christlichen Autoren zum Thema Geld und Reichtum findet sich eichhaltig und übersichtlich bei: R. Bogaert: Art. Geld (Geldwirtschaft) in : RAC 9 (1976) 891–899, als Kurzzitate in: J. Ulrich: Clemens Alexandrinus' „Quis dives salvetur", 229f.

768 Ebd. 229.

769 Ebd. 229.

770 Vgl. ebd. 229, bezogen auf Hier., comm. In Mt 1,6,24; Hier., ep. 118,3; Hier., ep. 100,15. Ulrich führt, weiter ins Detail gehend, aus, dass sich Hieronymus als Mentor einer Gruppe asketisch-alternativ ausgerichteter und nach Vollkommenheit strebender Christen sah und für diese auch Sonderregelung traf. Sie sollten in wortwörtlicher Umsetzung des Gleichnisses vom reichen Jüngling „tatsächlich alles verkaufen und den Erlös den Armen geben, … um als erste der Familie Christi anzugehören." In: J. Ulrich: Clemens Alexandrinus' „Quis dives salvetur", 229f.

‚Märtyrer des Goldes' werden; wer hingegen mit eigenem Geld die Armen unterstützt, verwendet den Reichtum so, wie Got es gewollt hat, als er ihn gab."[771] Den Reichtum grundsätzlich abzuwerten, lehnt Augustinus rigoros ab. So eine Haltung nähre sich aus einer manichäischen Schöpfungsfeindlichkeit, gegen die Augustinus mit aller Schärfe polemisiert.[772]

Resümee: Ulrich behauptet nicht, dass es sich bei den in der Kirchenväterliteratur vorfindbaren Ähnlichkeiten um direkte literarische Abhängigkeiten zu Clemens handelt, vielmehr wurden die Themen Geld und Reichtum innerchristlich wie auch außerhalb des Christentums in unterschiedlichsten Traditionen rezipiert und literarisch verarbeitet. Eine Fülle von exegetischen, philosophischen-dogmatischen und paränetisch-praktischen Bearbeitungen der Topoi zeigt jedoch über weite Strecken der Geschichte auffällige Gemeinsamkeiten, die mit dem Traktat „Quis dives salvetur" ein hohes Maß an inhaltlicher Übereinstimmung oder Ähnlichkeit aufweisen. Dem meist als neutral bewerteten Geldbesitz wird stets seine Sozialverpflichtung im Hinblick auf das Gemeinwohl als Zielvorgabe anheimgestellt. Die reiche Gesellschaft hat eine von Gott auferlegte Verpflichtung gegenüber den „Armen". Dieses Thema wird variantenreich und mit unterschiedlichen Verpflichtungskonstruktionen meist im Spiegel einer soteriologischen Erwartung auf Belohnung abgehandelt. Somit gibt sich auch Ulrich überzeugt, „dass Clemens' kleine Gelegenheitsschrift"[773] zum Thema Reichtum und Geldumgang in der Tat als paradigmatisch für Christen im dritten und vierten Jahrhundert angesehen werden kann.

6.3.3 Die radikale Verwerfung des Reichtums und des Geldes im judenchrichstlich-apokalyptischen Milieu und bei Tertullian

In der Alten Kirche nehmen sich die kritischen Stimmen gegenüber Geld und Besitz eher marginal aus. Die von Ulrich dokumentierte, breit bezeugte affirmative Mehrheitsstimmung dem Geld und seiner lebensdienlichen Zweckbestimmung gegenüber, wird im judenchristlich-apokalyptischen Milieu und im Jakobusbrief (5,1–3) durch eine radikale Verwerfung des Reichtums und der Reichen konterkariert. Auch der Zeitgenosse von Clemens, Tertullian, äußert sich vielfach polemisch gegen Reichtum generell und gegen den Reichtum von Christen

771 Ebd. 230, bezogen auf Aug., serm. 50,7; 80,7; 311,9; 335,2; 61,11–13.
772 Vgl. Aug., serm. 50,8f.
773 J. Ulrich: Clemens Alexandrinus' „Quis dives salvetur", 234.

im Besonderen.[774] Abgesehen von Werken der Gerechtigkeit und Liebe, die mit Geld durchaus zu vollbringen sind, schließt für Tertullian der Besitz von Geld die Reinheit der Seele faktisch aus. Ulrich verweist auf diese grundsätzliche Unvereinbarkeit von Geld und Seelenheil bei Tertullian, bei dem die Auffassung dominiert, Gott sei „ein Verächter der Reichen“[775] und, „dass der Reiche gleichsam automatisch und unabwendbar zum Knecht seines eigenen Reichtums wird und seine Seele deshalb der Verurteilung durch Gott anheimfällt.“[776] Tertullian nimmt allerdings in seiner apodiktischen Ablehnung des Reichtums einen Außenseiterstandpunkt ein, der, wie Ulrich aus sozioökomischer Beobachtung diagnostiziert, durchaus der Randposition der Gemeinde in Karthago entspricht.

Schon in der ersten Hälfte des zweiten Jahrhunderts findet sich die radikale Ablehnung einer Habenorientierung zugunsten einer Orientierung an der Armut auch in Dokumenten apokrypher Schriften.

6.4 Beispiele ethischer Implikationen von Reichtum und Geldumgang in außerkanonischen Quellen

Zunächst soll in diesem Zusammenhang auf 1 Henoch, oder: Die äthiopische Henoch-Apokalypse eingegangen werden.[777] Henoch, der siebte Nachfahre Adams, wird von Gott in die Geheimnisse des Universums und der Zukunft der Welt eingeführt. In einer phantastischen Reise durch Erde, Scheol und Himmel erfährt Henoch vom bevorstehenden endgültigen Gericht über die Gerechten und Bösen.[778]

Der Messias / Menschensohn / Gerechte kündigt die Auferstehung der Gerechten und die Bestrafung der Sünder an. Die Figur des Henoch reflektiert hier die historischen Ereignisse der politischen Makkabäerrevolte, an deren Ende die vom Glauben getragene Einsicht an Gott als den gerechten Gesetzgeber, Weltschöpfer und ultimativen Richter gebunden ist.

Zentral als Hintergrund und Sitz im Leben: Als Sünder werden hier die ökonomischen Ausbeuter und politischen Unterdrücker identifiziert. Gegen die sozi-

---

774 Vgl. zu Tertullian: H.C. Brennecke: Christliche Existenz in einer nichtchristlichen Welt: Tetullian von Karthago. In: Klassiker der Theologie, Bd. 1: Von Tertullian bis Calvin, hg. v. F.W. Graf, München 2005, 28–42.

775 Tert., adv. Marc. IV 15,8, zit. in: J. Ulrich: Clemens Alexandrinus' „Quis dives salvetur“, 231.

776 Dieser Stelle zufolge sind die Reichen von vornherein verdammt: „divites praedamnat“. In: Tert., pat. 7, zit bei: J. Ulrich: Clemens Alexandrinus' „Quis dives salvetur“, 231.

777 Vgl. James Charlesworth: The Old Testament Pseudepigrapha. Volume 1. Apocalyptic Literature and Testaments. New York 1983, 5–89.

778 Ebd. 5–10.

ale Ungerechtigkeit erhebt sich die revolutionäre Stimmung unter den Juden als Opposition gegen den griechisch-römischen Imperialismus und die jüdische Hocharistokratie.

Der Messias kündet von der Verdammung der herrschenden Klasse und spricht den Lobpreis über die Gerechten: „The word of his mouth will do the sinners in; and all the oppressors shall be eliminated from before his face. On the day of judgment, all kings, the governors, the high officials, and the landlords shall see and recognize him – how he sits on the throne of glory, and righteousness is judged before him, and that no nonsensical talk shall be uttered in his presence.“[779]

Über die Zügellosigkeit der Reichen, die Herkunft der Sünde und das Wehklagen der Sünder wird verkündet: „For you men shall put on more jewelry than women, and more multicolored ornaments like a virgin. In sovereignty, in grandeur, and in authority, (in) silver, in gold, in clothing in honor, and in edibles – they shall be poured out like water.“[780]

Das eschatologische Konzept ist das wichtigste Thema des Buches: Der Messias ist präexistent. Die Sünder werden zerstört, die Gerechten triumphieren. In Ankündigung der finalen Bestrafung, der Auferstehung der Gerechten zum ewigen Leben, etabliert der Messias sein Königreich und errichtet das neue Jerusalem.

Das nachexilisch-apokalyptische Denken, ein sich stetig verstärkender Trend im Judentum, wird vom Christentum übernommen. Charlesworth weist in zahlreichen Textanalysen schlüssig nach, dass nahezu allen neutestamentlichen Autoren das Buch 1 Henoch ein Begriff war. Sein Einfluss auf Sprache und Gedankenwelt kann nicht hoch genug eingeschätzt werden. Themenfelder wie: Messias, Menschensohn, messianisches Reich, u.a. drückten dem NT ihre Stempel auf.[781]

Die Sibyllinischen Orakel und Prophezeiungen sind hellenistisch-jüdische Weißsagebücher, deren Vorhersagen von Unglück und Leid über Menschen, Völker, Städte und Machthaber mit den alttestamentlichen Prophetensprüchen vergleichbar sind.[782] Jedoch wurden die Sibyllinischen Orakel meist als politische Propaganda eingesetzt. Politische Krisen wurden religiös gedeutet und waren stets mit dem göttlichen Willen verbunden: Abfall vom Glauben oder unrechtmäßige Verehrung Gottes, Verehrung fremder Götter und Idolatrie wurden als Gründe für Unheil angesehen. Gott bestraft sein Volk, weil es Unrechtes

779 Ebd. 43.
780 Ebd. 78.
781 Vgl. ebd. 80ff.
782 Vgl. ebd. 317–323.

tat. Die Orakel wurden oft gefälscht, manipuliert, denn sie hatten eine enorme Wirkung auf die Menschen. Jüdische und christliche Autoren instrumentalisierten das breitenwirksame Genre, um ihre eigenen politischen Botschaften zu verbreiten und religiös zu unterfüttern. Die Sichtweise der Machthaber ist heute eine gute Quelle, um beispielsweise die ideologische Resistenz gegen das Römische Reich im Nahen Osten zu studieren.

Die Eschatologie wird hier zum dramaturgischen Stilmittel der Politpropaganda: Das Kommen des glorreichen Königtums und die Transformation der Erde als Hoffnung gebende Zielvorstellung eines von der Besatzungsmacht unterdrückten Landes. Im 8. Buch der Sibyllinischen Orakel findet sich eine Paränese gegen die Gier: „The beginning of evils for all will be love of gain and folly for there will be a desire for deceitful gold and silver."[783] Die Gleichheit aller in eschatologischer Zeit weist auch eine deutliche Bezugnahme auf das Geld auf:

„No one is slave there, no lord, no tyrant,
no kings, no leaders who are very arrogant,
no forensic rhetoricians, no ruler judging for *money*."[784]

Der eschatologische Ausblick im 14. Buch der Sibyllinischen Orakel porträtiert ein kommunistisch geführtes goldenes Zeitalter, in dem sowohl Wohlstand wie auch Armut abgeschafft sind. Zielvorstellung ist eine Gesellschaft der Gleichen. Die soziopolitisch unterfütterte Prophezeiung klingt eindeutig:

„No longer will there be deceitful gold or silver
or acquisition of land, or laborious slavery,
but one friendship and one manner for a merry people.
All will be common, and one equal light of life."[785]

Die Weisheitsliteratur der Apokryphen wird nicht mit König Salomon in Verbindung gebracht, wie dies im „Alten Testament" der Fall ist.[786] Ein Grund hierfür könnte im Umstand begründet liegen, dass Israel seine Begeisterung für weise, philosophische Sprüche mit seinen Nachbarn schon lange vor der Königszeit

---

783 Ebd. 418.

784 Ebd. 420. Übernahme der Verszeileneinteilung vom Original. Eigene Kursivsetzung.

785 Ebd. 468 und davor der Hinweis bei 459. Vgl. dazu auch die Überzeugung von Moses Hess, es hätte so etwas wie einen frühjüdischen Kommunismus gegeben. Er postulierte diese These, ohne dafür einen biblischen oder außerbiblischen Nachweis zu erbringen. Möglicherweise kannte er die außerbiblischen Quellen nicht. Siehe dazu den Abschnitt Moses Hess in dieser Arbeit, Kapitel:

786 Vgl. J. Charlesworth: The Old Testament Pseudepigrapha. Volume 2. Expansions of the „Old Testament" and Legends, Wisdom and Philosophical Literature, Prayers, Psalms, and Odes, Fragments of Lost Judeo-Hellenistic Works. New York 1983, 477–478.

teilte und so der Rekurs auf eine mögliche Autorenschaft König Salomons gewissermaßen hinfällig wäre, wie Charlesworth annimmt. Ein Beleg dafür scheint in den Sinnsprüchen des Pseudo-Phocylides zu finden sein, dessen großes Thema wiederholt dazu einlädt, die Kompatibilität der griechischen Ethik mit der Tora zu belegen. Phocylides möchte dadurch die Isolation der Juden in der hellenistischen Welt durchbrechen.[787] Ein solides Belegstück daraus handelt von der Liebe zum Geld als Ursprung allen Bösen und den daraus resultierenden Konsequenzen:

„The love of money is the mother of all evil.
Gold and silver are always a lure for men.
Gold, originator of evil, destroyer of life, crushing all things,
would that you were not a desirable calamity to mortals!
For your sake there are battles and plundering and murders,
and children become the enemies of their parents, and brothers (the enemies)
of their kinsmen.“[788]

6.4.1 Die manichäische Verwerfung des Reichtums als parachristliche Erscheinung?

Die sich im vierten Jahrhundert unter den Manichäern ausbreitende radikale Ablehnung des Reichtums stellt Ulrich vor die Frage, ob diese Fundamentalkritik an Geld und Besitz angesichts einer „dualistischen Gotteslehre und negativen Sicht der Schöpfung überhaupt (noch) als ‚christliche' Stimme anzusprechen (ist)“[789] Die dezidierte Ablehnung des Geldes ist aus einer Glaubensüberzeugung heraus verständlich, derzufolge jedweder weltlicher Besitz ein Teil des Herrschaftsbereich des Teufels sei.[790]

Resümee: Diese Außenseiterposition einer vielleicht nur para-christlichen Randgruppe zeigt jedoch vor dem Hintergrund des Traktats „Quis dives salvetur“ des christlichen Schriftstellers Clemens von Alexandrien, dass dieser wohl Maßstäbe setzte, die sich nachhaltig auf den Umgang mit Geld und Reichtum in der christlichen Welt auswirkten. Wiewohl dieser Schrift in einem hohem Maß

---

787 Vgl. ebd. 564–582

788 Ebd. 575.

789 J. Ulrich: Clemens Alexandrinus' „Quis dives salvetur“, 231. (Eigene Klammersetzungen) Ulrich gibt in diesem Kontext zu bedenken, dass sich Teile der Manichäer selbst als Christen höherer Ordnung verstanden haben und aus dieser Position verächtlich auf die Kirche herabsahen, „wie aus der manichäischen Phase des Augustinus und aus der antimanichäischen Polemik des späteren Konvertiten Augustinus deutlich (wird)“ Ebd. 231 FN 125. (Eigene Klammersetzung).

790 Vgl. ebd. 232.

die zeitgenössische Beurteilung der Geld- und Reichtumsproblematik wie eine Momentaufnahme zugrundeliegt, zeitigte sie bemerkenswerte Auswirkungen auf später darauf aufbauende Maßstäbe ethischen Handelns, insbesondere unter Rücksichtnahme auf die Versorgung von bedürftigen Menschen mit dem Geld der Wohlhabenden, wenngleich dieses Handeln bei Clemens noch von der Apatheia und Ataraxia stoischen und mittelplatonischen Zuschnitts begleitet war und so die Unbefangenheit gegenüber dem Geld nicht nur aus religiösen sondern auch aus philosophischen Motiven gespeist wurde.

6.5 Zur Behandlung des Geld-Themas in kirchlichen Schriften und Dokumenten der katholischen Soziallehre

Aus einer affirmativ-wohlwollenden Haltung dem Geld gegenüber könnte gesagt werden, dass im lebensdienlichen Einsatz des Geldes durchaus eine momenthafte Vorwegnahme der Vollgestalt der basilieia tou theou möglich sei.

Gelänge es, einen „religiösen Wechsel“ auszustellen, von Gott auf Geld, wäre dieser ein Profanisierungszertifikat von Heiligkeit und Spiritualität, die auf diesem Tauschweg zu Gegenständen ökonomischer Berechenbarkeit würden. Wird also im Geld das Sakrale universell profanisiert und das Wirtschaftliche sakralisiert?

6.5.1 Die Suche nach Anknüpfungspunkten zum Thema *Geld* in den Texten des Zweiten Vatikanums

Zunächst ist festzustellen, dass sich zum Begriff *Geld* und/oder damit zusammengesetzter Wörter keine Eintragung im Sachwortregister des Konzilskompendiums finden lässt.[791]

Desgleichen fehlen die Termini *Finanz*, *Gewinn*, *Habgier*, *Kapital*, *Konsum*, *Kredit*, *Mammon*, *Markt*, *Schulden und Verschuldung*.

Unter dem Stichwort *Investition* findet sich ein Bezug auf *Gaudium et spes* 70.

Dieselbe Stelle firmiert unter dem Suchbegriff *Geldwert* im Sachregister der *Texte zur katholischen Soziallehre*.[792] Die Frage des Geldwertes wird darin in

791 Ausgangspunkt der Recherche ist: Karl Rahner, Herbert Vorgrimler (Hg.): Kleines Konzilskompendium. Sämtliche Texte des Zweiten Vatikanums. 24. Auflage, Freiburg im Breisgau 1966 / 1993. Sachregister: 677–763.

792 KAB (Hg): Texte zur katholischen Soziallehre. Sachregister, 779.

den Kontext von „Investition und Währung“ (GS 70) gestellt, verbunden mit der Verpflichtung eingedenk zu sein, stets die Lebenschancen aller Menschen im Auge zu behalten. „Darüber hinaus treffe man Vorsorge, daß die wirtschaftlich Schwachen nicht durch Änderung des Geldwertes ungerecht geschädigt werden.“ (GS 70)

Ebenfalls im Sachregister der *Texte zur katholischen Soziallehre* verweist das Stichwort *Geldgier* auf ein Kapitel in Gaudium et spes (71), in welchem der Zugang zu Eigentum und privaten Vermögen vornehmlich landwirtschaftlichen Großgrundbesitzes thematisiert wird. Die Geldgier per se wird hier nur indirekt angesprochen, wenn „riesengroßer Landbesitz, der nur schwach genutzt oder gar in spekulativer Absicht völlig ungenutzt liegen gelassen wird, während die Mehrheit der Bevölkerung entweder überhaupt keinen Boden besitzt oder nur äußerst geringe landwirtschaftliche Nutzflächen in Bestellung hat.“ (GS 71)

Es ist ferner bemerkenswert, dass im *Katechismus der Katholischen Kirche* (KKK) weder unter dem Stichwort „Geld“, noch unter verwandten Begriffen wie „Zinsen“, „Reichtum“ oder „Nachhaltigkeit“ Einträge zu finden sind.[793] Am ehesten kommen noch nachhaltige Sichtweisen in Betracht, die mitunter am Rande eine ethisch-nachhaltige Geldanlage betreffen könnten, bzw. als Grenzziehungen zum „sittlich-moralisch-ethisch-nachhaltig-Erlaubten im heutigen Wirtschaftsleben“[794] angesehen werden könnten, wie Johannes Krall mutmaßt und dabei eine relevante Stelle aus dem Katechismus zitiert, in welcher aus sittlichen Überlegungen heraus alle Formen der Spekulation ab ovo verworfen werden: „Ebenfalls sittlich verwerflich sind: Spekulation, durch die man Preise für Güter künstlich steigert oder senkt, um daraus zum Schaden anderer Gewinn zu ziehen.“[795] Krall vermisst hier mit Recht eine Differenzierung, außerdem rekur-

---

793 Auch A. Halbmayrs diesbezügliche Recherchen bestätigen, dass im KKK lediglich unter dem Stichwort „Armut“ eine Nähe zur Geldthematik auffindbar ist. Die Reichen werden von Gott bemitleidet, „weil sie im Überfluß der Güter ihren Trost finden“ (Nr. 2547). Ferner wird empfohlen, sich auf die Vorsehung des himmlischen Vaters zu verlassen, weil dies von unruhiger Sorge um die Zukunft befreie. „Das Vertrauen auf Gott ist eine Vorbereitung auf die Seligkeit der Armen. Sie werden Gott schauen“ (Nr. 2547). Unter dem Eintrag „Habsucht“ findet sich der kurze Verweis auf ihre Zugehörigkeit zu den sieben Hauptsünden. Darüberhinaus kritisiert Halbmayr das zu beobachtende Auswandern der Geldproblematik von der Dogmatik in die theologische Ethik, wofür der Beitrag über das Geld im neuen Lexikon für Theologie und Kirche, in dem lediglich der klassisch-ethische Appellationskanon abgespult wird, ein beredtes Beispiel abgibt. Vgl. Christoph Serries: Art. Geld, in: LThK^3 4, Freiburg 1995, 404–407. Vgl. dazu auch A. Halbmayr: Die Wechselwirkung von Gott und Geld, 127–128.

794 J. Krall: Kirchenvermögen – Nachhaltigkeit – Wirtschaftsethik. Rechtliche Gestaltungsmöglichkeiten bei der Verwaltung von Kirchenvermögen unter nachhaltigen und wirtschaftsethischen Überlegungen. Frankfurt, Wien 2009, 116.

795 Ebd. 116, als Zitat von KKK Nr. 2409.

riert dieser Spekulationsbegriff ausschließlich im ethischen Feld einer als unsittlich zu bewertenden Handlung und basiert auf dem Gebot „Du sollst nicht stehlen", wodurch dem Begriff der Spekulation automatisch eine Unrechtmäßigkeit mit Bereicherungsabsicht zum Schaden des Nächsten unterstellt wird und damit eine als intrinsisch unsittlich zu bewertende Handlung.[796]

Auch im neuen *Evangelischen Erwachsenenkatechismus* der ersten Auflage (1975) findet sich noch kein Eintrag zum Stichwort „Geld", sieht man von Fragen der Kirchensteuern ab.[797] Jedoch wird die Geldfrage in ihrer Ambivalenz in der völlig neu bearbeiten Ausgabe (2000) sehr wohl zum expliziten Thema erhoben und zwar unter einer ethischen Perspektive, aus der heraus auch erkannt werden kann, dass dem Geldumgang schwerlich Sättigungsgrenzen zuschreibbar sind. Das Nie-Genug scheint aus der Geldlogik per se heraus noch nicht zwingend. Erst sein Besitz als Waren- und Dienstleistungsäquivalent trägt die Versuchung in sich, das Geld von einem Mittel zum Zweck zu einem quasi religiösen Endzweck verabsolutieren zu wollen.[798]

6.5.2 Beispiele zur Geldthematik in den „Texten zur katholischen Sozialehre"

Das Sachwortregister des gleichnamigen Sammelbandes sozialer Rundschreiben und anderer kirchlicher Dokumente[799] unterteilt den Suchbegriff *Geld* in die Abschnitte *Geldmittel*, *Geldgier* und *Geldwert* im Sinne der Kaufkraft der Verbraucher. Im Folgenden werden die damit korrespondierenden Referenzstellen präsentiert.

In einen genuin lebensdienlichen Sinnzusammenhang wird das Geld in der Enzyklika Populorum progressio[800] gestellt und zwar als „Hilfe für die Schwachen" (45) und im „Kampf gegen den Hunger" (46). Angesichts der Übermacht des Leidens reichen alle Anstrengungen nicht aus, „ebensowenig wie die priva-

796 Vgl. ebd. 116.

797 Vgl. Evangelischer Erwachsenenkatechismus: Glauben – Erkennen – Leben, hg. v. Manfred Kießig (u.a.) im Auftrag der Vereinigten Evangelisch-Lutherischen Kirche Deutschlands, Hannover 1975, 785, 941ff.

798 Vgl. Evangelischer Erwachsenenkatechismus, Hannover 2000, 437.

799 KAB, Katholische Arbeitnehmer-Bewegung Deutschlands (Hg): Texte zur katholischen Soziallehre. Die sozialen Rundschreiben der Päpste und andere kirchliche Dokumente, 8., erw. Aufl., Bornheim/Kevelaer 1992. Alle folgenden Textstellen sind dem Sammelband entnommen.

800 Paul VI.: Populorum progressio (PP) 1967. Textzitate gemäß Nummerierungen in den Enzykliken, in Klammern.

ten und öffentlichen geschenkten oder kreditierten Geldmittel“ (47). Hier wird auch die permanente Geldknappheit im Kontext der Leidminderung thematisiert.

Die mit der Geldgier einhergehende Herzlosigkeit der Reichen stellt Leo XIII. in *Rerum Novarum*[801] an den Pranger. Ihr seien die Arbeiter schutzlos überantwortet. „Ein gieriger Wucher kam hinzu, um das Übel zu vergrößern, und wenn auch die Kirche zum öfteren dem Wucher das Urteil gesprochen, fährt dennoch Habgier und Gewinnsucht fort, denselben unter einer anderen Maske auszuüben“ (2). Eine gerechte Verteilung der Güter und des Geldes müsse auch in der Höhe des Lohnes ihren Niederschlag finden, denn die Reichen sollen nicht länger „die Besitzlosen in ihrem Erworbenen schädigen, sei es durch Gewalt oder durch Trug oder durch Wucherkünste“ (17).

Leo XIII. stellt sich in seiner Sozialkritik schützend vor die Schwächsten der Gesellschaft, die von der Geldgier der Reichen am Schmerzlichsten betroffen sind und selbst so gut wie keinen Zugang zu Kapital haben.

Die schier unstillbare Gier nach Reichtum und irdischen, hinfälligen Gütern gehöre zu den sittlichen Gefahren heutiger Wirtschaft, konstatiert Pius XI. in *Quadragesimo anno*[802] angesichts der katastrophalen Auswirkungen der damaligen Weltwirtschaftskrise. „Dadurch sind viele Gewissen so abgestumpft, daß ihnen zum Geldverdienen jedes Mittel gut genug ist und sie erst recht kein Mittel scheuen, um sich im Besitz des mit so großen Anstrengungen Erworbenen gegen alle Wechselfälle des wirtschaftlichen Lebens zu behaupten“ (132). In diesem wirtschaftlich instabilen Umfeld eines außer Kontrolle geratenen Marktes war die Verlockung groß, möglichst schnell und mühelos Gewinne zu erzielen und „nur aus Beutegier, die Preise durch wilde Spekulationen ruhelos nach oben und wieder nach unten zu treiben, wodurch alle Berechnungen ernster Wirtschafter durchkreuzt werden.“ (132)

Die „maßlose Gier“ nach dem Erwerb zeitlicher Güter macht Paul VI. in PP dafür verantwortlich, dass andere Menschen unter materiellen Nöten leiden müssen. Die vom Egoismus Zerfressenen würden das „Verlangen nach immer mehr Besitz und zum Streben immer größerer Macht“ in sich tragen (vgl. 18 u. 21). „Die Habsucht der einzelnen, ... kann die Armen und die Reichen packen und bei den einen wie den anderen einen erstickenden Materialismus hervorrufen.“ (18)

---

801 Leo XIII.: Rerum Novarum (RN) 1891.

802 Pius XI.: Quadragesimo anno (QA) 1931. Die einschlägigen Formulierungen dieser Sozialenzyklika gehen auf den Jesuiten Gustav Grundlach zurück, der auch das den Staat in seine Schranken weisende Subsidiaritätsprinzip in QA eingebracht hat. Vgl. dazu auch: R. Marx: Das Kapital. Ein Plädoyer für den Menschen. München 2008, 77–78.

Johannes Paul II. verortet in *Sollicitudo rei socialis*[803] die Geldgier innerhalb umfassender sündiger „Strukturen“, die ihr sowohl zuarbeiten als sie auch herbeiführen, wobei seine Analyse zwei nur allzumenschliche Neigungspaare herausfiltert: „Auf der einen Seite die ausschließliche Gier nach Profit und auf der anderen Seite das Verlangen nach Macht, mit der Absicht, anderen den eigenen Willen aufzuzwingen. Jeder dieser Verhaltensweisen kann man, um sie noch treffender zu kennzeichnen, die Qualifizierung hinzufügen: ‚um jeden Preis‘. Mit anderen Worten, wir stehen vor einer Absolutsetzung menschlicher Verhaltensweisen mit allen ihren möglichen Folgen.“ (37)

Der Suchbegriff *Imperialismus des Finanzkapitals* verweist auf eine Passage in QA, die mit der Überschrift „Schlimme Folgen“ (QA 109) versehen, die Folgen des freien Wettbewerbs beklagt. Dieser habe „zu seiner Selbstaufhebung geführt; an die Stelle der freien Marktwirtschaft trat die Vermachtung der Wirtschaft; das Gewinnstreben steigerte sich zum zügellosen Machtstreben. Dadurch kam in das ganze Wirtschaftsleben eine furchtbare, grausenerregende Härte.“ (QA 109)[804]

Das Stichwort *Finanzmarkt* führt zu einer politischen Forderung nach größerer Verteilungsgerechtigkeit in der Enzyklika *Octogesima adveniens*.[805] Paul VI. ermutigt zu einer Umgestaltung der Beziehung der Völker zueinander hinsichtlich eines gerechteren Güteraustausches und der Art und Weise der Gütererzeugung. Ebenso ginge es „um Kontrolle der Gewinne oder um Regelung des Geldwesens“ (43)

Eine Reform des internationalen Handels-, Weltwährungs-, und Finanzsystems fordert auch SRS. Diese Systeme seien „durch Protektionismus und einen wachsenden Hang zu bilateralen Vereinbarungen belastet.“ (SRS 43) Hier nicht stehenbleibend, wir auch die Überprüfung des internationalen Handelssystems gefordert, da es im Verdacht stehe, Produkte aus Entwicklungsländern zu diskriminieren.

An dieser Stelle kann tröstlich angemerkt werden, dass mit zunehmender Akzeptanz von Fairtrade Produkten und einer wachsenden Gewahrwerdung der Problemstellung, die mit Erzeugnissen aus Entwicklungsländern verbunden ist,

803 Johannes Paul II: Sollicitudo rei socialis (SRS) 1987.

804 Diese Passage fand in ihrer vollen Länge auch Aufnahme in: Johannes XXIII.: Mater et magistra (MM) 1961, 36, wo Rückschau auf QA gehalten wird. Auch in PP wird auf diese Passage rekurriert, wenn der schrankenlose Profit als eigentlicher Motor und oberstes Gesetz des wirtschaftlichen Fortschritts in Frage gestellt wird. „Dieser ungehemmte Liberalismus führte zu jener Diktatur, die Pius XI. mit Recht als die Ursache des finanzkapitalistischen Internationalismus oder des Imperialismus des internationalen Finanzkapitals brandmarkte.“ (PP 26)

805 Paul VI. Octogesima adveniens (OA) 1971.

ein Umdenkprozess bereits eingesetzt und dem kleinen Nischenmarkt fair gehandelter Produkte zu Ansehen verholfen hat.

Die weiteren Suchergebnisse im Sachregister der Texte der katholischen Soziallehre ergaben keine nennenswerten Bezugnahmen auf das in dieser Arbeit zu behandelnde Thema.[806]

6.5.3 Vom Geld und damit verwandten Themen im Kompendium der Soziallehre der Kirche (KSL)

Unter dem Stichwort *Geld* finden sich lediglich zwei Einträge, die erstaunlicherweise beide nicht direkten Bezug auf das Geld selbst nehmen oder es theologisch auf seine sozialen Auswirkungen hin beleuchten, thematisieren oder hinterfragen, sondern das Geld kontextuell in zwei völlig unterschiedliche Sinnzusammenhänge einbetten.[807]

Der erste Eintrag lautet: „Öffentliche Kommunikation und Gebrauch des Geldes" (198) und führt zu einem Kapitel, das die Überschrift „Die Wahrheit" trägt und Menschen dazu auffordert, beständig nach Wahrheit zu streben. Erst die letzten vier Zeilen führen im Kontext der öffentlichen Kommunikation und der Wirtschaft auch zu einer kurzen, geldbezogenen Anmerkung: „Hier wirft der skrupellose Gebrauch des Geldes immer drängendere Fragen auf, die zwingend auf ein Bedürfnis nach Transparenz und Ehrlichkeit im persönlichen und sozialen Handeln schließen lassen." (198)

Auch die zweite Eintragung zum Stichwort *Geld* führt zu einem Randthema, unter dem Eintrag „Schuldenkrise und öffentliche Gelder" (450). Unter der Überschrift „Die Auslandsverschuldung" wird in einem kleinen Absatz auf die möglichen Ursachen der Schuldenkrise armer Länder eingegangen, wobei international „Kursschwankungen, finanzielle Spekulationen, wirtschaftlicher Neokolonialismus" und innerhalb der verschuldeten Länder selbst „Korruption, Verun-

---

806 Folgende Begriffe wurden im Sachregister auf eventuelle Querverweise und inhaltliche Anknüpfungspunkte zum Generalthema Geld überprüft: Entfremdung, Finanzsystem, Finanzmarkt, Finanzpolitik, Imperialismus des Finanzkapitals, Gewinne, Gewinnstreben und Gewinnmaximierung, Habgier, Investitionen, Kapital, Konsum, Kredite, Mammon, Markt, Schulden und Schuldenerlass, Verschuldung der Entwicklungsländer. Alle in: KAB (Hg.): Texte zur katholischen Soziallehre. Die sozialen Rundschreiben der Päpste und andere kirchliche Dokumente, 771–803.

807 Päpstlicher Rat für Gerechtigkeit und Frieden (Hg), Kompendium der Soziallehre der Kirche, Freiburg 2006. Folgende Zitate mit ihrer Nummerierung in Klammern. Die gesammelten Referenzstellen beziehen sich auf die Angaben im Stichwortverzeichnis und können allein deshalb keinen Anspruch auf Vollständigkeit erheben.

treuung öffentlicher Gelder (und) Zweckentfremdung der erhaltenen Anleihen" für das Elend der davon betroffenen Menschen verantwortlich gemacht werden. Ein letzter Satz ermahnt, dass Schulden beglichen werden müssen, man dabei aber Wege finden müsse, die das ‚Grundrecht der Völker auf Erhaltung und Fortschritt' nicht verletzen." (450)[808]

Nach diesen beiden einzigen Eintragungen zum Thema Geld sollen nun in alphabetischer Reihenfolge verwandte Begriffe im KSL untersucht werden, aus denen sich möglicherweise Berührungspunkte zur Geldthematik ergeben.

Der Eintrag *Entfremdung* führt zunächst zu einer ursprünglich das Heilsmysterium thematisierenden Stelle, die jedoch mit dem Hinweis auf die Gefahren der Entfremdung der sozialen Organisationsform einer Gesellschaft schließt, deren Solidarität und Hingabe an Gott durch Produktion und Konsum gefährdet sein könnte. (Vgl. 47)

Auch an einer anderen Stelle wird der Markt als eine die Menschen entfremdende Einrichtung betrachtet, deren Marktlogik das eigentliche Ziel, nämlich den sozialen Nutzen, oft überschattet. (Vgl. 348).

Das Stichwort *Ethik* führt zu einem wechselseitigen Verweis auf den Begriff *Finanzen* und die damit einhergehenden ethischen Befürchtungen. Die Kapitelüberschrift „Das internationale Finanzsystem" (368) eröffnet das weite Feld des globalen Kapitalmarktes, der Gefahr läuft, „einer immer stärker auf sich bezogenen Logik zu folgen, die nicht mehr auf dem Boden der wirtschaftlichen Realität steht." (368)

Des Weiteren wird vor der Selbstverzweckung der internationalen Finanzwirtschaft und deren stark asymmetrischer Struktur gewarnt. „Nur in einigen Teilen der Welt zeichnet sich eine Konsolidierung der Innovations- und Deregulierungsprozesse auf den Finanzmärkten ab. Das gibt zu gravierenden ethischen Befürchtungen Anlass, denn die Länder, die von den genannten Prozessen ausgeschlossen sind", geraten leicht in finanzielle Instabilität. (vgl. 369)

Unter dem Eintrag *Gewinn* wird auch die Frage nach der Berechtigung des größtmöglichen Profits gestellt und in den „besorgniserregenden" Kontext des technologischen Fortschritts und der globalisierten Märkte gestellt. (Vgl. 279). Der Fokus ist dabei auf die Arbeitnehmenden gerichtet, die dem Risiko ausgesetzt sind, „vom Räderwerk der Wirtschaft und von einem ungezügelten Produktivitätsstreben ausgebeutet zu werden." (279) Auch in diesem Zusammenhang wird wieder die Entfremdung durch das kapitalistische Streben erwähnt.

Gewinn und Vermögensvermehrung sollten stets Beweise dafür sein, dass ein Unternehmen „der Gesellschaft in angemessener Weise dient". (340) Das berechtigte Gewinnstreben dürfe niemals die Menschen und ihre unverlierbare

808 Letzter Satz bringt auch ein Zitat von Johannes Paul II.: Enz. Centesimus annus, 35.

Würde außer Acht lassen. In diesem Sinne werden Unternehmen auch als Solidargemeinschaften betrachtet, die nicht nur ihren Wirtschaftsbilanzen, sondern auch ihrer „Sozialökologie" verpflichtet seien. (Vgl. 340). Während angemessenes Gewinnstreben als explizit „gut" eingestuft wird, „ist der Wucher moralisch zu verurteilen." (341) Hier wird unzweideutig Klartext gesprochen.

Andererseits wird auch eine Lanze für den liberalen, deregulierten Geld- und Wirtschaftsverkehr gebrochen und „die Rolle des freien Marktes" (347) gepriesen, dessen freier Wettbewerb als „wichtiges Mittel, um wichtige Ziele der Gerechtigkeit zu erreichen," eingestuft wird. (Vgl. 347) Unerwähnt bleibt in diesem Zusammenhang, dass genau dieser liberale Zugang auch zu großer Ungerechtigkeit führen kann und teilweise schon geführt hat.

Das durchaus mit Geld konnotierende Stichwort *Habgier* ist im Kompendium nicht gelistet, desgleichen fehlt ein Eintrag für *Investition.*

Der Suchbegriff *Kapital* führt neben Verweisen auf Produktionsmittel, Arbeiterfrage und neue Technologien zu den globalen Aspekten der Zirkulation der Geldflüsse qua internationales Kapital und damit zu den „Res Novae" in der Wirtschaft. (Vgl. 361–376). So gut wie im Widerspruch zur Befürwortung der freien Märkte (vgl. 347) werden hier durchaus kritisch die Risiken globalisierter Finanzmärkte hervorgehoben: „Von zunehmend entscheidender und zentraler Bedeutung sind dabei die Finanzmärkte, deren Ausmaße infolge der Liberalisierung des Austauschs und der Zirkulation des Kapitals mit beeindruckender Geschwindigkeit beträchtlich gewachsen sind und es den Beteiligten mittlerweile sogar ermöglichen, in ‚Echtzeit' große Mengen von Kapital von einem Ende des Erdballs zum anderen zu verschieben." (361)

Hier folgen dann jene das internationale Finanzsystem thematisierenden Kapitel, die bereits unter dem Stichwort *Finanzen* abgehandelt wurden.

Das Thema *Konsum* und *Konsumismus* behandelt neben der bereits unter *Entfremdung* beschriebenen Stelle (47) wenig Relevantes zum Thema Geld. Am ehesten, wenn über „die eigene Kaufkraft" und deren „soziale Verantwortlichkeit" (359) ausgesagt wird, dass sie die „Pflicht der Nächstenliebe" beachtend, den „eigenen Überfluss" in den Dienst der Hilfeleistung stellen sollte. Mit anderen Worten wird hier die Sozialpflichtigkeit des Geldes paraphrasiert.

Das Stichwort *Kredit* wird unter der Überschrift „Allgemeine Bestimmung der Güter und Privateigentum" (176–181) nur am Rande abgehandelt und führt zur Frage des Grunderwerbs im ländlichen Raum. Die Kreditvergabe wird dabei als „eine notwendige Voraussetzung für den Zugang zu anderen Gütern und Diensten" (180) eingestuft. Ebenso im agrarbezogenen Kontext wird die Bereitstellung von Geldmitteln für den Grunderwerb in Entwicklungsländern zur Behebung struktureller Probleme in der Landwirtschaft in Hinblick auf Agrarreformen erwähnt, welche nicht nur als politische Notwendigkeit, sondern als moralische Verpflichtung erachten werden. (Vgl. 300)

Ein Eintrag zum Stichwort *Mammon* fehlt. Der Begriff *Markt* führt unter anderem zur Wechselwirksamkeit von Arbeit und Kapital (vgl. 276–279), wobei aber nicht das Thema Geld, sondern „Humankapital" und „soziales Kapital" hinsichtlich menschenwürdiger Arbeit behandelt werden. Der Querverweis auf den Kreditmarkt (vgl. 300) wurde bereits unter dem Stichwort *Kredit* wahrgenommen, ebenso wurden alle Eintragungen betreffend Finanzmärkte und Globalisierung und internationale Finanzströme (vgl. 361–371) weiter oben berücksichtigt.

Der Begriff *Schuld* und *Schulden* verweist nur auf das biblische Sabbatjahr und den damit begründeten Schuldenerlass (vgl. 24), auf Finanzschulden armer Länder (vgl. 450) und auf das Thema Auslandsverschuldung (vgl. 482). Letztere gehören zu den Verweisen, auf die im Zusammenhang mit dem Stichwort *Geld* bereits eingegangen wurde.

Zusammenfassend kann festgestellt werden, dass im KSL der direkte Bezug zum Thema Geld kaum wahrgenommen wird. Die Rolle des Geldes wird aber als Kapital der Finanzwirtschaft insofern aktualisiert, als die Ethik des sich zusehends selbstverzweckenden internationalen Finanzsystems hinterfragt wird (vgl. 368–369), in welchem nur ein verschwindender Bruchteil aller Transaktionen auf realwirtschaftliche Geschäftsgänge zurückzuführen ist. Diese Asymmetrie im internationalen Geldgeschäft wird im empirisch-praktischen Teil dieser Arbeit noch Gegenstand ausführlicher Betrachtungen sein.

6.5.4 Die Enzyklika *Caritas in veritate* im Licht der Finanzwirtschaftskrise.[809]

Mit der in sechs Kapitel und 79 Nummern gegliederten Sozialenzyklika verweist Benedikt XVI. nicht nur darauf, dass mit der Liebe der Hauptweg der Soziallehre der Kirche zu begehen sei (vgl. 2 u. 5), sondern auch mehrmals auf die Finanzwirtschaftskrise und deren Ermöglichungsfelder wie den ungehemmten Kapitalismus und den kulturellen Relativismus; nach Ansicht des Papstes beide Paten der gegenwärtigen Finanzmisere. Wiederholt rekurriert Benedikt XVI. dabei auf Inhalte von Populorum progressio (Paul VI. 1967), die „Rerum novarum unserer

809 Benedikt XVI.: Enzyklika Caritas in veritate. Verlautbarungen des Apostolischen Stuhls 186), Bonn 2009. Siehe auch: www.diepresse.com/enzyklika.at. Download 08.07.2009. Textzitate mit Textnummern der Enzyklika in Klammern.

Zeit"[810]. Wenn das Soziale zum Spiel privater Interessen und Logiken der Macht der Investoren und Shareholder wird, ist mit zersetzenden Folgen für die Gesellschaft zu rechnen (vgl. 40). Benedikt XVI. wird diesbezüglich konkret: „Das Wirtschaftsleben kann nicht alle gesellschaftlichen Probleme durch die schlichte Ausbreitung des Geschäftsdenkens überwinden. Es soll auf das Erlangen des Gemeinwohls ausgerichtet werden, für das auch und vor allem die politische Gemeinschaft sorgen muß." (36)

Auch in stark liberalisierten Kapitalmärkten darf somit nicht vergessen werden, dass eine Investition neben ihrer wirtschaftlichen auch immer schon eine moralische Bedeutung hat. Der finanztechnische Vorgang lässt sich nur unter Ausblendung des Humanum von seiner ethischen Handlung abkoppeln. (Vgl. 40).

Wie sehr die Wirtschaft für ihr korrektes Funktionieren und ihre wohltuenden Auswirkungen eine menschenfreundliche Ethik benötigt, entfaltet Benedikt im Hinblick auf die spürbar höhere soziale Verantwortung, die weltweit unter dem Begriff „business ethics" in die Wirtschaftswissenschaften einfließt. Auch das „ethische Finanzwesen" sei ein Zeichen dafür, dass eine vielversprechende Entwicklung im Gange sei, die von unten nach oben getragen werde, wie dies bei den Mikrofinanzierungen der Fall sei, die Benedikt XVI. explizit als Finanzierungsmaßnahmen hervorhebt, die eine breite Unterstützung verdienen (vgl. 45). Im selben Atemzug wird in der Enzyklika aber auch vor der Abnützungsgefahr des Adjektivs „ethisch" gewarnt. In der Tat ist in letzter Zeit ein Trennschärfenverlust des Begriffes zu beobachten, da sehr verschiedene Inhalte unter einem sehr allgemein gefassten Ethikbegriff vermittelt werden. Klare Unterscheidungsmerkmale in einem genau definierten moralischen Bezugssystem wären gefragt, um den Begriff nicht zu verwässern. Im schlimmsten Fall, so bemerkt auch Benedikt XVI., können unter dem Deckmantel „ethisch" auch Entscheidungen gefällt werden und Beschlüsse durchgehen, „die der Gerechtigkeit und dem wahren Wohl des Menschen widersprechen" (45).

Ein darauf aufbauender Gedankenschritt lenkt die Aufmerksamkeit auf die Tatsache, dass die bisherige Unterscheidung zwischen gewinnorientierten und nicht gewinnorientierten Unternehmen, also die Trennung in einen Profit- und Nonprofitsektor zu kurz greift, um vollständig darüber Rechenschaft zu geben, wie eine neue umfangreiche, zusammengesetzte Wirklichkeit aussehen könnte, die das Private und das Öffentliche gleichsam einbezieht, aber dennoch Gewinn nicht ausschließt. In diesem „dritten Sektor" ortet die Enzyklika die Möglichkeit zur Verwirklichung humaner und sozialer Ziele (vgl. 46). Gewinn soll fortan als Mittel zu begreifen sein, mit dem eine Humanisierung des Marktes und der Ge-

810 In Anspielung auf die gleichnamige Sozialenzyklika Leo XIII. von 1981.

sellschaft erreicht werden kann. Das Hauptinteresse kann im Sinne der kirchlichen Soziallehre folglich nur darin liegen, die Lebenssituation des konkreten Menschen, der stets im Mittelpunkt allen wirtschaftlichen Strebens stehen muss, zu verbessern.

Kurt Remele verweist auf den seit dem Zweiten Vatikanum geltenden dynamischen Gemeinwohlbegriff, der Gleichheit, Gerechtigkeit und eine vorrangige Option für die Armen miteinschließt.[811] Erstere hebt der Papst in seiner Sozialenzyklika besonders hervor (vgl. 6) und fordert zu deren Durchbruch die Umverteilung des Reichtums, die Beseitigung des Hungers und der Arbeitslosigkeit und eine Neuordnung des Finanzwesens. Remele vermisst allerdings die zu dem im Text postulierten Gemeinwohl- und Gerechtigkeitsanspruch fehlende Konsequenz und spricht sich für eine differenzierte Betrachtungsweise der Sozialenzyklika aus, an der seiner Einschätzung nach offensichtlich mehrere Autoren ihre je eigenen Stilspuren hinterlassen haben. Zudem, so Remele, machen die verschlungenen Gedankengänge die Lektüre der Enzyklika beschwerlich, die Argumentationsweise bleibe manchmal diffus.

Mit der Klassifizierung „Schrottpapier“ geht Friedhelm Hengsbach mit der Enzyklika hart ins Gericht. Nicht die formalen Mängel seien ihr Hauptproblem, „sondern die Tatsache, dass die Selbstverpflichtung, all das kirchlicherseits vorbildhaft zu verwirklichen, was man von der übrigen Welt fordert, mit keinem Wort erwähnt wird.“[812]

Unklar und lückenhaft bleiben Passagen des fünften Kapitels, die sich mit der Verwirklichung dieser Anliegen befassen. Die darin kolportierte Forderung einer „Weltregierung“ (vgl. 57f.) wurde von vielen Medien zwiespältig rezipiert, zumal der Text viele Fragen offen lässt: „Um die Weltwirtschaft zu steuern, die von der Krise betroffenen Wirtschaften zu sanieren ..., ist das Vorhandensein einer echten politischen Weltautorität ... dringend nötig“ (57f).[813] Fraglich bleibt, wie eine solche Autorität geschaffen und implementiert werden soll und wie diese Forderung mit der im gleichen Kapitel empfohlenen Organisationsform in Einklang gebracht werden kann, die subsidiär und polyarchisch strukturiert sein soll.

---

811 K. Remele: Gemeinwohl und fehlende Konsequenz. In: Die Presse, 14.07.2009, 26.

812 Ebd. 26.

813 Vgl. auch Michael Fleischhacker: Die Antwort des Papstes auf die Krise: Wahrheit statt Wirklichkeit. In: Die Presse, 08.07.2009, 1–2.

6.5.4.1 Exkurs Global Governance

Thematisch dazu nahe kommt das Plädoyer von Herwig Büchele für eine „Globale Governance" ohne Weltstaat.[814] Angedacht wird dabei die Gründung eines neuen Typs von Gemeinwesen, eine globale Allianz der Demokratien nach dem Modell der Europäischen Union. Büchele schwebt ein Global Contract vor, in welchem die Einzelstaaten wesentliche politische Machtkompetenzen an eine transkontinentale Autorität abtreten, die, anders als die UNO, nicht auf die „Fiktion" einer nationalstaatlichen Souveränität und Gleichwertigkeit der Staaten aufbaut. UNO und WHO seien, so Büchele, zu durchsetzungsschwach, „auch finanziell zu abhängig, um die globalen Gemeinwohlinteressen gegen die Sonderinteressen der großen Wirtschaftsmächte und Regionen durchsetzen zu können."[815]

Doch auch Bücheles werbender Grundton einer Programmatik für die Global Marshall Plan-Initiative lässt genauere Begründungen und Umsetzungsmöglichkeiten, sowie die Plausibilität eines Vorteils gegenüber einer weiterzuentwickelnden UNO oder Welthandelsorganisation vermissen.

Nach diesem Exkurs zurück zur Sozialenzyklika *Caritas in Veritate*, von der manche erhofften, der Papst würde darin mit der Logik der kapitalistischen Gier abrechnen und Marx links überholen. Doch die Enzyklika ist alles andere als eine einseitige Kapitalismusschelte.

6.5.4.2 Caritas in veritate als Versuch eines Gegenentwurfs zur Ideologie des Markfundamentalismus?

Im Zuge ihrer über 100-jährigen Entwicklungsgeschichte hat sich die katholische Soziallehre wiederholt zu Aspekten aktueller wirtschaftlicher Problemstellungen geäußert. Inwieweit in der Enzyklika *Caritas in Veritate* auch der Versuch unternommen wurde, sich kritisch mit der Ideologie des Marktfundamentalismus auseinanderzusetzen, untersucht Richard Böger unter zwei Gesichtspunkten.[816]

Erstens weil, seiner Auffassung zufolge, die katholische Soziallehre historisch dazu verpflichtet ist, immer wieder Gegenentwürfe zu marktfundamentalistischen Tendenzen aufzuzeigen, und weil zweitens die Veröffentlichung der Enzyklika immer wieder mit dem Hinweis verschoben wurde, aktuelle Ereignisse

814 H. Büchele: Global Governance. Eine Herausforderung der Global Marshall Plan Initiative. (Beiträge zur mimetischen Theorie. Religion-Gewalt-Kommunikation-Weltordnung 23). Berlin 2007.

815 Ebd. 35.

816 R. Böger: Die Finanzmarktkrise als Ideologiekrise, 66f.

der Weltfinanzkrise einarbeiten zu wollen. „Damit war vor der Veröffentlichung die Hoffnung verbunden, dass sich diese Sozialenzyklika besonders mit den kapitalistischen Fehlentwicklungen der letzten Jahre auseinandersetzen würde“[817], beschreibt Böger seine ursprüngliche Erwartungshaltung, die letztendlich enttäuscht wurde, da sich seiner Sichtweise zufolge im Text zwar durchaus wegweisende Aussagen zur Finanzwirtschaftskrise finden, aber nur wenige Hinweise darauf, „dass die Ereignisse des letzten Jahres in die Aussagen eingeflossen sind.“[818] Es ließe sich ganz allgemein, so Böger, ein „Stakeholderansatz“ erkennen, der davon ausgeht, dass ein Unternehmen gegenüber allen Beteiligten und Anspruchsberechtigten Verantwortung zu tragen habe. Als durchaus neuen Akzent könne man in der Enzyklika die bemerkenswerte Einsicht bezeichnen, dass bei aller Bejahung des marktwirtschaftlichen Systems die Anschauung kritisiert werde, „ein Unternehmen wäre nur gegenüber den Investoren verantwortlich. Damit ist die Sozialenzyklika durchaus zu einer der inneren Ursachen der Finanzmarktkrise gelangt.“[819]

Allgemein erblickt Böger in den Aussagen der katholischen Soziallehre einen klaren Gegenentwurf zum Marktfundamentalismus anglo-amerikanischer Prägung, dessen marktradikales Konzept er als gescheitert ansieht und deshalb Regierungen und Wirtschaft auffordert, realistischere und realitätsnähere Konzepte zu entwickeln, die dem Gemeinwohl dienen. Für eine „Regulierung der Finanzmärkte nach menschlichem Maß“[820] böte die katholische Soziallehre das erforderliche Grundgerüst. In der Enzyklika *Caritas in veritate* sei dieses nur ansatzweise genutzt, gibt sich Böger enttäuscht.

Resümierend kann festgehalten werden, dass insgesamt die Aussagen der katholischen Soziallehre zum internationalen Finanzsystem eher spärlich ausfallen, wie weiter oben gezeigt werden konnte. In diesem Kontext mutet eine Aussage im Kompendium der Soziallehre der Kirche beinahe profetisch an, die vor einer Finanzwirtschaft warnt, die zum Selbstzweck wird, wenn sie sich von der Realwirtschaft entfernt.[821]

---

817 Ebd. 66.

818 Ebd. 66.

819 Ebd. 66.

820 Ebd. 67.

821 Der Ursprung dieser Einsicht entstammt einer Rede von Papst Johannes Paul II im Jahr 1997: „Eine Finanzwirtschaft, die zum Selbstzeck wird, ist dazu bestimmt, ihren Zielsetzungen zu widersprechen, weil sie sich von ihren eigenen Wurzeln und dem eigentlichen Grund ihres Bestehens, das heißt von ihrer ursprünglichen und wesentlichen Aufgabe löst, der realen Wirtschaft und damit letztlich der Entwicklung der menschlichen Personen und Gemeinschaften zu dienen.“ In: Päpstlicher Rat für Gerechtigkeit und Frieden: Kompendium der Soziallehre der Kirche. Freiburg 2006, Nr. 369.

6.5.4.3 Caritas in veritate als Rückkehr zum Naturrechtsdenken?

Trotz einiger bemerkenswerter Aussagen zu Themen wie Globalisierung, Technisierung und Wirtschaftsordnung, die Gerhard Kruips kritischer Kommentar der Enzyklika attestiert, vermeint er aus sozialethischer Perspektive ein entscheidendes Problem darin zu erblicken, dass bestimmte Aussagen von *Caritas in veritate* geradezu einen Bruch zur Tradition kirchlicher Sozialverkündigungen nach dem II. Vaticanum vollziehen.[822] Näherhin eine Rückkehr zum Naturrechtsdenken, die Kruip zufolge ins philosophische Abseits führt. Ferner wird kritisiert, dass der Text der Enzyklika nicht sauber zwischen sozialethischen und moraltheologischen Themen unterscheidet, einseitig individualethische Aspekte betont und dafür die Notwendigkeit struktureller Veränderungen vernachlässigt. Für die vorliegende Arbeit erscheinen diese Vorwürfe insofern von Relevanz, als sie Themenstellungen betreffen, die mit dem Geldumgang und der Finanzmarktkrise in Zusammenhang zu bringen sind. Letztere diente auch wiederholt als Begründung für das verspätete Erscheinen der Enzyklika, was hohe Erwartungen an deren Inhalt angesichts der krisenhaften Weltsituation schürte.[823]

Einem Trend der letzten Jahre entsprechend, werde die Tugend-Ethik gegenüber der sogenannten Institutionen-Ethik aufgewertet, lautet eine wichtige Beobachtung von Gerhard Kruip, die er anhand folgenden Beispiels festzumachen versucht: Die Enzyklika fordert Politiker, Manager, Konsumenten und letztlich alle Bürger dazu auf, sich an moralischen Werten auszurichten und diese auch in ihrem Handeln zur Geltung zu bringen. „Zum ersten Mal in einer Sozialenzyklika wird den Konsumenten eindringlich nahe gebracht, dass auch sie auf die ethische Qualität der Wirtschaft Einfluss nehmen können und müssen,“[824] so Kruips Beobachtung unter Heranziehung folgender Belegstelle: „Es ist gut, dass sich die Menschen bewusst werden, dass das Kaufen nicht nur ein wirtschaftlicher Akt, sondern immer auch eine moralische Handlung ist“ (66).[825] Nach positiver Würdigung dieser Passage, bemängelt Kruip, dass wirtschaftsrelevante Gerechtig-

---

822 Vgl. G. Kruip: Caritas in veritate. Ein kritischer Kommentar aus sozialethischer Perspektive. In: ThGl 100 (2010) 85–107.

823 Angekündigt wurde die Enzyklika für schon 2007 zum 40. Jahrestag von Populorum progressio (PP), die bereits 1987 durch die Enzyklika Sollicitudo rei socialis (SRS) gewürdigt worden war. Caritas in veritate wurde dann aber erst unmittelbar vor dem G8-Gipfel in L'Aquila am 07.07.2009 der Öffentlichkeit vorgestellt. Aufgrund der Tatsache, dass bei der Pressekonferenz maßgebliche Proponenten der beiden Räte „Cor Unum“ und „Justitia et Pax“ sprachen, darunter auch der angesehene italienische Wirtschaftswissenschafter Stefano Zamagni von der Universität Bologna, mutmaßt Gerhard Kruip, dass die Mitglieder dieser Räte maßgeblich an der Erstellung der Enzyklika beteiligt waren. Vgl. G. Kruip: Caritas in veritate, 85f.

824 Ebd. 90.

825 Textstellen der Enzyklika nach Nummerierung.

keitsfragen im Verhältnis von Männern und Frauen nie angesprochen werden, wiewohl der weltweite Diskurs um Empowerment von Frauen gerade in Geld- und Wirtschaftsfragen hochaktuell ist.[826]

6.5.4.4 Den konkreten Aussagen der Enzyklika zur Finanzmarktkrise auf der Spur

Wie weiter oben schon erwähnt, war allgemein erwartet worden, dass die Enzyklika aufgrund ihres verzögernden Erscheinens dezidiert und fachlich fundiert zur aktuellen Finanzmarktkrise Stellung beziehen würde. Während einige konkrete Hinweise das wechselseitige Beziehungsverhältnis der Menschen zum Thema Finanzen und Wirtschaft in den sich daraus ergebenden ethischen Implikationen durchaus behandeln, kann man sich der Diagnose von Gerhard Kruip durchaus anschließen, dass das weite Krisenpanorama, in welches die Finanzmarktkrise eingefügt wurde, eher unterbelichtet bleibt.[827] So wird in der Enzyklika zunächst ganz allgemein gefordert, neu über Entwicklungen im weitgespannten Beziehungsverhältnis von Wirtschaft und Ethik nachzudenken (21) und dass diese Denkaufgabe eigentlich schon nach dem Ende des Sozialismus 1989/90 fällig gewesen wäre (23). Diesem Lamento versäumter Hausaufgaben hält Kruip die zugespitzte Kritik entgegen, dass dies eher wie eine Aufforderung klinge, sich erneut mit der Enzyklika *Populorum progressio* zu beschäftigen, denn in *Caritas et veritate* werden „konkrete Perspektiven zur Bewältigung der Finanzmarktkrise ... nicht entwickelt."[828]

In seinem kritischen Kommentar zur Enzyklika wendet sich Kruip einer weiteren Formulierung zu, die auf ethisch relevante finanzökonomische Aspekte rekurriert. Darin fordert die Enzyklika dazu auf, für das Finanzwesen und die gesamte Wirtschaft „angemessene Bedingungen für die Entwicklung des Menschen und der Völker (zu) schaffen" (65), ohne dass leider jemals Überlegungen zur Frage angestellt würden, „durch welche Regeln und Institutionen dies gewährleistet werden könnte,"[829] wie Kruip dazu kritisch bemerkt, um dann wieder ein Beweisstück seines Vorwurfs des individualethischen Zugangs aus der En-

826 Vgl. ebd. 90. Auch für den in dieser Arbeit noch zu behandelnden Komplex der Mikrofinanzen ist Women-Empowerment als Teil einer strukturellen Beteiligungsgerechtigkeits-Diskussion unerlässlich und aus dem wissenschaftlichen Diskurs nicht wegzudenken. Frauen leisten einen ungemein wichtigen Beitrag in der Weltwirtschaft, sind aber weit unterproportioniert am Ertrag beteiligt. Siehe dazu auch das Kapitel „Mikrofinanzen als Instrument der Beteiligungsgerechtigkeit" im zweiten Teil dieser Arbeit.

827 Vgl. ebd. 91.

828 Ebd. 91

829 Ebd. 91.

zyklika zu präsentieren, welches ebenfalls anstelle struktureller Veränderungsmöglichkeiten das Problem und die Verantwortung auf das individuelle Gewissen der Finanzmakler und deren Handlungsmöglichkeiten verlagert: „Die Finanzmakler müssen die eigentliche ethische Grundlage ihrer Tätigkeit wiederentdecken, um nicht jene hoch entwickelten Instrumente zu missbrauchen, die dazu dienen können, die Sparer zu betrügen. Redliche Absicht, Transparenz und die Suche nach guten Ergebnissen sind miteinander vereinbar und dürfen nie voneinander gelöst werden“ (65).

Kruip gelangt zum Schluss, dass anhand der untersuchten Textstellen zur Finanzmarktkrise gezeigt werden könne, „dass das Thema offenbar nachträglich in einen bereits fertigen Text eingefügt worden ist, es dabei aber nicht gelungen sei, der Finanzkrise in der Analyse ihrer Ursachen, in der Darstellung ihrer Folgen und der Entwicklung möglicher Lösungen wirklich gerecht zu werden.“[830] Seinen Eindruck der nachträglichen „Einschübe“ versucht Kruip anhand einiger Beispiele zu erhärten.[831]

In Hinblick auf päpstliche Stellungnahmen zur Finanzwirtschaftskrise empfindet Kruip die Friedensbotschaft Benedikts XVI. zum Jahresbeginn 2009 wesentlich gelungener und interessanter als die Enzyklika *Caritas in veritate*, der er jedoch zugute hält, dass ihrem generellen Anliegen zuzustimmen sei. Dieses könnte man auf den Grundsatz komprimieren, dass auch die Finanzmärkte dem Gemeinwohl und der gesellschaftlichen Entwicklung gegenüber eine dienende Funktion haben.[832]

6.5.4.5 Zusammenfassung und kritische Würdigung

Mit Kruip kann unterstrichen werden, dass die Kernbotschaft der Enzyklika keinen genuin neuen Gedanken kirchlicher Sozialverkündigung transportiert, jedoch Bekanntes gekonnt variiert und auf neue gesellschaftliche Herausforderungen und Beziehungsfelder aktuell bezieht. Eher undifferenziert klingen m.E. Aussagen über die Probleme der Entwicklungsländer, deren Situation sich durch die globalisierte Finanzkrise besonders verschlechtert habe. Hier wird generell

830 Ebd. 92.

831 Kruips textkritische Analyse bringt u.a. Beispiele von Satzeinschüben, die durch Bindestriche gekennzeichnet sind wie: „Eine auf internationaler Ebene breitere Solidarität drückt sich vor allem in der weiteren Förderung – *selbst unter den Verhältnissen einer Wirtschaftskrise* – eines größeren Zugangs zur Bildung aus (61).“ Auch in Nr. 45 sei Kruip zufolge die Ergänzung des Stichworts *„Finanzwesen“* ein typisch nachträglicher Einschub. Siehe dazu: Ebd. 92 und FN 18. (Eigene Kursivsetzung)

832 Vgl. ebd. 92.

postuliert, dass sich die Entwicklungsprobleme der armen Länder durch die Finanzkrise zusätzlich verschärft hätten (vgl. 33), was als Kausalschluss (Finanzprobleme der Industriestaaten schlagen durchaus auf die Entwicklungs- und Schwellenländer durch, v.a. Kürzung der Ausgaben für Entwicklungshilfe, etc) zunächst auch logisch erscheint. Bei näherer und differenzierter Betrachtungsweise hätten Experten aber auch sehen können, dass gerade die kleinen Dorfökonomien der Entwicklungsländer von der Weltwirtschaft relativ unbeeinflusst blieben. Eine Tatsache, die zum Beispiel im Mikrofinanzwesen weltweit kommuniziert wird, wie im zweiten Teil dieser Arbeit zu sehen sein wird

Ein weiterer Allgemeinplatz findet sich in einer Aussage der Enzyklika zum grundlegenden Verhältnis von Wirtschaft und Ethik: „Die Wirtschaft braucht … für ihr korrektes Funktionieren die Ethik; nicht irgendeine Ethik, sondern eine menschenfreundliche Ethik“ (45). Wesentlich griffiger erscheint m.E. die Forderung, sich im Wirtschaftsleben nicht nur zu bemühen, „dass ‚ethische‘ Sektoren und Bereiche der Ökonomie oder des Finanzwesens entstehen, sondern dass die gesamte Wirtschaft und das gesamte Finanzwesen ethisch sind“ (45). Hieraus könnte man durchaus eine konkrete Kritik an so manch gängigen Feigenblatt-CSR-Aktivitäten großer Unternehmen ableiten, die vermeinen, sich durch partielle, medienwirksame Sozialengagements das systemische Durchforsten aller unternehmerischen Aktivitäten nach ethisch und sozial fragwürdigen oder nach heute gebräuchlichen Standards zu ersparen. Ebenfalls zum Themenfeld der sozialen Verantwortung von Unternehmen findet sich ein Appell, der eher allgemein gehalten ist. Es sei zu „vermeiden, dass die finanziellen Ressourcen zur Spekulation verwendet werden und man der Versuchung nachgibt, nur einen kurzfristigen Gewinn zu suchen“ (40).

Kruips Vorwurf, die aktuellen Bezüge der Finanzwirtschaftskrise seien nachträglich eingearbeitet worden, klingt eher praxisfern, denn das Updaten eines bereits mehr oder weniger fertigen Textes, ist m. E. ein eher üblicher Vorgang, wenn sich Rahmenbedingungen dermaßen dramatisch ändern, wie im vorliegenden Abfassungszeitraum der Enzyklika. Vielmehr kommt es doch darauf an, wie kompetent, fachlich fundiert und sachlich richtig dieser Vorgang vonstattengeht. Hier schließt sich m.E. auch der Kreis zu einer berechtigten inhaltlichen Kritik hinsichtlich der dargestellten Mängel und der vielen offenen Fragen, die der Text unbeantwortet lässt. Es wäre wohl zu viel verlangt, von einer Sozialenzyklika handfeste Exit-Strategien aus der Krise zu erwarten.

7 Geld, Freiheit, Abhängigkeit

Für B. A. Lietaer ist das Geld unser Spiegel. „Es kann mehr als nur unsere Schatten widerspiegeln. Es ist ein Spiegel unserer Seele.“[833] Die rückhaltlose Reflexion des eigenen Geldverhaltens kann einiges über unsere Abhängigkeiten und das Maß an Freiheit aufdecken, das möglicherweise geldförmig bestimmt ist, denn Geldfixiertheit schränkt nicht nur die Freiheit des Denkens ein. Sich der trügerischen Hoffnung hinzugeben, man könne sich auf dem Kapitalpolster „arbeitenden“ Geldes ausruhen, wäre eine kurzsichtige Kalkulation, vor der auch Reisinger eindringlich warnt und im Geldbesitz auch „eine Herausforderung zum Menschsein“ ortet, verbunden mit der bangen Frage, wer denn überhaupt von sich sagen kann, in der Lage zu sein, „sich des Geldes sinnvoll zu bedienen und es so zu verwenden, dass es dem Leben dient“[834] Wer ist schon in Sachen Geld vor einem pervertierten Herr-Knecht-Verhältnis völlig gefeit, wie es ein italienisches Sprichwort beschreibt: „Wenn Geld kein Diener ist, ist es ein Herr.“[835] In der Version von Henry G. Bohn klingt das so: „Geld ist ein guter Diener, aber ein schlechter Herr.“[836]

Wann immer die Geldvermehrung zum reinen Selbstzweck pervertiert, mutiert der Knecht zum Herrn, oder wie Stephan Schulmeister es formuliert: „Geld erscheint als Subjekt, das arbeitet und lebt (‚Geldleben‘ hieß das Magazin der Erste Bank), auch die Finanzmärkte werden zu Subjekten. ... Eine solche Entfremdung hat es immer wieder gegeben, vom Tanz um das Goldene Kalb in der Bibel bis zu Dagobert Duck, der seinen Swimmingpool nicht nützen kann, weil dort sein Geld badet. Aber noch nie hat der Fetisch des Geldes eine solche Katastrophe verursacht, wie jene, die auf uns zukommt.“[837] Schulmeister sieht diese Entwicklung als Ergebnis einer mittlerweile über zwei Jahrzehnte währenden Marktreligiosität, die dem blinden Glauben an das Walten einer quasigöttlichen,

833 B. A: Lietaer: Mysterium Geld. Emotionale Bedeutung und Wirkweise eines Tabus. Mönchengladbach 2000, 333.

834 Vgl. F. Reisinger: „Geld oder Leben!“ – Über die Wirkkräfte des Geldes auf/über die Menschen, 103.

835 Robert Kent / Lothar Schmidt (Hgg.): Geld – Aphorismen und Zitate aus drei Jahrtausenden. Reinbeck bei Hamburg 1990, 11.

836 Ebd. 23

837 Stephan Schulmeister: Großes Geld, große Krise. In: Der Standard, 25.04.2009, Album A 2. (Klammersetzung im Original).

unsichtbaren Hand des Marktes unter Mithilfe der Massenmedien Vorschub leistete. Dieser Entfremdungsprozess wurde Schulmeisters Einschätzung zufolge von neoliberalen Ökonomen begleitet, die sich eher als Theologen und Missionare des Geldes gerierten, als ihrer Verantwortung als redlich arbeitende, skeptische Wissenschafter nachkamen. So lieferten schließlich marktreligiöse Ökonomen ihren gläubigen Medienadepten und Politikern jene Argumentationsfiguren, deren mediale Verbreitung und praktische Umsetzung den Sozialstaat nachhaltig schwächten.[838]

Die sozialen Auswirkungen eines zusehends mehr um sich greifenden Entfremdungsprozesses ordnet Richard Sennett in seinem soziologischen Erklärungsmodell einer „ethischen Inkompetenz" zu, welche Menschen dazu treibe, sich dem „automatischen Subjekt" des Geldes zu unterwerfen.[839] Der Grund dafür liege in der zunehmenden Unfähigkeit des Individuums allein zu sein. Geld trägt offenbar das Versprechen der Aufmerksamkeit der anderen in sich. Wenn Richard Sennet von der Kultur des flexiblen Kapitalismus spricht, so impliziert dieses Szenario eine dramaturgisch gewichtige Hauptrolle für das Geld in unserer „Multioptionsgesellschaft", deren Plastikwörter wie Digitalisierung, Globalisierung die Vergeldlichung unserer sozialen Interaktionen unterstützend begleiten. Wenn Geld zum Subjekt wird, wird es zum Lebenspartner einer entfremdeten Beziehungswirklichkeit.

7.1 Der Begriff *Entfremdung* in seiner Geldbezogenheit

Unter Bezugnahme auf die Feuerbachsche Anthropologie, die davon ausgeht, dass wir „in einer verkehrten Welt leben, in der wir die besten menschlichen Kräfte vergeuden",[840] erinnert Reisinger daran, dass uns die Geldanalyse auf uns selbst, unsere anthropologische Befindlichkeit, zurückverweist. Ein Mensch kann sein Menschsein verspielen, versetzen, verkaufen.[841]

---

838 Vgl. ebd. A 2.

839 Vgl. Heinz Bude: Kritiker der ethischen Inkompetenz. Laudatio zur Verleihung der Heinrich-Tessenow-Medaille an Richard Sennet, in: taz, 21./22.03.2009, taz mag, II.

840 Vgl. F. Reisinger: „Geld oder Leben!" – Über die Wirkkräfte des Geldes auf/über die Menschen, 104.

841 Vgl. ebd. 104–105. Reisinger hebt hervor, dass auch im Neuen Testament auf die Gefahren des „Selbstverlustes" hingewiesen wird. Dazu gehört die Ermahnung von Paulus zur Vorsicht gegenüber der Habgier als Götzendienst. Vgl. Kol 3,5; 1 Kor 6,10; Gal 5,19. Das griechische Wort für Habgier, *pleionexia*, der Nexus zum Immer-mehr-Wollen, „beschreibt die psychische Befindlichkeit sehr präzise." F. Reisinger: „Geld oder Leben!" – Über die Wirkkräfte des Geldes auf/über die Menschen, 105.

Marx beschreibt die geldliche Entfremdung als Reduktion des Menschen zu einer Zahlungsschnittstelle. Das organisierte Bankwesen, so Marx, täusche eine Rückkehr des Menschen im Geldwesen zu sich selbst und zu anderen nur vor. In Wahrheit aber bewirkt die Entfremdung eine Öffnung der Kluft zwischen Möglichkeit und Wirklichkeit sowohl eines authentischen Selbst- wie Fremdbezugs. Geld entfremdet demnach doppelt. Verleiht man es, weitet sich die Bruchstelle zwischenmenschlicher Beziehungen deutlich, denn das Wesen des Kredits ist höchstes Misstrauen. Eine „gesellige" Runde werde durch das Geld ungesellig, weil die Gesellschaft in Gesellen verschiedener Art auseinanderbreche.[842]

Hierin tritt die fatale „Exklusivität" des Geldes als asymmetrisch verteiltes Herrschaftsmittel ins Rampenlicht zwischenmenschlicher Beziehungen und wirft in ihrer Ungleichheit wenig Licht und viel Schatten, denn während der Tod allen Menschen offen steht, so steht der Reichtum nur jener sich exklusiv im Geldglanz sonnenden Schicht zur Verfügung.

Die Vorstellung von *Ent*fremdung des Menschen, wie Marx sie sieht, hat wenig bis gar nichts mit *Ver*fremdung zu tun, jedoch sehr viel mit Beraubung des Individuellen, als Selbstverlust des Menschen. Der entscheidende Kritikpunkt der Marxschen Analyse scheint darin gegeben, dass dem Menschen in der Gesellschaft sein „eigen Leib"[843] (heute würde man wohl von der Identität sprechen) genommen wird, um sodann als willfähriger, gesellschaftlicher Hohlkörper, ökonomisch „gerechtfertigt" (i.S.v. angenommen, akzeptiert), gleichsam funktionierender Teil der Waren- und Dienstleistungsgesellschafts zu sein.

In einer der prononciertesten Gegenpositionen zur Marxschen Kapitalismuskritik sucht Max Weber nach konstitutiven Bestandteilen, die den „Geist[844] des modernen Kapitalismus"[845] geprägt haben könnten. Im Streben nach Gewinn, Rentabilität, dem kontinuierlich rationalen Kalkül, aber auch im Momentum

842 Vgl. K. Marx: Auszüge aus James Mills Buch „Éléments d'économie politique." Trad. par. J.T. Pariso, Paris 1823. In: MEW, Ergänzungs-Vol., Teil1, 1981, 448.

843 K. Marx: Ökonomisch-philosophische Manuskripte aus dem Jahr 1844, 517. Vgl. auch: J. Weiß: Mammon, 215.

844 „Geist" ist für Weber ein historischer Begriff, der aus seinen einzelnen, der geschichtlichen Wirklichkeit entnommenen Bestandteilen komponiert wird. Vgl: M. Weber: Die protestantische Ethik I. Eine Aufsatzsammlung, hrsg. v. Johannes Winckelmann, Hamburg 1965 / Gütersloh 1979, 39–40.

845 Zwischen 1904 und 1906 verfasst Max Weber eines der grundlegendsten Werke der Religionssoziologie: „Die protestantische Ethik und der Geist des Kapitalismus". Kurz vor seinem Tod, 1920, überarbeitet er sein Opus Magnus. In der „protestantischen Ethik" fand Weber ein idealtypisches System aus Glaubenssätzen, ethischen Normen und Maximen calvinistischer Lebensführung, welches in seinem inneren Kern jene Geisteshaltung barg, die für Weber den „Geist des Kapitalismus" prägte. Vgl.: ebd. 70–77.

„schrankenloser Erwerbsgier“[846] macht Weber Eigenschaften einer „Philosophie des Geizes“[847] aus, die er einerseits der „Geschäftsklugheit“, andererseits einer „eigentümlichen Ethik“ zurechnet, der auch Benjamin Franklin anhängt.[848] Implizit sind auch hier Entfremdungsmechanismen vorfindbar, wenngleich sie nicht explizit als solche definiert werden, wie eine Zusammenfassung der zentralen Erscheinungsmerkmale dieser „eigentümlichen Ethik“ eindrucksvoll zeigt:

„Erwerb von Geld und immer mehr Geld, unter strengster Vermeidung alles unbefangenen Genießens, so gänzlich aller eudämonistischen oder gar hedonistischen Gesichtspunkten entkleidet, so rein als Selbstzweck gedacht, daß es als etwas gegenüber dem ‚Glück‘ oder dem ‚Nutzen‘ des einzelnen Individuums jedenfalls gänzlich Transzendentes und schlechthin Irrationales erscheint.“[849]

Den Gelderwerb um des Erwerbens willen sieht Weber als weiteren zentralen Gesichtspunkt des „modernen kapitalistischen Geistes“ an. Gleichzeitig diagnostiziert er Folgendes: „Die absolute und bewusste Rücksichtslosigkeit des Gewinnstrebens stand oft ganz hart gerade neben strengster Traditionsgebundenheit.“[850]

Die wichtigste Folge puritanischer Lebensauffassung ist nach Weber nicht die dadurch begünstigte Kapitalbildung, sondern die dadurch bedingte „Tendenz zu bürgerlicher, ökonomisch rationaler Lebensführung“, welche zum „modernen Wirtschaftsmenschen“ als Träger der kapitalistischen Expansion führt.[851]

7.2 Geld *haben* wollen. Ein Blick zu Erich Fromms Dreischritt: Egoismus, Habsucht und Selbstsucht

Lk 9,25: Was nützt es einem Menschen, wenn er die ganze Welt gewinnt, dabei aber sich selbst verliert und Schaden nimmt?[852] Fromm setzt dieses unter einem

---

846 Ebd. 12. Zu beachten ist, dass Weber in der Erforschung des Zusammenhangs zwischen modernem Wirtschaftsethos und religiöser Ethik, die „rationale Ethik des asketischen Protestantismus“, mit ihrem spezifisch ausgeprägten Berufs- und Erwählungsbegriff sowie der Pflicht zur Genügsamkeit, wie sie insbesondere bei Calvin u.a. zu finden ist, im Auge hatte. Vgl. dazu auch: ebd. 53.

847 Ebd. 13.

848 Vgl. ebd. 42.

849 Ebd. 44.

850 Ebd. 48.

851 Ebd. 182.

852 Erich Fromm bringt dieses Zitat um den Unterschied zwischen dem Haben und dem Sein herauszuarbeiten. In: E. Fromm: Haben oder Sein. Die seelischen Grundlagen einer neuen Gesellschaft. Stuttgart 1976, 25.

eschatologischen Aspekt überlieferte Jesuswort von Nachfolge und Selbstverleugnung in den Kontext materiellen Reichtums. In der Auslegung Meister Eckharts ist von Selbstoffenheit und einem „Sich-leer-Machen“ die Rede, um sich selbst mit seinem Ego nicht im Wege zu stehen und aufgrund dieser Öffnung geistigen Reichtum und Kraft zu erlangen.[853]

Für Fromm erscheinen Jesus und Satan in den Evangelien als Repräsentanten zweier entgegengesetzter Prinzipien. „Satan ist der Vertreter des materiellen Konsums und der Macht über die Natur und den Menschen. Jesus ist die Verkörperung des Seins und der Idee, daß Nichthaben die Voraussetzung des Seins ist.“[854]

Fromm zitiert in diesem Kontext Goethes Parteiergreifung für die dramatische Gestaltung des Konflikts zwischen Haben und Sein. Im Faust verkörpert Mephistopheles das Haben. Diesem stellt Goethe die Qualität des Seins in unübertrefflicher Schlichtheit entgegen:

„Ich weiß, daß mir nichts angehört
Als der Gedanke, der ungestört
Aus meiner Seele will fließen,
Und jeder günstige Augenblick,
Den mich liebendes Geschick
Von Grund aus läßt genießen.“[855]

Egoismus, Habsucht und Selbstsucht stellen für Fromm drei wichtige Säulen zur analytischen Betrachtung des Haben-Wollens dar. Der nur allzumenschliche *Egoismus* scheint für Fromm ein erster wichtiger Dreh- und Wendepunkt zu sein, der auch den Geldumgang stark beeinflusst. Fromms Analyse geht davon aus, dass der Egoismus mehr als eine tief im Menschen verankerte Verhaltensweise ist: „Egoismus ist nicht bloß ein Aspekt meines *Verhaltens*, sondern meines *Charakters*. Er bedeutet, daß ich alles für mich haben möchte; daß nicht Teilen, sondern Besitzen mir Vergnügen bereitet; daß ich immer habgieriger werden muß, denn wenn Haben mein Ziel ist, *bin* ich um so mehr, je mehr ich *habe*; … Ich kann nie zufrieden sein, denn meine Wünsche sind endlos.“[856]

In der Analyse der *Habsucht* kommt Fromm zu völlig anderen soziopolitischen und gesellschaftlich relevanten Conclusionen als zum Beispiel die in dieser Arbeit dargestellten kollektivistischen Gesellschaftsutopien von Moses Hess, der die Habsucht mithilfe Abschaffung des persönlichen Besitzes zu beseitigen

853 Vgl. ebd. 25.
854 Ebd. 63.
855 J. W. v. Goethe: Faust 1, zit. in: ebd. 29. – Leider ohne Seitenangabe im Originalwerk.
856 Ebd. 16. (Kursivsetzungen im Original). – Das gilt auch für alle nachstehenden Fußnoten und Klammern im Fließtext.

glaubt. Fromm ist zwar auch der Meinung, dass Habsucht zu endlosen Klassenkämpfen führen muss, widerspricht aber in der gesellschaftlichen Analyse vehement: „Die Behauptung der Kommunisten, ihr System werde den Klassenkampf durch Abschaffung der Klassen beenden, ist eine Fiktion, da auch ihr System auf dem Prinzip des unbegrenzten Konsums als Lebensziel basiert. Solange jeder mehr haben will, müssen sich Klassen herausbilden, muß es Klassenkampf und, global gesehen, internationale Kriege geben. *Habgier und Friede schließen einander aus*."[857]

Hinzu tritt schließlich die *Selbstsucht*. Sie ist nach Fromm zu einer der Säulen der praktizierenden Ethik geworden. Habgier, ebenso wie Unterwerfung, verdummt die Menschen und macht sie unfähig, ihre eigenen wahren Interessen zu verfolgen. Der Durchschnittsmensch ist dermaßen selbstsüchtig mit seinen Privatangelegenheiten beschäftigt, dass er allem, was über seine persönliche Sphäre hinausgeht, kaum Beachtung schenkt.[858]

Ferdinand Reisinger ist der Überzeugung, dass die Zusammenhänge und das Beziehungsverhältnis von Haben und Sein in der Theologie noch immer unzureichend reflektiert werden: „Haben ist nicht unverdächtig. Es haftet ihm eine haptische (klebende) Eigenschaft an. Haben ist notwendig und gut, es muss sich aber vor dem Sein verantworten."[859] Dass dieser Verantwortungsfaktor auch ganz besonders für die sozialen Beziehungen gilt, hebt Johannes Paul II. in seiner Sozialenzyklika „Sollicitudo rei socialis" (SRS) hervor: „Da gibt es jene – die wenigen, die viel besitzen –, die nicht wirklich zu ‚*sein*' imstande sind, weil sie durch eine Umkehrung der Hierarchie der Werte vom Kult des ‚*Habens*' daran gehindert werden; und dann diejenigen – die vielen, die wenig oder nichts besitzen –, die wegen der Entbehrung der elementaren Güter ihre grundlegende menschliche Berufung nicht zu verwirklichen vermögen."[860]

Nicht im Haben selbst liegt also das Übel, sondern in der Bemessung seiner Qualität und Rangordnung gegenüber dem Sein. Für eine Rehabilitierung des Habens im Sinne seines lebensdienlichen Aspekts spricht sich auch Reisinger in seiner Reflexion über die Zusammenhänge von Haben und Sein in SRS aus: „Die falsche Antithese von ‚Haben *oder* Sein' wird ins rechte Licht zu rücken gesucht: Es wäre eigentlich keine Antinomie. Gleichsam in einer Rehabilitierung des Habens wird (SRS 28/7) darauf Wert gelegt, daß nicht im Haben selber das

---

857 Ebd. 16.

858 Vgl. ebd. 20.

859 Vgl. F. Reisinger: „Geld oder Leben!" – Über die Wirkkräfte des Geldes auf/über die Menschen, 105.

860 Johannes Paul II., SRS Nr. 28, 1987. In: Texte zur katholischen Soziallehre, Bornheim/Kevelaer 1992, 619–681. (Eigene Kursivsetzungen).

Übel liege, sondern in der *Art und Weise des Habens*."[861] Es liegt in der Natur einer päpstlichen Enzyklika, die Probleme vor einem möglichst breiten Horizont auszubreiten, was durchaus zu Lasten einer möglichen praxisbezogenen Behandlung eines Themas führen kann, weshalb auch Reisinger kritisch anmerkt, dass die fast stereotype Forderung nach Berücksichtigung der Qualität und Rangordnung der besessenen Güter nicht automatisch die offene Frage nach dem rechten Umgang mit dem richtigen Haben beantwortet.[862] Auch die Formulierung, dass die Orientierungs-Marche das „Sein des Menschen und seine Berufung" bleiben müsse, ruft eher nach weiteren fundierten theologischen Erörterungen und praxisrelevanten, lebbaren Beispielen, als dass dadurch schon ein Orientierungsfaden aufgenommen werden könnte, an welchem sich eine praktisch-ökonomisch-theologische Aufbereitung des Themas entlang tasten könnte. Vielmehr bricht der Diskurs über Haben und Sein in SRS ziemlich aprubt ab.[863] Reisinger präsentiert in seinem Interpretationsmuster zum Problem Haben und Sein drei Leitsätze unterschiedlicher Provenienz, gleichsam drei Appelle und Ansatzmöglichkeiten, die in dieser Arbeit aufgrund ihres appellativen Charakters als motivierende Bausteine für die weitere Befassung mit dem Geldthema dienen sollen:[864] Eine von Wilhelm Korrf und Alois Baumgartner veröffentlichte Formel aus einem Theologenkommentar zu SRS lautet: „Der Kult des Habens muß durch eine Kultur des Habens überwunden werden." Der Impuls des Mediziners Heinrich Schipperges empfiehlt: „Das Haben sein zu lassen, um das Sein zu haben." Und schließlich das vielleicht schlagendste Argument, eine Regelweisheit des Kirchenvaters Augustinus: „Wenig(er) brauchen ist besser als viel haben (wollen)."[865]

Resümee: So einleuchtend Augustinus' Rat auch klingen mag, er verhallt in Zeiten einer von der Finanzkrise geschüttelten Weltwirtschaft, deren Profeten geradezu das Gegenteil propagieren, nämlich ostentative Konsumption! Mit anderen Worten: wir können uns die augustinische Bescheidenheit gar nicht leisten, denn Wenig-Brauchen wäre, wie Reisinger nicht ohne Augenzwinkern

---

861 F. Reisinger: Haben und Sein. Ein bedenkenswertes Thema der Soziallehre der Kirche. In: Salzburger Jahrbuch für Philosophie XXXVI / 1991, 117. (Kursivsetzungen im Original). Vgl. zu dieser Thematik auch: F. Reisinger: Fragmentarisches über „Haben und Sein". Anmerkungen zu „Sollicitudo rei socialis" Nr 28. In: H. Schambeck / R. Weiler (Hgg.): Der Mensch ist der Weg der Kirche, Berlin 1992, 205–219.

862 Vgl. ebd. 117

863 Vgl. ebd. 118.

864 Vgl. alle drei Leitsätze mit anschließenden Erläuterungen, in: ebd. 120.

865 „Melius enim est minus egere quam plus habere"; Ordensregel II/5, zit. n. F. Reisinger: Haben und Sein, 121.

diagnostiziert, im höchsten Grade wirtschaftsschädigend.[866] Ob allerdings das Heil in ständig rotierenden Notenpressen und im moneyspending liegt und der daraus resultierende Geldsegen die Wirtschaft nachhaltig reanimieren kann, mag der Hoffnung der ExpertInnen anheimgestellt bleiben. Reisinger analysiert dazu treffend: „Das Geld und die daran geknüpfte Wirklichkeit wird dann zum Problem, wenn wir ihm mehr zutrauen als uns (als einzelne wie miteinander) gut tut, wenn es in einer Art und Weise auf uns einwirken kann, dass es letztlich nicht mehr dem Leben und dem Lebenkönnen dient. Wert und Gravität des Geldes sind somit eingebunden in das ‚Haushalten', also die ‚oikonomia' des Menschen bzw. der Menschen: ob und wie weit sie nicht nur auf das vermeintlich (schnelle) Glück und Wohl, sondern auch auf das Heil des Menschen ausgerichtet sind. ... Wir dürfen, ja sollen mit dem und aus dem Gelde das beste machen – nur keinen Abgott. Auf eine praktische Kurzformel gebracht bedeutet dies: ‚besitzen ohne besessen zu sein' (vgl. 1 Kor 7,29–31)."[867]

7.3 „Was das Geld kaufen kann, das bin ich." Die Identifikation mit der Machtkomponente des Geldes.

In einer besitzorientierten Gesellschaft befriedigt das Geld nicht nur das Bedürfnis nach stetig steigendem Konsum. Selbst als „totes Kapital" verheißt das Geld seinen Besitzern Macht. Aus Erich Fromms sozialpsychologischer Sichtweise, welche zwei grundlegende menschliche Existenzweisen, nämlich die Alternativen *Haben* oder *Sein* unterscheidet, erscheint das Haben als die bevorzugte Funktion und Charakterstruktur für die Hinwendung zum Geld, die mit dem narzisstischen Wunsch nach Bewunderung und Größe einhergeht.[868] Wer viel Geld besitzt, verfügt gewöhnlich auch über politischen Einfluss und genießt ein hohes Ansehen. „Der Reiche und Mächtige kann Einfluß nehmen, indem er die anderen entweder einschüchtert oder sie kauft. Auf diese Weise kommt er in den Besitz von Bewunderung oder Berühmtheit."[869]

Die mit dem Eigentum und Geldbesitz einhergehende entscheidende Frage ist für Fromm, ob durch die Konzentration auf das Haben die Lebendigkeit der

---

866 Ebd. 121.

867 F. Reisinger: „Geld oder Leben!" – Über die Wirkkräfte des Geldes auf/über die Menschen, 106.

868 Vgl. Erich Fromm: Vom Haben zum Sein. Wege und Irrwege der Selbsterfahrung. München 1989, 136f u. 159.

869 Ebd. 137.

Menschen gefördert wird oder ob sie träge, faul und unproduktiv werden.[870] Wird nämlich dem Haben eine bevorzugte Funktion im Sinne einer Bedürfnisdeckung und Triebbefriedigung nach immer mehr Konsum beigemessen, „dann hört es auf, eine Bedingung für eine Verstärkung der Orientierung am Sein zu sein und unterscheidet sich grundsätzlich nicht von einer Orientierung, bei der alles getan wird, um den Besitzstand zu wahren."[871] Dieses besitzorientierte Haben stuft Fromm als eine Haltung ein, die Gewinn ohne eigene Anstrengung zu erhoffen trachtet und sich dergestalt in einer Gesellschaft, in der sich alles um Geld und Besitz dreht, dem Menschen ein Machtgefühl verleiht. Frei nach der simpel klingen Formel, dass Geld mannigfache Machtausbreitung in Gesellschaft, Wirtschaft und Politik zu ermöglichen imstande ist. Der Mächtige fühlt sich als großer Mensch. „Die Leute bewundern seine Größe, weil sie lieber jemanden bewundern als ihn fürchten. Der Reiche und Mächtige kann Einfluß nehmen, indem er die anderen entweder einschüchtert oder sie kauft. Auf diese Weise kommt er in den Besitz von Bewunderung oder Berühmtheit."[872]

Fromm schält die gefährliche Bipolarität des Geldes als gesellschaftliches Tausch- und Speichermedium am Beispiel seiner angeblichen Bindequalitäten heraus, kann doch das Geld durchaus auch als Band angesehen werden, das Menschen an die Gesellschaft bindet. Manchem, so Fromm, ist es auch „das Band aller Bande!" Jedoch: genausogut wie binden, kann das Geld auch lösen, weshalb es von Fromm auch als „das allgemeine Scheidungsmittel" bezeichnet wird. „Es ist die wahre *Scheidemünze*, wie das wahre *Bindungsmittel*, die galvano*chemische* Kraft der Gesellschaft."[873]

Die an diese Überlegungen anknüpfende, entscheidende sozioökonomische Frage ist für Fromm, ob Geld, Besitz und Güter die Lebendigkeit und das Tätigsein der Menschen eher fördern oder ob Trägheit, Faulheit und Unproduktivität sich lähmend über die Besitzenden ausbreiten.[874] Letzteres könnte gleichsam individuell wie gesellschaftlich einen Beinahe-Stillstand der Aktivitäten und Weiterentwicklung auf allen Ebenen einleiten.

Karl Marx geht 1844 in den ökonomisch-philosophischen Manuskripten in einer beeindruckenden Analyse noch einen Schritt weiter, indem er den Nachweis für die Identifikation der Geldbesitzenden mit der Wirkmacht des Geldes zu erbringen versucht: „Was durch das Geld für mich ist, was ich zahlen, das heißt, was das Geld kaufen kann, das *bin ich*, der Besitzer des Geldes selbst. So groß

870 Vgl. ebd. 139.
871 Ebd. 136.
872 Ebd. 137.
873 Ebd. 138. (Kursivsetzungen im Original).
874 Vgl. ebd. 139.

die Kraft des Geldes, so groß ist meine Kraft. Die Eigenschaften des Geldes sind meine – seines Besitzers – Eigenschaften und Wesenskräfte. Das, was ich *bin* und *vermag*, ist also keineswegs durch meine Individualität bestimmt. Ich bin häßlich, aber ich kann mir die *schönste* Frau kaufen. Also bin ich nicht *häßlich*, denn die Wirkung der *Häßlichkeit*, ihre abschreckende Kraft ist durch mein Geld vernichtet."[875]

Mit anderen Worten: Marx spricht dem Geld auch die Macht zu, die Individualität der Besitzenden zu überformen, sie, wie gesagt werden kann, geldgleich zu machen. Das existenzielle Sein und das, was der Mensch vermag, entstammen in diesem Konzept nicht mehr der je eigenen Individualität. Dem Geld schreibt Marx nicht nur die Möglichkeit der Veränderung von inneren wie äußeren Wesensmerkmalen zu, er verleiht dem Geld auch das uralte Gottesprädikat, indem er es als „höchstes Gut" erachtet; also ist auch sein Besitzer gut, lautet der daraufhin gezogene Deduktivschluss.[876]

„Das Geld ist der Kuppler zwischen dem Bedürfnis und dem Gegenstand, zwischen dem Leben und dem Lebensmittel des Menschen. Was mir aber mein Leben vermittelt, das vermittelt mir auch das Dasein des anderen Menschen für mich. ... Was ich qua Mensch nicht vermag (weil ich z.B. nicht an die allseits diktierten Schönheits-, Gesundheits-, oder Leistungsideale heranreiche), was also meine individuellen Wesenskräfte nicht vermögen, das vermag ich durch das Geld. Das Geld macht also jede dieser Wesenskräfte zu etwas, was sie an sich nicht sind, d.h. zu ihrem Gegenteil."[877]

Demnach macht das Geld Hässliche schöner, Lahme mobil, Gewissenlose geehrt. Geld adelt sogar. Selbst Geistlosigkeit wird durch den wirklichen Geist aller Dinge, nämlich das Geld vernichtet, denn Marx zufolge kann bzw. darf der Besitzende nicht geistlos sein; und ist er es doch, so kauft er sich geistreiche Leute und muss doch schon allein aufgrund seiner Macht, die er dadurch auf die Geistreichen ausübt, viel geistreicher sein als sie, wie Marx nicht ohne Ironie anmerkt.[878] Als Abrundung dieses Gedankengangs lässt Marx den anonymen Icherzähler fortfahren: „Ich, der durch das Geld alles, wonach ein menschlich Herz

875 Zit. in. ebd. 137, aus: K. Marx: Philosophisch-ökonomische Manuskripte. In: MEGA 1, 3; 147 u. 149. (Kursivsetzungen in der von Erich Fromm kommentierten Fassung).

876 Marxens älterer Zeitgenosse, Heinrich Heine, spricht von der „Geldwerdung Gottes" und von der „Gottwerdung des Geldes." Marx und Heine haben jedoch in Goethes Faust ein klassisches Vorbild: „Nach Golde drängt /Am Golde hängt/ Doch alles. Zit. n. Gotthard Fuchs: Diskretion, bitte! In: Die Furche, 08.05.2008, 10.

877 MEW Erg. Bd. 1, 563 u. 565. Eigene Klammersetzung

878 Vgl. ebd. 147ff.

sich sehnt, vermag, besitze ich nicht alle menschlichen Vermögen! Verwandelt also mein Geld nicht alle meine Unvermögen in ihr Gegenteil?“[879]

Resümee: Geld ist also, Marx zufolge, vom Standpunkt der Besitzenden aus gesehen, imstande, jede Eigenschaft gegen jede, und sei es auch die widersprüchlichste, auszutauschen. So kann auch der Feige sich die Kardinalstugend der Tapferkeit erkaufen und gilt sodann auch als tapfer, wobei Marx offen lässt, ob allein schon im Tauschhandel, oder in der tatsächlichen Identifikation mit einer durch das Geld erworbenen Eigenschaft, diese zur Geltung gebracht wird, bzw. ihrem Eigner de facto anheimfällt.

7.4 Der Mensch, ab ovo der Geldgier verfallen? Eine biblische Paraphrase an der Krippe des Messias

Unter den Kostbarkeiten, die von den drei Weisen dem neugeborenen Messias dargebracht werden, befindet sich auch Geld, in der Form des Goldes. In offensichtlicher Anlehnung an die biblische Erzählung von den Gaben, die dem in der Krippe liegenden Jesuskind dargereicht werden, versucht Moses Hess in einer märchenhaften Geschichte die Herkunft der Gier der Menschen nach dem vergötzten Geld zu erklären: „An der Wiege des ersten Menschenkindes standen die guten Engel, aber auch Satan ... Jeder brachte dem Kind eine himmlische Gabe, um es für sein schweres Leben auf Erden zu stärken und zu trösten: Sie schenkten ihm die Liebe, die Freude, Hoffnung usw. Da trat auch Satan hinzu und gab dem Kinde seinen Judaskuß und legte ein blankes Goldstück in die Wiege. Das Kind aber streckte gierig seine Hand nach dem glänzenden Golde aus und wandte sich ab von seinen guten Genien. ... Da entstanden auf der Erde Geiz, Habsucht, Hochmut, Neid, Heuchelei und alle käuflichen Laster.“[880] Der Mensch, nach Hess somit ab ovo der Geldgier verfallen?

Dieser defätistischen Sichtweise einer irreversiblen ökonomischen Schädigung der menschlichen Gattung sei als lebensbejahendes und mutmachendes Bild eine Kontrastgeschichte von Ferdinand Reisinger entgegengehalten, in der aus dem breiten Spektrum möglicher An- und Verwendungsmöglichkeiten des Geldes eine Facette aufleuchtet, die eines völlig unterschlägt: die Lebensdienlichkeit. Reisinger zeigt anhand einer biblischen Paraphrase, dass Geld auch so etwas wie „Segen“ in der Hand der Menschen sein könnte: „Oftmals habe ich verwundert mittelalterliche Weihnachtsbilder angesehen, die den Besuch der drei Weisen aus dem Morgenland darstellen. Der König mit der Geldtruhe ist allemal

879 Ebd. 147.
880 Z. Rosen: Moses Hess u. Karl Marx, 144.

ganz vorne beim Kind, und dieses greift nicht selten mit beiden Händen voll ins Gold. Zunächst meinte ich, die Künstler persiflieren damit menschliche Geldgier. Unterdessen sehe ich es anders: Jesus (der menschennahe Gott) sagt selbst ‚Ja' zum Geld, und er hat keine Scheu davor; er weist es nicht überheblich oder verächtlich zurück. Er greift hinein, in das, was der ‚König' (nicht ohne Grund – beim Anblick des Kindes) aus der Hand legt, er nimmt es, um es sinnvoll und lebensdienlich zu verteilen, zu verstreuen und zu ‚investieren', (vgl. das Diktum im Mund Jesu ‚Macht euch Freunde mit dem ungerechten Mammon' – Lk 16,9)."[881] Das Beispiel Reisingers regt an, über den breiten Interpretationsspielraum und die Perspektivenverschiebung nachzudenken, die es zu berücksichtigen gilt, wenn vorschnell etwas als malum per se abgestempelt wird, wie Hess das tut, wenn er das intrinsisch Schlechte hervorhebt, das dem Geld (auch) anhängt.

Bernd Hamm, der über die gleiche biblische Szene auf spätmittelalterlichen Darstellungen der „Heiligen Drei Könige" sinniert, die sich in märchenhafter Pracht dem Kind in der Krippe nähern, um kostbare Gaben zu überreichen, kommt dabei zum Schluss, dass die kirchliche Botschaft dabei durchaus vermittelt: „Es gibt nicht nur eine besondere Gnadennähe Gottes zur Armut, sondern auch die Nähe der Gnadenheiligkeit zum Reichtum und die Nähe des Reichtums zur Gnade."[882]

7.5 Die Macht des Geldes im Spiegel von Märchenerzählungen. Ein Streiflicht auf ein Zwei-Welten-Erlebnis

In vielen Märchen und Sagen spiegelt sich die Mythisierung von Geld und Gold, Schatzbildung und Reichtum wider, und aufgrund seiner hochgradigen Differenzierung und Komplexität als Kommunikationsmedium hat das Geld seinerseits – über alle metaphorischen Analogisierungen zwischen *Geld* und *Sprache* hinaus – einen gleichermaßen ideellen wie realen Siegeszug in viele Sprachspiele

---

881 F. Reisinger: „Geld oder Leben!" – Über die Wirkkräfte des Geldes auf/über die Menschen. In: Gott oder Mammon. Christliche Ethik und die Religion des Geldes. Hg. v. Severin J. Lederhilger. Frankfurt 2001, 106–107.

882 B. Hamm: Den Himmel kaufen. Heilskommerzielle Perspektiven des 14. bis 16. Jahrhunderts. In: JBTh, Band 21 (2006) Gott und Geld, 248. Hamm ist davon überzeugt, dass sich das Christentum in vielfältiger Weise als „Kostbarkeitsreligion" präsentiere. Zu diesem „Sinnbild einer Stifterreligiosität der Vornehmen und Reichen" gehöre es eben auch, dass sich „der Reichtum des Himmels mit dem Reichtum der Erde verbindet." Ebd. 248. Vgl. zu diesem Thema auch die Vorliebe und Begeisterung der Familie Medici in Florenz für den Kult der Hl. Drei Könige, dargestellt bei Christina Acidini Luchinat (Hg.) Benozzo Gozzolli: La Capella die Magi. Mailand 1993.

und Diskurse hinein angetreten, wovon Lothar Bornscheuer überzeugt ist, wenn er die These aufstellt, dass die bürgerliche Gesellschaft ihre Kunst und Geisteswelt den Gesetzen der Marktwirtschaft unterworfen und „psychologisch sogar die Omnipräsenz Gottes durch die Omnipräsenz des Geldes ersetzt hat.“[883]

Die Grimmschen Märchen vom Rumpelstilzchen, dem Gestiefelten Kater und den Bremer Stadtmusikanten erzählen nicht gerade auf den ersten Blick von der Macht des Geldes und ökonomischen Zwängen, denen die Menschen unterworfen sind. Erst ihr tiefenpsychologischer Ertrag, den Eugen Drewermann zutage fördert, spiegelt die hinter dem Erzählstoff verborgen liegenden Lebensverhältnisse der vorkapitalistischen Zeit und die „allgegenwärtige Allmacht des Geldes“ wider.[884]

Wenngleich der psychotherapeutische Blickwinkel leitend ist, so fußt Drewermanns sozioökonomische Analyse vor allem auf Karl Marx, Max Weber und Erich Fromm, um die Unmenschlichkeit bewusst zu machen und zu verdeutlichen, die mit der bloßen Gewinnmaximierung, Geldanhäufung und Kapitalvermehrung stets einhergeht. Drewermann identifiziert eine „mörderische Ordnung der Welt“, in der eine reiche Minderheit von Menschen auf Kosten einer immer größer werdenden Mehrheit von Armen und Kranken lebt.[885]

In der Gestalt des Rumpelstilzchens personifiziert sich märchenhaft ein Spiegelbild der zwangsbetonten Akkumulierung von Geld. Eine Müllerstochter soll des Königs Reichtum vermehren, indem sie Stroh zu Gold spinnt. Außerdem blüht der Unglücklichen die Zwangsehe mit dem Monarchen. Ein kleines Männchen verleiht der jungen Frau, der als Alternative nur der Tod bleibt, die besondere Fähigkeit, die Natur in Geld zu verwandeln, womit ein verführerischer Hang zu schier unerschöpflichem Geldgewinn angesprochen wird. Als Gegenleistung fordert das Männchen das Erstgeborene der Müllerstochter, es sei denn, sie vermag seinen Namen Rumpelstilzchen zu erraten. Drewermann sieht die junge Frau nun vollends in Kapitalgut verwandelt, fortan ein entfremdetes Leben führend, dem Geld- und Wirtschaftssystem gnadenlos ausgeliefert, dessen Zielsetzung es ist, den Zweck der Gewinnmaximierung als Geldgewinn durch Geldbesitz zu verfolgen. Das Stroh steht zeichenhaft für die vergeldlichten Verhält-

---

883 L. Bornscheuer: Zur Geltung des „Mythos Geld“ im religiösen, ökonomischen und poetischen Diskurs. In: Bielefelder Schriften zu Linguistik und Literaturwissenschaft. Band 10: Mythos im Text: www.goethezeitportal.de/db/wiss/epoche/bornscheuer_geld.pdf, 1. Download: 16.09. 2010.

884 Vgl. E. Drewermann: Von der Macht des Geldes oder Märchen zur Ökonomie. Mannheim 2007, 9f.

885 Vgl. ebd. 12f.

nisse. Alles und jeder ist käuflich in einem Leben, das sich, wie Fromm es ausdrückt, nur um das Haben und Mehrhabenwollen dreht.[886]

Als Gaunerkomödie par excellence stuft Drewermann das Märchen von dem aus wirtschaftlich armen Verhältnissen emporgestiefelten Kater ein, der sich als nachtaktives Raubtier, ausgestattet mit Hinterlist, Lüge und Raffinesse, widerrechtlich des Königs Wild und Wald aneignet. Für Drewermann ein Symbol des mittlerweile sprichwörtlich gewordenen Raubtierkapitalismus, welcher dem Zwang einer permanenten Vernichtungskonkurrenz unterliegt, in der alle Grenzen und Spielregeln bewusst übertreten werden, solange dies der Renditeoptimierung zuträglich ist.[887]

Wer zum Prozess der Kapitalvermehrung nicht mehr beitragen kann, läuft mitunter Gefahr, als völlig nutzloser, gesellschaftlicher Ballast herabgewürdigt zu werden. Solche Menschen repräsentiert „die Loser-Gruppe der Bremer Stadtmusikanten", die den Weg in die Offensive wählen, frei nach dem Motto, überall Besseres zu finden als den Tod. Auf ihrem Weg nach Bremen finden sie das Räuberhaus der Superreichen, in dem die Vermögen der ausgebeuteten Menschen von rücksichtlosen Verbrechern angehäuft wurden. Man denkt unwillkürlich an die Banken und Börsen, jene „Schlösser" in denen die uneingeschränkte Macht des kapitalistischen Zaubers herrscht.[888]

Resümee: Bei aller psychologisch-wissenschaftlich plausibel fundierten Kritik am weltweiten „Regiment des Gestiefelten Katers" gelingt es Drewermann nur ansatzweise, seinem hohen, zu Anfang des Buches geäußerten Anspruch gerecht zu werden, nämlich mit diesen Märcheninterpretationen dazu beitragen zu wollen, dass „im System des herrschenden Kapitalismus kein Stein mehr auf dem anderen" bleibt.[889] Vielleicht liegt es auch daran, dass die tiefenpsychologische Analyse nicht wirklich zur strukturellen Machtausbreitung des Geldes vorzudringen vermag und typischerweise individuelle, intrapsychische Vorgänge untersucht. Das Schreckbild der in dunklen Wäldern auffindbaren Geldtempel und Börsen, die, furchteinflößenden Zauberschlössern gleich, von mächtigen wie übelwollenden Magiern beherrscht werden, bleibt bühnenbildhafte Kulisse einer lebendigen Wirklichkeit, die sich davor nur als Märchenmetapher zu erkennen gibt.

886 Vgl. ebd. 42–46.
887 Vgl. ebd. 98 u. 113.
888 Vgl. ebd. 115f.
889 Ebd. 16.

8 Leben und leben lassen. Zum biophilen Gehalt des Geldes

Im Zuge der Finanzwirtschaftskrise wurde nicht selten harsche Kritik an der staatlichen Aufsichtspflicht für den Geldverkehr und an zu laschen Kreditvergaberichtlinien der Banken geübt, ferner an der Geldgier der Manager und Spekulanten, wodurch das Geld selbst in Verruf kam, Medium für undurchsichtige Machenschaften zu sein. In der Medienberichterstattung werden in diesem Zusammenhang gerne die dunklen, bösen, zerstörerischen und defizitären Aspekte des Geldes in den Vordergrund gerückt. Aber Geld besitzt zweifellos auch eine weitreichendere, praktisch-nützliche Funktion, die darüber hinaus zu jener luziden, lebensdienlichen Dimension des Geldes führt, die Tad Crawford eine geheime Dimension nennt, weil das Geld seiner Ansicht nach lieber verteufelt, bestenfalls noch trocken als Tauschmittel, Messinstrument oder Wertaufbewahrungsmedium definiert, denn für seine schöpferischen Aspekte geschätzt wird. Seine biophile Energie, sein Gehalt oder „Salär“ (engl. *salary*, lat. *salarium*) lässt bereits an die vielfältigen Wirkkräfte denken, die im Salz enthalten sind, mit dem im antiken Rom die Arbeiter entlohnt wurden.[890]

Wer sich heute über das „böse Geld“ beklagt, so Crawford, versäumt die Gelegenheit, etwas über seinen symbolischen Reichtum zu erfahren. Wenn in biblischer Anlehnung zitiert wird, dass die Wurzel allen Übels die Habsucht oder Geldgier sei[891], so darf dabei nicht übersehen werden, dass nicht das Geld per se, sondern nur die blinde Liebe zum Geld allenfalls als Wurzel des Übels angesehen werden kann. „Wenn wir Geld lieben, verlieren wir wahrscheinlich seine tiefere Bedeutung aus den Augen. Wenn das Geld unser eigentliches Ziel ist, betrachten wir es nicht mehr als Symbol der Lebenskraft, die uns enger mit unserem Selbst, mit unserer Familie und mit unserer Gemeinschaft verbinden kann.“[892]

Auch Jesus verdammt die Reichen nicht, weil sie reich sind, sondern weil sie ihren Reichtum vergötzen. In Jericho, wo Jesus beim verhassten Steuereintreiber Zachäus einkehrt, zieht er sich den Hass der Menge zu, weil er bei einem Sünder

---

890 Vgl. Tad Crawford: Das geheime Leben des Geldes. Mythen, Symbolik, Rituale. Was den Umgang mit Geld über uns verrät. Zürich 2000, 19–22.

891 Vgl. 1 Tim 6,10: Denn die Wurzel alles Übels ist die Geldgier. ; so manche, die sich ihr hingaben, sind vom Glauben abgefallen und haben sich selbst viel Weh bereitet.“

892 T. Crawford: Das geheime Leben des Geldes, 30.

zu Gast ist, der mit der verhassten Besatzungsmacht kollaboriert und dadurch reich geworden ist. Als aber Zachäus verspricht, die Hälfte seines Vermögens den Armen zu geben und alle vierfach zu entschädigen, denen er Unrecht getan hat, sagt Jesus: „Heute ist diesem Haus das Heil geschenkt worden …“[893]

Wann immer Geld bedürftigen Menschen zufließt, kann sein lebensdienlicher Aspekt ins Bewußtsein gehoben werden. Das mit dem Mitgefühl gleichsam „losgelassene“ Geld wird nicht vergötzt, es beginnt zu fließen. Für Crawford wird hierbei spürbar, dass Geld ein Werkzeug der Nächstenliebe sein kann.[894] Dank ihrer geldeigenen Wahrheit versprechen Münze wie Banknote aus sich selbst heraus lebensspendende Kraft. Schon Hesiod wusste: „Geld bedeutet Leben für uns elende, sterbliche Menschen.“[895]

Der profan-verdinglichten Möglichkeit einer bloßen rationalen Aneignungshandlung stellt Needleman metaphysisch die dem Geld innewohnenden Potenzialität gegenüber, sich in Güter zu verwandeln, Wünsche zu antizipieren, Geistigkeit in Materialität zu wandeln. So wurde das Geld seinen Besitzern stets zur „lebensspendenden Quelle, ohne die der kulturelle Mensch verdursten müsste. Denn Geld verkörpert jegliche kulturelle Handlung, und ohne Geld sind die Handlungsmöglichkeiten innerhalb der Zivilisation aufs Ärgste beschnitten.“[896]

8.1 Geldverlust. Verlust des Lebens?

Mit dem Beginn der Neuzeit sieht Weiß den „Augenblick der monetären Offenbarung“[897] gekommen. Der professionelle Handel erlebt seine erste Blüte, und neben klerikaler und adliger Herrschaft strebt ein neuer Stand nach gesellschaftlichem Einfluss: der Geldadel. Die Zeit des Geldes scheint endgültig angebrochen. Menschen identifizieren sich zunehmend über ihre Güter. Dem neuzeitlichen Credo „Du bist, was du hast“ lief zu Beginn des 16. Jahrhunderts der Sinnspruch „Wer sein gut verlürt der verlürt auch die sinn“[898] voran. Der Mensch, bar seines Geldes und Gutes, schien jedweden Halts im Leben beraubt.

893 Lk 19, 9.

894 Vgl. T. Crawford: Das geheime Leben des Geldes, 128.

895 Zit. n. Robert Kent / Lothar Schmidt (Hgg.): Geld – Aphorismen und Zitate aus drei Jahrtausenden. Reinbeck bei Hamburg 1990, 14.

896 Jacob Needleman: Geld und der Sinn des Lebens. (Money and the meaning of life). Frankfurt 1993, 232.

897 J. Weiß: Mammon, 55.

898 Anonymus: Fortunatus (1509). Als Reclam Studienausgabe nach der Editio Princeps von 1509. Stuttgart 1996, 146. Hier zit. n. J. Weiß: Mammon, 56.

Symbolisiert das Geld unseren freien Willen oder zerbrechen angesichts atavistischer Emotionen wie Angst und Gier[899] rational nachvollziehbare Kausalketten? Vielleicht weil die Möglichkeit des Geldes der Wirklichkeit entkommt, hält sie diese gleichsam zum Narren.

In seiner literarischen Forschungsarbeit zeigt Weiß schlüssig und verständlich auf, dass Romanfiguren wie Fortunatus durchaus beispielhaft zu realen Menschen all ihre Lebenskräfte verlieren, wenn Geld verloren oder gestohlen wird. „Ja, er erschrak so ser das er nider sanck / und ym geswand / und lag gleich sam er tod w(a)r.“[900] Diese aus dem 16. Jahrhundert stammende dramatische Schilderung eines Bankrotteurs lässt sich über die Zeiten hinweg auf Zusammenbrüche menschlicher Existenzen nach dem Börsenkrach 1929 bis zur aktuellen, während des Verfassens dieser Arbeit die Finanzwelt in Atem haltende Finanzwirtschaftskrise übertragen. Der unerwartete Entzug der lebensspendenden Wirkmacht des Geldes treibt Menschen mitunter nicht nur in den finanziellen Ruin, er scheint vielen gleichsam ihren tragenden Lebenssinn zu rauben. Das klaffende Budgetloch[901], der leere Säckel, hinterlässt nicht selten auch eine tiefgreifende Sinnleere, Orientierungs- und Mutlosigkeit. Der ursprünglich ökonomische Begriff Budget wird im übertragenen Sinne zum Vorrat an Lebenselixier, dessen Fehlen in die Existenzkrise führen kann. „Jeder Griff in den Säckel wird zur Epiklese, die das Geld um Leben bittet.“[902]

Der Verlust des Geldes wird von vielen Menschen nicht nur als symbolischer, sondern als tatsächlicher Verlust des Lebens erlebt. Das Leben wird vom Geld überlebt. Birgt dieser Umstand ein Indiz der von vielen behaupteten „göttlichen“ Kraft des Geldes? Oder täuscht seine ökonomische Kraft den numinosen Charakter einer Göttlichkeit nur vor?

8.1.1 Existenziell erfahrener Geldmangel am Beispiel von Léon Bloy

Léon Bloy war aus Gründen seiner materiellen Not dazu genötigt, viel über das Geld nachzudenken, da er mit Frau und Kindern bitterer Armut preisgegeben war. Seine um die Wende vom 19. zum 20. Jahrhundert entstandenen Tagebü-

899 Gier k.v. indogerm. *ghei-*, „gähnen, klaffen, verlangen.“ Der weit aufgerissene Mund schnappt nach dem Begehren. Vgl. F. Kluge: Etymologisches Wörterbuch der deutschen Sprache. Berlin 1995, 324.

900 Fortunatus, zit. n. J. Weiß, in: Mammon, 69. (Das letzte Wort ist in der mir vorliegenden Ausgabe unvollständig abgebildet: „w(r“.)

901 Budget k. v. altfranz. *bougette*, Lederbeutel. Vgl. F. Kluge: Etymologisches Wörterbuch der deutschen Sprache. Berlin 1995, 142.

902 J. Weiß: Mammon. 69.

cher sind ein wahrer Steinbruch spekulativer Gedankenanstrengungen über den biophilen Aspekt des Geldes. Existenziell erfährt Bloy die Möglichkeit der lebensspendenden Macht des Geldes so gut wie nie, sie bleibt ihm eine Utopie; vielmehr leiden er und seine Familie unter den katastrophalen Auswirkungen permanenten Geldmangels: „Wir leeren seufzend die kleinen Sparbüchsen unserer Kinder. – Geldmangel ist bis zu einem solchen Grade das geheimnisvolle Kennzeichen meines Lebens, daß selbst dann, wenn ich überhaupt kein Geld besitze, *dieses noch weiter zusammenzuschrumpfen* scheint.“[903]

Bloy entwickelte in beträchtlich einschneidender Selbsterfahrung eine eigenwillige und dem katholischem Lehramt stets sehr suspekt gebliebene, mystische Theologie des Geldes. Das Fehlen von Geld und die damit verbundenen Leiden führten zu einer seltsam anmutenden Geld-Christus-Analogie fortwährender Pein. „Der Geldverkehr ist die Fortsetzung der Kreuzigung Christi in perpetuo. Es erscheint auf dem Grunde jeder Münze des geschändeten Geldes – und alles Geld, das nicht bedingungslos den Armen gegeben wird, ist und bleibt verflucht – stets das Antlitz Jesu unter den Schlägen und Bespuckungen des Pöbels.“[904] Bloy wirft in dieser Summa einer mystischen Theologia Pecuniae prüfende, durchbohrende Blicke auf das Geld und analysiert in kritischer, selbstreflexiver Weise die Gemeinplätze der bürgerlichen Weltordnung der Belle Époque, an welcher er seinen anarchistischen Ekel als Betroffener abarbeitet.[905]

Kalka vertritt die Auffassung, dass bei Bloy eine der konsequentesten Subversionen des im Geld verkörperten abstrakten Tausches zum literarischen Vorschein kommt. Jedes Bezahlen mit Geld wird zum unerhörten metaphysischen Skandalon, zu einem ungeheuerlichen kosmischen Geheimnis: „Christus spürt jeden Kauf um Geld als Hieb im Gesicht.“[906]

8.2 Geld und Leben. Zum Desiderat einer „ökonomischen Theologie“

Die provokante Formel „Geld oder Leben“ überschreibt auch Ferdinand Reisingers wissenschaftliches Untersuchungsanliegen zum Thema Geld, dem er die

903 Léon Bloy, zit. nach: J. Kalka: Das bespiene Antlitz Christi und der Geldspeicher von Dagobert Duck, 167–168. (Kursivsetzungen im Original). Kalka weist darauf hin, dass Bloy viele Werke der katholischen Mystik rezipierte, insbesondere die Visionen der Anna Katharina Emmerich aus Dülmen: „Vom bitteren Leiden unseres Herrn Jesu Christi“, die ihm als absolute Wahrheit galten. Vgl. ebd. 168.

904 Ebd. 168. (Kursivsetzungen im Original).

905 Vgl. ebd. 167–169.

906 Ebd. 173.

auch an sich selbst gerichtete Frage voranstellt, was denn die Theologie zum gesellschaftlichen Gesamtphänomen Geld beisteuern kann, sparen doch Theologen dieses Thema der „irdischen Sachbereiche“ gerne aus und befassen sich lieber mit „Höherem“.[907] Jedoch lassen sich gerade auch im sogenannt Höheren Begriffe wie Lohn, Währung und Geld auffinden, wie Reisinger anmerkt. „Menschen verhalten sich nicht nur ökonomisch, sondern zugleich religiös oder zumindest quasi-religiös zu vielen Dingen, auch zu den von ihnen geschaffenen, (nicht zuletzt auch zum Geld).“[908] Es gehe, so Reisinger, darum, eine ökonomieinteressierte und keineswegs ökonomieblinde Theologie[909] voranzutreiben. Was aber kann die Wirtschaft von der Theologie erwarten und was kann diese für die Wirtschaft leisten? Wenn Reisinger in seiner Nota zum Wirtschaftkapitel in Gaudium et Spes[910] von einer Theologie in ökonomischen Kontexten spricht, bezieht er sich nicht einfach auf affirmative oder kritische Anmerkungen und Beurteilungen seitens durchaus wirtschaftskundiger TheologInnen, vielmehr erhebt er den fundiert wissenschaftlichen Anspruch, analog zur „politischen Theologie“ eine Art von „ökonomischer Theologie“ zu entwickeln, wiewohl Reisinger unumwunden einräumt, wie missverständlich dieser Begriff wäre.[911] Nicht ein neue Fachschublade soll hier eingerichtet werden, „es geht um eine notwendige Art, wie man Theologie treibt, was man in der Theologie alles sieht,“[912] kurzum: Reisinger scheint ein kontextuell mitschwingendes Over-All-Prinzip vorzuschweben; etwas, das ständig mitgedacht und mitberücksichtigt werden sollte, zumal die Durchökonomisierung unserer Gesellschaft und unserer gesellschaftlichen Interaktionen nicht vom Tisch zu wischen sind. Eine interessiert-engagierte, ökonomiebewusste Theologie könnte Reisinger zufolge „so etwas sein wie die Seele der Ökonomie: nicht sichtbar, nicht aufdringlich, aber doch forma corporis; nicht nur moralischer Seelenfunke, der, wie das Gewissen ethische Verhaltensweisen einfordert, sondern auch der raumgebende Atem, der wissen läßt, daß der Prozeß zum Guten hin, dh. geordnet verlaufen könnte.“[913]

---

907 F. Reisinger: „Geld oder Leben!“ – Über die Wirkkräfte des Geldes auf/über die Menschen. In: Gott oder Mammon. Christliche Ethik und die Religion des Geldes. 2. Ökumenische Sommerakademie Kremsmünster 2000, hg. von Severin J. Lederhilger. Frankfurt 2001, 92.

908 Ebd. 93, (Klammersetzung im Original).

909 Vgl. dazu: F. Reisinger: Nota zum Wirtschaftskapitel in „Gaudium et Spes“, in: F.-M. Schmölz (Hg.): Kirche – Wirtschaft. Überwundene Berührungsängste. Innsbruck 1989, 15–42, bes. 17ff.

910 Vgl. dazu die Behandlung der ökonomischen Sachbereiche in GS 63–72, in: ebd. 6–10.

911 Zwar gibt es dogmatische Begriffe wie „Heilsökonomie“ oder die „ökonomische Trinität“, aber eben genau darin besteht die Gefahr einer begrifflichen Sektorenbildung, die es zu vermeiden gilt. Vgl. Ebd. 5.

912 Ebd. 5.

913 Ebd. 16.

Analog dazu gelte es wahrnehmbar zu machen, dass die genuin theologische Behandlung und Redeweise der Themenfelder Glauben und Unglauben sich nur angesichts der Erfahrungen der Zeitgenossen erschließen, „die in einer wirtschaftlich dominierten ‚Beheimatung' leben."[914] Erst dadurch werden theologische Aussagen verstehbar und deutbar.

Dass das liebe Geld seine Wirkkräfte lebensfördernd wie auch lebensbedrohend zur Entfaltung bringen kann, dass es „ein Nährboden für Chancen wie für Konflikte ist, vor allem aber ein Ausdruck von Macht"[915], führt Hugo von Hofmannsthal in seinem „Jedermann"[916] eindrucksvoll vor Augen: Das Sichtbarwerden der Anfälligkeit des Menschen im Bannkreis des Geldes, oder wie Reisinger es auf den Punkt bringt: „Die Geldtruhe des Mammon wird zum Spiegel des Herzens, und Jedermann erkennt, was Mammon mit ihm für ein Spiel treibt, wie sehr das Geld ihn ge- und verformt hat, was er mit seinem Geld hätte an Gutem tun können."[917]

Insgesamt spricht sich Reisinger eindeutig gegen eine manichäisch-verteufelnde Opposition zum Geld aus und plädiert dafür, die disparate Provokation: „Geld oder Leben" in die differenzierte Frage „Geld – zugunsten des Lebens oder gegen das Leben"[918] zu übertragen.

8.2.1 Geld oder Leben? Geld zum Leben ist gefragt!

In Anlehnung an Georg Simmels *Philosophie des Geldes* versucht Alois Halbmayr in drei Begriffspaaren die Errungenschaften des Geldes, näherhin seine positiv-lebensdienlichen Auswirkungen zusammenzufassen: Erstens *Freiheit und Individualisierung*, zweitens *Distanzierung und Verbindung* und drittens *Egalität und Differenzierung*.[919] Die Fähigkeit des Geldes, *Ausdruck und Schrittmacher individueller Freiheit* zu sein, stellt wohl eine seiner außergewöhnlichsten und vielversprechendsten Leistungen dar und wäre nach Halbmayrs Einschätzung auch eine zutreffende geheime Überschrift des Simmelschen opus magnum. Für Simmel kann kein deutlicheres Symbol den absoluten Bewegungscharakter der

914 F. Reisinger: „Geld oder Leben!" – Über die Wirkkräfte des Geldes auf/über die Menschen, 93

915 Ebd. 94.

916 Hugo von Hofmannsthal: Jedermann. Als Taschenbuch: Frankfurt 1957, bes. 13, 17, 56–59. Zit. n. F. Reisinger: „Geld oder Leben!" – Über die Wirkkräfte des Geldes auf/über die Menschen, 94.

917 Ebd. 94.

918 Ebd. 94.

919 Vgl. A. Halbmayr: Die Wechselwirkung von Gott und Geld, 247.

Welt darstellen als das Geld.[920] Geld ist der actus purus, mit anderen Worten: *Geld ist Leben*. Für Halbmayr stellt Geld so etwas wie „den äußeren Rahmen für die individuierende Funktion bereit, die aber nur von den handelnden Personen selbst wahrgenommen werden."[921] Auch für ihn greift die antinomische Formel *Geld oder Leben* zu kurz, vielmehr müsste sie positiv gewendet lauten: *Geld zum Leben*.[922]

8.2.2 Geld IST Leben!

In seiner transempirischen Wirklichkeit übersteigt das Geld seine ihm ursprünglich zugedachte Rolle als bloßes Tausch- oder Wertaufbewahrungsmittel und mutiert zum schieren Selbstzweck. Wahrscheinlich liegt in „dieser formalen Transzendenz des Geldes … einer der wichtigsten Gründe für seine hohe Attraktivität. Indem es einen unbegrenzten Horizont an Möglichkeiten symbolisiert, … besitzt es in der Tat *göttliche* Eigenschaften, stiftet es Sinn, konstituiert es Identität und symbolisiert Heil und Rettung. Geld ist daher im doppelten Sinne Vermögen; einerseits der Wert der Geldsumme, … andererseits die abstrakte Potentialität, deren Referenzgrößen völlig unbestimmt sind."[923] Dies in Betracht ziehend, ist Halbmayr zuzustimmen, wenn er die für die moderne Geldkritik klassisch disparate Fragestellung „*Geld oder Leben?*" insofern als obsolet ansieht, als das Geld aus sich selbst und seinen Möglichkeiten heraus die Antwort gibt: „*Geld IST Leben*."[924]

---

920 Vgl. G. Simmel, Philosophie des Geldes, 714.

921 A. Halbmayr: Die Wechselwirkung von Gott und Geld, 251.

922 Vgl.ebd. 251. Eine Losung, die auch dieser Arbeit Pate stand und als Anliegen den lebensdienlichen Ansatz unterstreichen möge, der meiner Arbeitshypothese zugrundeliegt. Vgl. auch Volkhard Krech: ‚Geld oder Leben' oder ‚Geld zum Leben?' Anmerkungen zu zwei Rezeptionsvarianten der Philosophie des Geldes, in: Simmel Newsletter 3 (1993) 174–179, unter Bezugnahme auf Hans Blumenberg: Geld oder Leben. Eine metaphorische Studie zur Konsistenz der Philosophie Georg Simmels. In: Hannes Böhringer / Karlfried Gründer (Hg.): Ästhetik und Soziologie um die Jahrhundertwende 121–134 (o.O. u. J.).

923 Ebd. 247. (Kursivsetzungen im Original).

924 Ebd. 247. (Kursivsetzungen im Original).

8.2.3 Die Lebensdienlichkeit des Geldes als relationaler, monetärer und transmonetärer Vorgang

Wer sich zunächst auf die formelhafte Parität „Geld ist Leben“ einlässt, dem drängt sich der Gedanke geradezu auf, das ...Wort „Leben“ als „Lebensdienlichkeit“ auffassen zu wollen, um die ökonomischen wie transökonomischen Funktionen des Geldes im Sinne einer ethisch-sozialen Bestimmung nutzbar zu machen, wobei es den freien Handlungsoptionen der Menschen selbst anheimgestellt bleibt, den jeweiligen Grad der Lebensdienlichkeit des Geldes zu bestimmen. Grundsätzlich ist dabei aber folgender Deduktivschluss zu beachten, auf den auch Halbmayr hinweist: „Die transökonomischen Funktionen (des Geldes) lassen sich nur vermittels der ökonomischen realisieren, während die ökonomischen auf die transökonomischen nicht angewiesen sind.“[925] Diesen Gedanken stringent weitertragend, ist jede vermeintlich theologisch motivierte pekuniäre Berührungsangst auf ihre wahren Beweggründe zu hinterfragen. Das Medium Geld ist in seiner Verteufelung wie Vergötzung ein hochambivalent-vertracktes Ding. Glück und Unglück scheinen bei seiner Verwendung nahe beieinander zu liegen. Seine apriorische Ablehnung schließt gleichsam seine möglicherweise segensreichen, lebensdienlichen transmonetären Folgewirkungen aus, die von den ökonomischen Funktionen nicht abgekoppelt werden können. Auf den Punkt gebracht, lässt sich mit Halbmayr festhalten: „Die gesellschaftliche Funktion des Geldes (utility) ist die Funktion der ökonomischen plus der transökonomischen Bedeutung.“[926] Geld ist eben nicht nur alles, was die Geldfunktionen erfüllt.[927] Es transzendiert seine rein ökonomischen Begrenztheiten und eröffnet eine Vielzahl von Handlungsoptionen, die nicht nur den tatsächlichen Freiheitsspielraum der Menschen erweitern, sondern auch deren Träume, Hoffnungen und Heilsvorstellungen beflügeln. Dieses hohe Maß an Abstraktionsmöglichkeit, das dem Geld innewohnt, ist gleichzeitig von Unparteilichkeit und Beziehungslosigkeit begleitet. „Geld symbolisiert nicht nur die Reduktion von Komplexität und Kontingenz, sondern treibt diese noch weiter voran. Sein semantischer Code ist rein binär strukturiert. *Zahlen* oder *nicht zahlen, kaufen* oder *nicht kaufen*, es gibt kein Drittes, keine Ambivalenzen wie in der Liebe, keine Ungewissheit und

925 Ebd. 248. (Eigene Klammersetzung).

926 Ebd. 248. (Klammersetzung im Original)

927 Vgl. dazu die klassischen Geld-Definitionen des Nobelpreisträgers für Wirtschaftswissenschaften 2001 und Vizepräsidenten der Weltbank (1996–2000) Joseph E. Stiglitz: Volkswirtschaftslehre, München ^{2}1999, 832.

keinen Zweifel im Glauben. Alle lästigen Graubereiche sind zugunsten klarer Konturen verschwunden."[928]

Hierzu kann angemerkt werden, dass lebensdienliche Naturgüter wie frische Luft, sauberes Wasser, der Ausblick auf unberührte Landschaft und Stille früher frei zugänglich waren. Im Verlauf der Postmoderne weitet das Geld die Käuflichkeit auch auf diese Güter aus.

8.3 Ein „Vermögen" des Geldes: Lebens-Mittel, im Sinne einer global gedachten Beteiligungsgerechtigkeit

In kritischem Widerspruch zu der These Simmels, zu Beginn der Neuzeit sei Geld ein für Jedermann einsetzbares Machtmittel, zieht Weiß den Marxschen Ansatz vor, welcher Geldverteilung als Folge der Gesellschaftsstruktur ansieht, in der Bevorteilte (und nicht „jedermann" wie bei Simmel) „Geld als ein Instrument zur Ausübung und Aufrechterhaltung ihrer sozialen Position sehen."[929]

Demgegenüber vertritt Halbmayr die Auffassung, dass eine der großen und bleibenden Leistungen Simmels darin liegt, in seinem Standwerk, der *Philosophie des Geldes*, „das Geld aus der begrenzten Sphäre des Individuellen und Privaten herausgeführt und seine grundlegenden *gesellschaftlichen* Funktionen aufgezeigt"[930] und einen tiefen Einblick in all jene Bedeutungen und Funktionen vermittelt zu haben, welche sich hinter dem auf den ersten Blick so alltäglichen Realsymbol Geld, vom einfachen Tauschmittel zum abstrakten Vermögenswert verbergen.[931]

Marx hat nicht nur die Macht des Geldes an sich kritisiert, seine sozioökonomische Analyse streicht heraus, dass Mittel- mit Machtlosigkeit einhergeht, und „Macht bestätigt sich in der Erfindung des Geldes als Mittel der Mächtigen."[932] – Entscheidende Faktoren sind die gerechte Verteilung und das Recht auf Zutei-

928 A. Halbmayr: Ökonomien des Heils. Über die Wechselwirkung von Gott und Geld. In: ThG 51 (2008), 246 (Kursivsetzungen im Original); in Anlehnung an N. Luhmann: Knappheit, Geld und die bürgerliche Gesellschaft, in: Jahrbuch für Sozialwissenschaft 23 (1972), 186–210.

929 J. Weiß: Mammon, 84.

930 A. Halbmayr: Die Wechselwirkung von Gott und Geld, 423. (Kursivsetzung im Original).

931 Vgl. ebd. 423.

932 J. Weiß: Mammon, 84, mit dem Verweis auf Karl Marx: Ökonomisch-philosophische Manuskripte (1844). In: MEW, Ergänzungs-Vol., Teil 1, 565 und Georg Simmel: Philosophie des Geldes (1900). In: Gesamtausgabe, Vol. 3. Berlin 1989, 278. Zum Gegensatz Marx-Simmel, vgl. Nigel Dodd: The Sociology of Money. Economics, Reason & Contemporary Society. Cambridge 1994, 54.

lung. Es geht also weitestgehend um Beteiligungsgerechtigkeit, die nicht schon alleine durch das schiere Faktum entsteht, dass Geld vorhanden ist und damit auch die ihm ihn innewohnenden Möglichkeiten, einem Naturgesetz gleich, entfaltet.

Halbmayr stellt die Frage, was „das herausragende, systemübergreifende *Vermögen* des Geldes für eine theologische Reflexion (bedeutet)."[933] In einer offenen, ausdifferenzierten, pluralen und säkularen Gesellschaft könnte man mit Halbmayr die These, „dass das Vertrauen der Menschen in die Providenz Gottes vom Vertrauen in die Lebensversicherung abgelöst wurde, auch umdrehen"[934] und einmütig bekennen: Geld ist auch Lebensmittel, denn erst die Abdeckung basaler sozialer und ökonomischer Bedürfnisse schafft die Voraussetzung, dass Menschen ihre Zukunft vertrauensvoll in die Hände Gottes legen können. Zugespitzt und in Anlehnung an Bertolt Brechts Diktum: „Zuerst kommt das Fressen und dann kommt die Moral", könnte man auf rezente sozialpolitische Belange gewendet formulieren: Zuerst müssen die Menschen sozial abgesichert leben können, weil „erst das *Superadditum des Reichtums*, so beschciden und relativ gering er auch sein mag, die Voraussetzungen für die Entfaltung so vieler Lebensmöglichkeiten schafft."[935] Hinzu kommt die Frage nach der gerechten Verteilung als bleibende Aufgabe nicht nur theologischer Reflexion.

Am Beispiel der Marginalisierten innerhalb der indischen Gesellschaft macht Felix Wilfred deutlich, wie eng die Begriffe Heil und Erlösung mit der Befriedigung von materiellen Grundbedürfnissen verbunden sind und wie sich die Vision von einem besseren Leben auf Basis einer demokratischen säkularen Gesellschaft verwirklichen lässt.[936] Die Armen „erfahren Heil durch ihre Hoffnung auf neue Lebensbedingungen, unter denen ihnen ihre materiellen Bedürfnisse nicht verwehrt werden."[937] Hier leuchtet auch der soteriologische Aspekt des Geldes in einer bemerkenswert praxisbezogenen, konkreten Armutssituation auf, in welcher der Begriff Heil nicht spiritualisiert entrückt oder gar als Kampf gegen das Materielle in Erscheinung tritt, sondern Heil zur greifbaren, manifesten Größe qua Materielles zu einer unabdingbaren Lebensvoraussetzung wird.[938]

Halbmayr ist in der Rezeption von Felix überzeugt, dass der Begriff Heil in die konkrete Lebenspraxis überführt und in die materiellen Lebensgrundlagen eingebettet werden muss. Es gehöre „zu den vordringlichen Aufgaben der christ-

---

933 A. Halbmayr: Die Wechselwirkung von Gott und Geld, 429. (Kursivstellung im Original).

934 Ebd. 430.

935 Ebd. 430. (Kursivsetzungen im Original).

936 F. Wilfred: Theologie am Rand der Gesellschaft. Eine indische Vision. Freiburg 2006. (Original: The Sling of Utopia. Struggles for a Different Society, Delhi 2005).

937 Ebd. 323. Vgl. dazu auch im 2. Teil dieser Arbeit den Abschnitt über Mikrokredite.

938 Vgl. A. Halbmayr: Die Wechselwirkung von Gott und Geld, 323.

lichen Anthropologie, die Dichotomie von materiell und spirituell (zu) überwinden, die zu falschen und unseligen Hierarchisierungen führt."[939] Bei allen Vorzügen und Möglichkeiten, für die das Medium Geld symbolisch wie auch praktisch zur Verfügung steht, sieht Halbmayr die theologische Reflexion aufgerufen, „auf die Begrenztheit und Vorläufigkeit dieser außergewöhnlichen, universalen Macht zu verweisen. Das ist kein Widerspruch zur ersten Aufgabe, die großen Gestaltungsräume des Geldes mit dem Maßstab der Gerechtigkeit und der menschlichen Entwicklung zu vermessen. … Die biblische Überlieferung hat im Lauf der Zeit ein feines Sensorium dafür entwickelt, wo Geld seine Bindung an die Gerechtigkeit verliert und in ein Instrument der Entfremdung und Unterdrückung umschlägt. Wenn die Rede von Gott der symbolischen und realen Macht des Geldes nicht ausweicht, sondern sie relativiert, kann Geld wieder an seine primäre und grundlegende Funktion herangeführt werden, ein herausragendes Gestaltungselement individueller und gesellschaftlicher Freiheit zu sein."[940]

8.4 Sich stark fühlen. Geld, „Heilmittel" gegen soziale Exklusion?

Man muss es gar nicht physisch besitzen; allein die Vorstellung, man besäße viel Geld, hebt das Selbstwertgefühl, lindert Ausgrenzungsschmerzen und vermittelt das Gefühl, sozial anerkannt zu sein. Zu diesen und ähnlichen Forschungsergebnissen gelangt die Psychologin Kathleen Vohs von der University of Minnesota.[941] Geld, so Vohs, könne soziale Anerkennung ersetzen und sogar psychosomatische Schmerzen vertreiben, die durch soziale Exklusion entstehen. Mit anderen Worten, Geld kann auch als sozial inkludierendes Heilmittel eingesetzt werden, ohne dass es die PatientInnen selbst in Händen halten müssen.

In der Laborsituation wurden Testpersonen in den Stress einer sozialen Ausschlusssituation gebracht, indem andere Testpersonen sich weigerten, „mit ihnen im Experiment zusammenzuarbeiten, danach wurde den Ausgeschlossenen" die Aufgabe zugewiesen, aus dem Gedächtnis Münzen zu zeichnen. „Schließlich kam, scheinbar zufällig, jemand vorbei, der eine Gabe für ein Waisenhaus erbat. Die Ausgeschlossenen zeichneten größere Münzen und spendeten weniger. In diesem Fall weckte sozialer Ausschluss das Bedürfnis nach Geld."[942]

939 A. Halbmayr: Die Wechselwirkung von Gott und Geld, 431. (Eigene Klammersetzung).

940 Ebd. 432.

941 Untersuchungsergebnisse in: Psychological Science, 5.5. Zit. in einem Interview mit Kathleen Vohs: Geld macht stark und schmerzfrei. In: Die Presse, 16.05.2009, 27.

942 Ebd. 27.

In einer weiteren Testphase tröstete das Denken an viel Geld über den erfahrenen Ausschluss hinweg. Eine Probandengruppe der Ausgeschlossenen wurde beauftragt, unbedruckte Papierblätter zu zählen, während eine andere Testgruppe echte Geldscheine zählte. Letztere schnitten in einer darauf folgenden Selbstwertuntersuchung deutlich besser ab als die Papierblattzähler. Der Umgang mit Geld vermittelte also ein Gefühl der Stärke. In einem weiteren Experiment wurde physisches Schmerzempfinden getestet. Jede Testperson musste einen Finger in heißes Wasser halten. Die bei diesem Vorgang protokollierten Erfahrungsaussagen ergaben, dass die Testpersonen der Geldzählergruppe eindeutig weniger schmerzempfindlich waren, woraus Vohs schließt: „Das bloße Denken an Geld hat beachtliche psychologische Macht.“[943] Darüber hinaus scheint Geld auch so etwas wie ein General Problem Solver zu sein, denn wer Geld hat, ist zwar auch den Kontingenzen des Lebens ausgesetzt, kann aber abwarten.

943 Ebd. 27.

9 Geld und Verantwortung für das Gemeinwohl. Gehört mein Geld wirklich (nur) mir?

Spätestens seit der Kapitalmarktkrise wird die Frage nach Sinn, Zweck und Maß des ungeheuren Privatvermögens in Händen weniger, vermehrt aufgeworfen. Schon in der ersten Sozialenzyklika der Kirche, in Rerum Novarum (1891), ist hierzu ein überraschender Berührungspunkt zur Kapitalismuskritik von Karl Marx auszumachen. Der erste Satz von RN führt vom „Geist der Neuerung, welcher seit langem durch die Völker geht…“[944] und volkswirtschaftlich seine „verderblichen Entwicklungen“ entfaltet, zur Kernaussage, welche das Spannungsverhältnis der „besitzenden Klasse“ und der Arbeiter thematisiert: „… das Kapital ist in den Händen einer geringen Zahl angehäuft, …“[945] – Diese Aussage findet sich beinahe wortgleich, aber in jedem Fall inhaltlich identisch im Manifest der Kommunistischen Partei wieder. Dort kritisiert Marx, dass die Bourgeoisie „die Produktionsmittel zentralisiert und das Eigentum in wenigen Händen konzentriert.“[946]

Damit soll freilich keine inhaltlich-ideologische Nähe von RN zum kommunistischen Gesellschaftskonzept angedeutet werden. Vielmehr zeigt sich, dass die Wahrnehmung von zum Himmel schreienden Ungerechtigkeiten zu durchaus vergleichbaren, sachbezogenen Lösungsansätzen führen kann, ohne dabei ein ideologisches Naheverhältnis eingehen zu müssen.[947] Beinahe einhundert Jahre nach RN trifft Johannes Paul II. 1987 eine ähnlich klingende, ebenso gesellschaftspolitisch relevante Feststellung in der Enzyklika Sollicitudo rei socialis (SRS), weil sie ihre Aktualität (bis heute) durch nichts verloren hat.[948]

944 Leo XIII.: RN 1.

945 RN 1.

946 K. Marx, Manifest der Kommunistischen Partei. In: K. Marx, Die Frühschriften, S. Landshut (Hg), Stuttgart 1968, 530.

947 Vgl. dazu auch die Forschungsarbeiten J. Schaschings zum Grundtext der Enzyklika Quadragesimo anno: „Für Nell-Breuning bestand das himmelschreiende Unrecht der liberalkapitalistischen Wirtschaftsweise darin, den Arbeiter als ‚Unmündigen in der Hörigkeit des allein sein Lebensschicksal selbst verantwortlich gestaltenden Kapitalbesitzers zu halten.‘“ In: J. Schasching, Zeitgerecht, Zeitbedingt. Nell-Breuning und die Sozialenzyklika Quadragesimo anno nach dem Vatikanischen Geheimarchiv. Bornheim 1994, 61.

948 In SRS 28 wird dem Elend der Unterentwicklung eine Art von Überentwicklung gegenübergestellt, „die in einer übertriebenen Verfügbarkeit von jeder Art materieller Güter zugunsten

In Ablösung antiker und tlw. noch mittelalterlicher Vorstellungen, wonach Gott allein als Herr und Eigentümer aller materiellen Dinge betrachtet wurde[949], ist neuzeitlich eine Tradition nachweisbar, in der Privateigentum als individuelles Naturrecht betrachtet wird. Spätestens seit G. F. W. Hegel ist das Recht auf Privatbesitz konstitutiver Teil der Idee der personalen Freiheit[950]; eine Verknüpfung von Freiheitlichkeit und Personwürde, die auch in christlich-sozialethische Vorstellungen eingeflossen ist[951] und deren Ideologieanfälligkeit sich in Zeiten geplatzter Kapitalmarktblasen genauso deutlich zeigt wie im Symbolbild des mittlerweile zerbrochenen Krugs der umgekehrten Utopie einer klassenlosen Gesellschaft.[952] Das enttäuschte Vertrauen in die Selbstregulierungskräfte eines freien Marktes ist logisch betrachtet unbegründet. Denn die „Enttäuschung" ist systemimmanent und vorprogrammiert. Der Markt tut, was von ihm erwartet wird: er reguliert sich tatsächlich selbst, jedoch in eine Richtung, welche die Propheten einer mammonistischen Ersatzreligion, aufgrund eines falschen, aufgeblähten und angeheizten Vertrauens in die wundersame Geldvermehrung nicht vorherzusagen wagten. Bar jeder Vernunft erzeugt die Hysterie der Profitgier materielle Luftblasen und mitnichten mehr Geld.

In seinem geschichtlichen Aufriss zu einer Ethik des Eigentums widmet sich Eberhard Schockenhoff auch dem in der deutschsprachigen Eigentumsdiskussion häufig anzutreffenden Topos von der „Sozialpflichtigkeit des Eigentums"[953] und warnt davor, die Forderung reduktionistisch im Sinne einer individualethischen „Verpflichtung zur freiwilligen Solidarität der Begüterten mit den Armen im Sinne des bloßen Almosen-Gebens" zu verstehen, wie dies in der christlichen Ethik lange Zeit der Fall war. Dreh- und Angelpunkt dieser moralischen Pflicht

einiger sozialer Schichten besteht ... Nur relativ wenige sind es, die viel besitzen, und viele jene, die fast nichts haben."

949 Vgl. Dtn 10,14: Gott als ursprünglicher Eigentümer aller Güter: Weil alles, was ist, aus seiner schöpferischen Liebe und Macht hervorgegangen ist, gehören ihm „der Himmel, der Himmel über den Himmeln, die Erde und alles, was auf ihr lebt."

950 Hegel baut die Eigentumstheorie Lockes weiter aus. Die Person ist für Hegel ein abstraktes Wesen, die bloße Subjektivität eines freien Willens. Um ihr Dasein als konkrete Freiheit zu realisieren, tritt sie durch Inbesitznahme einer Sache in eine „äußere Sphäre ihrer Freiheit", indem sie unfreie, rechtlose Sachen, also Eigentum erwirbt. Vgl. G. W. F. Hegel: Grundlinien der Philosophie des Rechts. Hamburg 2006, § 41.

951 Die Relevanz des Christentums für das Verständnis der Eigentumsordnung sieht Hegel nicht in der Gemeinwohleffizienz, was wir heute Sozialbindung nennen, gegeben, sondern im Umstand, dass mit dem Christentum die Idee der Freiheit in die Welt kam, die sich in den konkreten Eigentumsverhältnissen einer bürgerlichen Gesellschaft manifestiert. Vgl ebd. §§ 64–81.

952 Vgl. Johannes Röser: Mein Eigentum gehört mir? In: CIG Nr. 44/2008, 487–488.

953 E. Schockenhoff: Geschichtliche Entwicklungen und gegenwärtige Herausforderungen. In: ThPh 83 (3/2008), 324.

ist die Gemeinwohlorientierung, eingebettet in die universelle Bestimmung aller Güter, welcher „eine verbindliche Rahmenfunktion für die gesamte Eigentumsordnung zu(kommt), so dass sich die genannten Teilfunktionen des privaten Eigentumsrechtes nur innerhalb ihrer obersten Zielsetzung entfalten dürfen."[954] In der neuzeitlichen Schwerpunktverlagerung der Eigentumsbegründung zu einer individualistischen Sichtweise erblickt Schockenhoff auch die Wurzeln der gegenwärtigen Fehlentwicklungen und Legitimationsprobleme in einer globalen Weltordnung, „in der die universelle Bestimmung der Güter auf eine in das Belieben des Einzelnen gestellte moralische und religiöse Pflicht reduziert wird."[955]

Ging nämlich der personal-freiheitliche Ansatz der Eigentumsbegründung nicht von einem einseitig individualistischen Personverständnis aus, könnte es gelingen, das Mit-Sein mit den anderen als inneres Konstitutivum eines relationalen Personbegriffes" zu verstehen.[956] Die von Schockenhoff skizzierten Argumentationsmuster beziehen sich in erster Linie auf alle gängigen Eigentumsformen wie Lohneigentum, Wohnbesitz, Rentenanwartschaften sowie Geld- und Sparvermögen oder Wertpapierbesitz. Diese Legitimationsfiguren der klassischen Eigentumsbegründungen lassen sich jedoch nicht ohne weiteres auf neue Eigentumsformen übertragen. Insbesondere hat Schockenhoff das enorm hohe, frei bewegliche, durch globale Transformationsprozesse entstandene volatile Kapitalvermögen im Auge, wenn er kritisch nachfragt, ob diese täglich frei flottierenden Geldsummen zur Sicherung des Gemeinwohls überhaupt jemals wirksam eingebracht und eingefordert werden können.[957] Schockenhoff sieht im ausschließlichen Ziel der Gewinnmaximierung eine Degradierung privaten Eigentums zum Spielball einer abstrakten ökonomischen Rationalität, die jedwede sozialethische Legitimation des Eigentums zugunsten der freien Verfügungs- und Nutzungsrechte ihrer privaten Eigentümer aufgegeben hat. Die Einlösung einer allenfalls doch noch angestrebten Sozialpflichtigkeit wird in diesem System dem individuellen Belieben der KapitalmarktakteurInnen überlassen, die innerhalb dieser globalen Strukturlogik keineswegs „falsch" handeln; vielmehr erfüllen sie genau die ihnen von ihren Auftraggebern zugedachten Rollen. Diese schier unentrinnbare Systemimmanenz aufgreifend, kritisiert Schockenhoff vehement, dass es der individuellen Verantwortung einzelner Kapitaleigner überlassen wird, „inwieweit sie die Auswirkungen ihrer Dispositionsentscheidungen auf das Gemeinwohl, d.h. auf die sozialen, kulturellen und politischen Gegebenheiten eines regionalen Lebensraumes und letztlich für die in ihm lebenden Men-

954 Ebd. 324.
955 Ebd. 346.
956 Vgl. ebd. 348.
957 Vgl. ebd. 350f.

schen berücksichtigen wollen."[958] In einem solchen System gelte, so Schockenhoff, nicht mehr der Vorrang der menschlichen Arbeit vor dem Kapital, sondern geradezu umgekehrt der Vorrang des freien Kapitalverkehrs, ohne Rücksicht auf die Menschen und über alle staatlichen und Grenzen hinweg, unter Ignoranz oder sogar Ausschaltung aller Mechanismen sozialethischer Kontrolle oder demokratischer Legitimation. Schockenhoff fordert effiziente Regulierungsformen und Kontrollmechanismen, um den grenzüberschreitenden Kapitalverkehr sozialbindend zu erfassen. Ohne sich Illusionen über die Möglichkeiten rechtlicher Umsetzung seines Desiderats zu machen, fehle es, so Schockenhoff zuversichtlich, nicht an Vorschlägen, wie zum Beispiel der „Einführung einer Kapitaltransfersteuer für kurzfristige Übernahmeaktionen ohne dauerhaftes Engagement der Kapitaleigner oder die Bildung transnationaler Gewerkschaften als Gegengewicht zu internationalen Konzernleitungen."[959]

Als kritisches Resümee zu Schockenhoffs Forderungen kann die bei ihm offen bleibende Antwort auf die Frage nach der Schwäche der individuellen Eigentümerentscheidung gestellt werden. Der mehrmals kritisierten Beliebigkeit der frei handelnden Person wird keine Exit-Strategie gegenübergestellt. Die kollektive Entscheidung Mehrerer über das Privatvermögen einer Einzelperson würde geltendem Recht und jeglichem individuellem Freiheitsdenken zuwiderlaufen. An eine radikale gesellschaftpolitische Neuordnung a la Moses Hess[960] in welcher das Individuum durch den im Kollektiv lebenden Gattungsmenschen ersetzt wird, denkt Schockenhoff mit an Sicherheit grenzender Wahrscheinlichkeit auch nicht. Leider bleibt er den gesellschaftlich-strukturellen Aspekt eines möglichen Ausweges schuldig.

9.1 Geldschöpfung statt Wertschöpfung. Beeinträchtigt die Finanzwirtschaft das Gemeinwohl?

Der christlichen Soziallehre ist es um das Gemeinwohl angetan, dem die Wirtschaft, hier besonders die Finanzwirtschaft, als Teilbereich der Gesellschaft, dienen soll. Die Rückbindung allen Wirtschaftgeschehens an den mit „Gemeinwohl" umschriebenen gesellschaftlichen Grundkonsens hat das gelingende Zusammenleben aller Akteure zum Ziel. Die Grenzen eines zweifellos bestehenden wie auch wirtschaftlich notwendigen unternehmerischen Freiraums zur Verfolgung des legitimen Eigennutzes können dann als überschritten bezeichnet wer-

958 Ebd. 352.

959 Ebd. 353.

960 Vgl. Kapitel 4.2.5. in dieser Arbeit

den, wenn das wirtschaftliche Treiben nicht mehr zu einem gemeinwohlförderlichen Ergebnis führt oder dieses sogar behindert. Die eindeutige Überschreitung dieser Grenze durch die Finanzwirtschaft diagnostiziert Bernhard Emunds, indem er zunächst vier Aufgaben definiert, durch welche gemeinwohldienliche Aspekte die Frage zu beantworten trachten: „Wodurch dient die Finanzwirtschaft der Realwirtschaft?“[961]

Erstens: Die Geschäftsbanken statten die wirtschaftlichen Akteure mit den für ihre Transaktionen benötigten Kreditsummen aus.

Zweitens: Ein Großteil des Zahlungsverkehrs wird in einer modernen, arbeitsteiligen Volkswirtschaft über die Einlagenkonten abgewickelt und ermöglicht eine elastische Versorgung aller Wirtschaftsakteure mit Geld. Diese Prämisse stützt Emunds Sichtweise zufolge die während der globalen Finanzkrise getroffene Entscheidung vieler Regierungen, einen Zusammenbruch des Bankensektors mit umfangreichen steuerfinanzierten Stützungsmaßnahmen vor einem Zusammenbruch zu retten.[962]

Drittens: Die Aufgabe der Finanzintermediation besteht darin, dass Finanzinstitute zwischen zwei Typen von Wirtschaftsakteuren vermitteln. Jene, die aktuell mehr Geld ausgeben wollen, als ihnen aus den laufenden Einnahmen oder dem Sparvermögen zur Verfügung steht, und Akteuren, deren Einkommen die aktuellen Ausgabewünsche deutlich übersteigt. Werden der ersten Gruppe leistbare und der jeweiligen Finanzsituation angemessene Finanzierungen angeboten, so sollen für die zweite Gruppe Geldanlageformen angeboten werden, die neben den Parametern Rendite, Sicherheit und Verfügbarkeit mitunter auch ethische Gesichtspunkte berücksichtigen.

Viertens: Die Finanzwirtschaft muss ihren Akteuren Möglichkeiten zum Risikomanagement anbieten. Zum Teil wird dieses Feld durch Versicherungen abgedeckt, aber auch durch Terminmärkte und Märkte für andere Finanzderivate.

Diese vier Aufgaben in seine Untersuchungen aufnehmend, gelangt Emunds zu seiner Diagnose einer merklichen Beeinträchtigung des Gemeinwohls durch die Finanzwirtschaft. „So wird in der Krise in doppelter Weise deutlich, dass die

---

961 Notabene schränkt Emunds seine Befundungsgrundlagen aus gutem Grund auf den realwirtschaftlichen Sektor der Finanzwirtschaft ein und schließt damit Geschäfte, die nicht auf realwirtschaftlicher Basis aufruhen apriorisch aus. B. Emunds: Die Krise der globalen Finanzwirtschaft – eine Analyse und sozialethische Einschätzungen. In: ThGl 100 (2010) 44–61, hier: 56.

962 Vgl. ebd. 56. (Eigene Kursiv- und Klammersetzung) In weiterer Folge dieser Arbeit werden auch Kritiker solcher Hilfspakete zu Wort kommen, für die es kein „too big to fail“ gibt. Emunds hingegen ist der Meinung, „dass keine Regierung es wagen kann, diese (o.a.) Leistungen des Bankensektors durch das Zulassen der Insolvenz eines Finanzinstituts zu gefährden.“ Ebd. 56.

Gemeinwohl-Ausrichtung eines erheblichen Teils der Finanzwirtschaft sehr fraglich geworden ist."[963] Zum einen, so Emunds, habe das Platzen der globalen Preisblase die Weltwirtschaft in eine dermaßen tiefe Krise gestürzt, die weit über das hinausgehe, was euphemistisch gerne als „Störung der gesamtwirtschaftlichen Entwicklung" heruntergespielt wird. Zum anderen bescherte die Preisblasenbildung vielen Bankern und Aktionären hohe Gewinne, die aber – und darauf legt Emunds großen Wert – „zu einem erheblichen Teil auf *Geldschöpfung* und den von ihr verursachten Anstieg der Buchwerte von Vermögensgütern zurück(gehe) und nicht auf *Wertschöpfung*!"[964] Solange die Preisblase auf den Finanz- und Immobilienmärkten kräftig wuchs, konnte dank purer Geldschöpfung immer mehr Geld zur Finanzierung von mittlerweile virtuell gewordenen Werten aufgebracht werden. Mit anderen Worten: Schon bei Ausbruch der Krise sieht es Emunds als gegeben an, dass „einige besonders einträgliche Segmente der Finanzwirtschaft" nicht mehr auf das Gemeinwohl ausgerichtet waren, weshalb er für die nächsten Jahre mit aller Dringlichkeit eine grundlegende Neuordnung der privaten Finanzwirtschaft einfordert; neue Regeln und neue Instrumente, die einer staatlichen Steuerung bedürfen.[965] In Anspielung auf die beiden G20-Finanzgipfel von 2009[966] schärft Emunds den Blick auf die lückenhaften Formulierungen und vagen Bestimmungen. Die gefassten Beschlüsse seien die anstehenden Probleme „allenfalls indirekt oder halbherzig angegangen", weshalb es durchaus realistisch erscheine, dass es mittel- oder langfristig „wieder zu einer kreditfinanzierten großen Preisblase auf den internationalen Vermögensmärkten kommt."[967] Es reiche eben nicht aus, prudentielle Regulierungen zu verschärfen und auszudehnen, wenn dabei nicht gleichzeitig die mögliche Umgehung der Richtlinien erschwert wird. Emunds spricht sich auch für die Einführung einer Zulassungspflicht für Finanzprodukte aus, „die durch eine Art globalen Finanz-TÜV zu überwachen wäre."[968]

963 Ebd. 57.

964 Ebd. 57. Eigene Kursiv- und Klammersetzung.

965 Vgl. ebd. 57. Emunds Ruf nach staatlicher Kontrolle ist eine eindeutige Positionierung. Im Zuge der Recherchen zu dieser Arbeit überwogen Expertenmeinungen, die eher ein Mehr denn ein Weniger staatlicher Aufsicht auf den Finanzmärkten einfordern, wie weitere Beispiele zeigen werden.

966 The Leaders of the Group of Twenty: The Global Plan for Recovery and Reform, London (1./2.4.2009) und Leaders' Statement in. Pittsburgh 24./25.9.2009). Emunds kritisiert, dass diese Gipfelgespräche die brennende Frage offenließen, ob es sich bei den „Aussagen zur Reform der finanzwirtschaftlichen Regulierungen um unverbindliche Absichtserklärungen der Regierungen" handelt oder ob glaubhafte Schritte zu deren Umsetzung eingeleitet werden. Vgl. B. Emunds, Die Krise der globalen Finanzwirtschaft, 58.

967 Ebd. 59

968 Ebd. 59.

Des Weiteren seien geeignete Vorkehrungen zu treffen, dank derer Regierungen nicht noch einmal gezwungen wären, große Finanzinstitute zu retten, um damit den drohenden Zusammenbruch des gesamten heimischen (gemeint ist hier der deutsche) Bankensektors hintanzuhalten. Kein Finanzinstitut dürfe Emunds zufolge in Zukunft so groß werden, dass sein möglicher Zusammenbruch den Bankensektor insgesamt gefährde. Mit anderen Worten: Ein „too big to fail" dürfe nie wieder als Argumentationsfigur für die Verwendung von Steuermilliarden zur Rettung sinkender Finanzkonzerne herangezogen werden. „Eigentlich hilft gegen die Macht solcher Konzerne nur eine Zerschlagung", so Emunds rigorose Konsequenz, welche auf einen Umbau des Finanzsektors in kleine Strukturen hinausläuft. Dieses Konzept lehnt sich an die heftige Kritik der Ordoliberalen (groß)wirtschaftlicher Macht an.[969]

Als *Synthese* dieses Konzeptes kann nachgefragt werden, ob damit nicht auch die Frage nach dem Problem einer damit einhergehenden größeren wechselseitigen Abhängigkeit vieler kleiner Finanzinstitute offen bliebe. Innerhalb einer solchen Struktur wäre dann auch der Zusammenbruch eines mittelgroßen Players möglicherweise bereits systemgefährdend. Durchaus richtungsweisend könnte ein Vorschlag des Nobelpreisträgers Edmund Phelps sein, der gemeinsam mit einigen anderen US-Ökonomen angeregt hat, eine Trennschärfe zu entwickeln zwischen Geschäftsbanken, die sich auf das Kredit- und Einlagengeschäft beschränken, und Investmentbanken, die sich überproportional dem Geschäft mit Wertpapier- und Derivatgeschäften verschreiben.[970]

9.2 Ausblicke und Exit-Strategien

Zum Ende des ersten Teils dieser Arbeit sollen drei Autoren zu Wort kommen, deren konkrete Forderungen allesamt auf grundlegende Veränderung der Finanzwirtschaft abzielen.

---

969 Solche Konsequenzen werden auch nahegelegt bei Walter Eucken: Grundsätze der Wirtschaftspolitik, Bern u.a. 1952, 169–179. Explizit für eine Zerschlagung von Investmentbanken sprachen sich im Oktober 2009 auch der Berater des US-Präsidenten Obama und ehem. Vorsitzender der Federal Reserve Bank Paul Volcker und der britische Notenbank-Chef Mervyn King aus. Vgl. Nikolaus Pieper: „Großbanken müssen zerschlagen werden." In: Süddeutsche Zeitung, 22.10.2009, 1.

970 Vgl. B. Emunds, Die Krise der globalen Finanzwirtschaft, 59, in Heranziehung von E. Phelps: Offener Brief an Ministerpräsident Gordon Brown v. 17.03.2009. In: www.ofce.sciences-po.fr/pdf/documents/letterG20-2009.pdf. Download: 17.11.2009.

- Richard Bögers affirmatives Modell dockt präzise an die Vorgaben bestehender Wirtschaftstrukturen an und fordert aus dem Blickwinkel der Katholischen Soziallehre völlig neue Rahmenbedingungen für Ratingagenturen und Finanzmärkte unter dem Paradigma der Sozialen Marktwirtschaft.
- Die exkludierende Strategie des Sozialphilosophen André Gorz entwirft eine Anders-Ökonomie für das Heranbrechen eines Zeitalters der Unentgeltlichkeit, die den Kapitalismus gänzlich hinter sich lässt.
- Alois Halbmayrs relational-synthetitisierendes Modell einer Heilsökonomie des Geldes verdankt sich einem systematisch-theologischen Fundament und führt zu einer Anders-Ökonomie der Gnade.

9.2.1 Der Irrtum der Ideologie des freien Marktes. Die Finanzkrise und ihre Ursprünge im Marktfundamentalismus angloamerikanischer Prägung.

Aus dem Betrachtungswinkel der katholischen Soziallehre spürt Richard Böger marktfundamentalistische Strukturen und ihre Korrelationen mit der Finanzwirtschaftskrise auf.[971] Seine Analysen münden in eine den Erkenntnissen von Emunds nicht unähnliche Conclusio. Zum einen ortet Böger eine ideologisch konnotierte Ursache der Finanzmarktkrise, nämlich „das Scheitern der Ideologie des Marktfundamentalismus angloamerikanischer Prägung,“[972] zum anderen sieht er es als bewiesen an, dass die Vorstellung, Finanzmärkte würden am besten als freie Märkte funktionieren, solange sich der Staat aus dem Marktgeschehen heraushält, sich als eindeutiger Irrtum erwiesen habe. Mit anderen Worten: Finanzmärkte bedürfen staatlicher Regulierungsmaßnahmen, solange die Gesamtausrichtung der Gesellschaft auf Gemeinwohl ausgerichtet ist, weshalb Böger die Finanzmarktkrise auch als Auslöser eines Paradigmenwechsels in Politik und Wissenschaft betrachtet. Ihre ideologische Dimension sei bei kritischer Betrachtung der Grundsätze eines libertären Marktfundamentalismus leicht zu erkennen, dessen Grundannahmen an der Realität gescheitert seien. „Die Finanzmarktkrise hat offen gelegt, dass die Selbstregulierungsfähigkeit der Finanzmärkte keine belastbare Theorie, sondern ein Irrglaube war“[973], so Bögers Resümee nach der Untersuchung zentraler marktfundamentalistischer Grundüberzeugungen, die er deshalb unter dem Begriff *Ideologie* subsummiert, da

971 Richard Böger: Die Finanzmarktkrise als Ideologiekrise. Katholische Soziallehre versus angloamerikanischer Marktfundamentalismus. In: ThGl 100 (2010) 62–84.

972 Ebd. 62.

973 Ebd. 64.

wesentliche, konstitutiv ideologische Elemente darin auffindbar sind, wie die Kombination von Ideen, Konzepten und Werturteilen.[974]

Böger räumt ein, dass angesichts lang anhaltender wirtschaftlicher Erfolge eines ideologisch geprägten Marktfundamentalismus kritische Stimmen nur geringe Chancen hatten, sich auf der politischen Bühne durchzusetzen; sie wurden lediglich am Rande ernst genommen. Dies habe sich nun aufgrund allgemeiner, wie auch systemisch spürbarer krisenbedingter Verunsicherung geändert.

Böger preist die Soziale Marktwirtschaft als politisch-ökonomisches Konzept der Zukunft. Sie sei eine moderne ökonomische Theorie, „die sich an der Wirklichkeit bewährt hat und die in der Lage ist, Ereignisse wie die Finanzmarktkrise zu erklären."[975]

9.2.1.1 Neuordnung der Ratingagenturen

Des Weiteren spricht sich Böger auch für eine Regulierung der Ratingagenturen aus. Ihre Fehleinschätzungen, die in der häufigen Vergabe der Bestnote AAA an strukturierte Subprime Wertpapiere gipfelten, trugen ihren entscheidenden Anteil am desaströsen Ausmaß der Finanzmarktkrise. Millionen Menschen haben ihr uneingeschränktes Vertrauen in die Qualität solcher Ratingnoten gesetzt. Abgesehen von Fehleinschätzungen, denen auch Ratingagenturen unterliegen können, kritisiert Böger bestimmte Vergütungsstrukturen, die nachweislich in Abhängigkeitsmuster gegenüber den Auftraggebern geführt haben. „Die Ratingagenturen werden von den Emittenten bezahlt. ... Die vermeintliche Objektivität, die den Ratingagenturen zugesprochen wird, war deshalb nie gegeben."[976] Wenn als Lösung eine staatliche Begutachtung der Qualität der Ratings diskutiert wird, gibt Böger zu bedenken, dass damit die grundlegenden Fehlanreize nicht beigelegt seien und schlägt deshalb folgende Maßnahmen vor.[977]

– Ratings für Wertpapiere sollten hinkünftig nicht vom Emittenten, sondern von den potenziellen Shareholdern bezahlt werden, um Interessenskonflikte zu vermeiden. Von Investoren bezahlte Ratingsgenturen hätten keinen Anreiz zu positiv zu bewerten, da dies ihre Auftraggeber schädigen würde.

---

974 Siehe dazu die in neun Punkten aufgeschlüsselten, zentralen Grundüberzeugungen einer libertären Marktideologie, mit der Unterteilung in: Funktionsweise der Marktprozesse, Eingriffe des Staates, Wettbewerbspolitik, wirtschaftliches Wachstum, Konjunkturpolitik, Einkommensverteilung, Unternehmensverfassung, Finanzmärkte und moderne Finanzinstrumente, in: ebd. 64–66.

975 Richard Böger: Die Finanzmarktkrise als Ideologiekrise, 67.

976 Ebd. 81.

977 Folgende drei Punkte sind gekürzt der Aufzählung Bögers entnommen. Vgl. ebd. 81–82.

- Die EU sollte diese Umkehr der Vergütungsstrukturen umsetzen und festlegen, dass bei Banken ein Rating nur dann zu Erleichterungen bei er Eigenkapitalunterlegung führt, wenn das Rating von den Investoren bezahlt worden ist.
- Änderung der Eigentümerstruktur der Ratingagenturen. Ideale Rechtsform für Ratingagenturen wäre die Genossenschaft mit den Investoren als Mitglieder und Eigentümer.

9.2.1.2 Neue Rahmenbedingungen für die Finanzmärkte

Zusammen mit den oben genannten Maßnahmen für Ratingagenturen schlägt Böger zwei strukturelle Änderungen bei der Gestaltung der Rahmenbedingungen für die Finanzmärkte vor.[978]

- Förderung des kontinentaleuropäischen, bankbasierten Finanzierungssystems gegenüber der eher kapitalmarktorientierten angloamerikanischen Strukturen. Die Finanzmarktkrise habe gezeigt, so Böger, dass sich ersteres im Krisenfall wesentlich leichter stabilisieren lasse.
- Wiederherstellung der konservativen und vorsichtigen Form der Rechnungslegung mit der Möglichkeit zur Bildung von stillen Reserven. Stärkung der Bilanzierung nach dem HBG und Zurückdrängung der internationalen Rechnungslegung IFRS.

Als weiteres zentrales Problem zur zukünftigen Struktur der Finanzmärkte führt Böger ein noch ungelöstes und auch in den internationalen Vereinbarungen nur am Rande diskutiertes Thema ins Treffen: Können Banken in Zukunft insolvent werden oder gilt die derzeit ausgesprochene Staatsgarantie für alle Zeiten? Mit anderen Worten: Wem hilft die Losung „too big to fail" wirklich? Bögers Dafürhalten zufolge profitierten von der staatlichen Stützung „nicht nur Gläubiger, sondern auch die Aktionäre und Risikokapitalgeber (die) für die Verluste nicht aufkamen und diese nahezu vollständig auf den Steuerzahler abgewälzt wurden. Dies ist ordnungspolitisch eine unbefriedigende Entwicklung, da damit die üblichen marktwirtschaftlichen Haftungsregeln vollständig ausgehebelt wurden."[979] Diese generelle Staatshaftung laufe Gefahr, die eigentlichen Verursacher der Krise niemals zur Verantwortung ziehen zu können, moniert Böger und ist davon überzeugt, dass durch diese Vorgehensweise die Risikobereitschaft von Bank-

978 Vgl. dazu ebd. 82.
979 Ebd. 83. (Eigene Klammersetzung)

vorständen eher erhöht werde, „da sie ja wissen, dass sie der Staat im Krisenfall rettet."[980]

In seiner Schlussbetrachtung wiederholt Böger den kausalen Zusammenhang von Finanzmarktkrise und dem als ideologisch zu brandmarkenden Marktfundamentalismus angloamerikanischer Prägung, welcher in Bögers Augen wohl als geeigneter Nährboden jene Bedingungen schafft, aus welchen der größte volkswirtschaftliche Schaden seit der Wirtschaftkrise der 1930er-Jahre erwachsen ist. Des Weiteren erteilt Böger allen Vorstellungen eine schroffe Absage, die zur Auffassung führen, Finanzmärkte bedürften keiner staatlichen Regulierung. Freie Märkte, so versucht Böger zu zeigen, funktionieren eben nicht dann am besten, wenn sich der Staat aus dem Marktgeschehen heraushält, um den Marktteilnehmern alle Freiheiten zu lassen. Vor der Deutefolie der katholischen Soziallehre erweise sich eine solche Vorstellung als Irrtum. Um eine marktspezifische Trennschärfe zu entwickeln, formuliert Böger: „Erforderlich ist eine klare Sicht auf die Besonderheiten von Finanzmärkten, die sich grundlegend von anderen Märkten einer Volkswirtschaft unterscheiden."[981] Gehören Finanzmärkte auch unverzichtbar zur Infrastruktur einer Volkswirtschaft, seien sie doch als „inhärent instabil" anzusehen, so Böger. Der Staat müsse hier nicht nur als Rückversicherer fungieren, sondern auch seine ordnungspolitische Legitimation wahrnehmen. Und diese verlange im Ernstfall eben „stärker in die Freiheiten der Marktteilnehmer einzugreifen als dies bei anderen Branchen gerechtfertigt wäre."[982]

Als Sofortmaßnahme empfiehlt Böger neben anderen strukturellen Nachjustierungen drei konkrete Neuerungen:[983]

- Änderung des Bonus- und Gehaltssystems der Banken, um die Versuchung einer kurzfristigen Gewinnorientierung (Bsp. Quartalsegebnisse) gar nicht aufkommen zu lassen und die individuelle Gier nicht anzustacheln.
- Änderung der Vergütungssysteme von Ratingagenturen. (wie oben beschrieben)
- Neuausrichtung der Finanzmarktüberwachung. Schaffung von geordneten Austrittsmöglichkeiten für Banken als Abrundung der anderen Regulierungsmaßnahmen

980 Ebd. 83.
981 Ebd. 83.
982 Ebd. 84.
983 Vgl. dazu die Aufzählung in: ebd. 84.

9.2.2 Emanzipation aus der ökonomischen Bedingtheit durch Überwindung des Kapitalismus?

Indem André Gorz davon ausgeht, dass die Frage nach dem Weg aus dem Kapitalismus heute mehr denn je in aller Dringlichkeit zu stellen sei, knüpft er daran das Postulat einer bereits stattfindenden notwendigen Überwindung des kapitalistischen Systems, wobei sich für ihn nur mehr zwei Entwicklungswege auftun: ein barbarischer, weil von totalitären Machtansprüchen eingeleiteter Weg, der das Ende einer vom Geld geprägten Gesellschaftsform begleitet und vollendet, und eine zivilisierte Art des Auswegs aus kapitalistischen Verhältnissen.[984] Zu fragen ist dabei zunächst, ob Gorzens Antezedensbestimmungen valide fundiert sind und ob seine Exit-Szenarien plausibel und nachvollziehbar sind.

9.2.2.1 Das Heranbrechen des Zeitalters der Unentgeltlichkeit?

Davon ausgehend, dass die in der Finanzindustrie kursierende Kapitalmasse bei weitem jene der Realwirtschaft übersteigt, diagnostiziert Gorz einen drohenden Zusammenbruch der Weltwirtschaft, an dem aber keineswegs fehlende Kontrollmechanismen Schuld seien, sondern vielmehr die Unfähigkeit des Kapitalismus, sich zu reproduzieren. Er lebt und funktioniert einzig auf immer prekäreren fiktiven Grundlagen."[985] Ferner habe der Kapitalismus aufgrund seiner eigenen Entwicklung, die sich heute in technowissenschaftlichen Umwälzungen, „Informatisierung und Roboterisierung" niederschlägt, „eine innere wie äußere Grenze erreicht, die er nicht zu überschreiten vermag und die ihn zu einem System macht, das nur mit Hilfe von Tricks die Krise seiner grundlegenden Kategorien – Arbeit, Wert, Kapital – überlebt."[986]

Im drohenden Rückgang des Wirtschaftswachstums sieht Gorz, im Kontrast zu den meisten Wirtschaftswissenschaftern, kein Übel, sondern vielmehr ein Überlebensgebot, flankiert mit dem damit höchstwahrscheinlich einhergehenden Sinken der CO_2-Emissionen; ferner einen zwar unter ökonomischen Zwängen, aber immerhin spürbar einsetzenden Wandel des Lebensstils einer auf ökologisch nachhaltige Werte setzenden anderen Zivilisation, die andere gesellschaftliche Verhältnisse und Werthaltungen hervorbringen wird. Ob nun dieser not-

---

984 Vgl. A. Gorz: Das Ende von etwas. In: Die Presse, Spectrum I–II, v. 09.05.2009. Dieser Artikel, einer der letzten Texte des 2007 verstorbenen André Gorz, wird auch Eingang in die während des Abfassens dieser Arbeit erscheinenden Textsammlung finden. André Gorz: Auswege aus dem Kapitalismus. Zürich 2009.

985 A. Gorz: Das Ende von etwas, I.

986 Ebd. I.

wendende Wandel in einer uns leider nur allzu bekannten barbarischen Form stattfinden wird, wobei Gorz in diesem Zusammenhang auf afrikanische Staaten, in denen Warlords regieren, und auf vorweggenommene Szenarien der „Mad-Max"-Filme verweist, oder zivilisierte, demokratisch geführte Auswege aus dem Kapitalismus beschritten werden, es gelte eine Anders-Ökonomie zu verwirklichen, mit anderen gesellschaftlichen Verhältnissen und Produktionsweisen, auch wenn dieses Ansinnen von vielen Menschen als unrealistisch eingeschätzt werde. Gegen den wirtschaftspolitischen Mainstream schwimmend, führt Gorz ins Treffen, dass es doch nicht minder unrealistisch sei zu glauben, eine Gesellschaft und Herrschaft der Ware, der Lohnarbeit und des Geldes als unüberwindlich anzusehen. Vielmehr weise „eine Fülle von Indizien darauf hin, dass *diese Überwindung bereits begonnen* hat und dass die Chancen eines zivilisierten Auswegs aus dem Kapitalismus von unserer Fähigkeit abhängen, die Tendenzen und Praktiken zu erkennen, die die Möglichkeit dazu ankündigen."[987]

Die Macht des Kapitalismus sei infolge der „informationellen Revolution" rissig geworden, so Gorz. Der Kapitalismus leide somit unter seiner eigenen Expansion in Dimensionen, denen er nicht gewachsen sei. Die Herrschaft der Ware entgleite dem kapitalistischen System zusehends, welches über ein Jahrhundert lang darauf ausgerichtet war, den „Waren unvergleichliche Eigenschaften zu verleihen, dank deren sie ohne Äquivalent erscheinen und folglich aufhören, als simple Waren zu wirken."[988] Der Preis der Produkte orientiert sich an ihren immateriellen Eigenschaften, denn die Ware muss mit „erotischem" Wert aufgeladen sein, um Stil, Neuheit, Exklusivität, Prestige oder Seltenheit zu verkörpern. Würde sich der Preis der Ware lediglich an ihrer substanziellen Nützlichkeit, also ihrem Gebrauchswert orientieren, flösse weit weniger Geld in die Ladenkassen. Unsere Konsumkultur war und ist jedoch stets darauf aus, mittels Individualisierung auf Selbstüberhebung, Ressentiment, Rivalität und Eifersucht zu setzen, was Gorz eine „antisoziale Sozialisation nennt",[989] und man gleichzeitig daran erinnert ist, dass es kein richtiges Leben im falschen geben kann. Jedoch leuchtet für Gorz mit dem Begriff der „Selbstproduktion" ein Silberstreif am Horizont auf. Die „Diktatur über die Bedürfnisse" scheint an Kraft zu verlieren, der „Einfluss, den die Firmen auf die Konsumenten ausüben, wird schwächer, trotz explodierender Ausgaben für Marketing und Werbung."[990] Dank globaler IT-Vernetzung und Zugriffsmöglichkeiten auf eine schier unerschöpfliche Wissensökonomie sieht Gorz ein „Zeitalter der Unentgeltlichkeit" heranbrechen,

987 Ebd. I. (Kursivsetzungen im Original).
988 Ebd. I.
989 Ebd. II.
990 Ebd. II.

welches sich unaufhaltsam ausbreitet. „Informatik und Internet untergraben die Herrschaft der Ware an ihrer Basis. Alles, was sich in eine digitale Sprache übersetzen und ohne Kosten reproduzieren, kommunizieren lässt, neigt unweigerlich dazu … ein universelles Gemeingut zu werden … Mehr als 200 Millionen Filme, Musikstücke, Texte und andere kreative Entwicklungen sind derzeit ‚unter Konzession' zugängliche creative commons. In Brasilien brennen die Jugendlichen in den Favelas mehr CDs pro Woche, als die CD-Industrie pro Jahr auf den Markt bringt. Drei Viertel ihrer Computer haben die Bewohner der Armenviertel aus Teilen von Altmaterial selbst hergestellt. Die Regierung unterstützt die informellen Kooperativen und Gruppierungen der Selbstproduktion und Selbstversorgung." „[991]

Hierin erblickt Gorz die Weggabelung, an welcher sich zukünftig entscheiden werde, ob der Ausweg aus dem Kapitalismus in einer zivilisierten oder einer barbarischen Form zu bewerkstelligen sei.

Der kritischen Frage, warum denn die Kernthese, derzufolge der Weg des Kapitalismus überhaupt zu verlassen sei, niemals wirklich begründet werde, nimmt Gorz den Wind aus den Segeln, in dem er lediglich den Wunsch, aber nicht die Behauptung aufstellt, dass die von ihm herbeigesehnten radikalen Veränderungen je stattfinden werden. Er sehe lediglich untrügliche Zeichen am Horizont, die für eine solche Entwicklung stünden. „Ich sage nur, dass wir zum ersten Mal hoffen dürfen, dass sie Wirklichkeit werden."[992]

Kritisch zusammenfassend kann davon ausgegangen werden, dass die Gorzschen Visionen einer den Kapitalismus hinter sich lassenden Anders-Ökonomie allein schon deshalb spannend klingen, weil er zu zeigen versucht, dass die Entwicklung des Kapitalismus von einer Produktions- zu einer Informationsgesellschaft selbst für dessen mögliche Obsoleszenz verantwortlich zeichnen könnte; dass vielleicht in der Potenzialität des kapitalistischen Systems schon die Aktualität seiner Selbstaufhebung angelegt ist. Mit anderen Worten: Dem Kapitalismus könnte in nuce bereits seine Selbstaufhebung eingeschrieben sein, insofern die technische Weiterentwicklung der Produktionsgesellschaft zu einer gleichzeitigen Expansion elektronischer Möglichkeiten führt, welche die Produktionsmittel zusehends demokratisieren. Ein Prozess, der sich zumindest in den Creative-Industries und der Wissensökonomie bereits deutlich abzeichnet, wo miteinander vernetzte kommunale Selbstproduktionswerkstätten ihre Erfahrungen, Erfindungen, Entdeckungen und Ideen gemeinsam nutzen, untereinander austauschen, und so Arbeit zur wechselseitigen Selbstentfaltung in einem Kulturprozess werden kann, an dessen Ende vielleicht die Chance für eine Emanzipation der Men-

991 Ebd. II.
992 Ebd. II.

schen aus ihrer ökonomischen Bedingtheit gegeben wäre, weil in diesen vernetzten Austauschverfahren dem Geld eine zusehends geringere Bedeutung beigemessen wird.

9.2.3 Von der Heilsökonomie des Geldes zu einer *Anders-Ökonomie*

In seiner Analyse der Heilsökonomie des Geldes sucht Halbmayr nach einem das Geldparadigma hinter sich lassenden, kritisch-relativen Neuverständnis von Reichtum und Fülle und legt einen Perspektivenwechsel nahe, innerhalb dessen sich eine *Anders-Ökonomie* entwickeln könnte.[993] „Diese steht für die Durchbrechung der Logik des Tausches und der funktionalisierten Reziprozität, die sie in die Heilsökonomie des Geldes die gänzlich andere Heilsökonomie der Fülle und des Reichtums einträgt- eine unabdingbare Voraussetzung von Hoffnung in der Gegenwart."[994]

Die Erhebungsdaten der Europäischen Wertestudie[995] hinsichtlich der dominierenden Wertehierarchien unserer Gesellschaft unterstützen Halbmayrs These, dass Geld Funktionen übernommen hat, die weit über seinen ökonomischen Kontext hinausreichen „und in ihrer Wirksamkeit zu einer neuen göttlichen Macht geworden sind."[996] Wenn Kerndomänen der Religion wie Sinnstiftung, Kontingenzbewältigung, Freiheitsermöglichung, Identitätsstiftung, Heil- und Rettungszusage zu Funktionsmechanismen eines quasi-göttlichen Geldsystems werden, ist das christliche Bekenntnis zu einem „Gott als der alles bestimmenden Wirklichkeit, als dem Schöpfer, Bewahrer und Erlöser jedes Lebens angefragt und herausgefordert."[997] Halbmayr konstatiert, dass mit den Heilsversprechungen eines Geldpantheismus der christlichen Gottesrede eine völlig neuartig gestaltete Konkurrenz erwachsen ist, die sich vom klassischen Atheismus insofern klar unterscheidet, als der soteriologische Glaubensanspruch keineswegs mehr bestritten wird, ja vielmehr kreativ aufgegriffen, ökonomisch aufgeladen, „überformt, von innen her entkernt und mit neuen Interpretationsmustern aufgefüllt" wird.[998]

---

993 Vgl. A. Halbmayr: Ökonomien des Heils. Über die Wechselwirkung von Gott und Geld, 262–263.

994 Ebd. 242 u.262.

995 Vgl. die laufend aktualisierten Daten in: Europäische Wertestudie: www.europeanvalues.nl. Download: 26.01.2009.

996 A. Halbmayr: Ökonomien des Heils, 244.

997 Ebd. 244.

998 Vgl. ebd. 244.

Unter dem Paradigma einer Anders-Ökonomie kann auch das auf den ersten Blick verblüffend paradoxe und unkonventionelle biblische Gleichnis von den Arbeitern am Weinberg gelesen werden, das allein Matthäus erzählt (20,1–16). Die alles entscheidende Frage scheint hier zu sein, was unter *gerechtem Lohn* verstanden werden kann. Ulrich Luz sieht in dieser Parabel den Aufruf zur solidarischen Haltung mit jenen Mitmenschen, die bisher nur die Schattenseiten des Lebens kennengelernt haben, wiewohl der Fokus der Erzählung zweifellos auf die Güte und Gnade Gottes zentriert ist, die das herrschende Gerechtigkeitsverständnis auf den Kopf zu stellen scheint, denn Güte und Gerechtigkeit scheinen hier vorderhand getrennte Wege zu gehen.[999]

Aus dem Blickwinkel einer Reziprozität, die im „Modus der Hoffnung" aufzufassen ist, betrachtet Ottmar Fuchs das Gleichnis von den Arbeitern im Weinberg und deutet aus dieser Position auf die Schwierigkeit, ja Unmöglichkeit, so etwas wie einen „gerechten Lohn" überhaupt berechnen zu wollen.[1000] Vielmehr sei von Seiten Gottes diesbezüglich immer mit Überraschungen zu rechnen. Dennoch, so Fuchs, dürfe man, „in paradoxer Dialektik formuliert, damit ‚rechnen', dass Gottes Unberechenbarkeit nicht willkürlich ist, sondern von jener Gerechtigkeit und Versöhnung getragen wird, die die Gläubigen ansatzhaft auch in diesem Leben suchen und verwirklichen."[1001]

Die in diesem Gleichnis – unter einem kapitalistischen Paradigma der Gewinn- und Verlustperspektive – nur schwer in Deckung zu bringenden Größen Güte und Gerechtigkeit setzt Halbmayr „in eine wechselseitige Relativität hinein, ohne die Vorrangigkeit und Normativität der Güte anzutasten. Nur Großherzigkeit und Wohlwollen können Gerechtigkeit schaffen. … Maßstab und Ausdruck der Gerechtigkeit ist also nicht in erster Linie die erbrachte Leistung oder der Verdienst, sondern die Befriedigung der Grundbedürfnisse, die für alle Menschen möglich sein muss. Jeder bekommt das, was er zum Leben braucht."[1002]

999 Vgl. U. Luz: Das Evangelium nach Matthäus (EKK 1), Düsseldorf / Zürich [5]2002, 151 und die Erträge von A. Halbmayr, in: Die Wechselwirkung von Gott und Geld, 417f.

1000 Vgl. O. Fuchs: Was „bringt" Gott für das diesseitige und jenseitige Leben? In: JBTh Band 21 (2006) Gott und Geld, 297–322, hier: 300f.

1001 Ebd. 301

1002 A. Halbmayr: Die Wechselwirkung von Gott und Geld, 417.

9.2.3.1 *Gabe ohne Gegengabe: Die Geldfunktion in einer Anders-Ökonomie der Gnade*[1003]

Zweifellos gibt es dem Leben dienende Geldfunktionen, die heilsame Veränderungen in Gang bringen, Zukunftsängste besänftigen, gegen Armut, Arbeitslosigkeit, Krankheit und anderen Imponderabilien des Lebens wirksame Vorkehrungen treffen. Nicht wenige Menschen erleben auf diese Weise die heilsame Wirkkraft des Geldes als diesseitige Erlösung und Befreiung von unannehmbaren Lebensumständen.[1004] Was das Geld in diesen Kontexten an segensreichen Veränderungen bewirkt, nimmt dem Vertrauen auf Gott nichts weg, schmälert in keiner Weise die Hoffnung auf gnadenhafte Wendungen, sondern kann unter einem Glaubensparadigma als Teil eines göttlichen Gnadengeschehens, wie auch säkular als eine dem Wohl der Menschheit dienliche Geldfunktion erlebt werden.

Halbmayr erblickt in einer der Geldgläubigkeit anhaftenden soteriologischen Hoffnung „eine materielle Übersetzungsleistung religiöser Überzeugungen"[1005] und nicht wie mancherorts angenommen, ein Indiz wachsender Säkularisierung. „Angesichts der Gnadenlosigkeit einer entfesselten Geldökonomie könnte der christliche Gnadenbegriff[1006] zeigen, dass in einem religiösen Verhältnis die klassische Reziprozität aufgehoben ist, die jeden Tauschakt im Ursprung konsti-

---

1003 Halbmayr gibt zu bedenken, dass der Begriff *Gnade* „zu den problematischsten und missverständlichsten Begriffen innerhalb der Theologie (gehört)." A. Halbmayr: Die Wechselwirkung von Gott und Geld, 262. Bis zum 20. Jahrhundert markierte *Gnade* die Grenzen der menschlichen Autonomie, die fundamentale Angewiesenheit auf die Heilszusage Gottes. Erst im Verhältnis zu ihrem Gegenüber, der *Un-Gnade*, leuchtet etwas vom modernen Gnadenbegriff auf, der nicht zuletzt in der Theologie der Befreiung als die bedingungslose Liebe Gottes, die auch aus strukturellen Unrechtsverhältnissen befreit, existenziell erlebbar gemacht wird. Vgl. Leonardo Boff: Erfahrungen von Gnade. Entwurf einer Gnadenlehre, Düsseldorf 1978, 91. Gnade ist der jedem Menschen mögliche Zugang zu Gott, „dem tragenden Urgrund und der Fülle des Heils, völlig bedingungslos und ohne Voraussetzung". A. Halbmayr: Ökonomien des Heils, 262.

1004 Vgl. dazu im empirischen Teil dieser Arbeit das Kapitel 14 über den lebensdienlichen Einsatz von Geld in der Form existenzkonstituierender und -fördernder Mikrokredite in Entwicklungs- und Schwellenländern.

1005 A. Halbmayr: Ökonomien des Heils, 261.

1006 Vgl. Eph 2,8f: „Denn aus Gnade seid ihr durch den Glauben gerettet, nicht aus eigener Kraft – Gott hat es geschenkt – nicht aufgrund eurer Werke." Vgl. auch die am 31.10.1999 in Augsburg unterzeichnete Gemeinsame Erklärung zur Rechtfertigungslehre, hg. v. Lutherischer Weltbund u. Päpstlicher Rat zur Förderung der Einheit der Christen. 4. Auflage, Frankfurt a. M. / Paderborn, 2000, Nr. 15: „Allein aus Gnade im Glauben an die Heilstat Christi, nicht auf Grund unseres Verdienstes, werden wir von Gott angenommen und empfangen den Heiligen Geist, der unsere Herzen erneuert und uns befähigt und aufruft zu guten Werken."

tuiert. Gott gibt sich selbst, ohne gleichzeitig einen entsprechenden Tauschprozess in Gang zu setzen.“[1007]

Diese Gabe ohne Gegengabe entstammt einer gnadenhaften Logik, die unserer durchmonetarisierten Lebenswelt verblüffend kontrafaktisch einen Spiegel der Gottesreichverhältnisse entgegenzuhalten scheint. Es fällt uns in sozioökonomisch geprägten Geldtauschverhältnissen Aufgewachsenen schwer, nichts geben, nicht leisten, nichts bieten zu müssen und dennoch die Fülle des Heils vollkommen *gratis*, also gnadenhaft, zu erhalten.[1008]

Aus der Sichtweise feministischer Ökonomie analysiert Carola Möller vor einem geschichtlichen Hintergrund und unter Heranziehung der ethnologischen wie soziologischen Erkenntnisse von Marcel Mauss die Phänomene Tauschen, Schenken und Verkaufen als beziehungsstiftende, friedensfördernde und –erhaltende Grundbedingungen menschlichen Zusammenlebens, die im Lauf der Geschichte jeweils andere Schwerpunkte hervorbrachten.[1009] Hierin zeigt sich freilich, dass weder Tauschen noch Schenken bedingungslos, sondern meist einer soziokulturell streng verpflichteten Norm folgten: „Was Schenken zum Tauschen macht, ist die zentrale Verpflichtung, das Geschenk angemessen zu erwidern.“[1010] Die Nichtbeachtung dieser ungeschriebenen Norm kann in manchen Kulturen Krieg oder Tod bedeuten, so Möller.

Demgegenüber zeigt sich Jaques Derrida davon überzeugt, dass wirkliche Gabe keine Reziprozität kennt, „keine Rückkehr, keinen Tausch, weder Gegengabe noch Schuld.“[1011] Halbmayr stellt daraufhin die berechtigte Frage, wo denn diese Formen der von Gegengabe völlig losgelösten, gnadenhaften Gabe heute noch eingeübt werden können? „Sind nicht sogar viele kirchliche Vollzüge, ja selbst

---

1007 A. Halbmayr: Ökonomien des Heils, 262.

1008 Auf das weitreichende Themenfeld *Gabe ohne Gegengabe* kann in dieser Arbeit nicht näher eingegangen werden. Einen guten Überblick zum Stellenwert des freiwilligen Gebens und Nehmens im Rahmen einer ethisch-religiösen Auseinandersetzung bietet: Michael Rosenberger / Ferdinand Reisinger / Ansgar Kreutzer (Hgg.): Geschenkt – umsonst gegeben? Gabe und Tausch in Ethik, Gesellschaft und Religion. (Linzer Philosophisch-Theologische Beiträge, Band 14), Frankfurt am Main 2006.

1009 Vgl. C. Möller: Tauschen gestern und heute. In: Katholische Sozialakademie Österreichs (Hg.): Dossier Geld und Leben: Positionen Feministischer Ökonomie. 05/2007, 11–14.

1010 Ebd. 11 und die einschlägigen Untersuchungen des französischen Ethnologen Marcel Mauss (1872–1950), der den Austausch in archaischen Gesellschaften als ein umfassendes gesellschaftliches Phänomen untersuchte, in dem gleichzeitig ökonomische, juristische, moralische, ästhetische, religiöse, mythologische und sozio-morphologische Aspekte zu berücksichtigen sind. Vgl. Marcel Mauss: Die Gabe. Form und Funktion des Austauschs in archaischen Gesellschaften. Frankfurt a. M. 1990. (Originaltitel: Essai sur le don. Paris, EA 1924).

1011 J. Derrida: Falschgeld. Zeit geben 1, München 1993, 22f.

Gottesdienste stark ökonomisiert und einer versteckten Tauschlogik unterworfen?"[1012]

Selbst das Fest der Menschwerdung Gottes unterliegt schon längst dem Druck der Kommerzialisierung und ökonomischer Überformung, ganz abgesehen von der damit einhergehenden religiösen Entleerung. Halbmayr plädiert dafür, Weihnachten, das geradenach stromlinienförmig an unsere Marktgesellschaft angepasst wurde, als Unterbrechung der Tauschlogik von Geben und Nehmen zu verstehen.[1013] Gottes Menschwerdung wurde zu einem Fest der „Geld-Wertung" und der Geldgutschein zu einem der beliebtesten Weihnachtsgeschenke, weil es den Beschenkten ein schier unendliches Reservoir an Umsetzungsmöglichkeiten ihrer Wünsche eröffnet.[1014] Interessant erscheint jedoch in diesem Kontext, dass in der ökonomischen Funktionalisierung von Weihnachten – anders als in der politischen – die religiöse Semantik keineswegs ausgeblendet oder gar offensiv bekämpft würde. „Vielmehr greift der Markt die religiöse Symbolik produktiv auf und scheint damit zunächst ihre Bedeutung zu festigen. ... Indem die religiöse Symbolik mit der Symbolwelt der Ökonomie verknüpft wird, entstehen gänzlich neue Arrangements der Zeichen und Bedeutungen."[1015] Die Frage, warum sich die Ökonomie der religiösen Symbolwelt bedient, beziehungsweise warum die christliche Symbolik offensichtlich sehr gut dafür geeignet ist, sich in ein ökonomisches Funktionssystem integrieren und mit gänzlich neuen Bedeutungen aufladen zu lassen, beantwortet Halbmayr mit dem Verweis auf die „schillernde Ambivalenz" und den „offenen Bedeutungsraum, der die christliche Ikonografie gegenwärtig kennzeichnet."[1016] Dies mag auch am Verblassen der ohnehin nur mehr rudimentär vorhandenen Erfahrungen mit der religiösen Praxis früherer Jahre liegen, die teilweise nur mehr schwach und an die Lebenswelt der Menschen angebunden ist. Halbmayr ortet in diesem eigentümlichen „Schwebezustand" zwischen „vertraut und fremd zugleich" einen sich öffnenden Bedeutungshorizont mit Leerstellen gesellschaftlichen Erlebens, in die jederzeit Neuinterpretationen einfließen können, zumal die Kirchen „kein Copyright und keine Patentrechte auf die religiösen Embleme und Symbole (besitzen)."[1017]

1012 A. Halbmayr: Ökonomien des Heils, 263.

1013 Vgl. A. Halbmayr: Zwischen Menschwerdung und Geldwertung. In: ThPQ 156 (2008) 346–355.

1014 Vgl. ebd. 351 und FN 11 mit einer APA-Meldung vom 07.12.2007: „An erster Stelle auf der Weihnachtswunschliste steht bei den Zehn bis 19-Jährigen Geld. Besonders viel Freude macht man damit laut einer Online-Umfrage des Gfk-Fessel-Instituts der Altersgruppe von 15–19 Jahren."

1015 A. Halbmayr: Zwischen Menschwerdung und Geldwertung, 349.

1016 Ebd. 349.

1017 Ebd. 349.

Es erhebt sich die Frage, ob man den allmählichen Verlust religiöser Ursprungsbedeutungen beklagen oder bedauern soll oder ob vielleicht auf einer religionssoziologischen Reflexionsebene auch der evolutive Charakter permanenter gesellschaftlicher Veränderungen zu Chancen neuer Deutungen, Interpretationen und Experimente führen könnte, um christliche Spitzenaussagen wie die der Inkarnation Gottes in einem postreligiösen Zeitalter neu verständlich zu machen, wie Jean-Luc Nancy dies nahelegt.[1018] Wenn die Theologie imstande ist zu zeigen, dass die Menschwerdung Gottes eine andere, eine vielleicht paradoxale Ökonomie in Gang setzen könnte, die eine funktionale Reziprozität aufhebt, wäre vielleicht auch der Gedanke leichter vermittelbar, dass Gott sich umsonst, gratis selbst gibt, ohne dass etwas zurückgegeben werden muss, oder wie Halbmayr formuliert: „Gott als die Gabe ohne Gegengabe verpflichtet nicht, sie setzt frei und sie macht frei."[1019]

Dem Rad der herrschenden Monetarisierung und ihrer strukturellen Gnadenlosigkeit in die Speichen greifend, plädiert Halbmayr für die Gestaltgewinnung einer *Anders-Ökonomie* Gottes, die er aber nicht als Gegenökonomie etablieren möchte, weil sie dann Gefahr liefe, „den Fängen der klassischen Tauschverhältnisse" nicht entrinnen zu können.[1020] In der reinen Ungeschuldetheit der Sakramente, als verdichtete Ausdrucksformen der bedingungslosen Selbstzusage Gottes, erscheint „die Logik des Tausches und der funktionalisierten Reziprozität bereits entscheidend durchbrochen. Dort ist in die Heilsökonomie des Geldes bereits die gänzlich andere Heilsökonomie der Fülle und des Reichtums eingetragen."[1021]

Die Relativität des Geldwerts einer Gabe lässt sich auch an zwei biblischen Beispielen ablesen: *Das Opfer der Witwe* in Mk 12,41–44 ruft das nur allzumenschliche Bedürfnis auf den Plan, den absoluten Wert einer Geldspende evaluieren und höher achten zu wollen als ihren relativen und qualitativen Wert, der sich nach den persönlichen finanziellen Möglichkeiten der Spenderin zu richten hat.[1022] Dementsprechend klar gibt der Evangelist Jesu Würdigung der wahren Intention der armen Frau vor Gott wieder, weil „diese Frau aber, die kaum das Nötigste zum Leben hat, sie hat alles gegeben, was sie besaß."[1023] Eine andere

1018 Vgl. Jean-Luc Nancy: Entzug der Göttlichkeit. Zur Dekonstruktion und Selbstüberschreitung des Christentums. In: Lettre International Nr. 59 (2002), 76–80.

1019 A. Halbmayr: Zwischen Menschwerdung und Geldwertung, 354.

1020 Vgl. A. Halbmayr: Ökonomien des Heils, 263.

1021 Ebd. 263.

1022 Vgl. dazu die weiterführenden Gedanken bei Annette Merz: Mammon als schärfster Konkurrent Gottes, 77ff.

1023 Mk 12,44b. Bei der Gabe der Witwe soll es sich um die kleinsten Münzen im griechischen und römischen Zahlungssystem gehandelt haben: „zwei Lepta, das ist ein Quadrans" und

Markusperikope (14,3–9) führt zu einer in intimer Dichte erzählten beziehungsvollen Symbolhandlung, ausgeführt durch eine nicht näher genannte Frau, die kostbares Nardenöl über Jesu' Haupt gießt und sich damit auf der Stelle den Vorwurf der unsozialen Verschwendung einhandelt, denn man hätte doch das Salböl „um mehr als dreihundert Denare verkaufen und das Geld den Armen geben können."[1024] Jesus verteidigt das Handeln der Frau und weist ihre Kritiker mit dem Hinweis auf den für die Anwesenden offensichtlich nicht nachvollziehbaren sakralen Gehalt der Salbung in die Schranken. Auch für Annette Merz ist hier die Bereitschaft entscheidend, die zur Verfügung stehenden Güter, auch wenn sie einen hohen Geldwert repräsentieren, „im Sinne Gottes (zum Erwerb eines Schatzes im Himmel) zu verwenden"[1025], denn ein solches Liebeswerk ist nicht unter dem ökonomischen Paradigma „klug kalkulierter Armenfürsorge" zu bewerten, wie Jesus dies in V.7 deutlich macht: „Denn die Armen habt ihr immer bei euch, und ihr könnt ihnen Gutes tun, so oft ihr wollt; mich aber habt ihr nicht immer."

Erst in der Perspektive dieses Blickwinkels eröffnen sich dem Rezipienten gleichsam Zugänge zu Ratio und Emotio, kraft derer die ursprüngliche Widersprüchlichkeit einer am puren Leistungsdenken festhaltenden Gerechtigkeitslogik sich einem weitergefassten Gerechtigkeitssinn zu öffnen vermag

Resümee: Der biblisch fundierte Ansatz der Halbmayrschen Anders-Ökonomie geht auf die individuellen Bedürfnisse der Menschen ein. Der lebensdienliche Aspekt des Geldes kommt dabei gezielt unter Berücksichtigung seiner relativen Größe zum Tragen. Hierbei tritt auch deutlich zutage, wie Geld, Simmel folgend, gleichzeitig Relation *sein* kann und *haben* kann. Das Geld erscheint hier

---

entsprach einem Viertel Kupfer-As, wofür man ein Viertel Brot kaufen konnte. Vgl. R. Pesch: Das Markusevangelium. II. Teil (HThK), 1984, 260–264 und E. W. Stegemann: Urchristliche Sozialgeschichte. Die Anfänge im Judentum und die Christusgemeinden in der mediterranen Welt. Stuttgart u.a. 1995, 47f, mit Angaben zu weiterführender Literatur.

1024 *Die Salbung in Betanien*, Mk 14,3–9, hier V. 5. In der lukanischen Version dieser Begegnung Jesu wird aus der anonymen Frau eine „Sünderin" (Lk 7,36–50), die Jesu Füße salbt und diese anschließend mit ihren Haaren trocknet. Der Vorwurf der Verschwendung wird vom Gastgeber selbst, einem Pharisäer erhoben, worauf Jesus von zwei Schuldnern erzählt, denen ihre Schuld erlassen wird, so wie dieser Frau soeben ihre Sünden vergeben wurden. Die Pointe liegt darin, dass die Liebesfähigkeit der Menschen proportional zu der ihnen erlassenen Schuld / Sünde steigt. – In der johanneischen Version der *Salbung in Betanien* (Joh 12,1–11), salbt eine Frau namens Maria Jesu Füße und trocknet diese, wie bei Lukas mit ihrem Haar. Der Kritiker in dieser Szene ist der Herrenjünger Judas, dessen Äußerung jedoch vom Verfasser des Evangeliums explorativ als Beleg für den schlechten Charakters der Figur im weiteren Handlungsverlauf dramaturgisch genutzt wird. Jesu Entgegnung ist wortgleich zu Mk 14,7.

1025 Annette Merz: Mammon als schärfster Konkurrent Gottes, 77, FN 94.

als Funktionsmittel und Gestaltungsinstrument in Bezug auf die Reich-Gottes-Botschaft Jesu.[1026] Wann und wo immer Geld auf sein selbstreferenzielles Profitstreben reduziert wird, läuft es Gefahr, seine Relativität und seinen konstitutiven Bezug zum Ganzen einer größeren Gerechtigkeit zu verlieren, und es wird zum schieren Selbstzweck und Mammon, gleichsam zum Sinnbild einer rücksichtslosen Profitökonomie, die ihr soziales Augenmaß absichtlich ausblenden muss, um der Absolutsetzung des Geldes gerecht zu werden, was auch einem Anliegen dieser Arbeit entspricht, Wege zu finden, auf denen das Geld von einem paradigmatischen Absolutheitsanspruch in lebensdienliche Bahnen seiner Relativität geführt werden kann.

1026 Halbmayr führt noch weitere biblische Gleichnisse und Erzählungen für die konsequente Funktionalisierung des Geldes in Bezug auf das Reich Gottes an, wie die Perikopen von der *Tempelreinigung* (Mk 11,15–19), die *Frage nach der kaiserlichen Steuer* (Mk 12,13–17 par.) oder das *Opfer der Witwe* (Mk 12,41–44; Lk 21,1–4). Jesus preist dabei an keiner Stelle die Armut als Tugend oder Lebensstil, aber er preist die Armen, „denen entgegen ihren realen Erfahrungen kontrafaktisch das Himmelreich zugesagt wird.“ A. Halbmayr: Die Wechselwirkung von Gott und Geld, 419.

Teil 2

10 Kein ökonomisches Handeln ohne Ethik, keine christliche Moral ohne ökonomischen Sachverstand

Das praktisch bestimmte Zueinanderverhältnis der Entitäten Ethik und ökonomische Vernunft erscheint nur auf den ersten Blick disparat und deckungsungleich, erhebt sich doch darüber die Frage, wie sich eine auf christlichem Glauben fundierte Moral mit ökonomischer Vernunft verbunden wissen kann, die auf Effizienz, Rationalität und Rentabilität ausgerichtet ist. In Beantwortung dieser Frage kann auf Wolfgang Huber verwiesen werden, dessen Überzeugung auf den Punkt gebracht lautet: „Ökonomisches Handeln ohne Ethik ist genauso verkehrt wie christliche Moral ohne ökonomischen Sachverstand.“[1027] Beides habe miteinander viel zu tun, auch wenn zynische Beobachter der Diskussion über Ethik in der Wirtschaft die Rolle der Ethik mitunter als Fahrradbremse an einem Langstreckenflugzeug zur Statistenfunktion abwerten und jedweder Ethikdebatte einen Scheincharakter unterstellen, ohne relevanten Einfluss auf die tatsächliche Entwicklung der Wirtschaft.[1028]

Dass ethische Argumente und Handlungen, insbesondere der Geldumgang und damit verbundene Investitionsentscheidungen, sehr wohl Einfluss auf das gesamtwirtschaftliche Verhalten haben können und welche konkreten Folgen sie zeitigen, soll im praktisch-empirischen Teil dieser Arbeit gezeigt werden. Denn mitnichten ist die Wirtschaft ein Bereich, die ethischen Herausforderungen, näherhin ethischem Investment gegenüber immun ist. Bei aller gegebenen Eigengesetzlichkeit ökonomischer Abläufe ist ganz klar festzuhalten, dass nüchtern betrachtet gar kein Gegensatz zwischen christlichem Menschenbild und ökonomischer Vernunft logisch konstruiert und erst recht nicht praktisch werden kann. Beide Bezugssysteme sind letztlich auf das Wohl des Menschen, im Sprachgebrauch der katholischen Soziallehre auf das „Gemeinwohl“ ausgerichtet, weshalb die Orientierungs-Koordinaten von wirtschaftlicher Effizienz und ethisch verantwortbarem Geldumgang zwangsläufig deckungsgleich und darüber hinaus der Nachhaltigkeit verpflichtet sein sollten.

1027 W. Huber: „Gott und Geld – Christliche Ethik und wirtschaftliches Handeln“ – Festvortrag anlässlich der Eröffnung der KD Bank in Dortmund am 06.06.2006. In: www.ekd.de/print.php?file=/vortraege/huber/060606_huber_dortmund.html,1. Download: 23.11.2008.

1028 Vgl. ebd. 1.

10.1 Der Glaube an die lebensdienlichen Entfaltungsmöglichkeiten des Geldes in einem affirmativ-kritisch-relationalen und ressourcenorientierten Grundduktus

Die im empirisch-praktischen Teil dieser Arbeit präsentierten Modelle lebensdienlicher Einsatzmöglichkeiten des Mediums Geld, setzen theologisch weitgehend auf die Zuversicht und Hoffnung, die sich einem affirmativ-kritisch-relationalen Beziehungsmodell der Entitäten Gott und Geld verdanken. Darunter ist eine Weiterentwicklung des affirmativ-identifizierenden Modells von Wilhelm Kasch gemeint[1029], der davon ausgeht, dass Geld „im wesentlichen Sinne Ausdruck und Verwirklichung menschlicher Freiheit"[1030] ist. Diesem rein affirmativ-identifizierenden Zugang kann jedoch ein gerüttelt Maß an Blauäugigkeit im Umgang mit der ökonomischen Rationalität vorgeworfen werden, welche geldkritische christliche Traditionen nicht hinreichend berücksichtigt, weshalb das hier vorliegende Modell eine kritisch-relationale Reflexionsebene als zusätzliche Referenz mit einbezieht.

Verschlösse sich die Theologie dem zentralen Freiheitsbereich Geldumgang als Teil menschlicher Alltagserfahrung, machte sie die Menschen in Ermangelung einer möglichen praktischen Umsetzung dieser Theorien nicht nur spirituell, sondern auch ökonomisch ärmer.[1031] Wer nämlich Geld vordergründig mit Unfreiheit verknüpft, blendet damit auch sein Potenzial als Medium von Empowerment und Beteiligungsgerechtigkeit weitgehend aus, wie dies beispielsweise bei negativ-exklusivierenden Beziehungsmodellen von Gott und Geld der Fall ist. Sie sind außerstande, die synonym für Freiheit und Entwicklungsmöglichkeit stehenden, gleichermaßen „doppeltcodiert-lebensdienlichen Eigenschaften des Geldes, in ihre theoretischen Ansätze zu integrieren."[1032]

Hauptkennzeichen eines affirmativ-kritisch-relationalen Modellzugangs ist seine Konzentration auf die Chancen, die den Anwendungs- und Interventionsmöglichkeiten des Geldes innewohnen. Man kann dem Geld gegenüber eine grundsätzlich ressourcen- oder defizitorientierte Betrachtungsweise und Grundhaltung einnehmen, womit zumindest eine Standortbestimmung ausgedrückt wird, von der aus praktisch relevante Modelle entwickelt werden können. Ein in der Kirche durchaus verbreiteter, sich eher verhalten gebender, neutral-ignorierender Problemansatz offenbart, dass das Thema Geld innerhalb der Theologie

---

1029 W. F. Kasch: Geld und Glaube, Paderborn 1979.

1030 Vgl. ebd. 36.

1031 Vgl. zu dazu auch: A. Halbmayr: Die Wechselwirkung von Gott und Geld, 131f.

1032 Ebd. 132.

„noch längst kein selbstverständliches Materialobjekt geworden ist“[1033], wie Alois Halbmayr unter Verweis auf das Fehlen eines *Geld*-Stichworteintrags im *Handbuch der christlichen Ethik* kritisch festhält.[1034]

Freilich sind rein säkular ausgerichtete, nach ökonomischen Gesichtspunkten operierende Finanzierungsmodelle, auch wenn sie sich ethischen Gesichtspunkten verpflichtet fühlen, nicht apriori auf die theologische Reflexionsebene angewiesen, jedoch wird in dieser Arbeit die These vertreten, dass gerade aus dem biblisch fundierten und aus der Soziallehre der Kirche für die Praxis nutzbar zu machenden theologischen Erfahrungsschatz sich ein breites Spektrum praxistauglicher Umsetzungsmöglichkeiten für ethisch-nachhaltige Geldanlage anbietet.

1033 W. Kasch, zit. n. A. Halbmayr, in ebd. 134.

1034 Auch eigene Recherchen ergaben unter dem Begriff „Geld“ keinen Eintrag im Stichwortregister des Handbuchs der christlichen Ethik, hg. v. Anselm Hertz / Wilhelm Korff, 3 Bände, Freiburg 1978ff. Auch nicht in der Neuausgabe (Freiburg 1993).

11 Fair Finance oder Ethische Geldanlage: Geld für eine bessere Welt?[1035]

In einer gedachten Welt des „Fair Financing“ trachten die InvestorInnen nach einer ethischen Rendite und erst in zweiter Linie nach dem finanziellen Return ihres Investments. Wer kann sich das leisten, könnte man fragen und: muss man dabei auf viel Geld verzichten?

Wie Solarenergie, Fair-Trade und Bioprodukte scheinen auch ethische Geldanalagen durchaus im Trend zu liegen, auch wenn sich dieser nicht im Banken-Mainstream, dafür aber in einem relativ schnell wachsenden Nischenmarkt alternativer Finanzprodukte abzeichnet. Ethisch orientierten InvestorInnen wird mitunter versprochen, dass ihr angelegtes Kapital hinsichtlich Ertrag und Verfügbarkeit konventionellen Investments gleichgestellt sei. Der „Mehrwert“ liege vor allem in etwas, das man als soziale Dividende bezeichnen könnte oder vielleicht auch selbstkritisch reflektierend als Beruhigung des schlechten Gewissens.

Jedoch darf mit Sven Giegold kritisch nachgefragt werden, ob sich in der realen Welt Nennenswertes änderte, würde ein beträchtlicher Teil der AnlegerInnen etwa in Fair-Trade-Unternehmen statt in Rüstungsaktien investieren.[1036] Letztere werden wohl so lange nachgefragt, als ihre Renditen attraktiv bleiben. Wachsen heutige Alternativ-Finanzprodukte und ihre Unternehmen dereinst zu Mainstream-Investments heran, sind sie mit ihrem Risiko-Ertrags-Verhältnis am konventionellen Kapitalmarkt angekommen und stehen dort im scharfen Konkurrenzverhältnis zu Finanzprodukten, die potenzielle AnlegerInnen mit respektablen Renditen locken. Vielleicht aber unterliegt allein schon die Annahme eines unveränderbaren „konventionellen Kapitalmarkts“ einer gehörigen Geringschätzung der Veränderbarkeit gegebener Paradigmen.

Nicht nur deshalb rät Giegold all jenen, die sich mit einem Teil ihres Geldes für eine gerechtere Welt engagieren wollen: „Machen Sie etwas wirtschaftlich und ethisch Sinnvolles möglich, indem Sie ein höheres Risiko oder einen etwas

1035 In der Vorstellung von Funktion, Zielsetzung, Methodologie und Anwendungsfeldern ethischer Geldanlagen beschränke ich mich absichtlich auf die Präsentation von Grundlagen, deren Erläuterung konstitutiv für das Verstehen der darauf aufbauenden Beispiele lebensdienlichen Geldeinsatzes ist.

1036 Vgl. S. Giegold: Mit Geld die Welt verändern, aber richtig! In: Finanzdienstleistungen für alle. Beilage zur taz, 30.10.2008, 1.

niedrigeren Ertrag in Kauf nehmen."[1037] Mit anderen Worten: Ethisch engagierte GeldanlegerInnen, die an den herrschenden Zuständen etwas verändern wollen, sind gut beraten, über die konventionellen Risiko-Ertrags-Kalküle hinauszudenken und ihr Handeln sozialen, politischen, humanistischen oder religiösen Maximen anheimzustellen. Jedoch darf hier mit Markus Schlagnitweit angemerkt werden, dass es mehr als theologischer Fundamentalkritik oder moralischer Appelle an das Gewissen der Finanzakteure bedarf, um Menschen zu motivieren, ihr Geld ethisch verantwortlich anzulegen.[1038]

Zwar verdankt sich die Geschichte ethisch motivierter Geldanlagen religiöser Bewegungen in den USA im frühen 20. Jahrhundert und erfuhr durch Öko- und Friedensaktivisten in den 1970er Jahren eine wesentliche Dynamisierung, doch zeigt Klaus Gabriel sehr deutlich, „dass Ethik sich ebenso wenig auf religiöse Themen beschränkt wie sich Nachhaltigkeit nicht nur auf ökologische Themen bezieht."[1039] Ethik und Nachhaltigkeit sind in umfassender Weise „auf Bedingungen und Möglichkeiten globalen Zusammenlebens"[1040] verwiesen und stehen in ökologischer und sozialer Wechselwirkung ergänzend zueinander.

In den letzten Jahren ist das Bewusstsein für die mit nachhaltig-ethischer Geldanlage einhergehende ökologische und soziale Verantwortung deutlich gestiegen, jedoch bleibt das Spannungsverhältnis zwischen Ethik und Profit eine bleibende Herausforderung ethisch verantwortlichen Investierens.[1041]

Konstitutiv für ethische Geldanlagen ist der Nachhaltigkeitsgedanke, welcher mit dem so genannten Brundtland-Bericht 1987 als „sustainability"[1042] ein auch international geläufiger Terminus wurde. Mit dem 1992 entwickelten Drei-

---

1037 Ebd. 1.

1038 Vgl. M. L. Schlagnitweit: Machen Sie mit Ihrem Geld doch, was SIE wollen! In: Diakonia 38 (2007) 50.

1039 K. Gabriel: Ethik in der Geldanlage: Grundlagen, Kriterien und Herausforderungen. In: Martin Faust / Stefan Scholz (Hg.): Nachhaltige Geldanlagen. Frankfurt 2008, 23.

1040 Ebd. 23.

1041 Vgl. ebd. 23. Gabriel weist daraufhin, dass die ökologisch und sozial verantwortliche Geldanlage in erster Linie ein wirtschaftsethisches Themenfeld ist und dabei der Frage nachzugehen sei, „wie eine Wirtschaft organisiert und verfasst sein muss, damit sie zu globaler Wohlfahrt und Zukunftsfähigkeit beitragen kann." Ebd. 26. Hierin sind eine Reihe von Berührungspunkten zur katholischen Soziallehre im Kontext einer christlichen Wirtschaftsethik gegeben.

1042 Vom lat. *sustinere*, „aufrecht erhalten", bzw. „schützen". Eine nachhaltige Entwicklung ist vor allen Dingen dadurch gekennzeichnet, dass sie „die Bedürfnisse der gegenwärtigen Generation befriedigt, ohne die Möglichkeit zukünftiger Generationen zu beeinträchtigen, ihre eigenen Bedürfnisse zu befriedigen." Ebd. 26, mit dem Verweis in FN 4 auf das Originalzitat in: V. Hauff (Hg.): Unsere gemeinsame Zukunft. Der Brundtland-Bericht der Kommission für Umwelt und Entwicklung, Greven 1987, 43.

Säulen-Modell[1043] gelang schließlich eine probate Definition, derzufolge eine Entwicklung als nachhaltig bezeichnet werden kann, „wenn die ökologischen, die ökonomischen und die sozialen Dimensionen gleichermaßen berücksichtigt werden.“[1044]

Das vermehrt feststellbare Interesse an ethischem Investment könnte man auch als Resultat eines fundamentalen Vertrauensverlustes in die bisherige Finanzwirtschaft diagnostizieren und als innovative „Antwort auf die globalen wirtschaftlichen, ökologischen und sozialen Herausforderungen unserer Zeit.“[1045] Vielleicht erwächst daraus auch eine Umkehr zu Vernunft, Anstand und Augenmaß in der Geldwirtschaft.

Ethisch-nachhaltige Geldanlagen resultieren im Idealfall aus einer verantwortungsbewussten Entscheidung von InvestorInnen, denen es nicht um den „Kauf“ eines guten Gewissens getan ist, wie Markus Schlagnitweit hervorhebt, sondern um das Bedürfnis oder gar die Notwendigkeit, mit ihrem Geld die Wirtschaft zukunftsfähig mitzugestalten. Aus persönlichen Werthaltungen resultieren dabei Fragen wie: Was fördere oder vermeide ich mit dem Kauf von Finanzprodukten, oder auf den Punkt gebracht: Was bewirkt mein Geld? „Schon ein simples Sparbuch wirft neben den klassischen Bewertungskriterien der Sicherheit, Verfügbarkeit und Rendite des Kapitals sowohl auf individueller als auch auf struktureller Ebene eine Reihe anderer Fragen, wie der nach der sozialen, kulturellen und ökologischen Verträglichkeit des jeweiligen Geldeinsatzes auf.“[1046] Vielleicht lehrt die Finanzwirtschaftskrise unter anderem auch, dass wirtschaftliche Produktivität mehr bedeutet als die stete Verwirklichung des „frommen“ Wunsches, dass aus Geld immer mehr Geld werde oder wie man in den USA gerne sagt: „Make money, make more money.“

Auch für Geldgeschäfte gilt: die Nachfrage steuert das Angebot. Allein die Bewusstwerdung der Nachfragemacht einer wachsenden, ethisch-orientierten AnlegerInnengemeinschaft ist imstande, eine „kritischen Masse“ zu erreichen, welche die Geldinstitute a la longue zu einer den Kundenwünschen gerechteren Umschichtung der angebotenen Finanzprodukte und Finanzdienstleistungen unter Berücksichtigung sozialer und ökologischer Kriterien führen kann. Mutatis mutandis könnte seitens der Unternehmen und deren Stakeholdern ein veränder-

1043 Auf der Konferenz der Vereinten Nationen in Rio de Janeiro (1992) erlangte das Modell der drei gleichrangigen Säulen seinen Durchbruch. Vgl. K. Gabriel: Ethik in der Geldanlage, 27.

1044 Ebd. 27.

1045 So lautet das Erklärungsmodell im Einleitungstext der Plattform CRIC (Corporate Responsibility Interface Center), dem „Verein für ethische Investoren“ (ohne Autorenangabe), in: www.cric-online.org. Download: 06.12.2010.

1046 Markus Schlagnitweit: … dass aus Geld mehr Geld wird? In: Katholische Sozialakademie Österreichs (Hg.): Dossier Geld und Ethik: ethische Geldanlagen. 09/2006, 07–09.

tes Anlageverhalten bewirken, die betrieblichen Strukturen nach den für ethische Geldanlagen konstitutiven Faktoren der Natur-, Kultur- und Sozialverträglichkeit umzugestalten. Nachhaltig und ethisch verantwortbare Investments setzen demnach nicht in erster Linie auf Renditemaximierung und Renditeoptimierung, sondern bevorzugen Geldanlageformen, die ethisch-nachhaltige Unternehmen fördern und nicht nachhaltiges Wirtschaften verhindern.[1047]

11.1 Ethische Geldanlage als Christenpflicht? Marx versus Marx

Die mit der Frage nach dem lebensdienlichen Einsatz des Geldes eng verbundene sozialethische Botschaft der Kirche ergibt sich aus dem Evangelium und findet ihre konkrete Ausformung in der Katholischen Soziallehre. Dieser Überzeugung ist auch Reinhard Marx, Erzbischof von München, der daraus sowohl den christlichen Auftrag als auch die Kompetenz ableitet, als Christ in Angelegenheiten der Wirtschaft und Politik eine vom Glauben getragene Haltung einzunehmen. Auf der Makroebene gelte es, „in einer globalen sozialen Marktwirtschaft die bessere Alternative zur Überwindung von Ungerechtigkeit und Armut zu erarbeiten."[1048]

Der Diagnose seines Namensvetters Karl, der zufolge das Kapital stetig nach Vermehrung seiner selbst strebe und es in diesem seinem Streben im wahrsten Sinne des Wortes grenzenlos sei, kann Reinhard Marx uneingeschränkt beipflichten. Die Tendenz zur ökonomischen Globalisierung und fortschreitenden Akkumulation scheint dem Kapitalismus immanent zu sein, angesichts der Tatsache, dass mehr als die Hälfte des weltweiten Vermögens von nur zwei Prozent der Menschheit kontrolliert wird. „Das reichste Prozent der Weltbevölkerung verfügt alleine über 40 Prozent des Weltvermögens."[1049] Auch die von Karl Marx

---

1047 Vgl. dazu: Klaus Gabriel: Nachhaltigkeit am Finanzmarkt. Mit ökologisch und sozial verantwortlichen Geldanlagen die Wirtschaft gestalten. München 2007, 73–81; 106.

1048 R. Marx: Das Kapital. Ein Plädoyer für den Menschen. München 2008, 7–8. Reinhard Marx wählte den Titel zu diesem Buch in Anlehnung an seinen Namensvetter Karl Marx, an den er im Vorwort einen sehr persönlich gehaltenen Brief richtet („Marx schreibt an Marx"). Die Christliche Gesellschaftslehre werde nicht selten als „Herz-Jesu-Marxismus" diffamiert, weil auch sie – wie schon Marx – jedoch auf der Basis des Glaubens an Gott, „den Armen und Ausgebeuteten eine Stimme geben und ihnen zu ihrem Recht verhelfen (möchte)". Ebd. 12.

1049 Ebd. 22. R. Marx weist in diesem Zusammenhang darauf hin, dass sich auf die ärmere Hälfte der Menschheit nur ein einziges, kümmerliches Prozent des Weltvermögens verteilt.

aufgestellte These von der Zentralisation des Kapitals, also der Expropriation von Kapitalist durch Kapitalist, der Verwandlung vieler kleinerer in wenige größere Kapitale, findet Reinhard Marx im Hier und Heute bestätigt.[1050]

Den Kapitalismus sieht Reinhard Marx angesichts des globalen Geschehens auf den Finanzwirtschaftmärkten so stark unter Rechtfertigungsdruck, „wie in den letzten hundert Jahren nicht mehr."[1051] Den sehr gut bezahlten Managern wirft R. Marx vor, über einen langen Zeitraum hindurch immer undurchschaubarere, waghalsigere Geschäfte getätigt und mit ihren Finanzprodukten die Gier ihrer Kunden angestachelt zu haben. Die dadurch entstandenen Gewinne wurden privatisiert, die Verluste sozialisiert. Der Tradition seines legendären Mitbruders Bischof Ketteler[1052] treu bleibend, der sich wie sein Zeitgenosse Karl Marx gegen einen primitiven, blindwütigen und grenzenlosen Kapitalismus gewendet hat, will auch Reinhard Marx das marktwirtschaftliche System nicht abschaffen, es aber sozial weiterentwickeln.[1053]

An der wohl begründeten Differenz zwischen einer Sozialen Marktwirtschaft und einem ungebremsten Kapitalismus festhaltend, hebt R. Marx hervor, „dass wir die sozialen Beziehungen in unserer Welt nicht nur effizient, sondern auch gerecht gestalten sollen. Wirtschaft ist kein Selbstzweck, sondern hat, wie Alexander Rüstow einmal treffend gesagt hat, ‚Dienerin der Menschlichkeit' zu sein."[1054]

Skandalöse Finanzspekulationen und Geldvernichtungsszenarien der jüngsten Zeit, wie Lehman Brothers, widerlegen eindrucksvoll die These von der „unsichtbaren Hand", deren möglichst freier Handlungsspielraum mitnichten dem

---

Vgl. ebd. 22, unter Heranziehung von James B. Davies: The world distribution of household wealth, UNU-WIDER. Helsinki 2006.

1050 „Das Kapital schwillt hier in einer Hand zu großen Massen, weil es dort in vielen Händen verlorengeht." MEW 23, 654, zit. in: R. Marx: Das Kapital. Ein Plädoyer für den Menschen, 23.

1051 Ebd. 26.

1052 Im Jahr der Veröffentlichung des Manifestes der Kommunistischen Partei (1848), in welchem Marx und Engels das kommunistische Programm zusammenfassen „in dem einen Ausdruck: Aufhebung des Privateigentums." (MEW 4, 475), griff der katholische Priester und Abgeordnete des Paulskirchenparlaments Wilhelm Emmanuel von Ketteler in seinen berühmten Adventspredigten ebenfalls die damals herrschende Auffassung von Eigentum an: den Egoismus und die Kaltherzigkeit der Besitzenden und ihre Gleichgültigkeit gegenüber der Not der Armen, insbesondere der Arbeiterschaft. Ketteler wollte aber das Eigentum nicht abschaffen, sondern seine Sozialpflichtigkeit gültig verankern. Das Kapital solle dem Wohl der Allgemeinheit dienen. Ketteler, der 1850 auf den Bischofssitz von Mainz berufen wurde, ging als „Arbeiterbischof" in die Geschichte ein. Vgl dazu: R. Marx: Das Kapital. Ein Plädoyer für den Menschen, 12–13; 30.

1053 Vgl. ebd. 28–30.

1054 Ebd. 31.

Gemeinwohl, sondern dem Self-Interest von Individuen und Gruppen zuarbeitete. Auf Gesetze scheint mehr Verlass zu sein als auf das Vertrauen in eine „unsichtbare Hand", die sämtliche Profite sozialschädigend in Steueroasen transferiert.

In diesem Zusammenhang warnt R. Marx vor einer bedrohlichen Verselbständigung des Geldes qua Kapital in „der Ideologie eines verabsolutierten Shareholder Value, die eben andere Interessen und Gemeinwohlbelange ausblendet."[1055] Deswegen seien alle Menschen aufgerufen, sich der Tendenz einer Verabsolutierung des Kapitals entschlossen entgegenzustellen. R. Marx sieht das Prinzip des Vorranges der Arbeit vor dem Kapital vehement gefährdet. In einem zunehmenden Maß werde das Kapital „zum Goldenen Kalb stilisiert, um das die ganze Menschheit herumtanzen soll."[1056]

Auch hierzu klingt die originär Marxsche Analyse erstaunlich zeitgemäß: „So wächst die Macht des Kapitals, die im Kapitalisten personifizierte Verselbständigung der gesellschaftlichen Produktionsbedingungen gegenüber den wirklichen Produzenten. Das Kapital zeigt sich immer mehr als gesellschaftliche Macht, deren Funktionär der Kapitalist ist und die in gar keinem möglichen Verhältnis mehr zu dem steht, was die Arbeit eines einzelnen Individuums schaffen kann – …"[1057]

Es sei daher dringend geboten, so R. Marx, eine Erweiterung vom Shareholder-Ansatz zum Stakeholder Ansatz vorzunehmen, auf dass alle sozialen Anspruchsgruppen eines Produktions- oder Dienstleistungsprozesses eine weitestgehende Berücksichtigung ihrer berechtigten Bedürfnisse finden.[1058]

Explizit als „Sündefall" bezeichnen beide, Karl und Reinhard Marx, die Akkumulation des Geldes um seiner selbst willen. Karl Marx greift dieses Bild als Interpretationsfolie zur Erklärung des Phänomens Kapitalismus per se auf: „Man hat gesehen, wie Geld in Kapital verwandelt, durch Kapital Mehrwert und aus Mehrwert mehr Kapital gemacht wird. Indes setzt die Akkumulation des Kapitals den Mehrwert, der Mehrwert die kapitalistische Produktion, diese aber das Vorhandensein größerer Massen von Kapital und Arbeitskraft in den Händen von Warenproduzenten voraus. … Diese ursprüngliche Akkumulation spielt in der

---

1055 Ebd. 237.

1056 Ebd. 238.

1057 MEW 25, 274, zit. in: R. Marx: Das Kapital, 237–238.

1058 R. Marx unterscheidet zwischen internen und externen Stakeholdern. Erstere werden durch drei Gruppen repräsentiert: die (Kapital-)Eigentümer, das Management und die Mitarbeiter. Zu den externen Stakeholdern gestaltet sich ein vielschichtiges Beziehungsgeflecht aus Kunden, Fremdkapitalgebern, Lieferanten, Konkurrenten, sowie die nur schwer zu fassenden Größen Staat und Gesellschaft. Vgl. dazu die Erläuterungen zu den einzelnen Gruppen und deren Wechselbeziehungen, in: ebd. 244–247.

politischen Ökonomie ungefähr dieselbe Rolle wie der Sündenfall in der Theologie. … Die Legende vom theologischen Sündenfall erzählt uns allerdings, wie der Mensch dazu verdammt worden sei, sein Brot im Schweiß seines Angesichts zu essen; die Historie vom ökonomischen Sündenfall aber enthüllt uns, wieso es Leute gibt, die das keineswegs nötig haben. Einerlei. So kam es, dass die ersten Reichtum akkumulierten und die letzten schließlich nichts zu verkaufen hatten als ihre eigne Haut. Und von diesem Sündenfall datiert die Armut der großen Masse, die immer noch, aller Arbeit zum Trotz, nichts zu verkaufen hat als sich selbst, und der Reichtum der wenigen, der fortwährend wächst, obgleich sie längst aufgehört haben zu arbeiten."[1059]

Es ist bemerkenswert, wie Karl Marx gegen Ende des ersten Bandes seiner Schrift *Das Kapital* plötzlich theologisch argumentiert, um zu einer Wurzel, einer Antezendensbedingung des Geld-Übels vorzustoßen, wobei R. Marx in seiner Analyse dieser Textpassage hervorhebt, dass der Kapitalismus per se für Karl Marx kein intrinsisches Malum darstellt. Der Kapitalismus sei bloß ob seiner gewalterfüllten Geschichte und seines gewaltsamen Auftretens nicht zu rechtfertigen, da er die Menschen in zwei Klassen teile: in Ausbeuter und Ausgebeutete.

In diesem Kontext deklariert sich Reinhard Marx eindeutig als Befürworter ethisch verantwortungsvoller Geldanlage: „Als Christ muss ich auch Verantwortung für mein Geld übernehmen – und es nach bestem Wissen und Gewissen anlegen; es kann dann nicht nur um die Rendite gehen. … Für mich als Bischof ist es nicht egal, wo und wie wir unser Geld anlegen, bei allen Unwägbarkeiten, die das komplexe Wirtschaftsleben mit sich bringt. … Also legen wir konservativ an: Langfristig denken! Nachhaltig denken! Ethisch denken!"[1060]

R. Marx sieht einen Zusammenhang zwischen dem Druck, immer mehr Rendite erwirtschaften zu müssen, und der seit Mitte 2008 akut gewordenen Finanzmarktkrise. Dieser Druck sei aber, so Marx, „auch von den Aktionären her gewachsen."[1061] Der Wunsch nach mehr Geld sei per se nichts Schlechtes, ohne Gewinne ist Wirtschaft nicht möglich. Die katholische Soziallehre war jedoch einem primitiven Kapitalismus gegenüber immer kritisch eingestellt. Marx sieht deshalb in Krisenzeiten eine reelle Chance für die Soziallehre, wieder gehört zu werden. „Wir müssen selber aktiv werden und dem Rad, das sich in eine falsche

1059 MEW 23, 741 f, zit. in: R. Marx: Das Kapital, 291–292.

1060 R. Marx: „Kapitalismus ist ein Ethikfresser!" Interview, Süddeutsche Zeitung, 26.11.2008. In: www.sueddeutsche.de/wirtschaft/55/359879/text/print.html, 4. Download: 02.01.2009.

1061 Ebd. 5.

Richtung dreht, in die Speichen greifen. Das kann ich als Bischof nur durch mein Wort, nicht durch aktive Politik."[1062]

Zusammenfassend ist an dieser Stelle festzuhalten: Reinhard Marx zeigt erstaunliche Parallelen zwischen rezenten finanzwirtschaftlichen Kritikpunkten und den kapitalkritischen Analysen von Karl Marx auf. Oswald von Nell-Breuning, wie Karl Marx ein Sohn der Stadt Trier und der wahrscheinlich bedeutendste katholische Sozialwissenschafter des 20. Jahrhunderts, formulierte treffend: „Die katholische Soziallehre sieht in Marx ihren großen Gegner; sie bezeugt ihm ihren Respekt."[1063]

11.1.1 Religiöse Motivation als Auslöser und Movens ethischer Geldanlage

Ein Gemälde von Benjamin West aus dem Jahr 1771 zeigt Quäker beim Abschluss eines Freundschaftsvertrages mit Indianern.[1064] Dem Diktum ihres Gründervaters George Fox (1624–1691) folgend, die Würde eines jeden Menschen zu achten, gehören die Quäker auch zu den ersten, die ihr Geld nach ethischen Kriterien anlegen.[1065] Zu Beginn des 20. Jahrhunderts tritt ethische Geldanlage erstmals als gesellschaftliches Phänomen in den Vereinigten Staaten zutage. Religiös motivierte Menschen wie Quäker und Methodisten definierten Produkte und Branchen, „in die sie ihr Geld auf keinen Fall investieren wollen. Der 1928 gegründete Pioneer Fund gilt rückblickend als erster Ethik-Investmentfonds und schloss Unternehmen aus, die Alkohol, Tabak oder Waffen produzierten."[1066] Immer mehr US-Investmentfonds bezogen sich seither auf moralische Werthaltungen, die in einer vermeidenden Anlagepolitik ihren Ausdruck fand. Ihr Ziel ist es, öffentliches Bewusstsein zu erzeugen und Druck auf Unternehmen auszuüben. Ethische Ausschlusskriterien in Geldanlageentscheidungen begleiten dann später auch die US-Protestbewegungen gegen den Vietnamkrieg und die Apartheidpolitik Südafrikas. In Klaus Gabriels historischem Aufriss erscheint im Zuge der Nachhaltigkeitsdebatten der 1980er Jahre ein neuer Anlagestil, der sich am Leitbild der Generationengerechtigkeit orientiert und auf zukunftsfähige Wirtschaftsweisen fokussiert ist. Diese Ziele einer fördernden Geldanlage „werden über sogenannte Positivkriterien kommuniziert. ... Im englischen Sprachraum

---

1062 Ebd. 6–7.

1063 O. v. Nell-Breuning: Katholische Kirche und Marxsche Kapitalismuskritik. In: Stimmen der Zeit 180 (1976) 374.

1064 Vgl. die Abbildung des Gemäldes bei Klaus Gabriel: Es war einmal in Amerika ... Die Geschichte des nachhaltigen Investierens. In: politische ökologie, 26. Jahrgang (2008), 31.

1065 Vgl. ebd. 30.

1066 Ebd. 30.

werden solche Geldanlagen in der Regel als Socially / Sustainable and Responsible Investments (SRI) bezeichnet. Darin schwingt die auf soziale Themen fokussierte Entstehungsgeschichte ethischer Geldanlagen in den USA mit."[1067] Heute berücksichtigt eine umfassend ethisch-nachhaltige Geldanlage die Entitäten Ökologie, Ökonomie und Soziales in bestmöglicher Ausgewogenheit, wobei mit Gabriel darauf hingewiesen werden kann, dass die Unterscheidung zwischen ethischen und nachhaltigen Geldanlagen zunehmend an Trennschärfe verliert. „Die Mehrheit der als nachhaltig bezeichneten Geldanlageprodukte beinhaltet auch klassische Ethikthemen wie Menschenrechte, Rüstung oder Korruption. … Damit wird den intensiven ökologischen, ökonomischen und sozialen Wechselwirkungen Rechnung getragen."[1068]

Gabriel geht von einer weiterhin steigenden Nachfrage nach SRI-Produkten sowohl im kirchlich-institutionellen Bereich als auch bei Privatpersonen und öffentlich-rechtlichen Einrichtungen aus.[1069]

Als bisher stark unterschätzt beurteilt Gabriel nicht zuletzt angesichts der 2008 virulent gewordenen Finanzmarktkrise die Relevanz von Nachhaltigkeitsgesichtspunkten bei der Risiko- und Ertragsbeurteilung von Unternehmen. Es zeige sich deutlich, so Gabriel, dass „die Orientierung an extrem kurzfristigen und spekulativen Gewinnen die gegenwärtige Krise mit auslöste."[1070] Jedoch dürfen auch jene Faktoren nicht ausgeblendet werden, die gegen ein weiteres Wachstum nachhaltiger Geldanlage sprechen. Zum einen konnten auch SRI-

---

1067 Ebd. 30.

1068 Ebd. 31. Gabriel präsentiert unter der Kapitelüberschrift „Branche im Aufwind" einige Zahlen und Datenerhebungen, welche jedoch immer nur Momentaufnahmen darstellen. So geht das Social Investment Forum davon aus, dass 2007 in den USA etwa elf Prozent aller angelegten Gelder, rund 2,71 Billionen US-Dollar SRI Produkte waren. Allerdings gilt in den USA eine Geldanlage bereits als nachhaltig, wenn Ausschlusskriterien wie Alkohol, Tabak oder Glücksspiel Berücksichtigung finden. Einen engeren Definitionsrahmen für SRI Produkte legt das European Social Investment Forum (Eurosif) an und differenziert zwischen SRI im weiteren und engeren Sinn. Demzufolge waren 2007 in Europa insgesamt 2,67 Billionen Euro nachhaltig investiert, was einem Anteil von 17,6 Prozent am Gesamtanlagevermögen entspricht. Vgl. dazu: Social Investment Forum (2007): 2007 Report on Socially Responsible Investing Trends in the United States. In: www.socialinvest.org/pdf/SRI_Trends_ExecSummary_2007.pdf. Download: 18.01.2009. Eurosif (2008): European SRI Study 2008. In: www.eurosif.org/publications/sri_studies. Download: 18.01.2009. Vgl dazu: K. Gabriel: Es war einmal in Amerika, 31–32.

1069 Auf dem Schweizer Kapitalmarkt war 2007 der Anteil nachhaltig orientierter PrivatanlegerInnen erstmals höher als jener der institutionellen InvestorInnen. Der Münchner Stadtrat beschloss im Februar 2008, künftig alle städtischen Wertpapiere nachhaltig anzulegen. Eurosif ist bemüht, „auf EU-Ebene verbindliche Standards für die Berücksichtigung ökologischer und sozialer Anlagekriterien etwa bei Pensionskassen durchzusetzen." Ebd. 32.

1070 Ebd. 32.

Produkte der krisenbedingten Abwärtsspirale der Börsenkurse nicht entgehen, zum anderen kann gerade die dadurch ausgelöste Vertrauenskrise an den Finanzmärkten dazu beitragen, nachhaltige Unternehmensentwicklungen in das Zentrum einer zukünftigen Finanzarchitektur zu rücken, wobei es gilt, sich der bleibenden Herausforderung im Spannungsfeld zwischen Nachhaltigkeit und Rendite zu stellen und nicht nur mit billigen Marketing-Slogans wie „Bessere Renditen mit nachhaltigen Geldanlagen" neue Kundenschichten anzusprechen.

Gabriel ist zuzustimmen, wenn er hervorhebt, dass bei den mit viel Kreativität entwickelten neuen SRI-Produkten „der Fokus auf die zentralen Ziele Gerechtigkeit und Zukunftsfähigkeit gelegt"[1071] werden muss. Verengt man den Fokus auf bloße Renditechancen, werden die Begriffe Ethik und Nachhaltigkeit zu „Cashcows" auf einem zwar innovativen, aber die alten Vermarktungsstrategien nicht verlassenden Trampelpfad, der wiederholt geradewegs in Krisenszenarien geführt hat. Es wäre höchst unverantwortlich, würde man seitens der SRI-Anbieter die Erwartungen schüren, „dass Ethik und Nachhaltigkeit automatisch zu besseren Renditen führen."[1072] Gabriel plädiert eindringlich dafür, das Ziel nachhaltiger Geldanlage niemals aus den Augen zu verlieren: Es geht in erster Linie um die engagierte Beeinflussung wirtschaftlicher Prozesse und Strukturen im Hinblick auf deren nachhaltige Entwicklung. Die dabei erzielten finanziellen Renditen stehen keineswegs im Widerspruch zur Nachhaltigkeit.

In *Zusammenfassung* der Position Gabriels kann festgehalten werden, dass in der Vermarktung nachhaltiger Finanzprodukte mitunter der Versuch unternommen wird, potenziellen AnlegerInnen die Zielvorstellungen (Rendite) ohne die ihnen konstitutiv zugrundeliegenden Antezedensbestimmungen (Nachhaltigkeit, Ethikfilter) zu *verkaufen.*

11.2 Der Sparer als Unternehmer, eine Frage der Eigentümerethik

Ein weitgehend nicht nur unreflektiertes, sondern vom konzeptionellen Ansatz her falsch aufgestelltes Verhalten im Geldumgang ortet Christian Friesl, wenn es um Geldanlage im Sinne des herkömmlichen Begriffs „Sparen" geht. Denn jede Spareinlage ist, im Sinne einer Eigentümerethik, ein bewusstes Investment in ein leider nicht näher definiertes Wirtschaftsvorhaben. Es sei, so Friesl, „von jedem Sparer folgende unternehmerische Denke einzufordern: Wenn ich Geld auf ein Sparkonto lege, bin ich nicht Sparer, sondern Unternehmer, denn mit meinem

1071 Ebd. 33.
1072 Ebd. 33.

Geld wird gewirtschaftet. Mein Geld beteiligt sich an etwas oder es wird schlicht verliehen, dann bin ich eine Bank, zum Beispiel wenn ich Anleihen zeichne. Das heißt, ich bin auch immer mitverantwortlich für das, was mit meinem Geld geschieht. Somit bin ich auch Eigentümer von etwas, das mit meinem Geld finanziert wird."[1073]

Mit anderen Worten: Wer investiert, wird – in welcher Form der Beteiligung auch immer – entweder Eigentümer oder Kreditgeber, in beiden Fällen aber unternehmerisch indirekt tätig. Wie also kann Eigentümerethik beim alltäglichen Sparverhalten eingefordert werden? Friesl räumt ein, dass dies angesichts der Komplexität der schwer überschaubaren Wirtschaftsmaterie kein einfaches Unterfangen ist. Die Bank, der Sparer ihr Geld anvertrauen, nimmt dies anonym entgegen, es entschwindet physisch dem Gesichtsfeld des Besitzers und verwandelt sich in unverwandte Ziffern auf Kontoauszügen, denen meist unhinterfragt das gleiche Vertrauen entgegengebracht wird wie dem Bargeld selbst.

Hierin zeigt sich m.E. die Mystik der Vorgänge in „Geldtempeln", in denen das Geld selbst Verwandlungsprozesse durchläuft, die von den Geldgebenden als gleichsam eingeübte wie im guten Glauben vollzogene Rituale mitgetragen werden. Einer möglichen Entmystifizierung des Geldkultes müsste wohl auch ein Einüben in die Verhältnismäßigkeit des rechten Maßes vorangehen. Denn wenn Geld auch zum Produkt werden kann, so scheint die Einschätzung seines wa(h)ren Wertes nicht immer leicht zu fallen. Denn während sich Menschen vor Bio-Obst Regalen oft minutenlang mit der Frage darüber aufhalten, ob denn der Preisaufschlag für die fair gehandelten und als biologisch ausgezeichneten Bananen angemessen sei und als Ausgabe für ihr schwer verdientes Geld zu rechtfertigen gegenüber (unfair) billigeren, durchaus gleich wohlschmeckenden Bananen anderer Provenienz, vertrauen dieselben Menschen das Tausendfache und mehr dieser lang bedachten Preisspanne, nicht selten unhinterfragt, ihrer Bank als Spareinlage und ihrer Versicherung als Pensionsvorsorge an.

Kurz gesagt, das unternehmerische Kalkül tritt in diesem Beispiel in großer Unverhältnismäßigkeit ans Tageslicht. Bei kleinen, beinahe vernachlässigbaren Beträgen wird es aktiviert, bei durchaus existenziell-relevanten Entscheidungen scheint sein kritisches Potenzial verkehrt proportional zur Höhe der Geldsumme zu verlaufen. Der lebensdienliche Aspekt des Geldes, beim Kauf der Bio-Banane eben noch ein Thema, sollte als kritischer Vorbehalt bei jedem Sparinvestment erst recht ins Bewusstsein gehoben werden.

1073 Interview mit Christian Friesl für diese Arbeit, in der Industriellenvereinigung. Wien, 05.03.2010.

11.3 Das enorme Veränderungspotenzial von Privatkapital für das Gemeinwohl

Ein weiterer wichtiger Angelpunkt ethisch reflektierten Geldumgangs ist das Gewahrwerden des enormen Veränderungspotenzials von Privatkapital für die Gesamtwirtschaft. Die TrägerInnen dieser wirtschaftsgestaltenden Macht sind letztendlich die BankkundInnen und das Ausüben ihres Nachfrageverhaltens. Denn: Banken haben nur Mittlerfunktion zwischen den erklärten oder viel öfter offen gelassenen Wünschen der AnlegerInnen und dem Kapitalbedarf der Wirtschaft. Nicht zuletzt geht es auch um das Mündigmachen aller Stakeholder, sich ihrer einflussreichen Rolle als Erwartungsheger (denn sie hegen berechtigterweise Erwartungen an die Wirtschaft) bewusst zu werden und auf nachhaltige Veränderungen zu drängen. Denn vor dem leider wahr gewordenen Szenario kollabierender Investmentbanken und Börsen und einem durch hemmungslose Profitgier aus den Fugen geratenen Finanzsystems erhalten biophil-affirmative Invest-Modelle auch eine eminent sozialpolitisch relevante Dimension.

Unter Berücksichtigung des Gemeinwohlgedankens müsste es ein mit Nachdruck unterstütztes Reformanliegen aller Menschen sein, Geldflüsse, Investitionen, kurz alle Finanzmarktaktivitäten so zu steuern, dass die Marktteilnehmenden nicht geschädigt und darüber hinaus verantwortliche, lebensdienliche Wirtschaftsweisen gefördert werden. Ethisches Handeln im Bereich der Wirtschafts- und Finanzwelt zielt auf nachhaltiges, schöpfungsgerechtes Handeln, das die gesamte Biosphäre zu berücksichtigen hat.[1074] Deshalb wird in weitere Folge dieser Arbeit versucht, proaktive Veränderungsmöglichkeiten auszuloten, die weitere Reformprozesse in Hinblick auf einen lebensdienlichen Geldumgang unterstützen können. Ethisch verantwortlich zu investieren, immunisiert keineswegs automatisch vor möglichem Risiko und schon gar nicht davor, dieselben Fehler zu wiederholen, die zum beklagenswerten Ist-Zustand geführt haben. Vor dem Schielen auf möglichst rasche Renditemaximierung unter bewusster Außerachtlassung ökonomisch, ökologisch und sozial verbindlicher Standards ist höchstwahrscheinlich kein Mensch vollends gefeit. So in der Krise wirklich eine Chance liegt, wie dies von Medien gerne kolportageartig-platt verbreitet wird, dann ist diese vielleicht in einer rückhaltlosen Neuorientierung des Finanzmarktes zu finden.

1074 Vgl. dazu auch den im Rahmen des ethischen Dreischritts Sehen-Urteilen-Handeln verfassten Überblick zur Grundidee der ethischen Geldanlage, der von der Ist- zur Soll-Situation eine Brücke schlägt, bei Klaus Gabriel/Markus Schlagnitweit: Das Gute Geld. Ethisches Investment. Hintergründe und Möglichkeiten. Innsbruck 2009, 8–12.

12 Kriterien, Methoden und sozioökonomische Herausforderungen ethischer Geldanlage

Als Ziele konservativer Geldanlage werden gerne drei ökonomische Werte genannt, die mitunter gar nicht so leicht in ein harmonisches Verhältnis zueinander zu setzen sind: *Rentabilität*, *Liquidität* und *Sicherheit*.[1075] Diese drei Anlagefaktoren stehen zueinander in keinem „magischen" Verhältnis im Sinne von „Übersinnlichkeit"; indes, sie lassen sich immer nur zu Lasten der jeweils Anderen optimieren und allein darin scheint ein gewissermaßen „verhexter Zauber" beheimatet. Will man etwa eine hohe Rendite erwirtschaften, ist dies meist nur zu Lasten von Anlagedauer möglich, reduziert somit den Liquiditätsanspruch und kann das Risiko erhöhen. Wer sein Geld weitgehend risikofrei anlegen und gut schlafen will, muss Einbußen bei der Rendite hinnehmen. Insofern bildet das „magische" Dreieck das Vertrackte des Geldzaubers ganz gut ab.[1076]

Bei ethisch orientierten Geldanlagen werden darüber hinaus auch ökologische, soziale und ethische Komponenten mit berücksichtigt. Durch diese Miteinbeziehung ethischer Verantwortbarkeit in das jeweilige Investment erfährt die rein ökonomische Funktionslogik des traditionellen „Magischen Dreiecks", mit seinen drei definierten Veranlagungszielen, eine formverändernde Erweiterung zum „Magischen Viereck", in welchem eine relative Einbeziehung ethischer Gesichtspunkte in die ökonomische Funktionslogik erfolgt. Die ursprünglich drei, sich interdependent zueinander verhaltenden Entitäten werden somit um den Begriff der ethischen Verantwortbarkeit ergänzt. Mit anderen Worten: Renditeansprüche „werden nicht mehr nur gegen Risiko- und Liquiditätsaspekte abgewogen, sondern auch einer ethischen Beurteilung unterzogen."[1077]

Unter Einbeziehung der drei Eckpunkte Rendite, Liquidität und Risiko in einen ethischen Reflexionsraum erscheint eine gute Rendite mitunter in einem unvereinbaren Widerspruch mit der ethischen Verantwortbarkeit. Ethische An-

---

1075 Für diese drei eher schwer zu vereinigenden Ziele hat sich ganz allgemein der Name „magisches Dreieck" eingebürgert. Im anglo-amerikanischen Raum tritt mit der Bezeichnung „uneasy triangle" das Unbequeme und Schwierigkeit dieses Unterfangens wesentlich deutlicher in den Vordergrund. Vgl. Oswald von Nell-Breuning u. J. Heinz Müller: Vom Geld zum Kapital, 75f.

1076 Vgl. dazu auch die Erläuterungen von K. Gabriel/M. Schlagnitweit in Das gute Geld, 114f.

1077 Ebd. 115.

sprüche auch zu Lasten höherer Returns durchzuhalten, ist eine bleibende persönliche Herausforderung.

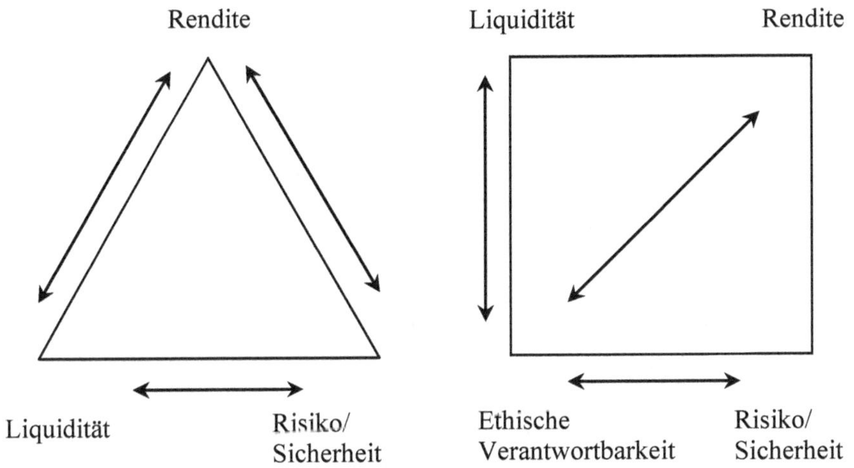

Abbildungen 1 und 2: Magisches Dreieck und Magisches Viereck[1078]

12.1 Zum definitorischen Eingrenzungsversuch eines ethisch verantwortbaren Anlageuniversums

Das erklärte Anlageziel ethischen verantwortbaren Investments ist es, in Unternehmen zu investieren, „die in ihrer Geschäftspolitik ökologische und/oder soziale Grundsätze verfolgen und deren Produkte und Dienstleistungen einen ökonomischen, ökologischen und damit gesellschaftlichen Nutzen erzeugen.“[1079]

Die „Darmstädter Definition Nachhaltiger Geldanlagen“ vollzieht eine erste Grenzziehung des angestrebten Anlageuniversums unter Berücksichtigung einer ökonomischen, ökologischen, kulturellen und sozialen Sichtweise: „Nachhaltige Geldanlagen tragen zu einer zukunftsfähigen Entwicklung bei. Sie ermöglichen dies durch eine umfassende Analyse der Anlageobjekte. Diese Analyse berück-

1078 Graphik: *W. Pinner*, Ethische Investments 2003,28 und *Streicher*, Ethisches Investment 2009, 3.

1079 Vgl. Eva Maria Streicher: Ethisches Investment. Eine Geldanlageform für katholische Ordensgemeinschaften? Bachelorarbeit Wien 2009, 3f unter Verwendung von: www.gruenesgeld.at/about/definition Download: 29.07.2009.

sichtigt wirtschaftliche und soziale Leistungen, Naturverträglichkeit und gesellschaftliche Entwicklungen."[1080]

Angesichts der Heterogenität moralischer Grundhaltungen und Wertvorstellungen potentieller Investoren erweisen sich Definitionsversuche ethischer Anlagekriterien als ein anspruchsvolles Unterfangen. Die von der Darmstädter Definition vorgenommene mögliche Präzisierung aus dem Blickwinkel der Nachhaltigkeit und unter Einbeziehung ökonomischer, ökologischer und sozialkultureller Aspekte erhebt die theologisch bedeutsame Forderung, die Gewinnerzielung stets in Einklang mit der Entwicklung des Human-, Sozial-, Kulturkapitals zu bringen, womit zentrale ethische Grundprinzipien der christlichen Soziallehre integriert werden.[1081]

Die Darmstädter Definition orientiert sich „am Leitgedanken gelingenden menschlichen Lebens (Personprinzip), welches die Rücksichtnahme, Achtung und Förderung des Anderen mit einbezieht (Solidaritätsprinzip) und das Wohl aller Menschen zum Ziel hat (Gemeinwohlprinzip)."[1082] Ferner wird ein Wirtschaftsstil definiert, der massiven Machtkonzentrationen zugunsten breiterer Streuung entgegentritt (Subsidiaritätsprinzip) und die Zukunftsfähigkeit der Biosphäre sichern soll (Nachhaltigkeitsprinzip).[1083] Daraus lässt sich ein umfassendes Gerechtigkeitsmodell ableiten.

Die in der Darmstädter Definition Nachhaltiger Geldanalagen vorfindbare wechselseitige Verwobenheit ökonomischer, ökologischer und sozial-kultureller Handlungsfelder zeigt für Gabriel nicht nur die thematische Bedeutung für das Thema ethische Geldanlage, sondern auch, dass Nachhaltigkeit kein Gegensatz zur Ethik, vielmehr „ein unverzichtbarer Bereich ethisch verantwortlichen Handelns selbst ist."[1084]

1080 Vgl: www.bauminvest.de/wissenswertes/ethisches-investment. Download 29.07.2009. Der genaue Wortlaut der Darmstädter Definition findet sich im Anhang dieser Arbeit.

1081 J. Hoffmann/G. Scherhorn/T.Busch: Darmstädter Definition Nachhaltiger Geldanlagen. Darmstadt 2004. In: www.wupperinst.org/uploads/tx_wibeitrag/ws31.pdf. (Stand 10/08). Verfasst von einer interdisziplinär zusammengesetzten Expertengruppe, werden darin die zentralen Erfordernisse für Geldanlagen mit zukunftsfähigem, nachhaltigem Entwicklungspotenzial benannt. Der genaue Wortlaut der Darmstädter Definition findet sich im Anhang dieser Arbeit. Vgl. dazu auch die kommentierte Aufstellung in: K. Gabriel: Ethik in der Geldanlage, 31–32.

1082 Ebd. 32.

1083 Vgl. Ebd. 32 und Klaus Gabriel: Nachhaltigkeit am Finanzmarkt, 85.

1084 J. Hoffmann/G. Scherhorn/T.Busch: Darmstädter Definition Nachhaltiger Geldanlagen, 32.

12.2 Kriteriologie: Der Frankfurt-Hohenheimer Leitfaden

Der Frankfurt-Hohenheimer Leitfaden (FHL) gilt mit seinen über 800 Bewertungskriterien bis heute als „der umfassendste Kriterienkatalog zur Bewertung von Unternehmen.“[1085] Über dreißig Publikums- und Spezialfonds sowie Rating-Agenturen treffen für die Bewertung von über 1000 Unternehmen auf Grund dieser Kriteriologie ihre Entscheidungen. Aber auch Einzelpersonen reflektieren ihre eigenen Wertepräferenzen hinsichtlich Geldanalgen mithilfe dieser Entscheidungsgrundlage. Der FHL basiert auf den für ethisches Investment mittlerweile als klassisch zu bezeichnenden drei Hauptkriterien:[1086]

- *Naturverträglichkeit*: Verantwortung gegenüber der natürlichen Mitwelt. Hier wird nach dem Vorhandensein eines unternehmenseigenen Umweltmanagements gefragt und ob sich das Unternehmen regelmäßigen ökologischen Überprüfungen unterzieht, ferner wird die Umweltverträglichkeit der Produkte und der zur Herstellung verwendeten Materialien untersucht, gefolgt von Fragen nach dem Umgang mit verwendeten Energieträgern und natürlichen Ressourcen.
- *Kulturverträglichkeit*: Verantwortung gegenüber der Gesellschaft und Kulturen. Das Unternehmen wird nach seinen Fairnessprinzipien wie Gerechtigkeit oder der Akzeptanz und Toleranz von Konkurrenten befragt, ferner nach der Einhaltung bestehender Gesetze und der Bereitschaft, eigene Fehler oder Schwächen einzugestehen, und welche allgemeinen moralischen Prinzipien zur Unternehmenskultur gehören.
- *Sozialverträglichkeit*: Verantwortung gegenüber den von den Unternehmensaktivitäten betroffenen Menschen. Dazu zählen MitarbeiterInnen und alle Sta-

---

1085 K. Gabriel: Ethik in der Geldanlage, 34. Vgl. dazu ausführlich J. Hoffmann et al. (Hg.): Ethische Kriterien für die Bewertung von Unternehmen. Frankfurt-Hohenheimer Leitfaden, Frankfurt/Main 1997. Der FHL entstand 1997 als Ergebnis einer interdisziplinären Arbeitsgruppe, bestehend aus Johannes Hoffmann (Theologie), Konrad Ott (Umweltethik) und Gerhard Scherhorn (Volkswirtschaft). Ihr Forschungsansatz war von der Erkenntnis geleitet, „dass Technikentwicklung, Wirtschaftssysteme und monetäre Strukturen Ergebnisse sozialer Prozesse einer Kultur sind.“ K. Gabriel: Ethik in der Geldanlage, 34. Weiterführende Informationen zum FHL bietet auch das Corporate Responsibility Interface Center (CRIC), ein Verein für ethisch orientierte InvestorInnen. Das CRIC dient als Plattform für den Austausch und die Vernetzung von AnlegerInnen. Ihm gehören über 100 private und institutionelle AnlegerInnen an, welche sich häufig am FHL orientieren. Vgl.: www.cric-ev.de. Download: 16.01.2009.

1086 Nachstehende Auflistung gibt die Items in komprimierter Form wieder. Vgl. dazu: Claudia Döpfner: Der Frankfurt-Hohenheimer Leitfaden. In: Katholische Sozialakademie Österreichs (Hg.): Dossier Geld und Ethik: ethische Geldanlagen. 09/2006, 25–27, bes. 26.

keholder, näherhin die Qualität der sozialen Interaktion mit Kunden, Geldgebern, Lieferanten und Konkurrenten. Darüber hinaus werden Themen wie Lohn, Urlaub, Mitbestimmung, Arbeitsbedingungen und Behandlung von gesellschaftlichen Randgruppen unter diesem Abschnitt in das Unternehmensprofil einbezogen.

Bei Berücksichtigung jener dreigliedrig angelegten, unhintergehbaren Dimensionen verantwortungsvoller Investmentstrategien können die Geldflüsse potentieller AnlegerInnen unternehmerisches Handeln bewusst steuern.

Gabriel streicht in diesem Zusammenhang als Besonderheit heraus, dass es nicht ganz selbstverständlich ist, wenn ein wissenschaftliches Produkt dermaßen erfolgreich für die Praxis adaptiert werden kann und nunmehr die Grundlage für das Corporate Responsibility Rating[1087] der *oekom research AG*[1088] in München darstellt. Zwei Charakteristika des FHL hebt Gabriel besonders hervor: Der Verzicht auf eine ökonomische oder finanztechnische Bewertung der zu untersuchenden Unternehmen, zugunsten eines ausgefeilten Screenings der Natur-, Sozial-, und Kulturverträglichkeit. Ausgangs- und Angelpunkt des FHL ist die Überzeugung, „dass wirtschaftliches Handeln funktional auf die Anerkennung von moralischen Normen angewiesen ist, ... die nicht vom Wirtschaftssystem selbst erzeugt“,[1089] sondern auf das lebensweltlich-kulturelle Ordnungswissen und dessen normativen Gehalten rekurrieren.

In ihrem Bericht über das Forschungsprojekt „Ethisch-ökologisches Rating“ ortet Claudia Döpfner hinter den drei Dimensionen der Natur-, Sozial-, und Kulturverträglichkeit ein universales Ziel, nämlich „die Sicherung des Überlebens

1087 Im wirtschaftlichen Kontext steht der Begriff „*Rating*“ für das *Bewerten* von Unternehmen, mit einer etwa hundertjährigen Traditionsgeschichte, denn seit etwa 1900 führen Agenturen wie Moody's und Standard & Poor's auf ökonomischen Kriterien basierende Bonitätsratings durch, die der Beurteilung der Kreditrisiken von Unternehmen dienen. Die Ergebnisse werden in sog. Ratingskalen und –symbolen ausgedrückt. Ethisch-ökologisches Rating bewertet und klassifiziert Unternehmen hinsichtlich ihrer ethischen Bonität. Vgl. dazu: W. Homolka, Tung-Quan Nguyen-Khac: Ethisches-ökologisches Rating, in: H. E. Büschgen / O. Everling (Hgg.): Handbuch Rating. München 1996, 675–699, bes. 684.

1088 *oekom research* zählt seit ihrer Gründung 1994, zu den Pionieren im Bereich des Nachhaltigkeitsratings und gilt mit der Betreuung von über 60 Portfolios mit einem Gesamtvolumen von 3 Mrd. Euro als führende Ratingagentur im deutschsprachigen Raum. Das Kundenspektrum umfasst Finanzdienstleister, Ethikbanken und institutionelle Investoren wie Landeskirche, Diözesen, Stiftungen, Pensionskassen u.a. Das Corporate Responsibilitiy Rating (CRR) von *oekom research* basiert auf der Kriteriensammlung des FHL. Vgl.: Sylvia Kloberdanz: Nachhaltigkeitsrating-Agenturen. In: Katholische Sozialakademie Österreichs (Hg.): Dossier Geld und Ethik: ethische Geldanlagen. 09/2006, 28–30. Ratingagenturen, Übersicht: www.nachhaltiges-investment.org. Download: 19.01.2009.

1089 Ebd. 35.

von Mensch und Mitwelt für eine Menschwerdung in Gemeinschaft im Mitsein mit der ganzen Schöpfung (=Bio-Überlebenssicherheit).“[1090] Mit dem dritten in den Leitfaden aufgenommenen Bewertungs-Item, der dem kollektiven Ordnungswissen zuzuschreibenden Kulturverträglichkeit, wurde einem in der Nachhaltigkeitsdiskussion bislang noch unbekannten Kriterium gebührender Raum gegeben. „Die Fähigkeit einer Gesellschaft, die in ihr auftretenden sozialen und ökologischen Probleme lösen zu wollen, hängt entscheidend von dem Ordnungswissen ab, das in der jeweiligen Kultur zur Verfügung steht, sozusagen fundamentaler Bestand der Tradition ist und zur Problemlösung mobilisiert werden kann.“[1091] Hinter den Überlegungen zur Kulturverträglichkeit steht aus der Sicht Döpfners „die Grundannahme, dass alle technischen und ökonomischen Prozesse und Innovationen soziale Prozesse sind. ... Kulturverträglichkeit fassen wir also auf als Verträglichkeit des wirtschaftlichen Handelns mit der fortschreitenden Kultivierung des gesellschaftlichen Gestaltungswillens.“[1092]

12.3 Methodologie

Die gegenwärtige Ausprägung der unterschiedlichen Zugangsweisen zu ethischem Investment manifestiert sich in drei mittlerweile bewährten Methoden zur Gestaltung und Steuerung wirtschaftlicher Prozesse: Vermeidung, Förderung und Engagement.[1093]

Die vermeidende Methode arbeitet mit Negativ- oder Ausschlusskriterien bestimmter Branchen, Unternehmen, Produktionsmethoden und Dienstleistungen. Die damit verbundene Absicht übt Druck auf jene Unternehmen aus, die sich die Missgunst potentieller InvestorInnen zuziehen und dadurch die Gefahr eines Imageverlustes in Kauf nehmen. Eine ausschließlich auf Ausschlusskriterien zielende ethische Investmentstrategie greift allerdings zu kurz.

Die fördernde Methode setzt aufgrund von ausgefeilten ethischen Positivkriterien auf den unternehmerischen Wettbewerbsgeist, um innerhalb einer bestimm-

---

1090 C. Döpfner: Kirchliche Geld- und Kapitalanlagen nach ethisch-ökologischen Kriterien. Bericht über das Forschungsprojekt „Ethisch-ökologisches Rating“. In: Gott oder Mammon. Christliche Ethik und die Religion des Geldes. 2. Ökumenische Sommerakademie Kremsmünster 2000, hg. von Severin J. Lederhilger. Frankfurt 2001, 184.

1091 J. Hoffmann: Zur Bedeutung der Kulturverträglichkeit. In: ders. u. a.: Ethische Kriterien für die Bewertung von Unternehmen. Frankfurt-Hohenheimer Leitfaden. Frankfurt a. M. 1997, 283; zum Thema passend auch ebd. 290f.

1092 C. Döpfner: Kirchliche Geld- und Kapitalanlagen nach ethisch-ökologischen Kriterien, 185 u. 186.

1093 Vgl. dazu K. Gabriel: Ethik in der Geldanlage, 33ff.

ten Branche in den „Best-in-class“ Kandidaten zu investieren. Ziel ist es, damit eine ethische Durchdringung der gesamten Wirtschaft durch positive Anreize in Gang zu setzen, weil dadurch Anlagegelder nur in Unternehmen mit herausragender ökologischer wie sozialer Performance fließen. „In der Praxis setzt sich deshalb immer mehr eine Kombination von vermeidender und fördernder ethischer Geldanlage durch.“[1094]

Im Kontext ethischer Geldanlage gilt die sogenannte *Engagement-Methode* als zunehmend an Bedeutung gewinnender Investmentansatz, der mittels Ausübung von Aktionärsstimmrechten[1095] und direktem Dialog Verhaltensänderungen im Management von Unternehmen zu bewirken trachtet.[1096]

12.4 Stichwort „engagement process“, der „aktive“ Wertpapierbesitz

Aktien begründen Miteigentümerschaft an einem Unternehmen. Daraus ergibt sich zwingend nicht nur ein vermögensrechtlicher, sondern auch ein einflussrechtlicher Aspekt. Gabriel ortet eine wachsende kritische Haltung der InvestorInnen gegenüber jenen Unternehmen, denen sie ihr Geld anvertrauen, verbunden mit der Forderung, Einfluss auf die Geschäftsführung oder politischen Einfluss auf den Staat ausüben zu können, weshalb Gabriel und Schlagnitweit auch von explizit „politischem“ Ethik-Investment sprechen und die damit eng verwobene, aktive Einflussnahme als „wirkliche Hochform“ ethischer Orientierung eines Investments „im Sinne unmittelbarer Einbringung ethischer Motive ins politische Spiel der Interessen“ bezeichnen.[1097]

Aus dem angelsächsischen Raum wurde für diese Methode des aktiven, stimmrechtsbezogenen, verantwortungsbewussten Wertpapierbesitzes der Terminus „*engagement*“ (in der englischen Aussprache) ins Deutsche übernommen.[1098] *Engagement* als Methode nachhaltigen Investierens bedeutet somit das

---

1094 Ebd. 33.

1095 Das gezielt eingesetzte Ausüben von Stimmrechten bei Aktionärsversammlungen hat in den USA eine lange Tradition, wobei *Engagement* (auch in Deutsch englisch ausgesprochen) als dialogisch-initiativer Ansatz eine jüngere Entwicklung darstellt. Vgl. ebd. 34.

1096 Die meisten Ratingansätze berücksichtigen heute sowohl Ausschluss- als auch Positivkriterien in Kombination mit dem Best-in-class-Ansatz, während Engagement im deutschsprachigen Raum erst in Ansätzen betrieben wird, jedoch ein hohes Potenzial an möglicher ethisch motivierter Einflussnahme auf wirtschaftliche Abläufe in sich trägt. Vgl. ebd. 35.

1097 Vgl. K. Gabriel / M. Schlagnitweit: Das Gute Geld. Ethisches Investment. Hintergründe und Möglichkeiten. Innsbruck 2009, 90f.

1098 Vgl. www.zdk.de/erklaerungen/erklaerung.php?id=162, 8. Download: 03.01.2009.

Wahrnehmen aktiver Verantwortung und Verpflichtung, im Dialog mit der Unternehmensführung ethische Werte einzufordern. Konkret will der Engagement-Ansatz Unternehmen dazu motivieren, ökologische und soziale Problembereiche zu identifizieren und zu verbessern, sowie mögliche soziale und ökologische Risiken, die bei konventionellen Finanz- und Risikoanalysen unberücksichtigt bleiben, wahrzunehmen und auf ein Mindestmaß zu reduzieren.[1099]

Gegenüber institutionellen Investoren können PrivatanlegerInnen, so ihr Aktienanteil an einem Unternehmen eine gewisse „kritische Masse" nicht überschreitet, keinen oder nur sehr begrenzten Einfluss auf die Unternehmenspolitik nehmen. Gewöhnlich treten sie ihr Mitbestimmungsrecht an Fondsgesellschaften oder deren Mutterbanken ab. Stimmberechtigte AktionärInnen haben die Möglichkeit, gegebenenfalls im Zusammenwirken mit Gleichgesinnten und in Anspruchnahme des ihnen zustehenden Informationsrechts, Anliegen und Beschwerden vor dem Management oder auf der Jahreshauptversammlung der Aktiengesellschaft vorzubringen, um so Veränderungen zu bewirken (voting rights).

Im Kontext ethisch orientierten Investierens geht es dabei um die möglichst unmittelbare Einbringung ethischer Motive in die Firmenpolitik und darüber hinausgehend in das gesamte Spiel der politischen Interessen. Druckmittel können dabei nicht nur die stimmrechtsrelevanten Firmenanteile, also das jeweils veranlagte Kapital sein, sondern auch die Öffentlichkeit im Sinne von Medienarbeit und Lobbying.[1100]

Somit sind Aktien nicht nur eine Geldanlageform, sondern auch in einem sehr hohen Maß ein Instrument der Mitbestimmung und Mitgestaltung wirtschaftlicher Aktivitäten.[1101]

Das Zentralkomitee der deutschen Katholiken (ZdK) regt in diesem Kontext an, dass auch Fondgesellschaften vermehrt unter dem Gesichtspunkt ethischer Belange mit Kompetenz und Nachdruck ihre Stimmrechte bei den Hauptversammlungen wahrnehmen, um bei den Geschäftsführenden mehr soziale, ethische und ökologische Verantwortung einzumahnen.

Für kirchliche Anleger hat *engagement* gleichsam doppeltes Gewicht, zumal daraus eine Kombination aus ethischem Investment und aktiv-kritischem Einmi-

---

1099 Vgl. dazu: Klaus Gabriel: Es war einmal in Amerika ... Die Geschichte des nachhaltigen Investierens. In: politische ökologie, 26. Jahrgang (2008), 32f.

1100 Vgl. K. Gabriel / M. Schlagnitweit: Das Gute Geld, 90–91.

1101 Vgl. dazu: Franziska Jahn: Der „Engagement"-Ansatz. In: Katholische Sozialakademie Österreichs (Hg.): Dossier Geld und Ethik: ethische Geldanlagen. 09/2006, 34–35. Vgl. auch einen Bericht über den Einfluss von *engagement* auf Unternehmen hinsichtlich der Entwicklung ethischer Kriterien. In: www.ftse.com/indices/FTSE4Good_New_Criteria_&_Future_Impact_report.pdf. Download: 25.09.2008.

schen in den Wirtschaftsprozess ermöglicht wird. Jedoch ist die praktische Umsetzung von *engagement* alles andere als einfach, worauf auch das ZdK hinweist: Kirchliche Investoren legen Aktienanteile ihres Portfolios in aller Regel und aus Sicherheitsgründen „bei großen, international operierenden Aktiengesellschaften an. Deren Aktivitäten rufen allerdings oft Widerspruch hervor, sodass kirchliche Anleger gerade mit diesem Teil ihrer Rücklagenverwaltung in ethische Probleme geraten."[1102]

Ein Problemlösungsansatz könnte im Beauftragen von Agenturen bestehen, die neben der Vermögensverwaltung auch die Stimmrechtsverwaltung innehaben und so im Namen ihrer Kunden ethische Themen gegenüber den Unternehmen möglichst wirkungsvoll durchzusetzen trachten. Darüber hinaus böte sich dabei an, die Stimmrechte mehrerer kirchlicher AnlegerInnen zu bündeln; ein Weg, den die anglikanische Kirche seit einigen Jahren beschreitet und „so am besten ihr doppeltes Gewicht – ihr finanzielles und ihr moralisches – gegenüber den Unternehmen zur Geltung bringen kann."[1103]

12.4.1 Ein Beispiel für praktisch angewandtes *Engagement*: US-Ordensschwestern legen sich mit Großbanken an.

Nachdem der Chef der US-Bank Goldman Sachs, Lloyd Blankfein, anlässlich einer Festrede für sich in Anspruch nahm, „Gottes Arbeit" zu verrichten, kündigte die Vereinigung religiöser Wirtschaftstreibender an, dieser Aussage auf den Grund zu gehen. Die Ordensfrau Laura Berry, vom „Interfaith Center on Corporate Responsibility" (ICCR) erhob daraufhin die Forderung nach mehr Transparenz für die Derivatgeschäfte der großen Banken.[1104] Ihre Plattform vertritt die Meinung, dass der Derivathandel nicht nur äußerst riskant sei, sondern darüber hinaus auch ein eminent hohes „Systemrisiko" für die gesamte Finanzwelt darstelle, weshalb das ICCR Ordensfrauen als AktionärsvertreterInnen zu den Generalversammlungen der US-Finanzriesen Goldman Sachs, Citigroup, JP Morgan und Bank of America entsendet. Ziel des Engagements ist es, darüber abzustim-

---

1102 Ebd. 8–9.

1103 Ebd. 9. Das ZdK bietet in seiner Handreichung auch eine umfangreiche Zusammenstellung von Internetadressen mit ausführlichen Informationen zum Thema ethisches Investment in Deutschland, wobei auch auf die Fachkompetenz der katholischen Kirchenbanken im Geschäftsfeld ethisches Investment hingewiesen wird. Die Auflistung enthält Banken, Vereine, Verbände, Informationsdienste, Forschungsstellen, Rating-Agenturen u.v.m. Vgl. ebd. 9–10, sowie 13–15.

1104 Vgl. Stefan Riecher: Die Nonnen bei der Hauptversammlung. In: Die Presse, 07.03.2010, 15.

men, ob die Banken sämtliche Sicherheiten im Zusammenhang mit dem Derivathandel offenlegen müssen. Gleichzeitig wurde ein diesbezüglicher Antrag bei der Börsenaufsicht SEC eingebracht. „Bislang wurde unser Gesuch stets abgelehnt", erklärt Berry, „aber diesmal hatten wir Erfolg".[1105]

Das SEC räumte in seiner Begutachtung des Antrags ein, dass Derivate ein Systemrisiko darstellen können und begründete dies folgendermaßen: Die Spekulation auf künftige Kursentwicklungen diene zwar als Instrument zur Absicherung von Währungsschwankungen, jedoch müssen die Banken zur Hintanhaltung allfälliger Verluste entsprechende Sicherheiten halten. Nicht selten wird die gleiche Sicherheit für mehrere Geschäfte gleichzeitig verwendet, was im Falle eines Verlustes zur Illiquidität des Bankhauses führen kann. Dies stelle sehr wohl ein Systemrisiko dar. Damit folgte das SEC der Argumentationslinie des ICCR. Folgedessen steht der Antrag der Ordensfrauen auf den Tagesordnungen der vier Hauptversammlungen. Während der Orden aus strategischen Gründen des „Engagement"-Ansatzes Aktien von Citigroup und Goldman Sachs erworben hat, besitzt das ICCR Anteile an allen vier Instituten. Somit sind alle Voraussetzungen gegeben, um bei den Aktionärsversammlungen effizient für den Antrag zu werben. Freilich zeigt sich Laura Berry nüchtern: „Ich glaube nicht, dass die Mehrheit der Aktionäre für unseren Antrag stimmen werden. … Aber immerhin haben wir die Öffentlichkeit jetzt schon auf das Problem aufmerksam gemacht."[1106]

Diese Vorgehensweise kritischer AktionärInnen zeigt ein typisches Beispiel erfolgreichen *Engagements*, wobei hier sowohl mit der direkten Einflussnahme auf die jeweiligen Unternehmen als auch mit der Einbindung der Öffentlichkeit erfolgreich operiert wurde.

12.4.2 Zur Bejahung von Aktienbesitz aus ethischer Sicht, im Blickpunkt des Engagement-Ansatzes

Aus einem durchaus auch biblisch-christlich begründbaren Moralverständnis räumt Antje Schneeweiss den Besitz von Aktien gegenüber Anleihen, Sparbüchern, Festgeldern und anderen Anlageformen, die nur Zinsen lukrieren, eindeutig den Vorrang ein.[1107] Zum einen begründet Schneeweiss ihre Präferenz für

---

1105 Ebd. 15.

1106 Ebd. 15.

1107 Vgl. A. Schneeweiss: Mein Geld soll Leben fördern. Hintergrund und Praxis ethischer Geldanlagen. Neukirchen-Vluyn 1998, 55 f, unter Rekurs auf Lev 25, 35ff, dem für die Israeliten gültigen Verbot, Zinsen von einem Glaubensbruder zu nehmen.

Aktien mit der Tatsache, dass der Mitbesitz an einem Unternehmen als ethisch zu verantwortende Ausgangsbasis akzeptabler sei als Anlageinstrumente, deren Renditen direkt oder indirekt vom Geldverleih herrühren, wie das beispielsweise bei Anleihen der Fall ist, die im Vergleich zu Aktien einen erstaunlich guten Ruf genießen. Die prinzipielle Skepsis, mit Aktienbesitz gleichsam automatisch am Spekulationsspiel der Hasardeure teilzunehmen, sei unangemessen, so Schneeweiss, und sie vergleicht im Folgenden den Aktionär, als Mitbesitzer einer Firma, der bei schlechtem Geschäftsgang die gleichen Verluste wie der Mehrheitseigentümer zu erleiden hat, mit dem Kapitalgeber, der sich immer bereichert, „während der Schuldner über Zins- und Tilgungszahlungen zugrunde geht."[1108]

Dieser Vergleich ist m.E. nur auf ein soziokulturelles Umfeld anzuwenden, in dem zwischen Schuldner und Geldgeber ein starkes Abhängigkeitsverhältnis mit existenziell bedrohlichen bis fatalen Konsequenzen für Leib und Leben bei Nicht-Tilgung der Schulden besteht. In hochentwickelten Industriegesellschaften hingegen ist das Risiko für die Geldgebenden, auch wenn sie zum Beispiel Firmenanleihen zeichnen (corporate bonds) ähnlich hoch wie beim Aktionär. Das verliehene Geld kann genauso schnell unwiederbringbar verloren sein wie der Firmenanteil. Und keineswegs gehen in diesem Szenario die Darlehensnehmenden im Konkursfall „zugrunde", sondern sind nur bis zu ihrem rechtlich festgesetzten Haftungsrahmen in die Pflicht zu nehmen.

Es spricht jedoch viel für die von Schneeweiss grundgelegte Präferenz für einen wohlüberlegten, ethischen Restriktionen unterliegenden Aktienankauf, der mit der biblisch christlichen Tradition „eher zu vereinbaren ist als eine Festgeldanlage oder der Kauf von Bundesschatzbriefen. Dies scheint allerdings den Verwaltern kirchlicher Gelder nicht bewußt zu sein, denn bevorzugtes Anlageinstrument gerade der Kirchen sind sichere, festverzinsliche Anlagen."[1109]

Ein weiterer, aus ethischer Betrachtungsweise wesentlicher Punkt ist das jedem auch noch so kleinen Firmenanteil innewohnende Potenzial der möglichen Mitbestimmung. Um ein Aktieninvestment zu einer sozial verantwortlichen Geldanlage werden zu lassen, empfiehlt Schneeweiss als ersten Schritt, sein Stimmrecht nicht der Bank zu übertragen, sondern es entweder selbst, oder im Verbund mit einer Aktionärsgruppe, wie der „Vereinigung kritischer Aktionärinnen und Aktionäre" auszuüben.[1110] Seit Beginn der 1990er Jahre „stören" enga-

---

1108 Ebd. 56.

1109 A. Schneeweiss: Mein Geld soll Leben fördern, 56.

1110 Schneeweiss nennt Beispiele von rund dreißig Aktiengesellschaften (wie Bayer, Hoechst, BASF, Deutsche Bank, Dresdner Bank, Schering, RWE, Thyssen, Daimler-Benz, Siemens, u.a.) um die sich kritische Aktionärsgruppen gebildet haben, die mithilfe ihrer Stimmrechte auf den Hauptversammlungen Geschäftspraktiken anprangern und eine entwicklungsverträgliche, sozialverantwortliche und naturverträgliche Geschäftspolitik einfordern. Vgl. ebd. 50.

gierte AktionärInnen „mit großer Regelmäßigkeit das friedliche Bild der Jahreshauptversammlungen ... und machen so deutlich, daß ein Teil der KapitalgeberInnen nicht mit der Geschäftspolitik des Vorstands einverstanden ist."[1111]

Zur Bekräftigung und soziopolitischen Unterfütterung des *Engagement*-Gedankens, kann auch der folgende wirtschaftsethische Ansatz von Peter Ulrich dienen.

12.5 „Wenn schon Kapitalismus, dann bitte richtig!" Zur wirtschaftsbürgerlichen Verantwortung mit dem Geld.

In den Bereich der Wirtschaftsbürgerethik als Aspekt einer komplex-arbeitsteiligen Gesellschaft führt der Ansatz von Peter Ulrich,[1112] der die Menschen in ihrem öffentlichen und politischen Tun zunächst an ihre moralische Pflicht als Staats- und Organisationsbürger erinnert, sodann aber den Fokus auf jene Handlungsfelder richtet, in denen die Menschen als Konsumenten, als Geld- und Kapitalanleger auftreten.[1113] Ulrich ist davon überzeugt, dass wirtschaftsbürgerlich aufgeklärte StaatsbürgerInnen aufgerufen sind, eine auch noch so bescheidene „*ordnungspolitische Mitverantwortung* bezüglich der Rahmenordnung des Marktes wahrzunehmen."[1114] Mit Nachdruck ruft Ulrich die WirtschaftsbürgerInnen dazu auf, als kritische Geld- und Kapitalanlegende auf den Finanzmärkten ethisch gehaltvolle Zeichen zu setzen, „frei nach dem Motto: Wenn schon Kapitalismus, dann bitte richtig! Es sind ja die Anleger, die ... gewaltigen Druck auf die Unternehmensleitungen zur dezidierten Steigerung des *Shareholder Value*, des inneren Ertragswertes der Aktien, ausüben."[1115] Es liegt daher im wohlverstandenen Eigeninteresse aller AnlegerInnen, mit Nachdruck auf Fondsgesellschaften und Pensionskassen, in denen ihr Geld „arbeitet", einzuwirken, vermehrt in prinzipiengeleitete Anlagefonds zu investieren und nicht bedingungslos auf die Rentabilitätsmaximierung zu zielen. Denn „neben einer angemessenen Rendite (ist) auch auf qualitative Gesichtspunkte eines humanen, sozial und

---

1111 Ebd. 52.

1112 Vgl. P. Ulrich: Die Wirtschaft *in* der Gesellschaft. Der Ansatz der integrativen Wirtschaftsethik. In: Gott oder Mammon. Christliche Ethik und die Religion des Geldes. 2. Ökumenische Sommerakademie Kremsmünster 2000, hg. von Severin J. Lederhilger. Frankfurt 2001, 118–144.

1113 Vgl. ebd. 139.

1114 Ebd. 139. (Kursivsetzungen im Original).

1115 Ebd. 143. (Kursivsetzungen im Original).

ökologisch verträglichen Unternehmensgebarens (zu) achten."[1116] Ulrich empfiehlt die Vernetzung in Vereinigungen kritischer AktionärInnen, die sich aufgrund des Rechtsstatus ihrer Aktienstimmrechte an den jährlich stattfindenden Generalversammlungen der Aktiengesellschaften sowohl Gehör für ihre unternehmensethischen Anliegen bei den Geschäftsführenden verschaffen als auch „über den Multiplikatoreffekt der Medienberichte – zur wachsenden öffentlichen Sensibilität" für die Thematik beizutragen.[1117] Den Anfang aller ernsthaften Unternehmensethik erblickt Ulrich in der „Bereitschaft einer Geschäftsleitung, vom ökonomistischen Prinzip der bedingungslosen *Gewinnmaximierung* Abstand zu nehmen und in ihrer Geschäftspolitik zu prüfen, was aus ethischer Sicht *Vorrang* vor dem unternehmerischen Erfolg hat. Es gibt kein ethisch begründbares ‚Gewinnprinzip'. ... Vielmehr ist *legitimes Gewinnstreben* prinzipiell moralisch *(selbst-)begrenztes Gewinnstreben.*"[1118] Ulrich gelangt zum Fazit, dass einer lebensdienlichen Marktwirtschaft „nur in einer Gesellschaft freier, gleicher, wirtschaftsethisch verantwortungsbewusster Bürger" zum Durchbruch verholfen werden kann.[1119]

12.6 Ethisch-nachhaltiges Investment als Triumph der „unsichtbaren Hand"?

In einer vergleichenden Analyse stellt Gerhard Scherhorn die Folgen von Nachfrageverschiebungen auf Konsumgütermärkten jenen auf Kapitalmärkten gegenüber und geht dabei der Frage nach, was ethisches Investment leisten kann und was nicht.[1120] Ein sich daraus abzeichnendes bemerkenswertes Forschungsergebnis unterstützt die Annahme, dass auch auf Kapitalmärkten Nachfrageverschiebungen von nur wenigen Prozenten imstande sind, eine „kritische Masse" potentieller ethisch-nachhaltig interessierter InvestorInnen in Bewegung zu setzen, die mittel- bis langfristig so etwas wie einen Trend auslösen könnten. Scherhorn erscheint dabei wichtig, potentiellen AnlegerInnen folgende vier Fragen in einem ausreichenden Maß zu beantworten: „Verschafft ethisches Investment mir das Gefühl, mein Geld sauber anzulegen? Macht es Unternehmen kultur-, natur- und

1116 Ebd. 143

1117 Vgl. ebd. 143–144.

1118 Ebd. 144. (Kursivsetzungen im Original).

1119 Vgl. ebd. 144.

1120 Vgl. G. Scherhorn: Was kann ethisches Investment leisten, was nicht? In: Katholische Sozialakademie Österreichs (Hg.): Dossier Geld und Ethik: ethische Geldanlagen. 09/2006, 21–24.

sozialverträglich? Erlegt es dem Kapitalismus Verantwortung auf? Führt es zu nachhaltiger Entwicklung?“[1121]

Im Vertrauen darauf, dass es mittlerweile kompetente Ratingagenturen[1122] gibt, die nach einem „Best in Class-Prinzip“ verfahren, welches imstande ist, die jeweils branchenbesten Unternehmen herauszufiltern und zu einem „ethischen Wettbewerb“ zu animieren, könnte sich Adam Smiths Hoffnung bewahrheiten, dass auch viele kleine marktrelevante Entscheidungen wie eine „unsichtbare Hand“ wirken, die Unternehmen dazu bringt, den Willen der KonsumentInnen, in diesem Falle der vielen kleinen IvestorInnen zu erfüllen. Auf ethisch-nachhaltiges Investment angewendet, belohnt dieses Prinzip der unsichtbaren Hand auch „die fortschrittlichen Unternehmen und bringt die rückständigen Schritt für Schritt dazu, sich natur- und sozialverträglich zu verhalten. ... Man kann sogar sagen, dass das ethische Investment das Prinzip der unsichtbaren Hand überhaupt erst verwirklicht“,[1123] gibt sich Scherhorn überzeugt. Die Vorstellung der unsichtbaren Hand, so Scherhorn, müsse im Konsumgüter- und Dienstleistungssektor sogar als unwirksam bezeichnet werden, weil es Unternehmen immer besser gelinge, mithilfe geschickter PR-Strategien, Productplacements und überhöhenden Symboliken in ihren Werbelinien auf Konsumentenwünsche manipulativ-lenkend einzuwirken. – Hier muss man m. E., Scherhorn beipflichtend und seinen Ansatz weiterentwickelnd, sogar von einer Schubumkehr der Smithschen Grundidee sprechen, einer völligen Verkehrung des ursprünglich Gewollten. Dieser Gefahr, so Scherhorn, sei aber die ethische Geldanlage deshalb nicht ausgesetzt, weil sie an objektiven Kriterien orientiert ist, die darüber hinaus „von unabhängigen Agenturen beurteilt werden. So würde dem Kapital von den Kapitaleignern selbst das Privileg der Unverantwortlichkeit für

---

1121 Ebd. 21. Weiterführend zu dieser Thematik: Johannes Hoffman & Gerhard Scherhorn. Saubere Gewinne. Freiburg 2002.

1122 Vgl. dazu: Silvia Kloberdanz: Nachhaltigkeitsrating-Agenturen. In: Katholische Sozialakademie Österreichs (Hg.): Dossier Geld und Ethik: ethische Geldanlagen. 09/2006, 28–30: Am Beispiel der Rating-Agentur oekom research AG, die Unternehmen auf ihr soziales und ökologisches Verhalten hin untersucht, verdeutlicht Kloberdanz Bewertungshilfen und -kriterien für ethisch motivierte Geldanlagen, wobei dem Corporate Responsibility Rating (CRR) und seiner auf 100 Indikatoren aufbauenden Detailschärfe, vermittels derer die einzelnen Unternehmensdaten erhoben werden, große Bedeutung zukommt. Vgl. zum Thema Nachhaltigkeitsrating auch: Forum Nachhaltige Geldanlagen e. V. (Hg.) (2008): Statusbericht Nachhaltiger Anlagenmarkt 2008. In: www.forum-ng.de/upload/pdf/Interne_Studien/Statusbericht_FNG_2008.pdf. Download: 18.01.2009; Eurosif (2008): European SRI Study 2008. In: www.eurosif.org/publications/sri_studies. Download: 18.01.2009; Ratingagenturen, deutschsprachiger Raum, Übersicht: www.nachhaltiges-investment.org. Download: 19.01.2009.

1123 Ebd. 22.

Arbeit und Natur entzogen, das es seit dem 16. Jhdt. beansprucht. Das wäre dann wirklich ein Triumph der Idee der unsichtbaren Hand."[1124]

Ethisches Investment will auch gegen die hier angesprochene Blindheit oder Verantwortungslosigkeit des Kapitals gegenüber sozialen oder ökologischen Problemen auftreten, denn das sogenannte Kapitalprivileg verdankt sich einer historisch gewachsenen, normativen Entscheidung, „die Arbeitenden nicht als soziale und die Natur nicht als natürliche Mitwelt zu betrachten, sondern beide wie Sachen zu behandeln. Durch diese Entscheidung wurde das Kapital bindungslos, d.h. der Verantwortung für die Mitwelt enthoben. Ethisches Investment will das ändern, indem es diese Verantwortung wieder einführt."[1125] Allen Nachhaltigkeitsüberlegungen diametral entgegengesetzt herrscht noch immer weitgehend die Ansicht vor, Kapital habe bloß die Aufgabe, Gewinne zu erzielen; manchmal wird dieser Forderung freilich der eher euphemistisch camouflierte Zusatz nachgereicht, dies habe im Rahmen geltender Gesetze und Moralvorstellungen zu geschehen[1126], jedoch wird im gleichen Atemzug nicht selten hingenommen, dass allfällige Gewinne und Renditen zu Lasten des jeweiligen Natur-, Kultur und Sozialkapitals erwirtschaftet werden. Diese Lastenabwälzung aufgreifend, unterstreicht Scherhorn mit allem Nachdruck, wie vehement sich ethisches Investment dafür einsetzen müsse, Gewinne ohne Externalisierung zu erzielen und damit „die Abwälzung privater Kosten auf Umwelt und Gesellschaft zu verhindern."[1127] Im gleichen Atemzug räumt Scherhorn ein, dass die

---

1124 Ebd. 22. Vgl dazu auch: G. Scherhorn: Gleiche Chancen für das Kapital. In: K. Woltron / H. Knoflacher & A. Rosik-Kölbl (Hgg.): Wege in den Postkapitalismus. Wien 2005, 79–94; G. Scherhorn: Markt und Wettbewerb unter dem Nachhaltigkeitsziel. Zeitschrift für Umweltpolitik & Umweltrecht. 28 (2005), 135–154.

1125 G. Scherhorn: Was kann ethisches Investment leisten, was nicht? 22, bezugnehmend auf: Karl Polany: Die große Transformation. Politische und ökonomische Ursprünge von Gesellschaften und Wirtschaftssystemen. Frankfurt 1978, 102–112. Das Bestreben nach Veränderung bindungsloser Kapitalmacht und verantwortungsvollem Einsatz von Geld ist auch im unternehmensinternen Konzept der Corporate Social Responsibility (CSR) verankert. Vgl dazu: Europäische Kommission (Hg.): Europäische Rahmenbedingungen für die soziale Verantwortung von Unternehmen – Grünbuch. Generaldirektion Beschäftigung und Soziales, Referat EMPL/D.1, 2001; Europäische Kommission (Hg.): Die soziale Verantwortung von Unternehmen: ein Unternehmensbeitrag zur Nachhaltigen Entwicklung. KOM 2002, 347 end.; European Multistakeholder Forum on CSR: Corporate Social Responsibility. Final results & recommandations. Report, 2004. In: www.forum.europa.eu.int/irc/empl/csre_eu_multi-stakeholder_forum/info/data/en/CSR%20Forum%20final%20report.pdf. Download: 15.06.2008.

1126 Vgl. G. Scherhorn: Was kann ethisches Investment leisten, was nicht? 23.

1127 Ebd. 23.

Konzepte für ethisch-nachhaltig orientierte Geldanlage noch im Werden seien und man an ihrer ständigen Weiterentwicklung arbeiten müsse.[1128]

Zusammenfassend ist der engagiert-ethischen Implikation ökologisch-nachhaltig orientierter Geldanlagen unumwunden zuzustimmen, wie auch dem damit einhergehenden Anliegen, sich den rein ökonomischen Marktzwängen weitgehend entziehen zu wollen und Lenkungsmechanismen zu implementieren, welche die Kapitalmärkte wieder in Richtung ihrer eigentlichen Bestimmung, nämlich der Schaffung realer Werte bewegen sollen. Doch auch das Angebot ethischer Geldanlagen muss kommuniziert, medial verbreitet und letztlich auch beworben werden. Diese Kommunikationsvorgänge finden unter dem geltenden Paradigma marktwirtschaftlicher Bedingungen statt, die ihre Eigengesetzlichkeit entfalten, sobald man sich ihrer bedient. Zwar fordert auch Scherhorn, dass sich ethisches Investment der Tendenz um den zwangsläufig entstehenden Wettbewerb um das beste Angebot, die höchste Rendite usw. nicht beugen dürfe[1129], doch zeigt die Praxis, dass diesbezügliche Wünsche potenzieller AnlegerInnen keineswegs ausbleiben, was für Ethik- und Nachhaltigkeitsfonds bedeutet, im Fahrwasser des freien Wettbewerbs gemeinsam mit anderen Anlageprodukten nolens volens mitschwimmen zu müssen, auch wenn diese Strömung aufgrund wettbewerbsbezogener Normativitäten möglicherweise in die falsche Richtung führt. Auch fragen sich manche AnlegerInnen bei Durchsicht der angebotenen Anlagefonds zu Recht, warum einige Unternehmenstitel sowohl in nachhaltig als auch in konventionell gemanagten Portfolios zu finden sind. Worin in diesen Konstellationen die Nachhaltigkeit eines betreffenden Fonds besteht, wie und ob sich AnlegerInnen mit gutem Gewissen auf die Angaben der Fondsmanager verlassen können und was einen als nachhaltig ausgewiesenen Fond denn nun wirklich nachhaltig macht, sind nicht einfach zu kommunizierende Inhalte.[1130]

Es spricht einiges für die später noch zu erörternde Frage der Schaffung politischer Rahmenbedingungen, um dem Kapital seine Sozialpflichtigkeit in eventu per Gesetz aufzuerlegen, kurzum per ethisch orientierter Geldanlage den Kapitalismus an seine Verantwortung für Arbeit, Natur und Kultur nachhaltig zu erinnern.

1128 Vgl. ebd. 23f.

1129 Vgl. ebd. 23.

1130 Vgl. dazu: Gerhard Tometschek: Praxis des ethischen Fondsmanagements. In: Katholische Sozialakademie Österreichs (Hg.): Dossier Geld und Ethik: ethische Geldanlagen. 09/2006, 31, mit praxisrelevanten Beispielen der Restrukturierung von konventionellen „Anlageuniversen“ hin zu bereinigten, nachhaltigen Wertpapierportfolios im Wiener Bankhaus Schelhammer&Schattera, das im Eigentum von Institutionen der römisch-katholischen Kirche Österreichs steht.

12.6.1 Die „unsichtbare Hand“ und ihr politischer Gestaltungsrahmen: Ethisches Investment als politischer Prozess

Ethisches Investment besitzt zweifellos ein beachtliches Falsifizierungspotenzial, um herkömmlich-gängige Auffassungen der klassischen Wirtschaftstheorie, welche davon ausgehen, dass Wirtschaft und Ethik mehr trennt als eint, den Wind aus den Segeln zu nehmen. Auch Markus Schlagnitweit setzt sich der kritischen These aus, derzufolge der Wirtschaft eine Eigengesetzlichkeit innewohne, die ethische Implikationen a priori ausschließe.[1131]

Reinhard Marx bestreitet den durch Adam Smith postulierten und im Frühliberalismus beheimateten Geltungsanspruch einer wirtschaftslenkenden „unsichtbaren Hand“. Vielmehr bedürfe es „des starken Armes des Staates, um Vertrags- und Marktfreiheit zu erreichen“,[1132] denn die meisten Marktsegmente seien durch ein erhebliches Kräfteungleichgewicht zwischen Angebots- und Nachfragenseite gekennzeichnet.

Im Lichte gesellschaftlicher Neuorientierung tritt Schlagnitweit dafür ein, ethisches Investment als politischen Prozess zu begreifen. „Gewerkschaften und zivilgesellschaftliche Verbände, soziale und ökologische Bewegungen, Menschenrechtsorganisationen, politische Gruppierungen verlieren durch Ethik-Investment jedenfalls keineswegs ihre Betätigungsfelder! Vielmehr braucht es ein Miteinander von kollektivem wie individuellem Handeln, … bei dem es um die Weiterentwicklung von Instrumenten, Kriterien, Werthaltungen, Zielbestimmungen etc. zur Mitgestaltung und Steuerung von Wirtschaft im Sinne ihrer Zukunftsfähigkeit geht.“[1133]

Kritisch würdigend lässt sich anhand erfolgreicher ethisch-nachhaltiger Investments zeigen, dass ökologische, kulturelle und soziale Belange sehr wohl zu den Aufgaben einer umfassend und differenziert betrachteten Wirtschaft gehören, deren „unsichtbare Hand“, eben genau von diesen innovativen Anliegen geführt, zu einem neuen, menschenwürdigen und den Bedürfnissen der Biosphäre nicht gleichgültig gegenüberstehenden Wirtschaften überleitet. Man mag dies durchaus einen Paradigmenwechsel nennen, der jedoch zum gegenwärtigen Zeitpunkt nur ansatzhaft zu erkennen ist, weshalb die Erwartungen nicht zu hoch geschraubt werden dürfen, denn ethische Investments alleine lösen weder historisch gewachsene Systemfehler des Finanzkapitalismus, noch sind sie imstande, virulent gewordene Folgen der weltweiten Finanzmarktkrise spürbar einzudäm-

---

1131 Vgl. M. Schlagnitweit: Ethik-Investment – ein politischer Prozess. In: Katholische Sozialakademie Österreichs (Hg.): Dossier Geld und Ethik: ethische Geldanlagen. 09/2006, 39–40.

1132 R. Marx: Das Kapital, 80.

1133 M. Schlagnitweit: Ethik-Investment – ein politischer Prozess, 39.

men. Viel eher ist zu hoffen, dass mit vermehrten ethisch orientierten Geldanlagen Bausteine am Fundament eines neuen Wirtschaftens gelegt werden. Wird das Bauwerk langsam hochgezogen, zieht es vielleicht die Blicke jener auf sich, die aufgrund eines bloß vordergründigen Kosten-Nutzen-Kalküls bisher blind für alle den klassischen „homo oeconmicus" übersteigende Vorstellungen waren.

Vielleicht ist schon viel gewonnen, wenn dereinst darüber Konsens zu erzielen sein wird, dass es keine rein ökonomische Entscheidung für sich geben kann, da ihr immer schon – Kant paraphrasierend – auch soziale, kulturelle wie ökologische und damit auch ethische Vorentscheidungen „transzendental" zugrundeliegen.

12.7 Zum asymmetrischen Verhältnis von Geldwirtschaft und Realwirtschaft

In den letzten Jahren war eine zunehmende Entkoppelung, ja geradezu Entfesselung des Finanzmarktes von der Realwirtschaft zu beobachten Die dabei auftretende ungeheure Dynamik lässt sich in anschaulichen Zahlen darstellen. Im Jahr 2007 betrug das Welthandelsvolumen 14.000 Mrd. US-Dollar. Im selben Jahr wurden am weltweiten Devisenmarkt täglich über 3000 Mrd. Dollar gehandelt.[1134] Das heißt also, dass in weniger als fünf Tagen des Jahres 2007 im (virtuellen) Geldhandel gleich viel umgesetzt wurde, wie im Welthandel in der Entwicklung, Produktion und dem Austausch von Wirtschaftsgütern in einem Jahr. Mit anderen Worten: Nur zwei Prozent der in diesem Jahr weltweit getätigten Devisengeschäfte standen in einem realwirtschaftlichen Kontext. Beinahe alle Devisengeschäfte, also 98 Prozent, basierten auf purer Spekulation, ohne jedweden wirtschaftsbezogenen Hintergrund.[1135] Nichts wurde dafür produziert oder gehandelt, es wurde keine Dienstleistung erbracht, niemand fand dadurch Arbeit, außer eine Handvoll Menschen in „Trading-rooms".

Eine ganz ähnliche Entwicklung konstatieren Gabriel und Schlagnitweit anhand Zahlen der Bank für internationalen Zahlungsausgleich für die Derivatenmärkte[1136], wo „pro Quartal (!) Derivate in Höhe von ca. 500 Billionen US-

---

1134 Im Jahr 1992 lag das tägliche, weltweite Handelsvolumen an den Devisenmärkten noch bei 820 Mrd. US-Dollar. Diese und andere Fakten präsentieren Klaus Gabriel/Markus Schlagnitweit: Das Gute Geld. Ethisches Investment. Hintergründe und Möglichkeiten. Innsbruck 2009, 18–19.

1135 Vgl. ebd. 18.

1136 Unter Derivaten versteht man Finanzinstrumente, „die ursprünglich der Absicherung gegenüber bestimmten Risiken – vor allem in Hinblick auf Preis- und Zinsschwankungen dienten, mittlerweile aber vor allem spekulativen Charakter haben." Ebd. 18.

Dollar umgesetzt (werden) – eine monströse Zahl, die mit realwirtschaftlicher Wertschöpfung nichts mehr zu tun hat.

Als Fazit dieser eklatanten Asymmetrie lässt sich der mittlerweile stark fortgeschrittene Abkoppelungsprozess des Finanzmarktes vom realen Wirtschaftsleben feststellen. Die jeglichem wirtschaftlichen Realbezug abholden Ausdehnungen der täglich gehandelten Geldsummen stellen per se zwar noch kein Problem dar. Es lässt sich aber Schlagnitweits Einschätzung leicht zustimmen, dass die Entkoppelungs- und Verselbständigungsprozesse der Finanzmärkte im Konzert globaler Deregulierung und Liberalisierung bereits zu wachsender Intransparenz und Destabilisierung des gesamten Wirtschaftsgefüges geführt haben. Das Tragische daran: Trotz Asymmetrie und weitgehender Losgelöstheit dieser zu 98 Prozent weitgehend spekulativen „Luftgeschäfte“ schlagen Krisen, die in diesem augenscheinlich „weltabgewandten“, weil virtuellen Marktgeschehen stattfinden, manifest „auf die Realwirtschaft und somit auf alle Menschen durch.“[1137] Wahrscheinlich deshalb, weil die aktuelle Krise in ihrem Kern auch eine Vertrauenskrise ist und die Finanzmarktakteure einander nicht mehr über den Weg trauen.

12.8 Lässt sich Kapital sozial zähmen?

Ausgehend von der Frage, wie wir den eigenen Umgang mit Geld sozial und ökologisch rechenschaftspflichtig machen und verantwortlich gestalten können, will Ulrich Duchrow konkrete, praxisbezogene Beispiele geben.[1138] Dabei ist es ihm auch ein Anliegen, dass sich die Kirchen als wirtschaftliche Akteure vorbildhaft vom „unverantwortlichen transnationalen Kapital distanzieren“ und zu dessen sozialer „Zähmung“ beitragen sollen.[1139] Ein erster möglicher Schritt könnte laut Duchrow mit der Umschichtung des Kirchenvermögens gesetzt werden, indem die veranlagten Gelder herkömmlichen Geschäftsbanken entzogen und in alternative Banken investiert werden. Viele Kirchen in Deutschland haben diesen Weg bereits eingeschlagen. Dass dieser Vorgang nicht immer friktionsfrei abläuft, beobachtet Duchrow durchaus: „Hier stoßen wir in den Kirchen allerdings auf den Widerstand der Finanzreferenten, die Kapitalismus praktizieren, während christliche Erklärungen ihn kritisieren.“[1140]

1137 Ebd. 19.

1138 Ulrich Duchrow: Wirtschaften für das Leben, 154–160.

1139 Vgl. ebd. 154.

1140 Ebd. 155.

Eine weitere Empfehlung Duchrows lautet: „Bündnisse bilden“ und zwar „von unten“.[1141] Kirchen, NGOs und soziale Bewegungen sollen sich in einer gemeinsamen Doppelstrategie für lebensförderndes Wirtschaften einsetzen. Zum ersten Teil dieser strategischen Maßnahmen zählt die Kontaktaufnahme mit den „Opfern“ des gegenwärtigen Wirtschaftssystems, verbunden mit einer möglichst effizienten, lokalen Teilabkoppelung aus dem Weltwirtschaftssystem mittels Gründung alternativer Banken, dezentraler Energieversorger (Sonne, Wasser, Wind und Biomasse), geldloser Tauschringe und/oder die Herausgabe lokaler Währungen, auch complementary currency genannt. Teil zwei der Strategie strebt eine Bündnisbildung „zur sozialen, ökologischen und demokratischen Regulierung des transnationalen Kapitals“ an.[1142] Duchrow gibt sich überzeugt, dass die Kirchen im Verbund mit den sozialen Bewegungen durch Stärkung sowohl lokaler Initiativen als auch durch überregionale Bündnisbildung zur Verfolgung politischer, ökologischer und ökonomischer Ziele ihre Chancen zur Veränderung ergreifen sollten.

1141 Ebd. 157. Im Folgenden fasse ich die Forderungen des Duchrowschen Maßnahmenpapiers in ebd. 157–160 zusammen.

1142 Vgl. ebd. 157.

13 „Mit gutem Beispiel voran.“ Kirchliche Bekenntnisse zur ethischen Geldanlage und deren praktische Umsetzung.

Erzbischof Robert Zollitsch, der Vorsitzende der Deutschen Bischofskonferenz, bekannte sich auf einer gemeinsamen Fachtagung des Zentralkomitees der Katholiken in Deutschland (ZdK) und des Bundes Katholischer Unternehmer (BKU) in Frankfurt zur Verpflichtung der Kirche, „bei ihrer Geldanlage mit gutem Beispiel voranzugehen.“[1143] Auch unter finanziellen Renditegesichtspunkten betrachten das ZdK und der BKU ethische Investments als sinnvolle Anlageformen, solange sich diese an dem christlichen Dreiklang von „Gerechtigkeit, Frieden und Bewahrung der Schöpfung“[1144] orientieren. Darüberhinaus, betont ZdK-Sprecher Peter Weiss,[1145] habe sich nachhaltiges Investment gerade in der aktuellen Finanzmarktsituation als unanfälliger erwiesen als viele „klassische“ Anlageprodukte. Als Beispiel hebt Weiss die Investitionen in Mikrofinanzinstitute in Entwicklungsländern hervor und fügt erläuternd hinzu: „Die Mikrofinanzmärkte weisen nur eine geringe Korrelation mit den internationalen Finanzmärkten auf, und die Ausfallsquoten und damit das Risiko sind bei professionell geführten Mikrofinanz-Instituten besonders gering. Hier gilt noch die ursprüngliche Bedeutung von Kredit (lat. credere = glauben).[1146] Daran könnten sich die Akteure[1147] auf den internationalen Finanzmärkten ein Vorbild nehmen.“[1148]

1143 ZdK/BKU (Hg.): Katholiken fordern verantwortungsvolleren Umgang mit Geldanlagen, Frankfurt 29.02.2008. In: www.ciw-wirtschaftsnachrichten.de/aktuelle-nachrichten/meldung/artikel/katholiken-fordern-verantwortungsvolleren-umgang-mit-geldanlagen.html, 1. Download: 07.01.2009.

1144 Ebd. 1.

1145 P. Weiss ist ZdK-Sprecher für weltkirchliche Solidarität und Entwicklungszusammenarbeit. Vgl. ebd. 1.

1146 Vgl. dazu Kapitel 2.3.1 „Kredit kommt von credo“ in dieser Arbeit.

1147 Die relevanten *Akteure* eines Finanzmarktes nach Paul Windolf: *Unternehmen*, auf Kapitalsuche. *AnlegerInnen*, die ihr Geld nach verschiedenen Motiven wie Rendite, Sicherheit, Liquidität usw. investieren wollen. *Banken*, als Vermittler zwischen Unternehmen und AnlegerInnen. *Investmentfonds* auf der Suche nach Anlagekapital. *Analysten*, die Unternehmen hinsichtlich ihrer künftigen Gewinne einschätzen und Prognosen zur Kaufempfehlung erstellen. *Ratingagenturen*, deren Bewertungsblick nicht die Kursentwicklung, sondern die Zahlungsfähigkeit von Unternehmen fokussiert. Vgl. dazu: Wolf Reichert: Ethisches Investment – eine ökonomische Einordnung in den Horizont der Finanzkrise des Herbstes 2008, 6.

13.1 „Mit Geldanlagen Verantwortung wahrnehmen." Eine Handreichung der Deutschen Bischofskonferenz

Einige Monate zuvor ermutigte das ZdK in einer Erklärung und einer ergänzenden Handreichung unter der Losung „Mit Geldanlagen Verantwortung wahrnehmen!"[1149] alle ChristInnen, ethisch zu investieren, „denn auch Kleinsummen ergeben zusammen ein großes Potential."[1150]

Seither wird im Zuge der angespannten Weltwirtschaftslage die Frage nach den wirtschaftlichen, sozialen und ökologischen Auswirkungen von Geldanlagen mit immer größerem Nachdruck und eindeutig verschärft gestellt. Wie kann aber sichergestellt werden, dass mit der eigenen Geldanlage im Sinne einer christlichen Ethik Gutes bewirkt und Schlechtes vermieden wird? Engagierte ChristInnen tragen nach Überzeugung des ZdK die Absicht, mit ihren Investments nicht nur Renditen zu erzielen, sondern lebensdienliche Entwicklungen wie Gerechtigkeit, Frieden und Bewahrung der Schöpfung zu fördern. Hierin sei der Kern jeglichen christlich geprägten ethischen Investments zu erblicken.[1151]

Ziel der Handreichung ist es, Möglichkeiten für AnlegerInnen aufzuzeigen, wie sie mit ihren Geldanlagen „in sogenannten sozialverantwortlichen Investmentfonds einen positiven Beitrag zur internationalen sozialen Gerechtigkeit leisten können,"[1152] wobei anzumerken ist, dass die vom ZdK empfohlene verantwortliche Geldanlage komplementär zum Spendenengagement angesehen

---

1148 P. Weiss Interview, in: ZdK/BKU (Hg.): Katholiken fordern verantwortungsvolleren Umgang mit Geldanlagen, 1. (Eigene Klammersetzung).

1149 Vgl. ZdK (Hg.): Ethisches Investment – Mit Geldanalgen Verantwortung wahrnehmen! Handreichung für private und kirchliche Anleger, 27.08.2007. Das ZdK knüpft mit seiner Erklärung und der ergänzenden Handreichung sowohl an das Sozialwort der Kirchen „Für eine Zukunft in Solidarität und Gerechtigkeit" als auch an die Studie „Globale Finanzen und menschliche Entwicklung" der Sachverständigengruppe Weltwirtschaft und Sozialethik der Deutschen Bischofskonferenz an. Die Handreichung bietet darüberhinaus einen guten Überblick, wie ethische Geldanlagen funktionieren, welche Formen der Geldanlage es gibt und wo potentielle AnlegerInnen ihr Geld ethisch anlegen können.
Vgl: www.zdk.de/erklaerungen/erklaerung.php?id=162, 2–17, bes. 2–3. Download: 03.01.2009.

1150 Peter Weiß, ZdK-Mitglied und Bundestagsabgeordneter, fordert in einem Interview am 28.08.2007 alle Akteure am Finanzmarkt zu einem noch stärkeren Engagement in der ethischen Geldanlage auf. In: www.ciw-wirtschaftsnachrichten.de/aktuell/artikel/zdk-gibt-tipps-zu-ethischen-geldanlagen.html, 1. Download: 03.01.2009.

1151 Vgl. ZdK (Hg.): Ethisches Investment – Mit Geldanalgen Verantwortung wahrnehmen! Handreichung für private und kirchliche Anleger, 27.08.2007. In: www.zdk.de/erklaerungen/erklaerung.php?id=162, 2–4. Download: 03.01.2009.

1152 Ebd. 3.

wird. „Beide Möglichkeiten erfüllen das Gebot der Gemeinwohlverpflichtung des Eigentums.“[1153]

Als wünschenswert wird erachtet, dass christlich-ethisches Investment dereinst die gleiche Zustimmung finden wird, wie der „faire Handel“, der sich einer stetig steigenden Akzeptanz erfreuen kann. „*Fair invest* und *fair trade* haben das gleiche Ziel – weltweite Gerechtigkeit!“[1154] Der Apell des ZdK ist nicht nur an private, sondern auch an institutionelle Anleger, insbesondere an Pfarrgemeinden, Bistümer, Diözesen, Verbände, Orden und Werke gerichtet.

Nach einjähriger eingehender Beschäftigung mit dieser Thematik erarbeitete das ZdK einen umfassenden Kriterienkatalog ethischer Investments mit drei wesentlichen Aspekten als Orientierungshilfe für AnlegerInnen:

1. Fördert die Geldanlage das Leben der Menschen, die Bewahrung der Schöpfung sowie die internationale und intergenerationale Gerechtigkeit?
2. Tragt das Instrument dazu bei, dass arme Menschen in ihrem Bemühen um bessere Lebensbedingungen konkret unterstützt werden?
3. Werden durch die Geldanlage Unternehmen finanziert, deren Produkte und Herstellungsverfahren den Menschen, der Umwelt und den Volkswirtschaften gerade auch in den Entwicklungs- und Schwellenländern zugute kommen?[1155]

Zum Ziel eines verantwortlichen Umgangs mit Geldanlagen wird die „Herstellung einer ethischen Balance zwischen Gemeinwohlverantwortung, finanzieller Rendite, Sicherheit und Liquidität“[1156] erklärt. Eine weitere Empfehlung orientiert sich an konstitutiven Grundlagen der katholischen Soziallehre, wie an christlich-ethischen Standards, die auf „drei Oberziele“ fokussiert werden: Gerechtigkeit, Frieden und Bewahrung der Schöpfung.[1157]

1153 Ebd. 3.

1154 Ebd. 3 (eigene Kursivsetzungen). Laut Information des ZdK agieren in Deutschland 114 zum Vertrieb zugelassene Nachhaltigkeitsfonds, davon 73 Aktienfonds, 23 gemischte Fonds und Dachfonds sowie 18 Rentenfonds mit einem Volumen von 16,07 Milliarden Euro (Stichtag: 30.03.2007, Quelle: www.ECOreporter.de). Zu Beginn der Datenermittlung, 1998, gab es lediglich 12 solcher Finanzprodukte mit einem Volumen von 300 Mio. Euro. Vgl. ebd. 3.

1155 Vgl. ZdK-Handreichung, in: www.zdk.de/erklaerungen/erklaerung.php?id=162, 3–6. Download: 03.01.2009. Die vom ZdK zusammengefassten Kriterien decken sich weitgehend mit den mittlerweile gängigen Maßstäben für ethische Geldanlagen und ihren drei Hauptkriterien der Natur-, Sozial- und Kulturverträglichkeit, auf die in dieser Arbeit mit den Forschungserträgen von Klaus Gabriel u.a. gesondert eingegangen wird.

1156 Peter Weiß, Orientierungshilfen für Anleger. In: www.ciw-wirtschaftsnachrichten.de/aktuell/artikel/zdk-gibt-tipps-zu-ethischen-geldanlagen.html, 1. Download: 03.01.2009.

1157 Ebd. 1.

Wie die meisten Kriterienkataloge ethischer Geldanlagen, basieren auch die vom ZdK herausgearbeiteten Forderungen auf sogenannten Negativ- und Positivkriterien für das finanzielle Engagement potentieller AnlegerInnen:

Zu den *Negativkriterien* zählen die klassischen Ausschlussgründe wie die Veranlagung von Geldern in Marktsegmenten wie Rüstung, Drogen, Pornografie, Kinderarbeit und Zwangsarbeit. Gleichsam gehören Diskriminierung, Missachtung von Menschenrechten, Verletzung von Gewerkschaftsrechten und Umweltzerstörung zu den Ausschlussfaktoren für finanzielles Engagement. Kritisch wird auch die sogenannte „Externalisierung“ erwähnt, worunter jede Form von Kostenabwälzung wirtschaftlichen Handelns auf Dritte, auf die Umwelt oder, dem Nachhaltigkeitsgedanken folgend, auf zukünftige Generationen gemeint ist.[1158]

Unter den *Positivkriterien* wird allen voran die Armutsbekämpfung und dabei explizit das Finanzinstrument der Mikrokredite angeführt. Ferner wird empfohlen, bei Geldanalgen die Faktoren „Umwelttechnologien, ethische Unternehmungsführung, gesellschaftliche Unternehmensverantwortung, Familienfreundlichkeit“ und entwicklungsorientiertes staatliches Handeln positiv zu berücksichtigen.[1159]

Die Anlageempfehlungen des ZdK nennen neben Sparbüchern und Zertifikaten kirchlicher Banken vor allen Dingen Nachhaltigkeitsfonds, wobei auf die differenzierten Bewertungsverfahren für das ethische Screening von Unternehmen und Emittenten festverzinslicher Wertpapiere der Nachhaltigkeitsrating-Agenturen hingewiesen wird. Drei verschiedene Vorgehensweisen für die Auswahl von Titeln nach Nachhaltigkeitskriterien werden vorgestellt:[1160]

Kriteriengeleitete Fonds: Hierbei können AnlegerInnen Unternehmen aus einer Liste klar definierter Positiv- und Negativkriterien auswählen, um für ihre persönliche Portfoliozusammenstellung gezielt jene Anbieter zu berücksichtigen, deren Produkte, Dienstleistungen oder Managementverfahren beispielsweise ökologisch oder sozial fortschrittlich sind.

Der „Best in class“-Ansatz: Unternehmen einer bestimmten Branche erhalten für bestimmte Merkmale im ökonomischen, ökologischen und sozialen Bereich Noten, wodurch eine Rangliste mit Wettbewerbsanreizen entsteht, attraktiv für potentielle ethisch orientierte Investoren und Fondsmanager zu werden. Unternehmen mit hohen Nachhaltigkeitswerten kommen am ehesten für eine Investition in Frage.

1158 Vgl. ebd. 1.

1159 Vgl. ebd. 1.

1160 Vgl. ZdK-Handreichung, in: www.zdk.de/erklaerungen/erklaerung.php?id=162, 6–8. Download: 03.01.2009.

Pionierfonds: konzentrieren sich bewusst auf das schmale Marktsegment ökologischer und sozialer Vorreiter, die zum Beispiel alternative Energiegewinnung, Lebensmittelproduktion oder Fairtrade mit Produzenten aus Entwicklungsländern betreiben und so neue innovative Wege bei gleichzeitig hohem unternehmerischem Risiko beschreiten.

In vielen Nachhaltigkeitsfonds werden die drei Ansätze mit dem Ziel einer besseren Risikostreuung kombiniert.[1161]

Die Studien zur Performance und langfristigen Ertragsentwicklung von Nachhaltigkeitsfonds weisen laut Recherchen des ZdK bei aller Uneinheitlichkeit in eine Richtung: Die Auswahl von nachhaltig arbeitenden Unternehmen ist der Renditeentwicklung eher förderlich.[1162] „Bei aller Problematik statistischer Erhebungsverfahren wird mit diesen Studien die Tendenz belegt, dass der ökonomische Erfolg von Fonds mit einer klaren ethischen Ausrichtung höher ist."[1163]

Zusammenfassend kann der Handreichung des ZdK entnommen werden, dass die Aufmerksamkeit für ethische Geldanlagen in kirchlichen Finanzangelegenheiten deutlich gestiegen ist, dass sich viele kirchlich tätige Finanzfachleute und katholische Bankinstitute mittlerweile mit großer Kompetenz und Verantwortung dieser Thematik angenommen haben, eine breitflächig angelegte praktische Umsetzung der aufgestellten Guidelines ethischen Finanzengagements aber noch aussteht. Die Umschichtung langfristig veranlagter Portfolios und der nachträgliche Einbau von „Ethikfiltern" zur Nachjustierung der Investments bedeuten im Hinblick auf nachhaltiges Veranlagen, in Zukunft nur mehr mit Instituten, Unternehmen und Staaten zusammenzuarbeiten, die nachprüfbar ethische Kriterien umsetzen und eine konsistente ethische Kriteriologie auf alle ihre Geschäftsaktivitäten anwenden, und dass diese den entwickelten sozialen und ökologischen Forderungen in transparenter, nachvollziehbarer Weise auch entsprechen, sich also für Frieden, soziale Gerechtigkeit und Bewahrung der Schöpfung einsetzen.[1164]

Die Frage, wie stark und effizient der Einfluss sozial verantwortlicher InvestorInnen tatsächlich ist, wird aufgrund nur wenig aussagekräftiger wissenschaftli-

---

1161 Vgl. ebd. 7.

1162 Die Harvard Wissenschafter Margolis und Walsh fassten 2001, nach der sogenannten Dot.com-Blase die Ergebnisse von 80 Studien zur Performance-Entwicklung von Nachhaltigkeitsfonds zusammen. Mehr als 50% der untersuchten Studien ergaben, dass die Auswahl von nachhaltig arbeitenden Unternehmen in einen Investmentfond der Renditeentwicklung zuträglich ist, 5% der Studien ergaben nachteilige Ergebnisse und 45% gelangten zur Auffassung, dass kein Zusammenhang zwischen Renditeentwicklung und einem an Nachhaltigkeitskriterien orientiertem Auswahlprozess besteht. Vgl. ebd. 7–8.

1163 Ebd. 6–7.

1164 Vgl. ebd. 10–12.

cher Untersuchungen schwer zu beantworten sein. Hier liegt ein noch zu bearbeitendes, global und interdisziplinär verzahntes Forschungsfeld weitgehend brach. Einige von Banken und Investmentfirmen in Auftrag gegebene Studien geraten mitunter in Verdacht, in Krisenzeiten Jubelmeldungen zu verbreiten, um dem innovativen Geschäftsfeld „ethisches Investment“ Neukunden zu verschaffen.[1165]

13.1.1 Orientierungshilfe zum ethikbezogenen Investment der Deutschen Bischofskonferenz

Der Grundfrage nachgehend, ob man mit Geldanlagen die Welt verändern könne, gliedert die von der Deutschen Bischofskonferenz beauftragte Sachverständigengruppe „Weltwirtschaft und Sozialethik“ unter der Leitung von Bernhard Emunds ihre Studie in fünf Kapitel.[1166] Bevor auf deren Aufbau und Inhalte eingegangen wird, soll zunächst eine definitorische Auffälligkeit festgehalten werden. Im Unterschied zum mittlerweile im deutschen Sprachraum gängigen Terminus „ethisches Investment“ verwenden die AutorInnen der Studie den neuen Begriff „ethikbezogenes Investment“ und erfassen damit den exakt gleichen Bedeutungsumfang einer ethisch-nachhaltigen, sozial-, kultur- und naturverträglichen Geldanlage. In diesem Zusammenhang sei darauf hingewiesen, dass der weltweit gebräuchlichere angelsächsische Terminus SRI (Socially Responsible

---

1165 So berichtete die Washington Post am 17.08.2007 unter Hinweis auf Datenerhebungen der Fondsgesellschaft „Morningstar“ von einem ungebremsten Aufwärtstrend religiöser Anlageformen. Der amerikanische Markt für diese Investment Produkte wuchs innerhalb der letzten zehn Jahre um 3.500 Prozent und lag zum Berichtstag bei einem Volumen mehr als 17 Milliarden US-Dollar. Vgl. www.ciw-wirtschaftsnachrichten.de/aktuelle-nachrichten/meldungen/artikel/usa-religiöse-anlageformen-auf-dem-vormarsch.html. Download: 05.01.2009. Für den deutschen Finanzmarkt nachhaltiger und ethischer Fonds wurde vom Branchendienst www.ECOreporter.de für die Berichtsjahre 2005 und 2006 ein Zuwachs der Volumina von 7,51 Milliarden Euro auf 13,4 Milliarden publiziert. Neun von 62 untersuchten nachhaltigen Aktienfonds erzielten 2006 ein Plus von mehr als 20 Prozent, während der Aktienindex Stoxx Europe im gleichen Jahr auf ein Plus von nur 17,9 Prozent kam. Daran, so die Untersuchung, zeige sich immer deutlicher, dass transparentere, ethisch proaktive Unternehmen an den Börsen weniger böse Überraschungen und Rückschläge zu verzeichnen hätten. Vgl. www.ciw-wirtschaftsnachrichten.de/aktuelle-nachrichten/meldungen/artikel/in-ethik-investieren-zahlt-sich-aus.html. Download: 05.01.2009. Viele dieser Untersuchungen bleiben ihre Auswahlkriterien schuldig. Nicht selten wird dabei konventionellen Aktienfonds temporäre Ethiktauglichkeit zur Aufbesserung der statistischen Ergebnisse zugesprochen.

1166 Vgl. Wissenschaftliche Arbeitsgruppe für weltkirchliche Aufgaben der Deutschen Bischofskonferenz: Mit Geldanlagen die Welt verändern? Eine Orientierungshilfe zum ethikbezogenen Investment. Bonn, 2010.

Investment) unter „sozial“ ein ähnlich breites Bedeutungsfeld abzudecken trachtet wie das deutsche Adjektiv „ethisch“. Im Folgenden sollen einige für das Thema dieser Arbeit relevante Stellen aus der Studie, ohne Absicht auf Vollständigkeit, präsentiert werden.

Das erste Kapitel drängt unter Heranziehung des biblischen Locus classicus über die Unmöglichkeit, gleichzeitig Gott und dem Mammon dienen zu können (Mt 6,24), zu einer Grundsatzentscheidung, die sich als scheinbar entpuppt, da es augenscheinlich möglich ist, mithilfe ethischen Investments diesen Widerspruch zu überbrücken. Die Lösung darf also lauten: Mit gutem Gewissen Rendite erzielen und gleichzeitig soziale, ökologische und entwicklungsbezogene Ziele zu verfolgen, kurzum Gutes zu tun.[1167]

Das zweite Kapitel, „Ethikbezogenes Investment“[1168], widmet sich grundlegenden Begriffsklärungen und bietet einen geschichtlichen Überblick zum Versuch, mithilfe ethikbezogener Anlage-Strategien den Versuch einer finanzsystemkonformen Korrektur anzustreben; vom Aufbau her explizit komplementär und nicht in Konkurrenz zu bestehenden Finanzprodukten.

Als Besonderheit der ethikbezogenen Geldanlage erachtet die Studie ihre spezifische Form der Finanzintermediation[1169] in der Anwendung ethischer Maßstäbe auf die Geldanlage. Hierbei wird auf die Bedeutung der Dichotomie sowohl vermeidender wie fördernder Strategien verwiesen. Rein ausschließendes Stockpicking kann die angestrebten Ziele eines ethisch verantwortbaren Portfolios nicht verwirklichen.

Nach einem Kapitel über Handlungs- und Reflexionsebenen ethikbezogenen Investments werden rechtliche Rahmenbedingungen erörtert, um dann auf die Praxis ethisch verantwortbarer Anlagemöglichkeiten einzugehen, deren Anwendungsfelder m.E. in einer sehr fortschrittlich-ambitionierten Weise „im Dienst sozialer, ökologischer und entwicklungsbezogener Ziele“[1170] verortet werden. An dieser Stelle wird auch die „doppelte Dividende“ erklärt, die ethikbezogene InvestorInnen als moralische „Rendite“ zusätzlich zur finanziellen erzielen.

Als eine stark befürwortete Assetklasse wird in diesem Zusammenhang die Mikrofinanzbranche hervorgehoben, da sie die entwicklungsfördernden wirtschaftlichen Maßnahmen mit den sozialen Zielen vereint. Jedoch wird auch hier (wie in dieser Arbeit) darauf hingewiesen, dass sich hinter dem Label der Mikrofinanzierung auch Finanzinstitute verbergen, die sich vornehmlich gewöhnlichen Konsumentenkrediten widmen und das verheißungsvolle Wort *Mikro* ihren Kre-

---

1167 Vgl. ebd. 7–8.

1168 Vgl. ebd. 8–24.

1169 Vgl. ebd. 12.

1170 Kapitelüberschrift 2.5, ebd. 22.

ditgeschäften lediglich als wohlklingende Marketingmaßnahme voranstellen, da es mittlerweile zur Trademark wurde, vergleichbar mit der Prädikat *Bio.*[1171]

Hier wird deutlich, dass ethikbezogenes Investment auch fachspezifische und zuverlässige Informationen über mögliche Anbieter voraussetzt, woraus hervorgeht, dass es noch nicht genügend Experten gibt, die potentielle AnlegerInnen ausreichend beraten können. In weiterer Folge zeigt sich, dass die Auswahl möglicher Anlageklassen „umso kleiner wird, je gezielter der Investor ein bestimmtes soziales oder ökologisches Ziel fördern will."[1172]

Ehrlich und ungeschönt spricht die Studie auch Klartext über mögliche Risiken und Gewinnerwartungen, denn die Konzentration auf einige wenige, dem ethischen Ziel am besten entsprechende Einzeltitel geht notwendigerweise mit dem Verzicht auf die Reduktion möglicher Risiken einher, wie sie durch eine breitere Diversifikation des Portfolios erzielt werden könnte, „was bereits einen Abstrich im Hinblick auf die finanziellen Anlageziele bedeutet."[1173]

An dieser Stelle spricht sich die Studie explizit dafür aus, den möglicherweise entstehenden Konflikt zwischen finanziellen und ethischen Zielen durch politische Maßnahmen zu entschärfen. Diese Forderung unterstützt die Conclusio dieser Arbeit, wenn gefordert wird, dass Regierungen durch gesetzliche Festlegung sozialer und ökologischer Mindeststandards die Wahrscheinlichkeit verringern, „dass Unternehmen aus der Nichtberücksichtigung ethischer Ansprüche an ihre Geschäftstätigkeit Wettbewerbsvorteile erzielen. Umgekehrt kann die öffentliche Hand Wettbewerbsnachteile aufgrund der Berücksichtigung ethischer Ziele dadurch kompensieren, dass sie Mehrkosten oder Risiken übernimmt, die bei einer sozial und/oder ökologisch vorbildlichen Geschäftspolitik entstehen."[1174]

Resümee: Mithilfe solcher politischen Lenkungsmaßnahmen wäre es zum Beispiel auch möglich, die für die Mikrofinanzbranche dringend erforderliche Qualitätssicherung zu ermöglichen, um das armutslindernde Produkt Mikrokredit nicht durch MFIs, die nur den Return of Investment ihrer AnlegerInnen im Auge haben, zu verwässern. Ein transnational gültiges Qualitätsgütesiegel würde sowohl der Orientierung der Darlehensgebenden als auch in Form einer Produktberatung den finanzbedürftigen KleinstunternehmerInnen vor Ort dienen, was im Sinne einer entwicklungspolitisch relevanten Maßnahme sehr zu begrüßen wäre.

1171 Vgl. 23f.

1172 Ebd. 24.

1173 Ebd. 24.

1174 Ebd. 24.

Im dritten Kapitel „Ethische Reflexion“[1175] wird das ethikbezogene Investment in die Gesamtperspektive einer Ethik in der Finanzwirtschaft eingeordnet. Des Weiteren werden drei maßgebliche Prinzipien zur ethischen Bewertung der Geschäftsstrategie formuliert, welche auch die Stakeholder mit einbeziehen.[1176] Manager, Kapitalgebende, Mitarbeitende und alle Anspruchspartner eines Wirtschaftsunternehmens benötigen eine bestimmte innere Ordnung, einen Zusammenhalt, der über die rein ökonomischen Ziele hinausgeht. Eine solche Gesamtsteuerung, auch Corporate Governance genannt, ist in der Lage, das Unternehmen und seine Stakeholder auf einige Codes of Conduct zu verpflichten, die möglichst nachhaltig wirken sollen.

Die Studie fokussiert *drei Prinzipien* für Finanzinstitute, die ethikbezogene Investments anbieten.

Glaubwürdigkeit: Ein Unternehmen muss sicherstellen, dass sowohl gesetzlich formale Vorgaben und Richtlinien als auch freiwillige Selbstverpflichtungen aller Anspruchsberechtigten (Stakeholder) eingehalten werden. Diese Verpflichtung auf dem Grundsatz der Compliance, im Sinne einer ambitionierten und nicht unter Vorbehalt eingegangenen freien Einwilligung in festgelegte Standards, sollte bei Unternehmen, die ethikbezogene Finanzprodukte anbieten, einen bedeutenden Stellenwert einnehmen, da Glaubwürdigkeitsansprüche in diesem Marktsegment besonders stark als vertrauensbildende Maßnahme eingefordert werden können und sollen.[1177]

Transparenz: Mehr noch als im konventionellen Finanzgeschäft soll der Transparenzbegriff aus ethischer Sicht „über die Kundenbeziehung hinaus geweitet werden: Jeder, der von einer Handlung im relevanten Umfang betroffen ist, soll von ihr auch Kenntnis haben können (und zwar) im Sinne eines kostenlosen Zugangs zu Informationen, ohne den die Betroffenen nicht in der Lage sind, selbst für die Wahrung ihrer Rechte einzutreten.“[1178]

Diese Forderung zielt darauf ab, möglichst alle relevanten Informationen über die angebotenen Investmentmöglichkeiten, Risiken und das eigene geschäftliche Vorgehen offenzulegen.

Diskursoffenheit: Bei allem Bemühen, sich an gegebene Normenkataloge zu halten und nur gut begründete Kriterien für das Zusammenstellen ethikbezogener Produkte und Produktpaletten zu berücksichtigen, bleiben im Grunde die Geltungsansprüche vieler verschiedener, teilweise auch untereinander konkurrierender Ethikansätze strittig, da es zur Schlichtung divergierender Geltungsansprüche

1175 Vgl. ebd. 25–38.
1176 Vgl. ebd. 28–31.
1177 Vgl. ebd. 29.
1178 Ebd. 30.

und ethischer Positionen keine unabhängige, übergeordnete und allgemeine Entscheidungsinstanz gibt. Deshalb kann die Formulierung und Begründung ethischer Kriterien für Geldanlagen nur in Diskursoffenheit geführt werden.

Die AutorInnen der Studie setzen darauf, nur im offenen Diskurs die Weiterentwicklung ethischer Positionen vorantreiben zu können. Keine dogmatische Position ist längerfristig in der Lage, unter geänderten Rahmenbedingungen und Perspektiven ihren ethischen Anspruch aufrecht erhalten zu können.[1179]

In einem weiteren Kapitel werden vor dem Hintergrund mehrerer die Anlageprodukte selbst betreffenden Prinzipien eine Reihe von Kriterien formuliert, anhand derer Finanzprodukte sowie auch grundlegende Strategien ethikbezogener Geldanlage bewertet werden können.[1180] Dazu zählt beispielsweise die Forderung an die Finanzinstitute, angemessene Renditeziele unter Berücksichtigung der Risikotransparenz zu formulieren, wohlbegründete Kriterienkataloge und nachvollziehbare Bewertungsverfahren mit möglichst präziser Produktbeschreibung zu erstellen.

Hinsichtlich einer angemessenen Organisationsstruktur und Kundenbeziehung gilt die Einberufung eines Ethik-Beirates bereits als selbstverständliches Reflexionsinstrument, auch in Hinblick auf die bereits erwähnte Diskursoffenheit und um, in Fairness gegenüber den Kunden, die selbstauferlegten Verpflichtungen und Zielsetzungen von einem externen Gremium kritisch betrachten zu lassen.[1181]

Der vierte Abschnitt ist den „Strategien des Investments und der damit verbundenen Einflussnahme" gewidmet.[1182] In Anbetracht der Tatsache, dass das wichtigste Instrument ethikbezogener Geldanlage das Portfolioinvestment in börsengehandelte Wertpapiere wie Aktien, aber auch festverzinsliche Government Bonds und Corporate Bonds darstellt, widmet sich auch diese Studie der Möglichkeit, nicht nur durch fördernde Maßnahmen gezielte Firmenbeteiligungen zu erwerben, sondern darüber hinaus unter Ausübung des dadurch erworbenen Stimmrechts ethisch relevante Forderungen innerhalb der jeweiligen Unternehmen geltend zu machen. So wird auch hier dem sogenannten „Engagement-Ansatz" ein hoher Stellenwert beigemessen.[1183]

Eine vieldiskutierte Frage ist in diesem Zusammenhang, ab wann die in Prozenten messbare „kritische Masse" von Anteilen innerhalb einer Aktiengesellschaft wirksam werden kann. Hier gehen die Meinungen auseinander. Verständlicherweise fehlt einzelnen ethisch engagierten InvestorInnen im wahrsten Sinne

---

1179 Vgl. ebd. 31.
1180 Vgl. ebd. 32–35.
1181 Vgl. ebd. 36–38.
1182 Vgl. ebd. 39–50.
1183 Vgl. ebd. 45–47.

des Wortes das Gewicht, um maßgebliche Veränderungen innerhalb eines Unternehmens herbeizuführen, denn auf den Kapitalmärkten ist das ethikbezogene Investment noch ein Nischenprodukt. In den Kommunikationskanälen der Investmentbranche dominieren etablierte Deutungsmuster und Leitbilder, für die ethische Ziele keine Relevanz haben.

Ähnlich wie andere in dieser Arbeit vorgestellte AutorInnen empfehlen auch die VerfasserInnen der vorliegenden Studie, die Kooperation und gemeinsame Vorgangsweise von Investorengruppen „mit dem Ziel eines stärkeren Drucks auf ein bestimmtes Unternehmen oder eine bestimmte Branche (auszuüben)."[1184] Intervenierende Strategien wie das Engagement verfolgen das erklärte Ziel der Einflussnahme, besonders bei Unternehmen, deren Geschäftspolitik negativ auffällt, jedoch als zum Guten veränderbar eingeschätzt wird. Die Möglichkeiten reichen vom Herstellen direkter Kommunikationskanäle zu den Entscheidungsträgern über die Möglichkeit, Aktivitäten zu setzen, die für die Reputation des Unternehmens relevant sind, unter Einbindung der Medien, bis zur Befragung des Vorstands und Abstimmung bei der Generalversammlung. „Die meisten ‚Engagement'-Aktivitäten zielen auf einen nicht-öffentlichen kritischen Dialog mit dem Vorstand bzw. den Führungskräften eines Unternehmens"[1185], um die Geschäftspolitik zu beeinflussen. Man spricht dann von einem dialogischen Engagement-Prozess, der hinter verschlossenen Türen stattfindet. Erst wenn diese stillen Strategien, die den Verantwortlichen die Möglichkeit bieten, über „goldene Brücken" zu veränderten Geschäftspraktiken zu schreiten, nicht fruchten, empfiehlt die Studie verschiedene Formen der öffentlich wahrnehmbaren Einflussnahme.[1186]

Im fünften Abschnitt werden einige „Handlungsperspektiven" vorgestellt. Nach grundsätzlichen Überlegungen zur institutionellen Vermögenslage der Kirchen werden zunächst Ökonomen und Experten angesprochen, die mit kirchlichen Geldanlagen betraut sind. Es wird nicht grundlos hervorgehoben, dass kirchliche und kirchennahe Einrichtungen durchaus als bedeutsame Akteure auf dem Finanzmarkt agieren. In Deutschland sind einige Kirchenbanken entstanden, die vorwiegend genossenschaftlich organisiert sind, darüber hinaus gibt es ökumenische Kreditinstitute und einige kirchliche Fonds. Bei einer großen Zahl kirchlicher Veranlagungen steht das Absichern der Pensionskassen für die kirchliche Altersvorsorge an erster Stelle. „Das universelle Kirchenrecht verpflichtet die kirchliche Vermögensverwaltung auf die Sendung der Kirche. Folglich haben

1184 Ebd. 45.
1185 Ebd.46.
1186 Vgl. 46f.

die kirchlichen Einrichtungen auch ihre Finanztransaktionen so zu gestalten, dass sie … nach Möglichkeit zum weltweiten Gemeinwohl beitragen."[1187]

Ohne wenn und aber empfiehlt die Studie den Verantwortlichen der Kirchenvermögen, alle Veranlagungen auf ethikbezogene Assetklassen umzustellen, um so eine spürbare „Steuerungswirkung zugunsten eines sozial und ökologisch verantwortlichen Wirtschaftens (zu) erzielen. Kombinieren diejenigen, die im kirchlichen Auftrag das Vermögen zu verwalten haben, die Investitionen in Unternehmen mit ‚Engagement', dann würde die Kirche zu einer Anlegerin mit ‚doppeltem Gewicht': Sowohl aufgrund ihres Anlagevolumens als auch durch ihr Ansehen als ethische Instanz der Gesellschaft und (dank) ihrer großen Bedeutung in der zivilgesellschaftlichen Öffentlichkeit könnte die Kirche einen bedeutsamen Faktor darstellen, den auch primär gewinnorientiert wirtschaftende Unternehmensvorstände bei ihren Entscheidungen über Geschäftsstrategien im Blick behalten sollten. Dies würde die Aussichten erhöhen, langfristig ein neues Leitbild des guten und effizienten Investments zu etablieren."[1188]

Im Anschluss daran werden privaten InvestorInnen Möglichkeiten für ihre Vermögensanlage empfohlen. Der Dreh- und Angelpunkt dieser Überlegungen gründet in der Sozialpflichtigkeit des Eigentums als ein Mittel, „die Wirtschaftsprozesse stärker auf das Gemeinwohl auszurichten."[1189] Verschwiegen wird dabei keineswegs der sich in der Praxis oftmals ergebende Zielkonflikt zwischen Renditewünschen, Effektivität und Sicherheit des Portfolios.

Zuguterletzt wird noch einmal mit Nachdruck die politische Verantwortung in die Pflicht genommen. Der Staat muss in seiner Rolle als wirtschaftlicher Akteur und in der Bereitstellung öffentlicher Güter auch als Regelsetzer wirksam in Erscheinung treten. Welche Konsequenzen ergeben sich hieraus für das ethikbezogene Investment?[1190]

Konkret fordern die AutroInnen der Studie den Zugang zu qualitativen Unternehmensdaten, denn nur wenige Unternehmen legen ihre Nachhaltigkeitsberichte offen, da dies gesetzlich nur für große Aktiengesellschaften und Konzerne verpflichtend ist. Der hohe Internationalisierungsgrad auf den Finanzmärkten verlangt, zumindest innerhalb der EU, allgemein gültige Standards zu etablieren.

1187 Ebd. 51. Da es keine genauen Zahlen gibt, können hier nur Schätzungen wiedergegeben werden, die von Fachleuten kirchlicher Bankinstitute am Rande des *Ethik-Stammtisches* in Wien am 03.03.2010 geäußert wurden. Diesen Mutmaßungen zufolge, wird das Anlagevolumen der katholischen Kirche, sowie kirchennaher Institutionen und katholischer Ordensgemeinschaften in Deutschland auf etwa 80 Milliarden Euro grob geschätzt. Mit dieser Summe gilt die Katholische Kirche Deutschlands zweifellos als Global Player.

1188 Ebd. 52.

1189 Ebd. 53f.

1190 Vgl. dazu die Auflistung der Forderungen in ebd. 58f.

Für Deutschland wird ferner politisch gefordert, über die eher zahnlose Berichtspflicht hinaus, Einrichtungen der staatlich geförderten Altersvorsorge ethikbezogenes Investment vorzuschreiben, wie dies etwa in Norwegen oder Frankreich bereits Standard ist.

Gefordert wird weiters eine Aufsichtsbehörde für ethikbezogenes Investment in Form einer externen Kontrollinstanz, um sowohl die Anbieter dieser spezifischen Finanzdienstleistungen wie auch die ethikbezogenen Ratings zu beaufsichtigen.

Nach leidvollen Erfahrungen mit Finanzdienstleistungsunternehmen wird eine Neugestaltung der Finanzberatung gefordert, welche am Gemeinwohl orientiert ist und fachlich fundiertes Grundlagenwissen für ethikbezogene Investmentprodukte vermittelt, um interessierten Menschen in aller Offenheit die Chancen und Risiken dieser Assetklasse möglichst transparent zu kommunizieren. „Grundsätzlich steht dahinter das Lernziel, diejenigen Kompetenzen zu erwerben, derer es bedarf, um Entwicklungen der Finanzwirtschaft als politisch denkender Bürger kritisch begleiten zu können."[1191]

Die Forderungen schließen mit einem klaren Bekenntnis für einen stärker regulierten Finanzmarkt. Die Politik darf – nicht zuletzt aufgrund der ernüchternden Erfahrungen in der Finanzwirtwirtschaftskrise – keineswegs aus ihrer Verantwortung entlassen werden. Der hierzu gebotene Argumentationsfigur mangelt es nicht an Plausibilität: „Da sich die Bundesrepublik Deutschland auf konkrete soziale und ökologische Standards verpflichtet hat (Einhaltung der Menschenrechte, Schutz von Umwelt und Klima, etc.), ist die Berücksichtigung dieser Standards auch in der Geldanlage der öffentlichen Hand eine logische Konsequenz. Dadurch würden die Chancen des ethikbezogenen Investments, die Entwicklung des Unternehmenssektors in ethisch sinnvoller Weise zu beeinflussen, steigen. Dabei und bei der Regulierung der Finanzmärkte, stehen die nationalstaatlichen Regierungen in der Pflicht, die Voraussetzungen dafür zu schaffen, dass sich die Finanzwirtschaft in Zukunft wieder gemeinwohlorientiert entwickelt."[1192]

An diese Forderung schließt sich der Aufruf an alle BürgerInnen, diese Prozesse tatkräftig zu unterstützen und die diesbezüglichen politischen Steuerungseffekte kritisch zu begleiten.

Resümee: Der ansonsten durchaus vorsichtige Duktus der Studie entwickelt im letzten Kapitel ein spürbares Feuer, welches sich einer Teilnehmerperspektive verdankt, die klar Position bezieht und für ein entschlossenes Handeln eintritt, wenngleich die Handlungsmöglichkeiten vielleicht etwas zu rosig dargestellt

---

1191 Ebd. 59.
1192 Ebd. 59.

werden. Besonders klar und konsequent durchdacht fallen die spezifischen Forderungen an die Politik aus. Nicht nur in diesem Sinne hebt sich die Studie der DBK-Sachverständigengruppe „Weltwirtschaft und Sozialethik“ wohltuend vom trockenen, weniger praxisbezogenen und wenig Freude am Anliegen vermittelnden Richtlinienpapier der Österreichischen Bischofskonferenz ab, welches ausschließlich aus der Beobachterperspektive formuliert ist.

13.2 Der Ziel- und Kriterienkatalog der Österreichischen Bischofskonferenz

In Österreich hat der Entscheidungsfindungsprozess auf kirchlicher Ebene etwas länger gedauert. Etwa ein Jahr nach der Veröffentlichung verbindlicher Anlagekriterien für deutsches Kirchenvermögen erschien ab November 2009 auf der Homepage der Österreichischen Bischofskonferenz eine Aufstellung von Ethik-Richtlinien als Handreichung, wobei die systematisch-inhaltliche und strukturelle Anlehnung an das deutsche Modell unübersehbar ist.[1193] Der Katalog ist in Investmentprodukte gegliedert und formuliert Negativ- und Positivkriterien. Über den Grad der Verbindlichkeit der darin aufgestellten Ethik-Richtlinien erwähnt das Papier jedoch nichts.

Unter Punkt I werden Unternehmensanleihen, -aktien und Fonds behandelt. Die hierfür aufgestellten Negativkriterien gliedern sich in grundsätzlich ausgeschlossene Assetklassen, absolute Negativkriterien und relative Negativkriterien, die das Papier als diskussionswürdig erachtet.

A) Negativkriterien

1. Grundsätzlich ausgeschlossen sind Unternehmen, die gegen geltendes österreichisches oder EU-Recht verstoßen. Bei regierungsnahen oder verstaatlichten Unternehmen ist auf die Einhaltung der Menschenrechte sowie auf Verstöße gegen die christliche (Sozial-) Lehre zu achten.
2. Unter den absoluten Negativkriterien werden folgende Unternehmensbereiche genannt: die Rüstungsindustrie in Übereinstimmung der Ächtung laut geltender UN-Deklaration. Ferner soll in kein Unternehmen investiert werden, dessen Umsatz zu mehr als 10% aus der Entwicklung, Herstellung oder Vertei-

1193 Vgl. http://www.bischofskonferenz.at/content/site/dokumente/behelfehandreichungen/index.html. In weitere Folge werden Passagen aus dem dreiseitigen Kriterienkatalog zitiert.

lung von Rüstungsgütern herrührt.[1194] Ferner sind Unternehmen ausgeschlossen, die in den Bereichen Abtreibung, Euthanasie oder embryonenverbrauchende Forschung tätig sind. Bei Pornografie sind Hersteller zur Gänze, der Handel ab einem (im Papier nicht näher) „bestimmten Umsatzanteil" ausgeschlossen. Der letzte Punkt betrifft menschenunwürdige Arbeitsbedingungen.[1195]

3. Diskussionspunkte – Relative Negativkriterien: Hierunter fallen Unternehmen mit kontroversem Umweltverhalten und/oder die/der Produktion/Handel von/mit gefährlichen Stoffen, die Atomindustrie, die Tabakindustrie, die Herstellung von Alkohol (nur harte Getränke), kontroverse Wirtschaftspraktiken (z.B. Korruption), Verhütung, Gentechnik und Glückspiel „mit hohem Suchtpotential und ohne Gegenmaßnahmen".[1196]

B) Positivkriterien

Bei Vorliegen von Positivkriterien steht einem Investment aus ethischer Sicht nichts im Wege. Hier kommt auch der „Best-in-Class"-Ansatz ins Spiel, der einen ethischen Wettbewerb unter jenen Unternehmen fördern soll, die den geforderten Standards am ehesten entsprechen.

Punkt II formuliert Ausschlusskriterien für Staatsanleihen

1. Länder sind a priori ausgeschlossen, wenn: Menschenrechte dauernd und systematisch verletzt werden, autoritäre Regime herrschen, der Besitz von ABC-Waffen nachgewiesen ist, Kinderarbeit und/oder dauernde Arbeitsrechtsverletzungen nach ILO-Standard vorliegt; Länder, die die Todesstrafe verhängen.
2. Als diskutabel gelten: ein hohes Rüstungsbudget, Geldwäsche, Atomenergie, Korruption mit Orientierung an der Einstufung der UNO und Länder mit kontroversem Umweltverhalten.

1194 Im Sinne der Verordnung der österreichischen Bundesregierung vom 22.11.1977 betreffend Kriegsmaterial. Vgl. ebd. 1.

1195 Verstöße gegen die Prinzipien der International Labour Organisation. Bei Kinderarbeit sind auch die Zulieferer zu berücksichtigen. Vgl. ebd. 1.

1196 Möglicherweise wollte man mit dieser abschwächenden Formulierung keine Kritik am staatlichen Glücksspielmonopol der Lotto/Toto Gesellschaften und den Casinos Austria üben, die Serviceeinrichtungen für Spielsüchtige unterhalten. Vgl. ebd. 1.

Punkt III: Veranlagungen in Hedge-Fonds können zu Diversifizierung des Anlageuniversums sinnvoll sein. Vorbehalte: mangelnde Transparenz, aggressive Geschäftspolitik.[1197]

Punkt IV: Immobilien: Hier wird dem Erhalt und der Sanierung bestehender Bausubstanz der Vorzug gegenüber Neubauten gegeben, wobei auch soziale, ökologische nachhaltige Aspekte zu berücksichtigen sind. Rein spekulative Immobiliengeschäfte werden als problematisch angesehen, jedoch nicht ausgeschlossen.

Bei Immobilien-Wertpapieren werden Ausschlusskriterien formuliert, die folgende Punkte betreffen: Rüstungsbetriebe, Unternehmen, die dem moralischen Auftrag der Kirche in grober Weise widersprechen, grundbücherliche Ungeklärtheiten, Liegenschaften in Regionen und Ländern, die internationale soziale Mindeststandards nicht erfüllen.

13.2.1 Zusammenfassung und kritische Würdigung

Insgesamt wirken die im Ziel- und Kriterienkatalog formulierten Ethik-Richtlinien wenig mutig bis unentschlossen und schon gar nicht engagiert beherzt. Man hätte hier die Chance wahrnehmen können, mit einem vom Glauben getragenem Pioniergeist nicht nur allgemeine, stellenweise sehr sanft und unverbindlich formulierte Kriterien aufzustellen, sondern Klartext zu sprechen, wie dies bereits vorbildlich und aus der engagierten Teilnehmerperspektive im Ökumenischen Sozialwort geschah.[1198]

Zur inhaltlichen Textkritik: Während in Punkt I.A die Negativkriterien für den Erwerb von Unternehmensanteilen recht ausführlich gegliedert sind, fehlen bei den Positivkriterien (I.B) Hinweise auf branchenbezogene Investments völlig. Im Sinne eines sich zur Schöpfungsgerechtigkeit bekennenden Engagements zur Verbesserung unserer Biosphäre hätte man hier explizit die Forderung aufstellen können, in ökologisch nachhaltige und sozial verträgliche Branchen zu investie-

1197 Hier wäre es m.E. äußerst sinnvoll gewesen, explizit auch auf Standorte wie Steueroasen hinzuweisen und darauf, dass generiertes Kapital dort steuerflüchtig privatisiert und allenfalls entstehende Verluste am tatsächlichen Standort sozialisiert werden.

1198 „Die christlichen Kirchen und kirchlichen Gemeinschaften in Österreich prüfen die Möglichkeit, ihr Vermögen vorwiegend in solchen Fonds anzulegen, die in Unternehmen investieren, die ihre Tätigkeit in überprüfbarer Weise nach Umwelt-, Sozial- und Menschenrechtskriterien ausrichten." In: Sozialwort des ökumenischen Rates der Kirchen in Österreich. Ökumenischer Rat der Kirchen in Österreich (Hg.) 2003, (201).

ren, wie z.B. Wind-, Wasser-, und Solarenergie, sowie andere regenerierbare Energieträger.

Des Weiteren hätten die Ausschlusskriterien klarer aufgeschlüsselt dargestellt werden können. In diesem Zusammenhang ist die, verschiedene kontroverse Geschäftsfelder umfassende „rote Liste" der Steyler Moraltheologen hervorzuheben, die zusätzlich zum Best-in-Class-Ansatz einen weiteren ethischen „Filter" für die Geschäftstätigkeiten der Missionsbank in Anwendung bringt.[1199] Ferner hätte man an dieser Stelle auch das immer wichtiger werdende Ökoeffizienzprinzip Cradle to Cradle ausführen können, welches eine möglichst hohe Wiederverwertbarkeit aller erzeugten Produkte einfordert und unterstützt.[1200] Ferner

---

1199 Abtreibung: Hersteller von Abtreibungspillen sowie Krankenhäuser, in denen Abtreibungen vorgenommen werden. Alkohol/Drogen/Tabak: Hersteller dieser Produkte (ausgenommen Wein, Bier sowie medizinisch genutzte Drogen) Arbeitsrechte: Zwangsarbeit, Diskriminierung, Einschränkung der Versammlungs- und Vereinigungsfreiheit, grobe und fortdauernde Behinderung von Gewerkschaftstätigkeiten. Atomenergie: Betreiber und Eigentümer von Atomkraftwerkensowie Hersteller zentraler Komponenten für Atomkraftwerke ab einem Umsatzanteil von 5%. Biozide: Hersteller von hochgefährlichen Bioziden laut WHO-Definition. Chlororganische Massenprodukte: Hersteller von Pflanzenschutzmitteln und PVC sowie Aktivitäten im Bereich der Chlorchemie ab einem Umsatzanteil von 5%. Embryonenforschung: Unternehmen, die nachweislich die Forschung am menschlichen Embryonen bzw. an entsprechenden embryonalen Zellen betreiben. Glücksspiel: Hersteller und Handel von Glücksspielen und -geräten sowie Wetten, bei denen Geld verloren werden kann. Grüne Gentechnik: Produzenten von genverändertem Saatgut. Kinderarbeit: Kinderarbeit für das Unternehmen und/oder Zulieferer, sofern sie außerhalb der Konventionen der International Labour Organization (ILO) liegt (keine gefährliche oder monotone Arbeit, Mindestalter 15 Jahre, nicht mehr als 6 Stunden pro Tag). Kontroverses Umweltverhalten: Betreiber von Anlagen, die eine besonders schädliche Wirkung auf die Ökosysteme haben (z.B. Staudämme, Pipelines oder Minen in Naturschutzgebieten), Unternehmen, die ein besonders rücksichtsloses Umweltverhalten an den Tag legen. Kontroverse Wirtschaftspraktiken: Massive und anhaltende Verstöße des Unternehmens durch z.B. Korruption, Bilanzfälschungen oder Kartellrechtsverletzungen.Menschenrechte: grobe Verletzung der Menschenrechte durch das Unternehmen und/oder Zulieferer z.B. bei Zwangsumsiedlungen beim Bau eines Staudamms. Pornografie: spezialisierte Gesellschaften, die pornografische Inhalte herstellen oder vertreiben. Rüstungsgüter / Massenvernichtungswaffen: Hersteller geächteter Rüstungsgüter (lt. UN-Deklaration) ohne Umsatzbegrenzung. Ansonsten Produzenten von Rüstungsgütern ab einem Umsatzanteil von 5%, ausgenommen sind Dual-Use-Produkte. Tierversuche: Anwendung von Tierversuchen zum Test von Endprodukten im Konsumgüterbereich, die nicht gesetzlich vorgeschrieben sind (z.B. Kosmetika, Waschmittel).Vgl: http://steyler-bank-gmbh.online.de/site/index.php?id=252&L=1. Download: 02.02.2010.

1200 Das Cradle to Cradle-Design Konzept ist durch die Natur inspiriert, in der es keine Probleme mit „Abfall" gibt, in der vielmehr „Abfall" gleichbedeutend ist mit „Nahrung". „Cradle to Cradle" steht dem „Cradle to Grave"-Modell gegenüber, in welchem Stoffströme, die mit einem Produkt zusammenhängen, allzu oft nicht unter dem Gedanken der Ressourcenerhaltung errichtet sind; in welchem Materialien und Produkte am Ende ihres Weges oft auf bleibt auch der für ethisches Investieren immer wichtiger werdende *Engagement*-Ansatz[1201] unerwähnt, welcher vor allen Dingen bei den nicht geringen Volumina kirchlicher Vermögenswerte von überzeugender Relevanz wäre. Leider fehlt dem Papier auch die Handhabe zur praktischen Durchsetzung der aufgestellten Richtlinien, bei aller verständlichen Vorsicht und Bangigkeit vor regulativen Eingriffen in die weitgehend autonomen Entscheidungen der jeweiligen Verantwortlichen in Diözesen und Ordensgemeinschaften, die dem berechtigten Wunsch nach einer möglichst hohen Rendite nachkommen müssen, um die Lebenshaltungskosten ihrer Gemeinschaft zu finanzieren und ordenseigene Non-Profit-Organisationen unterstützen zu können. Andererseits sollen sie auch Verantwortung dafür tragen, nur in jene Unternehmen zu investieren, die einer ethischen Überprüfung standhalten.

Prinzipiell sei an dieser Stelle aber als ausdrücklich begrüßenswert angemerkt, dass in dieser hoffentlich (selbst-) verpflichtenden Handreichung der Österreichischen Bischofskonferenz überhaupt wertvolle und längst fällige Ethik-Richtlinien aufgestellt wurden.

13.3 „Wirtschaften für das Leben“. – Eine Initiative der Landessynode der Evangelischen Kirche im Rheinland und Stellungnahmen dazu

Anfang des Jahres 2008 hat sich die Landessynode der Evangelischen Kirche im Rheinland in der Stellungnahme „Wirtschaften für das Leben“ dafür ausgesprochen, bei der Geldanlage künftig stärker auch auf ethische und ökologische Kriterien zu achten und nahm damit im deutschsprachigen Raum eine gewisse Vorreiterrolle im Bemühen um ethische Geldanlage ein.[1202] Gemäß dem Hauptthema der Synode, der Globalisierung, waren sich die TeilnehmerInnen darüber einig, dass keine Almosen für Arme und Schwache zu fordern seien, sondern politische Prozesse, deren Ziel ein menschenwürdiges Leben aller ist.

Nimmerwiedersehen auf Mülldeponien verschwinden, verbrannt werden oder sich gar in Ökosystemen akkumulieren. Ethisches Investment favorisiert Unternehmen, die sich dem Cradle to Cradle Prinzip verpflichtet fühlen oder sich ihm anzunähern trachten. Vgl. www.epea.com. Download 20.01.2020.

1201 Vgl. zum Themenfeld Engagement auch die Kapitel 12.4. – 12.4.2 in dieser Arbeit, sowie auch den als „Hochform“ ethisch orientierten Investierens bezeichneten *Engagement* Ansatz bei Klaus Gabriel/Markus Schlagnitweit: Das Gute Geld. Ethisches Investment. Hintergründe und Möglichkeiten. Innsbruck 2009, 90–91.

1202 Vgl. Vortrag bei der Landessynode 2008 von Prof. Konrad Raiser: Globalisierung, 08.01.2008, in: www.ekir.de/ekir/47496_47884.php, 1–4. Download: 11.01.2009.

Konrad Raiser bezeichnet die Konzentration auf den „shareholder value“ als ein Verständnis wirtschaftlicher Tätigkeit, „das in erster Linie auf die Vermehrung des Kapitalwerts und erst sekundär auf den gesellschaftlichen Nutzen ausgerichtet ist. Nur noch 2% der weltweiten Finanztransaktionen sind bezogen auf Produktion und Handel.“[1203] Für die ethische Leitlinie der Lebensdienlichkeit des Geldes schlug Kaiser die Maximen der Menschengerechtigkeit und Nachhaltigkeit vor. Ferner sei für die globale Geldwirtschaft „Beteiligungsgerechtigkeit durch Verwirklichung der Menschenrechte“ einzufordern.[1204]

Der Themenschwerpunkt der Synode löste zahlreiche inner- wie außerkirchliche Stellungnahmen aus, von denen hier nur einige wiedergegeben werden können. Eine umfangreiche, in mehreren Arbeitsgängen entwickelte innerkirchliche Reflexion setzte gemäß dem wissenschaftlich-ethischen Analysevorgehen mit dem Dreischritt Sehen, Urteilen, Handeln an.[1205]

Im ersten Schritt (Sehen) wird der Status des im Umlauf befindlichen Geldes betrachtet, welches als Kapital zu einem erheblichen Teil als Finanzkapital „spekulativ und mit hohen und kurzfristigen Gewinnerwartungen investiert“ wird.[1206] Desgleichen werden Ethikfonds mit der Feststellung ins Blickfeld gerückt, dass die darin enthaltenen innovativen Unternehmen „durchaus konkurrenzfähig sind und überdurchschnittlich gute Erträge erzielen“, wiewohl sie sozial und ökologisch vertretbare Standards umsetzen.[1207]

Im zweiten Schritt (Urteilen) wird festgehalten, dass „die Bereitstellung von Kapital für öffentliche und private wirtschaftliche Akteurinnen und Akteure“ kein Vorgang ist, der als ethisch neutral bezeichnet werden kann. Ethische Maßstäbe sollen deshalb „ökonomistischen Effizienkriterien“ und rein quantitativen Wachstumserwartungen kontrastreich gegenübergestellt werden.[1208] Schließlich kommt man nach Abwägung unterschiedlicher Positionen überein, dass „ethisches Investment ein wichtiges Steuerungsinstrument für die Gestaltung fairer Handels- und Finanzbeziehungen sowie für die Förderung sozialer und ökologi-

---

1203 Ebd. 1.

1204 Vgl. ebd. 2.

1205 Die folgenden Reflexionen entstammen: Evangelische Kirche Rheinland (Hg.): Wirtschaften für das Leben. Stellungnahme zur wirtschaftlichen Globalisierung und ihren Herausforderungen für die Kirchen. Ergebnisse der Landessynode 2008. Textheft Mai 2008. (Ohne Ortsangabe).

1206 Vgl. ebd. 41.

1207 Vgl. ebd. 41, verbunden mit dem aus der Praxis gegriffenen Beispiel, dass der 230 Mrd. US $ schwere norwegische Petrolium-Fonds 2006 seine Anteile am US Unternehmen Wal Mart verkauft hat, weil der für den Fonds tätige Ethikbeirat es als erwiesen ansah, dass Wal Mart die Menschenrechte seiner MitarbeiterInnen verletzt hatte. Vgl. ebd. 41.

1208 Vgl. ebd. 41.

scher Standards in Produktion und Vermarktung“ ist und deshalb der Forderung der Synode nach lebensdienlichem Einsatz des Kapitals durchaus entspreche.[1209]

Schließlich werden im dritten Schritt (Handeln) konkrete Maßnahmen zur praktischen Umsetzung für die Evangelische Kirche im Rheinland festgelegt, die als institutioneller Anleger eine hohe Sicherheit und regelmäßige Ausschüttungen der abreifenden Geldbeträge benötigt. Gemäß den erarbeiteten Erkenntnissen werden unter Berücksichtigung der Nachhaltigkeitskriterien (Ethikfilter) 70% der Gelder in festverzinsliche Wertpapiere von meist staatlichen Emittenten investiert.[1210] Maximal 30% des Kapitalvermögens fließen gemischten Fonds zu, wobei hier europäische Großunternehmen eine dominierende Rolle spielen. Freilich wird eingeräumt, dass selbst die Beachtung aller gegebenen Ausschluss- und Positivkriterien kein hundertprozentiger Schutz vor einem Fehlinvestment sein kann, wenn sich zum Beispiel erst nachträglich herausstellen sollte, dass ein Unternehmen womöglich soziale und ökologische Kriterien verletzt. Hier aber haben sich die kirchlichen Akteure den „Engagement“ Ansatz zu Herzen genommen und würden im gegebenen Fall in einem Gespräch mit dem Unternehmensvorstand versuchen, eine Verhaltensänderung herbeizuführen.[1211]

Als über allem wirtschaftlichen Handeln stehende Leitfrage wurde formuliert: „Wie kann die Sozialbindung und die Nachhaltigkeitsverpflichtung der Ökonomie … heute international durchgesetzt werden?“[1212]

Als *kritische Würdigung* kann hier angemerkt werden, dass die von der Evangelischen Kirche im Rheinland gesetzte Initiative in ihrer protagonistischen Rolle nicht hoch genug eingeschätzt werden kann. Freilich böte sich auch hier noch genügend „Luft nach oben“, um konkrete Investment-Standards für deklariert ethisch-nachhaltige und entwicklungspolitisch wirksame Investmentformen als Normmaße festzulegen. Einen Schritt in diese Richtung enthält die „Arbeitshilfe“ zur Stellungnahme nach der Synode, in welcher das Investment in die Mikrofinanz, näherhin bei der ökumenischen Entwicklungsgenossenschaft Oikocredit, explizit empfohlen wird.[1213]

1209 Vgl. ebd. 42.

1210 Hauptsächlich Bundesrepublik Deutschland, Bundesländer, kommunale Pfandbriefe und Kreditanstalt für Wiederaufbau. Völlig ausgeschlossen sind Beteiligungen an Währungsspekulationen oder in Papiere, die in Steueroasen aufgelegt werden. Vgl. Ebd. 42.

1211 Vgl. ebd. 42.

1212 Ebd. 83.

1213 Vgl. Evangelische Kirche im Rheinland (Hg.): Wirtschaften für das Leben. Arbeitshilfe zur Stellungnahme der Landessynode, Düsseldorf August 2008, 20.

13.4 Mangel an Know-how im kirchlichen Bereich?

Claudia Döpfner merkt kritisch an, dass kirchliche Institutionen, ja nicht einmal die kircheneigenen Banken über ausreichendes Know-How zur ethisch-ökologisch korrekten Verwaltung ihrer Anlagegelder verfügen, weshalb sie anregt, „die erforderliche Beratungskompetenz zu schaffen, dass kirchliche Anleger ... in den Stand gesetzt werden, ihre Gelder nach ethischen Kriterien anzulegen.“[1214] Döpfner regt die Formierung einer Investorengemeinschaft, bestehend aus ethisch motivierten privaten wie kirchlichen und anderen institutionellen Anlegern, ähnlich dem ICCR[1215] in den USA an.

Angesichts der Tatsache, dass ethisch-nachhaltig agierende Investorengemeinschaften in den USA schon auf eine längere Tradition zurückblicken können, ist Döpfners optimistische Einschätzung zu hinterfragen, derzufolge solche Zusammenschlüsse engagierter, ethisch-ökologisch orientierter AnlegerInnen „eine beachtliche Wirkung auf den Finanzmärkten hinterlassen.“[1216] Der dahinterstehende Impuls, vermehrt (und ungeachtet der zur Zeit der Abfassung dieser Arbeit erfahrenen Rückschlägen auf den weltweiten Finanzmärkten) Kapital in ökologisch, sozial und kulturell relevante Innovationen zu lenken, ist zweifellos zu begrüßen. Es steht zu hoffen, dass kleinschrittige Veränderungen auf den Kapitalmärkten a la longue ihre Wirkungen zeitigen, so wie der sprichwörtliche Tropfen den härtesten Stein zu höhlen vermag. Zweifellos aber bleiben auch ethisch-nachhaltige Veranlagungen generell vom weltweiten Wirtschaftsabschwung nicht unangetastet, und eine Prognose über die Erholungsgeschwindigkeiten im Vergleich zu konservativen Anlageprodukten muss redlicherweise ausbleiben.

Im Folgenden soll am Beispiel der Diözese Gurk gezeigt werden, dass einerseits durch Hereinholen erforderlicher Fachkompetenz, wie auch durch gelungene Kommunikation eines offensiven öffentlichen Bekenntnisses zu ethischem Investment ein wirksamer Vorbildeffekt von einem kirchlichen institutionellen Anleger ausgehen kann

---

1214 C. Döpfner: Kirchliche Geld- und Kapitalanlagen nach ethisch-ökologischen Kriterien, 192–193.

1215 Das ICCR (Interfaith Center on Corporate Responsibility) wurde 1971 als Zusammenschluss von etwa 300 institutionellen kirchlichen Anlegern gegründet. Vgl. Ebd. 193, FN 17.

1216 Ebd. 193. Hier ist auch anzumerken, dass weder Blasenbildungen auf den US-Finanz- und Aktienmärkten, noch andere Fehlentwicklungen, bis hin zur manifesten Finanzmarktkrise durch engagierte Investorengruppen verhindert oder auch nur abgeschwächt werden konnten.

13.5 Die Neuorganisation einer ethisch orientierten Veranlagungspolitik am Beispiel der Diözese Gurk

Die Katholische Kirche in Kärnten hat unter aktivem Leadership ihres Diözesanbischofs Alois Schwarz im Jahr 2004 damit begonnen, ihre gesamte Veranlagungspolitik und Veranlagungsstrategien einer grundlegenden Revision zu unterziehen. Dieser folgte eine gänzliche Neuorganisation, die sich an der im Sozialwort des ökumenischen Rates der Kirchen niedergelegten Selbstverpflichtung orientiert.[1217] Bischof Schwarz tritt seither immer wieder öffentlich für die Wichtigkeit der verantwortungsvollen Geldanlage seiner Diözese unter Berücksichtigung ethischer Maßstäbe ein, weil ihm bewusst ist, dass sich die soziale Verantwortung der Kirchen nicht nur im Verbreiten ethischer Überlegungen erschöpft, sondern immer auch gesellschaftliche Fehlentwicklungen und soziale Ungerechtigkeiten aufzeigen muss. Diese Botschaft der Kirchen ist nur dann glaubwürdig, „wenn sie durch ihr eigenes *Engagement* gedeckt ist."[1218]

Für Bischof Schwarz liegt auf der Hand, dass die Kirche qua ideelle Wertegemeinschaft einerseits am Evangelium ausgerichtet ist, ihr jedoch auch materielle Werte „zur Sicherung des Lebensunterhaltes und des kirchlichen Alltags"[1219] komplementär hinzugegeben sind. Konkret angesprochen wird in diesem Zusammenhang auch „die Pensionsvorsorge für die Priester der Diözese, die in Form eines Priesterpensionsfonds gestaltet ist. Die darin angelegten Mittel werden von uns nach den Prinzipien ethischen Investments verwaltet"[1220]

Die Begründung für diese Entscheidung klingt einfach, aber einleuchtend: es darf der Kirche nicht egal sein, „was mit dem Geld geschieht und wo es seine Rendite verdient."[1221]

Das für die Diözese Gurk verbindlich geltende Ethikkonzept ruht auf drei wesentlichen Säulen:

1217 Im Sozialwort sprechen sich die Kirchen dafür aus, Inhalte und Ziele ihrer sozialen Verantwortung miteinander abzustimmen und sie gegenüber den säkularen Institutionen möglichst gemeinsam zu vertreten. Vgl. dazu Alois Schwarz: Verantwortung in der Veranlagung unter Berücksichtigung ethischer Maßstäbe. In: Karl-Heinz Brodbeck (Hg.): Von der Trendanalyse zu ethisch fundierten Kennzahlen mit Zukunft. Aachen 2009, 16f.

1218 Ebd. 18. Fettdruck im Original. Darüber hinaus weiß sich die Diözese Gurk auch in besonderer Weise den Anliegen der Corporate Social Responsibility (CSR) verpflichtet. Vgl. ebd. 18.

1219 Ebd. 19.

1220 Ebd. 19f.

1221 Ebd. 20.

1. Der klar definierte und deklarierte Ethik-Kriterien-Katalog, aufbauend auf den Frankfurt-Hohenheimer Leitfaden.
2. Ein von einem externen Research-Unternehmen (Oekom-Research) erstelltes Anlageuniversum, das dem Ethik-Kriterien-Katalog entspricht.
3. Ein laufendes externes Monitoring der getroffenen Veranlagungsentscheidungen durch die Firma Finance & Ethics Research in Diex.

Angesichts dieser recht kostspieligen Überprüfungsprocedere wird auch Kritik laut, die für Einfachheit und weniger kostspielige Verfahren plädiert, wie zum Beispiel: Warum legt die Diözese das Geld nicht einfach auf ein Sparkonto? Würde man solchen Forderungen nachgeben, wäre die Gefahr eines Zirkelschlusses gegeben, in dessen Folge das Ursprungsanliegen ethischer Geldanlage ad absurdum geführt würde, wie auch Bischof Schwarz argumentiert: Wenn wir das Geld aber nicht selbst anlegen, wird die Bank erst recht viel Spielraum haben, die eigenen Interessen mit unserem Geld zu verfolgen."[1222]

Wer wirtschaftliche Zusammenhänge bejaht, muss auch Geld bejahen et vice versa. Es geht um den verantwortungsvollen Umgang mit Geld und der „Bestimmung einer angemessenen Balance zwischen ethischer Dimension, finanzieller Rendite, Sicherheit und Liquidität", so Schwarz, oder theologisch gewendet: „Gerechtigkeit, Friede und Bewahrung der Schöpfung."[1223]

Auch geltende kirchenrechtliche Regelungen im Vermögensrecht nehmen Bischöfe in die Pflicht, die Vermögenswerte ihrer Diözesen „optimal zu ordnen", worauf Johannes Krall hinweist, wenn er – unter Hinweis auf die Statuten – erklärt, dass die weitreichenden bischöflichen Funktionen auch die des Treuhänders und Finanzmanagers einschließen.[1224] „Das Wort ‚Rendite' ist mittlerweile für keinen Bischof ein Fremdwort mehr, als Leiter der Diözese muss er bei anstehenden Veranlagungen die ‚richtigen' Entscheidungen treffen oder treffen lassen."[1225] Im Hinblick auf die Veranlagungsstrategie der Diözese Gurk lässt Krall nicht unerwähnt, dass diese als vorbildhaft zu bezeichnen sei, da nicht nur ein für alle Kirchenmitglieder transparenter und offener Umgang bezüglich der Mittelverwendung gepflogen wird, sondern Bischof Schwarz darüber hinaus das Investment nach ethisch-nachhaltigen Kriterien einer laufenden Kontrolle unter-

---

1222 Ebd. 20.

1223 Ebd.21.

1224 J. Krall: Kirchenvermögen – Nachhaltigkeit – Wirtschaftsethik. Rechtliche Gestaltungsmöglichkeiten bei der Verwaltung von Kirchenvermögen unter nachhaltigen und wirtschaftsethischen Überlegungen. Frankfurt, Wien 2009, 73f.

1225 Ebd. 73.

wirft.[1226] Als Nebeneffekt dieser Vorbildwirkung in Sachen ethischer Geldanlage sei nicht zu unterschätzen, dass viele Gläubige ihre eigene Geldanlagestrategie „nach dem Vorbild der Kirche tätigen“, so Krall unter dem Hinweis, dass sich die Römisch Katholische Kirche dieser Vorbildwirkung durchaus bewusst sei und deshalb ihre Portfolios weltweit „von qualifizierten und autorisierten Beiräten entsprechend“ verwalten lasse.[1227]

13.6 Kommerz trifft gutes Herz. Beispiele ethischer Geldanlageprodukte aus dem Ordensbereich.

Die Steyler Bank[1228] nimmt für sich in Anspruch, als erste deutsche Privatbank einer Ordensgemeinschaft, Ethik und Geldgeschäft miteinander zu verbinden. Seit 1964 spricht man AnlegerInnen an, die sicher gehen wollen, mit ihrem Geld Gutes zu tun und zu fördern. Das Ethik-Konzept der Steyler Bank ruht auf drei Säulen:

Erstens, die Geldanlagepolitik: sie ist explizit auf ethisch-nachhaltige Anlageprodukte fokussiert; zweitens, die ethische Verwendung der Bankgewinne, die ausschließlich der Unterstützung der Hilfsprojekte der Steyler Missionare zugutekommen, deren Credo es ist, sich weltweit für Frieden, Gerechtigkeit und Bewahrung der Schöpfung einzusetzen. Die dritte Säule stützt sich auf eine, wie das Bankhaus betont, kompetente, offene und ehrliche Kundenberatung und richtet sich an Menschen, denen ethische Geldanlagen ein Herzensanliegen sind.

Um einer vom Finanz-Crash geschüttelten Anlegerschaft eine möglichst breite Palette an Angeboten unterbreiten zu können, wirbt die Ordensbank in ihren Foldern, Leporellos und auf der Website, nicht unähnlich wie andere, rein auf Gewinnmaximierung ausgerichtete Bankhäuser, mit Slogans wie: „Sie erhalten lukrative Zinsen vom ersten Euro an.“ „Sie kommen schnell an Ihr Geld.“ „Legen Sie Ihr Geld sicher und mit gutem Gewissen an!“[1229] Das Marketingkonzept

1226 Vgl. ebd. 73f. Vgl. dazu auch die Eigenangaben der Diözese Gurk-Klagenfurt: www.kath-kirche-kaernten.at. Download: 12.11.2010.

1227 Vgl. ebd. 74.

1228 Die Steyler Bank ist die Ordensbank der Steyler Missionare und Missionsschwestern, deren Einsatzgebiet sich auf 70 Länder erstreckt. Nach Eigendefinition agiert der Orden den „Brennpunkten der Not“. Die Gewinne aus dem Bankgeschäft fließen in die Arbeit des Missionsordens, der 1875 vom heiligen Arnold Janssen gegründet wurde. Etwa 2,5 Mio. Euro fließen jährlich in die Missionsarbeit. Vgl. www.steyler-bank.at. Download: 01.02.2010.

1229 Die Anlageprodukte sind ähnlich diversifiziert, wie die von Kommerzbanken. Vom möglichst lukrativen Zinsertrag („Top-Zinsen“) versprechenden Missions-Tages- und Festgeld, über das Missions-Sparbuch, -Sparbrief und -Wachstumssparen samt Wertpapierdepot, bis zielt freilich stets auf die Idee der „doppelten“ Dividende, da die Gewinne nicht nur den AnlegerInnen, sondern auch Bedürftigen zugutekommen. Aber auch dabei scheint kein Weg an der Trias der konventionellen Kriterien: Sicherheit, Liquidität und Rendite vorbeizuführen, obschon auch die Steyler Bank die Natur-, Sozial- und Kulturverträglichkeit der Investitionsalternativen beachtet. Das Anlageprinzip heißt deshalb Gewinnoptimierung und nicht Gewinnmaximierung. Ganz bewusst werden nicht alle Gewinnmöglichkeiten genutzt und wird auf Spekulationsgeschäfte aller Art (Aktienhandel, Optionshandel u.a.) verzichtet. Die Bank investiert vornehmlich in festverzinsliche Wertpapiere, die ein hohes Maß an Stabilität erhoffen lassen und regelmäßige Zinserlöse garantieren. Den Schwerpunkt bilden Hypothekenpfandbriefe und öffentliche Pfandbriefe, die der Finanzierung von Immobilien und öffentlichen Aufgaben dienen. Darüber hinaus wird ein Teil der Gelder in Unternehmensanleihen mit guter Bonität (Investmentgrade) angelegt.[1230]

Im widmungsbestimmten Veranlagungsprinzip des eingesetzten Kapitals und der Rendite unterscheidet sich das Steyler Konzept auch seitens der AnlegerInnen merklich von den herkömmlichen Usancen im Bankgeschäft. So besteht nicht nur die Möglichkeit, das angelegte Kapital in einer Anzahl von Projekten arbeiten zu lassen. Die daraus abreifenden Erträge können als Zinsspende komplett oder auch teilweise der Steyler Mission gutgeschrieben werden. Mit anderen Worten: hier trifft Kommerz auf gutes Herz.

Resümee: Die vorderhand sich als schwieriges Unterfangen abzeichnende Disparität, einerseits den Wettbewerb um KundInnen am Bankensektor nicht gänzlich ignorieren zu können, wobei die Marketingstrategie auf zielgruppenrelevante Aussagen zugespitzet werden muss und andererseits das eigentliche Missionsziel nicht aus den Augen verloren werden darf, scheint gut bündelbar und im Einklang mit der Philosophie der Bank zu stehen, die da lautet: Verkündigung der Liebe Gottes und Engagement für bedürftige Menschen, unabhängig von Kultur, Religion und Hautfarbe.

---

zum Missions-Bonussparplan und der Möglichkeit, 50% der Zinsen und mehr mit den Missionaren zu teilen. Vgl. Drucksorten und Website Steyler Bank: www.steyler-bank.at. Download: 01.02.2010.

1230 Der Erwerb von bonitätsmäßig einwandfreien Unternehmensanleihen erfolgt nach dem so genannten „Best-in-Class“-Ansatz, der in dieser Arbeit ausführlich beschrieben wird. Vgl. dazu Kapitel 12.6 u. 13.1. Zudem werden bestimmte Ausschlusskriterien berücksichtigt. So stellen wir sicher, dass wir nicht in Anleihen von Firmen investieren, die den ethischen Werten und Grundsätzen des Steyler Missionsordens und damit zugleich denen der Steyler Bank widersprechen. Vgl. Das ethische Anlageziel der Gewinnoptimierung. In: http://steyler-bank-gmbh.online.de/site/index.php?id=252&L=1. Download: 02.02.2010.

Auf der Anlagenseite scheint die Frage leitend, was Unternehmen für die Gesellschaft tun und inwieweit sie die Würde des Menschen schützen. Aufgrund der Überzeugung, dass jedes einzelne Unternehmen Verantwortung für die menschlichen und moralischen Konsequenzen seiner wirtschaftlichen Entscheidung trägt, sind die Auswirkungen der Unternehmensaktivitäten auf die Gesellschaft und die gesamte Schöpfung von Relevanz. Unternehmen, die Frieden, Gerechtigkeit und die Schöpfung bedrohen, erhalten, den Ausschlusskriterien der Steyler Bank zufolge, kein Geld.

13.6.1 Der Don Bosco Fonds „Fructus omnibus“[1231]

Das Don Bosco Hilfswerk „Jugend Eine Welt“ hat zu Beginn des Jahres 2009 mit Unterstützung des Bankhauses Jungholz[1232] den Ethik-Investmentfonds „Fructus Omnibus“ aufgelegt, um in das von den Salesianern Don Boscos weltweit betriebene Schwerpunktprogramm zum Aufbau von Bildungs- und Sozialprojekten für Kinder und Jugendliche zu investieren.

Auch hier wurde ein Kriterienkatalog entwickelt, der auf Positiv- und Ausschlusskriterien basiert und gemäß dem Best-in-Class-Prinzip in Unternehmen oder Staaten investiert, die in Hinblick auf die Berücksichtigung der Anliegen und Bedürfnisse von Kindern und Jugendlichen eine Vorreiterrolle einnehmen.

Die Organisation Jugend Eine Welt agiert dabei nicht als Investor, sondern als entwicklungspolitische Organisation, welche in Österreich Bildungs- und Lobbyingarbeit leistet.

Mit dem Ethik Fonds „Fructus omnibus“ verfolgen die OrganisatorInnen das Ziel einer über die bestehenden Kinder- und Jugendprojekte hinausgehenden

1231 Mit einer Mindesteinlage von 30,- Euro richtet sich der Fonds eigenen Angaben zufolge als Ergänzung zu generell konservativ ausgerichteten Anlagestrategien an private AnlegerInnen und vornehmlich kirchennahe Institutionen, die eine moderate Rendite erwarten. Die ethische Vorselektion der möglichen Anlagetitel wurde durch die oekom research AG vorgenommen. Die Liste der ausgewählten Unternehmen und Staaten wird regelmäßig aktualisiert und bildet die Grundlage für die finanztechnische Auswahl durch die ExpertInnen des Bankhauses Jungholz. Der Kapitalanlagefonds investiert unter Berücksichtigung ethischer Ausschlusskriterien in Aktien und Anleihen internationaler Emittenten. Der Aktienanteil beträgt dabei max. 40% des Fondsvermögens.Die hier wiedergegebenen Daten wurden nach Publikationen und Anlagebroschüren von Don Bosco Jugend Eine Welt erhoben. Vgl. www.jugendeinewelt.at. Download 13.01.2010. Diese Daten wurden in Gesprächen mit dem Geschäftsführer von Jugend Eine Welt, Reinhard Heiserer besprochen und nachgefragt, jeweils am 20.10.2009, 03.12.2009 und am 03.02.2010 in Wien.

1232 Eine Zweigniederlassung der Raiffeisenbank Reutte in Tirol. Weitere Partner des Fonds sind: oekom-research.com, cric-online.org und kepler.at.

doppelten Förderung ihrer Arbeit: Einerseits soll für AnlegerInnen die Möglichkeit geschaffen werden, die Förderung benachteiligter Kinder und Jugendlicher auch in der konkreten Geldanlage umzusetzen. Andererseits fließen 0,25% der Fondsverwaltungsgebühren an die Organisation Jugend Eine Welt sowie deren Projekte. Schon nach einem Jahr lag das gesamte Fondsvolumen über 5,3 Mio. Euro[1233], was für eine gute Akzeptanz auf dem Nischenmarkt ethisches Investment spricht.

13.6.1.1 Der Ethikbeirat und der Engagement-Ansatz des Fonds

Der Fonds verfügt über einen unabhängigen Ethik-Beirat, der sich in der Regel zweimal pro Jahr trifft und dazu beiträgt, die Qualität des ethischen Auswahlprozesses zu sichern. Der Ethik-Beirat ist somit einerseits ein kritisches Kontrollorgan, welches zur Qualitätssicherung beiträgt, und andererseits ein Beratungsgremium, welches die Weiterentwicklung des Konzeptes des Don Bosco Ethik Fonds begleitet. Eine solche mögliche Weiterentwicklung betrifft das Engagement, also den aktiven Dialog mit den jeweiligen Unternehmen, verbunden mit der Chance, auch tatsächlich Verbesserungen im sozialen und ökologischen Umfeld des Unternehmens und seiner Stakeholder zu erzielen.

Resümee: Interessant zu beobachten war der von Don Bosco Jugend Eine Welt mithilfe einer Bank vollzogene Schritt von einer NGO, die bis zu diesem Zeitpunkt hauptsächlich auf Spendeneinnahmen angewiesen war, in den Sektor des ethisch verantwortbaren Investments. Freilich ist das (seit 2009) steuerlich absetzbare Spendenaufkommen nach wie vor fundamental wichtig für die Organisation. Jedoch als zweite, immer wichtiger werdende Säule, hat sich mit dem Fonds das Angebot von Jugend Eine Welt zur Finanzierung von Sozial- und Bildungsprojekten in Entwicklungsländern um eine wesentliche Facette erweitert, wenngleich sich der Anlageprospekt zurückhaltend nur an „moderat an Zinsrendite interessierte AnlegerInnen" richtet.[1234] Ein möglicher Kritikpunkt ist die lediglich auf Ausschlusskriterien abgestimmte Zusammenstellung der Fondspositionen, die vorwiegend konservative Anleihen und Blue Chips beinhalten.

1233 Per Stichtag 31.12.2009 betrug das gesamte Fondsvermögen 5,388.743.- Euro. Vgl. http://www.jugendeinewelt.at/uploads/media/Fondsbericht_30.12.09.pdf. Download: 02.02. 2010.

1234 Die Performance des Fonds konnte mit 3,78% p.a. durchaus den Vergleich mit nicht-ethischen Fondprodukten halten und lag weit über dem Zinssatz, der im Vergleichszeitraum 2009 für Sparbücher angeboten wurde. Vgl. https://services.kepler.at/public/chart/performance.seam;jsessionid=B34F4F7F383676908251A63E6A0FAF08?isin=AT0000A0BKY7&cid=1686. Download: 02.02.2010.

Allesamt Titel, die keineswegs aus sich heraus einen besonderen ethisch-ökologisch-sozialen Anspruch stellen, jedoch diesem auch nicht zuwiderlaufen.[1235]

13.7 Social Business: Wirtschaftlicher Erfolg ist nicht nur am Geldgewinn messbar

„Soziales Wirtschaften bringt keine Dividende, aber auch keine Verluste. Gleichzeitig stärkt man die soziale Gerechtigkeit."[1236]

Für Sozialunternehmen und viele NGOs sind Gewinne nur notwendiges Mittel für den eigentlichen, sinnstiftenden Zweck ihres Wirkens: nämlich die notwendige Hilfe zur Verbesserung von Lebensqualität sichern zu können, oder ethisch zugespitzt: für ein gelingendes Leben, womit man sich sofort inmitten des Spannungsfelds zwischen herkömmlichen Wirtschaften und Ethik wiederfindet. Nicht nur die „bösen" Manager, auch die Politiker, die InvestorInnen, eigentlich alle Menschen, sind aufgerufen, „sich zu bewegen", fordert Johanna Mair und hält fest, dass sie vom Freiwilligkeitsmodell der „Corporate Governance" wenig hält, in dem sich Firmen Verhaltensregeln auferlegen, denen sie meist in den vom Hauptgeschäft ausgelagerten CSR-Abteilungen und Stiftungen frönen, während das Kerngeschäft, davon unberührt, genug erwirtschaftet, um sich das nach außen hin gute Gewissen erkaufen zu können. Im erfreulichen Kontrast dazu nennt Mair auch gelungene Beispiele: „Sehen Sie sich große Familienunternehmen an oder die Raiffeisen-Genossenschaften, da ist der soziale Aspekt von Anfang da."[1237] Mair will ins Bewusstsein heben, dass die Handlungen des Managements weit über das eigene Unternehmen hinaus Auswirkungen auf die gesamte Gesellschaft haben, und propagiert deshalb Partnerschaften zwischen Sozialunternehmen in Entwicklungsländern und westlichen Konzernen, um voneinander zu lernen. Große Konzerne, so Mair, sollten den Druck, den sie zuweilen auf Regierungen in Schwellenländern ausüben, auch zur Ver-

---

1235 Einige Titel und deren Anteilsgrößen: Österr. Republik (19,14%), EIB.EUR.INV. BK09/12MTN (18,93%), Kred. f. Wied.09/11MTN (13,16%), Bundesanleihe 2005–15/12 (9,56%), ferner diverse europäische Staatsanleihen, aber auch OMV (0,45%) u.a. Vgl. http://www.jugendeinewelt.at/uploads/media/Fondsbericht_30.12.09.pdf. Download: 02.02.2010.

1236 Muhammad Yunus: Interview beim Weltwirtschaftsgipfel in Tavos, 2009. In: ORF 2, ZIB 1, 19:40 Uhr, 29.01.2009.

1237 Karl Gaulhofer: „Nicht jedem steht die Gier ins Gesicht geschrieben." Interview mit der an der IESE Universität Barcelona lehrenden Ethikerin Johanna Mair. In. Die Presse, 25.01.2010, 16.

besserung der örtlichen Infrastruktur und der sozialen Sicherheit im Land ausüben, denn all diese Bemühungen machen sich langfristig sehr wohl bezahlt, schlagen sich jedoch nicht sofort in der nächsten Quartalsbilanz nieder.[1238]

1238 Vgl. ebd. 16.

14 Ethisches Investment am Beispiel Mikrofinanzen: Faires Geld für ein bewährtes Modell der Beteiligungsgerechtigkeit

Das System der Mikrofinanzierungen erlangte seit der Verleihung des Friedensnobelpreises an Muhammad Yunus im Jahr 2006 weltweite Aufmerksamkeit, Anerkennung und Nachahmung. Die folgenden Kapitel sollen zeigen, dass die Idee der Kleinstkreditvergabe an Menschen, die in Weltregionen ohne Zugang zu einer entwickelten Banken- und Finanzdienstleistungs-Infrastruktur leben, durchaus ein bewährtes Instrument zur Armutsbekämpfung in Entwicklungsländern und Schwellenländern sein kann; jedoch nur unter klar definierten sozialen wie wirtschaftlichen Rahmenbedingungen und nur im Zusammenspiel mit anderen Instrumenten der Entwicklungs- und Wirtschaftshilfe. Keinesfalls kann der Anspruch erhoben werden, alleine durch Mikrofinanzierungen Armut erfolgreich und nachhaltig lindern oder gar beenden zu können. Aber im Konzert entwicklungspolitischer Maßnahmen hat sich das Instrument Mikrofinanz in vielerlei Hinsicht als tonangebend erwiesen, wenn es einerseits darum geht, als ethisches Investment-Tool eine Brücke zwischen Geld und Moral zu schlagen, und andererseits auf Investorenseite ein Finanzprodukt zu etablieren, welches aufgrund seiner jeweils punktuell-lokalen Ausdehnung in nur sehr eingeschränkter Relation mit dem alltäglichen, weltweiten Wirtschaft- und Börsengeschehen steht.

14.1 Die Pioniere und Vorbilder der heutigen Mikrofinanz: Das genossenschaftlich strukturierte Bankenmodell der Volks- und Raiffeisenkassen.

Es soll an dieser Stelle zunächst hervorgehoben werden, dass die Idee des genossenschaftlich ausgerichteten Mikrofinanzwesens keineswegs als eine Erfindung von Muhammad Yunus oder von NGOs des 20. und 21. Jahrhunderts gelten kann. Vielmehr bilden die heute in Entwicklungs- und Schwellenländern feststellbaren sozioökonomischen Antezedensbestimmungen beinahe deckungsgleich jene Ausgangslage ab, wie sie im ruralen und urbanen Bereich Mitteleuropas Mitte des 19. Jahrhunderts vorfindbar war. Arme Bauern im ländlichen Bereich, arme Handwerker in den Städten, in Geldangelegenheiten allesamt angewiesen auf den informellen Finanzsektor, oder deutlicher gesagt: ausgeliefert einem Kreditwuchersystem, welches von Ausbeutung, Unterdrückung bis hin zu existenzieller Bedrohung gekennzeichnet war. Menschen ohne Sicherheiten, die von jedem Bankinstitut abgewiesen wurden. Wer dennoch Geld dringend benötigte, musste gnadenlose Kredithaie konsultieren. Dieses, in Entwicklungs- und Schwellenländern auch heute noch höchstaktuelle Szenario bildete die Ausgangslage für Hermann Schulze-Delitzsch und Friedrich Wilhelm Raiffeisen, die vor etwa 150 Jahren den Grundstein für ein genossenschaftlich strukturiertes Netzwerk von Volks- und Raiffeisenbanken für die bis dahin „nicht bankfähigen" Kleinunternehmer legten.[1239]

Als „Netzwerke menschlicher Entwicklung" bezeichnet Friedhelm Hengsbach die von unten angestoßene Reform und Integrationsbewegung genossenschaftlichen Bankwesens, welches sich an den Grundsätzen der kollektiven Selbsthilfe und der Ortsbindung orientiert und „zwischen landwirtschaftlicher Erzeugung, kleingewerblicher Industrie und deren Finanzinstitutionen" aufgespannt ist.[1240] Auch Hengsbach bezeichnet das moderne Mikrofinanzsystem als hochaktuelle Wiederbelebung des Raiffeisen-Konzepts, das sich den örtlichen ProduzentInnen verpflichtet weiß, seine Finanzströme an die Warenströme koppelt und darauf achtet, „dass die Kreditgeschäfte überschaubar bleiben."[1241] Die Raiffeisen-Kopie, so Hengsbach, sei ein ideales Finanzdienstleistungsprogramm für heutige Entwicklungs- und Schwellenländer, um „in der breiten Bevölkerung einen selbst tragenden, allmählich wachsenden Kreditkreislauf in Gang zu setzen."[1242]

Die Idee der genossenschaftlichen Hilfe zur Selbsthilfe hatte der überzeugte evangelische Christ Raiffeisen während der großen Hungersnot 1846 in Weyerbusch entwickelt, wo er Brot für die Armen backen ließ und 1847 den sogenannten „Brotverein" gründete. Während seiner Amtszeit in Flammersfeld erkannte Raiffeisen das Leiden der Landbevölkerung, die nach wiederholten Missernten immer wieder von Geldwucherern und Kredithaien ausgebeutet wurde. Diese Erfahrungen führten zur Gründung des *Flammersfelder Hülfsvereins zur Unterstützung unbemittelter Landwirte*, bei dem die Bauern Geld sowohl ansparen als auch zum Ankauf von Tieren und landwirtschaftlichen Geräten günstig leihen

1239 Vgl. dazu: K. Gabriel: Auf dem Prüfstand. In: Börsen-Kurier Nr. 50, v. 11.12.2008. Beilage: Geld und Ethik, 4 und H. Berg: Mikrokredite als Anschubfinanzierung für Kleinstunternehmer in Entwicklungsländern und als ethisches Investment für Anleger, in: Raiffeisenblatt 15.07.2010, 8–10.

1240 Vgl. F. Hengsbach: Die Finanzmärkte im Börsenrausch. Wer stellt sie in den Dienst menschlicher Entwicklung? In: Gott oder Mammon. Christliche Ethik und die Religion des Geldes. 2. Ökumenische Sommerakademie Kremsmünster 2000, hg. von Severin J. Lederhilger. Frankfurt 2001, 161–178, hier: 176.

1241 Ebd. 176.

1242 Ebd. 176.

konnten. Dieses Proto-Mikrofinanz-System unterstützte gleichsam die landwirtschaftlich-bäuerlichen Strukturen und verhinderte die um sich greifende Verarmung der ländlichen Bevölkerung. In Heddesdorf ergänzte Raiffeisen sein genossenschaftliches Finanzsystem mit dem Bau infrastruktureller Einrichtungen wie Dorfstraßen und gründete 1864 den *Heddesdorfer Darlehnskassenverein.* Dieser wurde schließlich Modell-Beispiel vieler späterer Genossenschaftsbanken.[1243] Leider geriet das ambitionierte Mikrofinanz-Pioniermodell im Lauf der Jahre zusehends unter Anpassungsdruck an die Profitmaximierungstheorien des wachsenden Bankenumfelds und musste so von der Gründungsidee deutlich abweichen.

Das vielfach zu Recht gepriesene, dörflich-genossenschaftlich angelegte Mikrofinanz-Vertriebsmodell ist demnach keine auf Armuts- und Schwellenländer des 20. und 21. Jahrhunderts zugeschnittene entwicklungsbanktechnische Innovation,[1244] aber eine notwendige Rückbesinnung auf das Primärbankgeschäft, welches in der Katerstimmung des Wirtschaftskrisenjahrs 2008 weltweit in Lobgesängen gepriesen und wieder herbeigewünscht wurde. Das primärbankliche Credo erhebt den paränetischen Anspruch, die wirtschaftlichen Grundlagen des Spar- und Kreditgeschäfts niemals aus den Augen zu verlieren. Auch Muhammad Yunus erinnert wiederholt an die Notwendigkeit frischen und leistbaren Kapitals für die reale Wirtschaft.[1245]

14.1.1 Pfarrer Webers „Biedermeier-Mikrofinanz“ – Idee

Nicht unerwähnt darf in diesem Kontext das „Proto-Microbanking“ des Wiener Pfarrers und Mitbegründers der „Ersten Österreichischen Spar-Casse“, Johann Babtist Weber (1776–1848) bleiben.[1246] Die nach dem Ende der Napoleonischen Kriege 1819 als Verein gegründete „Spar-Casse“ sah sich laut ihren Statuten besonders den armen Menschen verpflichtet. Erklärter Geschäftszweck war,

1243 Vgl. ebd. 8–10.

1244 Auch Klaus Gabriel verweist darauf, dass die Mikrofinanzidee keineswegs neu ist und rekurriert dabei auf das deutsche Raiffeisenbanken- und Sparkassenmodell, welches bereits auf der Idee beruht, „die wirtschaftliche und soziale Situation von Menschen dadurch zu verbessern, indem ihnen der Zugang zu grundlegenden Finanzdienstleistungen ermöglicht wird.“ K. Gabriel: Auf dem Prüfstand. In: Börsen-Kurier Nr. 50, v. 11.12.2008. Beilage: Geld und Ethik, 4.

1245 Ebd. 1.

1246 Vgl. dazu: Michael Fembek: Innovationen für eine bessere Welt. In: Die Presse, 24.03.2011, Beilage Social Entrepreneur, I. und: Eintrag: Erste Bank. In: http://de.wikipedia.org/wiki/Erste_Bank, 1. Download: 12.03. 2011.

„dem Fabrikarbeiter, dem Landmanne, oder sonst einer gewerbefleißigen und sparsamen minderjährigen oder großjährigen Person, die Mittel an die Hand zu geben, von ihrem mühsamen Erwerbe von Zeit zu Zeit ein kleines Capital zurückzulegen, um solches in späteren Tagen zur Begründung einer besseren Versorgung, zur Aussteuer, zur Aushülfe in Krankheit, im Alter oder zur Erreichung irgendeines löblichen Zwecks zu verwenden."[1247] Diesem Leitmotiv folgend, es aber um eine wesentliche Facette erweiternd, sammelte Pfarrer Weber von wohlhabenden Bürgern der Stadt Spenden ein und vergab dieses Geld als „Mikrokredite" an Kleingewerbetreibende. Somit erfand Weber so etwas wie den „Biedermeier-Mikrokredit",[1248] verbunden mit der auch heute noch zum Proprium der Mikrofinanz zählenden Förderung der Spargesinnung und der sozialen Vorsorge. – Als frühes Signet dafür wählte die Spar-Casse die Biene vor dem Bienenstock: Symbol für Sparsamkeit und Fleiß.[1249]

14.2 Geld und Armut

Armut hat viele Gesichter. Sie zeigt sich uns nicht nur als materielle Verelendung, sondern auch als Resultat mangelnder Möglichkeiten, an der Gesellschaft teilzuhaben oder gar von ihr ausgeschlossen zu sein. Um Armen und Ausgegrenzten eine Teilhabe an einem menschenwürdigen Leben zu ermöglichen, bedarf es nicht selten finanzieller Mittel. Auch der biblische Wohltäter aus Samarien, der den unter die Räuber Gefallenen wieder nachhaltig auf die Beine stellen möchte, hinterlässt beim Quartiergeber eine nicht unbeträchtliche Geldsumme zur Wiederherstellung des Rekonvaleszenten. Das heißt: Echte Caritas schenkt ihre Aufmerksamkeit nicht nur den direkt Betroffenen, sie muss auch danach trachten, neue Rahmenbedingungen und strukturelle Veränderungen zu unterstützen und jene Verhältnisse zu verändern, die zur Notsituation geführt haben.

Im biblischen Leitgedanken der Gerechtigkeit vermag man, wie Manfred Kulessa dies nahelegt, das Leitmotiv für helfendes Handeln auszumachen. Dem Desiderat nach mehr Gerechtigkeit wäre m.E. die Ausgangsfrage der biblischen

---

1247 Ebd. 1.

1248 M. Fembek: Innovationen für eine bessere Welt, I.

1249 Vgl. dazu auch ein mittelalterliches Vorläufermodell der Mikrokredite in Kapitel 3.1.2 „Die Vorläufer der Mikrokredite im 14. und 15. Jahrhundert" in dieser Arbeit.

Perikope vom barmherzigen Samariter als ständige Anfrage an uns selbst voranzustellen: Wer ist mein Nächster?[1250]

Auch die Römisch Katholische Kirche hat sich mehrfach positiv zum entwicklungspolitisch relevanten Armutsbekämpfungsprogramm Mikrofinanz geäußert. Papst Benedikt würdigte den Mikrofinanzsektor „als positives Signal für die betroffenen Menschen in den ärmsten Regionen der Welt“[1251], wie Johannes Krall im Zusammenhang mit der Beteiligung des Heiligen Stuhls an der Begebung des Anleihenprogramms der International Finance Facility berichtet.

Zeitgerechte Orientierung christlichen Handelns im global village erfordert gleichermaßen mundial-engagiertes Eintreten für eine gerechtere Weltgesellschaft, in welcher es den Bewohnern der reichen Länder zukommt, eine Lobby zugunsten Dritter, nämlich der Armen und Benachteiligten, als unsere „fernen Nächsten“ zu entwickeln.[1252] Es geht um Anwaltschaft (advocacy) für Menschen, die ihr verbrieftes Recht auf gerechte Teilhabe nicht selbst einfordern können. „Die Kirchen stehen seit einem halben Jahrhundert in der vordersten Front einer entwicklungspolitischen Lobby.“[1253] Diese kann in Gespräche mit Politik und Wirtschaft eintreten, sich aber auch direkt an die Verbrauchenden in den Wohlstandszonen dieser Welt wenden, um beispielsweise für bewusstes Konsum- oder Geldveranlagungsverhalten zu werben.

Im philosophischen Diskurs über Gerechtigkeit wird manchmal der Versuch unternommen, zwei Gesellschaftsmodelle dichotomisch gegenüberzustellen: Im Marktmodell wird Gerechtigkeit üblicherweise auf Tauschgerechtigkeit reduziert, im Gemeinschaftsmodell baut man gerne auf Verteilungsgerechtigkeit. Im Folgenden soll gezeigt werden, dass diese diskursiv durchaus plausibel erscheinenden Grenzziehungen im konkret praktischen Anwendungsbereich des Beteiligungsgerechtigkeitsmodells „Mikrokredit“[1254] mitunter durchlässig werden, manchmal sogar ineinanderfließen und einander bedingen, da die Entitäten Markt und Gemeinschaft mehr verbindet als trennt.

1250 Vgl. dazu: Das Beispiel vom barmherzigen Samariter in: Lk 10,29–37 und M. Kulessa: Die Rolle der Kirchen. In: Hartmut Ihne / Jürgen Wilhelm (Hg.): Einführung in die Entwicklungspolitik. Hamburg 2006, 200–201.

1251 J. Krall: Kirchenvermögen – Nachhaltigkeit – Wirtschaftsethik, 240, unter Verweis auf die Initiative von Papst Benedikt XVI. zugunsten der Entwicklungshilfe für die ärmsten Länder, in: Apostolischer Stuhl (Hg.): L’osservatore Romano, Deutsche Ausgabe, Vatikan Stadt, 36. Jg., Nr. 48, 01.12.2006, 12.

1252 Ebd. 203.

1253 Ebd. 203.

1254 Auch „Mikrofinanzierung“, „micro-loan“ oder „micro-lending“ genannt.

14.3 Entwicklungspolitik und Teilhabe. Versuch einer ersten Annäherung an das mögliche Potenzial der Mikrofinanz

Zum besseren Verständnis echter Teilhabe müssen sowohl beschreibende als auch normativ angelegte Definitionsversuche von Partizipation berücksichtigen, dass „Entwicklung nie nur *für*, sondern immer auch *mit* und *durch* die Menschen selbst, besonders die Armen geschieht. Es geht um die aktive Mitbestimmung und Mitgestaltung politischer Maßnahmen und Hilfsprogramme.“[1255] Die davon betroffenen Menschen sollten bereits bei der Entscheidungsfindung und nicht erst bei der Durchführung in die Projekte eingebunden sein, um sich mit ihnen identifizieren zu können. Alle Hilfs- und Betreuungsmaßnahmen müssen „Hilfe zur Selbsthilfe“ zum Ziel haben, um das vorhandene Eigenpotential der Bedürftigen zu fördern und einen Start in ein selbstbestimmtes Leben zu ermöglichen.

Als besonders geeignete, die Eigeninitiative der Menschen fördernde Maßnahmen hebt Johannes Müller Projekte hervor, welche unternehmerische und ökonomische Initiativen unterstützen, wie kleine Landwirtschafts- und Handwerksbetriebe oder Kleinstunternehmen im informellen Sektor, in welchem Müller ein „gewaltiges, häufig noch brachliegendes Potential“ ortet.[1256]

Teilhabe, die sich einer „Entwicklung von unten“[1257] verdankt, hat gute Chancen, subsidiäre Strukturen zu verwirklichen, in denen das Recht auf Partizipation wie auch die Pflicht zur Selbsthilfe als „die beiden Seiten echter Subsidiarität aufeinander verwiesen sind.“[1258]

Man sollte in diesem Zusammenhang nie vergessen, dass der Ausschluss von Teilhabe und Teilnahme eine Form fundamentalen Leides bewirkt, weshalb Partizipation als grundlegender Wert angesehen werden muss, welcher ganz eng mit Gleichheit, Freiheit, Solidarität und Gerechtigkeit verbunden ist. Schließlich ist der Ruf nach gerechter Teilhabe auch als entwicklungssoziologisches Postulat zu verstehen. Um diesem gerecht zu werden, ist nichts Geringeres als ein dauerhafter und tiefreichender soziokultureller Transformationsprozess erforderlich, denn solange die Armen in ihren Bedürfnissen nicht ernst genommen werden, bleiben sie sozial wie politisch ausgeschlossen. Ein Mentalitätswandel und akti-

1255 J. Müller: Entwicklungspolitik als globale Herausforderung. Methodische und ethische Grundlegung. Stuttgart-Berlin-Köln 1997, 159. (Kursivsetzungen im Original).

1256 Ebd. 160.

1257 Schon der „Human Development Report 1993“ (UNDP 1993) steht unter der Überschrift „People's Participation“ und fasst die Anliegen einer umfassenden „Entwicklung von unten“ in vier Punkten zusammen. In: J. Müller: Entwicklungspolitik als globale Herausforderung, 164.

1258 Ebd. 160.

ves Mitwirken der Bevölkerung in den wohlhabenden Ländern scheint hier unabdingbar.[1259]

Andererseits gilt es auch, Missverständnisse und Grenzen der Partizipation aufzuzeigen, zumal viel Nüchternheit und Realismus hinsichtlich der Leistungsfähigkeit zur Teilnahme und Selbsthilfe aufzubringen sind. Müller warnt in diesem Zusammenhang davor, einem „Mythos" zu verfallen, der die Armen romantisiert. „Solche Vorstellungen entspringen meist einem vagen Traum von Volksnähe, sind ... eine ‚Theorie von oben', ohne Kenntnis der Realität. ... Partizipation ... erfordert *soziale Disziplin* – auch von den Armen."[1260]

Ein relativ schmaler Grat verläuft zwischen fachlicher Beratung, kompetenter Hilfe und Bevormundung aus der Sicht der industrialisierten Gesellschaften. Entscheidend ist, wie man miteinander kommuniziert: auf gleicher Augenhöhe, partnerschaftlich, dialogisch, inspirativ und ehrlich. Viele der vor Ort tätigen NGOs fühlen sich diesem Verhaltenskodex verpflichtet und haben dabei gelernt, sich davor zu hüten, die Armen nur von außen zu sehen und zu beurteilen. Ergebnisorientiert Helfende hören auf die Armen selbst, weil diese selten gehört und noch seltener verstanden werden. Es bedarf des Sich-Einlassens in „die Lebenswelt und die soziokulturellen Muster der Armen, die eng mit ihrem Schicksal der Marginalität verwoben sind."[1261]

Müllers nüchterne Einschätzung hebt hervor, dass gerechte Beteiligung eine Illusion bleiben wird, solange eine Umverteilung gesellschaftlicher Macht als eine mögliche Umsetzung von echter Teilhabe ein Tabuthema bleibt. Einen mittelfristig praktisch durchführbaren Ansatz vermeint er im Bereich der Ökonomie qua Volkswirtschaft (people's economy) im wörtlichen Sinn zu erblicken, und zwar in der Förderung und Stärkung kleiner ökonomischer Einheiten. Dies bedeutet die gezielte Unterstützung jener Armen, die im informellen Sektor unternehmerische Tätigkeiten entfalten wollen.

International hat sich für lokale Kleinprojekte der Terminus „grassroot projects" etabliert, die – so sie erfolgreich sind – langfristig auch in Entwicklungsländern zum Entstehen und Erstarken einer Zivilgesellschaft führen können.[1262]

Im Kontext des Vorangegangenen ist als *erste Schlussfolgerung* anzumerken, dass die Gefahr besteht, unter dem Begriff „Zivilgesellschaft" ein uns geläufiges Gesellschaftsmodell der industrialisierten Staaten vor Augen zu haben, welches Interessengemeinschaften wie Gewerkschaften und Unternehmensverbände, politische Parteien und NGOs ausbildet. Es gilt daher, schon im Ansatz selbstre-

---

1259 Ebd. 161.

1260 Ebd. 161. (Kursivsetzungen im Original).

1261 Ebd. 163.

1262 Ebd. 164.

flexiv anzufragen, ob ein bei uns durchaus erfolgreiches Modell einer „civil society“ auch einem soziokulturell völlig anders gestalteten Gesellschaftssystem zum Wohle gereichen kann. Wie jedoch in der weiterschreitenden Befassung mit dem Thema zu sehen sein wird, scheint eine „Verwestlichung“ auf gesellschaftlicher, ökonomischer und politischer Basis nicht mehr aufzuhalten zu sein.[1263] Längst fragt man nicht mehr nach dem *Warum*, sondern nur mehr nach dem *Wie* einer möglichst raschen wie effizienten Implementierung westlich geprägter sozioökonomischer Verhältnisse, die – wie zu zeigen sein wird – auch handfesten wirtschaftlichen Interessen der „global players“ zum Durchbruch verhelfen sollen.

Seit dem Zusammenbruch des Realsozialismus scheint die Geldmissionierung der Dritten Welt ohne Alternative zu sein. Trotzdem sich die „Geld-Gläubigen“ dabei freiwillig in ein Abhängigkeitsverhältnis begeben, scheint ihr Eifer ungebrochen, westliche Vorstellungen von Marktwirtschaft umzusetzen. Der Okzident bleibt, trotz all seiner Schwächen, nachahmenswertes Role-Model einer verheißungsvollen, monetären Welt, in deren „Hüllenreligion“ das Geld absolut gesetzt wird. „Seine Kurie bilden die *World Trade Organisation*, die *Weltbank* und *Wallstreet*, deren Initialen das weltumspannende Netz als *WWW* des Geldes bilden.“[1264]

14.3.1 Der Begriff „Befähigungsgerechtigkeit“ im Licht der „vorrangigen Option für die Armen“

Mit diesem relativ neu in die Gerechtigkeitsdiskussion eingebrachten Begriff[1265] ist „die Legitimität der Verteilung der Chancen in der Gesellschaft angesprochen. Befähigungsgerechtigkeit lenkt den Blick auf die ungleichen Möglichkeiten, die jeweils eigenen Talente und Ressourcen zu entwickeln und damit eigen-

1263 Einer der Gründe ist im Aufkommen des Entwicklungshilfegedanken der postkolonialen 1960er Jahre der industrialisierten Welt zu suchen, als man glaubte, alle Probleme der so genannten Dritten Welt durch den westlichen Technikfortschritt und der darauf aufbauenden, notwendigen *nachholenden* Entwicklung lösen und verbessern zu können. Im Nachahmen des Wirtschafts- und Gesellschaftsmodells der westlichen Industriestaaten, dachte man die Not und die sozialen Missstände in den Entwicklungs- und Schwellenländern beheben zu können. Vgl. dazu: D. Meadows u.a.: Die Grenzen des Wachstums. Bericht des Club of Rome zur Lage der Menschheit, Reinbeck 1973 und Vgl. K. Gabriel: Ethik in der Geldanlage. Grundlagen, Kriterien und Herausforderungen. In: Martin Faust / Stefan Scholz (Hg.): Nachhaltige Geldanlagen. Frankfurt 2008, 27.

1264 J. Weiß: Mammon, 287. (Kursivsetzungen im Original).

1265 Im internationalen Fachdiskurs wird dafür der Terminus „Empowerment“ gebraucht. Siehe dazu das Kapitel 14.3 „Mikrofinanz und das Schlüsselwort Empowerment“ in dieser Arbeit.

verantwortlich zur Gesellschaft beizutragen."[1266] Heinrich Bedford-Strohm versucht in seiner Analyse im Spannungsfeld zwischen Beteiligungs- und Verteilungsgerechtigkeit eine systematische Zuordnung des Begriffs Befähigungsgerechtigkeit vorzunehmen, wobei er vom Grundkonsens einer „ökumenischen Soziallehre von unten ausgeht", die sich unter anderem der Option für die Armen verdankt. Eine Schlüsselstellung in diesem Prozess nimmt für ihn der Wirtschaftshirtenbrief der US-Bischöfe von 1986 ein, der insofern eine Zäsur darstellt, als darin „die in der Befreiungstheologie entwickelte Option für die Armen erstmals in einer reichen Kirche der westlichen Welt zum entscheidenden Prüfkriterium für die ethische Beurteilung wirtschaftlicher und sozialer Sachverhalte gemacht wurde."[1267]

Hier setzt auch das Modell der Befähigungsgerechtigkeit an und trachtet nach gesellschaftlichem Ausgleich. Die im Wirtschaftshirtenbrief der US-Bischöfe erhobene Aufforderung an alle Menschen, eine grundsätzliche Option für die Armen abzugeben, prägte, davon gibt sich Bedford-Strohm überzeugt, den Gerechtigkeitsbegriff nachhaltig: „Die Verpflichtung, das soziale und wirtschaftliche Handeln aus der Sicht der Armen zu betrachten. (87.) Das vornehmste Ziel dieser besonderen Verpflichtung den Armen gegenüber liegt darin, sie in die Lage zu versetzen, aktiv am Leben der Gesellschaft teilzunehmen und einen Beitrag zu ihm zu leisten. Die ‚Option für die Armen' ist deswegen kein verbaler Angriff einer Gruppe oder Klasse gegen die andere. Die Formulierung sagt vielmehr, dass die Armut und die Ohnmacht der Armen der ganzen Gemeinschaft schadet." (88.)[1268]

Wesentlich erscheint Bedford-Strohm, dass jegliche Veränderungen zugunsten der Armen gemeinsam mit ihnen erreicht werden sollen, nicht nur *für* sie, im Sinne einer paternalistischen Wohltätigkeit. Es geht um strukturelle Veränderungen und um Überwindung von Ausgrenzung.[1269]

In ihrer starken und überzeugenden biblischen Plausibilität scheint der wichtigste Grund für die nachhaltige Wirkung der Option für die Armen zu liegen, kann sie doch als zentrales Charakteristikum des biblischen Gottes gesehen wer-

---

1266 H. Bedford-Strohm: Armut und Beteiligungsgerechtigkeit. Ökumenische Grundkonsense und Zukunftsherausforderungen der Sozialethik. In: www.unibamberg.de/fileadmin/uni/fakultaeten/ppp_lehrstuehle/evangelische_theologie_1/pdf_Dateien/Vortrag_ber_Armut_H._Bedford-Strohm.pdf 3. Download: 14.05.2008.

1267 Ebd. 4.

1268 Gegen Unmenschlichkeit in der Wirtschaft. Der Hirtenbrief der katholischen Bischöfe der USA „Wirtschaftliche Gerechtigkeit für alle". Aus deutscher Sicht kommentiert von Friedhelm Hengsbach. Freiburg / Basel / Wien 1987. (Kapitelnummern in Klammern)

1269 Vgl. H. Bedford-Strohm: Armut und Beteiligungsgerechtigkeit, 6.

den, … der aus der Not befreit und den Schwachen zum Recht verhilft.[1270] Ebenso zeigt sich in der Sozialkritik der alttestamentlichen Propheten die enge Verbindung von sozialer Frage und Gottesfrage.[1271] Hieraus wird erkennbar, dass Gerechtigkeit für die Armen zu fordern, nichts Lebenseinschränkendes für die Gebenden bedeutet, „sondern Grundlage für Wohlstand und gelingendes Leben.“[1272] Die Option für die Armen spielt also nicht Arme gegen Reiche aus, sie appelliert bei den Wohlhabenden an ihre Solidaritätspflicht und hat dabei „die Inklusion aller in die wirtschaftlichen und sozialen Prozesse zum Ziel. So lange dieses Ziel für die schwächsten Glieder einer Gesellschaft nicht verwirklicht ist, verdienen sie vorrangige Aufmerksamkeit.“[1273]

14.3.1.1 Globale Entwicklung unter Berücksichtigung der „Option für die Armen“

Aus christlich-sozialethischer Perspektive ist der Fokus auf die Entfaltungs- und Beteiligungsmöglichkeiten aller Menschen gerichtet, sowohl auf das Wohl und die Personwürde jedes einzelnen Menschen als auch auf das Gemeinwohl. Die besondere Sorge um Menschen, die unter Armut und sozialer Ausgrenzung leiden, orientiert sich dabei am christlichen Menschenbild und der steten Suche nach mehr Gerechtigkeit, die auch im Leben und der Botschaft Jesu ein zentrales Anliegen darstellt: „Er hat mich gesandt, damit ich den Armen eine gute Nachricht bringe;“ (Lk 4,18). Jesus zitiert seinen göttlichen Auftrag aus den Schriften des Propheten Jesaja (61,1) und demonstriert damit eindrucksvoll, wie sehr das biblisch fundierte solidarische Verhältnis zu den Armen und Schwachen im Alten wie im Neuen Bund ein unaufgebbares Glaubenselement darstellt.

Sich heute der Anliegen der „Armen und Bedrängten aller Art“ (GS1) anzunehmen heißt, sich solidarisch zur Nachbarschaft im „global village“ zu bekennen, heißt auch, sich selbstreflexiv des eigenen hermeneutischen Zugangs bewusst zu werden, in dem zunächst notwendigerweise die eigene Standortbestimmung wahrzunehmen ist. Als BewohnerInnen der ökonomisch überlegenen industrialisierten Welt üben wir, direkt und indirekt, ob wir es wollen oder nicht, bei jeder noch so behutsam organisierten ökonomischen Hilfestellung kulturelle, soziale und politische Dominanz auf jene aus, denen wir helfen wollen, und

1270 Vgl. Gen 20,2; Lev 25,35–38.

1271 Vgl. die Passage über das „richtige Fasten“ bei Jes 58,6–8, bes. Vers 7: „an die Hungrigen dein Brot auszuteilen, die obdachlosen Armen ins Haus aufzunehmen, wenn du einen Nackten siehst, ihn zu bekleiden und dich deinen Verwandten nicht zu entziehen.“

1272 H. Bedford-Strohm: Armut und Beteiligungsgerechtigkeit, 7.

1273 Ebd. 8.

verstärken dabei auch ein Stück weit deren Gefühl, marginalisiert und randständig zu sein.[1274] Teilhabe und Entwicklung müssen immer den Menschen in seiner Ganzheitlichkeit und seine Menschenwürde im Auge haben, welche sich in geglückten Beziehungen und auf gleicher Augenhöhe entfalten kann.

„Wahre Entwicklung darf nicht in der bloßen Anhäufung von Reichtum und einem wachsenden Angebot von Gütern und Dienstleistungen bestehen, wenn dies nur auf Kosten der Unterentwicklung der Massen und ohne die geschuldete Rücksicht auf die soziale, kulturelle und geistige Dimension des Menschen erreicht wird.“[1275]

Der Begriff der nachhaltigen Entwicklung oder „sustainable development“ steht spätestens seit der UN-Konferenz für Umwelt und Entwicklung in Rio de Janeiro (1992) für einen Maßstab, mit dessen Hilfe über die Beteiligungsgerechtigkeit hinaus auch eine Generationengerechtigkeit einzufordern ist.[1276]

Trotzdem ist nach wie vor eine weltweit wachsende soziale Ungerechtigkeit festzustellen, welche sich nicht zuletzt in der Missachtung der elementarsten Grundbedürfnisse von mehr als einer Milliarde Menschen aufzeigen lässt.[1277]

Die biblisch-christlich fundierte „vorrangige Option für die Armen“ wurde vom Zweiten Vatikanischen Konzil als elementares Glaubensgut wiederentdeckt, von der lateinamerikanischen Befreiungstheologie entfaltet und seither vom gesamtkirchlichen Lehramt teilweise kritisch, aber dennoch weiter reflektiert, denn diese Option ist nicht beliebig. „Sie bezeugt die Grundentscheidung Gottes, den Menschen unbedingt zu bejahen.“[1278] Mit anderen Worten konkretisiert die Option für die Armen als Leitmotiv gesellschaftlichen Handelns die Einheit von Gottes- und Nächstenliebe. Deshalb sollte sich „alles Handeln und Entscheiden in Gesellschaft, Politik und Wirtschaft an der Frage (messen) … inwiefern es die Armen betrifft, ihnen nützt und sie zu eigenverantwortlichem Handeln befähigt.“[1279] Es geht dabei auch um faire soziale, wirtschaftliche und politische Spielregeln, die langfristig eine echte Teilhabe marginalisierter Menschen ermöglichen sollten. Die vorrangige Option für die Armen auszuüben, heißt im

1274 Vgl. dazu: Hartmut Köß: Globale Entwicklung und Option für die Armen. – Unter Bezugnahme auf den für das Entwicklungsprogramm der Vereinten Nationen (UNDP) herausgegebenen Bericht über die menschliche Entwicklung. Kulturelle Freiheit und unsere Welt der Vielfalt, in: In: Marianne Heimbach-Steins (Hg.): Christliche Sozialethik. Ein Lehrbuch. Bd. 2: Konkretionen, Regensburg 2005, 112f.

1275 Johannes Paul II.: SRS 9.

1276 Vgl. dazu das Programm der Konferenz in: http://www.un.org/Depts/german/conf/agenda21/rio.pdf. Download: 04.04.2011.

1277 Vgl. H. Köß: Globale Entwicklung und Option für die Armen. 118f.

1278 Ebd. 129.

1279 Ebd. 129.

Zeitalter globalisierter Märkte auch Solidarität und Caritas zu globalisieren. Der zentrale sozialethische Gesichtspunkt der Beteiligungsgerechtigkeit gebietet sicherzustellen, dass auch die Ärmsten von weltweit möglich gewordenen Vernetzungen profitieren und faire Chancen erhalten, ihre Lebenssituation nachhaltig zu verbessern.

In seinen drei Schwerpunkten für armutsorientierte Entwicklungszusammenarbeit, hinsichtlich gerechter Beteiligung, führt Köß neben der Förderung sozialer Grunddienste und ländlicher Entwicklung auch die Vergabe von Kleinstkrediten als wichtigen Bereich der Armutsbekämpfung an. Die entwicklungspolitische Bedeutung sieht er vor allem darin begründet, „dass Arme mit den ihnen eingeräumten Spar- und Kreditmöglichkeiten ihre soziale und wirtschaftliche Entwicklung als verantwortliche Subjekte in die eigenen Hände nehmen können."[1280] Um den Teufelskreis aus Armut – keine Ersparnisse – keine Investitionsmöglichkeiten zu durchbrechen, wurden entsprechende Kreditprogramme ausgearbeitet, um arme Menschen mit wirtschaftlichen Ambitionen zu Spar- und Kreditgruppen zusammenzuführen. Diese Initiativen dienen in besonderer Weise, wie im Verlauf dieser Arbeit noch zu zeigen sein wird, der Teilhabebefähigung von Frauen, der von Armut am stärksten betroffenen Gruppe.

An dieser Stelle sei auch angemerkt, dass der in der Soziallehre der Kirche mittlerweile geläufige Terminus „Beteiligungsgerechtigkeit"[1281] im durchaus ausführlichen Sachregister des „Kompendiums der Soziallehre der Kirche" unberücksichtigt blieb.[1282]

14.3.2 Arm = „nicht bankfähig"

Der postmoderne Mensch hat ein Konto, denn er ist bei seiner Bank „gut angeschrieben", also darf er auch anschreiben lassen. Der Verlust des guten Rufes

---

1280 Ebd. 133.

1281 Arno Anzenbacher erweitert im Anschluss an seine Ausführungen zum Hirtenbrief der katholischen Bischöfe der USA die traditionellen Gerechtigkeitsbegriffe um die Dimension der Beteiligungsgerechtigkeit als Ordnungsbegriff im Sinn sozialer Gerechtigkeit. In: A. Anzenbacher: Christliche Sozialethik, Paderborn 1997, 221ff. Vgl. auch Bernhard Sutor: Politische Ethik. Gesamtdarstellung auf der Basis der Christlichen Gesellschaftslehre. Paderborn 1991, 103ff.

1282 Zwar werden unter dem Stichwort „Beteiligung" eine Reihe begrifflicher Kombinationen, Verknüpfungen und Erweiterungen mit den Begriffen Ethik, Gesellschaft, Entwicklung, u.a. angeboten, jedoch fehlt der Terminus „Beteiligungsgerechtigkeit". In: Päpstlicher Rat für Gerechtigkeit und Frieden (Hg.), Kompendium der Soziallehre der Kirche, Freiburg 2006, Sachregister 447.

kann aber Geld- und Kontosperre nach sich ziehen, was einer Exkommunikation des Individuums aus der Geldgemeinschaft gleichkommt und das Betreten der Geldtempel nur zum Bußzweck allfälliger Zahlungen gestattet.

Mehr als eine Milliarde Menschen, also etwa ein Sechstel der Weltbevölkerung, muss mit weniger als zwei Dollar pro Tag ihren Lebensunterhalt bestreiten.[1283] Diese Menschen finden, wenn überhaupt, nur im informellen Sektor Arbeit, verfügen weder über ein geregeltes Einkommen noch über materielle Sicherheiten, haben deshalb mehrheitlich keinen Zugang zu Finanzdienstleistungen durch klassische Finanzinstitutionen und erfüllen somit keine Voraussetzungen, um bei herkömmlichen Banken einen Kredit zu erhalten. „Sie gelten im Branchenjargon als „nicht bankfähig" (non-bankable)."[1284]

Banken vergeben Kredite in erster Linie nur gegen Vorweis von Sicherheiten an Besitzende, das sind in Entwicklungsländern in erster Linie Männer, womit der klassische Vergabemodus von Geld an ein Gender-Targeting[1285] gebunden zu sein scheint. Das Mikrokreditsystem durchbricht sowohl die Genderbarriere als auch die ökonomisch bedingten Voraussetzungen für Kreditnehmende ohne „credit history" und ohne Sicherheiten. Es geht also um die Befähigung, um die Teilhabe von Menschen, die ohne finanzielle Hilfe zur Selbsthilfe dem Armutszyklus nicht entrinnen können. Im Licht von Besitz als Macht und Machterhalt erscheint die aristotelische Unterscheidung von Ökonomie und Chrematistik künstlich bis willkürlich. Besitz erscheint häufig als Macht gegenüber anderen, die an den ungleich verteilten Ressourcen nicht teilhaben können. Hinzu tritt nicht selten die Angst der Besitzenden, der zunehmende Wohlstand der Unterge-

---

1283 Andere Untersuchungen sprechen von einer Milliarde Menschen, die mit weniger als *einem* US Dollar pro Tag leben müssen, und definieren die Gruppe als „poorest" oder „hard core poor". Vgl: State Of The Microcredit Summit Campaign Report. Washington DC 2006, 1. Gleichfalls eine Milliarde Menschen leidet chronisch an Hunger, zwei Drittel davon sind Frauen und Mädchen, die 60–80% der Grundnahrungsmittel produzieren. Das Menschenrecht auf Nahrung ist in der Allgemeinen Erklärung der Menschenrechte von 1948 enthalten. Tagtäglich wird dieses Menschenrecht milliardenfach verletzt. Zum Bild des Menschen als Träger von wirtschaftlichen und sozialen Menschenrechten vgl.: FIAN: Wirtschaft global-Hunger egal? Für das Menschenrecht auf Nahrung. Hamburg 2005, 7, 17 u. 58ff.

1284 Thomas Vondrak (Hg.): Funktionsweise von Mikrokrediten sowie erfolgreichen europäischen Mikrofinanz-Initiativen, Innsbruck 2006, 81.

1285 Der Begriff „Gender" bezeichnet das „soziale Geschlecht" und damit die sozial begründeten Unterschiede zwischen Mann und Frau, der Begriff „sex" die biologischen. Gender ist somit die kulturell geprägte, sozial sich formende und geformte sowie erlernte Weiblichkeit und Männlichkeit. Gender bezieht sich auch auf den qualitativen und interdependenten Charakter der Macht- und Dominanzbeziehungen sowie der sozialen Positionen von Männern und Frauen in der Gesellschaft. Vgl. Lise Ostergaard (Hg.): Gender and development. A practical guide. London 1992, 17ff. Da der Genderbegriff für das Mikrokreditthema von besonderer Relevanz ist, bietet sich diese Ausführlichkeit an.

benen könnte der erste Schritt zur Revolution und Neuverteilung des Eigentums und damit zur Entmachtung der Besitzenden sein.[1286]

14.3.3 Mikrofinanz und das Schlüsselwort Empowerment

Für den Ökonomen John Hatch zählen die finanziell messbaren Erfolge: „Ich habe arme Menschen erlebt, die aus einem 50 Dollar Kredit Gewinne bis zu zweihundert Prozent lukriert haben. Das überzeugt mich, wiewohl die Menschen in ihrer Sprache niemals von ‚Gewinnen' oder ‚Renditen' sprechen würden. Sie verweisen lieber darauf, dass ihre Familie jetzt in größerer Verbundenheit dasteht, oder die Dorfgemeinschaft besser funktioniert, oder sie sagen: ‚Ich fühle, dass ich jetzt jemand bin'. Das ist es, was unsere Kredite bewirken: Empowering von Menschen."[1287]

Die Befähigung oder Ermächtigung von Menschen zu eigenverantwortlichem Handeln, zur Teilhabe an gesellschaftlichen Prozessen und sozialen Interaktionen, ist als Schub an Zuversicht und Selbstvertrauen nicht nur ein trivialer side effect oder Epiphänomen der Mikrofinanzierungen. Empowerment trifft die Menschen im Kern ihres Selbstseins und: es entsteht nicht von allein, sondern bedarf menschlicher Vermittlung. Man kann tonnenweise Schutzimpfungen und Malariamedikamente liefern und sie bleiben doch wertlos, ohne Menschen zu befähigen, sie lege artis anzuwenden. Man kann Milliarden US Dollars an Hilfsgeldern von oben nach unten verteilen, ohne dabei Jobs zu kreieren, ohne Menschen zu ermächtigen, sich und anderen zu helfen. Empowerment im Kontext der Mikrofinanz heißt, Menschen an einem menschenwürdigen Dasein teilhaben zu lassen. Geld ist dafür notwendig, aber ohne gezielte Anleitung zu seiner Anwendung wertlos.[1288]

Die Stimme einer indischen Kreditnehmerin fasst eindrucksvoll zusammen, wie gelungenes Empowerment empfunden werden kann: „At first I was afraid of everyone and everything: my husband, the village sarpanch[1289], the police. Today

---

1286 Vgl dazu: J. Weiß: Mammon, 107, der in FN 41 Herodot zitiert, welcher Kroisos zu Kyros sagen lässt: „Deine Perser sind übermütig und wollen hoch hinaus, aber sie sind arm. Läßt du sie jetzt plündern und sich bereichern, so mußt du darauf rechnen, daß sie sich empören, und zwar je reicher sie sind, desto eher." In: Hans-Joachim Diesner/Hannelore Barth (Hgg.): Herodot. Das Geschichtswerk, Vol 1. Berlin/Weimar 1985, 45.

1287 State Of The Microcredit Summit Campaign Report, 2.

1288 Vgl. dazu Microcredit Summit, 6–7.

1289 Ein „village sarpanch" ist ein demokratisch gewählter Dorfvorsteher, auch Gram (=village) Panchayat genannt, der, ähnlich einem Bürgermeister bei uns, einem Dorfgremium, ähnlich

I fear no one. I have my own bank account, I am the leader of my village's savings group. I tell my sisters about our movement. And we have a 40.000-strong union in the district."[1290]

Der Begriff Empowerment wird im Vokabular der Entwicklungszusammenarbeit auf unterschiedlichste Weise verwendet.

Yvonne Diallo-Sahli geht davon aus, dass es für Empowerment keine allgemein gültige Definition gibt, dass aber damit häufig „eine Vergrößerung des Handlungs- und Entscheidungsspielraums von Gruppen (insbesondere von Frauen) angestrebt wird."[1291] In der Mikrofinanzpraxis ist dieser Begriff zentral. Er entstand im entwicklungspolitischen, genderausgerichteten Diskurs in Abgrenzung zum Effizienzargument der Weltbank. Wiewohl der Begriff das Wort power (Macht) enthält, wird er eher für den Prozess herangezogen, in welchem Personen, die sich außerhalb der Möglichkeit auf Beteiligung an Entscheidungen befanden, dazu befähigt werden, in diese hinein gebracht zu werden. Auf der individuellen Ebene kann dieser Ermächtigungsprozess als gesteigertes Selbstwertgefühl erfahren werden, auf der interpersonellen und der Community Ebene als strukturelle Veränderung von sozialen Verhältnissen (z.B. Genderverhältnissen), verbesserter Zugang zu Ressourcen und der sozialen Mobilisierung. „Der *empowerment*-Prozess kann nicht erfolgreich sein, wenn die Methodologie *top-down* gerichtet ist oder Abhängigkeit hervorruft. *Empowerment* ist ein Prozess, welcher nicht von außen aufgedrängt werden kann."[1292] Zwar können Unterstützungsimpulse von außen den Prozess erleichtern, jedoch nur unter Bedachtnahme des gegenseitigen Respekts und vertrauensvollen Umgangs untereinander. Hierauf fußt der sogenannte „bottom-up" Ansatz einer Entwicklung von unten. Empowerment kann also niemandem von oben herab übergestülpt werden. Es muss von Grund auf wachsen.[1293]

---

unserem Gemeinderat, vorsteht und gegenüber Behörden der offizielle Ansprechpartner des Dorfes ist.

1290 Thorsten Nilges: Zunehmende Verschuldung durch Mikrokredite. Auswertung eines Experiments in Südindien. Duisburg Working Papers On East Asian Studies, No. 63/2005. Institut für Ostasienwissenschaften der Universität Duisburg 2005, 3. http://www.in-east.de. Download 12.03.2008.

1291 Y. Diallo-Sahli: Mikrokredite und Genderverhältnisse: Bei Kleinunternehmerinnen hervorgerufene Veränderungen. Eine kritische Situationsanalyse im Rahmen eines Mikrokreditprojekts von SWISSAID in Dar es Salaam/Tansania. Lizentiatsarbeit an der Philosophisch-Historischen Fakultät der Universität Bern 2003, 1.

1292 Ebd. 13f. (Kursivsetzungen im Original).

1293 Vgl. ebd. 14, wo auch Oxaal, Wieringa, Schultz und Rowlands zitiert werden.

14.3.4 Der Versuch, das Bedford-Strohmsche Theoriemodell der Befähigungsgerechtigkeit auf die Mikrofinanzpraxis anzuwenden[1294]

Zunächst muss mit Bedford-Strohm vorausgesetzt werden, dass die beiden Begriffe Befähigungs- und Verteilungsgerechtigkeit nicht gegeneinander ausgespielt werden dürfen, weil sie beide Ausformungsmöglichkeiten bilden, die vom Überbegriff Beteiligungsgerechtigkeit definitorisch umfasst werden können. Wer nämlich Befähigungsgerechtigkeit auf Chancengleichheit reduziert, ohne ihr gleichzeitig einen „fairen Wert" (John Rawls) zur Seite zu stellen, der mithilfe der Verteilungsgerechtigkeit für den notwendigen sozialen Ausgleich sorgt, greift zu kurz. Während Bedford-Strohm aus dieser Erkenntnis Konsequenzen für die Neuvermessung des Diskurses um die Begriffe „Subsidiarität" und „Eigenverantwortung" zu erarbeiten trachtet, soll hier der Versuch unternommen werden, das „Dreigestirn" (Beteiligungs-, Verteilungs- und Befähigungsgerechtigkeit) in seinen Interdependenzen für das Thema Mikrofinanzierungen nutzbar zu machen, um eine systematische Zuordnung der Begriffe anzustreben. Was bedeutet dies nun für die Verortung des Begriffs Befähigungsgerechtigkeit im Kontext der Mikrofinanzierungspraxis?

Wichtig ist festzuhalten, dass Verteilungs- und Befähigungsgerechtigkeit einander bedingen. Im Gedanken der gerechten Verteilung steckt der Impuls zum sozialen Ausgleich, welcher faire, vor allem den Schwächeren zugängliche Startbedingungen ermöglichen soll. Der Wunsch nach Befähigung und Ermächtigung, welcher in der internationalen Literatur unter dem Begriff „Empowerment" firmiert, betrifft die jeweilige Person selbst und verlangt von den Helfenden, sich die Frage zu stellen: Was benötigt der konkrete Mensch in einer konkreten Situation im Hier und Jetzt, um in den Stand der Befähigung/Ermächtigung gesetzt zu werden? Auf die Systematik der Soziallehre der Kirche bezogen, wird hier das Personprinzip sichtbar, welches den einzelnen Menschen vor dem breiteren Hintergrund des Gemeinwohlprinzips zum Thema hat.

14.3.5 Zusammenfassung und kritische Würdigung

Auf das Fallbeispiel Mikrokredit bezogen, kann in Übertragung der oben gewonnenen systematisch-strukturellen Bedeutungs- und Beziehungszusammenhänge gesagt werden, dass die zielorientierte Vergabe von Geld nach den jeweils

1294 Vgl. dazu die Erläuterungen zum Begriff „Befähigungsgerechtigkeit" in Kapitel 14.3.1 dieser Arbeit.

gegebenen Richtlinien eher unter dem Aspekt einer *Verteilungsgerechtigkeit* gesehen werden kann, wohingegen die fachlich orientierte Begleitung, Beratung und Betreuung der Kreditnehmenden als unterstützende Elemente des Empowerments dem Bereich der *Befähigungsgerechtigkeit* zugeordnet werden können. Zusammengenommen tragen die beiden Entitäten, die kommerziell banktechnische und die sozial-ethisch engagierte, zu einer allgemein gefassten *Beteiligungsgerechtigkeit* bei, die als Over-all-Prinzip die beiden anderen umschließt. Somit konnte hier der Versuch unternommen werden, das von Bedford-Strohm entwickelte Theoriemodell auf das praktische Beispiel der Implementierung des Mikrofianzwesens anzuwenden. Festzuhalten ist allerdings auch, dass der von Bedford-Strohm beschriebene Begriff einer *Befähigungsgerechtigkeit* sehr stark mit dem international gängigen Begriff des Empowerments konnotiert.

14.4 Zur Praxis der Mikrofinanzierung: Definition und erste Hinführung

Unter dem Vorsitz von Kofi Annan erklärte die UNO das Jahr 2005 zum internationalen Jahr der Mikrokredite (micro-loans, leider nicht micro-finance, was zutreffender wäre und die Komplexität der damit verbundenen Operationen treffender ausdrückte)[1295], um Mitgliedstaaten, UN-Sitze und Mikrofinanzpartner miteinander zu vernetzen.[1296] Bis dahin war das Thema Mikrofinanz wohl nur einer eher überschaubaren Anzahl von Finanzexperten im Bereich der Entwicklungszusammenarbeit ein Begriff.

Der Schwerpunkt lag und liegt bis heute in der Entwicklung und Implementierung nachhaltiger Mikrofinanzmodelle zur weltweiten Armutsbekämpfung. Das Wort „Mikro" steht dabei nicht nur für die geringen Kreditbeträge, die kurzen Kreditlaufzeiten und Tilgungsintervalle (wöchentlich oder monatlich), auch das jeweilige Operationsfeld der vor Ort tätigen Finanzdienstleistungsorganisationen ist regional begrenzt und damit überschaubar klein.

Mikrokredite sind Kleinstdarlehen zur Anschubfinanzierung einkommensfördernder, realwirtschaftlicher Aktivitäten. Start-Ups für arme, „kreditunwürdige" Menschen ohne Garantien, denen der Zugang zu regulären Bankkrediten aufgrund fehlender Sicherheiten verwehrt bleibt.[1297]

1295 Der Begriff Mikrofinanz umfasst die drei Operationsfelder Kredit, Sparen und soziale Absicherung, während „Mikrokredit" nur die Geldvergabe fokussiert.

1296 Siehe dazu: www.yearofmicrocredit.org. Download 04.03.2008.

1297 Vgl. Th. Vondrak: Funktionsweise von Mikrokrediten sowie erfolgreichen europäischen Mikrofinanz-Initiativen, 16 u.100.

Auch die Politik der Weltbank weiß sich, eigenen Angaben zufolge, den internationalen Entwicklungszielen der Vereinten Nationen verpflichtet. Sie vertritt dabei jedoch die nicht unumstrittene Auffassung, „dass Firmen und Unternehmer die Basis jeglicher Entwicklungsprozesse darstellen. Sie schaffen Arbeitsplätze, die Wege aus der Armut weisen und produzieren Güter, durch die sich Lebensbedingungen verbessern."[1298] In diesem durchaus als neoliberal einzuschätzenden Kontext setzt die Weltbank auf die Förderung von Mikrounternehmen.

Als Teil einer mittlerweile etablierten und in die weltweite Entwicklungsarbeit eingebetteten Poverty Reduction Strategy (PRS) werden Mikrokredite hauptsächlich von lokalen Mikrofinanzinstituten (MFIs) vergeben, die meist aus schon länger im betreffenden Land operierenden NGOs entstanden sind und deren Kreditvergabepolitik am Gemeinwohl orientiert ist. MFI-Darlehen werden in erster Linie an in Selbsthilfe-Unternehmen organisierte Menschen in Entwicklungs- und Schwellenländern vergeben, die einen eigenständigen Weg aus der Armut beschreiten wollen.

Im Jahr 2002 befasste sich ein Strategiepapier der Vereinten Nationen mit der Frage, wie erfolgreich gegen Armut ankämpfende lokale Mikrofinanzsysteme auf überregionale Landesmodelle unter Beteiligung der jeweiligen Regierungsstellen und Großbanken übertragbar sind. Man gelangte zur Auffassung, dass es gut und wertvoll und im Sinne der Betroffenen wäre, lokale Mikrofinanz-Pilotprojekte in größeren Maßstäben und mithilfe professioneller UN-Entwicklungshilfeerfahrung zu replizieren.[1299]

Den partizipativen Aspekt der Mikrofinanz mit Leben zu füllen, kann im Idealfall bedeuten, Menschen mit innovativem Potential, Unternehmergeist und marktfähigen Ideen aus der Armut heraus in ein selbstbestimmtes Leben zu führen und damit gleichzeitig die Entwicklung ihres sozialen Umfeldes in den Gemeinden und Regionen zu fördern. Diese individuellen Innovationen bedürfen

1298 Eckhard Deutscher: Die Politik der Weltbank. In: Hartmut Ihne / Jürgen Wilhelm (Hg.): Einführung in die Entwicklungspolitik. 220.

1299 Vgl. UNCDF (United Nations Capital Development Fund) – Strategy for Policy Impact and Replication in Local Governance and Microfinance. 1,10f., 43–48, bes. 48: die Aufstellung der relevanten Prinzipien der Mikrofinanz Best-Practice-Modelle. Für das Jahr 2008 schätzt man, dass weltweit etwa 4000 MFIs aktiv sind, die sich der UN Kontrolle unterstellen. (Bei weitem nicht alle MFIs sind der UNCDF berichtspflichtig, deshalb stehen keine genauen Zahlen zur Verfügung). Erhoben wurde, dass im UN-Berichtsjahr 2006 weltweit 82 Millionen Menschen Mikrokredite in Anspruch nahmen, mit einem Frauenanteil von 84,2 Prozent. Für 2008 wird der Sprung über die 100 Millionengrenze erwartet. Aber: diese Zahlen beziehen sich nur auf MFIs, die den UN-Organisationen Bericht erstatten. Die tatsächliche Zahl bereitgestellter Mikrokredite dürfte beträchtlich darüber liegen. Vgl. das Kapitel „Growth Resulting from Institutions Reporting for the First Time." In: Microcredit Summit, 19–27, bes. 19 u. 22.

aber politischer, rechtsstaatlicher und finanzwirtschaftlicher Rahmenbedingungen vor Ort, um zu prosperieren. Hierfür sind in erster Linie die Regierungen der betroffenen Länder aufgerufen, verlässliche Institutionen aufzubauen, für Vertragssicherheit, Respektierung der Eigentumsrechte und die notwendige Infrastruktur zu sorgen. Die Entwicklungspartner und NGOs können dabei allenfalls in beratender Funktion zur Seite stehen.[1300]

14.4.1 Makro- versus Mikro-Ansatz

Während makroökonomische Ansätze nicht selten auf die beiden „universell" konstruierten Modernisierungs- und Dependenztheorien[1301] bezogen sind, die entweder vom Ideal einer nachzuahmenden westlich-industrialisierten Entwicklung oder einer Trennung in Tradition (Unterentwicklung) und Moderne (Entwicklung) ausgehen, fokussieren Mikroansätze die empirische Realität und ihre sozioökonomischen Implikationen wie den informellen Sektor[1302], die Genderproblematik sowie die Erfahrungen mit den weitgehend gescheiterten Versuchen eines „trickle-down" Prinzips (Gießkanneneffekt) oder einer „top down", von oben herab verwalteten Hilfeleistung. Diese veralteten Entwicklungsansätze werden durch alternative „bottom-up"-Ansätze, also einer Entwicklung „von unten", ersetzt, die auch die Chance auf Beteiligungsgerechtigkeit vielversprechender erscheinen lassen.

Am Beispiel Mikrokredit kann das Zusammenspiel und die Interdependenz von Verteilungs-, Beteiligungs-, und Befähigungsgerechtigkeit insofern veranschaulicht werden, als zunächst die Vergabe von Darlehen die Möglichkeit einer

---

1300 Vgl. Interview mit Uschi Heid (Bündnis 90/Die Grünen): „Entwicklung funktioniert nur aus dem Inneren einer Gesellschaft heraus." In: Beilage zur taz: Finanzdienstleistungen für alle, v. 30.10.2008, III.

1301 Vgl. dazu Dieter Nohlen: Entwicklung/Entwicklungstheorien. In: ders. (Hg): Lexikon Dritte Welt. Länder, Organisationen, Theorien, Begriffe, Personen. 3. Aufl., Bonn 2000, 216–218.

1302 Im Zusammenhang mit Studien zu Kenia und Ghana wurden die Begriffe „informell" und „informelle Wirtschaftstätigkeit" Anfang der 1970er Jahre durch die International Labour Organisation (ILO) bekannt. „Informelle Erwerbsarbeit" ist ein Abgrenzungsbegriff zu „formeller Erwerbsarbeit". Letztere bezeichnet ein gesetzlich geregeltes Normarbeitsverhältnis, also unselbständige Erwerbstätigkeit, unter Einhaltung aller arbeits-, steuer- und sozialrechtlichen Bestimmungen. Informelle Arbeitsverhältnisse missachten diese. Mittlerweile gibt es auch das Hauptwort „Informalisierung" als Zustandsbeschreibung neoliberal beeinflusster, de- und reregulierter Erwerbsarbeitsverhältnisse. Vgl. dazu: ILO: Compendium of official statistics on employment in the informal sector. STAT Working Papers No. 1, 2002. 5ff. (Ohne Ortsangabe) www.ilo.org/public/english/bureau/stat/download/ilocomp.pdf. Download: 22.05.2008.

nachhaltigen *Beteiligung* an gesellschaftlichen und sozioökonomischen Prozessen im Sinne einer *Verteilungs*gerechtigkeit bewirken kann, während mittels betreuender Begleitmaßnahmen (Coachings der Selbsthilfegruppen) die *Befähigung* zur Teilhabe gestärkt wird. Freilich ist dies eine theoretisch entworfene Idealvorstellung einer gerechten Beteiligung, welcher man sich in der Praxis so gut wie möglich annähern kann.

14.4.2 Geld als Werkzeug

„Geld ist bloß das Werkzeug, das uns hilft Träume zu entfesseln, um auch den ärmsten und unglücklichsten Menschen auf dieser Welt zu Würde, Respekt und sinnerfülltem Leben zu verhelfen."[1303] Für Muhammad Yunus, den „Vater" der modernen Mikrokreditbewegung, wohnt dem Geld auch das Potential der Traumerfüllung inne. Gleichzeitig aber differenziert er die Wirkkraft des Geldes, indem er den mithilfe finanzieller Mittel befähigten Menschen in den Mittelpunkt stellt: „The micro-credit movement which is built around and for and with money is, ironically, at its heart, at its deepest root, not about money at all. It is about helping each person achieve his or her fullest potential. It is not about cash capital but about human capital."[1304]

Zusammenfassend darf in diesem Kontext gehofft werden, dass sich der weit verbreiteten „For-Profit-Rationalität"[1305] eine ethisch-praktische Vernunft beigesellt, die der Normativität des Faktischen – hier: der rein ökonomischen Logik – eine normative Logik der Zwischenmenschlichkeit anheimstellt, welche sich der bedingungslosen wechselseitigen Anerkennung personaler Würde verpflichtet weiß.

1303 Grameen Bank Gründer und Friedensnobelpreisträger Muhammad Yunus, in: Th. Vondrak: Funktionsweise von Mikrokrediten sowie erfolgreichen europäischen Mikrofinanz-Initiativen, 11. (Übersetzung: HB).

1304 M. Yunus, zit. v. Julia Zdrahal-Urbanek: Internationale Literatur-Recherche zu Mikrokredit-Finanzierungsmodellen. In: ibw, Institut für Bildung und Wissenschaft (Hg.): ibw-Schriftenreihe Nr. 134, Wien 2007, 5.

1305 Die in dieser Arbeit verwendete Terminologie des „For-Profit"- oder „Non-Profit"-Sektors stützt sich auf das von Luise Gubitzer entwickelte Sektorenmodell der Gesamtwirtschaft, zu dem auch der „Öffentliche Sektor", der „Haushaltssektor" und der „Illegale Sektor" gehören. Vgl. L. Gubitzer: Wirtschaft ist mehr! Sektorenmodell der Gesamtwirtschaft als Grundlage für Geschlechtergerechtigkeit. In: Ruth Amsler, u.a. (Hg.): Widerspruch Nr. 50. Zürich 2006, 17–29.

14.4.3 Bangladesch, die Wiege der modernen Mikrokredite. Muhammad Yunus, der „Banker der Armen".

Schon zu Beginn der 1970er Jahre beobachtete der in Bangladesch beheimatete Ökonom und Universitätsprofessor Muhammad Yunus das finanzielle Dilemma vieler Frauen, die Bambushocker herstellten, sich jedoch das Geld für das Rohmaterial zu täglich fälligen Darlehen mit horrenden Zinsen bei Wucherern ausborgen mussten, sodass am Abend kaum mehr als der Gegenwert von 20 US Cent Gewinn übrig blieb. Den Löwenanteil der Erträge kassierten die Geldverleiher.

Mithilfe seiner Studierenden gründete Yunus 1979 versuchsweise die Grameen Bank[1306] und vergab Kredite im Gegenwert von oft nur 30 US Dollar zu fairen Zinssätzen, womit vornehmlich Frauen Arbeitsmaterial, Stoffe, Geflügel, Ziegen oder Kühe einkauften und somit befähigt wurden, eine für sie völlig neue, bescheidene Lebensform der Selbständigkeit und Unabhängigkeit zu erschließen.

Im Jahr 1983 wurde aus dem universitären Forschungs- und Pilotprojekt eine lizensierte Bank, die bereits 28.000 Mitglieder zählte. Im Jahr 2008 war die Grameen Bank bereits zu 94% im Besitz ihrer über sieben Millionen Mitglieder und betrieb mit etwa 19.000 MitarbeiterInnen 2.475 Zweigstellen in 80.511 Dörfern Bangladeschs. Nach letzten Berechnungen[1307] wurden seit Bestehen der Bank 6,6 Milliarden US Dollar an Mikrokrediten mit einem Durchschnittsbetrag von 160 US Dollar an über 110 Millionen Kreditnehmende vergeben.[1308] Mit einer Marktdurchdringungsrate von 35 Prozent ist Bangladesch das Land mit den meisten Mikrokreditnehmenden.[1309]

1306 Das Wort „Gram" bedeutet in der Landessprache Bengali „Dorf", das Adjektiv „grameen" kann mit „ländlich" oder „aus dem Dorf" übersetzt werden. Die Grameen Bank ist somit eine Dorfbank. Vgl. M. Yunus: Grameen. – Eine Bank für die Armen, 162.

1307 Die hier wiedergegeben Zahlen sind dem letzten verfügbaren Grameen Bank Update vom 22.12.2007 entnommen. Vgl. dazu Paul Sinclair: One World One People. In: www.oneworld onepeople.org/articles/World%20Poverty/Grameen.htm 1–3. Download: 11.02.2008.

1308 Vgl. Th. Vondrak: Funktionsweise von Mikrokrediten sowie erfolgreichen europäischen Mikrofinanz-Initiativen, 93 und Britta Petersen: Grameen – die Bank der Armen. In: UNIVERSITAS 729 (03/ 2007), 257.

1309 Vgl. Gabriele Rabl: Kleine Kredite mit großer Wirkung. In: DIE PRESSE, 21.05.2008, Beilage „Financial Presse", 6. Vgl. auch die Daten in: Institut zur Cooperation bei Entwicklungsprojekten www.icep.at Download 14.06.2008.

Eine von Grameen in Auftrag gegebene Studie zeigt, dass bis zum Jahr 2001 ungefähr 42% der Kreditnehmenden die (lokal definierte) Armutsgrenze überschreiten konnten.[1310]

Im Jahr 2006 erhielt M. Yunus für das von ihm entwickelte Grameen Bank Modell der Mikrokredite den Friedensnobelpreis. Das Nobelpreiskomitee würdigte Yunus' Programm einer wirtschaftlichen und sozialen Entwicklung „von unten" (bottom up) und ehrte damit eines der weltweit erfolgreichsten Projekte für Teilhabe und Befähigung von Armen. Der Begriff „Mikrokredit" ist heute fixer Bestandteil der Entwicklungshilfe.[1311]

Die Finanz- und Distributionsstruktur des Grameen Modells wurde mittlerweile in mehr als 60 Ländern der Welt erfolgreich repliziert. Derzeit arbeiten etwa 4000 MFIs nach dem Grameen-Modell. Insgesamt bedienen knapp 70.000 MFIs den weltweiten Nischenmarkt der Mikrofinanzierungen.[1312]

Markus Schlagnitweit ruft in diesem Zusammenhang den aus der Mode gekommenen Begriff einer „Primärbank" in Erinnerung, welcher im Sog der Finanzmarktkrise eine Renaissance zu erfahren scheint.[1313] Nicht alternative Geld-Theoretiker oder Propheten ethischen Investments, sondern krisengeschüttelte „bekehrte Banker"[1314] besinnen sich vermehrt auf ihr eigentliches Kerngeschäft: Eine Primärbank widmet sich der „Weitervermittlung von Spareinlagen an Kreditnehmer innerhalb eines mehr oder weniger geschlossenen ökonomischen Kreislaufs"[1315]

14.4.4 Kredit geben heißt: An Menschen glauben und ihnen vertrauen

Yunus' Philosophie zur Selbsthilfe basiert auf der ursprünglichen Bedeutung des Wortes Kredit (credo): Vertrauen, (an jemanden) glauben.[1316] Als er zu Beginn

1310 Vgl. J. Zdrahal-Urbanek: Internationale Literatur-Recherche zu Mikrokredit-Finanzierungsmodellen, 48.

1311 Vgl. B. Petersen: Grameen – die Bank der Armen. 257.

1312 Vgl. die Angaben im Interview mit Leopold Seiler von Seiler Asset Management in: Wirtschaftsblatt v. 21.02.2008, S.8. www.wirtschaftsblatt.at/archiv/314675/index.do Download: 12.06.2008.

1313 Vgl. M. Schlagnitweit: Back to the roots? In: Börsen-Kurier Nr. 50, v. 11.12.2008. Beilage: Geld und Ethik, 1.

1314 Ebd. 1.

1315 Ebd. 1.

1316 Vgl. Th. Vondrak: Funktionsweise von Mikrokrediten sowie erfolgreichen europäischen Mikrofinanz-Initiativen, 93. Etymologisch lässt sich das Wort *Kredit* über das lat. *credo* zum indoiranischen *kred* zurückverfolgen, welches, nach Vermutung der modernen Sprachwissenschaften „Pfand" oder „Einsatz" bedeutet. Jedenfalls etwas Materielles, in dem auch eine seiner Feldstudien sah, dass die Menschen hart arbeiteten und trotzdem arm blieben, weil sie als TaglöhnerInnen im informellen Sektor von korrupten Geldverleihern in Lohnknechtschaft gehalten wurden und aufgrund ihrer fragilen Existenz durch jedes Anspruchsraster der Banken fielen, stieß er mit der Idee, diesen Menschen Geld zu fairen Bedingungen zu leihen, seitens erfahrener Finanzfachleute nur auf Ablehnung, weshalb er probeweise eigenes Geld verlieh, welches er samt Zinsen pünktlich zurück erhielt, „obwohl jeder Bankangestellte geglaubt hätte, dass die armen Menschen nicht dazu in der Lage seien, mit geliehenem Geld verantwortungsvoll umzugehen.“[1317] Darüberhinaus beobachtete Yunus, dass Frauen mit dem geliehenen Geld verantwortungsvoller umgehen, während Männer vermehrt dazu neigen, das Geliehene zu „verjubeln“. Die Frauen hatten nur eine Sicherheit zu bieten: ihre Ehre. Bis heute vergibt die Grameen Bank 94% ihrer Kredite an Frauen, bei einer Rückzahlungsdisziplin von 98%.[1318]

14.4.5 Zielgruppe Frauen: Die verlässlicheren Kreditnehmenden

„Women have plans for themselves, for their children, about their home, the meals. They have a vision. A man wants to enjoy himself.“[1319]

Grameen Bank Vertreter heben immer wieder die deutlich verbesserte Situation der Frauen in einer konservativen muslimischen Gesellschaft wie Bangladesch hervor. Sie fühlen sich, erhobenen Untersuchungen zufolge, als Kreditnehmerinnen selbstbewusster und emanzipierter, sind auf ihren gestiegenen Status und/oder ihr Ansehen stolz, weil auch sie nun als „Quelle von Finanzressourcen“ mit ihren Männern gleichziehen und dank der verbindlichen Gruppenmeetings und Coachings eine erhöhte Mobilität genießen. Zusammenfassend bedeutet dies, dass Frauen erstmals eine Identität außerhalb ihrer Familien, im

---

Zauberkraft steckt, „die dem Menschen innewohnt und in ein höheres Wesen gesetzt wird.“ In: J. Weiß: Mammon, 120, basierend auf Emile Benveniste: Indoeuropäische Institutionen. Wortschatz, Geschichte, Funktionen (1969). Frankfurt/New York 1993, 141.

1317 B. Petersen: Grameen – die Bank der Armen, 259. (Die Daten basieren auf Eigenangaben der Grameen Bank).

1318 Vgl. ebd. 259.

1319 M. Yunus' Antwort auf die Frage, warum 94% seiner Mikrokredite an Frauen vergeben werden, zit. in: Th. Vondrak, Funktionsweise von Mikrokrediten sowie erfolgreichen europäischen Mikrofinanz-Initiativen, 163. Freilich wohnt diesem Statement ein gerüttelt Maß an Vereinfachung der sozialen Genderverhältnisse inne, jedoch verweist Yunus dabei auf seine praktischen Erfahrungswerte und zeichnet absichtlich und zur Verdeutlichung der tatsächlichen Lebensverhältnisse ein undifferenziertes Bild der Geschlechterrollen. Zahlreiche Studien ergeben aber eindeutig, dass Frauen ihre Geschäfte risikoärmer gründen und Kredite verlässlicher bedienen als Männer. Vgl. dazu ebd. 164.

Sinne einer erlebbaren Beteiligung am üblicherweise von Männern geprägten Gesellschaftswesen des Dorfes erfahren.[1320]

Kritische Stimmen aus feministischer Seite beleuchten die ambivalente sozialpolitische Komponente einer genderspezifischen Orientierung bei der Kreditvergabe, die bei weitem nicht ausreiche, um an den patriarchalischen Verhältnissen etwas zu ändern. „In verschiedenen Fällen habe dadurch sogar die Gewalt gegen Frauen zugenommen, weil Männer sich mit der neuen Rollenzuweisung nicht anfreunden wollten."[1321]

Anhand von Zahlen lässt sich aber zumindest belegen, dass unter Frauen in Entwicklungs- und Schwellenländern, die sich mit „micro-enterprises" selbständig machen wollen, eine äußerst stark gestiegene Nachfrage nach Mikrokreditangeboten zu verzeichnen ist.[1322]

14.4.5.1 Die Überwindung der „gender-limits": Mikrofinanzierung als Frauenprogramm

Mit der Special Unit for Microfinance (SUM)[1323] haben die Vereinten Nationen eine eigene Abteilung für den Bereich Mikrofinanzierung ins Leben gerufen. Schon in den frühen 1990er Jahren bezeichnete man mit dem Begriff „gender-limits" den beschränkten Zugang von Frauen in Entwicklungsländern zu Hilfsgeldern.[1324] Die daraus resultierenden Grundprinzipien für eine gendergerechte Vergabe von Mikrokrediten, die auch beinhalten, die Bedürftigen als „KundInnen" wahr- und ernst-zunehmen, konnten noch nicht vorhersehen, dass sich das Finanzierungsmodell Mikrokredit zu einem prononcierten Frauenprogramm (women's finance) entwickeln würde. Der genderbedingte Nachholbedarf wird

---

1320 Vgl. ebd. 94–95. Viele andere Quellen nehmen Bezug auf die heikle Tatsache, dass der Bewegungsspielraum von Frauen in der dörflich strukturierten muslimischen Gesellschaft Bangladeschs auf den familiären Wohnbereich beschränkt ist. Nur weiblichen loan officers der Grameen Bank ist es gestattet, die Frauen ohne Begleitung ihrer Männer anzusprechen oder sie gar zu wöchentlichen Gruppenmeetings und Coachings zu laden. Dennoch erleben die Neo-Bankkundinnen dadurch ein neues Gefühl von Freiheit, das nicht selten auf erheblichen Widerstand der männlichen Dorfbewohner stößt.

1321 B. Peterson: Grameen – die Bank der Armen, 260.

1322 Vgl. J. Zdrahal-Urbanek: Internationale Literatur-Recherche zu Mikrokredit-Finanzierungsmodellen, 50ff.

1323 Die Selbstdefinition lautet: „SUM is the technical unit of the Uinited Nations Capital Development Fund and the primary technical resource of the UN Development Programme in the field of microfinance." www.uncdf.org/sum. Download: 24.04. 2008.

1324 United Nations Capital Development Fund, SUM (Special Unit for Microfinance): Supporting Women's Livelihoods: Microfinance that Works for the Majority. A Guide to Best Practices. New York 2002, IX–1.

besser sichtbar, wenn man sich vor Augen hält, dass Frauen, also 52 Prozent der Weltpopulation, nur *ein* Prozent des Grund und Bodens besitzen.

Mithilfe von Mikrokrediten sind Frauen in vielen Ländern der Welt erstmals in die Lage versetzt, mit eigenen Einkünften den Lebensunterhalt ihrer Familien abzusichern, mehr Selbständigkeit zu erlangen und ihr Ansehen innerhalb der Familie oder des Dorfes zu heben. Insgesamt eine Verbesserung der Lebensqualität, die seitens der UN-Behörden als „economic and social empowerment" bezeichnet und dem erfolgreichen Finanzierungsmodell Mikrokredit zugeschrieben wird. Viele der Kreditnehmerinnen sind Witwen und/oder verlassene, alleinerziehende Mütter und gehören deshalb einer besonders vulnerablen, weil ungeschützten, an den Rand gedrängten Gesellschaftsschicht an.[1325] Untersuchungen der UN-Behörden kamen zum Ergebnis, dass bei verheirateten Paaren die Familienmitglieder von einem verbesserten Einkommen der Frau wesentlich mehr profitieren als von einem Einkommenszuwachs des Mannes, worin sich jene Beobachtungen von M. Yunus zu bewahrheiten scheinen, die Männern einen saloppEren Umgang mit Geld attestieren.

Eine von SUM in Auftrag gegebene internationale Studie über die Auswirkungen von Mikrokrediten auf Frauen bestätigte eine beträchtliche Zunahme an Selbstwertgefühl im Zusammenhang mit der Persönlichkeitsentwicklung der Klientinnen, mehr Einkommen und (dadurch) Mitsprache im Haushalt sowie problemlosen Zugang zu örtlichen Finanzdienstleistungen (z.B. das erste eigene Girokonto).[1326] Die UN-Behörden nahmen daraufhin die erfreulichen Ergebnisse der Studie zum Anlass, vermehrt auf das Armutsbekämpfungsinstrument Mikrokredit zu setzen, weil alle erhobenen Daten die Nachhaltigkeit des Finanzierungsmodells zu bestätigen schienen. Sehr wohl aber wurde auf den Umstand mangelnder Rentabilität hingewiesen, weil Mikrokredite zu den marktüblichen Zinssätzen nur mithilfe von Subventionen oder Spenden vergeben werden können. Die Verwaltungs- und Betreuungskosten für den intensiven Kundenkontakt übersteigen bei weitem den Aufwand für herkömmliche Kreditgeschäfte, bei gleichzeitig unvergleichbar geringen Kreditsummen pro abgeschlossenen Vertrag.[1327]

1325 70 Prozent der etwa 1,3 Milliarden in Armut lebenden Menschen sind Frauen. Vgl. ebd. 3–4.

1326 United Nations Capital Development Fund, SUM (Special Unit for Microfinance): Increasing Access And Benefits For Women. Practices and Innovations among Microfinance Institutions. Survey Results. New York, 2002, 15–16.

1327 Ein leicht nachzuvollziehender Kalkulationsaspekt, bei einer Durchschnittsdarlehenssumme von etwa 200 US Dollar. Vgl. ebd. 16. United Nations Capital Development Fund. International Year of Microcredit 2005. Final Report. New York 2006.

14.4.6 Kreditspezifikationen: Gruppenkredite „group lending“ und Solidarhaftung

Bei Gruppenkrediten haften die Mitglieder einer Solidargruppe (SHG, self-help-group genannt), nach erfolgter Einschulung durch vor Ort tätige BankmitarbeiterInnen (loan- officers oder credit officers) in auf Gegenseitigkeit beruhender Verantwortung für die Rückzahlung des aufgenommen Geldes. Rechte und Pflichten der Kreditnehmenden werden zu Beginn klar festgelegt, um ein möglichst harmonisches Funktionieren des Solidarmodells zu gewährleisten. Die jeweiligen Dorfgruppen werden in wöchentlich abgehaltenen Beratungsgesprächen und Coachings durch die BankmitarbeiterInnen beraten und betreut.

Im Modell der Grameen Bank erhalten zunächst zwei Kreditnehmende einer fünfköpfigen Solidargruppe ein gleich hohes Darlehen. Nach regelmäßiger Rückzahlung der wöchentlich fälligen Raten über einen bestimmten Zeitraum erhalten zwei weitere Gruppenmitglieder die gleiche Kreditsumme. Erfolgt auch diese Rückzahlung problemlos, wird der fünften Person der Gruppe die vereinbarte Kreditsumme ausbezahlt.[1328]

Gruppenmikrokredite sind nur in solchen Kulturkreisen erfolgreich, in denen gegenseitige Unterstützung und Hilfe üblich ist und die Mitglieder einander vertrauen. Sie entscheiden selbst, welches Mitglied der freiwillig zusammengesetzten Gruppe den ersten Kredit erhält.[1329] Die Gruppenmitglieder stehen während der durchschnittlich einjährigen Kreditlaufzeit unter Supervision durch die BankmitarbeiterInnen, die auch darauf achten, dass die von Grameen Gründer Yunus aufgestellten „16 Regeln für Kreditnehmende“ befolgt werden. Dieser Richtlinienkatalog verfolgt, nach Eigendarstellung der Bank, das Ziel, „die soziale und politische Wahrnehmung zu schärfen und den sozialen Wohlstand zu verbessern.“[1330] Die Yunus-Normen greifen teilweise tief in das Privatleben der BankkundInnen ein, schreiben vor, wie der Wohnraum instand zu halten, welches Gemüse anzubauen ist, und weniger Kinder zu bekommen. Kinder, vor allem Mädchen, sind in die (Grameen)-Schulen zu entsenden. Forderungen, die in manchen Dörfern auf scharfe Ablehnung (der Männer) stoßen, weil sie in den

1328 Vgl. Th. Vondrak: Funktionsweise von Mikrokrediten sowie erfolgreichen europäischen Mikrofinanz-Initiativen, 52–53.

1329 Vgl. J. Zdrahal-Urbanek: Internationale Literatur-Recherche zu Mikrokredit-Finanzierungsmodellen, 12–13. Meist bestimmen die Teilnehmenden einer Gruppe auch Höhe und Reihenfolge der gesamten Kreditzuweisungen in konsensueller Eigenverantwortung.

1330 Ebd. 49.

Augen ihrer Kritiker an Jahrhunderte alten kulturellen und religiösen Traditionen rütteln und darüberhinaus einen westlich geprägten Lebensstil favorisieren.[1331]

14.4.6.1 Peer-Monitoring: Gruppenbürgschaft und die umstrittene gegenseitige Überwachung

Das Prinzip der gegenseitigen Überwachung der Darlehenstilgung durch die Mitglieder einer Kreditgruppe soll das Risiko eines Kreditausfalls für den Geldgeber vermindern. Die daraus resultierende, gegenüber Individualkrediten hohe Vertragseinhaltungsdisziplin, führt zu ungewohnt hohen Rückzahlungsraten von bis zu 98%. Deswegen bieten MFIs für Gruppenkredite günstigere Konditionen und niedrigere Zinssätze an als für Individualkredite.[1332]

Gruppenhaftungsmodelle dieser Art sind soziokulturell bedingt und finden nur in bestimmten Ländern und Kulturen Akzeptanz. So scheiterte zum Beispiel die Einführung von Mikrokrediten nach dem Grameen-Gruppenbürgschaftssystem in Ägypten, weil die potentiellen UnternehmerInnen diese Vorgangsweise als Verletzung ihrer Individualität ansahen und sich als Einzelpersonen nicht wahrgenommen fühlten. „Those entrepreneurs were unwilling to borrow in groups due to their unique business culture."[1333]

Mit der weltweiten Verbreitung von Mikrokrediten wurde sichtbar, dass das Grameen Modell in ländlich-dörflichen Strukturen Südostasiens, Lateinamerikas und Afrikas südlich der Sahara gut funktioniert. In individualistisch geprägten, ausdifferenzierteren oder urbanen Gesellschaftsformen werden Mikrokredite eher an Einzelpersonen vergeben. Doch auch dort, wo „group-lending" erfolgreich praktiziert wird, erheben sich immer wieder kritische Stimmen, weil die Ausübung sozialen Drucks auf säumige Kreditnehmende bis zur physischen Gewalt anwachsen kann. Die Grameen Bank sah sich wiederholt herber Kritik ob der Vorgangsweise ihrer „Eintreiber" ausgesetzt.[1334]

Kreditsuchende ohne Bürgen oder pfändbare Güter fallen durch den Rost eines herkömmlichen Bankanforderungsprofils. Manche MFIs akzeptieren aber auch sogenannte asymmetrische oder symbolische Sicherheiten. Dabei handelt es

---

1331 Vgl. ebd. 49 und die kritischen Stimmen zum Grameen-System im Kapitel 14.7 f. dieser Arbeit.

1332 Vgl. Th. Vondrak: Funktionsweise von Mikrokrediten sowie erfolgreichen europäischen Mikrofinanz-Initiativen, 197.

1333 United Nations. Department of Economic and Social Affairs (Hg.): Formalizing Microcredit: Crossing The Bridge Between Non-Governmental Organizations And Commercial Banks. Technical Paper. New York 1999, 3.

1334 Vgl. ebd. 3.

sich meist um Objekte mit hohem persönlichem, ideellem, jedoch ohne monetären Wert, wie zum Beispiel Erb- und/oder Erinnerungsstücke, von denen sich die Kreditnehmenden niemals trennen würden.[1335]

14.4.6.2 Zusammenfassung und kritische Würdigung

Die beschriebene Vorgehensweise wirft zweifellos die Frage auf, ob die stets zu beachtenden Grenzen der Privatsphäre eines Menschen überschritten werden, wenn die vielleicht einzige, schon vergilbte Fotographie der Hochzeit, oder das einzige Erinnerungsstück an die verstorbene Mutter jemandem als Kreditgarantie abverlangt wird. In unseren Breiten wäre dieses Vorgehen wohl als mindestens ethisch bedenklich, wenn nicht entwürdigend und jenseits konventioneller Bankusancen einzustufen. Tatsache ist, dass potentielle Mikrokredit-KundInnen üblicherweise keine Bürgschaften oder Sicherheiten (collateral) bieten können und der Blickwinkel aus unserem Teil der Welt vielleicht nicht ausreicht, um die Ganzheit des sich bietenden Bildes in den Blick zu nehmen, und dass viele bedürftige Menschen vielleicht ohne die uns fremd erscheinende Praxis niemals eine Chance auf eine armutslindernde Anschubfinanzierung hätten.

Diese Meinung vertreten auch James C. Brau und Gary M. Woller: „Microcredit is most often extended without traditional collateral. If physical collateral were a requirement for borrowing, most MFI clientele would be unable to participate due to their extreme poverty level.“[1336]

14.4.7 Intensive Betreuung, teures Geld?

Häufig werden die aus europäischer Sicht relativ hohen Zinssätze der Mikrokredite kritisiert[1337], ohne die mitunter hohen Inflationsraten zu berücksichtigen, denen die Landeswährungen der betreffenden Länder unterworfen sind, und ohne dem Umstand Augenmerk zu schenken, dass die permanente Betreuung der

1335 Vgl. J. Zdrahal-Urbanek: Internationale Literatur-Recherche zu Mikrokredit-Finanzierungsmodellen, 20.

1336 J. C. Brau / G. M. Woller: Microfinance: A Comprehensive Review of the Existing Literature. In: Journal of Entrepreneurial Finance and Business Ventures, Vol. 9, Issue 1, 2004, 11. Die Autoren sind Professoren an der Marriott School, Brigham Young University Provo, Utah, USA.

1337 Der Zinssatz der Grameen Bank Kredite liegt zwischen 16–22% p.a. bei einer Laufzeit von einem Jahr. Tilgungsbeginn ist eine Woche nach Darlehensauszahlung, die Raten sind wöchentlich fällig. Vgl. Th. Vondrak: Funktionsweise von Mikrokrediten sowie erfolgreichen europäischen Mikrofinanz-Initiativen, 94.

Solidar- und Selbsthilfegruppen in meist entlegenen ländlichen Gegenden hohe Personal- und Betreuungskosten bei gleichzeitig geringem Umsatz verursacht. Dieser Umstand erhöht die Gesamtkosten einer Mikrokreditfinanzierung im Vergleich zu herkömmlichen Bankgeschäften. „MFIs, morover, operate with very high administrative costs per dollar lent relative to formal institutions. Thus, to achieve financial self-sufficiency, MFIs have to charge relatively high interest rates."[1338]

Die loan officers müssen neben ihren Kompetenzen als Bankkaufleute auch Probleme und Aufgaben bewältigen, die anderswo von SozialarbeiterInnen geleistet werden. Schon im Jahr 1999 verweist ein UN-Arbeitspapier auf den Umstand, dass herkömmlich ausgebildetes Bankpersonal für den Einsatz im Mikrokreditfeld nicht angemessen ausgebildet ist, weil die Arbeit in diesem Kundenspektrum neben der banktechnischen auch ein hohes Maß an sozialer Kompetenz benötigt. „Staff members need to be highly receptive to the special mission. … Trust and transparency between clients and loan officers are crucial in the success of a microcredit program."[1339] Für die Arbeit in entlegenen Dörfern, mit Menschen, die noch nie Kontakt zu legalen Kreditgebern hatten, sind Fingerspitzengefühl und Empathiefähigkeit vonnöten.

Ohne die Bereitstellung von Mikrokrediten wären die betreuten Menschen auf private Geldverleiher und „Kredithaie" angewiesen, die das fünf- bis fünfzigfache der marktüblichen Bankzinsen begehren. Wucherzinsen von 20 bis 100% pro Monat(!) sind dabei keine Seltenheit.[1340]

Studien belegen, dass die Kreditnehmenden gerne bereit sind, die teilweise auch deutlich über den lokalen Bankzinsraten liegenden Kosten für Mikrokredite in Kauf zu nehmen, weil ihnen das damit verbundene Service der Bank (Beratung, Begleitung, verpflichtendes Coaching) zusätzliche Sicherheiten bietet.[1341]

Nach diesem begrifflich-systematischen Exkurs soll im nun folgenden Abschnitt eine nähere Hinführung zur praxisorientierten Erfahrung mit Mikrokreditfinanzierungen erfolgen, wobei sowohl Befürworter als auch Kritiker des Beteiligungsgerechtigkeitsmodells Mikrokredit zu Wort kommen.

1338 J. C. Brau / G. M. Woller: Microfinance: A Comprehensive Review of the Existing Literature, 17.

1339 United Nations. Department of Economic and Social Affairs (Hg.): Formalizing Microcredit, 15.

1340 Freilich kann auch das System Mikrokredit missbraucht werden. In Senegal verwendeten Frauen ihre Kredite zur Finanzierung ihres eigenen Zinswuchergeschäfts und beuteten dadurch Menschen aus, die noch ärmer waren als sie selbst. Vgl. J. C. Brau / G. M. Woller: Microfinance: A Comprehensive Review of the Existing Literature, 12.

1341 Vgl. Th. Vondrak: Funktionsweise von Mikrokrediten sowie erfolgreichen europäischen Mikrofinanz-Initiativen, 58.

14.5 Beteiligungsgerechtigkeits-Instrument Mikrokredit. – Konkretisierungen

Die Befürworter von Mikrokrediten heben drei Hauptfunktionen hervor, die mit diesem Finanzinstrument zur Armutslinderung erreicht werden können:

- Verringerung oder Beendigung des Leidens
- (Wieder-)Herstellung der menschlichen Würde
- Nachhaltigkeit und Inspiration für zukünftige Unterstützte wie Unterstützende.

Selbstverständlich geht man dabei davon aus, dass Mikrokredite nicht allein, sondern nur im Konzert mit anderen, bereits etablierten Entwicklungshilfeprogrammen ihre Wirkkraft entfalten können.[1342]

Sehr oft wird Bangladesch, das mit Mikrokrediten am dichtesten überzogene Land der Welt, als Erfolgsmodell herangezogen, um die segensreiche Wirkung der Kleindarlehen eindrucksvoll darzustellen.[1343] Was Bangladesch geholfen hat, sollte auch anderswo funktionieren, lautet der oft vorgebrachte Deduktivschluss.

Skeptikern und Kritikern der Mikrofinanzmodelle entgegneten die Delegierten am Microcredit Summit mit dem Hinweis, es sei unerheblich, ob von 100 Millionen Kreditnehmenden fünfzig oder doch nur fünf Prozent nachhaltig die 1 US Dollar Schwelle pro Tag überwänden. Insgesamt sei eine Verbesserung der Lebensumstände der „hard-core-poor" zu verzeichnen und diese sei nicht nur mit Zahlen messbar, sondern erstrecke sich über alle die jeweiligen Menschen betreffenden sozialen Kontexte und die Wahrnehmung ihrer ganz persönlichen Lebensgefühle.[1344]

1342 Vgl. Microcredit Summit, 1–3. Am Microcredit Summit in Washington DC wurde der weltweite Erfahrungsaustausch zum Thema Mikrofinanzierungen gesammelt, ausgewertet und publiziert. Der dort verabschiedete Grundsatz lautet: „Sich mit gleichem Engagement der finanziellen Stärkung der MFIs und dem Wohlergehen der Armen verpflichtet zu wissen". In: ebd. 4.

1343 Die 20 größten MFIs betreuen in Bangladesch 21 Millionen KlientInnen, mit insgesamt 105 Millionen Familienmitgliedern in einem Land mit 140 Millionen Einwohnern. Im Jahr 2004 erreichte Bangladesch als erstes Entwicklungsland der Welt Gender-Parität in Primary und Secondary Schools. (Die Grameen Bank hat für Kreditnehmende eigene Schulen errichtet). Die Geburtenrate fiel von 6,4 im Jahr 1970 auf 3,2 in 2004. Von 1000 Kindern unter fünf Jahren starben 1970 239, 2004 77. Insgesamt gehen lokale Untersuchungen davon aus, dass die Implementierung von Mikrokrediten zu 40% zur gesamten Armutsbekämpfung im Land beigetragen hat. Vgl. Microcredit Summit, 5–6.

1344 Vgl. ebd: die Kapitel „Measuring Progress" und „Removing Barriers", 9–12.

14.5.1 Zur Frage der Nachhaltigkeit von Mikrokrediten aus UN-Sicht

Bereits im Jahr 1999 beschäftigte sich ein Arbeitspapier der UNCDF mit kritischen Anfragen zu den Themenfeldern Zielgenauigkeit und Nachhaltigkeit von Mikrofinanzierungsmodellen.[1345] Man wollte aus Fehlern der Vergangenheit lernen und Verbesserungen zielgenau in die Bedürfnisse sogenannter „key areas“ einfließen lassen. Als Schwachstellen erwiesen sich lokale MFIs, die als Finanzpartnerinstitute mit den Fördergeldern nur nachhaltig angelegte Projekte unterstützen sollten. Man drängte auf realistische Zukunftsperspektiven, nachdem teilweise zu hohe Erwartungen in das Instrument Mikrofinanzierung gesetzt wurden. „In these respects, microfinance has often been far over-advertized.“[1346] Mikrofinanzierungen, so das UN-Papier, seien kein „Allheilmittel“ (panacea) zur Armutslinderung, jedoch ein durchaus effizientes Werkzeug, um Armut durch die Bereitschaft zur Selbsthilfe zu bekämpfen. Wo Arme unternehmerische Ambitionen entwickeln, wäre eine Abnahme ihrer sozialen Verletzlichkeit festzustellen. Darüberhinaus unterstreicht das Arbeitspapier, dass dank Mikrofinanzierungen gender-equity und die dadurch erhöhte Chance auf gleichberechtigte Beteiligung an der Gesellschaft unterstützt werde, verbunden mit der erhöhten Gewahr-Werdung des Individuums, nicht nur persönliche, sondern auch kollektive Verantwortung zu tragen. Neue Einkommensquellen für Frauen werden als das effizienteste Instrument für Empowerment erachtet.[1347] In den genannten Bereichen wäre, so das UN-Dokument, noch viel Entwicklungsarbeit hinsichtlich einer nachhaltigen Verfestigung der gesteckten Ziele zu leisten. Interessant ist, dass die UN-Behörde ihre Vorstellung von Nachhaltigkeit mit der gesunden monetären Verfassung ihrer MFI-Partner verbindet. Mit anderen Worten: Wenn die MFIs gut wirtschaften und finanziell gut aufgestellt sind, wird sich langfristig auch der Wohlstand unter den Armen ausbreiten. Dem Aspekt des Vorhandenseins von genügend Geld, verbunden mit dem Know-how seines wirkungsvollsten Einsatzes, wird viel Raum gegeben.[1348] Konkret wird das Papier, wenn explizit die Rolle des Geldgebers (donor) von der des kompetenten Anwenders (technical implementers, meist die MFIs) unterschieden wird, was als „major re-orientation“ zur bisherigen UNCDF-policy bezeichnet wird. Vereinfacht gesagt: Man hat die schlechten Erfahrungen mit dem Geldregen aus der Gießkanne, welcher großzügig über Armutsregionen ausgegossen wurde und genauso schnell wieder

1345 The United Nations Capital Development Fund: UNCDF Working Paper on Microfinance. New York 1999.

1346 Ebd. 11.

1347 Vgl. ebd. 11.

1348 Vgl. ebd. The Sustainability Issue, 12–13.

versickert war, in die neue Strategie eingearbeitet. In der Praxis bedeutet das, die MFI-Partner vor Ort noch genauer zu selektieren und sie einem permanenten Monitoring zu unterwerfen.[1349]

14.5.2 UNO, NGOs und Länder: Wer kontrolliert die Finanzströme?

Im UN-Abschlussbericht zum Internationalen Jahr der Mikrokredite 2005 werden zunächst feierlich die weltweite öffentliche Beachtung und die zahlreichen Erfolge zur Armutslinderung gelobt, die dank Mikrokrediten zu verzeichnen sind. Über 100 Länder partizipierten an den entwicklungsfördernden Aktivitäten und über 60 nationale Komitees zur Förderung und Verbreitung von Mikrokrediten wurden gegründet.[1350] Der Abschlussbericht enthält auch erste kritische Stimmen, wie das mit Nachdruck geäußerte vitale Interesse einiger Länder, ihr Armutsproblem zunehmend selbstorganisiert in die Hand nehmen zu wollen. Hinter diesen und ähnlichen Forderungen scheinen sich Befürchtungen zu verbergen, im eigenen Land zu wenig Kontrolle über die Finanzströme der NGOs ausüben zu können, die hauptsächlich dem UNCDF Bericht erstatten. Außerdem scheint auch die Angst Pate zu stehen, dass aufgrund der Erfolgsgeschichte der Mikrokredite die Weltbank und der Internationale Währungsfonds ihre Portfolios zugunsten des neuen, überregional organisierten Finanzinstruments umschichten könnten, was automatisch eine Reduktion der direkt an die Regierungen der betreffenden Länder fließenden Gelder bedeuten würde. Da dies aber niemand wirklich auszusprechen wagte, fielen die diesbezüglichen Stellungnahmen camoufliert bis diplomatisch verblümt aus, wie: „We believe that governments have a crucial enabling role to play increasing access to financial services.“[1351]

1349 Vgl. ebd. 21ff: Die Kapitel: „The role of UNCDF as a donor“ und „New policy and operational orientations.“ Diese Neuorientierung führte zur Gründung des UN Sonderdepartments SUM (Special Unit for Microfinance) mit der Aufgabe präzis definierte Kontrollfunktionen über die vor Ort, meist in ländlichen Gegenden angesiedelten MFIs, auszuüben. Vgl. ebd. 27.

1350 Ferner wird auf mehr als 350 internationale Konferenzen und über 100 akademische Seminare verwiesen, die allein 2005 weltweit zur Causa Mikrokredite abgehalten wurden. Vgl: United Nations Capital Development Fund. International Year of Microcredit 2005. Final Report. New York 2006, V.

1351 Statements of the Advisors Group, ebd. 32–36, bes.35.

14.5.3 Mikrofinanzierung als Wechselwirkungsprozess zwischen Kommerzialisierung und Ethik

Mikrofinanzierung firmiert trotz ihres unbestreitbaren Spannungsverhältnisses zwischen philanthropisch humanistischem Engagement und ökonomischen Zwängen weitgehend als menschenfreundlicher Sympathieträger des internationalen Finanzwesens. Jedoch: Als zumindest „ethisch kompliziert“ erachtet Schmidt den uneingeschränkten „commercial approach“ von MFIs, die einerseits als NGOs entwicklungspolitisch engagiert auftreten und sich gleichzeitig dem Ziel der Gewinnmaximierung verschrieben haben.[1352] Wie wird dieser Spagat durchgehalten?

Ein historischer Aufriss zeigt, dass man Mitte der 1970er Jahre mit dem Versuch, das Armutsproblem in den Entwicklungsländern mithilfe von Entwicklungsbanken und sogenannten „Small Enterprise Banks“ zu lindern, schon allein deshalb scheiterte, weil man die Zielgruppen nicht erreichte; zudem waren die Kredite zu hoch, die Institutionen ineffizient und korrupt. Ein neuer Weg wurde mithilfe der NGOs eingeschlagen, die sich durch einen hohen ethischen und entwicklungspolitischen Standard auszeichneten und über sozial und politisch geschultes, engagiertes Fachpersonal verfügten. Allein, der gewünschte Effekt stellte sich mangels ökonomischer Professionalität wieder nicht ein. An dieser Schnittstelle setzte die erste „World Microfinance Conference“ 1989 in Washington mit der Idee extern finanzierter Kreditprogramme von NGOs für „micro-entrepreneurs“ ein. Die Portfolios waren winzig, aber die Kreditkosten hoch. Bald war klar, dass solche MFIs dauerhaft auf Subventionen angewiesen sein würden. Erst Mitte der 1990er Jahre gelang es den ersten MFIs, ihre gesamten Kosten durch laufende Erträge zu decken.[1353]

Einige Kritiker konnten sich mit dem Grundgedanken nicht abfinden, mit Entwicklungshilfe Gewinne erzielen zu wollen, denn dies sei a priori verwerflich und von Grund auf abzulehnen. MFIs sollten sich demnach auf ihre soziopolitisch wichtige Rolle der Armutslinderung beschränken und Kleinstkredite vergeben, die selbstverständlich gefördert werden müssten, da es „unvertretbar sei, den armen Menschen die vollen Kreditkosten aufzubürden.“[1354]

1352 Reinhard H. Schmidt: Microfinance, Kommerzialisierung und Ethik, in: Sustainability als Gestaltungsprinzip für die Rahmenordnungen von Finanz- und Gütermärkten. Symposium der Projektgruppe Ethisch-Ökologisches Rating. Universität Frankfurt am Main 2008, 102.

1353 Den akademisch-theoretischen Hintergrund dieses Ansatzes bildete die neue Institutionenökonomik, die stark vom damaligen Chefökonomen der Weltbank und späteren Nobelpreisträger Joseph Stiglitz mitentwickelt wurde. Vgl. ebd. 103–106 und J. Stiglitz: The New Development Economics. In: World Development, Vol. 14 (1984), 257–265.

1354 Ebd. 107.

Hier lässt sich als *erstes Fazit* bereits im Anbeginn der Entwicklungsgeschichte der Mikrokredite die bis heute schwer kommunizierbare Dichotomie und nicht selten auch Widersprüchlichkeit zeigen, die in der bipolaren Natur des grundsätzlichen Anspruchs zu liegen scheint, in der Unterstützung bedürftiger Menschen gleichzeitig mildtätig und gewinnorientiert sein zu wollen, wobei die Profite just jene Menschen erarbeiten müssen, zu deren Unterstützung man eigentlich angetreten ist. Ein wahrlich nicht einfaches Unterfangen, das – nicht zu Ende gedacht – geradewegs in ein ethisches Dilemma führt.

Für Schmidt manifestiert sich dieses Dilemma in der in den 1990er Jahren entwickelten Form des „Financial Institution Buildings“, unter dem man ein Upgrading der MFIs zu Bankinstituten im rechtlichen Sinne versteht, um die Expansion des gewinnbringenden Kreditgeschäfts voranzutreiben.

14.5.4 Mikrokredit als Cross-Over-Phänomen zwischen NGOs und Kommerzbanken?

Seitdem Mikrofinanzierung zunehmend als probates Serviceinstrument zur Armutsbekämpfung eingesetzt wird, zwingt es die damit betrauten Institutionen (meist NGOs), die bisher nur im Non-Profit-Sektor tätig waren, zu einem bislang ungewohnten Spagat, der in den meisten Fällen nicht lange ausgehalten wird.[1355] Zwei Ziele sollen nämlich gleichzeitig erreicht werden: effizienter Finanzdienstleister der Armen zu sein, einschließlich des gesamten sozialen Betreuungspakets, und gleichzeitig profitorientiert zu arbeiten. Der daraus entstehende interne Konflikt kann innerhalb der Grundstruktur einer NGO nur schwer gelöst werden, zumal die meisten NGOs mit der Gewinnmaximierungsrationalität des For-Profit-Sektors nicht vertraut sind. Sie verfolgen in ihrer Arbeit eher das Ziel, die Ökonomie in den Dienst der Menschen zu stellen, und treten dabei nicht selten für eine Regulierung der gewinnorientierten Wirtschaft ein, damit diese zu einem „guten Leben“, zu einem „Leben in Würde“ aller Menschen in Nord und Süd beiträgt.[1356]

Bei dem zu beobachtenden Transformationsprozess, an dessen Ende sich viele NGOs als kommerziell operierende Finanzinstitute wiederfinden, wird nichts

---

1355 Nur etwa 300 der weltweit rund 70.000 auf Armutsbekämpfung spezialisierten MFIs arbeiten selbsttragend. Alle anderen sind zumindest teilweise von Geldzuwendungen staatlicher oder privater karitativer Organisationen abhängig. Vgl. Angela Heissenberger: Startkapital statt Almosen, in: www.report.at/artikel_print.asp?view=print&mid=1&aid=10332, 1. Download 19.06.2008.

1356 Vgl. L. Gubitzer: Wirtschaft ist mehr! 19.

Geringeres als das System des Non-Profit-Sektors in Frage gestellt. Die UN-Behörden beobachten und begleiten diese Prozesse mit unterschiedlichem Erfolg, weil das Spannungsfeld zweier unterschiedlicher Geschäftsfelder, der sozialen Entwicklungsziele auf der einen und der Rentabilität der Hilfsorganisation auf der anderen Seite, sich nicht immer vereinbaren lassen. Wiewohl die UN-Behörden wiederholt darauf hingewiesen haben, dass der große Erfolg der Mikrofinanzierungsprojekte nur den als MFIs tätigen NGOs zu verdanken ist, riefen sie von Anfang an dazu auf, stets das klar definierte Grundprinzip zu beachten, „that microcredit should be a socio-economic development policy tool."[1357]

Eine Schwäche dieses Umwandlungsprozesses erblickt Schmidt in einem Konstruktionsfehler: „Das System ist nicht anreizkompatibel."[1358] Aus diesem Grund spricht sich Schmidt für das Modell des „Greenfield Investments" aus, welches nicht darauf abzielt, eine etablierte NGO per Lizenzvergabe in ein Kreditinstitut umzuwandeln, sondern von vornherein eine formelle Bank zu etablieren, „die darauf ausgerichtet ist, kostendeckend und dauerhaft Kleinst- und Kleinunternehmern Kredite zu vertretbaren Kosten zu gewähren."[1359] Dies sei nicht nur der wesentlich kostengünstigere Weg, sondern schaffe auch relativ rasch das Potenzial, möglichst vielen Menschen Zugang zu Finanzkapital zu verschaffen, denen bis dahin dieser Weg verschlossen blieb. Freilich tun sich dabei Fragen auf wie: Wer bezahlt diese Bank? Wer besitzt und leitet sie? Gibt es genügend „geduldige" und sozial motivierte InvestorInnen? Die Suche nach „geduldigem Kapital" und „responsible owners" ist Ausgangspunkt vieler Überlegungen, die später in dieser Arbeit im weiten Feld des ethischen Investments behandelt werden.

14.5.5 Zusammenfassung und kritische Würdigung

Hier wird eine für die Finanzwelt eher ungewöhnliche Sichtweise von Gewinnrealisierung vorgebracht, nämlich die Anerkennung einer sozialen oder intrinsischen Rendite, die – und das ist immerhin noch erstaunlicher – gleichrangig mit der Geldrendite rangiert. Schon beim Investment wird empfohlen, Spenden bi-

---

1357 United Nations. Department of Economic and Social Affairs (Hg.): Formalizing Microcredit, 4.

1358 Schmidt zeigt anhand von Fallbeispielen, dass die Geschäftsführer örtlich, politisch und sozial gut vernetzter NGOs diese Transformationsprozesse gerne untergraben, da sie fürchten an Einfluss zu verlieren, sobald die politischen Netzwerke zugunsten einer rein ökonomischen Bedingtheit an Machtumfang verlieren, in: Reinhard H. Schmidt: Microfinance, Kommerzialisierung und Ethik, 111–113.

1359 Ebd. 114.

lanztechnisch einem auf Rendite abzielenden Finanzengagement gleichzustellen. Zweifellos spannende Erwägungen.

Im Unterschied zu traditionellen Bankgeschäften müssen MFIs gleichzeitig zwei Unternehmensziele erreichen: den finanziellen und den sozialen Erfolg. Diese Zweigliedrigkeit macht die Evaluierung von Erfolgen schwierig. Gewinne, zufriedenstellende Bilanzen oder Börsenkurse können hier nicht als Parameter herangezogen werden.

14.6. Auswertungen der Feldforschungen in Kenia und Tansania

Tanja Kern erhob anhand eines von ihr untersuchten Mikrokreditprojektes in Kenia die Frage, ob und wie das Grameen Modell zur globalen Armutsbekämpfung in anderen soziokulturellen Kontexten repliziert werden kann, wobei vor allen Dingen der „peer-group-mechanism“ als Form einer sozialen Bürgschaft auf Gegenseitigkeit analysiert wurde.[1360] Die Feldforschung begleitete KlientInnen der Kenya Rural Enterprise Programme Holdings Limited (K-REP), des größten MFI des Landes. Nachdem vielerorts schon schlechte Erfahrungen mit „top-down“ orientierten Hilfsprojekten gemacht wurden, die sich hauptsächlich dem Aspekt der Verteilungsgerechtigkeit verpflichtet sahen, setzte man Hoffnung auf die Implementierung des Grameen „bottom-up-approach“ Programms.[1361] Schon die ersten Versuche ergaben eine wertvolle Erkenntnis, nämlich dass bei der Auswahl der Kreditnehmenden auf ihre Gruppen- und Teamfähigkeit zu achten ist. Auch in Kenia bildeten überwiegend Frauengruppen die Kernklientel, wobei der verständliche Drang zum „schnellen Geld“ zu beobachten war. Die profitorientiertesten Geschäftsideen waren unter den Kreditanwärterinnen die populärsten. Es bedurfte der Überzeugungskraft der loan-officers und field-workers, um herauszuarbeiten, dass viele der in erster Euphorie herangetragenen „business-plans“ nur zu momentanen, kurzlebigen Einnahmen führen würden, weshalb eine der ersten, grundlegenden Interventionen seitens der BeraterInnen und BetreuerInnen als Herantasten der hoffnungsfrohen Neounternehmerinnen an langfristig abgesicherte Geschäftsaktivitäten bezeichnet wurde, um die betreuten Menschen langfristig zur Selbständigkeit heranzuführen.[1362]

1360 T. Kern: Barefoot Banking: Replications of the Grameen Bank Model as a Means to Eliminate Global Poverty? In: SEPT working papers no. 03 2000. Universität Leipzig. www.uni-leipzig.de/sept/ Download: 18.03.2008.

1361 Vgl. ebd. 3–5.

1362 Vgl. ebd. 7–10.

Im Hinblick auf das Funktionieren der „peer-groups" und des „group-lendings" arbeitet Kern die Wichtigkeit der Gruppenpsychologie, näherhin der Fokussierung des gemeinsam erreichbaren Zieles heraus: „The cohesion of a group is of great importance in particular for the group's effectiveness. ... Cohesion is influenced by different internal variables, such as the common goal, the applied technique, remaining alternatives, and the results of the group activities."[1363] Auch externe Variable beeinflussen das Gruppenverhalten, wie etwa patriarchales Dominanzverhalten im Dorf oder in der Familie, welchem die Frauen immer wieder ausgesetzt sind. Deshalb kommt Kern zur Auffassung, dass das Prinzip der gegenseitigen Verantwortlichkeit nicht zufriedenstellend funktionieren kann, solange die internen wie externen Gruppenprozesse nicht adäquat entwickelt und aufeinander abgestimmt werden.

„K-REP schould try to improve the deficient component in order to serve its clientele effectively instead of adapting its clientele to a badly established instrument."[1364]

Nach Übernahme eines amerikanischen Finanzmanagements veränderte K-REP, mittlerweile vom MFI zum Bankhaus aufgestiegen, auch seine Geschäftsphilosophie. Man setzte auf dezentrale, flexible Einheiten vor Ort und nahm dem Grameen Modell, dem Kritiker nicht selten einen Hang zum Religiös-Sektiererischen vorwerfen, seinen One-man-leadership-Mythos. Kerns sich darauf beziehende Conclusio kann man auch dahingehend interpretieren, dass vielleicht gerade diese quasi-religiösen Elemente zum zielgruppenadäquaten „Charme" des „barefoot banking" beitragen, während konventionelle Bankmethoden der nördlichen Hemisphäre bei Rezipienten im ländlich-afrikanischen Raum weniger attraktiv erscheinen. „The replication of the Grameen Model in Kenya is more likely to fail because of the changed philosophy rather than the different cultural or local attitude towards discipline or solidarity. Changing the approach while at the same time maintaining the original techniques, undermines the efficiency of some of the replicated instruments!"[1365]

Daraus schlussfolgernd kann die Frage erhoben werden, ob das Grameen Modell vielleicht nur in toto adäquat replizierbar ist. Lässt man einige Elemente weg oder versucht man das System zu „verwestlichen", läuft es Gefahr, seine Plausibilität einzubüßen. Der „Grameen-approach" zu den Armen scheint mit einem „market-oriented approach" nur unter signifikantem Effizienzverlust kompatibel zu sein. Letzterer gerät leicht in Gefahr, den sozialen Fokus aus den Augen zu verlieren, wenn es darum geht, armen Menschen nicht allein mit Geld,

1363 Ebd. 16.
1364 Ebd. 21–22.
1365 Ebd. 31.

sondern mit Rat und Tat zur Seite zu stehen. Es wäre aber auch falsch, einen der beiden Zugänge a priori auszuschließen. Beide Wege haben ihre Berechtigung als Finanzinstrumente in je verschiedenen Anwendungsbereichen und Kulturen. Das sieht auch Kern so, wenn sie abschließend schreibt: „The conflict between the goal of ‚institutional sustainability‘ and that of ‚poverty alleviation‘ is not easy to solve. Condemning one approach however, does not contribute to finding better solutions for the future.“[1366]

14.6.1 Mikrokredite und Genderverhältnisse am Beispiel von Tansania

Der Korrelation von Mikrokrediten und Genderverhältnissen möchte Yvonne Diallo-Sahli in ihrer in Tansania durchgeführten Untersuchung auf die Spur kommen. Die Leitfrage ihres Forschungsgegenstands lautet: Welche konkreten Veränderungen haben die lokalen Gemeinschaften, insbesondere aber die Frauen, seit der Inanspruchnahme der Mikrokredite erfahren? Der qualitativen Untersuchungsform liegen fünf Fallbeispiele zugrunde.[1367] Die Autorin ist sich der Schwierigkeit bewusst, einerseits Schlüsse von einem relativ kleinen Sample auf größere Zusammenhänge zu übertragen, andererseits die Auswirkungen eines komplexen Mikrokreditprojektes abzuschätzen, in welchem soziale wie wirtschaftliche Aspekte gegenseitig aufeinander einwirken.

Armutsbekämpfung und Empowerment von Frauen nennt Diallo-Sahli als die zwei häufigsten Zielsetzungen von Mikrokreditprogrammen, die sich aber auf verschiedenen Ebenen und in unterschiedlichen Sphären bewegen. Um ihre Auswirkungen zu messen, bedarf es unterschiedlicher Indikatoren.

Zur Evaluierung der Zielsetzung Armutsbekämpfung wird gerne die bei Frauen relativ hohe Rückzahlungsrate von 97–99% als Kriterium herangezogen.[1368] „Dabei bleibt aber außer Acht, wer das Geld kontrolliert, und ob sich die Person nicht anderswo verschulden muss, um pünktlich zurückzahlen zu können.“[1369] Schon dieses einfache Beispiel veranschaulicht, wie vielschichtig und komplex die konkrete Auswirkung eines Mikrokredits auf die soziale, wirtschaftliche und individuelle Umgebung der Kreditnehmenden sein kann.

1366 Ebd. 34.

1367 Vgl. Y. Diallo-Sahli: Mikrokredite und Genderverhältnisse: Bei Kleinunternehmerinnen hervorgerufene Veränderungen, 1–5.

1368 Der Zinssatz für die von SWISSAID vergebenen Mikrokredite in Tansania liegt bei 20% p.a.

1369 Ebd. 16.

Zur Einschätzung des Grades an Empowerment nennt Diallo-Sahli drei mögliche Indikatoren: die finanzielle Autonomie der Frau, die Durchsetzungskraft gegenüber ihrem Mann und die Bewusstmachung ihrer Rechte. Die Grameen Bank verwendet nur einen einzigen Indikator, nämlich: „managerial control", zu welchem die Befragten dann fünfstufige Angaben von „voller Kontrolle" bis „überhaupt keine Kontrolle" über das aufgenommene Geld machen können.[1370]

Für Bangladesch und Tansania gilt jedoch gleichrangig, dass bei partizipativen Projekten, in die hauptsächlich Frauen eingebunden sind, die existierenden Macht- und Genderverhältnisse berücksichtigt werden müssen. Diese asymmetrische Ausgangslage nicht von vornherein als projektimmanent zu betrachten, käme einer Realitätsausblendung gleich. Deshalb müssen auch die (westlich) vorgefassten, individualistisch angelegten Konzepte von Empowerment auf die kollektive Dimension der betreffenden Gesellschaften übertragen und hohe Ansprüche auf fundamentale Veränderung der bestehenden soziokulturellen Strukturen zurückgeschraubt werden. Denn: nicht „automatisch" wird durch die Kreditaufnahme die Position der Frau innerhalb der Familie gestärkt, wie dies in vielen Publikationen internationaler MFIs unkritisch und vereinfacht dargestellt und auch von vielen WissenschafterInnen angenommen wird.[1371] Diallo-Sahli zeigt, dass Machtkonflikte und innereheliche Gewalt nach Aufnahme eines Darlehens durchaus auch zunehmen können.[1372] Die deutlich erhöhten Einkommen der Frauen lösten in nicht wenigen Fällen der befragten, patriarchal strukturierten tansanischen Familien Frustrationen bei den Männern aus, denn die Frau ist durch ihre Heirat dem Mann untergeordnet.[1373]

Witwen oder von ihren Männern verlassene alleinerziehende Mütter profitieren von Mikrokrediten am meisten, weil sie als Haushaltsführende die alleinige Verhandlungs- und Gestaltungsmacht innehaben und deshalb die westlich geprägte Vorstellung von Empowerment am ehesten erfahren können.[1374]

Insgesamt vertritt Diallo-Sahli die Ansicht, „dass das Konzept *empowerment* kein günstiges Instrument für die Betrachtung von Veränderungen durch eine Mikrokreditaufnahme ist."[1375]

1370 Vgl. ebd. 17.

1371 Vgl. ebd. 20.

1372 Einige Frauen verrieten der Autorin unter dem Siegel der Verschwiegenheit, einen Teil des Geldes vor ihren Männern zu verstecken oder die wahren Summen zu verheimlichen, aus Angst, dass der Mann diese für sich beanspruchen könnte. Vgl. ebd. 98.

1373 Vgl. ebd. 20, FN. 31: In Suaheli gibt es eine passive und eine aktive Form für das Verb „heiraten": Die Frau wird geheiratet, „anaolewa", der Mann aber heiratet sie „anaoa".

1374 Vgl. ebd. 21.

1375 Ebd. 31. (Kursivsetzung im Original).

Nach den persönlich erfahrenen Veränderungen befragt, gaben alle Frauen an, dass sie durch die Darlehensaufnahme mehr Druck verspüren, mehr und angestrengter arbeiten, um die wöchentlichen Rückzahlungen bedienen zu können. Dies bringt mit sich, weniger Ruhepausen und weniger Zeit für sich selbst, die Familie oder Freunde zu haben. Alle fünf Frauen bewerten aber positiv, über mehr Selbstvertrauen und Selbstwertgefühl zu verfügen, in ein soziales Netz von anderen Personen eingebettet zu sein und sich von den SWISSAID MitarbeiterInnen betreut zu wissen. „Die Aufnahme des Kredites löste ein vorher nichtexistierendes Langzeitdenken aus, welches vorher sinnlos war, da keine Aussicht auf eine große Geldsumme bestand."[1376]

Insgesamt ortet Diallo-Sahli bei den untersuchten Familiengruppen eine bemerkbare Veränderung der Genderverhältnisse und ein steigendes Selbstbewusstsein der Frauen, was als Legitimation für den Erfolg des Mikrokreditprojektes herangezogen werden kann. Als negative, von den MFIs unerwartete Veränderungen gelten die Probleme, „welche durch die Kreditaufnahme zwischen Mitgliedern eines Haushalts aufkommen können, v.a. aber zwischen Frau und Mann, wenn dieser beispielsweise das Geld für sich beansprucht."[1377] Nur eine der fünf Frauen konnte das Wohlergehen in ihrem Haushalt steigern, indem sie ein Badezimmer im Inneren des Hauses einbauen ließ.

SWISSAID Tansania arbeitet mit der Zielsetzung, die Entwicklung von lebensfähigen, selbständigen Kleinunternehmen zu fördern. Diallo-Sahli erhebt deshalb die Frage, ob die mithilfe von Mikrokrediten aufgebauten und stabilisierten Unternehmen auch ohne weitere Darlehen existenzfähig bleiben, „oder ob sie nur so lange rentabel und lebensfähig sind, als dass alle sechs Monate mit Hilfe eines Kredites Ware oder Materialien gekauft werden können."[1378] Es wird also nichts Geringeres als der Nachhaltigkeitseffekt der Mikrofinanzierung in Frage gestellt, wiewohl die Mikrokreditpraxis in Tansania, auch nach Überzeugung der Autorin, in großem Maße zur Heranbildung einer selbstbewussten und initiativen Zivilbevölkerung beiträgt. Viele Frauen erkennen, dass sie dadurch etwas zu ihrem Schicksal beitragen können, wenn sie sich aktiv kleinunternehmerisch betätigen. Sie werden mit „Unternehmerin" angesprochen, was auf Suaheli sehr respektvoll klingt.

Verbesserungswürdig erscheint nach Auswertung der Daten der Dialog mit den männlichen Haushaltsmitgliedern zu sein, „um diese über das Ziel und die Funktionsweise aufzuklären"[1379] und um sie viel mehr als bis jetzt für die Projek-

---

1376 Ebd. 84.
1377 Ebd. 88.
1378 Ebd. 89.
1379 Ebd. 92.

te zu sensibilisieren. Die Auswirkung eines Mikrokredits ist also stark von den im Haushalt herrschenden Genderverhältnissen abhängig.

Schlussfolgernd betont Diallo-Sahli, dass bei der Planung, Umsetzung und Evaluierung von Mikrokreditprojekten die finanzielle Ebene von der sozialen Ebene niemals getrennt werden darf, „da in jedem Haushalt eine Wechselwirkung zwischen den sozialen Beziehungen (in Form von Genderverhältnissen) und den finanziellen Aktivitäten besteht.“[1380] Der sozioökonomische Aspekt sollte deshalb leitend für die zentrale Idee der Mikrokreditpraxis sein, deren erklärtes Ziel es ist, „einen Übergang von Hilfe zur Selbsthilfe, implizit also einen Ausweg aus der Abhängigkeit, zu vollziehen. Dem liegt die Annahme zugrunde, dass durch die Vergabe von Mikrokrediten selbständige und rentable Unternehmen gegründet werden können. Dadurch soll die zuvor durch Spenden bestandene Abhängigkeit abgelöst werden. ... Ich schließe aber nicht aus, dass durch die Vergabe von Mikrokrediten eine neue Abhängigkeit entsteht.“[1381] Die Gefahr, über eine unabsehbar lange Periode am „Tropf“ Mikrokredit zu hängen, ist zweifellos gegeben.

Neben diesen kritischen Ansätzen hält Diallo-Sahli ausdrücklich fest, dass durch die Gründung vieler im Mikrokreditsegment tätigen tansanischen NGOs eine starke Zivilgesellschaft entstanden ist. Frauen, die bereits wirtschaftlich tätig sind und mithilfe der Darlehen ihre Unternehmen ausbauen, profitieren von dieser Entwicklung am meisten. Für jene, die zu arm sind, um überhaupt wirtschaftliche Aktivitäten für sich selbst in Betracht zu ziehen, bleibt das Armutsbekämpfungsinstrument Mikrokredit außer Reichweite.[1382]

14.7 Kritische Betrachtungen des Mikrofinanzwesens. Die „key characteristics“ der Mikrokredite und ihre Umschiffung

Seitens der Vereinten Nationen rechtfertige der Erfolg, welcher daran zu messen sei, dass Millionen armer Menschen dank der finanziellen Starthilfen zur Selbsthilfe befähigt wurden, den tiefgreifenden Transformationsprozess der NGOs, die nolens volens zu profitorientierten Finanzdienstleistern mutieren und sich somit die Gewinnmaximierungsrationalität des For-Profit-Sektors zu eigen machen. Viel wichtiger sei, so verlautet es in einem UN-Dekret, dass die „key characteristics“ der Mikrokredite streng eingehalten werden „for productive purposes only

1380 Ebd. 96.
1381 Ebd. 97.
1382 Vgl. ebd. 98.

and not for consumption of any kind.“[1383] Feldforschungen und Untersuchungen der jüngeren Zeit kritisieren jedoch wiederholt, dass Kreditgelder mitunter zweckentfremdet in Konsumgüter fließen, wodurch zwar eine kurzfristige Bedürfnisabdeckung zu erzielen sei, der Mikrokredit-Intention jedoch insofern zuwidergehandelt wird, als nur einkommensgenerierende Maßnahmen zu nachhaltigem Empowerment der Kreditnehmenden führen und so auch die Rückzahlungen der Darlehen geleistet werden können.[1384]

In Bangladesch, wo im Jahr 2001 bereits einer von vier Haushalten einen Mikrokredit in Anspruch genommen hat, zeigt sich wenig strukturelle Verbesserung der Lebenssituation der Menschen und kaum Auswirkung auf die Entwicklungs-Performance des Landes. 1991 nahm Bangladesch den 136. Rang im UN Human Development Index ein. 2006 lag es an 137. Stelle.[1385] Solche Zahlen, auch wenn sie nur einen bestimmten Ausschnitt der Verfassung eines Landes widerspiegeln, stimmen nachdenklich hinsichtlich der Erfüllung der Nachhaltigkeitskriterien, die sich die Verfechter des Mikrofinanzierungssystems in Bangladesch auf ihre Fahnen schreiben.

Was die Erfüllung des Nachhaltigkeitsprinzips angeht, unterzogen die UN-Behörden ihre afrikanischen MFI Partner harscher Kritik: „Over two thirds of the institutions are far from achieving sustainabilitiy. Their revenues on average are as low as 30–40 per cent of the actual operating expenses.“[1386]

Mittlerweile haben zahlreiche MFIs ihre Transformationsprozesse vom Non-Profit-Sektor in den For-Profit-Sektor vollzogen und Bankfachleute in ihre Teams aufgenommen. Nach anfänglicher Skepsis wird der Schritt in Richtung Kommerzialisierung als bestmögliche Absicherung für eine erfolgreiche Ausbreitung des „microfinance movements“ gesehen. Inwieweit sich humanitäre Hilfe als solche unter vorwiegend kommerziellen Gesichtspunkten langfristig und nachhaltig betreiben lässt, ob und wie die Brücke zwischen NGOs und kommerziellen Banken überschritten werden kann, wird nicht zuletzt vom Erfolg und dem Entwicklungspotential jener MFIs abhängen, die tagtäglich mit den

---

1383 United Nations. Department of Economic and Social Affairs (Hg.): Formalizing Microcredit, 2.

1384 Vgl. dazu auch die einschlägigen Untersuchungen der Koordinierungsstelle der Österreichischen Bischofskonferenz für internationale Entwicklung und Mission, in: www.koo.at und das mit Heinz Hödl, dem Geschäftsführer der Koordinierungsstelle für diese Arbeit geführte Interview, am 17.12.2009 in Wien. Vgl. auch das Beispiel eines Nigerianischen Mikrokredit Darlehenwerbers in Kapitel dieser Arbeit. Ferner einschlägig: www.mixmarket.org und www.microfinancegateway.org. Downloas 21.12.2009.

1385 Vgl. Steve Beck / Tim Ogden: Beware of Bad Microcredit. Harvard Business Review, March 2007. In: www.hbsp.harvard.edu/hbsp/hbr/articles/article.jsp;jsessionid=SFNMG 54TGU 1. Download: 15.03.2008.

1386 Ebd. 7.

bedürftigen Menschen ihre Arbeit verrichten. Der Eindruck einer gewissen Inkonsistenz zwischen notwendig banktechnischem Kalkül bei gleichzeitigem Anspruch auf Armutsbekämpfung und dem sozial engagierten Eingehen auf die teilweise grundlegenden Bedürfnisse armer Menschen bleibt erhalten, wie auch das UN-Papier durchaus kritisch bestätigt: „However, ‚crossing the bridge‘ between NGOs and commercial banks seems to be a difficult process that might even hinder the very idea of microcredit as a means of bringing development to the poor."[1387]

Für Michel Camdessus, den ehemaligen Direktor des Internationalen Währungsfonds (IWF) stellen ökonomische Rationalität und ethische Maßstäbe keine Gegensätze dar. Nicht, dass man als Christ Gott und dem Mammon gleichzeitig dienen könne, aber „wer für Beteiligungsgerechtigkeit eintritt, muss den Mut haben, nach der Lebensdienlichkeit von Regeln und Mechanismen internationaler Märkte zu fragen."[1388] Mikrofinanzierungen sind Teil eines Regelwerkes, dessen Ziel es sein muss, mehr Gerechtigkeit und sozialen Frieden zu gewährleisten. Dafür braucht es Transparenz, Publizität und Kapitalmarktintegrität.[1389]

Die „Karriere" des Finanzinstruments Mikrokredit von Pilotversuchen sozial engagierter Dritte-Welt-Initiativen zum weltweit angewandten Mainstream-Kapital- und Anlageprodukt versuchten James C. Brau und Gary M. Woller nachzuzeichnen, indem sie 357 Artikel in mehr als 80 internationalen Finanzfachpublikationen auswerteten, um der „academic community" in einem möglichst weitgefächerten Überblick das Mikrofinanzmodell vorzustellen und es auf seine Tauglichkeit für den internationalen Finanzmarkt zu untersuchen, wobei Managementpraktiken, Nachhaltigkeit, Vertrieb, Zielgenauigkeit, Adäquanz, politische Implikationen und eine Reihe anderer Items abgefragt wurden.[1390] Eines der Hauptaugenmerke fragt nach der Rentabilität, Eigenständigkeit und Nachhaltigkeit der MFIs. Die Untersuchung kommt zum Ergebnis, dass die Mehrheit der MFIs „not sustainable" arbeitet und ihre Overheads nur aufgrund von Spenden oder staatlichen Zuschüssen abdecken kann. Ein Ziel müsse sein,

---

1387 Ebd. 15.

1388 Daniel Deckers: Gott und der Mammon. Ein Plädoyer für internationale Beteiligungsgerechtigkeit. In: FAZ Nr. 109, 12.05.2003, 10. Michel Camdessus war als Präsident der „Semaines sociales de France", einem Zusammenschluss katholischer Intellektueller, Gast des „Zentralkomitees der deutschen Katholiken" (ZdK).

1389 Das ZdK veröffentlichte einen Text mit dem Titel „Internationale Finanzmärkte – Gerechtigkeit braucht Regeln." Vgl. FAZ 109, 12.05.2008, 10.

1390 Vgl. J. C. Brau / G. M. Woller: Microfinance: A Comprehensive Review of the Existing Literature. In: Journal of Entrepreneurial Finance and Business Ventures, Vol. 9, Issue 1, 2004, 1–26. Die Autoren sind Professoren an der Marriott School, Brigham Young University Provo, Utah, USA.

dass MFIs kostendeckend und im Idealfall gewinnbringend arbeiten können.[1391] Es existiert aber auch die Auffassung, dass finanzielle Nachhaltigkeit jetzt schon erreicht sei, da Spenden auch als Form von sozialem Investment in ein Unternehmen betrachtet werden können. Diese Investoren erwarten keine finanziellen Renditen. „Social investors do not expect to earn monetary returns. Instead, these donor-investors realize a social, or *instrinsic*, return".[1392]

14.7.1 Den „Bottom-up-Ansatz" ernstnehmen, heißt auf die Betroffenen hören

In Auswertung seiner Feldforschung in der südindischen Region Gudalur im Bundesstaat Tamil Nadu gelangt Thorsten Nilges zum Schluss, dass durch die Implementierung von Mikrokrediten eine zunehmende Verschuldung der indigenen DorfbewohnerInnen verursacht wurde. Die im Auftrag der Universität Duisburg durchgeführte Fallstudie fasst die individuellen Erfahrungen von Frauen zusammen, die in zehn „self-help-groups" (SHGs)[1393] organisiert sind, und konzentriert sich auf die Untersuchungsbereiche community-building, Emanzipation, Geschlechterverhältnis und Einkommen. Die Kernfrage lautet: Welche sozioökonomische Entwicklung findet durch Mikrokredite statt?[1394]

Nilges betont in seiner Studie, dass eine unkritische, universalistische Anwendung des Mikrokreditkonzeptes zu unreflektiertem Aktionismus und der Verschwendung nationaler wie internationaler Fördermittel zum Nachteil der Betroffenen führen kann. Als gelungene Maßnahmen werden der „Bottom-up-Ansatz" und die Fokussierung auf Frauen gelobt.[1395]

Der von Nilges erarbeitete kritische Befund gliedert sich in zwei Ansätze: Die Infragestellung der ökonomischen Nachhaltigkeit des Instruments Mikrokredit

1391 Vgl. ebd. 6.

1392 Ebd. 7. (Kursivsetzung im Original).

1393 Im Unterschied zu Bangladesch haben die indischen SHGs 10 bis 19 Mitglieder, meistens nur Frauen. Indien ist im Begriff der größte Mikrofinanzmarkt der Welt zu werden. 2008 werden über 17 Millionen Frauen Mikrokredite in Anspruch nehmen. Zu Zinssätzen von 24% p.a. werden sog. revolving funds in der Höhe von 15.000 bis 25.000 indischen Rupies vergeben. (1Euro = ca. 63,44 Rupies. Wechselkurs vom 08.05.2008). Vgl. T. Nilges: Zunehmende Verschuldung durch Mikrokredite. Universität Duisburg 2005, 23 u. 31.

1394 Vgl. ebd. 5,11,18.

1395 Vgl. ebd. 13.

und die Evaluierung der lokalen und kontextualen Schwächen bei dessen Implementierung. Das Instrument selbst wird nicht in Frage gestellt.[1396]

Die indischen MFIs sind schon lange vor Ort tätig, stellen meist lokale MitarbeiterInnen ein, die gute Kontakte zur ländlichen Bevölkerung haben oder etablieren und auch entlegene Regionen besuchen, um örtliche SHGs zu unterstützen und zu beraten. „Jede SHG hat eine Präsidentin und eine Sekretärin, beide dürfen für die SHG bei der Bankniederlassung Geld ein- und auszahlen. ... Die Frauen sagten, dass sie zur Eröffnung von kleinen Geschäften, sog. ‚shops' gedrängt wurden. Eine SHG hätte den Mikrokredit lieber zum Bau einer Mühle genutzt."[1397] Wie sich nachträglich herausstellen sollte, wäre diese Geschäftsidee sowohl für die Infrastruktur des Dorfes als auch für die Betreiber die geeignetere gewesen, um nachhaltig ein existenzsicherndes Einkommen für die Kreditnehmenden zu gewährleisten. Der Bau einer Mühle hätte für Arbeitsplätze im Dorf gesorgt und wäre anschließend von allen BewohnerInnen genutzt worden. Leider ließen sich die Frauen von den loan-officers zur Eröffnung von Shops überreden, die allesamt nur eine kurze Lebensdauer hatten, da im Dorf zu wenig Kaufkraft für Konsumgüter vorhanden war. Aus diesem Grund konnte keine der untersuchten SHGs mit Hilfe der Läden (fünf Lebensmittelgeschäfte, ein Schmuckgeschäft) ihre Kredite zufriedenstellend bedienen oder Gehälter für die Angestellten zahlen. Es fand also keine Verbesserung ihrer Lebensqualität statt.[1398]

Nilges zeigt schlüssig auf, dass das Mikrokreditprogramm für die Gruppenmitglieder negative Folgen hatte. Die Gründe dafür waren vielfältig. Nicht nur, dass ein für die dörfliche Struktur völlig ungeeigneter Geschäftszweig gefördert wurde, waren die Betreiberinnen der Shops mit ihrer Aufgabe völlig überfordert und hilflos, außerstande zwischen Umsatz und Gewinn zu unterscheiden, und konnten letztendlich ihre Verluste nicht erklären. Im Widerspruch zu diesen ökonomisch relevanten Fakten steht das von allen Frauen geäußerte „gute Gefühl", welches sie aus dem gehobenen Stellenwert innerhalb der Gemeinschaft zogen. Nilges kritisiert mit nachvollziehbarer Plausibilität, dass die MFIs Frauen mit Krediten versorgten, die noch nicht daran gewöhnt waren, mit (relativ) viel Geld umzugehen. „Hierdurch konnten sie das Geld nicht so verwenden, dass neue Einkommensquellen entstanden. Die Bedürfnisse dieser Menschen sind größer als ihre Mittel, ... die Gelder versickerten."[1399] Nilges ortet einen Mangel an Betreuungskompetenz und Schulung seitens der MFIs, welche die Talente

1396 Vgl. ebd. 14. Die Erfahrungen der Kreditnehmerinnen wurden durch Leitfadeninterviews und narrative Interviews ermittelt.

1397 Ebd. 29.

1398 Vgl. ebd. 33–34.

1399 Ebd. 36.

und Erfahrungen der Frauen nicht zu nutzen wussten. Am daraus entstandenen Konfliktpotential drohte die Dorfgemeinschaft beinahe zu zerbrechen.

Die indigenen Gemeinschaften sind mit Plantagenarbeit und Subsistenzlandwirtschaft vertraut. Das Führen von Läden ist (noch) nicht Teil ihrer Kultur und Lebenswelt. So war es nicht verwunderlich, dass die Läden anfangs florierten, die Lager bald leer waren und das Geld aus dem Kreislauf des Dorfes ausschied.[1400]

Als positive Entwicklung führt Nilges an, dass dank Mikrokrediten community-building stattfand, indem die Frauen dank der institutionalisierten wöchentlichen Treffen ihre Gemeinschaft vertiefen konnten. Als genderrelevante Veränderung innerhalb der Familie war nach Gründung der SHG eine Verlagerung der Machtverhältnisse zu Gunsten der Frauen zu beobachten.

Negativ schlägt zu Buche, dass das entwicklungspolitische Instrument Mikrokredit in Gudalur versagt, keine nachhaltigen Einkommensquellen erschlossen und die verschuldeten Frauen in Unsicherheit und finanzielle Abhängigkeit geführt hat, was ihren kurzfristig erlebten emanzipatorischen Fortschritt langfristig bedroht.[1401]

Zu den endogenen Faktoren des Versagens zählt, dass die Frauen keine Kompetenzen als Ladenbetreiberinnen erwerben konnten und ihr Scheitern somit vorprogrammiert war. Ein exogener Faktor ist zweifellos das Drängen der Geldgeber, den im Handelswesen völlig unerfahrenen Frauen ein typisches Mode-Mainstream-Produkt, nämlich einen Shop aufzudrängen. Die Akteure der MFIs hätten besser dem „bottom-up“ Ansatz folgen und auf die Bedürfnisse der Frauen hören sollen, deren Wunsch nach einer Mühle intuitiv wie analytisch die bessere Geschäftsidee gewesen wäre.[1402]

14.7.2 Die sozioökonomisch orientierte Kritik am Finanzierungsmodell Mikrokredit

Starker Gegenwind blies dem Grameen Bank Modell in einem 2001 veröffentlichten Artikel des *Wall Street Journal* entgegen. Der US-Wirtschaftsjournalist Daniel Pearl will darin nachgewiesen haben, dass entgegen den Selbstdarstellungen von Grameen rund ein Viertel der vergebenen Kredite regelwidrig für den

1400 Vgl. ebd. 37.
1401 Vgl. ebd. 38.
1402 Vgl. ebd. 39–40.

Güterkonsum verwendet werde[1403] und dass die Rückzahlungsrate weit unter den offiziell veröffentlichten Zahlen liege.[1404]

Vom „Mythos“ Grameen Bank spricht Jeffrey Tucker, weil die Bank nach Marktgesetzen gar nicht überlebensfähig wäre. Ihre zwischen 1985 und 1996 eingefahrenen Verluste von angeblich 34 Millionen US Dollar wären von UN-Entwicklungshilfegeldern, der Weltbank, dem IWF, privaten US-Stiftungen und anderen Organisation ausgeglichen worden.[1405] Yunus' Bank soll aus diesen Quellen Zuwendungen in Höhe von 150 Millionen Dollar erhalten haben. Gleichzeitig nahm die Bank bei Regierungen rund um die Welt billiges Geld auf, um es zu höheren Zinssätzen an die kooperierenden MFIs zu verleihen. – Letzterer Vorgang ist aber m.E. ein übliches Bankkreditgeschäft, bei dem notwendigerweise Gewinn entstehen sollte, und steht im Widerspruch zu den Vorwürfen, die Bank sei unrentabel.

In dieselbe Kerbe schlägt auch die herbe Kritik von Morduch, dessen an der Princeton University erstellte Studie bereits in den 1990er Jahren wiederholt auf die äußerst fragile Finanzsituation und die sehr problematische Kreditvergabepraxis der Grameen Bank aufmerksam gemacht hat, so dass aus betriebswirtschaftlicher Sicht man dem Finanzinstitut Grameen jeglichen Vorbildcharakter absprechen müsse. „Der Grund dafür ist, dass sie (die Grameen Bank) bis vor einiger Zeit nicht einmal ansatzweise in der Lage war, ihre Kosten zu decken, und sich darum auch nicht sonderlich bemüht zu haben scheint.“[1406] Diese Geringschätzung der kaufmännischen Pflichten konnte sich die Bank nur aufgrund der Strahlkraft ihres Gründers und Shooting Stars der entwicklungspolitischen Szene Muhammad Yunus leisten, dessen unabsprechbares Talent für Fundraising die laufenden die Verluste aus dem Bankgeschäft durch Spendenzuflüsse wettmachen konnte.[1407]

1403 Vgl. die diesbezüglichen UN-Statuten für die Verwendung von Mikrokrediten: „for productive purposes only ...“ in Kapitel 14.7. („key charachteristics“ der Mikrokredite) dieser Arbeit.

1404 Vgl. B. Petersen: Grameen – die Bank der Armen, 260.

1405 Im Jahr 2006 soll die Grameen Bank 1,5 Millionen US-Dollar von der Bill und Melinda Gates Foundation erhalten haben. George Soros spendete angeblich 12 Millionen US-Dollar. In: ebd. 260.

1406 Reinhard H. Schmidt: Microfinance, Kommerzialisierung und Ethik, in: Sustainabilitiy als Gestaltungsprinzip für die Rahmenordnungen von Finanz- und Gütermärkten. Symposium der Projektgruppe Ethisch-Ökologisches Rating. Universität Frankfurt am Main 2008, 99–102. Siehe dazu auch J. Morduch: The Grameen Bank: A Financial Reckoning. Working Paper, Princeton University 1999 und ders.: The Microfinance Promise, Journal of Economic Perspectives, Vol. 37, 1569–1614. 1999.

1407 Vgl. R. Schmidt: Microfinance, Kommerzialisierung und Ethik, 100f.

Ein weiterer gegen Yunus erhobener Vorwurf lautet auf „Ausbeutung der Armen" und wird von Sudhirendar Sharma, einem ehemaligen Mitarbeiter der Weltbank, vorgebracht. Auch er führt die angeblich immens hohen Zinsdifferenzen ins Treffen, da die Grameen-Gruppe Gelder um relativ günstige Konditionen (4%–7%) aufnimmt und sie mit einer Marge versehen, um 17 bis 25 Prozent weitergibt. „Die sogenannten ausbeuterischen Geldverleiher wurden ersetzt durch eine ganze Armee von (Grameen Bank) Geldverleihern. Durch Zinsen, die die Kapazität der Armen überschreiten, werden sie in eine Schuldenfalle getrieben. … Ich habe Dörfer in Bangladesch besucht, in denen die Grameen Bank schon lange arbeitet, und keine Verbesserung der Lebensverhältnisse beobachtet. Die oft geschilderten Beispiele von Frauen, die Kühe kaufen oder einen Telefonkiosk betreiben, sind Einzelfälle."[1408]

Anerkennung und Lob für Yunus' „revolutionäre Idee" zollt Vijay Mahajan, Chef der indischen Entwicklungshilfeorganisation „Basix", übt aber gleichzeitig ökonomische Fundamentalkritik: „Die Idee, dass die Armen sich selbständig machen sollen, statt für Löhne zu arbeiten, läuft der gesamten Geschichte erfolgreicher wirtschaftlicher Entwicklung zuwider."[1409] Die Annahme, die Ärmsten bräuchten vor allem Kredite, sei von Grund auf falsch, so Mahajan. Sie benötigen Ersparnisse, Versicherungen und die Möglichkeit, sich die Fähigkeit zum Management zu erwerben.[1410]

Schmidt bringt seinen kritischen Ansatz auf den Punkt: Grameen ist keine Bank, sondern in erster Linie eine effiziente Sozialfürsorgeeinrichtung, die wahrlich vorbildlich und nobelpreiswürdig agiert. Schmidt verneint aber explizit das angeblich erfolgreiche Grameen Bankmodell für die Armen. Keine andere NGO, kein anderes MFI könnte mit diesem Geschäftsmodell eines dauerhaften Negativsaldos überleben oder gar kostendeckend arbeiten. Es sei widersprüchlich „eine ethisch anspruchsvoll erscheinende, aber ökonomisch blauäugige Position (zu) vertreten."[1411]

An dieser Stelle muss m.E. kritisch angemerkt werden, dass die zahlreichen Kritiker von Yunus und seiner Bank einander zum Teil heftig widersprechen. Einerseits wird Grameen als ein über drei Jahrzehnte nur durch Spenden am Leben zu erhaltendes unrentables und unprofessionell operierendes Bankhaus getadelt, andererseits zielen ebenso viele Vorwürfe auf die unermesslich hohen, ethisch fragwürdigen Gewinne, die Grameen dadurch lukriert, indem billiges

1408 S. Sharma in: B. Petersen: Grameen – die Bank der Armen, 262.

1409 Ebd. 262. Man darf dabei nicht außer Acht lassen, dass „Basix" seit 1996 eine Art indisches Konkurrenzprodukt zu Grameen ins Leben gerufen hat. Mahajans Kritik ist möglicherweise nicht frei von Eigeninteresse.

1410 Vgl. ebd. 262.

1411 R. Schmidt: Microfinance, Kommerzialisierung und Ethik, 101.

Geld dank Weltbank, Förderungen und Spenden eingesammelt und mit hohen Margen an vor Ort tätige MFIs verliehen wird. Aufgrund der zahlreichen, schier unüberblickbaren kritischen Publikationen am Grameen System lässt sich schwer ausmachen, ob Yunus nun ein zu guter oder zu schlechter Geschäftsmann ist. Sicher festzustellen ist, dass sein finanzielles Engagement offensichtlich gleich stark polarisiert wie sein humanitäres.

14.7.3 Der Geldregen allein ist nicht die Lösung: Existenzsichernde Arbeit tut Not

Aneel Karnani, von der Universität von Michigan, spitzt das Ergebnis seiner Studie pointiert zu: Die Armen brauchen vor allem Arbeit! „Employment, not Microcredit, is the Solution.“[1412] Weniger die Mikrokredite seien das Problem, so Karnanis Fundamentalkritik, sondern die limitierten Möglichkeiten der Mikrounternehmer und ihrer angepeilten Geschäftszweige: keine Ausbildung, wenig Kapital und kaum geeignete wirtschaftliche Rahmenbedingungen. Mit den aus Mikrounternehmen erzielten Gewinnen gelingt es nur sehr wenigen Kreditnehmenden, der Armut zu entfliehen. Der Fokus sollte vielmehr auf der Schaffung stabiler Arbeitsplätze zu vernünftigen Löhnen liegen. Karnani kritisiert, dass man strukturelle Armutsprobleme einfach auf die Betroffenen abwälzt und das Heil darin erblickt, aus ihnen KleinstunternehmerInnen zu machen, anstatt die verantwortlichen Regierungsstellen in die Pflicht zu nehmen, denn sie sind es, die für öffentliche Dienstleistungen, Arbeitsplatzschaffung, Arbeitsplatzsicherung und Zunahme der Produktivität im Lande zuständig sind.[1413] Mutatis mutandis gilt diese Zuständigkeit der Regierenden auch für soziokulturelle, namentlich genderrelevante Aspekte, die gerne neoliberal privatisiert und somit outgesourced werden, wie das vielgelobte Empowerment von Frauen, welches angeblich Hand in Hand mit der ökonomischen Schubkraft des Geldes einhergehen soll. Karnani sieht nur wenig empirische Evidenz dafür, denn Geld allein kann patriarchale Strukturen der Kontrolle über einen gesamten Haushalt oder im sozialen Gefüge eines Dorfes nicht verändern.

Doch die Schlüsselfrage lautet: Können Mikrokredite, kann Geldverteilung an sich die Armut lindern oder gar beseitigen?[1414] Herzerwärmende Reportagen

---

1412 A. Karnani: Employment, not Microcredit, is the Solution. Stephen M. Ross School of Business at the University of Michigan. Working Paper No. 1065. January 2007. http://ssrn.com/abstract=962941. Download: 25.03.2008.

1413 Vgl. ebd. 1–2.

1414 Vgl. ebd. 3.

gebe es genug, schrieb *The Economist*, aber „rigorous empirical analyses are rare. ... The reality is less attractive than the promise."[1415]

Nach Joseph Schumpeter soll der Unternehmer Visionen und Kreativität in sich vereinen, um eine erfolgreiche Innovation hervorzubringen, ein neues Geschäftsmodell eben. Einige der potentiellen KreditnehmerInnen erfüllen tatsächlich diese Voraussetzungen. Ihre mitreißenden Lebensgeschichten schmücken dann auch die erfolgsschwangeren Reportagen und Anekdoten über das segensreiche Finanzinstrument Mikrokredit. „But the vast majority of microcredit clients are caught in subsistence activities with no prospect of competitive advantage. The self-employed poor usually have no specialized skills. ... With low skills, little capital and no scale economies, these businesses operate in arenas with low entry barriers and too much competition."[1416]

Umfragen unter Kreditnehmenden ergaben, dass sich die meisten lieber eine Vollzeitbeschäftigung mit einem existenzsichernden Einkommen, soziale Absicherung, Gesundheitsvorsorge und bessere Bildungschancen wünschten. „We should not romanticize the idea of the ‚poor as entrepreneurs'. The International Labor Organization (ILO) uses a more appropriate term: own account workers."[1417]

Auch die ILO erachtet die Schaffung von Arbeitsplätzen als die geeignetste Maßnahme zur Armutsbekämpfung; oder auf den Punkt gebracht: „Jobs are the solution."[1418]

Karnani zeigt anhand von Statistiken, wie beispielsweise in China und Indien das Pro-Kopf-Einkommen direkt proportional zur Beschäftigungsquote gestiegen ist, wohingegen im Fall von Bangladesch, dem Mikrokredit-Herzeige-Land, auch nach drei Jahrzehnten Mikrokreditvergabe keine empirisch feststellbare, signifikante ökonomische Verbesserung auf diese Maßnahme zurückzuführen ist.[1419]

Karnani vertritt die Auffassung, dass es ratsamer sei, einem erfahrenen Unternehmer unter bestimmten Voraussetzungen $100.000 Kredit für eine kleine Fabrik oder Manufaktur anzubieten, in der 500 Leute Arbeit finden, als $200 einer in Unternehmens- und Geldangelegenheiten unerfahrenen Frau für eine Nähmaschine.[1420]

1415 *The Economist,* 21.10.2006. Zit. in: ebd. 4.

1416 Ebd. 4–5.

1417 Ebd. 5.

1418 Die aufgestellte Behauptung wird mit vergleichenden Armutsbekämpfungsstudien und Statistiken aus Indien, China und Afrika untermauert. Vgl. ebd. 5–6.

1419 Vgl. dazu S. Daley-Harris: Debate on Microcredit. In: FPIF (Foreign Policy in Focus) Commentary, a project of the Institute for Policy Studies. Washington, DC 2007. www.fpif.org/fpiftxt/4324 1–3. Download: 11.02.2008.

1420 Vgl. ebd. 7.

Zusammenfassend lässt sich zeigen, wie stark dieses Themenfeld auch politisch-ideologisch begründeten Meinungen ausgesetzt ist, weil m.E. Karnani u.a. eine strenge Trennlinie zwischen einem neoliberal-deregulierten und einem sozialstaatlich geprägten Gesellschaftssystem ziehen, in welchem der öffentliche Sektor die soziale Verantwortung nicht auf die unternehmerischen Leistungen der BürgerInnen und die Freiheit der Märkte abwälzt. Mit Losungen wie „Markets are not the solution," bezieht Karnani eine eindeutige ideologische Position und präzisiert sein politisches Anliegen im Sinne sozialmarktwirtschaftlich geprägter Kritik: „There is a growing ‚neoliberal' movement which looks to the private sector for the solution to the failure of public services."[1421] Mit anderen Worten, es darf nicht so weit kommen, dass Arme für die Verfehlungen der öffentlichen Hand gerade stehen müssen. Der Staat darf nicht aus seiner Verantwortung entlassen werden.

14.7.3.1 Mikrokredite statt Arbeitsplätze: Abschieben der Verantwortung auf die Ärmsten?

Aufgrund der zunehmenden Globalisierung werden bei den Ärmsten ökonomische Bedürfnisse geweckt, die in keinem Verhältnis zu ihrem sozioökonomischen Umfeld und ihrer Kaufkraft stehen. Karnani führt in diesem Zusammenhang das Beispiel der penetranten Werbung für Mobiltelefone in Entwicklungsländern an. Mumbai, beispielsweise, erreicht beinahe die „cell-phone" Verbreitungsdichte einer europäischen Großstadt, während 50% der dort wohnenden Menschen ihre Notdurft im Freien verrichten müssen.[1422] Was hier auf den ersten Blick vielleicht noch nach angestrebter Verwirklichung von Beteiligungsgerechtigkeit aussehen mag, nämlich als Teilhabe an modernen Kommunikationsmöglichkeiten, entpuppt sich bei näherem Hinsehen als durchsichtige Werbestrategie der Telekommunikationsindustrie, ohne Rücksicht auf das soziale Augenmaß.

Hier zwängen sich unverantwortliche, von der Wirtschaft betriebene und von staatlich liberalem Denken negierte Bedürfnisverschiebungen vor basale Menschenrechte nach sauberem Wasser, Kanalisation, Gesundheitsversorgung, Bildung u.v.m. Wenn die Zivilgesellschaft vermeint, soziale Lücken schließen zu müssen, die vom Staat in unverantwortlicher Weise vernachlässigt wurden, vergisst sie eines: „The civil society has neither the resources nor the economies of scale to provide these services to any significant degree. Instead, the civil society

---

1421 Ebd. 10

1422 Vgl. ebd. 11.

should attempt to strengthen the state, support the voice of the poor, and be a catalyst in the political process."[1423]

Karnani übt Fundamentalkritik am Finanzinstrument Mikrokredit aus sozio-politischen Erwägungen. Er anerkennt, dass dadurch viele Frauen in ihrem Emanzipationsbestreben und ihrer gesellschaftlichen Rolle gestärkt, dass sie zur Teilhabe an einem menschenwürdigen Dasein befähigt wurden. Doch wird infrage gestellt, ob mittels Mikrokredit Armut nachhaltig gelindert werden kann. Karnanis Lösungsansatz heißt: Arbeitsplätze statt Kredite. „Creating employment and increasing productivity is the best solution to poverty. We should emphasize the role of the government in providing basic public services."[1424]

14.7.4 All dressed up and no place to go?

Vor der Schuldenfalle Mikrokredit warnt auch der indische Entwicklungsanalyst Sudhirendar Sharma, der hunderte SHGs in seinem Land beraten und begleitet hat. Mit seiner Erfahrung wuchs auch der Zweifel darüber, ob der Einsatz von Mikrokrediten die geeignete Antwort auf die ländliche Armut Indiens ist und ob damit tatsächlich Wohlstand hervorgerufen werden kann. „Micro-credit improves cash flow but doesn't create wealth", lautet sein trockener Befund.[1425] Die gängigen Kreditzinsen stuft Sharma als ausbeuterisch ein. Die Exploitation der Armen würde dadurch legitimiert und institutionalisiert. „Frauen als Hauptzielgruppe fühlen sich zwar kurzfristig gestützt, geraten aber zusehends in die Schuldenfalle."[1426] Sharma, der das Grameen System in Bangladesch gut kennt, möchte aus den Fehlern im Nachbarland lernen. Seiner Meinung nach habe sich dort die Lebenssituation aufgrund der Implementierung von Mikrokrediten nicht fundamental verbessert. Oft erzählte Erfolgsgeschichten entpuppten sich schnell als Mythen. „„„The oft-repeated stories that micro-credit helps a rural woman buy a buffalo, a poor woman now owns a telephone kiosk cannot be replicated in meaningful numbers."[1427] Seiner Einschätzung nach wuchs Grameen auf Kosten der Armen „into sky-scraping heights".

In Indien, so Sharma, setze man nun auf eigene, selbständige Verteilernetze für Mikrofinanzierungen. 11.000 Frauen wurden als Unternehmensberaterinnen

1423 Ebd. 12.

1424 Ebd. 12

1425 Vgl. S. Sharma: Womens's empowerment, or a dept trap? In: Analysis of the Ecological Foundation, Delhi. www.infochangeindia.org/microc_article5print.jsp 1. Download 11.02. 2008.

1426 Ebd. 1.

1427 Ebd. 1.

und self-help-group-leaders für Mikrounternehmen ausgebildet. Sie sollen künftig SHGs in 100.000 Dörfern beraten.[1428]

Einige der durchaus engagierten Mikrokreditinterventionen gegen die Armut beinhalten vielversprechende Ansätze, scheitern aber manchmal an ihrer Ausführung. Der englische Sinnspruch: „All dressed up and no place to go" trifft wahrscheinlich das Gefühl einiger Betroffener, bei denen der Mikrokredit-Hype vorderhand hohe, vielleicht uneinlösbare Erwartungen schürte und am Ende so manche Hoffnung auf ein besseres Leben enttäuschte.

14.7.5 Erreicht das Modell die Ärmsten der Armen?

Die Statistiken der Grameen Bank berichten stolz, dass 15,7% ihrer Mitglieder die Armutsgrenze überschritten haben, dass die Arbeitslosigkeit beträchtlich, nämlich von 50,4 auf 20,8% gesunken ist und die Unabhängigkeit von unseriösen Geldverleihern erreicht wurde.[1429]

Patrick Develtere und An Huybrechts von der Katholischen Universität Leuven in Belgien untersuchten die Auswirkungen des Grameen Bank Modells in Bangladesch und erzielten in Beantwortung der Frage nach tatsächlicher Armutsreduktion durch die Inanspruchnahme von Kleinstdarlehen keinen Konsens.[1430] Zwar sei erfreulicherweise zu vermerken, dass die Verletzbarkeit (vulnerability) der Existenzen dank der Geldzufuhr deutlich gesenkt und ein weiteres Absinken in Armut sogar weitgehend gestoppt werden konnte; auch wird der genderrelevante Aspekt, dass Frauen vom Grameen Kreditsystem mehr profitieren als Männer, bestätigend hervorgehoben,[1431] jedoch werde dadurch eine vorderhand nicht absehbare Zeitdimension der Kreditabhängigkeit eröffnet, oder vereinfacht gesagt: Die meisten Kreditnehmenden benötigen nach Rückzahlung der ersten Tranche schon eine weitere Geldspritze. „These results indicate that poverty

1428 Vgl. ebd. 2.

1429 Grameen Bank Statistiken von 2006, in: Th. Vondrak: Funktionsweise von Mikrokrediten sowie erfolgreichen europäischen Mikrofinanz-Initiativen, 94.

1430 P. Develtere / A. Huybrechts: The Impact of Microcredit on the Poor in Bangladesh. In: Alternatives 30 (2005), 165–189. Die beiden Autoren forschen am Higher Institute for Labour Studies, Katholieke Universiteit, Leuven, Belgium.

1431 In einer Pro und Contra Evaluierung wird einerseits auf das veränderte Rollenbild der Frau aus männlicher Sicht, vor der Kreditaufnahme „a burden", danach „a source of income" hingewiesen, wodurch Frauen etwas mehr Mitsprache in der Familie eingeräumt wird, andererseits bleibt die ländlich soziale Struktur Bangladeschs eine Männerdomäne, in der Frauen tagtäglich männlicher Gewalt ausgesetzt sind und 63% der Befragten von teilweiser, sehr beschränkter, bis gar keiner Kontrolle über das geliehene Geld sprachen. Vgl. ebd. 175–180.

decreases as the borrowed amount increases."[1432] Das Bild einer nach unten offenen Schuldenspirale drängt sich hier auf.

Die sogenannten „hardcore poor" oder „bottom poor" würden überhaupt durch den Rost fallen, weil die MFIs unter den armen, potentiellen KundInnen stark differenzieren und man sich davor hüten müsse, die Armen als eine homogene Gruppe zu betrachten.[1433]

Dennoch heben die beiden Autoren vier wohltuende Veränderungen in der Lebenswelt der Betroffenen hervor, die sich eindeutig dem Einfluss des Grameen Programms zuordnen lassen: „Greater involvement in income-earning activities; increase in awareness about social, economic, and health related issues; increase in the adoption of family-planning methods; increase in girl's education and school-enrollment rates."[1434]

14.7.6 Zusammenfassung und kritische Würdigung

Bei kritischer Durchleuchtung der Fragestellung, ob Mikrokredite überhaupt die Allerärmsten erreichen, muss an ein methodisch-zielgruppenrelevantes Problem des Ansatzes erinnert werden: Mikrokredite sind per definitionem „Start-Ups" für KleinstunternehmerInnen, demzufolge sollen und dürfen die geliehenen Gelder nur zweck- und projektgebunden verwendet werden und nicht zur Abdeckung persönlicher Bedürfnisse in den Konsum fließen. Sehr arme Menschen sind aber zu allererst damit konfrontiert, ihre elementarsten alltäglichen Bedürfnisse zu befriedigen, und es wäre unverfroren, von ihnen in der Situation des Hungers und bitterster Armut zu verlangen, an nachhaltige ökonomische Entwicklungen zu denken. Deshalb muss Geld für diese Zielgruppe unabhängig von rückzahlbaren Darlehen als Krisenintervention zur Linderung der schlimmsten Not bereitgestellt werden. Dieses Verwendungsziel liegt aber außerhalb der für Mikrokredite festgelegten Richtlinien. Das heißt, dass die in vielen Publikationen gestellte Frage, ob Mikrokredite die „hardcore-poor" erreichen, übersieht, dass diese Menschen aufgrund der für Mikrokredite erstellten Anwendungsrichtlinien a priori nicht zur Zielgruppe gehören können und die Frage somit hinfällig wird.

Auf dem Finanzierungsinstrument Mikrokredit können nur Menschen „spielen", deren Grundbedürfnisse bereits durch andere (Hilfs)-Maßnahmen erfüllt

1432 Ebd. 169.
1433 Vgl. ebd. 172–174.
1434 Ebd. 181–182.

wurden und die, dergestalt gestärkt, zur Partizipation auf einer vorwiegend ökonomisch relevanten Ebene befähigt werden können.[1435]

14.7.7 Arme Menschen bankfähig machen. „Barefoot Capitalism": Ein neoliberales Entwicklungsziel?

Provokant gesprochen, könnte man den Vorwurf erheben, dass mithilfe von Mikrokrediten zwar eine möglichst nachhaltige Integration von Randgruppen angestrebt wird, jedoch die Zielvorstellung bankfähige Selbständige vor Augen hat, also die unternehmerisch ambitioniertesten, die nach dem Prozess des Durchsiebens durch den Filter Mikrokredit sich als BankkundInnen von morgen qualifizieren: eine gelddarwinistische Spielart des „survival of the fittest" ökonomischer Auslese. Nicht selten werden dabei die Segnungen und Wundertaten eines „Barefoot Capitalism" unkritisch gepriesen, der Arme quasi über Nacht zu unternehmerischen Höchstleistungen ermächtigen und ihnen nachhaltig Wohlstand sichern soll.[1436]

Das Mikrokreditkonzept bedient, so Nilges, die modernisierungstheoretische Kategorie, die Tradition mit Unterentwicklung gleichsetzt, weshalb „die Einführung der Geldwirtschaft bzw. die Durchkapitalisierung der Armen Ziel des Instruments ist. ... Sozialer Wandel, Angleichung an die gesellschaftlichen Strukturen der Industrieländer ... werden von Mikrokrediten verfolgt."[1437]

Nilges befürchtet, dass „den Armen mit Mikrokrediten Hilfe vorgetäuscht wird, obwohl sich die Abhängigkeitsverhältnisse nicht ändern. Denn es profitiert lediglich die- bzw. derjenige, welche/r Geld in Mikrokrediten angelegt hat. Die Nachfrage an Kapital wächst durch die Mikrokreditkampagne."[1438] Durch die Verbindung von Banken und Armen wird die Verantwortung vom Staat auf die Armen abgeschoben.

Dem staatlichen Rückzug aus der Verantwortung für Unterentwicklung stehen in bitterer Ironie die Bedürfniserweckung und das Schaffen globaler Märkte zu

1435 Vgl. zu diesem Thema auch die Stellungnahmen aus der Fachliteratur in: Y. Diallo-Sahli: Mikrokredite und Genderverhältnisse: Bei Kleinunternehmerinnen hervorgerufene Veränderungen, 16–17.

1436 Ein der Mikrokredit-Jubelliteratur zuzuschreibendes Werk stammt von Jim Klobuchar und Susan Cornell Wilkes: The Miracles of Barefoot Capitalism. Minneapolis 2007.

1437 T. Nilges: Zunehmende Verschuldung durch Mikrokredite, 40.

1438 Ebd. 42. Nilges verweist in diesem Zusammenhang auf die 11,5% Rendite p.a., die die indische Syndicate Bank ihren Anlegern für Mikrokreditfinanzierungen verspricht. Für das angelegte Kapital haftet der Staat. Vgl. ebd. 43.

Seite, deren Innovation sich dem Umstand verdankt, dass dieser neue Finanzmarkt von absolut Armen bedient wird.[1439]

14.7.8 Der Mikrokredit-Kult oder: die andere Seite des rosigen Images

Hat Bankier Yunus für die Armen Flachs zu Gold gesponnen, wie der Zwerg für die Königsbraut im Märchen „Rumpelstilzchen"? Vom „Märchen Mikrokredit" sprechen einige Kritiker und verweisen auf Ungereimtheiten und angebliche systemimmanente Unzulänglichkeiten im Regelwerk der Grameen Bank. Jeffrey Tucker äußert den Verdacht, dass Yunus seine Bank als „Kanal für gewaltige Subventionen von Regierungen und internationalen Organisationen … als Grundlage eines Pyramidenspiels verwendet"[1440] und versucht zu zeigen, wie Grameen Gelder weit unter dem Marktzins (zu nur 2%) von IWF, Weltbank und einigen anderen Institutionen erhält, diese dann bei internationalen Banken mit Gewinn anlegt, um sie schließlich zu 20% Zinsen an die Kreditnehmenden zu verleihen. Diese, so Tucker, würden nur aufgrund der „peer-group" Methode der Rückzahlung und aus Angst, von anderen Mitgliedern ihrer Gruppe bedrängt oder gar bedroht zu werden, die hohe Rückzahlungsrate von 98% erfüllen. Darüberhinaus greife die Bank tief in das Privatleben ihrer Mitglieder ein. So müssen Kreditnehmende schwören, „unsere Familien klein zu halten, … jede Woche Leibesübungen zu besuchen … an Paraden teilzunehmen, bei denen sie wiederholt die ‚Sechzehn Entscheidungen' aufzählen müssen, eine Liste, die die Ideologie der Bank wiedergibt."[1441] Tucker kritisiert, dass die loan-officer der Grameen Bank soziokulturell bedingte Traditionen zerstören, indem sie die Kreditnehmenden dazu auffordern, das in Bangladesch übliche Mitgift-Wesen zu boykottieren.

Was Tucker nicht erwähnt, ist die Tatsache, dass kinderreiche Familien mit einem Überhang an Mädchen eben durch den herrschenden Mitgiftzwang häufig in den Ruin getrieben werden, oder ihre Mädchen als Schuldsklavinnen ihre Mitgift schon im Kindesalter abarbeiten müssen.[1442] Aus diesem Blickwinkel erscheinen die kultur- und gesellschaftsverändernden Ambitionen der Bank

---

1439 Vgl. ebd. 43.

1440 J. Tucker: Der Mikrokredit-Kult. In: liberty.li – Magazin. In: http://de.liberty.li/magazine/print.php?id=3526&q=Der+Mikrokredit-Kult 1. Download: 11.02.2008.

1441 Ebd. 2. Der Wahrheitsgehalt der erhobenen Vorwürfe kann hier nicht überprüft werden.

1442 Welche soziokulturellen Veränderungen und Implikationen die von der Grameen Bank initiierte Anti-Mitgift-Debatte im ländlichen Bangladesch bewirkt, beschreibt Santi Rozario: The dark side of micro-credit. In: Open Democracy. www.opendemocracy.net/node/35350/print 1–3. Download: 11.02.2008.

durchaus nachvollziehbar. In Auflistung des angeblichen Sündenregisters der Grameen Bank verweist Tucker darauf, dass Kinder der Kreditnehmenden in Grameen Schulen geschickt werden, verschweigt aber, dass diesen Kindern vor Etablierung des Grameen Modells jeglicher Schulbesuch verwehrt blieb. Tucker behauptet ferner, dass ein Bespitzelungssystem aufgebaut wurde, welches die Organisation mehr als Sekte der „Grameeniten" aussehen ließe. In jedem Falle, so Tucker, sei die Yunus Bank weit davon entfernt, ein Wirtschaftswunder zu sein; vielmehr sei er darüber verwundert, dass nicht mehr Kritiker bemängeln, dass Grameen die Armen ausnütze: Von einem $75 Kredit bleibe den Kreditnehmenden nach Abzug der Spesen und dem Zwangskauf einer Grameen Aktie nur mehr $ 69.50 und die Verpflichtung, binnen einem Jahr $ 90 an Grameen zu bezahlen. Dafür, so Tucker, sei man ab diesem Moment Teil der alles kontrollierenden Grameen Familie und habe sein Privatleben verloren.[1443]

14.7.9 Friedensnobelpreis für Kreditkartenfirmen! Kritische Fragen an Muhammad Yunus

Nach Abschluss ihrer Feldstudien in Bangladesch konfrontieren Taj Hashimi und Heinz Hödl den Grameen Bank Gründer Yunus mit einigen heiklen Fragen.[1444]

„Do you know in most cases it is the husband / father/ elder brother who controls the Grameen loan taken in the name of his wife/daughter/ sister? Do you know the bank charges around 30% interest? Do you know that Grameen borrowers lend the borrowed money at 80% to 100% interest to fellow villagers? Do you know any other business where someone can still make a living by borrowing at a 30% interest rate? Do you know in some villages (especially in Sylhet) men take three/ four wives to get Grameen loan to run their lucrative money lending business?"

In Zuspitzung ihrer pointierten Kritik empfehlen die Autoren die Kreditkartenfirmen Amex, Visa, Mastercard u.a. für den nächsten Friedensnobelpreis, denn auch diese Unternehmen verrechnen 18–20% Zinsen per anno, und viele Arme und Armutsgefährdete, besonders in den Vereinigten Staaten, überleben nur dank der gewährten Überziehungsrahmen und dem steten Wechsel von einer zur anderen Kreditkartenfirma. Im schlimmsten Fall könnten Kreditkarten-

1443 Vgl. ebd. 3.

1444 H. Hödl: I pose the following questions to those who unnecessarily glorify Dr. Yunus and his bank. In: Aussendung der Koordinierungsstelle der Bischofskonferenz für Mission und Entwicklungszusammenarbeit, Wien, 2008, 1. Die Fragen werden absichtlich im englischen Original widergegeben, um ihre Authentizität zu wahren.

schuldner Privatkonkurs anmelden, während die Grameen Bank bei Zahlungsverzug die letzte Ziege oder das letzte persönlich, ideell Wertvolle ihrer Zahlungsunfähigen beschlagnahmt. Schließlich wird die Frage gestellt, warum sich Hunderttausende Bangladeschis als Billiglohnsklaven nach Dubai, Saudi Arabien, Kuwait oder Singapur verdingen, wenn ihre beklagenswerten Lebensumstände auch durch das simple Aufnehmen eines Mikrokredits verbessert werden könnten?[1445]

Zu der hier absichtlich satirisch bis sarkastisch überhöhten und treffsicher ihren Spott versprühenden, konfrontativen Auflistung berechtigter Fragen soll ebenso kritisch angemerkt sein, dass diese, bei aller empirischen Referenz, auch auf der Tatsache fußt, den Lichtkegel ausschließlich auf die Defizite und unleugbaren Schwächen des Yunus-Systems zu lenken, was m.E. durchaus berechtigt ist, aber gleichzeitig die Ressourcen und Chancen beschattet und unerwähnt lässt. Nichtsdestotrotz müssen zur möglichst ausgeglichenen Darstellung des zu untersuchenden Themas auch die kritischen Stimmen gehört und umfassend dargeboten werden.

14.7.10 Mikrokredite leisten viel, aber nicht alles

In der teilweise heftig geführten Debatte über die Leistungsfähigkeit von Mikrokrediten tritt Sam Daley-Harris, Direktor der Microcredit Summit Campaign dafür ein, die Ansprüche nicht zu hoch zu schrauben, denn „Mikrofinanzierungen sind nicht die Lösung für die globale Armut. Genauso wenig wie Gesundheitsvorsorge, Bildung oder Wirtschaftswachstum. Keine singuläre Maßnahme alleine kann das leisten.“[1446] Im Vergleich zu Thailand und Indonesien nimmt sich die Wachstumsrate von Bangladesch im selben Zeitraum eher bescheiden aus.[1447] Das heißt, dass auch andere politische, gesellschaftliche und wirtschaftli-

---

1445 Vgl. ebd. 1–2. Hier ist m.E. auch die von Aneel Karnani geäußerte Kritik in Anschlag zu bringen: „Employment, not Microcredit, is the solution“. Nicht automatisch alle Armen können talentierte Unternehmer sein. Für viele Menschen ist und bleibt die unselbständige Erwerbstätigkeit die geeignetere Form der Einkommensmöglichkeit. Vgl. die Kapitel 14.7.3 – 14.7.7 dieser Arbeit.

1446 S. Daley-Harris: Debate on Microcredit. In: FPIF (Foreign Policy in Focus) Commentary, a project of the Institute for Policy Studies. Washington, DC 2007. www.fpif.org/fpiftxt/4324 1–3. Download: 11.02.2008.

1447 1965 lag das Pro Kopf Einkommen in Bangladesch bei $ 269 und in Indonesien nur bei $ 195. Im Jahr 2004 lag das Pro Kopf Einkommen in Bangladesch bei $ 402, also um 150% höher, während es in Indonesien auf $ 906 anstieg, was einen Zuwachs von 460% bedeutet. In Thailand betrug die Steigerung im selben Zeitraum sogar 600%. Im Jahr 2002 verdienten che Faktoren zu untersuchen sind; andererseits könnte man die Frage stellen, ob Bangladesch ohne die Implementierung des Mikrofinanzsystems nicht noch schlechter dastünde.

Mikrofinanzierungen sind nur dann ein effizientes Instrument zur Armutsbekämpfung, wenn sie parallel zu anderen, die Infrastruktur fördernden Entwicklungsaktivitäten implementiert werden. Denn gegen verunreinigtes Wasser, nicht vorhandene Kanalisation, schlechte Straßen, ein unterentwickeltes Schulsystem, nicht leistbare medizinische Versorgung und vieles mehr können Mikrokredite beinahe nichts ausrichten.[1448]

14.8 Mikrofinanz als Investment-Tool und die Rolle der Großbanken.

Das Finanzinstrument Mikrokredit verdankt sich ursprünglich einem Non-Profit-Anliegen, wurde deshalb auch jahrelang von NGOs betreut, während Kommerzbanken eher durch Abwesenheit glänzten. Die meisten Banker scheuten den Mikrofinanzbereich aus vier Gründen: zu riskant, zu teuer, zu wenig Profitchancen und last but not least die sozioökonomische Barriere, näherhin Berührungsängste vor der Begegnung mit den wirklich Armen, deren Sprache und Gehabe den Bankern fremd waren.[1449]

Der wachsende Konkurrenzdruck unter den Banken, verbunden mit dem Wunsch nach mehr Diversifikation, und nicht zuletzt die Chance auf Imagehebung standen Pate für ein Aufkommen vermehrten Interesses am Marktsegment Mikrofinanzierung, welches implizit die Hoffnung auf eine große Zahl neuer, vielleicht später einmal finanziell interessanter Kunden in sich trägt.[1450]

Anne Hastings, CEO von „Fonkoze", dem größten MFI von Haiti, streicht die bei den Banken bemerkbaren Veränderungen ihrer Mikrofinanzstrategien heraus: „Früher waren wir auf Kredite von sozial orientierten Investoren angewiesen." Jetzt sei, so Hastings, vermehrtes Interesse lokaler Bankinstitute zu beobachten, die unter Bedachtnahme auf Diversität und Risikostreuung bei Krediten in der Landeswährung den Mikrokreditsektor vermehrt in ihr Portfolio einbauen.[1451]

---

in Bangladesch 36% der Menschen weniger als einen US Dollar pro Tag, in Indonesien waren es 7,5%, in Thailand 2%. Vgl. ebd. 3.

1448 Vgl. Th. Vondrak: Funktionsweise von Mikrokrediten sowie erfolgreichen europäischen Mikrofinanz-Initiativen, 85.

1449 Vgl. United Nations. Department of Economic and Social Affairs (Hg.): Formalizing Microcredit, 11.

1450 Vgl. ebd. 11–13.

1451 Vgl. Microcredit Summit, 12.

Gegenteiliges wird aus Nigeria berichtet: „Lokale Kommerzbanken verstehen die Dynamiken der Mikrofinanzpraxis noch zu wenig und betrachten uns MFIs als unattraktive Kunden, weshalb wir auf globale Finanzinstitute als Partner angewiesen sind.“[1452]

Die Mehrzahl der Delegierten des Microcredit Summits berichtet vom bereits vollzogenen Eintritt global agierender Banken in das Mikrofinanzwesen aufgrund verstärkten Wettbewerbs in diesem Sektor, verbesserter Effizienz und Kostenreduzierung und der festen Absicht, den Aufsprung auf den fahrenden Zug nicht verpassen zu wollen, der in Richtung Neukunden unterwegs ist.[1453]

Armen Menschen Geld zu leihen, um eine produktive, existenzabsichernde Aktivität entfalten zu können, hat nicht nur finanzielle Aspekte, sondern auch und vor allem soziale, die sich nicht nur lokal, in der Lebenswelt der Betroffenen bemerkbar machen, sondern – in einer globalisierten Welt – auch die Lebensumstände der reichen Länder beeinflussen. Hier ist Weitblick und Vorausdenken vonnöten. Ein Schlüsselwort des Microcredit Summits war: Partnership. Der Begriff soll als Leitmotiv die Beziehungsqualität zwischen Geldgebenden und Kreditnehmenden neu definieren und die gegenseitige Verantwortung über Kontinente hinweg auf gleicher Augenhöhe prägen. Apollo Astronaut Rusty Schweickart rief den Teilnehmenden ermutigend ins Bewusstsein: „Wir sind nicht die Passagiere des Raumschiffs Erde. Wir sind die Crew!“[1454]

Mit Kavaljit Singh[1455] und seiner Befürchtung, dass sich die MFIs in einem überbordenden Mikrokreditmarkt bereits gegenseitig bekriegen, wird das Thema vom Kosmos wieder auf die Realität des indischen Subkontinents herab geholt. Singh tritt für Begrenzungen der Kreditmargen ein, weil nicht einzusehen sei, dass manche NGOs Gelder zwischen 9% und 15% erhalten und sie an SHGs um bis zu 30% verleihen. Bei diesen exorbitant hohen Gewinnspannen gehe der Sinn eines „Vehikels zur Armutslinderung völlig verloren. … Außerdem ist es ganz wichtig zwischen zwei Typen von Mikrofinanziers zu unterscheiden; diesen, deren erklärtes Primärziel das Empowerment der Armen ist und solchen, denen es nur um den Profit geht.“[1456]

1452 Godwin Ehigiamusoe, CEO von LAPO (Lift Above Poverty Organization), Nigeria. In: ebd. 12.

1453 „Reaching the unbanked“, heißt das im Fachjargon, so Clara Serra de Akerman, President of Women's World Banking, Kolumbien. In: ebd. 13.

1454 Ebd. 17.

1455 K. Singh ist Koordinator der Public Interest Research Group, einer mit Mikrofinanzierungen befassten NGO in Delhi.

1456 K. Singh: Micro Credit: Band-aid or Wound? In: Indian Economy Overview, www.ieo.org/kav001.htm 1. Download: 11.02.2008.

14.8.1 Der expandierende Mikrofinanzmarkt: Offene Fragen zur Qualitätssicherung

Wie Herdentiere saftig grünem Grasland folgen, wandern auch InvestorInnen auf der Suche nach ertragversprechenden Weidegründen durchaus gerne in Neuland, vor allem in wirtschaftlich unsicheren wie turbulenten Zeiten. Die Identifikation neuer Anlageklassen und gute Asset Allocation sind nun einmal zentrale Erfolgsfaktoren, will man klassische Anlageziele wie die immerwährenden Wünsche nach möglichst größter Sicherheit und stetigem Wachstum erfüllen.

Vom Unbill der weltweit grassierenden Finanzmarktkrise weitestgehend verschont, boomen Anlagen in Mikrokreditfonds und Direkt-Anbietern von Mikrokredit-Anlagen als „nicht korrelierte Assetkategorie" in scheinbarer Weltabgewandtheit und als Allheilmittel zur Armutsbekämpfung. Nachdem sich die Investitionen in die Mikrofinanz von 2006 auf 2009 mehr als verdreifacht haben, wird nicht nur der Begriff Mikrofinanzierung fast schon inflationär verwendet, auch die Zahl der MFIs in den Entwicklungs- und Schwellenländern wächst rasant an, „weil private und staatliche Kapitalgeber die Mikrofinanz als Schwerpunktthema entdeckt haben", mahnt Friedhelm Boschert zur Vorsicht. „Nicht überall wo Mikrokredit draufsteht, ist auch Mikrofinanz drin."[1457] Mit dieser Distinktion erinnert Boschert an die Notwendigkeit der begrifflichen Unterscheidung. Denn: Ein Mikrokredit ist nur dann ein nachhaltig wirksames Entwicklungsinstrument, wenn er in ein „echtes" Mikrofinanz-Setting implementiert ist und dadurch erst seitens der GeldgeberInnen auf die vielgepriesene hohe Rückzahlungsquote gehofft werden darf.

Welche Kriterien können für entwicklungs- und gesellschaftspolitisch verträgliche, zielgerichtete Mikrofinanzierungen aufgestellt werden? Es handelt sich dabei um Eigenschaften und Geschäftspraktiken an denen, Boscherts Einschätzung zufolge, sich auch viele Geschäftsbanken in den entwickelten Ländern ein Beispiel nehmen sollten: „Kundennähe, gemeinsame Haftung der Kreditnehmer, Verknüpfung von Sparen und Re-Investition der Gewinne sowie soziale Verantwortung."[1458]

Die durch Einbeziehung privater InvestorInnen, Investmentfonds und Geschäftsbanken erzielte Reichweitenvergrößerung und Ingangsetzung innovativer Entwicklungsprozesse ist dann ein besonders begrüßenswertes Phänomen, wenn damit ein dem Leben dienendes Geldgeben in sozial verantwortliche, nachhaltige

---

1457 F. Boschert: Sicherung der Qualität von Mikrofinanzinstitutionen. In: Zeitschrift für das gesamte Kreditwesen. 63. Jahrgang. Frankfurt 2–2010, 38–41, u. 92–95 (zwei unterschiedliche Druckausgaben), hier: 38.

1458 Ebd. 39.

Geschäftsaktivitäten gemeint ist. Das genau ist auch die Philosophie, mithilfe derer potentielle KleinanlegerInnen zur Anlage in Mikrofinanzfonds bewegt werden sollen. Freilich nicht ohne dabei auch – berechtigterweise – eine akzeptable Rendite erzielen zu wollen. Die Sicherheit des Investments scheint durch die wiederholt publizierte Meinung der für MikrokreditnehmerInnen typischen hohen Rückzahlungsmoral gefestigt zu sein. Allem Anschein nach wäre also mit der Assetklasse Mikrofinanzen so etwas wie der Stein der Weisen gefunden.

14.8.2 Zum Qualitätsmerkmal der beeindruckend hohen Rückzahlungsquote bei Mikrokrediten

Zu den konstitutiven Merkmalen der Mikrofinanzierung gehört der in dieser Arbeit schon ausführlicher beschriebene soziale Gruppendruck innerhalb der sogenannten loan groups, durch welchen die Individuen zu regelkonformem Handeln motiviert und manchmal auch veranlasst werden. Ohne die beeindruckende Kredittilgungsmoral hätte, Friedhelm Boscherts Einschätzung zufolge, „die Idee der Mikrofinanz wohl kaum diesen atemberaubenden Siegeszug antreten können. Sind die ‚Armen' also bessere Kreditnehmer? Haben sie eine höhere Zahlungsmoral? Wäre dem so, dann hätte wohl bald jeder der 2,6 Milliarden Menschen mit einem täglichen Einkommen von unter zwei Dollar bereits ein Bankkonto nebst Mikrokredit. Der Grund für den erstaunlichen Erfolg bei der Kreditvergabe muss also woanders gesucht werden."[1459]

Die hohe Rückzahlungsquote hängt mit der sozialen Einbindung in eine Interessensgruppe von Kreditnehmenden zusammen, womit auch schon ein typisches Qualitätsmerkmal für den „echten" Mikrokredit genannt ist, nämlich die soziale Begleitung einer aus fünf bis fünfzehn Personen bestehenden loan group durch die örtlich versierten loan-officer, deren Qualifikation gleichsam aus einem versierten Mix der Berufsbilder Sozialarbeit und Bankberatung zusammengesetzt sein muss. Sie schulen, coachen und begleiten die KreditnehmerInnen während der gesamten Rückzahlungslaufzeit. Obschon die jeweilige Verantwortung der Kreditrückzahlung stets bei den einzelnen Personen liegt, haftet die Gruppe in einem Prinzip des Aufeinander-angewiesen-Seins, oder wie es die Grameen Bank ins Bankenvokabular übersetzt formuliert: „Substantial group pressure to keep the individual record clear."[1460] Erst nachdem ein Teil der Gruppenmitglieder ihren Kredit über einen gewissen Zeitraum hindurch beanstandungslos bedient, erhält der Rest der Kredit- und Spargemeinschaft ein Darlehen.

1459 F. Boschert: Sicherung der Qualität von Mikrofinanzinstitutionen, 38.
1460 Zit. in ebd. 39.

Zu einem weiteren typischen Qualitätsmerkmal für einen „echten“ und somit sozial verantwortungsvoll vergebenen und begleiteten Mikrokredit führt die von allen Kreditnehmenden eingegangene Verpflichtung, als Ersatz für das Fehlen dinglicher Sicherheiten und zum Zeichen ihrer solidarischen, gemeinsam getragenen Verantwortung füreinander, täglich einen bestimmten Betrag des verdienten Geldes anzusparen.[1461]

Schon immer gehörte das Zurücklegen eines Teils der mithilfe des Mikrokredits erwirtschafteten Gewinne zu den konstitutiven und sinnstiftenden Elementen der Mikrofinanz-Philosophie und –Praxis und führt zu einer Win-Win-Situation für alle Beteiligten. „Für den Kreditnehmer bedeutet der Aufbau eines kleinen Sparguthabens eine Versicherung gegen den Ausfall der Investition, für die Institute selbst bedeutet die Gewinnung von Sparguthaben eine Verbreiterung ihrer Aktionsbasis und eine erhöhte Unabhängigkeit.“[1462]

Für die Banken und MFIs eröffnet dieses duale Kredit- und Sparsystem auch die Möglichkeit, ein breiteres Bündel an Bankdienstleistungen in die Dörfer zu bringen, sogenannte „linkage“ Projekte, bei denen der formelle und informelle Finanzsektor miteinander verwoben werden.

Somit ist das individuelle Sparaufkommen zur Förderung lokaler Wirtschaftskreisläufe untrennbar mit dem globalen Konzept der Mikrofinanz verknüpft.

Boschert weist aus institutioneller Sicht mit Nachdruck darauf hin, dass erst lokal lukrierte Sparmittel ein eigenständig lebensfähiges Bankgeschäft ermöglichen. „Institute, die sich ausschließlich auf die Kreditvergabe konzentrieren, bleiben ein Fremdkörper in der lokalen Wirtschaft.“[1463] Deshalb empfiehlt Boschert, alle MFIs mit Skepsis zu betrachten, die sich der hier erwähnten Qualitätsmechanismen nicht bedienen, denn diese ersetzen die nicht vorhandenen dinglichen Sicherheiten der Kreditnehmenden.[1464]

1461 Ältere Mikrofinanz-Modelle wie die „Rotierenden Spar- und Kreditvereine (Rosca) in Afrika hatten sich ebenfalls des sozialen Gruppendrucks als Mittel zur Sicherstellung der Kreditrückzahlungen bedient. Manchmal mussten sich die KreditnehmerInnen öffentlich, vor ihrer Dorfgemeinschaft, für ihr geplantes Projekt rechtfertigen. Sodann wurde auch die Kreditvergabe als öffentlicher Akt begangen. Vgl. ebd. 39. Wie in dieser Arbeit bereits erwähnt, eignet sich das Grameen Konzept des sozialen Gruppendrucks und der solidarisch abgefedert sozialen Interaktion nur für bestimmte sozio-kulturellen Kontexte. In stark individualisierten und ausdifferenzierten Gesellschaften wird dieses Konzept nicht angenommen. Vgl. dazu die Kapitel 14.4.6 bis 14.4.6.2 in dieser Arbeit

1462 F. Boschert: Sicherung der Qualität von Mikrofinanzinstitutionen, 40.

1463 Ebd. 40.

1464 Vgl. ebd. 39.

14.8.3 Die Qualität der engen KundInnenbindung

Die soziale Begleitung von Menschen, die nicht selten zum ersten Mal in ihrem Leben eine relativ große Geldmenge in Händen halten, verbunden mit der Anleitung, Sparrücklagen aufzubauen unter Kenntnis und Verständnis der jeweils sozialen und wirtschaftlichen Lage der Kreditnehmenden, war bereits für die Gründerväter der Mikrofinanz-Idee eine conditio sine qua non nachhaltig-verantwortungsvoller Kreditvergabe, sowohl zur Sicherheit der DarlehensempfängerInnen als auch der DarlehensgeberInnen. Eine möglichst enge Einbettung der loan officers in das soziokulturelle Umfeld ihrer Einsatzorte trägt mit bei zum Erfolg einer Mikrokreditfinanzierung.

Mit zunehmendem Mittelzufluss in die MFIs ortet Boschert die Gefahr einer „Verbreiterung der Kluft zwischen den Geldgebern und deren Kunden". Außerdem werden mittlerweile Mikrokredite, die oft diesen Namen nicht mehr verdienen, an KundInnen vergeben, die sich erstens durchaus auch für den formellen Geschäftsbankensektor qualifizieren würden und zweitens, sich in ihrer Höhe von mehreren Tausend Euros weitgehend vom Mikrofinanzsektor abhebend, nicht zur Anschubfinanzierung eines Gewerbes oder einer Dienstleistung in Anspruch genommen werden, sondern dem puren Konsumbedarf dienen.

Somit läuft einer der Garanten der hohen Rückzahlungsdisziplin der Mikrokredite Gefahr, „aus der Mode" zu kommen: die hohe Kundenbindungskompetenz der sogenannten „Barefoot Banker", wie die Pioniere der Kundenbetreuung vor Ort genannt wurden. Sie kamen nicht selten aus dem gleichen Dorf wie ihre KlientInnen, die sie mindestens einmal in der Woche zu Aussprachen und Coachings trafen, und konnten sich deshalb „ein sehr realistisches Bild der persönlichen Situation und (der) Geschäftsaktivitäten ihrer Kunden machen. ... Nicht der Kunde kommt zur Bank, vielmehr ist der Kundenbetreuer ständig ‚draußen' am Ort des Geschehens, sprich der Kreditverwendung. Das ist einer der Gründe, warum rein filialbasierte Geschäftsbanken kaum erfolgreich die Vergabe von Mikrokrediten betreiben können."[1465]

Bei einer zu starken Ausweitung des Kundenkreises fehlt der für die Mikrofinanzierung konstitutive persönliche Kontakt zu den Menschen. Es gibt bereits genügend Beispiele dafür, dass bei unzureichender Kundenbindung mit Absinken der sozialen Kontakte auch ein Versiegen des Informationsflusses einhergeht und sich in Folge die Rückzahlungsquoten rasch nach unten bewegen.

1465 Ebd. 40. (Eigene Klammersetzung).

14.8.4 Mikrofinanz ist kein karitatives Projekt, sondern Social Business

Bisher nicht bankfähigen KundInnen, mit keinem oder zu niedrigem Einkommen, ermöglichen MFIs Zugang zu Bankdienstleistungen, die an streng definierte wirtschaftliche Zielsetzungen mit sozialem Mechanismus gebunden sind. So gesehen, ist die Mikrofinanz qua Anschubfinanzierung kleinstbetrieblicher Strukturen per definitionem kein karitatives Projekt und darf weder gänzlich dem Non-Profit-Bereich, noch dem rein gewinnmaximierenden Sektor zugeordnet werden. Boschert spricht von einer „kommerziellsozialen Zwecksetzung" von Mikrokrediten. Dabei ist die Gewinnerzielung keineswegs unerwünscht, die Gewinnverwendung allerdings an die „Zwecksetzung des Unternehmens (ge)koppelt, indem der Großteil der Gewinne wieder in die Mikrofinanz zurückfließen sollte."[1466]

Private InvestorInnen sollten sich dabei mit der Tatsache vertraut machen, beim Schielen nach den höchstmöglichen Renditen an der falschen Adresse zu sein. Dem „Versprechen" einer moderaten Verzinsung des angelegten Kapitals tritt neben der intrinsischen Rendite des guten Gewissens die berechtigte Hoffnung auf Sicherheit zur Seite. Allerdings gilt es, die zweckgebundene Re-Investition des verbleibenden Gewinns zu überwachen und gegebenenfalls auch einzufordern. Ganz im Sinne kritischer Aktionäre sollten sich potentielle AnlegerInnen darüber im Klaren sein, wie ihre Investitionen den hoch gesteckten Kriterien an ökonomischer und sozialer Sinnhaftigkeit und wirtschaftlicher Effizienz, wie sie die Mikrofinanz für sich in Anspruch nimmt, gerecht werden.[1467]

Resümee: Bei Einhaltung der maßgeblichen Qualitätskriterien kann die Mikrofinanz ihren KreditnehmerInnen und deren Umfeld durchaus nachhaltige Entwicklungsimpulse verleihen und ein solides und für alle Beteiligten vorteilhaftes Bankgeschäft bieten. Jedoch sind die wesentlichen Determinanten wie die kollektive Solidarhaftung der DarlehensempfängerInnen, die möglichst enge KundInnenbindung vor Ort zu den loan officers der lokalen MFIs und das duale, wechselseitig wirksame Kredit- und Ansparsystem konstitutiv für die Verwirklichung der umfassend ethisch orientierten, sozialen, wie ökologisch nachhaltigen Zielsetzungen der Mikrofinanzierungsabsicht.

Weniger die meist geringen Vertragssummen sind kennzeichnend für einen Mikrokredit, sondern die Vergabeform und die strikte Einhaltung der Vergaberichtlinien. Ein Abrücken von diesen Guidelines kann zum erheblichen Nachteil aller Beteiligten und zum völligen Verlassen des Mikrofinanzkonzeptes führen.

1466 Ebd. 40. (eigene Klammersetzung)
1467 Vgl. dazu ebd. 40.

Zwingend geboten erscheint auch aus diesem Blickwinkel die Implementierung einer möglichst breit exekutierbaren und weltweit anerkannten Qualitätssicherung auf der Grundlage der aufgeführten ökonomischen und sozialen Kriterien. Ein qualitativ hochwertiges Mikrofinanzwesen bringt ein Mehr an Sicherheit in einer von Krisenszenarien mitunter schwer gezeichneten und von Vertrauensverlusten erschütterten Finanzwirtschaft.

14.9 Mikrofinanz als ethisches Investment in Empowerment und Armutsbekämpfung

Die ursprünglich als Königsweg aus der Armut gepriesenen Mikrokredite haben sich vom Alternativfinanzprodukt zu einem expandierenden, mitunter auch neoliberal formatierten Geschäftszweig entwickelt. Die Gewinnmaximierung in der Armutszone hinterlässt bei nicht wenigen Menschen einen bitteren Beigeschmack. Mittlerweile haben auch Großbanken ihr Interesse an der Kleinstkreditvergabe entdeckt, da der Wettbewerb schärfer wird und neue Märkte erschlossen werden müssen.

Vor diesem Wettbewerbshintergrund ist es für ethisch orientierte AnlegerInnen wichtig, Mikrofinanz-Anbieter zu finden, deren Hauptanliegen nicht die Renditemaximierung, sondern die Befähigung von Menschen ist, aus eigener Kraft ihre sozioökonomischen Verhältnisse zu verbessern. Diese Bemühungen sind durchaus auch mit fairen Renditen vereinbar und können zu einer Win-Win-Situation für AnlegerInnen und Kreditnehmende führen. Mit ruhigem Gewissen gutes Geld zu verdienen, gehört zu den Grundgedanken ethisch-nachhaltiger Geldanlage.

Das ZdK streicht heraus, dass seit der Verleihung des Friedensnobelpreises an Muhammad Yunus[1468] und die von ihm ins Leben gerufenen Grameen-Bank der Blick der Weltöffentlichkeit verstärkt auf den Mikrofinanzbereich gelenkt wurde. Immer mehr Privatanleger und Sparer in Deutschland fragen nach bestehenden Möglichkeiten, sich mit ihren Geldanlagen an der Finanzierung des rasant wachsenden Marktsegments „Banken für die Armen“ zu beteiligen. Denn so wie vor 150 Jahren in Deutschland, als die Raiffeisen- und Genossenschaftsbanken erstmalig auch Kleinbauern, Handwerkern und Kleinstunternehmern Zugang zu

1468 Das ZdK sieht die Verleihung des Friedensnobelpreises an Yunus auf einer Linie mit der Aussage von Papst Paul VI. in der Enzyklika Populorum Progressio liegend: „Entwicklung ist der neue Name für Frieden.“ Im Text des ZdK, vgl. ebd. 2, fehlt jedoch der Hinweis auf die betreffende Stelle in der Enzyklika. Gemeint ist: „Entwicklung, der neue Name für Friede.“ In: PP 76–80.

Spar- und Kreditkonten ermöglichten und damit eine heilsame Alternative zu den Geldwucherern eröffneten, agieren heute MFIs in den Entwicklungs- und Schwellenländern.[1469] Ein m.E. wichtiger historischer Tatsachenvergleich, der Menschen in industrialisierten Ländern nicht oft und deutlich genug vor Augen gehalten werden kann. Denn vor noch gar nicht so langer Zeit lebten auch wir in vergleichbaren desaströsen sozioökonomischen Umständen wie viele Menschen in den Entwicklungsländern heute.

Das Geschäftsmodell Mikrofinanz weist hohe, zweistellige Zuwachsraten auf und ist ein attraktives Asset im Anlageuniversum mit stark wachsendem Bedarf an Eigenkapital und langfristigen Refinanzierungen geworden. Selbst kapitalstarke Mikrofinanzbanken suchen nach Partnern und Kapitalgebern in den entwickelten Ländern, wodurch die Gefahr einer Blasenbildung mittel- bis langfristig nicht ausgeschlossen werden kann. Dennoch empfiehlt das ZdK explizit die Geldanlage in Mikrofinanzierungsbanken und bedauert die Tatsache, dass es aufgrund gesetzlicher Rahmenbedingungen deutschen GeldanlegerInnen nur sehr eingeschränkt möglich ist, sich direkt an Mikrofinanzfonds zu beteiligen. Das ZdK appelliert deshalb an den Gesetzgeber, geeignete Rahmenbedingungen für Direktbeteiligungen an Mikrofinanzfonds zu schaffen, um einerseits den marginalisierten Menschen die Geldaufnahme für ihre wirtschaftlichen Tätigkeiten unter fairen Bedingungen zu ermöglichen und andererseits potentiellen Geldgebern einen „doppelten Gewinn" zu ermöglichen: eine angemessene finanzielle Rendite mit der Förderung der Armutsbekämpfung zu verbinden.[1470]

Die Kölner Pax-Bank, ein katholisches Finanzinstitut, welches sich ethischem Investment verschrieben hat, bietet als erstes deutsches Bankhaus Mikrofinanz-Zertifikate für Menschen in Entwicklungsländern als „Anschubfinanzierung einer Geschäftsidee" an.[1471] Die Nachfrage nach dem Anlageprodukt wird von Winfried Hinzen, Vorstand der Pax-Bank, als sehr hoch eingestuft, sodass an einen Ausbau der Produktpalette gedacht ist, bloß die den deutschen Banken auferlegten gesetzlichen Rahmenbedingungen bezeichnet er als unrealistisch: „Damit deutsche Fondsmanager (direkt) Geld an ein MFI zahlen dürfen, muss

1469 Vgl. dazu auch Kapitel 14.1 „Die Pioniere und Vorbilder der heutigen Mikrofinanz: Das genossenschaftlich strukturierte Bankenmodell der Volks- und Raiffeisenkassen" in dieser Arbeit und die ZdK-Handreichung, in: www.zdk.de/erklaerungen/erklaerung.php?id=162, 10. Download: 03.01.2009.

1470 Vgl. ebd. 10–11, und: Finanzdienstleistungen für alle. In: Beilage zur taz, 30.10.2008, II.

1471 Je Zertifikat investiert die Pax-Bank ca. 340 Euro in den luxemburgischen Fonds „Rural Impulse", welcher damit MFIs finanziert. Der Zinsertrag für Investoren lag bisher bei 4,26% p.a. Vgl.: Mikrokredite finden ihren Weg in die Industrieländer. Das Selbsthilfemodell aus den Entwicklungsländern verzeichnet ein rasantes Wachstum. In: FAZ Nr. 64, 15.03.2008, 25.

das (deutsche) Institut in einem Entwicklungsland als Bank zugelassen sein – eine Bedingung, die die wenigsten Mikrofinanzierer erfüllen können."[1472]

14.9.1 Vom Nischenprodukt zur konventionellen Geldanlageform

Seit Herbst 2008 bietet die Deutsche Bank erstmals Mikrokredit-Anleihen an. Die hauseigene Forschungsabteilung prognostiziert, dass sich das Anlagevolumen für Mikrofinanzinvestments bis 2015 verfünffachen wird. Der Grund für diese Prognose lässt aufhorchen: Untersuchungen ergaben, dass viele BankkundInnen ihr Geld für einen guten Zweck anlegen wollen. „Unsere Kunden haben verstanden, dass man auch ethisch korrekt Geld verdienen kann", betont Hinzen und verweist als Bestätigung seiner Beobachtungen auf eine Langzeituntersuchung des Mannheimer Zentrums für Europäische Wirtschaftsforschung (ZEW). Drei Jahre hindurch verglichen die Mannheimer Forscher die Kursentwicklung von ethischen und ökologischen Fonds mit konventionellen Aktienfonds. Das Resultat: „Die durchschnittliche risikobereinigte Wertentwicklung unterscheidet sich kaum."[1473]

Sam Daley-Harris, Leiter der „Microcredit Summit Campaign" in Washington will einen projektierten Mindestbetrag von 30 US Dollar für je 175 Millionen arme Menschen bis 2015 als Basisfinanzierung in seine „Pipeline" stellen.[1474]

Investor Warren E. Buffet hat der „Melinda & Bill Gates Foundation", die sich zunehmend Mikrofinanzierungsprojekten zuwenden möchte, ein Investitionsvolumen von 31 Milliarden Dollar zur Verfügung gestellt. Bankfachleute sprechen von einer „tektonischen Verschiebung im humanitären Finanzhilfesektor",[1475] sollte die Gates Foundation mit voller Kraft in den Mikrofinanzierungssektor einsteigen. Für Melinda Gates steht bereits fest, „den Armen, speziell Frauen, einen besseren Zugang zu Geldern ermöglichen zu wollen." Die Grameen Bank erhält bereits seit Jahren hohe Zuwendungen der Gates Foundation, sowie viele andere MFI Partner, wie zum Beispiel die Bostoner ACCION International, für ihre Arbeit in Westafrika.[1476]

1472 Ebd. 25.

1473 Ebd. 25.

1474 Evelyn Iritani: Tiny loans Seen as Big Way to Invest in Developing Nation's Poor. Microcredit programs offer borrowers as little as $30 and are credited with improving lives. In: Los Angeles Times, 28.07.2006. www.latimes.com/business/la-fi-microcredit28jul28,1,3887509.story Download: 17.03.2008.

1475 Ebd. 1.

1476 Von dem in die Gates-Stiftung eingebrachten, geschätzten 35 Milliarden Euro, werden aus Gründen der Vermögenserhaltung, jährlich nur fünf Prozent des Kapitals für Hilfszuwen-

Bangladeschs führendes MFI verkaufte bereits Mikrokredite für 180 Millionen US Dollar an westliche Investoren, für die es allem Anschein nach zusehends profitabler wird, ihr Geld in Starthilfen für Arme anzulegen. Die sozial motivierten Investoren bildeten dabei die erste Gruppe, doch das Marktsegment Mikrofinanzierung ist dabei, sich vom Nischenprodukt des ethischen Investments zum konventionellen Anlageprodukt zu entwickeln, welches auch als Beimischung für konservative Portfolios geeignet ist. „Da ist kein philanthropisches Bemühen auszumachen", bekennt Gary Mulhair, Managing Director von Global Partnership aus Seattle, der für seine Investoren bereits seit einigen Jahren über 100 Millionen US Dollar im Mikrofinanzierungsbereich managt. „Manche unserer Investoren mögen soziale Motive haben, aber sie wollen alle ihr Geld zurück", und zwar nach fünf Jahren Laufzeit, samt Zinsen.[1477]

Keinerlei monetäre Ertragshoffnungen verfolgt das Wiener Bankhaus Gutmann von seinem sozialen Engagement im westlichen Hochland von Guatemala, wo nachhaltige Finanz- und Ausbildungsstrukturen von drei Dorfbanken finanziert werden sollen.[1478] „Wir möchten, dass die Menschen durch kaufmännische Ausbildung und Mikrokredite Armut überwinden können", bekräftigt Gordian Gudenus und fügt hinzu: „Wir sehen das als rein philanthropisches Investment."[1479]

14.9.2 The European Fund for Southeast Europe (EFSE). Der Anspruch von Responsible Microfinance auf dem Prüfstand

Schon der 1998 mithilfe staatlicher Einrichtungen aus Deutschland, Österreich und der Schweiz gegründete Vorläufer-Fonds des EFSE richtete sich ausschließlich an institutionelle Investoren. Zielvorgabe war und ist, mittels Mikrofinanz ökonomische Assistenz für die vom Bürgerkrieg stark in Mitleidenschaft gezogenen Balkanregionen des früheren Jugoslawien anzubieten. Im Jahr 2005 ent-

---

dungen ausgeschüttet. Der Rest des Trusts wird gewinnbringend an den internationalen Finanzmärkten angelegt. Vgl. Wolf Reichert: Ethisches Investment – eine ökonomische Einordnung in den Horizont der Finanzkrise des Herbstes 2008, hg. vom Oswald von Nell-Breuning Institut für Wirtschafts- und Gesellschaftsethik. Frankfurt, Vortrag v. 11.10.2008, 4. In: www.sankt-georgen.de/nbi/VortragNuernberg.pdf. Download: 26.01.2009.

1477 Vgl. ebd. 2.

1478 Das Projekt wird in Zusammenarbeit mit icep, dem Institut zur Cooperation bei Entwicklungsprojekten verwirklicht. Vor Ort verwaltet eine SHG von bis zu 30 Frauen einen Gemeinschaftskredit und vergibt individuell Geld an ihre Mitglieder. Vgl. G. Rabl: Kleine Kredite mit großer Wirkung 6.

1479 Ebd. 6

wickelte sich aus dieser Aktivität der EFSE als „public-private-partnership" mit dem für Mikrofinanz-Puristen vielleicht zu breit gestreuten Ziel, nicht nur Kleinst- und Kleinunternehmen der Region mit Krediten zu versorgen, sondern auch private Haushalte, „with limites access to financial services."[1480]

Hierin zeigt sich deutlich eine Weggabelung, die für die Diskussion um eine orthodoxe Mikrofinanzanwendung auch in Zukunft leitend sein dürfte. Genügt bereits der limitierte oder gar versperrte Zugang zu einem Finanzdienstleistungswesen westeuropäischen Zuschnitts, um in der betreffenden Region rein anwendungstechnisch von einem daraus notwendigerweise hervorgehenden Mikrofinanzwesen zu sprechen und, hier kommt der zweite mögliche Verwässerungsvorwurf zum Tragen: Ist es entwicklungspolitisch wie sozioökonomisch vertretbar, Kredite für zweifellos wichtige Anschaffungen privater Haushalte in einem Mikrofinanz-Vergabeportfolio zu belassen? Diese für die Entwicklung des Mikrofinanzsektors nicht unwesentliche Frage soll in diesem Abschnitt genauer erörtert und das Für und Wider abgewogen werden.

Im Fall des EFSE werden beide Fragestellungen allein schon durch die Vorgaben und „Targets" des Fonds mit Ja beantwortet, aus dem seit 2005 über 238.000 Kredite mit einer Gesamtsumme von 1,2 Milliarden Euro vergeben wurden.[1481]

Im Selbstbild des Mikrofinanzfonds EFSE, der immerhin einer der größten entwicklungspolitisch ausgerichteten Investmentfonds der Welt ist, finden sich die Schwerpunkte Nachhaltigkeit und die Rolle der Entwicklungshilfe für den südosteuropäischen Raum. Den veröffentlichten Angaben zufolge sind 93% der vergebenen Kredite kleiner als 10.000.- Euro, der Durchschnittsbetrag liegt mit 3.879.- Euro auch deutlich über den in klassischen Entwicklungsländern als Mikrokredit vergebenen Summen.[1482] Wirtschafts- und Entwicklungspolitisch

---

1480 Sal. Oppenheim (Hg.): The European Fund for Southeast Europe (EFSE). Luxembourg 2010, 2. Vgl. auch den Überblick in: www.efse.lu Download: 23.11.2010.

1481 In Zusammenarbeit mit 58 Partner-MFIs teilte sich die Summe wie folgt auf: Albanien 4%, Bosnien & Herzegovina 25%, Bulgarien 2%, Kosovo 8%, Mazedonien 7%, Moldau 10%, Montenegro 11%, Rumänien 11%, Serbien 18%, Ukraine 1%. In dieser Aufstellung (Stand September 2010) noch nicht enthalten, die seit Dezember 2009 betreuten Länder Georgien, Armenien und Weißrussland. Vgl. Sal. Oppenheim (Hg.): The European Fund for Southeast Europe, 3.

1482 69% des Fonds-Volumens wird für die Finanzierung von Kleinst- und Kleingewerbebetrieben in folgenden Geschäftszweigen vergeben: 32% Handel, 19% Kleinindustrie, 24% Landwirtschaft, 25% Dienstleistung. Vgl. Ebd. 4. Interessant ist, dass im Quartalsbericht 2/2010 davon die Rede ist, dass ein Rückgang der Sachanlageninvestitionen in Krisenzeiten zu beobachten ist, „während die Kreditvergabe für Umlaufkapital ansteigt". Gleichzeitig wird eine Tendenz zu höheren Kreditsummen verzeichnet; „der Anteil von < EUR 10.000 sinkt." Für den Beobachtungszeitraum 2. Quartal /2010 wird die Zahl der aktiven Endkrerelevant erscheinen die mit dem Finanzangebot einhergehenden Trainingsprogramme für MitarbeiterInnen lokaler MFIs und Partner-Institute, sowie die Absicht, in den Zielländern mittel- und langfristig einen entwickelten Bankensektor aufzubauen, was in letzter Konsequenz zur Selbstaufhebung der Notwendigkeit des Mikrofinanzwesens führen könnte.

14.9.2.1 Die vier Säulen des EFSE-Fonds und dessen Finanzierungsstruktur

Mit dem entwicklungspolitischen Ziel, Kredite zu vergeben, die nachhaltig die wirtschaftlichen Aktivitäten und den Wohlstand in Südosteuropa und der Kaukasusregion entwickeln, werden vier Fonds-Charakteristika formuliert:[1483]

- Verbesserung der Einkommenssituation
- Schaffung von Arbeitsplätzen
- Verbesserung der Wohnqualität
- Stärkung des regionalen Finanzmarkts

Zu den Servicedienstleistungen für die lokalen Partnerinstitute (MFIs) zählen neben Finanzdienstleistungsinstrumenten auch komplementäre, nicht finanzielle Dienstleistungen wie die (finanz)technische Unterstützung, Trainingsmaßnahmen der MitarbeiterInnen vor Ort und begleitende Forschungsprojekte und Studien.[1484]

Mit einem für 2011 angepeilten Fondsvolumen von 896 Mio. Euro zählt der EFSE zweifellos zu den größten Mikrofinanzierungsinstituten der Welt. Die Finanzierungsstruktur der über 30 Investoren teilt sich in

- politische Initiatoren und Kapitalgeber
- internationale Finanzinstitutionen
- institutionelle Privat-Investoren[1485]

---

ditnehmerInnen mit 111.426 beziffert; bei einem Endkredit-Portfolio von EUR 431 Millionen und einer durchschnittlichen Kreditsumme von EUR 3.870. 78% der Gelder wurden Kleinst- und Kleinunternehmen zur Verfügung gestellt. In: EFSE (Hg.) Flyer: Entwicklungsbeitrag Daten und Fakten 2. Quartal 2010. Hauptmerkmale der Endkredite. Luxembourg 2010, 1–2.

1483 Die folgende Informationen sind dem Fonds-Präsentations-Papier entnommen von Samir Djikic: „Kredite die nachhaltig entwickeln.“ Praktische Erfahrungen des EFSE mit Finanzierungen und Südosteuropa und der östlichen Nachbarschaftsregion der EU. Frankfurt, 09.12.2010, 1–11, hier: 3.

1484 Vgl. ebd. 5.

1485 Zu den österreichischen Partnern zählen: die Austrian Development Cooperation als politischer Initiator, die Österreichische Entwicklungsbank (OeEB) als Finanzinstitut und die Erste Sparinvest als institutioneller Privat-Investor. Vgl. ebd. 6. Die OeEB ist seit Mitte 2008 in

Diese strukturierte Finanzierungsform soll Privatkapital mobilisieren, wobei die öffentlichen Mittel als Risikopuffer dienen und damit das bis zu Siebenfache an privaten Investitionen hebeln sollen. Das starke Investitionsportfolio-Wachstum[1486] und die Tatsache, dass seit Fondsauflegung keine Abschreibungen auf das Investitionsportfolio erfolgt sind, scheinen als angeführte Leistungsindikatoren für eine hohe operative Effizienz des Fonds zu sprechen. Der EFSE nimmt ferner für sich in Anspruch, durch die Einbindung der lokalen Zentralbankgouverneure in die Beratergruppe lokale Anteilseigner für die Projekte zu gewinnen.[1487]

Alle 30 institutionellen wie privaten EFSE-Investoren finanzieren mit einem Teil ihrer Dividende, die im Schnitt 1,5% über Euribor[1488] liegt, auch die sog. TA Facility, eine technische Assistenz, mit deren Hilfe Programme gegen Überschuldung und für Bewusstseinsbildung der DarlehensnehmerInnen finanziert werden.[1489]

Auf der sozioökonomischen Ebene wird mit dem „Responsible Banking" Ansatz argumentiert und hervorgehoben, dass der EFSE einen erheblichen Beitrag zur regionalen Integration und Kooperation leistet, da sozialverantwortlich agiert wird und ethische Business Standards wie Umweltverträglichkeit und soziale

---

den EFSE investiert. Per Ende 2010 betrug das Engagement 46 Mio. €. Damit ist die OeEB, als offizielle Entwicklungsbank der Republik Österreich, nach der deutschen KFW Entwicklungsbank und der niederländischen FMO die drittgrößte bilaterale Entwicklungsbank, die in den EFSE investiert ist. Laut eigenen Angaben will sich die OeEB in Zukunft vermehrt im Mikrofinanzsektor engagieren. In Südosteuropa werden dabei auch wirtschaftliche Interessen potenzieller österreichischer Unternehmen mitberücksichtigt, die von einer verbesserten Finanzinfrastruktur und einer zahlungskräftigeren Bevölkerung profitieren. Vgl. OeEB (Hg.) Factsheet – Österreichische Entwicklungsbank AG. Wien, 09.12.2010.

1486 2005: 68 Mio. €, 2010: 669 Mio €, vgl. ebd. 9.

1487 Mit der Einbindung der Gouverneure der jeweiligen Nationalbanken in die EFSE Advisory Group hebt sich der Fonds tatsächlich von vergleichbaren Mikrofinanzierungsorganisationen ab, da sowohl zum Aufbau lokaler Bankinfrastrukturen als auch für die Vergabe von Mikrokrediten in Lokalwährungen die Unterstützung der örtlichen Nationalbanken von großer Bedeutung sein dürfte. Vgl. ebd. 9f. sowie eigene Aufzeichnungen bei: Tagung EFSE European Fund for Southeast Europe – Entwicklung der Mikrofinanzen in Südosteuropa anlässlich des fünfjährigen Bestehens des Fonds. Hotel Imperial, Wien, 10.12.2010.

1488 Die Abkürzung Euribor steht für Euro Interbank Offered Rate. Euribor bezeichnet die durchschnittlichen Zinssätze, zu denen 57 europäische Banken einander Anleihen in Euro gewähren. Dabei gelten verschiedene Laufzeiten: von einer Woche bis 12 Monate. Stand Februar 2011 für 12 Monate: ca. 1, 7% http://de.euribor-rates.eu/. Download 24.02.2011.

1489 Im Jahr 2010 standen für dieses nachhaltige Investment 5,6 Mio. € zur Verfügung. Vgl.: www.efse.lu Downoad: 23.11.2010.

Kundenbetreuung eingehalten werden. Vor allen Dingen wird mit einem „nachhaltigen, nicht diskriminierenden Zugang zu Krediten“[1490] geworben.

Auf dem G-20-Treffen in Seoul (November 2010) wurde das Fondsmodell des EFSE aufgrund seiner Krisenresistenz und Innovation zum weltweit besten Konzept für die Mikrofinanz ausgezeichnet. Vor allem die Kreditvergabe in Lokalwährungen wurde gewürdigt, da diese Maßnahme die meist finanzschwachen InhaberInnen von Kleinbetrieben vor dem Währungsrisiko absichert.[1491]

14.9.2.2 EFSE Mikrofinanz in Südosteuropa: Eine definitorische Ausweitung des Begriffs Mikrokredit?

Das EFSE Management sieht trotz des dynamischen Wachstums des Finanzsektors in Südosteuropa einen steigenden Bedarf für den Mikrofinanzsektor gegeben, weil erstens die angebotenen Finanzdienstleistungen die Nachfrage nicht decken können und zweitens vor allem kleine Unternehmen, der klassische Motor für Wachstum und Entwicklung in jeder Region, kaum Zugang zu leistbarem Fremdkapital, oder anders gewendet, zu sozial zumutbaren Kreditbedingungen haben. Den meisten kleinen Unternehmen steht Geld nur aus informellen Quellen, mit den dadurch gegebenen Imponderabilien und kaum vorhandener Rechtssicherheit, zur Verfügung.[1492]

EFSE erreicht seine Zielgruppe über lokale Geschäftsbanken, MFIs und NGOs. Wiewohl die Hauptzielgruppe Kleinst- und Kleinunternehmen sind, weitet der Fonds sein Kreditspektrum auch auf einkommensschwache Privathaushalte aus, die beispielweise ihren Wohnraum modernisieren wollen.[1493]

Im Zuge der EFSE-Präsentation in Wien[1494] hat der Verfasser dieser Arbeit das Management mit der Frage konfrontiert, ob mit der Höhe des durchschnittlichen Kreditvolumens (ca. 3.000.- €) und der Tatsache, dass das ursprüngliche Proprium der Mikrofinanz als Start Up für Kleinstunternehmen und deren realwirtschaftliche Aktivitäten gedacht, nunmehr Gefahr läuft, auch für Konsumgüter vergeben zu werden, da der Begriff „Wohnraummodernisierung“ doch sehr weit gefasst sei. Außerdem liefe man dadurch Gefahr, den Begriff Mikrofinanz

1490 Samir Djikic: „Kredite die nachhaltig entwickeln“, 10.

1491 Vgl. EFSE Pressemitteilung: G-20-Initiative: Der Europäische Fonds für Südosteuropa ist mit seinem Konzept weltweit zur Nummer 1 gewählt. Frankfurt 08.12.2010. 1–2.

1492 Vgl. EFSE (Hg.) Arbeitspapier: EFSE – Eine entwicklungspolitische Initiative. Frankfurt Dezember 2010, 1–2.

1493 Vgl. ebd. 1.

1494 Tagung EFSE European Fund for Southeast Europe – Entwicklung der Mikrofinanzen in Südosteuropa anlässlich des fünfjährigen Bestehens des Fonds. Hotel Imperial, Wien, 10.12.2010. (Aufzeichnungen HB)

zu verwässern und die Trennschärfe zu gewöhnlich Kommerzkrediten einzubüßen. Die Antwort darauf schien gut vorbereitet zu sein und in ihrer Stringenz gut überdacht. Die Argumentationsfigur setzte zunächst durchaus nachvollziehbar beim unterschiedlichen Bedarfsvolumen an. „Ein Bauer in Serbien könne nicht um 200 US Dollar Saatgut einkaufen, wie dies ein Bauer in Bolivien sehr wohl kann." In weiterer Folge wurde ebenso schlüssig nichts Geringeres als der Versuch einer Redefinition der Mikrofinanz unternommen, indem gesagt wurde, dass man es überall dort mit Mikrofinanz zu tun habe, wo noch keine entwickelte Bankenstruktur vorhanden sei. Mit anderen Worten: Höhe und Widmungszweck eines Mikrokredits seien zweitrangig. Allein die Tatsache, dass die Vergabe von Kleinkrediten zur infrastrukturellen Begründung oder Verbesserung von Finanzdienstleistung beitrage, rechtfertige bereits von Mikrofinanz zu sprechen.

14.9.2.2.1 Kritische Würdigung

Jede wissenschaftlich-kritische Auseinandersetzung muss dafür offen sein, aufgrund neuer Erkenntnisse bisherige Auffassungen nachzujustieren, abzuändern oder gar zu revidieren. Nach eingehendem Diskurs über die EFSE Argumentationslinie mit MikrofinanzexpertInnen auf der Reflexionsebene einer etwaigen Erweiterung des Mikrofinanzbegriffes, kann gesagt werden, dass einiges für das Argument spricht, Mikrofinanz auch von ihrer Begründungsfunktion einer Finanzinfrastruktur zu begreifen, um Menschen überall dort Zugang zu Finanzdienstleistungen zu ermöglichen, wo bisher nur informelle und damit meist ausbeuterische Geldgeschäfte getätigt wurden.[1495] Auch das Argument, dass Kreditvolumina in Osteuropa höher sein müssen als beispielsweise in lateinamerikanischen Regenwaldgebieten, ist leicht nachvollziehbar. Der harte, unaufgebbare Kern sozial verantwortbarer Mikrofinanz scheint aber doch im Umstand gegeben zu sein, dass mit dem Geld realwirtschaftliche Aktivitäten zur Lebenssicherung finanziert werden müssen. In diesem Punkt kann aus der Sicht der in dieser Arbeit aufgestellten Kriterien keine Konvergenz zu den EFSE Richtlinien hergestellt werden. Dazu ein konkretes Beispiel: Die Erweiterung des Widmungszwecks für Mikrokredite auf „Wohnraumverbesserungen" birgt die Gefahr in sich, die gute Idee der Mikrofinanz dauerhaft zu verwässern, weil dadurch der Anschaffung von Konsumgütern Tür und Tor geöffnet würde und somit das Proprium der Mikrofinanz, qua Anschubfinanzierung für klein- und kleinstunter-

---

1495 Peter Püspök sieht das Vorhandensein eines funktionierenden Zugangs zu Finanzdienstleistungen sogar als Menschenrecht. Quelle: Aufzeichnung eines Gesprächs mit dem Verfasser dieser Arbeit, am 08.04.2011 in Wien.

nehmerische Aktivitäten, a la longue aufgehoben wäre bzw. verloren ginge.[1496] Freilich kann man hier einwenden, was denn gegen eine Lockerung der Bestimmungsrichtlinen für den Verwendungszeck der Darlehen spräche, oder anders gewendet, warum man sich sklavisch an den hier als unaufgebbar postulierten Kern der Finanzierung realwirtschaftlicher Unternehmertätigkeit als typisches Kennzeichen der Mikrofinanz halten sollte. Der Standpunkt dieser Arbeit geht davon aus, dass eine gewisse Trennschärfe zu anderen Klein-, Kommerz- oder Konsumkrediten erhalten bleiben muss, will das Label Mikrofinanz auch weiterhin seine Berechtigung als entwicklungspoltisch relevantes und mit sozialem Augenmaß vertriebenes Finanzprodukt erhalten.

14.9.3 Die deutsche Kreditanstalt für Wiederaufbau (KFW)

Die deutsche KFW-Entwicklungsbank, immerhin das größte Mikrofinanzierungsinstitut der Welt für Entwicklungs- und Schwellenländer, ist einer der Hauptinvestoren des EFSE und bezeichnet den Fonds als ihr „Flaggschiff" der Entwicklungsfinanzierung.[1497] Die KFW sieht die Mikrofinanz an einer Weggabelung stehen und warnt davor, zu hohe Erwartungen in die Armutsreduktion allein durch Mikrofinanz zu setzen. Der Fokus sollte auf das gesunde und stabile Portfoliowachstum gerichtet sein. Für den EFSE und all ihre Mikrofinanzbeteiligungen unterstreicht die KFW ihre Bemühungen um eine verantwortungsvolle und mit sozialem Augenmaß betriebene Vergabe von Mikrokrediten. Auf der „Habenseite" führt die KFW folgende „Achievements" ins Treffen:[1498]

1496 Das bei der Tagung von Klaus Glaubitt vorgebrachte Argument, die Anschaffung eines Fernsehgerätes könnte für einen Friseurladen durchaus ein Investment in das Unternehmen sein, mag inhaltlich stimmen, beweist aber in welche – das ursprüngliche Mikrofinanz-Anliegen aufweichende – Sphäre eine solche Öffnung führen könnte. Vgl. Statement K. Gaubitt bei: Tagung EFSE European Fund for Southeast Europe – Entwicklung der Mikrofinanzen in Südosteuropa anlässlich des fünfjährigen Bestehen des Fonds. Hotel Imperial, Wien, 10.12.2010. (Aufzeichnungen HB) Auch Friedhelm Boschert, CEO von VBI Wien und Peter Püspök, Vorstandvorsitzender von Oikocredit Austria, unterstützen meinen Ansatz hinsichtlich der hier beschriebenen definitorischen Begrenzungen und möglicher Ausweitungen.

1497 Vgl. KFW-Entwicklungsbank (Hg.): KFW-Development Bank. Microfinance activities. Frankfurt 2010, 15. Das Mikrofinanzportfolio der KFW betrug zu Beginn 2009 4,8 Milliarden US $. Zitierte Quelle: CGAP, funder survey, in: ebd. 5.

1498 Vgl. die Zusammenfassung in: ebd. 21.

- Promotion of microfinance contributes to poverty reduction
- Microfinancing is „effective aid“: (Harmonization, Local Ownership, Sustainability)
- Crowding-In of private investors increases significantly the funding base for MFIs

Wohltuend fällt auf, dass die KFW auch selbstkritisch Mängel und Herausforderungen der Mikrofinanz reflektiert und nach Lösungsoptionen sucht. „The financial crisis, commercialization and the increased competition have shown the need to strengthen responsible finance practices.“[1499] Unter den „Challenges“ werden folgende verbesserungswürdige Punkte aufgelistet:[1500]

- Responsible Banking: Setting sustainable standards for responsible banking with the poor and small enterprises
- Avoiding over-indebtedness of small-income households and microenterprises
- Developing new topics and products

Mit einem breit angelegten Restrukturierungsprogramm versucht die KFW die soziale Komponente im Mikrofinanzbereich zu stärken. Dazu zählt, jenen MFIs besondere Unterstützung zukommen zu lassen, die transparente und faire Kreditvergabe auf Ihre Fahnen heften und sich dementsprechend ausführlich einem Monitoring unterziehen. Ferner soll nur mehr mit jenen MFIs zusammengearbeitet werden, die ihre Kreditnehmenden sorgfältig auswählen und bei der Vergabe der Gelder streng auf etwaige Überschuldungsgefahren achten. Ein weiterer Punkt nennt sich „Long term involvement“, also ein Absage an kurzfristige Geschäftsbeziehungen und Gewinnerwartungen. Ferner sollen Anreize für „ethical investors“[1501] geschaffen werden, was als eindeutige Hinwendung zur ethischen Geldanlage aufgefasst werden kann. Mit anderen Worten: Man will vermehrt auf AnlegerInnen setzen, die ihr Geld explizit ethisch verantwortlich investieren möchten.

Mit „support transformation process of partners to full-fledged financial institutions“[1502] ist der schon weiter oben beschriebene Transformationsprozess der MFIs in voll lizenzierte Bankinstitute angesprochen, der einerseits zweifellos zu einem der Aufgabenfelder in der Entwicklungsabsicht des Mikrofinanzwesen gehört, nämlich eine allen Menschen zugängliche Bankenlandschaft zu etablieren; andererseits muss m. E. gerade bei dieser Maßnahme mit großer Sorgfalt auf die fachliche Qualität und Sozialverträglichkeit dieser sich allmählich entwi-

1499 Ebd. 19.
1500 Vgl. die Auflistung ebd. 21.
1501 Ebd. 19.
1502 Ebd. 19.

ckelnden Institute geachtet werden. Dazu gehört auch die Verpflichtung, Menschen faire Spar- und Ansparmodelle anzubieten, um erst dann in einem zweiten Schritt die Hoffnung auf etwas zu setzen, was die KFW als Desiderat mit „help to build local capital markets“ in die Zukunft projiziert, denn nur allzu leicht stützt man mit solch einem Vorhaben die ohnehin schon finanziell potenten KundInnen und nicht in erster Linie jene Menschen, zu deren Wohl und deren Lebensqualitätsverbesserung die Mikrofinanz ursprünglich maßgeschneidert wurde.

14.9.4 Armut „ersparen“: Kredit statt Spende, am Beispiel von Oikocredit

Mit dem Slogan „In Menschen investieren“ hat es sich die internationale ökumenische Entwicklungsgenossenschaft Oikocredit[1503] zur Aufgabe gesetzt, Finanzdienstleistungen bedürftigen Menschen bereitzustellen, die mithilfe zweckgebundener Darlehen eine realistische Chance auf ein besseres Leben haben. AnlegerInnen bietet Oikocredit, einer der weltweit größten Mikrofinanz Re-Finanzierer, die Möglichkeit, ihre Geldanlagen sozial verantwortlich in Menschen und deren Ideen zu investieren. Das veranlagte Kapital der über 36.000 EinzelanlegerInnen und rund 500 Kirchen und kirchlichen Organisationen erreichte im Berichtsjahr 2010 ein Kreditvolumen von 446 Millionen Euro, die an mehr als 17,5 Millionen Menschen in 71 Ländern ausbezahlt wurden. Als Anschubfinanzierungen für realwirtschaftliche Projekte von Klein- und KleinstunternehmerInnen konnten die Kredite nachweislich Armut mindern und soziale Gerechtigkeit schaffen, ohne dabei neoliberal geprägte Entwicklungshilfe zu implementieren.[1504] Die dabei erzielte bescheidene, aber stabile Jahresrendite von zwei Prozent wird in Form einer Dividendenausschüttung an die GenossenschafterInnen von Oikocredit ausbezahlt. In Zeiten einer Hochzinspolitik lag dieser

1503 Die Idee zu Oikocredit entstand während der weltweiten Proteste gegen den Vietnamkrieg und das Apartheidsystem in Südafrika. 1968 kritisierten die Kirchenmitglieder auf der Vollversammlung des Ökumenischen Rates der Kirchen (ÖRK) in Uppsala/Schweden die Geldanlagestrategien ihrer Kirchen und forderten ethisch vertretbare Investitionen mit Ausschlusskriterien vor allen Dingen die Waffenindustrie betreffend. 1975 erfolgte dann auf Initiative des ÖRK die Gründung von Oikocredit International mit Sitz im niederländischen Amersfoort. Vgl. dazu: www.oikocredit.org. Download: 03.02.2010.

1504 Die mit zwei Prozent verzinsten Oikocredit-Anteile im Nominalwert von 200 Euro haben ihren Wert seit 1975 behalten. Derzeit werden 705 MFIs in über 70 Ländern von Oikocredit mit Kreditvolumina von 50.000 bis 2 Mio Euro versorgt. In Österreich legten im Berichtsjahr 2010 ca. 2.500 GenossenschafterInnen etwa 22 Mio. Euro bei Oikocredit an. Vgl.: www.oikocreditaustria.at Download 12.01.2011.

Ertrag über viele Jahre knapp an oder unter der Inflationsabdeckung. Seit jedoch die Leitzinssätze weltweit gegen ein Prozent und darunter gesunken sind, klingen zwei Prozent stabiler Performance per annum geradezu rekordverdächtig.[1505] Movens dieser Hilfe zur Selbsthilfe ist aber das „Ersparen“ von Armut im buchstäblichen Sinn und damit „ein Beispiel für ethische Geldanlage, die genau deshalb in der realen Welt etwas verändert, weil die Mitglieder von Oikocredit (als Investoren) über konventionelle Risiko-Ertrag-Kalküle hinausdenken und handeln.“[1506] Trotz oder vielleicht gerade wegen der Finanzwirtschaftskrise verzeichnete Oikocredit im Jahr 2009 eine Zuwachsrate an Anlagevermögen von etwa 30 Prozent.[1507]

Wenn gemeinnützige Initiativen wie Oikocredit um PrivatanlegerInnen als MikrokreditgeberInnen werben, gilt es zunächst den Unterschied zu Spenden herauszuarbeiten. Zunächst ist festzuhalten, dass sich Geldgebende wie Geldempfangende gemeinsam und bewusst an den Beginn eines Wirtschaftskreislaufes stellen, der Menschen aus der Armut führt. Im Vordergrund steht aus der Sicht der AnlegerInnen nicht nur der größtmögliche Gewinn, sondern die Förderung von sozialer Entwicklung.[1508]

14.9.4.1 Der von Oikocredit erhobene Anspruch auf sozial verantwortliche Mikrofinanz

Oikocredit ist sich der Tatsache wohl bewusst, dass die meisten Menschen eher den „financial return“ ihres veranlagten Kapitals im Auge haben und erst in zweiter Linie einem allenfalls sozialen Side-Effekt zustimmen, so dieser die Rendite nicht zu sehr vermindert. Unter dem ersehnten Paradigma einer „world of fair financing“ sollte es jedoch genügend sozial orientierte InvestorInnen

---

1505 An dieser Stelle sei angemerkt, dass zur Zeit der Abfassung dieser Arbeit, einige Banken, wie die holländische Ing-DiBa oder die türkische Denizbank im gesamten deutschsprachigen Raum aufwendig gestaltete, multimedial flächendeckende Werbekampagnen mit verlockenden Ertragschancen von etwa 1,45% bis 2% p.a. schalten. Vgl. www.ing-diba.at oder www.denizbank.at. Downloads: 22.10.2010.

1506 Sven Giegold, Mitgründer von Attac Deutschland und Grüner Kandidat für das Europaparlament: Mit Geld die Welt verändern, aber richtig! In: Finanzdienstleistungen für alle. Beilage zur taz, 30.10.2008, 1. (Anm. in Klammer: HB)

1507 Vgl. www.oikocreditaustria.at. Download 12.01.2010.

1508 Vgl. Interview mit Peter Püspök, Vorstandsvorsitzender von Oikocredit Austria: „Geldaufwertung zugunsten der Armen.“ In: Börsen-Kurier Nr. 50, v. 11.12.2008. Beilage: Geld und Ethik, 1.

geben.[1509] Ging Ledesma, verantwortlich für die Social Performance bei Oikocredit, beginnt mit einem Blick zurück: „In den Anfängen des Mikrofinanzwesens war es fraglos klar, dass ein Investment in Mikrokredite ausschließlich sozialen Aspekten gewidmet ist. Die zunehmende Kommerzialisierung dieses Finanzsektors macht es notwendig, eine ausgewogene Balance zwischen sozialem und finanziellem Return herzustellen."[1510] Für sozial verantwortliches Investieren wurde auch der Terminus „responsible, inclusive finance" kreiert. Gemäß diesem Anliegen fordert Ledesma proaktives Voranschreiten seiner Institution und eine sorgfältige Auswahl der MFI-Partner vor Ort, wie auch der Kreditnehmenden ein. Von sozial orientierten Menschen, die ihr Geld in Mikrofinanzprodukte anlegen, wünscht sich Ledesma eine enge Zusammenarbeit und einen regen Austausch an Informationen. „Wir können und sollen Benchmarks etablieren und für Transparenz all unserer Aktivitäten sorgen. Unseren Anlegern gegenüber tragen wir die Verantwortung, unsere Best-Practice-Modelle überall anzuwenden und konsequent darauf zu achten, dass MFIs niemals überschuldet werden."[1511]

Mit dem Verweis auf die höchst unterschiedlichen Qualitäten der MFIs ist zugleich ein wichtiger Punkt in der Untersuchung der sozialen Wirkungsanalyse von Mikrofinanzen angesprochen, denn das Wirksamwerden sozial nachhaltiger Mikrofinanzierung mit gerechten Konditionen hängt in einem hohen Maß vom sozialen Anspruch und der Umsetzung durch die jeweiligen MFIs ab. Die Entwicklungsgenossenschaft Oikocredit gilt in der Mikrofinanzbranche als Pionierin im Bereich des sozialen Impacts. Ein Beleg dafür ist unter anderem die Auszeichnung mit dem „CGAP MIV ESG Award", für sozial verantwortungsvolles Investment im Bereich der Mikrofinanzen.[1512]

Mit ausschlaggebend für den Jury-Entscheid dürften auch die beeindruckend Zahlen der Berichtsjahre 2009 und 2010 gewesen sein, in denen die von Oikocredit refinanzierten MFIs über 17 Millionen Menschen mit Mikrokrediten

---

1509 Vgl. dazu: „Social Performance Management" in: http://www.oikocredit.org/social performance/en/home. Download: 15.02.2011.

1510 Interview mit G. Ledesma: Reports from the fields. In: Ebd. 1.

1511 G. Ledesma zu den „Principles for Inclusive Finance", in: http://www.oikocredit.org/social performance/en/home/principles-for-inclusive-finance. Download 23.02.2011.

1512 Der Preis wurde Oikocredit am 12.10.2010 in Amsterdam von der unabhängigen und renommierten Organisation und Forschungsstätte CGAP (The Consultative Group to Assist the Poor) verliehen. CGAP sieht sich verantwortlich für die Verbesserung der finanziellen Zugänge und Leistungen für Menschen, die in Armut leben. Für die Integration sozialer, umweltspezifischer und organsiationstechnischer Faktoren in die Investitionsentscheidungen wurde Oikocredit als „best in class" ausgezeichnet. Vgl. dazu: Oikocredit für soziale Verantwortung ausgezeichnet. In: http://www.oikocredit.org/at/aktuelles/684/oikocredit-fur-soziale-verantwortung-ausgezeichnet. Download: 22.02.2011.

versorgten, bei einem Frauenanteil von 85 % . Mehr als die Hälfte der Kreditnehmenden leben in abgelegenen ländlichen Regionen ohne Zugang zu formellen Finanzdienstleistungen.[1513]

14.9.5 Gutes Geld und gutes Gewissen, eine Gratwanderung?

Mit dem Versprechen auf sichere Verzinsung des eingesetzten Kapitals versucht auch der österreichische Vermögensverwalter Leopold Seiler potentiellen Anlegern das Investitionssegment Mikrokredit über jegliches philanthropisches Engagement hinaus schmackhaft zu machen.[1514] Es sei, so Seiler, ein zunehmendes Kundeninteresse an ethischen Renditemöglichkeiten zu verzeichnen, jedoch müsse auf strenge Rechtsstandards geachtet werden, da nur 4000 der derzeit etwa 70.000 weltweit operierenden MFIs Kriterien wie etwa ein über dreijähriges Bestehen bei einem ständig verwalteten Mindestkreditvolumen von einer Million US Dollars erfüllen. Nur 43 MFIs aus 17 Ländern werden von seinem Unternehmen unterstützt, wobei das Hauptaugenmerk auf die Förderung ruraler Kredite gelegt wird, um die Landflucht einzudämmen.[1515]

Einige internationale Rating-Agenturen haben sich auf die Bewertung von MFIs spezialisiert. Seiler arbeitet mit der in Genf beheimateten Agentur „Symbiotics“ zusammen. Ausschlaggebend ist: „Nicht das MFI bezahlt das Zeugnis, sondern derjenige, der Geld verteilen will, also wir. So wird einer möglichen Einflussnahme des Bewerteten ein Riegel vorgeschoben.“[1516]

1513 Die MFI-Partner vergaben Einzelkredite von durchschnittlich € 930. ErstkundInnen beginnen meist mit einem Betrag von € 50 bis € 200 und erhalten erst nach erfolgreicher Tilgung und nach entsprechender Bedarfserhebung höhere Darlehen. Die Hälfte der Oikocredit-Partnerorganisationen sind NGOs oder Genossenschaften. Weitere 30 % sind kleine Finanzinstitute, 20 % größere Unternehmen. Sämtliche Partnerorganisationen werden anhand strenger Kriterien ausgewählt und überprüft. 46 % der Kredite an Partnerorganisationen werden in lokalen Währungen vergeben, das heißt, dass Oikocredit das Wechselkursrisiko übernimmt. Oikocredit finanziert mit 20 % des Portfolios auch größere Einzelprojekte. Von diesen sind 45 % in der Landwirtschaft tätig, wie z.B. Fair-Trade-Kooperativen. Der vollständige „Social Perfomance Report“. In: www.oikocredit.org/socialperformance. Download: 21.12.2010.

1514 „Unser Kapital kommt wieder verzinst zurück“ versichert Leopold Seiler von Seiler Asset Management in der Bewerbung des von „Absolute Portfolio Management“ aus Wien betreuten Fonds „Vision Microfinance“, der mit einem Fondsvolumen von über 50 Millionen Euro und einem Minimum-Investment von 20.000 Euro auf einen Ertrag von vier bis sechs Prozent hofft und derzeit 3,36% p.a. abwirft. In: Wirtschaftsblatt v. 21.02.2008, S.8. www.wirtschaftsblatt.at/archiv/314675/index.do Download: 12.06.2008.

1515 Vgl. ebd. 8.

1516 L. Seiler, ebd. 8.

Für das Jahr 2009 hat sich das Management des Dual Return Funds „Vision Microfinance“ vorgenommen, ein Anlagevolumen von 100 Millionen Euro zu erreichen und damit über mehr als das jährliche Entwicklungshilfebudget der Republik Österreich zu verfügen. Mit dem Slogan: „Investor sein und Gutes tun“ versucht das Unternehmen gezielt gleichermaßen soziale und renditerelevante Aspekte in seine Marketingstrategie einzubauen.[1517] Im deutlichen Unterschied zum gemeinnützigen Verein Oikocredit, der AnlegerInnen seit über dreißig Jahren eine fixe Dividende von zwei Prozent per annum garantiert, lockt Vision Microfinance mit durchschnittlich höheren, dafür aber variablen Zinssätzen und einer aggressiveren Marketingstrategie.[1518] Das soziale Engagement scheint von renditerelevanten Überlegungen zumindest stark begleitet, wenn Armin Vardanyan, der Fondmanager von Vision Microfinance den informellen, von der globalen Finanzwirtschaftkrise nahezu unberührten „emerging market microfinance“ mit hohem Potenzial für gute „returns“ preist.[1519] Dies sei „a fair cooperation between poor and rich“, wiewohl Vardanyan dem Mikrofinanzmarkt ein aggressives Wachstum attestiert, welches bereits von einem „Nachzieh- und Herdeneffekt“ im Anlagerverhalten begleitet wird. Es sei eben, nach den für viele Menschen dramatischen Verlusten an den Börsen, eine „big opportunity“, endlich wieder einmal sicheren Boden unter den Füßen zu spüren. Wenngleich die Renditeaussichten 2008 besser waren als 2009, sei zu beobachten, dass AnlegerInnen, die sich als sozial verantwortlich einschätzen, längerfristig orientiert auch Baisse-Zeiten durchstehen, während rein renditeorientierte Menschen schlagartig kaufen und verkaufen, auch wenn es sich um ein Finanzprodukt mit starkem sozialem Impact handelt.[1520]

1517 Mit einem Volumen von rund 90 Mio. Euro wurde die Zielvorgabe für das Jahr 2009 trotz Finanzwirtschaftskriese beinahe erreicht. Die Bank im Bistum Essen bildet gemeinsam mit „Absolute Portfolio Management“ und der Beratungseinrichtung „symbiotics“ die Plattform „Vision Microfinance“. Vision Microfinance verspricht AnlegerInnen mit ihrem Engagement in der Mikrofinanzindustrie einen Zinsertrag zu erzielen, der deutlich über dem Eckzinssatz liegt. Laut Angaben der Geschäftsführung werden die Fonds zu etwa 40% von privaten InvestorInnen mit vornehmlich sozialem Anliegen, zu 40% von institutionellen Anlegern und zu 20% von anderen Fonds gezeichnet. Vgl. www.absolutepm.at Download 10.01.2010.

1518 So erzielten die beiden Fondsvarianten im Jahr 2008 eine durchschnittliche Performance von jeweils 5,60% und 6,30%. 2009 lagen die Renditen bei 2,85% und 3,46%. Vgl ebd. und die Erträge aus dem für diese Arbeit geführten Interview mit dem Portfolio Manager Arman Vardanyan, am 04.11.2008 in Wien.

1519 Vgl. Interview ebd.

1520 Interview ebd.

14.9.6 Mikrofinanzen: Investment-Aufschwung trotz Wirtschaftskrise?

Unangefochten von der im letzten Quartal des Jahres 2008 weltweit einsetzenden Finanz- und Wirtschaftskrise scheint der Boom bei Mikrokrediten anzuhalten. Der Nischenfinanzierungsmarkt floriert in seiner kleinen Parallelwelt geringer Ausfallsquoten, stabiler Erträge, aufrechter Nachfrage und (noch) unerschütterter Vertrauensbasis innerhalb der Vertragspartner. Außerdem werden die meisten der von MFIs verliehenen Gelder in den lokalen Märkten lukriert und reinvestiert. Allem Anschein nach erlitten die lokalen kleinstunternehmerischen Strukturen keine Blessuren durch die global grassierende Krise. Hinzu kommt, dass sowohl private AnlegerInnen als auch kirchliche Institutionen die Renditen ihrer Geldanlagen zunehmend nicht mehr allein am Ertragszinssatz bemessen, sondern auch sogenannt „weiche Kriterien", nämlich das, was sie mit ihrem investierten Geld sozial, ökologisch und politisch bewirken, auf die Gewinnseite verbuchen.

Auch ungeachtet der zur Zeit der Verfassung dieser Arbeit weltweit spürbaren Wirtschaftskrise und bereits einsetzender Rezession auf den internationalen Märkten haben sich die Mittelzuflüsse von institutionellen und privaten Investoren in den Mikrofinanz-Sektor von 2004 bis 2006 weltweit von 1,7 Milliarden auf 4,4 Milliarden US Dollar mehr als verdoppelt. Trotz globaler Marktschwäche halten die Analysten der Deutschen Bank ihren prognostizierten Anstieg des weltweiten Mikrofinanz-Anlagevolumens auf 20 Milliarden US Dollar bis 2015 aufrecht, da bei rund einer Milliarde potentieller KreditnehmerInnen mit derzeit etwa 100 bis 120 Millionen Menschen erst ein Bruchteil der Bedürftigen bedient wird.[1521]

Österreichs Entwicklungsbank beteiligt sich 2009 mit 20 Millionen Euro an einem international konzertierten Aktionsplan für die ärmsten Länder der Welt.[1522] Neu ist, dass der Betrag ausschließlich in Mikrokredite investiert wird und zwar aufgrund der damit verbundenen relativen Sicherheit der Gelder. Es zeigt sich nämlich, „dass gerade jene Banken, die sich auf diese Art von Kleinkredit spezialisiert haben, bisher an der Krise noch keinen Schaden genommen haben."[1523]

Als Paradoxon und schärfster Kontrast mutet dabei die Tatsache an, dass mit der globalen Ausweitung der Finanzwirtschaftskrise das Kreditausfallsrisiko mancher Mikrofinanzinstitute auf weniger als ein Prozent sank. Scheinbar unbe-

---

1521 Vgl. dazu die Analysen von Raimar Dieckmann (Deutsche Bank): Mikrofinanzen trotz Finanzkrise im Aufwind. In: Finanzdienstleistungen für alle. Beilage zur taz, 30.10.2008, II.

1522 Vgl. Oliver Tanzer: 115 Millionen Menschen am Abgrund. In: DIE FURCHE, 19.03.2009, Fokus 3.

1523 Ebd. 3.

eindruckt und abgekoppelt vom weltweiten Wirtschaftsgeschehen scheint der Kauf einer Kuh, der Erwerb von Saatgut oder eines Markstandes in einem marktwirtschaftlichen Paralleluniversum stattzufinden. Für Peter Püspök, von Oikocredit Austria, steht jedenfalls fest, „dass die Ärmsten der Welt für Banken derzeit bessere Schuldner sind als die Reichen."[1524] Sein Optimismus stützt sich auf die Erfahrung, dass die Kleinstkreditnehmenden mit ihrem „sehr bodenständigen Realwirtschaftsbezug" nicht wirklich in den Weltwirtschaftskreislauf eingebunden sind, weshalb ihre Kredite von der Krise weitgehend unberührt bleiben.[1525] Mit dem Durchschlagen der Krise auf die Realwirtschaft wird das Mikrokreditsystem sogar noch wichtiger als bisher, gibt sich Püspök überzeugt, weil sich zeigt, dass ein solidarisches System einem rücksichtslos auf Gewinnmaximierung ausgelegten System überlegen ist.[1526]

Die Beobachtung, dass sich der Mikrofinanzmarkt von den Turbulenzen auf den Finanzmärkten beinahe völlig unbeeindruckt zeigt, teilt auch Edda Schröder und verweist dabei auf die Tatsache sich stetig positiv entwickelnder Renditen, welche die Aufmerksamkeit privater wie institutioneller AnlegerInnen in zunehmendem Maße auf sich ziehen. Im Unterschied zu Püspök sieht Schröder die Mikrofinanz als solides Geschäftsmodell weitgehend aus dem Blickwinkel des Anlagekalküls hinsichtlich einer diversifizierenden Absicherung des Portfolios.[1527] Geringe Kreditausfallraten und ein noch weitgehend expansionsfreudiger Markt lassen eine Beteiligung am Geschäft mit Mikrokrediten plausibel erscheinen, weshalb Schröder potentiell interessierten AnlegerInnen den Einstieg in Mikrofinanzfonds explizit empfiehlt. „der wichtigste Grund für das wachsende Investoreninteresse ist ein sehr attraktives Rendite-Risiko-Verhältnis bei Mikrofinanzfonds: Deren Renditen liegen in der Regel deutlich über dem Geldmarktniveau."[1528] Angestrebt werden Erträge zwischen 4 und 6% p.a., ein durchaus realistisches Ziel, wie sich anhand der Ergebnisse zeigt, die während der globalen Finanzmarktkrise erzielt wurden.[1529] Während die meisten Indizes der klassi-

1524 Ebd. 3.

1525 Vgl. Interview mit Peter Püspök: „Mikrokredite werden in der Krise noch wichtiger", ebd. 3

1526 Vgl. ebd. 3, wobei auch Püspök den ursprünglich von Friedrich Wilhelm Raffeisen im 19. Jh. entwickelten Solidargedanken aufgreift, der aus seiner Sicht Muhammad Yunus als Basis für die Entwicklung der Mikrokredite gedient hat. Eine in dieser Arbeit schon mehrmals aufgezeigte Korrelation. Vgl. dazu Kapitel 14.1.

1527 Vgl. Edda Schröder: Finanzier der Armen. In: Cash Special. Investmentfonds. 27. Jahrgang (1/2009), 62.

1528 Ebd. 62.

1529 Einige Fonds erreichten 2008 und 2009 einen Return von 6% und mehr, wie der Wallberg Global Microfinance Fund, wobei die Schwankungsbreite unter einem Prozent lag. Ferner empfiehlt Schröder auch folgende MC-Fonds: Axa WF Responsible Development, BN & P schen Börsenprodukte deutliche Verluste verzeichnen mussten, setzte im Jahr 2009 der Symbiotics-Microfinance-Index, der die Wertentwicklung von Mikrofinanz-Investmentvehikeln abbildet, sein Wachstum unbeirrt fort. Zwar scheint für Schröder auch die sogenannte „soziale Rendite" gleichmächtig entscheidend für den Einstieg in die Mikrofinanzanlage zu sein, die Argumentationslinie verläuft jedoch eindeutig entlang der pekuniären Vorteile wie der Unabhängigkeit von anderen Märkten, der relativ großen Renditesicherheit und der Strukturverbesserung des Portfolios. Als mögliches Risiko der Mikrofinanzveranlagung wird die politische Instabilität mancher Entwicklungsländer genannt, die zu Kreditausfällen bei den lokal tätigen MFIs führen könnte. Allenfalls abgefedert werden solche Risiken durch die möglichst breite Streuung der Investments auf verschiedene Länder.

Schröder beklagt, dass die meisten Mikrofinanzprodukte in Luxemburg aufgelegt werden, weil die Fonds in Deutschland nicht zum aktiven Vertrieb zugelassen sind.[1530]

Mikrokredite scheinen zu den Assetklassen mit hoher Krisenresistenz zu zählen, da zwei Drittel der Weltbevölkerung aufgrund ihrer Armut außerhalb der Reichweite der um den Erdball rasenden Finanz-Schockwellen leben und so von deren Auswirkungen nicht betroffen sind.[1531]

Dieser Umstand eröffnet m.E. eine ethisch fragwürdige Zweischneidigkeit hinsichtlich potentieller ethisch orientierter Anlagemodelle: Fraglos gehören die vom internationalen Finanzsystem wenig berührten Microfinance Funds zu einer aus ethischen Gesichtspunkten empfehlenswerten Anlageklasse.[1532] Ihre relative Stabilität verdanken diese Finanzprodukte jedoch dem Umstand der Armut, die

---

Good Growth, Dual Return Vision Microfinance, Responsability Glb Microfinance und Responsability SICAV Mikrofinanz. Vgl. ebd. 63.

1530 Für die Zulassung in Deutschland wird verlangt, ausschließlich in MFIs zu investieren, die ein Kreditvolumen von mindestens zehn Millionen Euro aufweisen und an denen eine Entwicklungsbank beteiligt ist. Nur wenige MFIs erfüllen diese Kriterien, womit der Aufbau eines diversifizierten Mikrofinanz-Portfolios in Deutschland verunmöglicht wird. Jedoch können sowohl deutsche wie auch österreichische AnlegerInnen über direkte Anfrage bei en jeweiligen Fondsgesellschaften, Online Brokern oder der jeweiligen Hausbank problemlos Anteile an ausländischen MC-Fonds erwerben. Vgl. ebd. 63.

1531 Vgl. Christine Kary: Trotz Krise halbwegs ruhig schlafen. In: Die Presse, Beilage Financial Presse, 10.12.2008, 13.

1532 So beispielsweise lag die Performance des von der UBS Luxemburg aufgelegten, in Wien gemanagten „Dual Return-Vision Microfinance Funds" (Mindesteinlage: 20.000 Euro) im Berichtsjahr 2008 deutlich über fünf Prozent. Die Mittel dieses Fonds sind auf rund 65 MFIs in 19 Ländern, inklusive Osteuropa, verteilt. Eine bis April 2011 laufende Mikrofinanzanleihe der Erste Bank (Mindestzeichnung 3000 Euro) wurde im Spätherbst 2008 aufgestockt. Vgl. in: ebd, 13.

von guten wie schlechten Weltwirtschaftsdaten scheinbar unangetastet weiter-existiert. Nun mag man auf einer ressourcenorientierten Reflexionsebene die erstaunlich stabile Performance des Kleinstunternehmertums lobend hervorheben, welches für den täglichen Bedarf und nicht für den Weltmarkt produziert. Auf einer defizitorientierten Reflexionsebene muss gesehen werden, dass auch für Nischenmärkte keine Garantie für zukünftige Entwicklungen ausgestellt werden kann.

Die Österreich-Niederlassung der Kreditgenossenschaft Oikocredit führt die im Jahr 2009 verbuchten Investitionszuwächse von bis zu 30 Prozent nicht nur auf die Finanzmarktkrise zurück, sondern sieht einen sich in den letzten Jahren immer deutlicher zeigenden Trend zum ethischen Investment. Für Peter Püspök steht fest, dass ein größer werdender Kreis sozial oder kirchlich engagierter Menschen nach in der Finanzkrise erlittenen Verlusten einerseits auf eine sichere Geldanlage Wert legt, andererseits aber immer kritischer fragt: „Was geschieht wirklich mit meinem Geld?“[1533]

Im Anschluss daran sei an Nell-Breuning erinnert, der 1962 davon sprach, dass Spareinlagen still liegen.[1534] Ein moderner Zugang wäre, dieser nur scheinbaren Stille Sinn einzuhauchen, erweitert um die selbstbewusste Haltung aus der Sicht der BankkundInnen: Spareinlagen sind Kredite an die Bank. Die Kreditgebenden sollten deshalb die Zweckgebundenheit ihrer Gelder zunehmend einfordern.

Eine von A. T. Kearny durchgeführte Marktanalyse sah bereits 2008 „Green Banking“ eindeutig auf dem Vormarsch. Darin wird angenommen, dass die Branche in fünf Jahren zehn Prozent des deutschen wie auch österreichischen Marktes einnehmen wird.[1535] Auch seitens der Schweizer Privatbank Sarasin gibt man sich überzeugt, dass die Finanzkrise die Aufmerksamkeit für Risiken geschärft hat, deshalb werde sich „die Wechselbeziehung zwischen finanzieller Performance und Nachhaltigkeit in Zukunft weiter positiv entwickeln.“[1536]

1533 In der mittlerweile über dreißigjährigen Geschichte von Oikocredit hat noch kein Investor einen Cent verloren, bekräftigt P. Püspök und verweist darauf, dass das bei Oikocredit Österreich verwaltete Anlagevermögen von 8,4 Mio. (Stand: September 2008) auf über 14 Mio (Stand Ende 2009) gestiegen ist. In: Dem Geld ein Mascherl geben. Ein für diese Arbeit initiiertes Presse-Round-Table Gespräch zum Thema Ethisches Investment.In: Die Presse, 02.01.2010, 11.

1534 Vgl. O. v. Nell-Breuning und Müller J. Heinz: Vom Geld zum Kapital, 57.

1535 Vgl. Gabriele Rabl: Auf der Jagd nach sauberen Renditen. In: Die Presse, 10.12.2008, 13. (Berechnungsgrundlage laut Stand November 2008.)

1536 Ebd. 13.

14.9.7 Anlage in Mikrofinanz zur Portfolio-Diversifikation

Schon für das Jahr 2008 berechnete Raimar Diekmann in der von ihm durchgeführten Studie ein rasantes Wachstum der MFI Kreditvolumina. Für rund eine Milliarde Menschen wären Kleinstkredite zum Aufbau einer Existenz geeignet.[1537] Mikrofinanzinvestments werden zunehmend zur Portfoliodiversifikation nachgefragt, wobei auch beim sozial verantwortlichen Investment auf Rendite und Risikominimierung geachtet wird. Auch Diekmann bestätigt, dass nur sehr wenige MFIs gewinnbringend arbeiten und auf ein finanztechnisch erfahrenes Management zurückgreifen können, da diese Institute als ehemalige NGOs und NPOs auf wenig Erfahrung im For-Profit-Sektor zurückgreifen können. Immerhin aber verfügen bereits 30 MFIs über ein Kreditportfolio von über 100 Millionen USD.[1538]

Über 300 MFIs wurden innerhalb der letzten Dekade auf ihre Bilanzstärke, Kreditvergabepolitik und Ausfallsrisiko von MicroRate, einer der ersten Ratingagenturen, die sich auf den Mikrofinanzsektor spezialisiert hat, analysiert. Ihr Gründer, Damian von Stauffenberg ortet in der aktuellen Mikrofinanz Euphorie mögliche Gefahren für Anleger. Es könnte sein, „dass zu viele Fonds zu schnell Geld aufnehmen. Das hat zur Folge, dass die Zinsen, zu denen die Fonds das Geld verleihen, das echte Risiko nicht abdecken.“ Auch Stauffenberg verweist auf die hohen Bearbeitungskosten und das politische Risiko in Schwellen- und Entwicklungsländer, dem manche MFIs in ihren Zinsberechnungen zu wenig Bedeutung beimessen.[1539]

Nichtsdestoweniger bieten kommerzielle Mikrofinanz-Produkte Privatanlegern durchaus die Chance, mit ihrer sozial motivierten Anlageentscheidung auch eine faire Rendite zu lukrieren, gibt sich Werner Wiedenbrig zuversichtlich.[1540] Ein Vorteil für Kleinanleger sei dabei die geringe Korrelation zu anderen Anlageklassen, „da Mikrofinanz von den Weltmärkten weitgehend abgekoppelt

---

1537 Die Studie wurde im Auftrag von „Deutsche Bank Research“ durchgeführt und bestätigt den äußerst regen Kapitalzufluss in den Mikrofinanzsektor, mit einer Verdoppelung des Volumens von 2004 auf 2006 auf 4,4 Milliarden USD und einer Erwartung von 20 Milliarden USD bis 2015. Vgl. G. Rabl: Kleine Kredite mit großer Wirkung. In: DIE PRESSE, 21.05.2008, Beilage „Financial Presse“, 6.

1538 Vgl. ebd. 6.

1539 Vgl. ebd. 6 und die einschlägige Befassung mit dem Thema im Kapitel 14.4.7 „Intensive Betreuung, teures Geld?“ in dieser Arbeit.

1540 W. Wiedenbrig ist Leiter der Produktentwicklung der „Erste Bank“, welche im März 2007 eine Mikrofinanzanleihe für Kleinanleger emittiert hat. Das Volumen der nach oben hin offenen Daueremission beträgt derzeit acht Millionen Euro. Vgl. G. Rabl: Kleine Kredite mit großer Wirkung, 6.

ist."[1541] Von einem eher niedrigen Anlagerisiko geht auch Heissenberger aus, da selbst politische Turbulenzen und Krisenszenarien auf den internationalen Finanzmärkten dem kleinen, lokalen Mikrokosmos von Bauern, Handwerkern und Kleinhändlern in Entwicklungs- und Schwellenländern wenig anhaben können.[1542]

14.9.8 Wenn aus Mikro Makro wird. Lässt sich Mikrofinanz über die Höhe der Kreditsummen definieren?

Es gilt zunächst, das Für und Wider einer grundsätzlichen definitorischen Begrenzungsmöglichkeit für Mikrokredit-Volumina zu diskutieren. Es gibt gute Gründe, Argumenten zuzustimmen, die Darlehen in der Höhe von 10.000 Euro und mehr jedwede Vorsilbe „Mikro" abzuerkennen trachten und zwar mit der Begründung, dass es sich bei diesen Summen – streng genommen – um konventionelle Geschäftskredite handelt.

Vielmehr bestehe auch die Gefahr, so könnte man zusätzlich argumentieren, dass damit die Ursprungsidee der Mikrofinanz desavouiert werde, da es bei solchen Investmentvorhaben nicht mehr um Armutsbekämpfung in nuce gehe, also nicht mehr um die Möglichkeit gerechter Chance auf Teilhabe an der Gesellschaft, sondern um kommerzielle Allerweltsfinanzierungen, die sehr oft auch in Konsumgüter wie Privatautos oder Hausbau ohne primär geschäftliche Absichten fließen.

Eine andere Argumentationsfigur könnte lauten: Überall wo Menschen keinen oder nur sehr begrenzten Zugang zu einem entwickelten Bankensystem haben und deshalb auf den informellen Geldverleih und den damit einhergehenden Wucher angewiesen sind, ist die Bezeichnung Mikrofinanz schon allein kraft ihrer strukturellen Kleinheit gerechtfertigt, wobei die Darlehenssummen örtlich stark variieren können, da ein Start-Up oder der Ausbau eines vorhandenen Kleinunternehmens in einem Dorf auf dem post-kriegsgeschädigten Balkan mit höheren Kosten verbunden ist als eine vergleichbare unternehmerische Aktivität beispielsweise in Peru.[1543] Mit anderen Worten, mit dem Einziehen von summarischen Obergrenzen wären die entwicklungspolitischen Aktivitäten der Mikrofi-

1541 Ebd. 6.

1542 Vgl. A. Heissenberger: Startkapital statt Almosen, 3.

1543 So etwa lautet die Argumentationslinie von Arman Vardanyan, Fondsmanager der Dual Return Fonds (www.visionmicrofinance.com). Vgl. sein Vortrag bei der Tagung des Mikrofinanz-Forums: Assetklasse Mikrofinanz – Entwicklung für das Portfolio, 22.11.2010, Hotel Ambassador in Wien.

nanz eher in ein Korsett gezwängt und ließen darüber hinaus geographische, politische und sozioökonomische Gegebenheiten außer Acht.

Beide hier beschriebenen Positionen werden im Mikrofinanz-Fachdiskurs vertreten. Bis zum Abschluss dieser Arbeit konnte nicht davon ausgegangen werden, dass sich eine Auffassung bestimmungsprägend durchzusetzen vermag. Zu beobachten ist, dass die aus kirchlich-sozialem Umfeld entstandenen und von ihrem Selbstbild nicht vordergründig gewinnorientierten Organisationen, wie zum Beispiel die ökumenische Entwicklungsgenossenschaft Oikocredit, eher die Kleinheit der Kreditsummen und die soziale Begleitung der Kreditnehmenden als Proprium der Mikrofinanz-Aktivitäten ansehen, während große Bankinstitute und Fondsgesellschaften zur Auffassung neigen, dass Social Business nicht a priori von der Einzelkreditsumme zu bestimmen sei; vielmehr ginge es darum, Pionierarbeit in der Etablierung von Bank- und Finanzdienstleistungsstrukturen im davon völlig unberührten Neuland zu leisten.

14.9.9 Mikrofinanz als Assetklasse im Spannungsfeld von kommerziellen und sozialen Interessen

Bei Klaus Gabriel steht das Mikrokreditsystem hinsichtlich seiner angeblichen Win-Win-Verheißungen von Renditeaussicht und guter Tat auf dem Prüfstand.[1544] Gabriel beschreibt einen Wandel der Mikrokredit-Szene, der das bereits weiter oben beschriebene Spannungsverhältnis von kommerziellen und sozialen Interessen betrifft. Während nämlich die sozialen Aspekte der Kreditnehmenden in den Hintergrund treten, rücken die finanziellen Interessen der Kreditgebenden in den Vordergrund. Dies sei, so Gabriel, auf den Umstand zu zurückzuführen, dass Mikrokredit-Investment-Tools zunehmend auf private AnlegerInnen zugeschnitten werden.

„Die Verknüpfung einer sozialen mit einer finanziellen Rendite ist für diese Personen ein immer stärkeres Motiv, und aufgrund der in der Vergangenheit beobachteten weitgehenden Unabhängigkeit von allgemeinen Finanzmarktentwicklungen erweisen sich Mikrokredite als eine der wenigen Assetklassen, die der Finanzkrise zu trotzen scheinen. Dabei wird die Auffassung vertreten, dass soziales Engagement und finanzielle Rendite nicht Gegensätze darstellen.“[1545]

1544 K. Gabriel: Auf dem Prüfstand. In: Börsen-Kurier Nr. 50, v. 11.12.2008. Beilage: Geld und Ethik, 4.

1545 Ebd. 4.

Dass dabei ein veritabler Wettlauf um die höchsten Renditen bei Mikrofinanzinvestments losgetreten wird, verwundert genausowenig wie die Tatsache, dass die Kreditnehmenden dadurch mit stetig steigenden Zinssätzen belastet werden.

Ferner kritisiert Gabriel die Aushöhlung und Transformation des Begriffs „Mikrokredit". War damit ursprünglich ein Start-Up-Programm mit Kleinstbeträgen um die 100 Euro als Anschubfinanzierung für Hilfe zur Selbsthilfe gemeint, so vergeben heute MFIs und Banken unter der Trademark Mikrokredit schon fünfstellige Eurobeträge, womit die ursprüngliche Zielgruppenrelevanz aufgegeben wurde. In zunehmendem Maße handelt es sich bei den Kreditnehmenden nicht mehr um „Menschen, die keinen Zugang zu grundlegenden Finanzdienstleistungen haben, ... sondern ... um Menschen, die bereits KleinunternehmerInnen sind und die als neue Kundengruppe entdeckt werden."[1546]

Gabriel führt das Beispiel eines Nigerianers an, der über Internet um AnlegerInnen wirbt, die per „Mikrokreditfinanzierung" (!) helfen mögen, seinen bereits ansehnlichen Immobilienbesitz zu erweitern.[1547] Dieses Ansinnen ist meilenwert von der Finanzierung einer Kuh oder einer Nähmaschine um 50 Euro und damit genuiner Mikrokreditphilosophie entfernt, denn das vorrangige Ziel bei diesem und anderen im Internet beworbenen Immobilienfinanzierungsgeschäften via Mikrofinanz ist nicht mehr die Armutsbekämpfung, sondern die Nachfrage nach Zurverfügungstellung klassischer Unternehmenskredite mit dem Ziel der Renditeerwirtschaftung. Gabriel will dabei nicht ausschließen, dass auch diese Kredite möglicherweise soziale Aspekte berücksichtigen, jedoch gilt es eine deutliche Trennschärfe zu entwickeln, aufgrund derer man in die Lage versetzt wird, zwischen Mikrofinanz-Investmentprodukten und herkömmlichen Kommerzkrediten zu differenzieren, um AnlegerInnen die Orientierung zu erleichtern.[1548]

1546 Ebd. 4.

1547 Gabriel führt das Fallbeispiel des Kenianers Paul Njoroge an, der schon 13 Häuser besitzt und vermietet und auf der Mikrokredit-Website www.MyC4.com um ein Darlehen von 8.600 € ersucht. Paul verspricht den potentiellen AnlegerInnen die Traumrendite von 16% p. a. Er selbst bezahlt 40% p.a. für den Kredit, weil das MFI 24% zur hoffentlich wirksamen Kostendeckung einstreift, wie Gabriel augenzwinkernd bemerkt und die berechtigte Frage stellt, ob dieses Angebot bereits als unseriös oder verwerflich zu betrachten sei. Vielleicht erspart sich Paul tatsächlich viel höhere Zinsen bei lokalen Kredithaien; bloß mit den Antezedensbestimmungen für Mikrokredite hat Pauls Immobilieninvestment nichts mehr gemein. Vgl. K. Gabriel: Auf dem Prüfstand. In: Börsen-Kurier Nr. 50, v. 11.12.2008. Beilage: Geld und Ethik, 4.

1548 Vgl. ebd. 4.

14.9.10 Zusammenfassende Schlussbetrachtung

Armen Menschen Kreditwürdigkeit zu verleihen, ist ein lobenswertes Ziel. Aber um als Werkzeug zur Armutsbekämpfung Geltung zu erlangen, sollten Mikrokredite nach ihrer sozioökonomischen Effizienz und nicht nach den guten Intentionen ihrer Befürworter eingeschätzt werden. Falsche Hoffnungen und reale Möglichkeiten liegen in sehr vielen Veröffentlichungen zum Themenbereich Mikrofinanzierung eng beieinander. Ein Charakteristikum in den Debatten scheint die ambivalente Rezeption des Themas zu sein, welches, von glühenden Befürwortern und beinharten Kritikern begleitet, niemanden kalt zu lassen scheint. Leider hantieren die Diskursteilnehmenden und ihre operativ involvierten Partner wie UN-Behörden, Banken, NGOs, MFIs, SHGs u.v.a. mit sehr unterschiedlichen Zahlen, sodass die intensive Recherche zu unterschiedlichsten Ergebnissen führt.[1549]

Einerseits werden neue Märkte für die Armen geschaffen, die – so hat es manchmal den Eindruck – in einem „Versuchslabor" des Neoliberalismus fit für den Wettbewerb gemacht werden sollen, andererseits will man Kapitalanleger aus reichen Ländern anlocken, die ihr Geld gewinnbringend über MFIs in Mikrokredite investieren. Ob die Armen von dieser Weltmarktdynamik wirklich profitieren, bleibt abzuwarten. Es drängt sich auch die Frage auf, ob Mikrokredite letztendlich bloß das Wachstumsspektrum in der Finanzbranche bereichern, neue Bankkunden akquirieren und mit Armutsbekämpfung nur mehr am Rande zu tun haben, oder aber, ob *Mikro*kredite als Sicherheitsnetz für Millionen von Menschen ersonnen wurden, deren Existenzen von strukturellen *Makro*fehlern destabilisiert wurden.

Schon Mitte der 1990er Jahre musste sich die Grameen Bank in unzähligen Publikationen weltweit den Vorwurf gefallen lassen, bloß eine neoliberale, marktorientierte Entwicklungsideologie zu verkaufen, einen Mythos zu kreieren, der Gutgläubige um das goldene Kalb Mikrofinanzierung tanzen lässt. Allein der Gedanke, dass gegen strukturelle Armut keine bessere Medizin zu finden ist als

1549 Das beginnt schon bei den höchst undurchsichtigen Höhen der Zinsen für Mikrokredite. Während beispielsweise Veröffentlichungen der Grameen Bank Zinssätze von 16–22% angeben, sprechen externe Wirtschaftsfachleute, *The Economist* oder Untersuchungen, die im *Microbanking Bulletin* veröffentlicht wurden, von „sträflich hohen Zinsen zwischen 30 und 50%." Ebenfalls kaum festzumachen ist die genaue Zahl der weltweit tätigen MFIs (ca. 70.000?), die Anzahl der Kreditnehmenden weltweit (ca. 40–60 Millionen?) oder das jährlich neu zu vergebende Kreditvolumen weltweit (ca. $ 300–600 Millionen?). Vgl. Robert Pollin: Microcredit. False Hopes and Real Possibilities. In: FPIF (Foreign Policy in Focus) Commentary, a project of the Institute for Policy Studies. Washington, DC 2007. www.fpif.org/fpiftxt/4323 1–3. Download: 11.02.2008.

eine – zugegeben – perfekt vermarktete Bankstrategie, sollte als Blick in den Spiegel unserer Zeit nachdenklich stimmen. Darüber, ob Mikrokredite per se als heilbringende Finanzinstrumente für die Armen anzusehen sind, scheiden sich die Geister.

Im Jahr 1973 formulierte Weltbankpräsident Robert McNamara ein gleichsam engagiertes wie moralisch einwandfreies Ziel: „Die Armut bis zum Ende des Jahrhunderts auszurotten.“[1550] War es zu abstrakt formuliert oder nicht motivierend genug, oder lag es von vornherein jenseits rational erreichbarer Möglichkeiten? Angesichts dieser nüchternen Rückschau sollte man dennoch ermutigt erreichbare, klar definierte Etappenziele anstreben, die eine gerechte Teilhabe und vermehrtes Empowerment von Menschen in Armutsländern wahrscheinlich werden lassen. Die Vergabe von Mikrokrediten mit sozialem Augenmaß kann dabei eine tragfähige Säule im Verbund mit anderen entwicklungspolitisch relevanten Maßnahmen sein.

1550 Beate Wagner: Neuere Trends in der Entwicklungszusammenarbeit im System der Vereinten Nationen. In: Hartmut Ihne / Jürgen Wilhelm (Hg.): Einführung in die Entwicklungspolitik, 245.

15 Zum Themenfeld Rating

Dem verständlichen Bedürfnis der InvestorInnen nach Einschätzung der Performance und Sicherheit ihrer Geldanlagen Rechnung tragend, wird einerseits – vor allen Dingen aus leidvollen Erfahrungen mit den Auswirkungen der Finanzwirtschaftskrise – der Ruf nach möglichst präziser Evaluierung von Finanzprodukten lauter. Auf der anderen Seite soll hier nicht unerwähnt bleiben, dass auch die ausgefeiltesten Bewertungs-Methoden keine endgültigen Aussagen treffen können; auch renommierte Analysten und Ratingagenturen haben sich ver-bewertet und so manch vergebenes AAA-Rating konnte AnlegerInnen nicht vor dem Totalverlust retten.[1551]

Bevor auf die derzeit noch sehr eingeschränkten Möglichkeiten von Analyse- und Ratingansätzen für das Mikrofinanzwesen und daraus eventuell resultierende Rendite- und Risikoabwägungen eingegangen werden kann, sollen zunächst allgemeine Beispiele aus dem ethisch-nachhaltigen Rating erste Einblicke in das Forschungsfeld eröffnen.

Dem Bedürfnis nach Verfeinerung und Weiterentwicklung von Rating-Methoden und Kriteriologien[1552] für ethisch-nachhaltige Finanzprodukte nachkommend, werden möglichst präzise Messinstrumente für unterschiedlichste Anforderungen und Spezifikationen hinsichtlich der qualitativen Verbesserung von Aussagen über Transparenz, Sicherheit und Risikoabwägung entwickelt,

---

1551 Dieser m.E. notwendige kritische Vorbehalt sollte bei Veranlagungsentscheidungen immer mitschwingen. Auch und vor allem dann, wenn Ökonomen im kirchlichen Bereich aufgrund posttraumtischer Finanzmarktkrisenerfahrung dazu angehalten, oder vielleicht sogar aufgrund von Statuten dazu „verdammt“ sind, nur mehr in Triple-A bewertete Finanztitel zu investieren. Besonders im Mikrofinanzbereich, wo solche Bewertungsmethoden noch überhaupt nicht zur Anwendung kommen können, gibt es andere Parameter, wie zum Beispiel die Eigenkapitalisierung von Anbietern (z.B. bei Oikocredit 87%!), die u. U. von großer Aussagekraft sein kann. M.a.W.: das Eingrenzen des Anlageuniversums auf Titel mit Triple-A-Ratings klingt zwar gut, kann Sicherheitsgefühl vermitteln, ist aber nicht der Weisheit letzter Schluss. Vgl. dazu auch die Vorgaben für Ökonomen im kirchlichen Bereich im Kapitel 13.2, „Der Ziel und Kriterienkatalog der Österreichischen Bischofskonferenz“ in dieser Arbeit.

1552 Vgl. dazu die in dieser Arbeit bereits vorgestellten Modelle der Darmstädter Definition und dem Frankfurt-Hohenheimer-Leitfaden. Siehe Kapitel 12.1: „Zum definitorischen Eingrenzungsversuch eines ethisch verantwortbaren Anlageuniversums“ und Kapitel 12.2. Kriteriologie: Der Frankfurt-Hohenheimer Leitfaden.

stets unter Berücksichtigung der für ethisch-nachhaltige Geldanlagen leitenden Grundanforderung nach Natur-, Kultur- und Sozialverträglichkeit. Die hier berücksichtigte Auswahl an Modellen kann nur beispielhaft Ansätze skizzieren, die sich diesen komplexen Anforderungen möglichst kompetent annähern.

15.1 Ethik-Research – Die Bewertung von Geldanlagen nach Gesichtspunkten christlicher Wirtschaftsethik

Wesentlich ist es, alle Unternehmen daraufhin zu prüfen, inwieweit sie dem Anspruch von Frieden, Gerechtigkeit und Bewahrung der Schöpfung entsprechen. Die Messinstrumente der Münchner oekom-research AG scheinen diesen Leitlinien am ehesten zu entsprechen. Sie basieren auf zahlreichen Einzelkriterien des „Frankfurt-Hohenheimer Leitfadens", der von Moraltheologen und Wirtschaftswissenschaftern in jahrelanger Arbeit erstellt wurde.[1553]

Die 850 Einzelkriterien des „Frankfurt-Hohenheimer Leitfadens" hat die oekom-research AG zu 200 Untersuchungskriterien zusammengefasst, die auch geeignet sind, ein möglichst breites Spektrum christlicher Wirtschaftsethik abzudecken. Von den 200 Untersuchungskriterien entfallen etwa 100 auf das Umweltrating und die restlichen auf das Sozial- und Kulturrating. Sie verteilen sich auf je 20 Untersuchungsfelder.

Die sogenannten Positiv-Kriterien zielen darauf ab, das positive Verhalten von Unternehmen zu fördern. Sie bewerten die Leistungen eines Unternehmens bezüglich seines Umweltmanagements, der Umweltverträglichkeit seiner Produkte und Dienstleistungen, sowie der Bemühungen nach einer öko-effizienten Wirtschaftsweise. Im sozialen Teil des Ratings werden die entsprechenden Managementstrukturen, das allgemeine Unternehmensmanagement, das Verhalten gegenüber den Mitarbeitern und externen Stakeholdern (z.B. Zulieferern, Kunden, Staat, Gemeinwesen) analysiert und bewertet.

Auf der Basis dieser 200 Einzelbewertungen errechnen sich über die entsprechenden Gewichtungen sowohl die Teil-Ratings der 40 Untersuchungsfelder als auch das Umweltrating sowie das Sozial– und Kulturrating. Die Ergebnisse aus den beiden Teil-Ratings ergeben dann das Endergebnis: das sogenannte Corporate-Responsibility-Rating. Die Bewertungsskala reicht von A+ bis D–.

A = Das Unternehmen zeigt außergewöhnliche Leistungen
B = Das Unternehmen verhält sich weitgehend progressiv

1553 Folgende Angaben sind zusammengestellt aus: www.steyler-bank.at. Download: 01.02.2010 undwww.oekom-research.com Download: 02.02.2010.

C = Das Unternehmen hat grundlegende Maßnahmen ergriffen
D = Das Unternehmen zeigt wenig Engagement

Die oekom research AG vergibt ein A+ (oder AAA) nur an jene Unternehmen, die im ökologischen und sozialen Bereich als vorbildhaft bezeichnet werden können und nicht, weil sie derzeit im Vergleich mit anderen Unternehmen an der Spitze stehen.

15.1.1 Die Klassenbesten fördern – Der „Best-in-Class-Ansatz“[1554]

Um den ethischen Wettbewerb der Unternehmen zu fördern, wird als anreizindiziertes Movens unterstellt, dass sich Unternehmen eher dazu entschließen, ethisch zu handeln, wenn sie sich dadurch profilieren und letztendlich davon auch wirtschaftlich profitieren können. Deshalb werden nicht nur Einzelbewertung aller Unternehmen vorgenommen, sondern auch jedes Unternehmen mit seinen möglichen Wettbewerbern verglichen. Diese Zielsetzung verfolgt der so genannte Best-in-Class-Ansatz: Unternehmen werden in Relation zu ihren Mitbewerbern betrachtet. Dieses Auswahlprinzip zuerkennt den Unternehmen eine individuelle Note und einen bestimmten Rangplatz innerhalb ihrer jeweiligen Branche, wodurch ein Unternehmen zusätzlich zu seiner Eigenbewertung quasi auch aus der Beobachterperspektive verfolgen kann, warum und wodurch potentielle Mitbewerber besser oder schlechter abschneiden. Mithilfe dieses wettbewerbsorientierten Ansatzes wird sowohl die Entwicklung der Wirtschaft in Richtung Nachhaltigkeit gefördert, als auch eine schrittweise Veränderung der Gesamtwirtschaft initiiert.

Ziel ist es, nur in die „Klassenbesten“ eines betreffenden Marktsegments zu investieren. In der Regel handelt es sich hierbei um die Top 25% einer Branche. Auf diese Weise wird nicht nur der ethische Wettbewerb gefördert, sondern auch gleichzeitig sichergestellt, dass die Unternehmen den geforderten ethischen Mindeststandards entsprechen. Unternehmen, die in Wirtschaftszweigen tätig sind, die unter die sogenannten Ausschlusskriterien fallen, haben a priori keine Chance, am Ranking nach dem Best-in-Class-Prinzip teilzunehmen, egal wie gut ihre Einzelbewertung auch sein möge.

1554 Folgende Zusammenfassung stützt sich auf die Erklärungsmodelle zum Best-in-Class-Ansatz in: http://steyler-bank-gmbh.online.de/site/index.php?id=252&L=1 und K. Gabriel: Nachhaltigkeit am Finanzmarkt. München 2007. 115ff.

15.2 Die analytische Bewertung der Nachhaltigkeitsleistung von Unternehmen hinsichtlich ethischen Investments anhand des *rfu Nachhaltigkeitsmodells*

Mit dem von Reinhard Friesenbichler entwickelten Modell, dessen „technologisches Herz“ seinen Ursprung in den späten 1990er Jahren hat, steht ein neues Ratinginstrument zur Verfügung, welches vor allen Dingen mögliche Risiken bei der Sustainability-Bewertung von Unternehmen wesentlich deutlicher als bisher üblich und möglich zu Tage treten lässt.[1555]

Nach laufender Optimierung von Methodik, Kriterien und Prozessen, die durch Inputs aus Wissenschaft und praktischer Anwendung begleitet waren, sieht Friesenbichler nunmehr eines der ausgereiftesten Werkzeuge zur externen Bewertung unternehmerischer Nachhaltigkeit zur Verfügung gestellt.

Zunächst sollen grundlegende Gedanken zur Genese und Zielsetzung des Modells und im Anschluss daran ein Überblick des Analyseinstruments geboten werden.

15.2.1 Schwerpunkt: Die Nachvollziehbarkeit und die gesellschaftlich-ökologische Relevanz

Nachhaltigkeitsorientiert investieren bedeutet, neben klassischen Finanz- und anlagetechnischen Kriterien auch die gesellschaftliche und ökologische bzw. ethische Qualität eines Unternehmens (oder sonstigen Emittenten) in den Investmentprozess zu integrieren. Diese Qualitäten zu beurteilen, ist Gegenstand von Nachhaltigkeits-Research-Aktivitäten, die in diesem Fall auf einem Analyse- und Bewertungsmodell basieren, welches möglichst präzise und nachvollziehbar die ökologische, die soziale und die ökonomische Qualität eines Analyseobjektes messbar machen soll. Möglichst umfassend angelegte Positiv- und Negativkriterien operationalisieren die gleichermaßen komplexe naturwissenschaftliche und sozialwissenschaftliche Materie. Die dadurch gewonnene breitere Informationsbasis

1555 Vgl. R. Friesenbichler: Das rfu Nachhaltigkeitsmodell. (Hg): rfu sustainability, research, consulting Unternehmensberatung: Präsentationspapier, Wien 2010. Im Folgenden wird aus Passagen des zum Zeitpunkt des Verfassens dieser Arbeit noch nicht publizierten Präsentationspapiers zitiert. Der Verfasser dieser Dissertation konnte in der Zeit von Oktober 2009 bis zur Fertigstellung der Arbeit die Entwicklungsschritte dieses Ratingmodells im Zuge der aktiven Mitgliedschaft bei der ÖGUT-Plattplattform, dem Ethikbeirat des Börsenkurier, der wissenschaftlich interdisziplinär geführten Plattform Ethik-Stammtisch, sowie in persönlichen Gesprächen mit Reinhard Friesenbichler mit verfolgen und begleiten.

kann unter Einbeziehung sowohl positiver Performanceerwartungen wie auch möglicher Risikoeffekte nutzbringend in Anlage- und Managemententscheidungen eingehen.

Potentielle Ansprechpartner des rfu Nachhaltigkeitsmodells sind institutionelle Investoren, Unternehmen und öffentliche Stellen für die Entwicklung und Umsetzung von ethisch verantwortbaren Anlage- und Geschäftsstrategien: z.B. durch die Konzeption von Investmentprodukten und Nachhaltigkeits-Research.[1556]

15.2.2 Ausschlusskriterien

Ähnlich wie andere Ratingsysteme werden auch hier Negativ- oder Ausschlusskriterien formuliert, die Aktivitäten, Technologien und Praktiken von Unternehmen beinhalten, die mit den Prinzipien der Nachhaltigkeit nicht vereinbar sind.

Standardmäßig finden sechs Gruppen von Ausschlusskriterien Anwendung, die jedoch kundenspezifisch adaptiert werden können.

Ausschlusskriterien im rfu Nachhaltigkeitsmodell[1557]

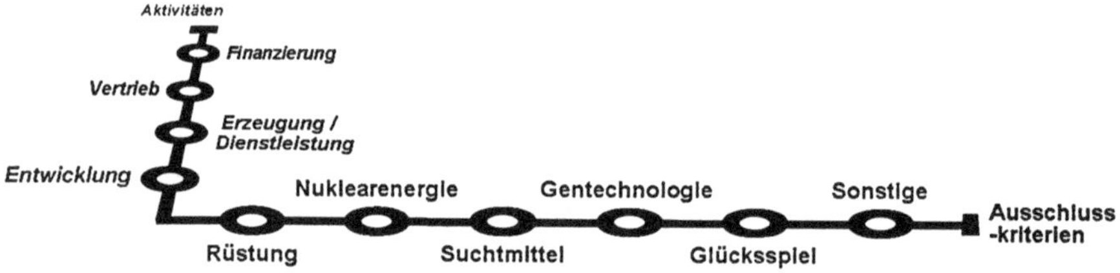

Gentechnologie (kein Pauschalausschluss, sondern nur bestimmte Produkte):

- Ethisch bzw. sozial problematische Human-Gentechnologie
- Ethisch bzw. ökologisch problematische Gentechnologie in Land- und Viehwirtschaft. (Z.B. gentechnisch verändertes Saatgut)

1556 Zu den rfu-Projekten zählen die Nachhaltigkeitsindizes VÖNIX und CEERIUS sowie eine Reihe von Fonds und sonstigen Portfolios. Vgl. ebd. 1.

1557 Graphik ebd. 2.

Glücksspiel:

- Betrieb von Glücks- und Wettspielen
- Glücks- und wettspezifische Anlagen, Kernkomponenten oder Dienstleistungen

Nuklearenergie:

- Elektrizität aus Nuklearwaffen (betrifft alle AKW-Betreiber und Technologielieferanten)
- Nuklearkraftwerke und spezifische Kernkomponenten und Dienstleistung

Rüstungsindustrie:

- ABC-Waffen, Waffensysteme oder Kernkomponenten
- Konventionelle militärische Waffen, Waffensysteme oder Kernkomponenten
- Spezifisch militärisches Material oder spezifisch militärische Dienstleistungen.

Es zeigt sich hier, wie auch später bei den Toleranzkriterien, dass ein differenzierter Umgang mit der Materie vonnöten ist. Denn: mit welchem Produkt beginnt das Ausschlusskriterium Rüstung wirksam zu werden? Oder anders gefragt: Was ist bereits Rüstung? Das Gewehr für den Jäger, das theoretisch auch im militärischen Konflikt zum Einsatz kommen könnte? Die Schraube oder Radmutter für den PKW, die auch für Militärfahrzeuge Verwendung finden könnte?

Suchtmittel

- Tabak, Tabakwaren und (sucht)spezifische Inhaltsstoffe
- Spirituosen mit einem Alkoholgehalt von über 20 Volumprozent

Sonstige Aktivitäten und Praktiken

- Mit stark negativen ethischen, sozialen oder ökologischen Effekten bzw. Risiken
- Schwere Verstöße gegen Menschenrechts- und Arbeitsstandards (z.B. ILO-Normen), Rechtsnormen (z.B. Bilanzmanipulationen) und ethische Grundsätze (z.B. Korruption) sowie schwere Schädigung der Natur (z.B. Umweltverschmutzung), der menschlichen Gesundheit und Würde (z.B. Kinderpornografie)

15.2.2.1 Toleranzkriterien

Für jedes Ausschlusskriterium existieren Definitionen betreffend

- Art der Aktivität wie z.B. Entwicklung, Erzeugung, Vertrieb, Finanzierung, etc.
- Abgrenzung zu nicht ausschlussrelevanten Aktivitäten wie z.B. Dual Use Produkte mit militärischer Sekundärverwendbarkeit.[1558]
- Toleranzen für nicht-signifikante Aktivitäten, wobei der Begriff Signifikanz hier sowohl über die relative, am Anteil des Gesamtumsatzes zu messende, als auch die absolute Bedeutung einer Aktivität, wie Marktposition oder technologische Position eines Unternehmens definiert wird.[1559]

Eine *erste Zusammenschau* zeigt, dass die Negativ- oder Ausschlusskriterien des rfu Nachhaltigkeitsmodells im Grunde eine weitgehende Übereinstimmung mit bisher gängigen Kriteriologien aufweisen, wenngleich deutlicher als bisher praxiserleichternde Differenzierungen und Toleranzen eingebaut wurden.

Protagonistisch jedoch zeigt sich die nun folgende *Positivachse*, welcher eine breitgefächerte Matrix zugrundeliegt, an deren Spitze ein Anspruchsgruppenmodell (Stakeholderkriterien) eingezeichnet ist, gefolgt von Produktkriterien, welche die Wertschöpfungskette bis zum Beschaffungsportfolio eines Unternehmens zurückverfolgen. Erst dann werden die aus anderen Ratingmodellen bekannten positiven, also ethisch vertretbaren Branchen gelistet, wobei auch hier innovative Differenzierungen das herkömmliche Positive-Stock-Picking strategisch begleiten.

15.2.3 Die Positivachse: Stakeholderkriterien

Die zur Beurteilung der Nachhaltigkeitsleistung von Unternehmen aufgestellten Stakeholderkriterien basieren auf dem bewährten Stakeholder-Modell und sind in eine Matrix mit sechs Anspruchsgruppen auf vier Managementebenen eingeordnet.

1558 Man denke hier z.B. an simple Produkte wie Schrauben, die für mechanische Geräte im Alltagsbereich, aber vielleicht auch für militärische Produkte zur Anwendung kommen. Vgl. ebd. 2.

1559 Die relativen Toleranzniveaus liegen kriterienspezifisch im Bereich von 0 bis 10% des Umsatzes (z.B. 0% für ABC-Waffen, 1% für Atomstrom-Erzeugung, 5% für den Betrieb von Glücksspielen, 10% für Spirituosenhandel), vgl. ebd. 2.

Stakeholder- und Produktkriterien im rfu-Nachhaltigkeitsmodell[1560]

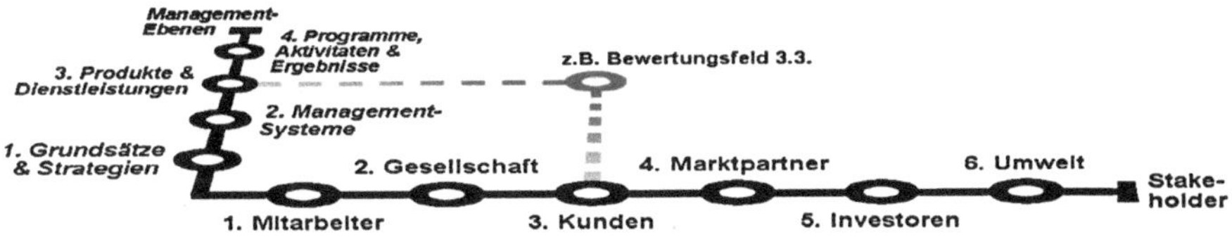

Jeder Schnittpunkt der Matrix bildet ein Bewertungsfeld, dem Kriterien zugeordnet sind. Insgesamt enthält das rfu Nachhaltigkeitsmodell rund 100 einzelne Kriterien, operationalisiert durch ca. 400 quantitative und qualitative Indikatoren.

15.2.4 Die sechs Anspruchsgruppen[1561]

Investoren:

– Aktionäre, Fremdkapitalgeber (Anleiheeigner, Banken) Anlegerschutzverbände, Ratingagenturen, Aufsichtsbehörden. Themen: Corporate Governance, Bonität, Ertragsstabilität, Aktionärsbeziehungen

Mitarbeiter:

– Umfasst das Management, feste, freie und temporäre Mitarbeiter einschließlich deren Familien, Gewerkschaften, etc. Themen: Mitarbeiterleitbild, Entlohnungspolitik, Aus- und Weiterbildung

Umwelt:

– Unmittelbare Stakeholder sind Tiere, Pflanzen, Ökosysteme, Gewässer, Böden, etc., repräsentiert durch NGOs, Umweltbehörden sowie die allgemeine Öffentlichkeit. Themen: Material- und Energieverbrauch, Klima, Wasser, Emissionen

Gesellschaft:

– Beinhaltet Behörden, Staat, Standortgemeinde, Anrainern, NGOs, Medien und die Öffentlichkeit im Allgemeinen. Themen: Corporate Citizenship, gesellschaftliche Produktentwicklung, Menschenrechte

---

1560 Graphik ebd. 3.

1561 Nachstehende Zusammenfassung der Ausführungen in: ebd. 3.

Kunden:

- Hierzu gehören private und kommerzielle Kunden, Händler, weiterverarbeitende Betriebe, Konsumentenschutz-Organisationen, etc., Themen: Qualitätsmanagement, Langlebigkeit der Produkte, Preispolitik, Marketingstil

Marktpartner:

- Umfasst die komplette vorgelagerte Wertschöpfungskette mit allen involvierten Stakeholdern wie Lieferanten und Sublieferanten einschließlich deren Mitarbeiter und gesellschaftliche Stakeholder, sowie auch Kooperations- und Vertriebspartner, Mitbewerber und Regulierungsbehörden. Themen: Lieferantenauswahl, Kooperationen, u.a.

15.2.5 Die vier Managementebenen

- Grundsätze und Strategien, wie Mission, Leitbild, strategische Ziele
- Managementsysteme, insbesondere für Umwelt, Supply Chain, Qualität, Health & Safety, Wert und Risiko sowie Integration von Nachhaltigkeit
- Produkte und Dienstleistungen über den gesamten Lebenszyklus: Qualität, Sinn Sicherheit, etc.
- Programme, Aktivitäten und Ergebnisse, enthält konkrete Maßnahmen und Resultate, z.B. Kundenzufriedenheit, Arbeitsunfälle, Emissionen, Ausbildungsprogramme, u.v.m.

Resümee: Insgesamt liegt der Akzent des rfu Nachhaltigkeitsmodells eindeutig auf der Positivachse und hält somit ein umfangreiches, praxiserprobtes Instrumentarium für ein ethisch-nachhaltig orientiertes Asset-Management bereit, wodurch allein schon die Herangehensweise an die Aufgabe eindeutig ressourcen- und nicht defizitorientiert erfolgt. Zieht man in Betracht, dass die Anfänge des ethischen Investierens hauptsächlich vom Ausschluss bestimmter Branchen gekennzeichnet waren und nur allmählich der positive Ansatz Raum gewinnen konnte, liegt mit dem rfu Nachhaltigkeitsmodell eine eminente Verfeinerung des Werkzeugs und der Methode vor, die explizit praxisorientiert ausgerichtet ist. Im Rückblick wird dadurch eine spannende Entwicklungsgeschichte ethischen Investierens sichtbar.

15.2.6 Produktkriterien und Wertschöpfungskette

Um die Nachhaltigkeit von Produktionsprozessen, Produkten und Dienstleistungen zu beurteilen, ist die gesamte Wertschöpfungskette eines Unternehmens zu betrachten, auch jenseits seines unmittelbaren Transformationsbeitrags.

In diesem Aspekt der Positivkriterien werden vor allen Dingen Fragen nach den vorgelagerten, sogenannten „hidden problems“[1562] im Beschaffungsportfolio eines Unternehmens gestellt. Möglicherweise ist am Produkt selbst und auch an seinem Herstellungsverfahren kein Einwand hinsichtlich ethischer Bedenken zu erheben, jedoch vielleicht bei den zugelieferten Komponenten. Dies wäre ein Beispiel vorgelagerter (upstream) Inputfaktoren, die Stakeholder, Lieferanten und Sublieferanten einschließlich deren Stakeholder betreffen. Für jede Beschaffungskategorie definiert das rfu Nachhaltigkeitsmodell die wichtigsten Inputfaktoren des ökologischen und sozialen „Rucksacks“, den ein Produkt oder eine Dienstlistung ab ovo mit sich trägt. Diese Analysen bilden eine weitere Grundlage für die Analyse des Beschaffungsportfolios. Für jede Beschaffungskategorie werden auf Ebene der jeweiligen Subsektoren der Branchenstruktur eines Unternehmens Ausgangsniveaus für die Bewertung (Basic-Impacts) und Bewertungsparameter definiert.

rfu Wertschöpfungskette[1563]

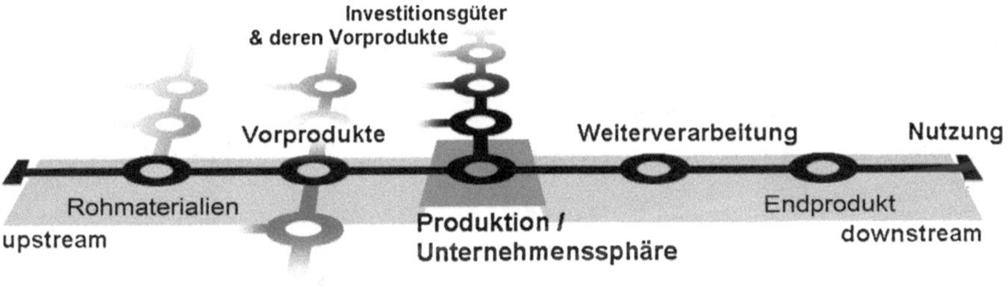

Mutatis mutandis werden auch die nachgelagerten (downstream) Transformationsschritte bis zum Endprodukt einschließlich dessen Nutzung und mögliche Entsorgung untersucht. Auch hier korrelieren die Ergebnisse mit den jeweiligen Relationen zu Kunden, Stakeholdern, Gesellschaft und Umwelt.

Ein anschauliches Beispiel: die Produktion einer Schraube. Welchen kontextuellen Gegebenheiten und Anwendung wird diese Schraube zugerechnet? Eine Schraube selbst ist ein vormoralisches Ding. Sie kann in lebenserhaltenden me-

1562 Ebd. 4
1563 Graphik ebd. 4.

dizinischen Geräten, aber auch in Rüstungsprodukten zum Einsatz kommen. Deshalb ist die im rfu-Modell entwickelte Downstreamanalyse von enormer Bedeutung; nicht zuletzt als wesentlicher Teilaspekt für eine ethisch motivierte Einschätzung möglicher Geldveranlagungen.

15.2.7 Branchenstruktur

Mit 10 Industry Groups[1564], unterteilt in 22 Primary Industries, 43 Primary Sectors und 85 Primary Subsectors[1565] versucht die rfu Branchenstruktur Unternehmen bzw. Geschäftsfelder hinsichtlich ihrer Nachhaltigkeitsaspekte in möglichst homogene und damit vergleichbare Gruppen einzuteilen sowie Basisniveaus und Parameter für die Bewertung festzulegen, denn man kann ethische Standards einer Bank nicht 1:1 mit einem Industriehersteller vergleichen. Damit erweitert und erhellt ein weiteres aussagekräftiges Element die Entscheidungsgrundlagen auf der Positivachse.

15.2.8 Bewertungen / Bewertungsmethode

In der Bewertung von Unternehmen hinsichtlich ihrer ethisch-nachhaltigen Wirtschaftsweise stellt das rfu Modell die *Gewichtungsmethodik* in den Vordergrund.[1566] Die Gewichtung der einzelnen Stakeholder, Managementebenen und Bewertungsfelder, und innerhalb dieser, der Kriterien, erfolgt nach deren Relevanz für das jeweilige Unternehmen. So hat beispielsweise die Beschaffung für eine Handelsfirma eine höhere Bedeutung als für einen voll integrierten Produ-

1564 Die 10 Hauptgruppen werden in folgende Bereiche unterteilt: Energy, Basic Materials, Construction & Real Estate, Industrials, Industrials & Environmental Services, Telecommunications & IT, Transportation, Consumer Goods & Services, Health Care, Financials. Vgl. dazu die vertiefenden Details in: ebd. 5.

1565 Parallel existieren 20 Secondary Sectors bzw. Subsectors, über welche insbesondere Investitionsgüterhersteller sowie Industriedienstleister und –finanzierer zusätzlich auch den Nutzer-Branchen zuordenbar sind. Vgl. ebd. 5.

1566 Zu den Gewichtungsparametern zählen: die Branchenzugehörigkeit (bezogen auf die wichtigsten Geschäftsfelder) und die damit verbundenen gesellschaftlichen und ökologischen Expositionen, die Mitarbeiterintensität und geographische Struktur der Standorte, die geographische Struktur der Absatzmärkte, die Position in und Tiefe der Wertschöpfungskette, der Umfang und die Struktur des Beschaffungsportfolios, die Kundestruktur (Consumer oder Commercial Clients) und andere unternehmensindividuelle Faktoren. Vgl. ebd. 6.

zenten, und die Umweltrelevanz eines Dienstleisters unterscheidet sich von jener in der Schwerindustrie.

15.2.9 Die Ratingskala

Jedes relevante Kriterium wird auf einer Skala von –10 bis +10 bewertet und fließt mit seiner spezifischen Gewichtung sowohl in die Bewertung auf der Ebene der Stakeholdergruppen und der Managementebenen als auch in die Gesamtbewertung ein. Der daraus aggregierte Punktewert (Core Score) wird in eine neunstufige Ratingskala (A+ … C–) transformiert.

Ratingskala im rfu Nachhaltigkeitsmodell[1567]

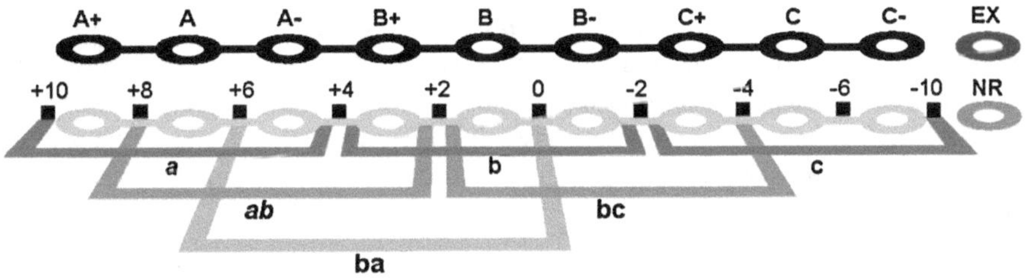

15.2.9.1 Datenlage und Schwankungsbreite

Um eine mögliche Unschärfe der Ergebnisse sichtbar zu machen, erfolgt parallel zur inhaltlichen Bewertung eines Kriteriums auch eine Beurteilung der Datenlage, auf deren Basis die Bewertung erfolgt ist. Daraus ergibt sich eine Schwankungsbreite, die in das Endergebnis eingearbeitet werden muss.[1568]

15.2.9.2 Investierbarkeit

Das rfu Modell empfiehlt in seinem aus dem Blickwinkel der Nachhaltigkeit standardisierten Modell eine Investierbarkeit, wenn ein Unternehmen auf der o.a.

1567 Ebd. 6.

1568 Erhält beispielsweise die gute Entlohnungspolitik eines Unternehmens eine dementsprechend hohe inhaltliche Bewertung, diese aber nur für die Hauptstandorte nachgewiesen werden kann, so erfolgt aufgrund der unvollständigen Datenlage ein dem fehlenden Informationsumfang entsprechender Punkteabzug. Vgl. dazu die Aufschlüsselung ebd. 6–7.

Ratingskala zumindest einen Wert von B+ aufweist, beziehungsweise sich ein indikatives Rating von *ab* ergibt. Eine zweite Qualifikationsmöglichkeit ist über die Best in Sector Inclusion gegeben, der gemäß sich zusätzlich jene Unternehmen als investierbar erweisen, die im besten Drittel ihrer jeweiligen Branche positioniert sind, jedoch mit einem Rating von zumindest B bzw. *ba* qualifiziert sein müssen.

15.2.10 Tools: Data Pool und Rating Report

Alle gewonnen Daten fließen in das rfu Sustainability *Rating Tool* ein, in welchem das rfu Nachhaltigkeitsmodell elektronisch implementiert ist.[1569] Das *Data Pool* dient der Erfassung, Strukturierung und Speicherung von aktuellen und historischen Informationen über die jeweiligen Unternehmen. Die Eingabe erfolgt durch Analysten sowie via Fragebogen durch die zu analysierenden Unternehmen selbst. Weiters werden im Data Pool der Research-Prozess, Kontakte und verwendete Quellen dokumentiert.

Alle Ergebnisse werden in einem etwa 20-seitigen Rating Report erfasst, der ein möglichst umfassendes Nachhaltigkeitsprofil des jeweiligen Unternehmens enthält.

15.2.11 Resümee

Im Anhang dieser Arbeit findet sich zur Veranschaulichung eine von rfu durchgeführte, einseitige Musteranalyse des Büromöbelherstellers bene AG. Schon bei diesem Summary zeigt sich, dass das rfu Nachhaltigkeitsmodell einen gewissen Interpretationsspielraum lässt, um sowohl die Bewertungsproblematik an sich, wie auch die unumschiffbare Schwankungsbreite sichtbar zu machen, die einem ethisch-nachhaltigen Rating innewohnen muss, will man seriöse Aussagen treffen und auch Raum für die notwendige Kommunikation allfälliger Unsicherhei-

1569 Folgende Funktionalitäten bilden die Entscheidungsgrundlagen: Branchenzuordnung und Definition der sonstigen Gewichtungsparameter; Strukturanalyse des Beschaffungsportfolios; Bewertung der Kriterien und Datenlagen; Aggregierung der Bewertungen auf Stakeholder- und Managementebene sowie Gesamtrating; Berechnung der Schwankungsbreiten; sonstige Auswertungen wie z.B. die Verteilung der Einzelbewertungen; Szenarioanalysen, z.B. um die Auswirkungen von geplanten Aktivitäten und Empfehlungen oder zusätzlichen Informationen simulieren zu können; Update-Timing-Funktion. Vgl. dazu die Strukturanalysen in: ebd. 8.

ten Kunden gegenüber wahren. Das differenzierte Bild erlaubt das Aufzeigen und Abwägen der Risiken wie auch das Sichtbarmachen der Sozial-, Natur und Kulturverträglichkeit der herausdestillierten Werte hinsichtlich einer möglichen Investmentempfehlung, der möglichst breit angelegte und ausdifferenzierte Datenbasen und Analyseprozesse zugrundeliegen.

15.3 Die Entwicklung der Nachhaltigkeitskennzahl EDA. Der ethisch-dynamische Anteil einer Anlageform als Bewertungs- und Vorgabekriterium

Nach einer fünfjährigen Entwicklungsphase präsentierte die von Richard Lernbass geführte Forschungsgruppe von software-systems.at im Jahr 2009 eine Wertigkeitskennzahl zur Messung der Nachhaltigkeit von Finanzprodukten. EDA steht für „Ethisch Dynamischer Anteil" und dient, nach eigens dafür definierten Untersuchungskriterien, sowohl zum ethisch relevanten Screening von Finanzprodukten als Einzeltitel, als auch zur Überprüfung und inhaltlichen Bewertung von Portfolioinhalten.[1570]

Der Aktien- und Anleihenmarkt ist mehrheitlich von Trendanalysen bestimmt und nicht immer von geglückten Versuchen gekennzeichnet, Erfolgschancen für InvestorInnen darzustellen oder qualitative Aussagen über Finanzprodukte zu liefern. Dieser Umstand begründete die Zielvorgabe der Arbeitsgruppe, nämlich unbeachtet marktbedingter Trends, den ethisch-dynamischen Anteil von Finanzprodukten durch eine Kennzahl auszudrücken, um die Überprüfung inhaltlicher Wertevorgaben zu objektivieren oder zumindest besser sichtbar zu machen. AnlegerInnen soll mit der EDA-Kennzahl ein Instrument zur individuellen Wertedefinition und deren Kontrolle in die Hand gegeben werden.[1571]

1570 Vgl. Harald Kolerus: Neue Orientierungshilfe. In: Börsen-Kurier 17.03.2011, 17.

1571 Vgl. R. Lernbass: Die Kennzahl EDA. In: Karl-Heinz Brodbeck (Hg.): Von der Trendanalyse zu ethisch fundierten Kennzahlen mit Zukunft. Schriftenreihe der Finance & Ethics Academy Bd. 3. Aachen 2009, 8–10. Per Ende 2010 war zu beobachten, dass die Nachhaltigkeitskennzahl EDA von vielen Banken, Finanzdienstleistern und institutionellen Einrichtungen nach entsprechenden Vorgabekriterien eingesetzt wird. Vgl. R. Lernbass (Hg.): Aussendung zum Finance & Ethics Kongress 2011. Diex 03/2011, 1. Die EDA Methodik verfährt zunächst nach Standard-Mustern, die auch bei anderen Testmethoden Anwendung finden, wie die Einbeziehung von Positivkriterien wie Transparenz, Umweltorientierung, Anerkennung der Global-Compact-Prinzipien, wie auch eine verstärkte Berücksichtigung an erneuerbarer Energie. Bei den Negativkriterien werden Rüstung, Atomstromproduktion, Gentechnik, Tierversuche und Menschenrechtsverletzungen als Ausschlusskriterien ange-

Aus dem Fondsdatenuniversum werden jene Titel ausgewählt, die sowohl inhaltlich als auch aus betriebswirtschaftlicher Sicht den Vorgaben der EDA Standardkriterien entsprechen.

Die theoretisch zu erreichende Höchstbewertung mit einer EDA Zahl von 100(%) würde demnach bedeuten, dass der untersuchte Titel allen Vorgabekriterien der auf viele Untersuchungsebenen aufgesplitterten Kriteriologie entspricht.

Lernbass verleiht seiner Hoffnung Ausdruck, dass dieses Instrument nicht marketingorientiert, sondern kundenorientiert eingesetzt wird.[1572]

15.3.1 Die Finance & Ethics Research (FER) – Methodik

Speziell im Finanzdatenresearch ermöglicht und begünstigt der informationstechnologische Fortschritt bei der Wertpapieranalyse die bisher stark forcierte *qualitative Methode* durch die *quantitative Methode* abzulösen. Aufgrund automatisierter Prozesse bilden die Ergebnisse in diesem dynamischen Entwicklungsprozess Voraussetzungen für Investmententscheidungen, welche die Research Gruppe als „hervorragend" einstuft.

Der FER-Ansatz operiert mit einer quantitativen Methodologie, welche durch eine eigens entwickelte Harvester-Technologie unterstützt wird.[1573]

15.3.1.1 Das FER–Untersuchungs-Universum

Finance & Ethics Research untersucht mit einem globalen Ansatz die durch seine Kunden beauftragten Emittententitel nach exakt definierten Kriterien und kundenspezifischen Vorgaben. Die Abdeckung ist weder indexorientiert, noch gibt es Einschränkungen im Bereich der Assetklassen. Die wöchentlichen Reports bieten einen kontinuierlichen Überblick. Im Screening finden sich: Nachhaltigkeitsmarkt, Gesamtmarkt, Aktien- und Anleihenmarkt, Immobilienmarkt sowie die Schwellenländer. Das beobachtete Datenbank-Finanzvolumen umfasst über 1,8 Billionen Euro.

---

führt. Beachtlich ist das Volumen des global untersuchten Fondsdatenuniversums von mehr als 2,2 Bio €. Vgl. H. Kolerus: Neue Orientierungshilfe, 17.

1572 Vgl. R. Lernbass (Hg.): Aussendung, ebd. 1.

1573 Vgl. im Folgenden die Darstellungen des Unternehmens in: www.software-systems.at/php/fea.finance_ethics_research_leitbild.html Download 11.11.2010

15.3.1.2 Der T-Key. Transparenz als Grundbedingung

Als Basis aller FER-Tätigkeiten fungieren die vom Research-Team definierten Transparenzvorgaben. Im Mittelpunkt steht dabei der sogenannte T-Key, ein Transparenzschlüssel, der aussagen soll, wie umfassend und transparent Informationen über das untersuchte Investment bereitstehen. Das Vorhandensein ausreichender Transparenz dient quasi als Bedingung der Möglichkeit, dass überhaupt weiterführende Untersuchungen angestellt und gehaltvolle Aussagen getroffen werden können.

Die Vergabe des Wertes T-Key 1 bedeutet umfassende Transparenz. Die individuellen Anforderungen der AnlegerInnen in Bezug auf Nachhaltigkeit oder Positiv-/Negativ-Kriterien sind die Grundlage für ein Portfolio-Screening mit laufender Überwachung.

15.3.2 Der Anspruch der Unabhängigkeit

Das Researchteam um Richard Lernbass nimmt für sich in Anspruch, von Banken und Investmentgesellschaften völlig unabhängig zu sein. Als Finanzdatendienstleister betreibt das Unternehmen Schnittstellen zu mehr als 380 Fondsgesellschaften und Börsenplätzen auf der ganzen Welt.

15.3.3 Spezifikation und Berechnung der Standardkriterien

Für die Standard-EDA-Berechnung werden zunächst sowohl Positiv- wie Negativkriterien berücksichtigt.[1574]

Die Positivkriterien: Aktiengesellschaften, Fonds und Emittenten von Anleihen werden *bevorzugt*, wenn:

- sie den entwickelten Transparenzkriterien entsprechen.
- sie einen überproportionalen Anteil ihrer Finanzmittel in die Entwicklung erneuerbarer Energien investieren.
- sie sich gemäß eigens entwickelter EDA Standardgrenzwerte in besonderer Weise für den Umweltschutz einsetzen.

1574 Vgl. die folgenden Kriterien in: software systems (Hg.): EDA-Ethisch Dynamischer Anteil. Spezifikation und Berechnung. Diex 2010, 1–12, ein zum Zeitpunkt der Abfassung dieser Arbeit noch unveröffentlichtes Forschungspapier. Siehe auch: www.software-systems.at/php/fea.cms_fer-eda-services.html. Download 13.11.2010.

– sie die Prinzipien des Global Compact[1575] anerkennen bzw. diese einhalten oder anstreben. Eine Global Compact Mitgliedschaft ist nicht erforderlich.

Die Negativkriterien: Aktiengesellschaften, Fonds und Emittenten von Anleihen werden *ausgeschlossen*, wenn:

– sie gentechnische Veränderungen im Agrarbereich vornehmen und/oder unterstützen.
– sie in der Rüstungsindustrie tätig werden, wobei Grenzwertfestlegungen möglich sind.[1576]
– sie ausschließlich Rüstungsprodukte herstellen, im Besonderen Nuklearwaffen, Clusteromben, Landminen und andere Kriegsgüter, für die keine Grenzwertfestlegung möglich ist.
– sie Tierversuche für Testzwecke von Kosmetikprodukten, Pflegeartikeln, Lebensmitteln oder Tiernahrung durchführen oder durchführen lassen.
– sie im Aktionsradius des Unternehmens Menschenrechtsverletzungen begehen bzw. diese nicht ausreichend verhindern.
– sie Kernkraftwerke herstellen, im Kernkraftwerkbau oder der Atomenergiegewinnung tätig sind.[1577]

1575 Global Compact oder auch United Nations Global Compact ist der englische Name für einen weltweiten Pakt (deutsch: *Globaler Pakt der Vereinten Nationen*), der zwischen Unternehmen und der UNO geschlossen wird, um die Globalisierung sozialer und ökologischer zu gestalten.
Am 31. Januar 1999 wurde der Pakt offiziell von UN-Generalsekretär Kofi Annan in einer Rede anlässlich des Weltwirtschaftsforums in Davos allen interessierten Unternehmensführern angeboten. Die Internationale Handelskammer (ICC) war nicht nur der erste, sondern lange Zeit auch der einzige Ansprechpartner aus der Wirtschaft, der diese Initiative aufgriff. Bereits im Juli 1999 vereinbarten die ICC und Kofi Annan eine enge Zusammenarbeit. Die ICC gewann die ersten 50 multinationalen Unternehmen. Am 26. Juli 2000 wurde in New York die operative Phase gestartet. Vgl. www.unglobalcompact.org. Download: 11.11.2010.

1576 Ein Beispiel: kaum jemand bezweifelt, dass die Exekutive bewaffnet sein muss. Diese Handfeuerwaffen müssen aber hergestellt werden. Deshalb trifft im Bereich des ethischen Investments ein Kompromisswert von 5% auf mehrheitliche Zustimmung. D.h. Ein Unternehmen darf nicht mehr als 5% mit Produkten der leichten Waffenindustrie (Jagd- oder Handfeuerwaffen) umsetzen. (Spezielle Rüstungsgüter sind ohnehin ausgeschlossen). Vgl.: Konsensuale Beispiele auf der Plattform CRIC: www.cric-online.org. Download: 13.11. 2010.

1577 Grenzwertfestlegungen sind möglich, wenn beispielsweise Komponenten hergestellt werden, die auch für andere Energieherstellungsformen genutzt werden können. Man denke an Turbinenteile, Ventile, etc. Vgl. dazu den großen Überblick bei Richard Lernbass: EDA – Selektion nach Wertigkeiten. In: . In: Karl-Heinz Brodbeck (Hg.): Von der Trendanalyse zu ethisch fundierten Kennzahlen mit Zukunft, 97–134.

15.3.4 Zur EDA – Bewertung und Hervorbringung einer fundierten Kennzahl

Mithilfe eines für die Umsetzung der Kriteriologie notwendigen Zahlenschlüssels, auf dessen Spezifikationen in dieser Arbeit nicht näher eingegangen werden kann, werden Cut-Off-Werte erstellt und Zahlenwerte in einer Checkliste vergeben.

Ein Beispiel: Ein Finanzprodukt, welches den Transparenz-Vorgabekriterien nicht entspricht, wird generell nicht berücksichtigt. Findet sich der Titel in einem Fonds, wird der Wert in allen Belangen als „negativ" ausgewiesen. Ebenso wird bei Mischfonds und Anleihefonds vorgegangen. Enthalten solche Fonds Staatsanleihen oder Bankschuldverschreibungen, bei deren Emittenten (Land/Bank) Menschenrechtsverletzungen vermutet werden, erfolgt eine kategorisierte Textausweisung über „sensible Werte", bzw. eine Vorselektion über Regionen oder Länder.[1578]

Potentielle InvestorInnen können in Frage kommende Finanzprodukte entweder nach allen acht Standard-Kriterien screenen lassen, oder im ersten Schritt die für sie relevanten Kriterien auswählen. Für die Berechnung von Fonds, Portfolios oder aggregierten Beständen finden zunächst die EDA-Standardkriterien Anwendung. Trifft ein Kriterium zu, so wird für dieses der Wert 1 geliefert. Je nach anteilsmäßiger Berücksichtigung, absolut oder mit Grenzwerten versehen, wird ein Wert zwischen 0 und 1 geliefert, wobei 0 keine Übereinstimmung mit den Vorgabekriterien ausdrückt, während der Wert 1 volle Übereinstimmung oder 100% ausdrückt.

Beim Positivkriterium der *Transparenz* etwa bedeutet der Wert 1, dass alle Anforderungen für das Vorliegen der geforderten Transparenz erfüllt sind. Somit fließt dieser Wert als absolut „positiv" in die EDA-Berechnung ein, wohingegen intransparente Werte ausscheiden.

Bei Negativkriterien, wie zum Beispiel der Rüstung, drückt der Wert 1 aus, dass rüstungsrelevante Unternehmen in einem Fonds enthalten sind.

1578 Dass solche Kriterien immer wieder eines Kompromisses bedürfen, zeigt ein absichtlich rigoros gestaltetes Anwendungsbeispiel aus der Praxis: Bei den Auswahlkriterien für mögliche Government Bonds (Staatsanleihen) zur Gestaltung des Don Bosco Jugend Eine Welt Ansparfonds, blieben weltweit nur mehr 11 Länder übrig; selbst Österreich konnte sich nicht wirklich qualifizieren, da es die Menschenrechtscharta in Sachen Kinder- und Jugendrechte noch nicht vollinhaltlich ratifiziert hat. Vgl. Reinhard Heiserer: Kinderrechte. In. Kathweb www.kathpress.co.at/site/nachrichten/database/35823.html?SWS=dc2b0feb5e2c2bc41fa584 92fcef6ae3 Download: 16.11.2010

Theoretisch kann auf der Positivleiste der Wert 100 erreicht werden. Das denkbar schlechteste Resultat liegt vor, wenn 0 Punkte vergeben wurden.[1579]

Es gilt zunächst festzuhalten, dass EDA als ethisch dynamischer Anteil eine individuelle Wertigkeitskennzahl darstellt, welche selektiv aus je vier Positiv- und Negativkriterien berechnet werden kann.

15.3.4.1 Von der Selektion zum Endergebnis

Nach Vorliegen der für die Selektion relevanten Ausgangsdaten tragen vier Datenbankinfrastrukturen (DB) wesentlich zur Ergebnisauswertung bei:

- DB der internationalen, als nachhaltig definierten Indizes bzw. deren Ausschlusskriterien
- DB aus Einzeltitelresearch – manuell und mittels Finance & Ethics Research (FER)-Harvester-Technologie
- DB der FER-Branchengruppe 4: hierbei handelt es sich um Details aus Branchenportfolios der Aktiengesellschaften bzw. Emittenten
- DB „sensible Werte", eine von FER entwickelte und manuell servicierte DB.[1580]

Das Research-Team unterscheidet zwei Ansätze von Ergebnissen in Nachhaltigkeit.

- Nachhaltigkeit nach innen: hier werden praxisrelevante Fragen aufgeworfen, wie zum Beispiel, ob Tintenpatronen innerbetrieblich entsorgt werden, ob Umweltpapier verwendet wird, ob und welche CSR Maßnahmen umgesetzt werden.
- Nachhaltigkeit nach außen: das Ernstnehmen der Produktverantwortung steht hier an erster Stelle und ist somit der wichtigste Aspekt, denn hier kommen wirtschaftliche Implikationen zum Tragen, die Auswirkungen auf Gesundheit, Umwelt und Menschenrechte in sich tragen können.

In öffentlichen Auftritten gerieren sich Unternehmen mitunter schon als nachhaltig wirtschaftend, wenn innere Aspekte der Nachhaltigkeit erfüllt sind. Zur Erfüllung der EDA-Kriterien sind jedoch sowohl die inneren als auch die äußeren Ansätze der Nachhaltigkeit ausschlaggebend.

1579 Vgl. dazu die Berechnungsbeispiele in: software systems (Hg.): EDA-Ethisch Dynamischer Anteil, 7–12.

1580 Vgl. Richard Lernbass: EDA – Selektion nach Wertigkeiten, 103.

Freilich kann es auch umgekehrt vorkommen, dass Finanzprodukte, die ursprünglich nicht als „nachhaltig“ definiert sind, nach eingehender inhaltlicher Untersuchung sich zum Teil oder auch vollends als nachhaltig erweisen.[1581]

15.3.5 Von der Eindimensionalität in die dreidimensionale Darstellungsmöglichkeit: Die Kennzahl FER 3D

Die meisten Ratingagenturen verfahren nach einer Scoring-Gesamtnotenentwicklung, bei der eine gewichtete Summe von Einzelbewertungen verarbeitet wird. Jedoch: Ratingagenturen haben sich auch dramatisch ver-bewertet. Deshalb suchte das Forschungsteam nach neuen Methoden.

In Erweiterung der am Markt bereits seit 2009 eingeführten EDA-Kennzahl entwickelte das software-systems.at Team eine nach Eigendefinition „dreidimensionale Kennzahl“ namens FER 3D, die „weltweit erste“ ihrer Art, einsetzbar für Fonds, Portfolios und Wertpapierbestände. Laut Eigenangaben ihrer Entwickler soll damit eine „einfache Informationsquelle“ zur Verfügung stehen, „welche klar und transparent nach inhaltlichen Fakten dreidimensional jene Bereiche misst, die als Entscheidungsträger wichtig sind.“[1582] Dazu gehören die historische und aktuelle Risikomessung, die lang-, mittel- und kurzfristige Outperformancemessung und die nachhaltig-inhaltliche Messung. Mithilfe dieser Kennzahl sollen AnlegerInnen auf einen Blick die dreidimensionale Entwicklung von Portfolios, Fonds oder aggregierter Bestände verfolgen und laufende Veränderungen stetig beobachten können.[1583]

Diese Kennzahl setzt sich zusammen aus:[1584]

- EDA, dem ethisch dynamischen Anteil, sowohl standardisiert als auch individuell gestaltbar
- RKZ (Risikokennzahl) oder FRK (Fondsrisikokennzahl)
- OPM (Outperformancemessung) Standard/Individuell

Für die *EDA*-Berechnung können die AnlegerInnen ihre persönlichen Wertigkeitskriterien definieren oder im Rahmen der „Standard-EDA-Berechnung“ Vergleiche objektiviert durchführen.

1581 Vgl. ebd. 104–105.

1582 R. Lernbass (Hg.): Aussendung zum Finance & Ethics Kongress 2011. Diex 03/2011, 1.

1583 Vgl. ebd. 1.

1584 Vgl. die Aufstellung FER 3D in: www.software-systems.at/php/fea.cms_fer-fer-3d.html. Download 16.11.2010

Die RKZ (Risikokennzahl) basiert auf einer für Wertpapierarten ausgerichteten Klassifizierung bzw. Bewertung, die folgende Items umfasst: Geldmarkt und gelmarktnahes Risiko, Anleihen- und Aktienrisiko, Immobilienrisiko, sowie Risiken bei alternativem Investment und Derivaten.

Die FKZ (Fondsrisikokennzahl) bezieht sich auf das berechenbare Risiko von Wertpapierbeständen aufgrund aktuell gehaltener Einzeltitel. Daraufhin erfolgt eine gewichtete Durchschnittswertberechnung, welcher eine assetklassen-, bonitäts-, währungs- und börsennotizbezogene Matrix (Note: 1–5) der Einzeltitel zugrunde liegt. In dieser Berechnung werden folgenden Klassen berücksichtigt: Guthaben bei Kreditinstituten und Kassenbestände, Darlehen und Kredite, Forderungswertpapiere, Aktien, aktienähnliche begebbare Wertpapiere, Corporate Bonds und sonstige Beteiligungswertpapiere; ferner auch Immobilien und sonstige Vermögenswerte.

Aus dieser Informationsfülle wird die Kennzahl FER errechnet.[1585] Das Research Team erhofft sich mit diesem Instrument eine plastische, eben dreidimensionale Analyse von Einzeltiteln wie Fonds, die sichtbarer als bisher auf dem Prüfstand stehen. Eine eigens dafür entwickelte Wertpapierdatenbank soll Aktiengesellschaften in Bezug auf ihre ökonomischen, ökologischen und sozialen Leistungen hin untersuchen.

Zusammenfassend zeigt sich, dass im Rating ein paradigmatischer Wechsel vollzogen wurde: Von hauptsächlich vergangenheitsfokussierten Untersuchungsmethoden, in denen es um die Darstellung von Performance und somit um den schieren Return of Investment ging, der noch dazu in einem meist optimal eingegrenzten Zeitraum (und damit nicht selten verzerrt) dargestellt wurde, zu rezent-relevanten Topoi, die den Anliegen und Anforderungsprofilen ethisch interessierter InvestorInnen zugutekommen. Aber auch der ambitionierteste SRI-Rating-Ansatz kann komplexe Finanzprodukte wie Fonds nicht bis in ihre feinsten Verästelungen und Verschachtelungen einzelner Unternehmensstrukturen ausleuchten.[1586] Bei aller noch so präziser Datenaufbereitung und fachlich fun-

1585 Vgl. FER. Analysierte Einzeltitel in: www.software-systems.at/php/fea.cms_fer_sensible_werte.html. Download 16.11.2010.

1586 Hierzu ein konkretes Beispiel: unter den EDA-TOP 20 Fonds vom Juni 2009 findet man Produkte, die beinahe alle großen Aktiengesellschaften des ATX enthalten. Einige davon, wie Großbanken oder multinational tätige Konzerne sehen sich in einigen Geschäftsfeldern wiederholt mit Kritik in Teilbereichen ihres Auftragsportfolios konfrontiert. Bsp.: Die Mitwirkung österreichischer Unternehmen am Ilisu-Staudamm in der Türkei, der den Tigris stauen und ein Gebiet von 313 Quadratkilometern überfluten soll, darunter auch historische Kulturdenkmäler. Hier zeigt sich die Bandbreite möglicher Einschätzung hinsichtlich Vereinbarkeit oder Unvereinbarkeit ethisch noch vertretbarer Aktivitäten im Gesamtbild eines Unternehmens. Vgl. dazu. Ebd. 6 und www.stopilisu.com. Download 16.11.2010.

dierter Orientierungshilfe kann kein Mensch die Verantwortung für seine Geldanlage vollends auf eine finanztechnische Untersuchungsmethode substituieren.

15.4 Das Problem der Analyse und des Ratings der Assetklasse Mikrofinanz

Zur verbesserten Rendite-Risiko-Abwägung von Mikrofinanzprodukten wird es für ethisch orientierte AnlegerInnen in naher Zukunft immer wichtiger werden zu wissen, wie risikobehaftet ihr Investment in die Assetklasse Mikrofinanz tatsächlich ist. Außerdem ist es ein Gebot der Fairness, sozialen Beweggründen transparente Informationen über mögliche Risiken sozial verantwortlicher Geldanlage anheimzustellen. Noch besteht viel Handlungsbedarf in der Entwicklung aussagekräftiger Analysen für eine kompetente Rendite-Risiko-Einschätzung von Mikrofinanzprodukten.

Selten aber doch kommt es nach Auskunft von Reinhard Friesenbichler vor, dass beim Institut rfu für Portfolioprüfungen der Kunden oder für Antragsteller des ÖGUT-Labels (Österreichische Gesellschaft für Umwelt und Technik) Mikrofinanzprodukte zur Überprüfung angemeldet werden.[1587]

Die Vorgehensweise beginnt zunächst mit der Analyse der einzelnen MFIs hinsichtlich ihrer Strategie, ihrer regionalen Ausrichtung und ihrer „Branchen"-Schwerpunkte. Aufgrund dieser Basisdaten, die nicht selten lückenhaft oder gar nur rudimentär zur Verfügung stehen, kann zunächst der Versuch unternommen werden, abzuleiten, ob

- eventuelle Risiken der Verletzung von Ausschluss- oder Negativkriterien bestehen. So lassen sich zum Beispiel aus den Branchen-Schwerpunkten erste Rückschlüsse ziehen. Agrarwirtschaftliche Unternehmen bergen u.a. das Risiko von gentechnisch modifiziertem Saatgut.
- und wie weit das Produkt auf der positiven Achse (affirmativ, ressourcenorientiert) ausgeprägt ist. In diese Überlegungen fließt auch die Frage ein, inwieweit sich aus der Anlagepolitik ein wirksamer, entwicklungspolitischer oder sozial-ethischer Charakter ableiten lässt. Relevante Aspekte sind zum Beispiel, ob im betreffenden Land die in den Negativkriterien für ethische Geldanlage formulierten politischen und sozialen Bestimmungen eingehalten

1587 Informationsgrundlage ist ein Fachgespräch mit R. Friesenbichler, da es zu diesem spezifischen Thema noch wenig publiziert ist. Als Quellen für das nähere Eingehen auf die Ausgangsfrage können dienlich sein: www.mixmarket.org und als Quelle für finanzielle und soziale Performance Daten von MFIs weltweit www.symbioticsgroup.com mit Angeboten der Marktanalyse für Mikrofinanzmärkte und MFIs. Alle Downloads: 02.04.2011.

werden. Last but not least ist die Kernfrage schlechthin zu beantworten: Vergibt das betreffende MFI Kredit für „echtes" Microfinancing, nach all der hierfür notwendigen und erforderlichen Kriteriologie, oder handelt es sich bei den Geschäftsfeldern um herkömmliche Kommerzkredite für kleine und mittelgroße Unternehmen?

Friesenbichler räumt ein, dass es an einer praktikablen Kriteriologie und ausgefeilten Ratingsystemen in Sachen Mikrofinanz noch fehlt. Auch wird es eine Aufgabe der Zukunft sein, sich diesem Forschungsfeld sowohl von finanztechnischer, rechtlicher, als auch von sozialethischer Seite vermehrt zu widmen, um potenziellen InvestorInnen die Fragen nach Risiken, Anlagehorizonten, Gewichtungen im Portfolio u.v.m. als Entscheidungshilfen in einer möglichst umfassenden Art und Weise kompetent beantworten zu können.

15.4.1 Der Ratingansatz von Mikrofinanzprodukten mittels Messbarkeit des Social Impacts

Seitens der Österreichischen Entwicklungsbank (OeEB) tritt Michael Wancata dafür ein, dass MFI-Ratings neben wirtschaftlichen Kennziffern auch soziale Implikationen berücksichtigen sollten.[1588] Diese Frage soll bei der nun folgenden Herangehensweise leitend sein. Wie aber misst man sozialen Erfolg? Kann er überhaupt messbar sein? Wenn ja, welche Instrumente stehen zur Verfügung? Sehr differenziert äußern sich dazu J.C. Brau und G.M. Woller: „Measuring social return, however, is anything but straightforward. In practice, the specific impacts of microfinance are hard to pin down and harder still to measure. Impact assessments require adoption of research methodologies capable of isolating specific effects out of a complicated web of causal and mediating factors and high decibels of random environmental noise. ... The difficulty and cost inherent in assessing social impact are such that most MFIs do not try to assess social impact; nonetheless, donors and policymakers have a legitimate interest in assessing the social returns to their social investments."[1589] Die sozialen Auswirkungen bleiben also schwer einschätzbar. Ein Abzählen und Ausmessen scheint

1588 Statement Wancata, eigene Aufzeichnung, bei Tagung EFSE European Fund for Southeast Europe – Entwicklung der Mikrofinanzen in Südosteuropa anlässlich des fünfjährigen Bestehens des Fonds. Hotel Imperial, Wien, 10.12.2010. Auf das Mikrofinanzrating nach sozialen Aspekten hat sich auch spezialisiert www.microrate.com. Dowonload 18.04.2011

1589 Brau James C. / Woller Gary M.: Microfinance: A Comprehensive Review of the Existing Literature. In: Journal of Entrepreneurial Finance and Business Ventures, Vol. 9, Issue 1, 2004, 1–26. (Ohne Ortsangabe), 27.

außerhalb der Dimension humanitären Handelns zu liegen, und vielleicht ist es auch ganz gut, dass wahre Caritas letztendlich unermesslich bleibt, sich in ihrer Inkommensurabilität einer Ökonomie des Mess- und Abwägbaren entzieht.

Deshalb stellen Brown und Woller auch die meisten Studien in Frage, die den sozialen Impact von Mikrokrediten zu untersuchen trachten. Sie kritisieren die dabei vorfindbare „methodological weakness … in published impact studies."[1590] Die Bandbreite der methodologischen Fehler in der Herangehensweise reicht von grundsätzlichen Fragen wie: was ist eine gültige Kontrollgruppe, über die Auswertung von Samples, Fehleinschätzungen der Kosten für Hilfsprogramme, bis zu fachspezifischen Fragen wie etwa die Analysen von Kostenwahrheiten.[1591] Das Anliegen von Brown und Woller lässt sich vielleicht am besten im Wunsch nach einer Professionalisierung der Planung und Implementierung des Armutsbekämpfungsinstruments Mikrokredit bündeln, dem sie große Entwicklungschancen einräumen. „Microfinance offers the finance discipline a possible avenue to make a significant difference in the lives of millions of poor people."[1592]

15.4.2 Das Desiderat nach Messbarkeit der Social Performance von Mikrofinanzprodukten hinsichtlich notwendiger Ratingaufgaben und Risikoabwägungen

In Würdigung aller berechtigten Skepsis der von Brown und Woller vorgebrachten kritischen Einwände gegen eine mögliche Messbarkeit sozialer Auswirkungen des Mikrofinanzwesens bleibt dennoch der dringende Wunsch danach, sowohl seitens der Mikrofinanzierungsorganisationen als auch ethisch orientierter AnlegerInnen aufrecht. Eine mögliche Bewertung der sozialen Auswirkungen von Mikro- und Projektkrediten hätte zur Folge, dass einerseits, mit einer entwicklungspolitisch relevanten Kennzahl versehen, das Armutsbekämpfungsinstrument Mikrofinanz klar belegbare Zahlen zu seiner Effizienz vorweisen kann. Andererseits wäre mithilfe eines solchen Messinstruments auch ein banktechnisches „Rating" der MikrofinanzkundInnen möglich. Denn aufgrund eindeutig verbesserter Lebensbedingungen der Darlehensnehmenden vermindert sich die Gefahr von Kreditausfällen. Dadurch wäre ein wichtiges Element zur Einstufung von Mikrofinanzprodukten in eine konkrete Risikoklasse gegeben und für potenzielle AnlegerInnen eine weitere Orientierungshilfe zuhanden. Mithilfe des Messinstruments PPI soll die soziale Performance von Mikrofinanz

1590 Ebd. 31.
1591 Vgl. ebd. 31.
1592 Ebd. 31.

transparent gemacht werden. Die nachstehenden Indikatoren sollen dies veranschaulichen.

15.4.3 Der Progress out of Poverty Index (PPI), ein Messinstrument für sozial verantwortliches Mikrofinanzwesen, als möglicher Ansatz des Kundenratings

Mit dem Ziel, die Social Performance, also die soziale Effizienz von Mikrofinanzierung messbar zu machen, entwickelten Experten der Grameen Foundation unter fachlicher Einbindung von Oikocredit einen Fragebogen mit 10 Indikatoren, die auf die jeweiligen Länder abgestimmt werden.[1593] Mithilfe der darin enthaltenen Parameter soll zunächst das Armutsniveau von Mikrokredit-KundInnen zu Beginn der Kreditlaufzeit ermittelt und sodann über einen längeren Zeitraum hindurch beobachtet und schließlich ausgewertet werden. Mit Stand Januar 2011 arbeiten MFIs in 37 Ländern und vier Kontinenten (außer Australien) mit dem als „Open Source" gestalteten Index.[1594]

Für das größtenteils noch unbearbeitete wissenschaftliche Forschungsfeld eines möglichen Kundenratings von Kreditnehmenden im Mikrofinanzwesen eröffnet die Messbarkeit armutsrelevanter Entwicklungen unter einer Langzeitbeobachtung neue Perspektiven, um die Effizienz des Armutsbekämpfungsinstruments Mikrofinanz darzustellen und zu kommunizieren. Verbesserte Lebensstandards, Zahlungsmoral, Kaufkraftentwicklung und eine Reihe anderer Items ermöglichen eine bessere Einschätzung der KundInnen, denn niemals darf außer Acht gelassen werden, dass kaum ein anderes Finanzgeschäft dermaßen stark von persönlichen Beziehungen, Kontakten und lokalen Netzwerken geprägt ist wie das Mikrofinanzwesen. Deshalb spielen die loan officers, die ihre DarlehensnehmerInnen sehr gut kennen, eine so wichtige Rolle. Was aber, wenn ein loan officer ausfällt? Diese Frage stellt auch Friedhelm Boschert im Kontext eines möglichst rasch zu entwickelnden Ratingsystems der Mikrofinanz-KundInnen. „Mindestens genauso bedeutend wie das Rating der MFIs, ist das

---

1593 Vgl. dazu: www.progressoutofpoverty.org. Download: 24.02.2011.

1594 Die Informationen des PPI sind öffentlich zugänglich und auf der Internetseite nach Regionen übersichtlich geordnet und jederzeit abrufbar. Der PPI-Index „is intended for the public good and is available to all who wish to use it. Grameen Foundation's collaboration with other key stakeholders within the microfinance industry will ensure that the PPI is available for the greatest number of MFIs that wish to better meet the needs of the poorest members of the communities they serve," so das Selbstverständnis der Verfasser, in: „PPI by Country": http://www.progressoutofpoverty.org/ppi-country. Download: 25.02.2011. Ein Link zu: www.mixmarket.org. führt zu PPI-zertifizierten MFIs weltweit.

Rating der Kunden“[1595], untermauert Boschert seine Forderung nach Messinstrumenten, aufgrund derer sich sozioökonomische Entwicklungen eines verbesserten Lebensstandards ablesen lassen. In dieser Arbeit wird die Meinung vertreten, dass Instrumente wie der PPI für das Kundenrating nutzbar gemacht werden sollten. Denn nur aufgrund verbesserter Prognoseinstrumente können seriöse Aussagen über Sicherheit und soziale Wirksamkeit einer Geldanlage in Mikrofinanzprodukte erarbeitet werden. Mithilfe fundierter Argumentationsgrundlagen können mehr Menschen von der Sinnhaftigkeit dieser spezifischen, ethisch verantwortlichen Geldanlage überzeugt werden. Ein weiterer Schritt läge in der Ausprägung einer Risikokennzahl für Mikrofinanzprodukte, womit ein weiteres spannendes Forschungsfeld der Zukunft eröffnet wäre.

15.4.3.1 Die angewandte Methode am Beispiel von Fonkoze, einer Partnerorganisation von Oikocredit in Haiti

Mit 60.000 KreditkundInnen ist Fonkoze die größte MFI Haitis; ihr Fokus ist hauptsächlich auf Frauen in ländlichen Regionen gerichtet. Im Jahr 2006 starteten dort die ersten Untersuchungen mithilfe des PPI-Strukturansatzes. Schon beim ersten Kundenkontakt sind die MitarbeiterInnen der vor Ort tätigen MFIs angehalten, den PPI-Fragebogen gemeinsam mit ihren KundInnen auszufüllen. Aufgrund der damit erhobenen Daten erhält die MFI einen ersten Status über die sozialen Kontexte der AntragstellerInnen und kann eine etwaige Kreditvergabe, den damit verbunden Betreungs- und Beratungsaufwand und andere praktische Herangehensweisen an die betreffenden KundInnen anpassen.

Mithilfe des PPI Fragebogens und seinen 10 Hauptindikatoren können loan officers ihre KlientInnen hinsichtlich vorgegebener „poverty lines“ besser einschätzen.[1596] Die Schwankungsbreite des Untersuchungsinstruments wird mit Prozent angegeben.

Der im Fragebogen enthaltene Datensatz wird bei jedem Kreditzyklus, aber mindestens ein Mal jährlich, gemeinsam mit den KundInnen aktualisiert. Erste Auswertungen haben gezeigt, dass 57 Prozent der KundInnen von weniger als

---

1595 Aus Aufzeichnungen eines Fachgesprächs mit F. Boschert, CEO der Volksbank International, am 12.11.2010 in Wien.

1596 Vgl. dazu die Angaben auf der „Technical Platform“: „The PPI estimates the likelihood that an individual falls below the national poverty line, the $1/Day/PPP and $2/Day/PPP international benchmarks. The PPI can help programs target services, track changes in poverty over time, and report on poverty rates. In: http://www.progressoutofpoverty.org/en/technical-platform. Download 24.02.2011.

1 US$/Tag leben. Innerhalb von 2 Jahren konnten 61 Prozent der Befragten ihre Lebensumstände verbessern.

Aufgrund der umfassenden Items können hier nur einige repräsentative Beispiele aus dem PPI-Fragebogen vorgestellt werden:[1597]

- Wie viele Familienmitglieder können lesen und schreiben?
- Aus welchem Material besteht das Haus?
- Gibt es Elektrizität im Haus?
- Besitzt die Familie ein Radio oder einen Fernseher?
- Welche Haustiere besitzt die Familie?
- Woher bezieht die Familie ihr Trinkwasser?
- Gibt es ein Familienmitglied mit einem Erwerbseinkommen?
- Gibt es eine Toilette, und wenn ja, wie ist diese beschaffen?

Die PPI–Protagonisten heben verständlicherweise die Vorteile des von ihnen entwickelten Untersuchungsinstruments besonders hervor. Demzufolge sei das System äußerst kostengünstig, die Items leicht abzufragen, die Ergebnisse verlässlich und klar abzulesen und das System selbst sei im höchsten Maß mit Armutskriterien korrelierbar. Aus den zehn Hauptkriterien werden in der Fragebogenauswertung bis zu einhundert Indikatoren für diverse Untergruppen deriviert, die auf drei Hauptbereiche rekurrieren:[1598]

- Haushalt und Wohncharakteristik, mit Unterordnungen die Brennstoffe für das Kochen oder die Beschaffenheit des Bodens im Wohnraum betreffend.
- Individuelle Charakteristika, wie Alter und Schulbildung oder Berufsausbildung.
- Das Vorhandensein von Konsumgütern im Haushalt und die Möglichkeit der Telekommunikation, verbunden mit der prinzipiellen Frage, ob es überhaupt Zugang zu Elektrizität gibt.

Nach Auswertung aller Indikatoren werden die loan officers in die Lage versetzt, die „Momentaufnahmen" ihrer Kredit-AntragstellerInnen aufgrund der ebenso erhobenen Umfeldangaben in eine Außenanamnese einzubetten, die als Entscheidungshilfe bei der Kreditvergabe dienlich ist. Die Auswertungen werden in einer Punkteskala von 0–100 dargestellt, in welcher der Wert Null für äußerste Armut steht.

1597 Vgl. dazu die Beispiele der Punkteauswertung auf den Untersuchungs-Charts und die „scores" zur Feststellung, ob KlientInnen „above oder below the poverty line" anzusiedeln sind, bei: PPI – Harnessing the results. In: http://www.progressoutofpoverty.org/understanding-the-progress-out-poverty-index-1. Download 25.02.2011.

1598 Vgl. dazu auf der „Technical Platform" die „Selected indicators": In: http://www.progressoutofpoverty.org/en/technical-platform. Download 24.02.2011.

15.4.3.2 Praktische Anwendungsmöglichkeiten der PPI-Auswertungen

Für die tägliche Arbeit der MFI-Manager können die PPI-Daten eine wertvolle Informationsquelle darstellen. Zunächst einmal, um Managemententscheidungen für laufende Geschäftsvorgänge, Programme, Produkte und die Bereitstellung von Serviceleistungen insofern zu erleichtern, als eine datengesicherte Entscheidungsgrundlage vorliegt. Des Weiteren können dadurch maßgeschneiderte, die Bedürfnisse der jeweiligen KundInnen berücksichtigende Kreditprogramme angeboten werden.[1599]

Auch hat sich gezeigt, und das ist vielleicht einer der wichtigsten Erträge, dass die PPI-Daten eine große Argumentationshilfe in der Auseinandersetzung mit rein kommerziell ausgerichteten Marktteilnehmern sein können. In vielen Einsatzgebieten sehen sich sozial ausgerichtete MFIs einem hohen Konkurrenzdruck lokaler Kreditanbieter ausgesetzt, die keine Balance zwischen finanziellen und sozialen Returns im Auge haben. Nicht zuletzt werden die PPI-Daten auch als gleichermaßen akkurate wie aktuelle Informationsquelle für lokale Behörden, sozial orientierte InvestorInnen, SpenderInnen und Rating-Agenturen genützt.[1600]

Resümee: Nach Selbstangabe der Grameen Foundation wird der PPI-Index als „simples Tool" angepriesen[1601], obschon gesehen werden muss, dass die Komplexität und mögliche Schwankungsbreite der einzelnen Bewertungs- und Auswertungsvorgänge alles andere als simpel aufgebaut ist, was m.E. eher für die Qualität des PPI-Index als ausgefeiltes Monitoring-Tool spricht.

In einem zukünftig höchst erwünschten Gesamtbild, auf dem der Mikrofinanzmarkt und seine Produkte nach sozialen Kriterien und den für AnlegerInnen höchst relevanten Risikoklassen abgebildet werden können, trägt der PPI-Index einen wichtigen Puzzlestein bei. Für eine ausführlichere Beschäftigung mit diesem Messinstrument für soziale Effizienz bietet das Thema dieser Arbeit nicht genügend Raum. Festzuhalten ist an dieser Stelle aber, dass im Bereich des Mikrofinanz-Ratings hoher Forschungsbedarf besteht und dass dafür die PPI-Daten eine wichtige Informationsquelle sein könnten. Hinsichtlich der Einordung von Mikrofinanzprodukten in definierte Risikoklassen müssten die Items des PPI in ein neues Schema überführt werden.

1599 Vgl. dazu die Ausführungen und Links bei „The Operational Fit. The Social Performance Network" In: http://www.progressoutofpoverty.org/understanding-the-progress-out-poverty-index-0. Download: 25.02.2011.

1600 Vgl. ebd. 1.

1601 Vgl: http://www.progressoutofpoverty.org/understanding-the-progress-out-poverty-index, 1. Download: 25.02.2011.

15.4.4 Rating-Item Qualitätssicherung. Zur Genese der Forderung nach einem UN-Gütesiegel für sozial verantwortliche Mikrofinanz

Für rein kommerziell ausgerichtete, regional operierende Finanzdienstleister, die aggressive Kundenakquisition betreiben und ihre MitarbeiterInnen mit hohen Provisionen ködern, wird der Mikrofinanzmarkt zusehends attraktiver. Nicht selten treten dabei Akteure auf den Plan, die Geld an gutgläubige Menschen unter dem „Trend-Label" Mikrokredit zu Wucherzinsen anpreisen. Dass diese Geschäftspraktiken mit dem genuin sozial- und entwicklungspolitischen Engagement verantwortungsvoller Mikrofinanz nichts mehr zu tun haben, ja diese gute Idee in ihren Grundfesten erschüttern, muss hier nicht ausführlicher hervorgehoben werden.[1602] Es galt somit, sowohl zum Schutz der Kreditnehmenden als auch zur Sicherheit der InvestorInnen, eine Trennschärfe zu entwickeln, um „echte" Mikrofinanzunternehmen von solchen zu unterscheiden, die sich bloß mit diesem Namen schmücken. Das bedeutet auch, die örtlichen MFIs mit aller gegebenen Sorgfalt auszusuchen und zu kontrollieren, ob sie bereit sind, sich den geforderten Verhaltenskodizes zu unterwerfen oder nicht.

Wie im vorigen Kapitel dargestellt, hat die Entwicklungsgenossenschaft Oikocredit aufgrund über dreißigjähriger Erfahrung im Bereich der Mikrofinanzen ein ausgefeiltes Monitoring (PPI) entwickelt, um den sozialen Impact von Mikrokrediten auf einem möglichst hohen Niveau abzusichern.

Mit der expliziten Forderung nach einem von den Vereinten Nationen überwachten Qualitätszertifikat für sozial verantwortliche Mikrofinanz trat Peter Püspök im Herbst 2010 mehrfach an die Öffentlichkeit.[1603] Sein Credo lautete:

1602 Das Proprium sozial verantwortlicher Mikrofinanz kann mit der Trias Kredit, Sparen und Sozialversicherung sowie sozialer Begleitung, Beratung und Betreuung der Kreditnehmenden vor Ort zusammengefasst werden. Verantwortliche MFIs und deren Finanzierungspartner, wie z.B. die ökumenische Entwicklungsgenossenschaft Oikocredit beherzigen diese selbstverpflichtenden Regeln seit über 30 Jahren. Auch die Zweckwidmung der Gelder wird überwacht, denn Mikrokredite dürfen nur für realwirtschaftliche Existenzgründungen vergeben werden und nicht für den Konsum. Vgl. dazu auch: Helmut Berg: Geldsegen Mikrokredit? Teilhabe und Empowerment von Menschen in Armutsländern. Seminararbeit an der Katholisch Theologischen Privatuniversität. Linz 2008, 9f, 37f. Als Abstract in: WER Preis der Industriellenvereinigung: http://www.iv-mitgliederservice.at/iv-all/dokumente/doc_3082.pdf. Download: 05.02.2011.

1603 Angeregt wurde diese Forderung das erste Mal von Markus Schlagnitweit am Rande des Finance & Ethics Kongresses im Stift St. Georgen / Längsee im Beisein von Peter Püspök und dem Verfasser dieser Arbeit, am 04.05.2010. P. Püspök griff diese Idee auf und setzte sich mehrfach öffentlich für diese Forderung als eine von Oikocredit Austria unterstützte Initiative ein. Hier nur einige Belegstellen dazu: H. Berg: Interview mit Peter Püspök: „Die schwarzen Schafe trennen." In: Börsen-Kurier, Geld und Ethik-Beilage, 20.05.2010, III, genau hinsehen, denn „nicht überall wo Mikrokredit draufsteht ist auch Mikrokredit drinnen."[1604] Püspök verlangte nach Unterscheidungskriterien, mit deren Hilfe sozial motivierte Mikrofinanzierer von rein kommerziellen Anbietern, deren Zielsetzung ausschließlich die Ertragsorientiertheit und der Return of Investment ist, klar zu unterscheiden sind. Um also hilfsbedürftige Menschen vor unseriösen Anbietern zu schützen und andererseits den AnlegerInnen Transparenz und Sicherheit zu gewährleisten, erhob Püspök seitens Oikocredit Austria die Forderung nach einem UN-Gütesiegel für sozial motivierte Mikrokredite.[1605]

15.4.4.1 Die „UN-Principles for Investors in Inclusive Finance"

Mit dem erklärten Ziel, Menschen, die ihren Weg aus der Armut mit eigener Kraft bewerkstelligen möchten, faire Konditionen zu gewährleisten, formulierte eine Gruppe von international operierenden Mikrofinanz-Investoren gemeinsam mit der niederländischen Prinzessin Maxima in ihrer Funktion als „UN Secretary-General's Special Advocat for Inclusive Finance for Development", die „Principles for Investors in Inclusive Finance" (PIIF).[1606]

„Inclusive Finance" steht dabei für ein Finanzsystem, in dem alle Menschen, unabhängig ihres Einkommens, Zugang zu erschwinglichen und an ihre spezifischen Bedürfnisse angepassten Finanzdienstleistungen haben. „Inclusive Finance" umfasst Mikrokredite, Sparkonten und Versicherungen und verpflichtet die InvestorInnen zum fairen Umgang mit den Kreditnehmenden, wobei auch

---

und: Sandra Knopp: Interview mit P. Püspök: UN-Gütesiegel gegen Profitgier. In: Die Furche, 20.01.2011, 2.

1604 P. Püspök Interview: „Die schwarzen Schafe trennen", III.

1605 Vgl. P. Püspök, ebd. III. Auch der Verfasser dieser Arbeit wies darauf hin, dass ein unabhängiges, internationales Gremium einer anerkannten Behörde, am besten die UNO selbst, ein Qualitätsmerkmal für Mikrofinanz verleihen und überwachen könnte. Denn seit dem *UN Year of Microcredit 2005* residiert im 14. Stock des UNO Headquarters in New York die *SUM, die Special Unit for Microfinance*. Diese Behörde könnte mithilfe anerkannter MF-Institutionen einen Kriterienkatalog mit den Anforderungen an sozial verantwortliche Mikrofinanz erstellen. Mit solch einer UN-Zertifizierung wäre ein hohes Maß an Seriosität und Orientierung für AnlegerInnen zu erreichen. Vgl. H. Berg: Geldsegen Mikrokredit, 9f, 40ff.

1606 Die Prinzipien umfassen unter anderem die Diversifizierung finanzieller Servicedienstleistungen wie Sparkoten und Versicherugen, in erster Linie dienen sie dem Schutz der KundInnen. Die nachstehende Zusammenfassung besteht aus den Headlines der im Dokument ausführlich beschriebenen Aufgaben. Vgl. dazu im Detail: United Nations Global Compact und UNEP Finance Initiative. (Hgg.) Principles for Investors in Inclusive Finance. www.unpri.org 1.4. Download: 26.02.2011. Vgl. auch: H. Berg: Neue UN-Richtlinien unterstützen sozial verantwortliche Investoren. Gute Nachrichten für Geldanlage in Mikrofinanz. In: Börsen-Kurier v. 20.04.2011, Beilage Geld & Ethik, II.

explizit deren Schutz verankert ist. Ferner liegen die Schwerpunkte auf Einhaltung der ausgeführten ethischen Standards sowie einem verantwortungsvollen, transparenten und nachhaltigen Angebot für MFIs.

Die als Selbstverpflichtung für faires Banking auferlegten Kriterien werden in 7 Abschnitte unterteilt, deren Überblick hier komprimiert dargestellt werden soll:

1. Range of Services. We will actively support retail providers to innovate and expand the range of financial services available to low income people in order to help them reduce their vulnerability, build assets, manage cash-flow, and increase incomes.
2. Client Protection. We believe that client protection is crucial for low income clients. Therefore we will integrate client protection in our investment policies and practices.
3. Fair treatment. We will treat our investees fairly with appropriate financing that meets demand, clear and balanced contracts, and fair processes for resolving disputes.
4. Responsible Investment. We will include environmental, social and corporate governance (ESG) issues in our investment policies and reporting.
5. Transparency. We will actively promote transparency in all aspects.
6. Balanced Returns. We will strive for a balanced long-term social and financial risk-adjusted return that recognizes the interests of clients, retail providers, and our investors.
7. Standards. We will collaborate to set harmonised investor standards that support the further development of inclusive finance.[1607]

Am 28. Januar 2011 unterzeichneten schließlich 40 internationale Mikrofinanz-Investoren in Den Haag die Endfassung dieser UN-Richtlinien, deren Zielsetzung es ist, die Kreditnehmenden vor unseriösen Anbietern zu schützen und sozial-nachhaltig arbeitende Mikrofinanzorganisationen in ihrer Arbeit zu unterstützen. Sowohl die faire Behandlung der Kreditnehmenden als auch die übersichtliche, klare und verständliche Gestaltung von Verträgen sind konstitutiver Teil der UN-Guidelines, die wesentlich zur Transparenz und Rechtssicherheit im Mikrofinanzwesen beitragen sollen. Ebenso sind die Themen Umwelt, Soziales sowie die angemessene Unternehmensführung und -kontrolle als bedeutsame Punkte angeführt.[1608]

1607 Vgl. auch eine Zusammenfassung der Kriterien mit einem Interview von Tor Gull, CEO v. Oikocredit International bei Karin Tzschentke: UN schafft Gütesiegel für Mikrokredite. In: Der Standard, 08.02.2011,21.

1608 Vgl. United Nations Global Compact und UNEP Finance Initiative. (Hgg.): Global investors launch inclusive and responsible finance principles. In: www.unpri.org 1–3. Download: 01.03.2011. Vgl. auch die Auflistung der 40 Unterzeichner, ebd. 3. Zu Abschluss dieser Ar-

Die Verfasser legen ihrem sozialen Bekenntnis die Beobachtung zugrunde, „that poorer clients are often disadvantaged by asymmetries in financial knowledge, power, and influence. By signing the principles, investors state their commitment to fair treatment and protection of the interest of the ultimate client in inclusive finance – low-income households and small and medium enterprises."[1609] Die Unterzeichner auferlegen sich die Verpflichtung, ihre Gelder nur solchen MFIs zur Verfügung zu stellen, die explizit sozial-verantwortliche Mikrofinanzprodukte vertreiben und darüber hinaus ein weitgefächertes Angebot an qualitätsvollen Serviceleistungen für ihre Kreditnehmenden anbieten.[1610] Diese Forderung wird dem Paradigma der Transparenz und Nachhaltigkeit unterstellt. James Gifford ist davon überzeugt, dass die Principles for Inclusive Finance das Ziel unterstützen, verantwortliche Mikrofinanz zu einem der wesentlichen Mechanismen der Entwicklungshilfe zu gestalten.[1611] Aus der Sicht institutioneller Investoren sieht Else Bos das Wohl der Kreditnehmenden dank der neuen UN-Guidelines ins Zentrum gerückt.[1612] In der Hoffnung, dass möglichst viele Mikrofinanzinstitutionen dem Beispiel der 40 Protagonisten folgen werden, ruft Marilou van Golstein Brouwers ins Gedächtnis, dass die Einhaltung der neuen Richtlinien eine fundamentale Auswirkung auf das Leben von Millionen Menschen haben kann.[1613]

Es wird vermutet, dass Fälle brutaler Geldeintreibungsmethoden Ende 2010 in der indischen Provinz Andhra Pradesh und das darauf folgende Kreuzfeuer der Medien das Zustandekommen der UN-Richtlinien beschleunigten.[1614] Jedenfalls

---

beit lagen bereits Zusagen von über 870 unterzeichnungswilligen Organisationen aus 45 Ländern, mit einem Gesamtvolumen von über 25 Milliarden US $ an „assets under management" vor. Vgl. ebd. 3.

1609 Ebd. 1.

1610 Vgl. ebd. 1. Das Papier bezieht sich in diesem Punkt auf die Begleitung, Beratung und Betreuung der KundInnen.

1611 J. Clifford lobt das Übereinkommen in seiner Funktion als Executive Director of Principles for Responsible Investment. Vgl. ebd. 1f.

1612 E. Bos ist Deputy Chair of the Executive Committee von PGGM, einer niederländischen Investmentgesellschaft, die Pensionsfonds verwaltet. Vgl. ebd. 2.

1613 M. v. Golstein Brouwers ist Vorstand von Triodos Investment und Mitunterzeichner. Vgl. ebd. 2.

1614 Einige hoffnungslos überschuldete Frauen wurden dabei in den Selbstmord getrieben. stellvertretend für hunderte Medienberichte darüber, die differenzierte Berichterstattung im englischen Economist, welche klar herausarbeitet, dass lokale, indische Kreditfirmen mit aggressiver Kundenakquise die Schuld an den Auswüchsen von Gewalt gegen Kreditnehmende tragen und nicht die seit Jahrzehnten in Indien tätigen internationalen Mikrofinanzanbieter, die auch lange vor Wirksamwerden der UN-Guidelines, sich der sozialen Verantwortung im Finanzwesen verpflichtet fühlten. In: (ohne Autorenangabe) The Economist: Big zeitigten die skandalösen Missbräuche deutliche Auswirkungen auf die indische Mikrofinanzbranche in ihrer Gesamtheit. Positiv ist zu vermerken, dass sich die indische Zentralbank Empfehlungen verantwortungsvoll agierender Akteure der Mikrofinanzbranche umgehend zu Herzen nahm und sich stärker als bisher auf den Kundenschutz konzentrieren möchte, wie Tor Gull bestätigt: „Das indische Oikocredit-Tochterunternehmen Maanaveeya Holdings arbeitet eng mit seinen Projektpartnern zusammen, um finanzielle Nachhaltigkeit und soziale Leistungsfähigkeit in ihrer Praxis sicherzustellen. Es geht in erster Linie um den Schutz der EndkundInnen und darum, dass gleichzeitig mit der Branche auch eine internationale Kultur wächst, in der die Einhaltung ethischer Standards die Norm ist. Wir halten die PIIF-Richtlinien für einen wichtigen Schritt in diese Richtung.“[1615]

15.4.5 Zusammenfassung und kritische Würdigung

Im Hinblick auf das starke Wachstums der Mikrofinanzbranche in den vergangenen zehn Jahren und den – auch in dieser Arbeit weiter oben gezeigten – Beispielen tlw. negativer Auswüchse des boomenden Mikrofinanzwesens, erfüllt die Unterzeichnung der UN-Guidelines zunächst auch die lang erhoffte Forderung nach Orientierung für sozial verantwortliche InvestorInnen, die sich bei ihren Investmententscheidungen aufgrund des UN-Gütesiegels wesentlich klarer von rein profitorientierter Vergabe von Mikrokrediten distanzieren können.

Als noch völlig ungewiss müssen die Auswirkungen der bei Abfassung dieser Arbeit noch jungen UN-Richtlinien für „responsible finance“ bezeichnet werden. Es besteht jedoch berechtigter Grund zur Hoffnung, dass die selbstauferlegten Verpflichtungen der unterzeichneten Finanz-Organisationen auch zu einer besseren Einschätzung des Investmentrisikos in Mikrofinanzprodukte führen. Hier

---

trouble for microfinance, 02.12.2010. Omline: http://www.economist.com/blogs/free exchange/2010/12/microfinance. Download: 24.01.2011.

1615 Dazu gehört, dass MFIs auf ihre soziale Wirksamkeit hin geprüft, Schulungen und Workshops durchführt werden, um ihr Engagement für soziale Wirksamkeit zu stärken. Gull betont, dass die *Principles for Investors in Inclusive Finance* zur rechten Zeit wirksam wurden. Vgl. Interview mit Tor Gull, CEO von Oikocredit International über den Jahresbericht 2010. In diesem ist auch das erstaunliche Wachstum der Branche ablesbar. Zum Jahresende von 2010 belief sich das Finanzierungsportfolio von Oikocredit auf 481 Mio. €, gegenüber 394 Millionen € im Jahr 2009. Auch die Nachfragen nach Finanzierungen haben sich erhöht. 2010 wurden 205 Mio. € an bestehende und neue Projektpartner ausgezahlt. Eine Steigerung von 45% gegenüber dem Vorjahr. In: http://www.oikocredit.org/at/aktuelles/752/tor-g-gull-geschaftsfuhrer-von-oikocredit-international-uber-die-jahresergebnisse-2010-krisen erscheinungen-in-indien-und-die-neue-un-richtlinien, 1. Download 12.02.2011.

muss eine Langzeitbeobachtung erfolgen, die gegebenenfalls die Performance der unter UN-Monitoring laufenden Geschäftstätigkeiten mit Benchmarks anderer Mikrofinanzanbieter vergleicht, um a la longue ein Rendite-Risikoprofil sozial verantwortlicher Mikrofinanz herauszuarbeiten. Dies wird eine wichtige Forschungsaufgabe der Zukunft sein.

16 Impulse und Reflexionen aus den Workshops der Plattform CRIC

Das Corporate Responsibility Interface Center (CRIC) ist nach Eigendefinition „die größte Investorengemeinschaft zur Förderung des ethischen Investments im deutschsprachigen Raum.“[1616] Der Verein mit Sitz in Frankfurt bietet ethisch orientierten privaten wie institutionellen InvestorInnen gute Vernetzungs- und Koordinationsmöglichkeiten. In Sachen ethisch nachhaltiger Geldanlagen fungiert die Plattform CRIC als Schnittstelle zwischen AnlegerInnen, Wirtschaft und Politik. Seinen Mitgliedern bietet CRIC Bewusstseinsbildung und aktive Gestaltungsmöglichkeiten im Dialog mit Unternehmen, um ökologischen und sozialen Aspekten mehr Gewicht zu verleihen und neue Werte in der Wirtschaft zu etablieren. Darüber hinaus besteht die Möglichkeit, sich via CRIC über die Auswirkungen der eigenen Geldanlagen zu informieren und austauschen.[1617] Gelder ethisch-nachhaltig zu veranlagen, trägt zweifellos zu einer Humanisierung und Ökologisierung ökonomischer Prozesse bei und beantwortet darüber hinaus die Frage, die sich viele AnlegerInnen angesichts eines nur schwer durchschaubaren Angebots konventioneller Spar- und Anlageformen stellen: Was geschieht wirklich mit meinem Geld, wenn es „arbeitet“?

Diese und eine Vielzahl anderer in Workshops erarbeiteter Fragen und Diskussionsimpulse wurden anlässlich des zehnjährigen Bestehens der Plattform CRIC als „Standortbestimmung und Ausblick“ gesammelt. Der folgende Überblick der Thesen und Positionen bietet Erträge eigener Eindrücke als Workshop-Teilnehmer und die Aufarbeitung der Workshop-Publikation.[1618]

1616 Siehe Homepage: www.cric-online.org. Download: 06.12.2010.

1617 Der wissenschaftliche Beirat des CRIC greift stets aktuelle Fragen der ethisch-nachhaltigen Geldanlage auf. Sehr kompetent werden dabei für die über 100 privaten und institutionellen Mitglieder Information und Bewusstseinsbildung über die Gestaltung und Steuerung wirtschaftlicher Zusammenhänge sowie über die Notwendigkeit von Geldanlagen angeboten, die sich an sozialen und ökologischen Kriterien orientieren. Vgl. www.cric-ev.de. Download 11.12.2010.

1618 Vgl. Klaus Gabriel: Ethisches Investment: Standortbestimmung und Ausblick. Ergebnisse der CRIC-Workshops in Wien (16.09.2010), Zürich (22.09.2010) und Frankfurt (23. u. 24.09.2010), Frankfurt 2010.

16.1 Die grundsätzlich positive Entwicklungseinschätzung eines Nischenmarktes

Zunächst konnte Konsens darüber erzielt werden, die Entwicklung des ethischen Investments der letzten zehn Jahre als grundsätzlich positiv einzustufen. Auf der Angebotsseite „gab es eine kontinuierliche Verbesserung und Professionalisierung sowohl der Analysemethoden als auch der Umsetzungsverfahren. Ratingprozesse wurden deutlich verbessert. ... neben verschiedenen Themenschwerpunkten konnten sich auch unterschiedliche Praktiken des ethischen Investments – wie etwa das *Engagement* – durchsetzen. Die jährlichen Zuwachsraten bei ethischen und nachhaltigen Geldanlagen im deutschsprachigen Raum bewegen sich durchwegs im zweistelligen Prozentbereich per annum.“[1619] Anhand dieser Zahlen darf nicht übersehen werden, dass ethische Geldanlagen immer noch ein Nischendasein führen. Trotz aktiver Medien- und Öffentlichkeitsarbeit in diesem Spezialfeld (in dem auch der Autor dieser Arbeit tätig ist), ist es noch nicht gelungen, beispielsweise die Mehrheit der Wirtschaftsjournalisten von der gesellschaftspolitischen Relevanz des ethischen und nachhaltigen Investments zu überzeugen, wiewohl seitens der Banken die Entwicklung bestimmter, ethisch gekennzeichneter Finanzprodukte wie Investmentfonds oder Zertifikate vorangetrieben wurde. Darunter finden sich jedoch kaum Produkte für „kleine“ Anleger (Stichwort „Grünes Sparbuch“). „Lediglich in Deutschland konnten sich in den letzten Jahren einige kleinere Institutionen etablieren, die sich auf sozial und ökologisch verantwortliche Sparanlageprodukte spezialisiert haben.“[1620] Eine Mehrheit der an den Workshops teilnehmenden ExpertInnen teilte die Meinung, dass die Nachfrage nach einem „fairen Girokonto“, einem „grünen Sparbuch“ (oder Ethik-Sparbuch), einer „sozial wirksamen Direktanlage“, einem „regionalen Bürgerfonds“ oder einem „nachhaltigen Immobilieninvestment“ unterschätzt wird. Im Bemühen um eine nachhaltige Entwicklung am Finanzmarkt wäre es

1619 Ebd. 4 (eigene Kursivsetzung). Hinzuzufügen ist an dieser Stelle, dass trotz der beachtlichen Zuwachsraten, der Anteil an ethischem Investment im deutschsprachigen Raum unter 2% des gesamten Veranlagungsvolumens liegen dürfte. Diese Zahl ist im Fachdiskurs strittig, da man uneins zu sein scheint, welche Anlageformen hinzurechenbar sind. Richard Lernbass, tritt beispielsweise dafür ein auch Aktiengesellschaften und Fonds in diese Rechenmodelle aufzunehmen, die von software-systems als ethisch geratet wurden, und kommt in seiner Einschätzung des ethisch veranlagten Anteils am Gesamtanlagevolumen auf 10%. Vgl. Vortrag von Richard Lernbass beim Finance & Ethics Forum, St. Georgen / Längsee, 30.09.2010.

1620 Klaus Gabriel: Ethisches Investment: Standortbestimmung und Ausblick, 7.

wichtig, auch und vor allem jene Menschen handlungsfähig zu machen, die nur über kleine bis durchschnittliche Geldvermögen verfügen.[1621]

Dass Menschen durchaus bereit sind, ihre Geldanlage nicht nur unter Renditegesichtspunkten zu betrachten, sondern in den Dienst eines darüber hinausgehenden kulturellen, sozialen oder ökologischen Nutzens zu stellen, beweist zum Beispiel die 1975 gegründete und seither stetig wachsende ökumenische Entwicklungsgenossenschaft Oikocredit, die für das veranlagte Kapital 2% (sozial verträgliche) Dividende p.a. bezahlt.[1622] Mehrheitlich wurde unter den Workshop-Teilnehmerinnen jedoch die Meinung vertreten, dass es bis jetzt noch nicht wirklich gelungen sei, alle Möglichkeiten ethisch nachhaltiger Geldanlage zu entwickeln oder einer breiten Öffentlichkeit sichtbar zu machen.[1623]

16.2 Bedenken über mangelhafte Kommunikation vor allem von Seiten privater und institutioneller Investoren

Die Einsicht, dass der Umgang mit Geld nach wie vor ein Tabuthema ist, über das man nicht gerne und auch nicht offen spricht, wurde durch zahlreiche Diskussionsbeiträge bestätigt. „Anders als im Segment der Bio- und TransFair-Produkte ist es damit für Anbieter von ethischen Geldanlagen schwierig, einen konstruktiven Dialog zu entwickeln."[1624]

Ganz offensichtlich fällt es Menschen ungleich schwerer, fair zu veranlagen als fair gehandelte Waren einzukaufen. Dabei mangelt es nicht an existierenden Angeboten ethischer Geldanlagemöglichkeiten. Vielleicht liegt die Bruchstelle tatsächlich in der geeigneten Kommunikationsform und in den geeigneten Kommunikationsmitteln, um erfolgreich an jene Menschen heranzutreten, die sich für ethisches Investment interessieren, denn AnlageberaterInnen innerhalb und außerhalb von Banken argumentieren häufig, dass Kunden nicht nach Ethik und Nachhaltigkeit in der Geldanlage fragen. Umgekehrt beklagen sich InvestorInnen, dass ihnen solche Möglichkeiten nie angeboten werden, was darauf hin deuten könnte, dass es auch an geeigneten Marketingstrategien für diese Finanzprodukte fehlt. Stichwort: „Nadelöhr Vertrieb".[1625]

1621 Ebd. 7.

1622 Oikocredit finanziert Mikrofinanzinstitute in über 70 Ländern mit einem Investitionsvolumen von 470 Millionen Euro für 17 Millionen Menschen. Vgl. www.oikocredit.at Download 02.12.2010.

1623 Vgl. Klaus Gabriel: Ethisches Investment: Standortbestimmung und Ausblick, 7.

1624 Ebd.5.

1625 Ebd. 5.

16.3 Abnützungserscheinung und Blasenbildung im ethischen Investment?

In den CRIC-Workshops wurde auch diagnostiziert, „dass sich das ethische Investment festgefahren hat, vereinzelt wird von ‚Abnützungserscheinungen' oder gar von einer ‚Blasenbildung' beim ethischen Investment gesprochen."[1626] Reale Gefahren einer Blasenbildung zeigen sich zum Beispiel im Mikrofinanzbereich. Aufgrund der von Anlageunternehmen, Banken und Finanzdienstleistern wiederholt propagierten Annahme, dass Micro-Entrepreneurs in ruralen Gebieten minder entwickelter Ökonomien weitgehend unbeschadet von der globalen Finanzwirtschaftskrise ihren Geschäften nachgehen können, wodurch dieser Sektor als Investment als attraktiv wie auch gewinnbringend anzusehen sei, sind viele Mikrofinanzinstitutionen (MFIs) mit reichlich Anlagegeldern ausgestattet, wodurch es – in Einzelfällen – zu unbedachter und leichtfertiger Kreditvergabe und Missbrauch sowohl der Kreditnehmenden wie auch Kreditgebenden kommen kann.[1627]

Als positiv zu beurteilender Aspekt wird im Workshop-Protokoll hervorgehoben, dass unter anderen die Assetklasse Mikrofinanz als gutes Beispiel einer gleichsam sichtbaren wie messbaren Wirkung ethischen Investments gelten kann, denn ethisches Investment definiert sich über seine Wirkung, wenngleich diese nicht immer klar erkennbar oder messbar ist. Eine Tatsache, die ein allge-

---

1626 Klaus Gabriel: Ethisches Investment: Standortbestimmung und Ausblick, 4.

1627 Beispiele von Mikrokredit-Missbrauch mehrten sich in Nicaragua und Indien während der Abfassung dieser Arbeit. Die Szenarien ähneln einander. Das Kredit-Überangebot nützen manche Kreditnehmende zum Kredit-Shopping, indem sie bei mehreren MFIs hintereinander Mikrokredite aufnehmen, die ihrerseits den Verwendungszweck des jeweiligen Darlehens fahrlässig prüfen. Schließlich wird ein Kredit mit dem nächsten abgedeckt, bis das sich immer schneller drehende Schulden-Karussell seine Mitfahrenden aus der Bahn wirft. Verzweiflungstaten wie Suizide oder sogar national organsierte „Wir zahlen nicht mehr zurück"-Bewegungen schaffen es dann in die Weltpresse und desavouieren die gesamte Mikrofinanzbranche. Beispielhaft für viele Berichte: Lydia Polgreen and Vikas Bajaj: Tiny Loans, Big Depts Worry India. In: The New York Times, 29.11.2010, 1 u. 3. – Differenziertere Berichte stellen allerdings fest, dass nicht in erster Linie MFIs den Löwenanteil der überschuldeten Haushalte verursachen, sondern der informelle: „Whereas 82% of households have borrowed from informal sources, mainly village moneylenders and relatives or neighbours, only 11% have an MFI loan. On average, borrowers also owe over four times as much to informal lenders, which charge far higher rates, than they do to MFIs." Quelle: Microfinance under scrutiny. Overcharging Microlending is under attack, unfairly. In: The Economist,18.11.2010. www.economist.com/node/17522350. Download: 02.12.2010. Typisch für eine Boulevardisierung des Themas mit bemüht fachlichem Anspruch: Jan Berndorff / Verena Lugert: Ein Visionär scheitert. Warum Muhammad Yunus die Armen noch ärmer macht. In: Natur und Kosmos, 11/2010, 1, 20–25.

meines Problem der Messung sozialer und ökologischer Auswirkungen bestimmter Wirtschaftsweisen darstellt.[1628] Manchmal wird diese Wirkung sogar ambivalent empfunden. Gut sichtbar wird sie bei noch kleinen, nicht börsefähigen Start-Ups, wie zum Beispiel im Bereich der Klein- und Kleinstunternehmen, der erneuerbaren Energiegewinnung oder im Sozialbereich: „deren Gründung und Entwicklung wurde und wird durch ethisch und nachhaltig orientiertes (Risiko-) Kapital erst möglich. Klar ist aber auch, dass eine *direkte* Wirkung des ethischen Investments auf die Kapitalkosten von großen börsennotierten Unternehmen kaum feststellbar ist: die „kritische Masse" ethisch veranlagten Kapitals ist noch nicht erreicht, um tatsächlich spürbar die Kapitalkosten von Unternehmen zu beeinflussen." Dennoch entfaltet das ethische Investment eine Reihe von positiven *indirekten* Wirkungen:[1629]

- Unternehmen reagieren zunehmend sensibel auf die Anliegen ethisch orientierter InvestorInnen, sowohl aus Imagegründen, als auch aus Risikoerwägungen, da der Einfluss (Stichwort: *Engagement*) dieser AnlegerInnen im Zunehmen begriffen ist.
- Über die Idee des ethischen Investments sind zahlreiche Initiativen entstanden, die sonst vermutlich nicht möglich gewesen wären, wie: Global Reporting Initiative, Principles for Responsible Investments, Eurosif-Transparenzrichtlinien für nachhaltige Geldanlagen, Umweltzeichen und „Grüne Fonds", um nur einige Beispiele aufzuzählen. Sie setzen zweifellos Standards für nachhaltige Wirtschaftsweisen, die, wenn auch noch niederschwellig gestaltet, eine große Hebelwirkung in Bezug auf die Bewusstseinsbildung für eine nachhaltige Entwicklung haben.
- Ethische Geldanlagen waren und sind das Einfallstor für eine nachhaltige Finanzwirtschaft: Finanzdienstleistungsunternehmen übernehmen Nachhaltigkeitsprinzipien auch in ihre allgemeine Geschäftstätigkeit.
- Mit dem Kommunikationstool *Engagement* werden Anliegen ethisch orientierter Investoren effizienter transportiert. Darüber hinaus trägt *Engagement* zu einer öffentlichen Bewusstseinsbildung zu dringenden Fragen der Nachhaltigkeit bei und ist für Unternehmen selbst eine Hilfestellung in der Entwicklung und Implementierung nachhaltiger Wirtschaftsweisen.

Allgemein wird im CRIC Protokoll festgehalten, „dass eine bessere Sichtbarmachung der Wirkungen des ethischen Investments dringend erforderlich ist. Dies könnte auch dazu beitragen, die bisherige weitgehende Negierung des Themas

---

1628 Vgl. K. Gabriel: Ethisches Investment: Standortbestimmung und Ausblick, 7.

1629 Folgende Aufstellung ist dem von K. Gabriel erstellten Protokollpapier der CRIC Workshops entnommen. Vgl ebd. 7–8.

durch die Politik zu überwinden. Nachhaltigkeit muss erlebbar werden, dazu gehört die Möglichkeit der Identifikation mit konkreten Nachhaltigkeitsprojekten."[1630]

Die Messung kultureller, ökologischer und sozialer Auswirkungen ethischer Geldanlagen stellt eine weitgehend noch ungelöste Herausforderung dar, weswegen in den Workshops auch auf die Wichtigkeit von (Forschungs-)Aktivitäten in diese Richtung hingewiesen wurde.

16.4 Wissens- und Informationsdefizite über ethische Geldanlage

Obschon vieles dafür spricht, dass sich der Informationsstand über Möglichkeiten und Chancen der ethischen Geldanlage in der Finanzwirtschaft verbessert hat, vertraten viele CRIC-Workshop-TeilnehmerInnen die Auffassung, dass noch immer erhebliche Wissens- und Informationsdefizite – sowohl in der Finanzwirtschaft, als auch bei den Investoren – auszumachen seien. „Berater in Banken sind oft schlechter informiert als interessierte Kunden. Das führt dazu, dass Berater sich häufig auf Produkte konzentrieren, bei denen sie kompetent sind, und dafür ethische und nachhaltige Anlageprodukte, bei denen sie eventuell weniger gut informiert sind als ihre Kunden, nicht anbieten. Berater haben aber nicht nur wenig Wissen über Ethik und Nachhaltigkeit in der Geldanlage, sondern auch wenig Unterstützung vonseiten ihrer Vorgesetzten beim Aufbau von spezifischem Know-How. Die Bereitschaft, eine fundierte Ausbildung von Beratern in Hinblick auf Ethik und Nachhaltigkeit zu ermöglichen und zu finanzieren, ist gering."[1631]

Unterschätzt wird auch, dass für die kompetente Einschätzung einer Implementierung von kulturellen, ökologischen und sozialen Aspekten in der Geldanlage völlig neue fachliche Ausbildungen vonnöten sind, die weit über die mit der konventionellen Geldanlage einhergehenden mathematisch-technischen Fertigkeiten hinausreichen und mit dem Begriff *umfassende Finanzbildung* am ehesten beschrieben werden können. „Von daher wären umfassende Bildungsoffensiven zum Thema Geld und Ethik dringend erforderlich."[1632]

Hinzu kommt, dass einschlägige Werbemaßnahmen und PR-Kampagnen der Finanzwirtschaft geeignet sind, sowohl das Motiv als auch die beabsichtigte Wirkung der ethischen Geldanlage zu konterkarieren. Das zeigt, dass die Idee

---

1630 Ebd. 8.

1631 Klaus Gabriel: Ethisches Investment: Standortbestimmung und Ausblick, 5.

1632 Ebd. 5.

der Nachhaltigkeit in der Finanzindustrie vielleicht missverstanden und/oder ausgeblendet wurde bzw. zum Teil noch gar nicht angekommen ist.[1633]

Interessant ist die Beobachtung, dass der genderspezifische Aspekt im Umgang mit ethisch-nachhaltiger Geldanlage, der im Mikrofinanzbereich als *woman empowerment* einen prominenten Platz einnimmt,[1634] auch in der europäischen Diskussion von Bedeutung ist. Denn auch in Deutschland, Österreich und der Schweiz wird „Frauen eine größere Bereitschaft als Männern attestiert, sich mit Ethik und Nachhaltigkeit in der Geldanlage zu beschäftigen."[1635]

16.5 Das vieldiskutierte Spannungsfeld der Renditechancen und der Sicherheit ethischer Geldanlagen

Nicht zuletzt angesichts gedämpfter und genügsamer Renditeerwartungen der posttraumatischen Krisenphase gilt umso mehr, dass Ethik und Nachhaltigkeit in der Geldanlage nicht automatisch einen Renditeverzicht nach sich ziehen müssen. Studien darüber belegen dies hinreichend, jedoch scheint die Botschaft in den Köpfen einiger Asset-ManagerInnen und InvestorInnen noch nicht angekommen zu sein.[1636] Die CRIC Workshop-Ergebnisse deuten darauf hin, dass zunehmend mehr AnlegerInnen einen nicht-finanzielle Zusatznutzen präferieren, wie etwa eine konkrete ökologische oder soziale Wirkung des investierten Geldes.[1637] Eine Renditeerwirtschaftung auf Kosten von Gesellschaft und Umwelt,

---

1633 Ablesbar an branchentypischen Beispielen der Bankinstitute, die ihre Werbeaussagen beinahe ausschließlich über die Höhe der Zinserträge propagieren. Ganz anders zum Beispiel die Werbekampagne des Mikrofinanzierers Oikocredit mit dem Slogan „Ihre Geldanlage mit sozialer Verantwortung", ohne auf eine Höhe der Verzinsung einzugehen. Man spricht somit bewusst Menschen an, die sich proaktiv Gedanken über den sozialen Sinn ihrer Geldanlage machen und erst in zweiter Linie die Rendite im Auge haben. Vgl. dazu Beispiele der Kampagne in: www.derstandard.at / Wirtschaft. Download: 03.12.2010, Werbesujets in: Der Standard, 03.12. u. 16.12.2010., Die Furche, 02.12., 09.12., 16.12.2010, u.a.

1634 Mikrofinanzierungen in Entwicklungsländern werden zu über 80% an Frauen vergeben, weil zahlreiche Studien belegen, dass Frauen nicht nur verlässlichere Schuldnerinnen sind, sondern allgemein sozialverträglicher mit Geld umgehen. Vgl. Sustainable Micro-finance for Women's Empowerment. In: www.genfinance.info/index.htm Download 02.12.2010.

1635 Klaus Gabriel: Ethisches Investment: Standortbestimmung und Ausblick, 6.

1636 Vgl. zu diesem Thema auch die detaillierten Untersuchungen zur Entwicklung nachhaltiger Fonds, deren Performance-Vergleichsdaten zu Benchmarks konventioneller Anlageformen und Analysen von Jörg Finsinger und Thomas Sedliacik: Sind Nachhaltige Investments ertragreicher? Ein Vergleich europaweit und weltweit anlegender Fonds. In: Karl-Heinz Brodbeck (Hg.): Von der Trendanalyse zu ethisch fundierten Kennzahlen mit Zukunft. Aachen 2009, 34–49.

1637 Vgl. Klaus Gabriel: Ethisches Investment: Standortbestimmung und Ausblick, 8.

wie zum Beispiel die Externalisierung von Kosten, die Individualisierung von Gewinnen bei gleichzeitiger Sozialisierung der Verluste erachten immer mehr Menschen für nicht länger hinnehmbar. In diesem Kontext brennt freilich die Frage auf der Zunge, „wie viel man mit einem Investment verdienen darf, ohne dabei eine gute Sache zu gefährden...(und) wie werden die einmal erwirtschafteten Renditen verwendet? Eine Spreizung zwischen Motivation und Praxis zeigt sich bei gemeinnützigen und kirchlichen Einrichtung sowie bei Stiftungen, welche Nachhaltigkeitsprojekte unterstützen: hier ist die Renditeerwirtschaftung in der Geldanlage mitunter die Bedingung der Förderung und Umsetzung von Nachhaltigkeitsprojekten."[1638]

Das Spannungsfeld Sicherheit ethischer Geldanlagen wird im CRIC-Protokoll durchaus kontrovers diskutiert. Zum einen darf nicht übersehen werden, dass aufgrund der Finanzwirtschaftskrise auch mit ethischen Geldanlagen Verluste verbucht wurden, da alle Indizes betroffen waren. Demgegenüber wird stark betont, dass der Nachhaltigkeitsterminus „Substanzerhalt" auch für ethische Geldanlagen gelten muss. „Mitunter wird aber argumentiert, dass es gerade aus Gerechtigkeits- und Zukunftserwägungen geboten ist, soziale und ökologische Innovationen vermehrt mit Risikokapital zu unterstützen. Eine interessante Entwicklung ist in diesem Fall die so genannte Verbrauchsstiftung: dabei werden nicht nur die Erträge eines Vermögens, sondern auch Teile des Vermögens selbst (bis zu dessen teilweisem oder vollständigem Verbrauch) für die Finanzierung des (nachhaltigen) Stiftungszweckes verwendet – was das Prinzip des Substanzerhalts zwar konterkariert, aber paradoxerweise die Wirkung von Nachhaltigkeitsprojekten wesentlich stärkt."[1639]

Zusammenfassend kann über die *Erträge der CRIC Workshops* gesagt werden, dass der Anlageform Ethisches Investment sowohl ein starkes Wachstum als auch eine beträchtliche Qualitätssteigerung während des Beobachtungszeitraums der letzten 10 Jahre attestiert wird. Gleichzeitig gilt aber als unerfüllt, ethisches Investment zu einer breiten gesellschaftlichen Bewegung zu entwickeln. Ungeachtet einiger partieller Fortschritte in den Bereichen Transparenz und Kommunikation bestehen Defizite in der Professionalisierung dieser Felder. Eine zentrale Herausforderung der nächsten Jahre wird es deshalb sein, die soziale, ökologische und kulturelle Wirkung ethischer Geldanlagen (sowohl die direkten als auch die indirekten Wirkungen) sichtbarer zu machen und möglichst breit zu kommunizieren, denn Motive und Ziele ethisch orientierter InvestorInnen erlangen zu-

1638 Ebd. 8.
1639 Ebd. 9.

nehmend Bedeutung, wie zum Beispiel das Kommunikationstool *Engagement*.[1640]

Wissensdefizite im Bereich einer „umfassenden, ganzheitlichen Finanzbildung" bedürfen einschlägiger Bildungsmaßnahmen. Als Desiderat sollen zu den bisher wichtigen Akteuren des ethischen Investments, wie kirchliche Einrichtungen, Pensions- und Vorsorgekassen, in Zukunft vor allem die öffentliche Hand, Stiftungen und Unternehmen für diese Veranlagungsmöglichkeit interessiert werden. Auch für die sogenannten „KleinanlegerInnen" müssen Möglichkeiten zur Beteiligung an der Realisierung eines nachhaltigen Finanzmarktes geschaffen werden (Stichwort: „Handlungsfähige Bürgergesellschaft").

Neben den konventionell-kapitalmarktorientierten Geldanlagen wie Investmentfonds werden vermehrt regionale Direktbeteiligungen eine weitere Anlage- und Diversifikationsmöglichkeit darstellen. Vor dem Hintergrund realistischerer Renditeerwartungen werden für InvestorInnen die gesellschaftlichen und ökologischen Zusatznutzen ihrer Geldanlage immer bedeutsamer. Ethisch orientierte InvestorInnen werden neben abzulehnenden Wirtschaftspraktiken künftig auch bestimmte Finanzpraktiken (z. B. Derivate- und Rohstoffhandel) stärker auf ihre gesellschaftlichen und ökologischen Auswirkungen hin reflektieren.

Eine Zertifizierung, ein Label, Gütesiegel oder eine wie immer geartete Orientierungshilfe zur Qualitätsüberprüfung ethischer Geldanlageprodukte wird immer stärker nachgefragt.[1641]

1640 Vgl dazu auch die Aufstellung im CRIC Protokoll, ebd. 13.

1641 Vergleichbar mit Zertifikaten und Gütesiegel für Lebensmittel auf fairem Handel oder die sogenannten Bioprodukte. Im Bereich der Mikrofinanz wurde eine Initiative von Oikocredit Austria-Vorstand Peter Püspök gestartet. Er fordert ein UN Gütesiegel für sozial verantwortliche Mikrofinanzierung zu etablieren. Vgl. „Die schwarzen Schafe trennen!" Börsen-Kurier, Beilage Geld und Ethik, 20.05.2010, III. Vgl. dazu auch die Verwirklichung der UN-Zertifizierung für Mikrofinanz in den Kapiteln 15.4.4 und 15.4.4.1 dieser Arbeit.

17 Ökologisch, nachhaltig, ethisch. Investieren in Krisenzeiten?

Dass ethische Investments von der Börsenkrise insofern profitieren könnten, als aufgrund veränderter Anlagestrategien nachhaltige Geldanlagen Auftrieb erhalten und aus ihrem Schattendasein treten, vermutet Wolfgang Pinner von der Erste Sparinvest und erläutert im Kontext eines langfristigen, verantwortungsorientierten Handelns den Begriff der „doppelten Dividende“. So müsse zum einen die mit ethisch-nachhaltigen Investments zu erzielende Rendite den Vergleich mit dem Ertrag am Gesamtmarkt nicht scheuen und könne zum anderen der Nutzen für Umwelt und Gesellschaft als Zusatzertrag positiv verbucht werden.[1642]

Paradoxerweise bietet eine Phase der Vorsicht, wie sie in Krisensituationen auftritt, eine Chance für nachhaltige Investments, weil Anleger von den kurzfristigen Engagements enttäuscht wurden, meint René Lobnig von der Schoellerbank.[1643]

Jedoch gelten nach wie vor institutionelle Investoren als Vorreiter im Bereich nachhaltiger Investments, wobei deren Anlageverhalten mitunter von einer Art „modernem Ablasshandel“ geprägt ist, da ein Teil jener Gewinne, die mit sogenannten „sin stocks“ („sündigen Aktien“) verdient werden, in ethische Investments fließen, die der Gesellschaft zum Wohle gereichen sollen.

Das Interesse der KleinanlegerInnen für umweltrelevante und sozial verträgliche Veranlagungen wächst nur allmählich. Allerdings kommen angesichts von Ressourcenknappheit und zunehmender Umweltbelastung auch immer mehr Unternehmen unter Zugzwang, nachhaltig und ethisch korrekt zu wirtschaften, weshalb Raiffeisen-Capital-Management-Chef Mathias Bauer ethische Investments als „dauerhaften Trend“ bezeichnet.[1644]

Immer mehr Investoren scheint es darum zu gehen, ihr Anlageverhalten mit ihren persönlichen Wertvorstellungen in Einklang zu bringen. Besonders in der Mittelschicht, verweist Christian Plas auf aktuelle Studien der Umweltberatung

1642 Vgl. Clemens Rosenkranz: Auftrieb für Nachhaltigkeit? In: Die Presse, Beilage Financial Presse, 12.11.2008, 2 und das mit Wolfgang Pinner im Zuge dieser Arbeit geführte Interview am Rande des Symposiums „Doppelte Dividende“. Trends im ethischen Investment im Kardinal König Haus in Wien, am 29.10.2009.

1643 Vgl. ebd. 2.

1644 Vgl. ebd. 2.

Denkstatt, gebe es eine stark wachsende Gruppe von Investoren, „die gezielt nach ethisch, sozial oder ökologisch vertretbaren Investments suchen. Und die auch dann noch in Ökoenergiewerte oder Fairtrade-Titel statt in Ölaktien investieren, wenn sie dafür auf ein halbes Prozent Rendite verzichten müssen."[1645]

In wirtschaftlichen Abschwungphasen entwickeln sich ethisch-nachhaltige Geldanlagen besser als der Markt der Mainstream-Produkte. Wegen der anders gewichteten Branchenallokationen fallen die Ethik-Stocks weniger stark, wie Gerhard Tometschek vom Bankhaus Schelhammer & Schattera beobachtet hat. Er wählt, dem sogenannten Best-in-Class-Prinzip folgend, aus jeder Branche die ökologisch, sozial und ethisch vertretbarsten Werte aus oder spezialisiert sich auf Themenfelder wie Wasser oder erneuerbare Energie. Ferner werden Investments in Staaten ausgeschlossen, die Mindeststandards für Menschen und Arbeitsrechte missachten, wohingegen unter die sogenannten Positivkriterien Unternehmen fallen, die sich der Bewältigung globaler Herausforderungen wie Armut oder Klimawandel verschrieben haben. Am Ende dieses Auswahlprozesses bleiben für das Anlageuniversum des Bankhauses rund 350 Titel übrig, die als potenzielle Investmentziele infrage kommen.[1646]

Dennoch steckt der österreichische Gesamtmarkt für SRI (Sustainable and Responsible Investments) noch in den Kinderschuhen und wird für 2010 auf annähernd 1,7 Milliarden Euro beziffert, in etwa 0,8% des gesamten in Fonds investierten Kapitals. Auch in Deutschland entfielen mit 11,1 Milliarden Euro nur 0,8% des Einlagevolumens auf SRI. Allerdings zeigt dort die Trendkurve nach oben, während in Österreich ein starker Nachholbedarf bei KleinanlegerInnen zu verzeichnen ist, da Vermögens- und KundenberaterInnen in den Finanzinstituten über ethisch-nachhaltige Produkte zu wenig Bescheid wissen, wie Susanne Hasenhüttl herausgefunden hat.[1647]

Institutionelle Anleger, wie die österreichischen Pensionskassen, müssen zumindest berichten, ob sie ethisch, sozial oder ökologisch investieren. Einige Mitarbeitervorsorgekassen verpflichten sich bereits jetzt schon freiwillig zur ethischen Veranlagung.

1645 Vgl. ebd. 2.

1646 Aufzeichnung aus einem Interview mit Gerhard Tometschek für diese Arbeit, am 23.06.2009 im Bankhaus Schelhammer & und Schattera in Wien.

1647 Vgl. die Bezugnahme auf eine Untersuchung dieses Informationsdefizits, die von der Österreichischen Gesellschaft für Umwelt und Technik (Ögut) durchgeführt wurde. Vgl. ÖGUT Plattform Ethisch-ökologische Veranlagung, in: www.gruenesgeld.at. Download: 12.01. 2010.

17.1 Ethik *und* Profit, ein (un)vermittelbares Begriffspaar ?

Als konstitutiver Teil einer mitunter heftig geführten Materialitätsdebatte[1648] war und ist das Relationsverhältnis zwischen Ethik und Profit stets ein kritisch beäugtes, nicht selten angezweifeltes und mit vielen Vorbehalten behaftetes Themenfeld der ethischen Geldanlage. Als geradezu paradigmatisch bezeichnet es Gabriel im Hinblick auf die zukünftigen Herausforderungen[1649] in einem krisenbewegten Finanzmarkt mit zusehends vorsichtiger als früher agierenden InvestorInnen. Doch auch für das Management ethischer Geldanlagen gilt die Zielvorgabe, „das investierte Finanzkapital in seinem Wert zu erhalten oder zu vermehren."[1650] Als „springenden Punkt" bezeichnet Gabriel die Beantwortung der Frage, ob es der nachhaltig-ethischen Anlagephantasie dienlich sei, ökologische und soziale Bewertungen spezifischer Nachhaltigkeitsprofile von Unternehmen in erster Linie an den vielversprechendsten Investmentrenditen festzumachen. Hierin bestünde, wie auch Gabriel vermerkt, schlechterdings die Gefahr einer „Umkehrung des eigentlichen Grundanliegens ethischer Geldanlage"[1651], denn die Untersuchungsergebnisse sozialer und ökologischer Kriterien sollten in erster Linie der Förderung nachhaltiger Wirtschaftsweisen dienen und nicht das Renditepotential eines möglichen Investments ausleuchten. Damit würden auf einer ethischen Reflexionsebene die ökonomischen Indikatoren der Renditemaximierung und der return on investment behandelt, wodurch die ursprüngliche Gestaltungsabsicht, wirtschaftliche Prozesse nachhaltig-ethisch zu verändern, in den Hintergrund träte.[1652]

Gabriel vertritt den Standpunkt, dass eine Reduktion der ökologischen und sozialen Kriterien auf ihre Renditeerwartungen die Motive und Ziele ethisch orientierter InvestorInnen entschieden verfehlen würde.

Eine von Peter D. Kinder durchgeführte Studie kommt zu dem Ergebnis, dass nachhaltig-ethisch motivierte InvestorInnen zunächst an der ökologischen und sozialen Performance ihrer Geldanlagen und erst in zweiter Linie an guten Ren-

---

1648 Der Auslöser der Diskussion, ob Ethik und Profit je in Deckung zu bringen sind, führt über die 2004 erschienene Studie „Values for Money" auch zur Relativität des Materialitätsbegriffs. Die Kernaussage darin lautet: „Issues that are material to key stakeholder groups can very quickly become financially material to a company". Vgl: S. Beloe / J. Scherer / I .Knoepfel: Values for Money: Reviewing the Quality of SRI Research, London 2004, 7. Zit: in: K. Gabriel: Ethik in der Geldanlage, 36.

1649 Vgl. ebd. 36, wobei Gabriel nicht explizit die Auswirkungen der Finanzmarktkrise miteinbezieht, jedoch sind diese im Kontext des Aufsatzes eindeutig mitgemeint.

1650 Ebd. 36.

1651 Ebd. 36.

1652 Vgl. ebd. 36.

diten interessiert sind.[1653] Die von Gabriel zu Recht so bezeichnete „akademisch anmutende Diskussion“[1654] führt in ihrer zentralen Frage, „welchen Stellenwert man moralischen Werthaltungen gegenüber ökonomischen und finanziellen Interessen einräumt“[1655], in der Tat zu einem nicht leicht auszuhaltenden Spagat. Nimmt man nämlich Ethik als persönliche Herzensangelegenheit oder aus religiösen oder humanistischen Motiven sich nährende Überzeugung ernst und hält man an der Menschenwürde, dem Frieden, der Wohlfahrt, der sozialen Gerechtigkeit und Zukunftsfähigkeit als oberste Grundsätze und Handlungsmaximen unerschütterlich fest, müsste, im Falle einer Güterabwägung, finanziellen Interessen ein eindeutig nachgeordneter Stellenwert zufallen. Das aber, so argumentiert auch Gabriel, kann nicht bedeuten, dass ethischen Geldanlagen a priori keine Renditeerwartungen zugrunde liegen dürften, ist es doch „sittlich geboten, mit finanziellen und ökonomischen Ressourcen verantwortlich umzugehen.“[1656]

Der archimedische Punkt scheint darin zu liegen, mit Gewinnerwirtschaftung auf einer ethischen Reflexionsebene zentrale Gerechtigkeitsfragen und Menschenrechte immer schon mit zu beachten. Genau darin erblickt auch Gabriel den Dreh- und Angelpunkt ethischer Geldanlage: „Wir müssen uns darüber klar werden, um welchen Preis die Gewinne und Renditen erzielt werden und von da her die Frage stellen, ob wir bereit sind, diesen Preis zu zahlen.“[1657]

Schlussfolgernd ist dazu anzumerken, dass bei aller Anerkennung moderner Kriterien, Methoden, kritischer Rating- und Analyseinstrumente zur differenzierten Untersuchung ethischer Geldanlagemöglichkeiten, mindestens zwei Gefahren lauern:

1. Angesichts zweistelliger Zuwachsraten in einigen ethisch-nachhaltig orientierten Investmentsegmenten[1658] wurde in den letzten Jahren nicht selten von einem Boom gesprochen, der die Gefahr der Blasenbildung latent in sich trägt.[1659]

1653 Als Entgegnung auf die in den Fußnoten weiter oben bereits genannte Studie „Values for Money“ verfasste P. D. Kinder: Values *and* money. A Research Practioner’s Perpective on Value for Money, Boston 2004.

1654 K. Gabriel: Ethik in der Geldanlage, 37.

1655 Ebd. 37.

1656 Ebd. 37.

1657 Ebd. 37.

1658 Vgl dazu ebd. 37, rekurrierend auf: Forum Nachhaltige Geldanlagen (Hg.): Statusbericht Nachhaltige Geldanlagen 2007. In: www.forum-ng.de/upload/Statusbericht_07-12-11_web.pdf, Stand 10/08. Download: 27.12.2008.

1659 Vgl. K. Gabriel: Ethik in der Geldanlage, 37, sowie jene für diese Arbeit mit Klaus Gabriel geführten Fachgespräche am Institut für Sozialethik der Katholisch-Theologischen Fakultät

2. Das Liebäugeln mit dem Renditepotenzial der Nachhaltigkeitsbranchen wie Wasser oder Alternativenergie, welches diversen Themenfonds als vorrangiges Verkaufsargument ihrer Marketingstrategien dient. Ein rein darauf abzielender Best-in-Class-Ansatz würde Investitionen in jene Unternehmen bevorzugen, „die innerhalb dieser Themenfelder die höchsten Gewinne erwirtschaften.“[1660] Dies freilich würde die Außerachtlassung der Einflussnahme auf nachhaltig wirtschaftliche Prozesse und der ethisch motivierten Ambition bedeuten, mit der Geldanlage etwas bewirken zu wollen.

Die Rückbindung jedweder Geldanlage an moralische Werturteile und Grundüberzeugungen ist a priori alles andere als renditefeindlich, wie die mittlerweile langjährige Erfahrung zeigt. Mit Gabriel kann praxisbezogen resümiert werden, dass Gewinnerwartung und moralische Ansprüche innerhalb der ethischen Geldanlage sehr wohl zu vereinbaren sind, „wenn das Erzielen einer maximalen Rendite nicht die oberste Maxime darstellt, sondern die Gewinnerwirtschaftung auf der Grundlage dieser Werturteile und Grundüberzeugungen erfolgt.“[1661]

Dies abschließend in Betracht ziehend, kann mit der definitorischen Festlegung Gabriels fortgefahren werden, derzufolge eine Geldanlage dann als ethisch bezeichnet werden kann, „wenn die Ethik und nicht die Rendite ihr leitendes Prinzip ist.“[1662]

17.2 Ist eine andere Finanzwelt möglich? Ethisches Investment und der Versuch einer ökonomischen Einordnung in den Horizont der Finanzmarktkrise

Wolf Reichert vertritt die Auffassung, dass ethisches Investment in Krisenzeitung an Bedeutung gewinnt, also ein durchaus krisenresistentes Potenzial in sich trägt, da außerökonomische Ziele wie Umwelt- und Sozialverträglichkeit neben die klassischen Ziele einer Geldanlage wie Rendite, Sicherheit und Liquidität treten. Dezidiert erwartet Reichert „ein weiteres Anwachsen des Marktes.“[1663]

---

der Universität Wien, zwischen Mai 2008 und März 2009, in denen er wiederholt vor einer Blasenbildung im Finanzsegment ethischem Investment gewarnt hat.

1660 K. Gabriel: Ethik in der Geldanlage, 37.

1661 Ebd. 38.

1662 Ebd. 38.

1663 Wolf Reichert: Ethisches Investment – eine ökonomische Einordnung in den Horizont der Finanzkrise des Herbstes 2008, hg. vom Oswald von Nell-Breuning Institut für Wirtschafts- und Gesellschaftsethik. Frankfurt, Vortrag v. 11.10.2008, 16. In: www.sankt-georgen.de/nbi/VortragNuernberg.pdf. Download: 26.01.2009.

Hinzu komme, dass auf den internationalen Finanzmärkten in zunehmendem Maße das Wort *Vertrauen* zum Schlüsselbegriff avanciert. „Dies führt auf ein Feld, das mehr philosophischer bzw. theologischer denn genuin ökonomischer Natur ist.“[1664] Werte wie Vertrauen, Verlässlichkeit und Ehrlichkeit sind „ein gesellschaftliches Moral*kapital*.“[1665] Da ethisches Investment mit dem Anspruch einer „Fundierung der Geschäfte in Werten“[1666] auftritt, wird bei den AnlegerInnen ein finanzpsychologisch fundierter Mehrwert insinuiert, den sonstige Finanzmarktakteure aufgrund des erwähnten Vertrauensverlusts nicht (mehr) ohne Vorbehalt formulieren können. Darüberhinaus konstatiert Reichert bei einigen ethischen Finanzinstituten eine ernst zu nehmende Überzeugungskraft in der Vermittlung hochdifferenzierter Leitfäden und Unternehmensbilder und die Fähigkeit, die eigenen Vorstellungen von verantwortetem und gutem Wirtschaften erfolgreich zu kommunizieren.[1667]

Insgesamt, so Reichert, könne ethisches Investment als eine Art „grassroot-Bewegung“ aufgefasst werden, „die ähnliche Ziele wie viele NGOs verfolgt[1668], aber auf eine andere Weise: nämlich innerhalb des bestehenden Finanzsystems eine zunehmende Rolle zu spielen und über das Instrument „Geld“ Werte der Nachhaltigkeit und von verantwortetem Wirtschaften im Finanzsystem zu installieren.“[1669]

Ein erstes Resümee könnte sich in der Botschaft artikulieren: Eine andere Finanzwelt ist möglich. Ähnlich wie Fair-Trade, ist auch ethisches Investment ein Stachel im Fleisch des derzeit (noch) vorherrschenden Finanzsystems, ein steter Tropfen, der versteinerte Strukturen zu höhlen vermag und dergestalt allmählich durchsickern könnte, dass es auch andere, womöglich effizientere, sicher aber differenzierte Bewertungskriterien für Unternehmen und finanzielles Engagement gibt als das bloße Schielen auf Renditen und möglichst rasch wachsenden Shareholder-Value. Innerhalb der Sphäre des monetären Systems könnte ethisches Investment à la longue eine Platzhalterstelle für eine langfristig angelegte Investmentphilosophie einnehmen.

1664 Ebd. 13.

1665 Ebd. 14, Kursivsetzung im Original.

1666 Ebd. 15.

1667 Vgl. ebd. 15.

1668 Reichert verweist in diesem Kontext aber einige Seiten später auf Sven Giegolds Überzeugung, dass ethisches Investment die Arbeit von NGOs wie *attac* oder auch Verbänden wie die KAB nicht ersetzen kann. Die gute alte Spende wird auch für ethisch interessierte AnlegerInnen in Zukunft eine Option bleiben. Vgl. ebd. 16.

1669 Ebd. 16, wobei Reichert in FN 25 inhaltlich verweist auf: Klaus Gabriel: Wirtschaft gestalten. In: Katholische Sozialakademie Österreichs (Hg.): Dossier Geld und Ethik: ethische Geldanlagen. 09/2006, 17–20.

Diese Sichtweise wird durch eine Studie von Oekom Research gestützt, welche über einen Untersuchungszeitraum von sechs Jahren das Renditeergebnis eines konservativ ausgerichteten Marktportfolios mit einem ethisch-nachhaltigen Portfolio, welches als Prime-Portfolio bezeichnet wurde, verglich. Als Ergebnis ließ sich feststellen, dass ein positiver Zusammenhang zwischen der Beachtung von Nachhaltigkeitskriterien und der erzielten Rendite sichtbar war. Je längerfristiger die Investments angelegt waren, desto höher war die Outperformance des Prime-Portfolios. Als entwicklungsrelevante Gründe führte Oekom Research das hohe Maß an Transparenz bei nachhaltigkeitsorientierten Unternehmen, die Kostenverringerung durch schonenden Ressourceneinsatz, den Dialog mit allen betroffenen Personen (Stakeholdern) als Frühwarnsystem sowie die Vermeidung von Risiken ins Treffen.[1670]

17.3 Hoffnung auf einen Ethic Turn nach der Krise?

Ob auf dem Humus krisenverbrannter Finanzerde heilende Kräuter gegen Gier und ein Denken in kurzfristigen Gewinnerwartungen sprießen werden bleibt ungewiss. Die Rezession brachte zunächst mehr Unsicherheit als Ansätze einer neuen Ethik. Eine sich an der Quartalsertragsperspektive orientierende Gewinnerwartung, korrespondiert nicht nur mit einem auch gesellschaftlich feststellbaren Phänomen der Kurzfristigkeit unserer sozialen Interaktionen, wie Richard Sennett sie beschreibt.[1671] Auch die wirtschaftliche Analyse ortet einen eher mehr als minder kalkulierten Hang zur Obsoleszenz, zu einer aus wirtschaftlichen Überlegungen heraus absichtlich zeitlich befristeten Haltbarkeit von Konsumgütern; ein bereits bei der industriellen Produktion eingeplantes und möglichst genau festgelegtes Ende des Funktionierens eines technischen Gerätes. Auf die diesbezüglichen Untersuchungen von Giles Slade kann im Rahmen dieser Arbeit nicht näher eingegangen werden[1672], jedoch darf hinsichtlich der interdisziplinären Verflochtenheit mit dem Hauptstrang der hier zu behandelnden Thematik der Kurzfristigkeit des Denkens auf den Finanzmärkten dieser Bezugspunkt zur bewussten Absage an jedwede langfristige Haltbarkeit bei Konsumgütern nicht fehlen. Die Verwandtschaft der Denkweisen zeigt sich nicht zuletzt darin, in

1670 Vgl. Renditeerwartungen bei nachhaltigem Portfolie in: www.oekom-research.com Download: 23.10.2009.

1671 Vgl. dazu die soziologischen Untersuchungen zu den Folgeerscheinungen von Wirtschaft und Technologie von Richard Sennett: Die Kultur des neuen Kapitalismus, Berlin 2005.

1672 Vgl. Giles Slade: Made to brake. Technology and obsolescence in America. Harvard University Press 2007.

möglichst kurz gehaltenen, leicht kommunizier- und überschaubaren Zeitspannen möglichst viel Rendite zu erzielen, selbst auf Kosten aller für nachhaltiges Wirtschaften je aufgestellter Regeln.

Ungewollt nachhaltig jedoch sind die weltweit stattfindenden Verwerfungen und finanziellen Einbußen zu spüren, die als Folgeerscheinungen der Finanzmarktkrise jedem kurzfristig angelegten und auf möglichst hohe Renditen abzielenden Finanzengagement eine bleibende Warnung sein sollten.

Was also könnte das Fazit dieser absehbaren Entwicklung sein? Am ehesten die Neigung zu einer realistischeren Betrachtung der Ökonomie, verbunden mit der Einsicht, dass zweistellige Renditen per annum auf dem Boden der Realwirtschaft langfristig nicht zu verdienen sind, zumal echte Gewinne nur durch harte Arbeit entstehen, im Gegensatz zu ihren virtuellen Verwandten auf dem hochspekulativen Finanzmarkt.[1673]

Vielleicht spiegelt die unerhörte, krisenbegleitende Geldvernichtung auch so etwas wie die Bereinigung unserer geldgeprägten sozialen Interaktionen wider, welcher eine Neustrukturierung nicht nur der Finanzmärkte, sondern des gesellschaftlichen Miteinanders folgen könnte. Über das Medium Geld, das höchst ambivalente Tauschäquivalent unserer ökonomischen und personalen Beziehungen, lässt sich zum Preis zunehmender monetärer Abhängigkeit der gesellschaftlichen Strukturen die Logik des ständigen Wachstums gigantischer Produktivkräfte relativ gut transportieren. An eine Emanzipation der ökonomischen Bedingtheit des Menschen qua Geldabhängigkeit ist dabei nicht zu denken. Oder vielleicht doch?

„Wir erleben das Ende einer geldgetrieben Wirtschaft“, ist sich Martin Hagleitner sicher und erblickt just darin eine „Jahrhundertchance“.[1674] Nachdem die Wirtschaft in den letzten Jahren mit Geld der Notenbanken geradezu überschwemmt wurde und es nur noch um „die blödeste Idee“[1675], nämlich des Shareholder-Value ging und der einzige Gradmesser für den Erfolg eines Unternehmens sein Börsenwert zu sein schien, bietet die Krise nun endlich die Chan-

1673 Einer noch nicht veröffentlichten Untersuchung über sinnstiftende Geldanlagen in Deutschland zufolge, begnügte sich eine qualifizierte Mehrheit Wohlhabender mit einer Rendite von 3% p.a., so die Anlage sinnvoll sei. Mathhias Horx: Renditeverzicht? Vortrag beim Finance & Ethics Kongress in St. Georgen / Längsee, 0505.2010.

1674 Matthias Auer: Interview mit Martin Hagleitner: „Die Entzauberung der Börsen“. In: Die Presse, 14.09.2009, 16.

1675 Diktum von General Electric CEO Jack Welch in der Financial Times. „Shareholder Value ist ein Ergebnis, keine Strategie“, fügt Welch erklärend hinzu. Selbst der Vater der Lehre des Shareholder Value, Alfred Rappaport, rudert mittlerweile sanft zurück: „Es geht um steigenden Cashflow, aber auch um Langfristigkeit und Risikoabschätzung.“ Alle Zitate in: ebd. 16.

ce, heilige Kühe zu schlachten, die Börsen zu entzaubern und sich vehement gegen die alles bestimmende Hegemonie des Geldes zu positionieren. Finanzplätze müssen sich auf ihre eigentliche Rolle als Kapitalquelle für realwirtschaftliche Geschäfte rückbesinnen, fordert Hagleitner vehement. „Was wir erleben, ist das Ende des rein vom Geld getriebenen Wirtschaftens. … Kapital als Produktionsmittel ist zwar wichtig, aber das Primat des Geldes über die Wirtschaft ist zu korrigieren."

Eine „ethische Wende" sei die geeignete Antwort auf die „ethische Krise", lautet die Position von Christian Friesl, doch dieser Paradigmenwechsel bedürfe der Anstrengung aller Gesellschaftsmitglieder.[1676] „Wir haben übers Ziel geschossen, wollten die ‚fetten Jahre' auf ewig prolongieren und haben – vor allem in den USA – auf allen Ebenen Schulden über Schulden angehäuft"[1677], so Friesls Analyse, die jedoch das „Gewinn-Ego" keineswegs nur auf Seiten der Unternehmer und Manager verortet. Vielmehr verdanken sich die Fehlentwicklungen im Finanz- und Wirtschaftssystem einer Erwartungshaltung, die tief verwurzelt in breiten Teilen der Gesellschaft verankert ist. Doch Friesl hat auch eine positive Utopie vor Augen: Er hofft auf ethisch saubere „Frischluft" zur Anregung neuer Wirtschaftsfantasien, die neue Produkte und Dienstleistungen hervorbringen werden, „auch solche, die Geschäft und Gesellschaft verbinden, etwa im Bildungsbereich, in Pflege und Ökologie."[1678]

Der Glaube an die Allmacht des Marktes, erwies sich nicht zuletzt deshalb als Irrglaube, da ein sich gleichsam immer neu selbstgenerierendes Geldstück auch jeder logischen Grundlage entbehrt.

1676 Vgl. Martina Salomon: Und die Moral von der Geschicht? In: Die Presse v. 22.04.2009, 1.

1677 Christian Friesl in: ebd. 1.

1678 Ebd. 1.

18 Das „Bewerben" ethisch-nachhaltigen Investments in den Medien. Erträge aus einem Erfahrungsbericht

Die Recherchen und Tätigkeiten für den empirisch-praktischen Teil dieser Arbeit waren auch von der Forschungsfrage nach dem Suchen idealer Bedingungen möglicher medialer „Bewerbung" ethisch-nachhaltigen Verhaltens bei Geldumgang begleitet.

Ein möglicher Zugang besteht darin, die Wahrnehmung allfälliger PR-Aktivitäten und Berichterstattungen aus der Beobachterperspektive zu verfolgen und den Ausgangspunkt bei den FinanzmarktakteurInnen, den MultiplikatorInnen und den Medien selbst zu suchen, zu sammeln und auszuwerten, wie dies in der Arbeit auf weiten Strecken geschieht.

Eine andere Möglichkeit bietet das aktive Eingreifen aus der Teilnehmerperspektive; zum einem, indem versucht wurde, maßgeblichen Proponenten des ethischen Investments mit Medienvertretern in Kontakt zu bringen, um aus dieser Begegnung publizistischen Ertrag zu evozieren; zum anderen, um Erfahrungen aus der eigenen Öffentlichkeitsarbeit einfließen zu lassen.

Als *Forschungsthese* wurde die Notwendigkeit der Ingangsetzung eines Schwungrad-Effektes angenommen, welcher die Wechselwirkungen und Interdependenzen zwischen Medien, Politik und Banken veranschaulichen soll.[1679] In diesem Zusammenhang wurde der Versuch unternommen, den Prozess der Public-Relations für ethisch-nachhaltiges, sozialverträgliches Investitionsverhalten zu dokumentieren und wenn möglich zu verfeinern, um die Wechselwirkungsprozesse der Determinanten Medien, Politik und Banken besser zu verstehen. Auf der theologisch-gesellschaftlichen Reflexionsebene fühlte das während der Finanzwirtschaftskrise durchgeführte Forschungsprojekt zweifellos den Puls der Zeit, verbunden mit der Grundfrage, ob nicht die letzten zwanzig Jahre Schielen auf Quartalsergebnisse den Blick tunnelförmig verengt haben könnten. Oder anders gefragt: Haben wir uns bei der Jagd nach dem schnellen Geld um jeden Preis heillos verrannt?

1679 Folgende Institutionen und Personen waren hauptsächlich eingebunden: Klaus Gabriel (Plattform CRIC: Corporate Responsibility Interface Center, Frankfurt/Wien, Institut für Sozialethik der theologischen Fakultät der Universität Wien) Peter Püspök (Oikocredit Austria), Thomas Bobek (Erste Sparinvest), Josef Urschitz (Die Presse), Dietmar Ecker (Ecker & Partner) und weitere Bank- und MedienvertreterInnen.

Im lösungsorientierten Ansatz, der schließlich zur These dieser Arbeit führen soll, wird nach geeigneten gesellschaftspolitischen Maßnahmen gefragt, die ein ethisch nachhaltiges Verhalten auf dem Finanzmarkt fördern könnten.

18.1 Round Table in der Tageszeitung „Die Presse“[1680]

Ein für diese Arbeit initiiertes Round Table Gespräch in der Tageszeitung „Die Presse“ hatte die Zielsetzung, Befürworter und Skeptiker ethisch orientierter Geldveranlagung zu einem kontrovers geführten Gespräch zusammenzubringen und eine Zusammenfassung dieser Diskussion danach in der Tageszeitung zu publizieren.

Zur Genese dieses nicht einfachen Unterfangens darf gesagt werden, dass die Vorbereitungen von einigen Imponderabilien begleitet waren. So sprangen nur einen Tag vor dem ersten, bereits von allen Teilnehmern fixierten Termin die Vertreter des Hedge Fonds *Superfund* ab und waren auch Tage danach unerreichbar für ein Statement. Es wurde seitens der Redaktion gemutmaßt, dass vielleicht Angst im Spiel war, gegenüber den Gesprächspartnern ethisch orientierter Geldveranlagungen, Peter Püspök (Oikocredit) und Klaus Gabriel (Sozialethiker, Uni Wien) in der öffentlichen Wahrnehmung schlechter abzuschneiden. Schließlich konnte ich mit dem Asset Manager Thomas Bobek von der Erste-Sparinvest einen fundierten Counterpart gewinnen.

Inhaltlicher Ausgangspunkt war, dass der Schlüssel dafür, ob dem noch winzigen, aber schnell wachsenden Nischenmarkt für ethisches Investment mittel- bis langfristig eine Bedeutung zukommen wird, eindeutig bei den AnlegerInnen liegt. Ähnlich wie bei Fairtrade Produkten steuern eine gesteigerte Nachfrage und das Konsumverhalten (hier Anlageverhalten) den Markt.

Im Folgenden wird eine Zusammenfassung der für die Arbeit aussagekräftigsten Gesprächspassagen geboten:

Noch erkaufen ethisch orientierte AnlegerInnen ihr gutes Investorengewissen zuweilen mit Renditeverzicht, gibt sich Josef Urschitz[1681] überzeugt und versucht schon mit seinem ersten Gesprächsimpuls eine scharfe Trennlinie zwischen ökonomischen Zwängen und ethischem Engagement zu ziehen: „Wir reden hier über

1680 Vgl. Josef Urschitz: Dem Geld ein Mascherl geben. Ein für diese Arbeit initiiertes Presse-Round-Table Gespräch zum Thema Ethisches Investment. In: Die Presse, 02.01.2010, 11. Link: http://diepresse.com/home/wirtschaft/economist/530616/Ethisches-Investment_Dem-Geld-ein-Mascherl-geben. Download: 06.11.2010.

1681 J. Urschitz, Chefredakteur der „Economist“ – Beilage der Tageszeitung Die Presse fungierte als Gesprächsleiter des Round Tables über ethisches Investment. Vgl. ebd. 11.

Ethik und Geldanlage – ist das nicht ein Widerspruch in sich? Diese Eingangsfrage rekurriert auf einen tatsächlich für viele Menschen vorerst unüberbrückbaren Graben. Damit waren auch die RezipientInnen des Mediums ab ovo in die Komplexität des Themas mit hineingenommen und in ihren eigenen Widersprüchen vorerst bestärkt.

Nicht im Widerspruch stehend, sondern in einem dialogischen Verhältnis verortet Klaus Gabriel die Standortbestimmung von Wirtschaft und Ethik. Letztere reflektiere als Reflexionswissenschaft die wirtschaftlichen Grundlagen und Abläufe und stelle sie vor die Differenz von richtig oder falsch, gerecht oder ungerecht.[1682]

Dass der Umgang mit Geld allgemein wenig reflektiert sei, stellt Peter Püspök aus seiner langjährigen Erfahrung als Bankmanager fest „Die Leute haben nur zwei Ziele: möglichst viel Ertrag *und* möglichst viel Sicherheit. Was aber innerhalb dieser Parameter mit dem Geld passiert, ob es auch ethisch verwendet wird, ist nie ein Diskussionspunkt. Es kommt kaum jemand in eine Bank und fragt, was mit seinem Geld passiert.“[1683] Gut zu verkaufen seien die ethisch-nachhaltigen Anlageprodukte noch nicht, wirft Thomas Bobek ein, denn „es ist noch keine Mehrheit, die das verlangt.“[1684] Genau darüber sei er „sehr enttäuscht“, erwidert Püspök, denn selbst diese auf ein sauberes Gewissen abzielende Minderheit verhalte sich äußerst defensiv und sei „nicht primär daran interessiert, ihr Geld dorthin zu leiten, wo es etwas bewirkt. Nur wenige Menschen lassen sich bisher von dieser Anlageform überzeugen.“

Sehr schwer sei es für ihn, wendet Bobek ein, rein finanzdatengetriebenes Investment von ethisch orientierter Geldanlage zu trennen, denn in der Praxis hängen beide eng verwoben zusammen. Zuguterletzt bliebe der Kundenwunsch doch häufig auf Seiten der möglichst attraktiven Geldvermehrung verankert. Darüber hinaus seien sehr viele Faktoren bei ethischen Investments denen herkömmlicher Geldanlagen ähnlich, und haben mittel- bis langfristig sehr wohl Einfluss auf die harten Finanzdaten, wie zum Beispiel der verständliche Wunsch, dass aus einem negativen Cashflow möglichst bald ein positiver werden möge. Ganz allgemein aber gilt: „Ein Unternehmen, das extrem unethisch agiert, wird ohnehin als Investment ein Desaster.“[1685]

1682 K. Gabriel differenziert in dieser klassischen Kurzdefinition von Wirtschaftsethik ferner die individualethische von der strukturethischen Ebene. Vgl. K. Gabriel, im Gespräch, ebd. 11 und Audioaufzeichnung des Verfassers dieser Arbeit.

1683 P. Püspök, im Gespräch, ebd. 11 und Audioaufzeichnung des Verfassers dieser Arbeit. (Eigene Kursivsetzung, da im Gespräch besonders betont)

1684 Th. Bobek, im Gespräch, ebd. 11 und Audioaufzeichnung des Verfassers dieser Arbeit.

1685 Th. Bobek, im Gespräch, ebd. 11 und Audioaufzeichnung des Verfassers dieser Arbeit.

Als erstes ergänzendes *Kurzresümee* wird an dieser Stelle wieder einmal deutlich, welch großes Veränderungspotenzial eine vermehrte Nachfrage nach ethisch verantwortbaren Anlageprodukte hätte. Die Banken sehen keinen Handlungsbedarf, ihre Anlageprodukte umzustellen oder ihre MitarbeiterInnen einschlägig zu schulen, solange kein marktverändernder Nachfragedruck seitens der KundInnen entsteht.[1686]

Klaus Gabriel wirft ein, dass aus ethischer Perspektive die verständlichen Anlageinteressen Sicherheit und Rendite zu kurz greifen. „Ethik bedeutet auch, dass ich mich in einen Prozess einbringe und etwas zu verbessern versuche, das nicht in Ordnung ist. Dass man versucht, mit der Macht seines Kapitals auf wirtschaftliche Entscheidungen Einfluss zu nehmen."

Im weiteren Gesprächsverlauf schien Konsens darin zu bestehen, sich keiner Illusion hinsichtlich eines unmittelbar bevorstehenden Sinneswandels der AnlegerInnen hinzugeben. Fast niemand gibt es gerne zu, aber beinahe alle wollen es: den maximalen Ertrag aus dem veranlagten Geld erzielen. Den bewussten Renditeverzicht übt eine Minderheit.[1687] Aus dieser Übereinstimmung heraus riet Bobek, vermehrt institutionelle Anleger ins Visier zu nehmen, wie die Pensionskassen. Diese seien am ehesten bereit, sich auf einen längerfristigen Anlagehorizont einzulassen und ihren Portfolios auch riskantere Assetklassen beizumischen. Doch auch hier gelte: Die KundInnen müssen auch wollen, dass ihr Pensionsfonds ethisch veranlagt. Gabriel ortet allerdings einen spürbaren Bewusstseinsumschwung in der Bevölkerung, der sich auch in den Statistiken ethischer Investment-Anlageberater niederschlägt: „Das Interesse an nachhaltigen Investments (ist) in der Krise enorm gewachsen. In dieser Phase wäre ein staatliches

1686 An dieser Stelle wurde auch eingeworfen, dass solange der Kundenwunsch sich unter oder nur knapp an der ein Prozent Marke niederschlägt, kein Bankinstitut Interesse an der dementsprechenden fachlichen Schulung seiner MitarbeiterInnen haben wird. Vgl. P. Püspök in der Audioaufzeichnung des Verfassers dieser Arbeit.

1687 An dieser Stelle sei darauf hingewiesen, dass auf das hochkomplexe Thema *Verzicht* in dieser Arbeit nicht näher eingegangen werden kann, wiewohl es eine hohe Konnotation zur Problematik Hinnahme mitunter geringerer Renditen beim ethisch verantwortbaren Investieren aufweist. Die Verzichtsproblematik ist in kaum einer Wissenschaftsdisziplin auch nur hinreichend erforscht und verweist mithin auch für die Theologie und Ethik auf einen weißen Fleck der Forschung, vielleicht weil Verzicht kein Wert an sich ist, sondern erst hinsichtlich eines höheren Ziels eine Art Opferhandlung zugunsten eines „höheren" Gewinns miteinschließt. Beim ethischen Investieren spricht man von einer doppelten Dividende; dem moralischen Wert, der sich zur Geldrendite gesellt. Vgl. zum wissenschaftlichen Forschungsthema Verzicht allgemein: Peter Trier: Verzicht und Unverzichtbarkeit – Herausforderung und Wegweisung in Wissenschaft , Recht, Technik und Ökonomie. In: Renovatio (2003), 59. Jg., 56–96.

Gütesiegel für ethische Veranlagungen hilfreich, ähnlich wie dies bei Fairtrade Produkten gehandhabt wird."[1688]

Als erschreckend empfanden alle Diskutanten, dass nach dem extremen, krisenbedingten Vertrauensverlust und der Einsicht, dass die Orientierung auf kurzfristig angelegte Gewinne und der angsterfüllte und ehrfürchtige Zwang, die Shareholder mit den jeweils letzten Quartalszahlen nicht zu enttäuschen, geradenach in jene Sackgasse geführt hat, aus der die dergestalt Verrannten mit Milliarden an Steuergeldern wieder befreit werden mussten, dass also jetzt wieder nach alten Mustern weitergearbeitet werde, ohne aus der Krise gelernt zu haben. Oder anders gesagt: die dadurch offenbar gewordenen systemischen Fehler wurden nicht behoben, sondern belassen.

Eine posttraumatische Krisenphase der Überraschung, Ratlosigkeit und Resignation ortet auch Püspök, verbunden mit der Enttäuschung, feststellen zu müssen, „dass die Systeme des 19. und 20. Jahrhunderts scheitern, aber es fehlt uns noch die positive Perspektive. Um Alternativen zu den bisherigen, über Jahrzehnte eingeimpften Prioritäten Wachstum und materiellen Zuwachs zu entwickeln, stehen die Menschen noch zu sehr unter Schock."[1689] Auf die von Urschitz gestellte Frage, was der Einzelne denn angesichts dieser Tristesse tun könne, um ethische Gesichtspunkte ins System einzubringen, empfiehlt Gabriel, sich selbstdisziplinierend davon abzuhalten, beispielsweise keine Blasen am Devisenmarkt mitzuproduzieren, wenngleich dies tagtäglich mit Giro- und Spareinlagen geschehe, wie Püspök ergänzend festhält. „Nicht immer", gibt Gabriel zu bedenken, „es gibt auch schon Anbieter von Sparprodukten, bei denen man mitbestimmen kann, wie das Geld angelegt wird."[1690] Püspök fügt unterstreichend hinzu, dass es darum gehe, „dem Geld ein Mascherl zu geben, indem man sagt, was mit seiner Einlage geschehen soll", und dass diese Bewegung nur „von unten" getragen werden könne, denn „die Banken machen alles, was der Konsument will. Von oben werden wir das nicht verändern, das liegt in der Macht des Konsumenten. Das Problem ist, dass das politisch von einer relativ breiten Mehrheit getragen werden muss. Das scheint mir noch nicht so weit zu sein. Die Gretchenfrage wäre ja: Sind Sie bereit, in der Pensionskasse auf ein, zwei Pro-

1688 K. Gabriel, im Gespräch, ebd. 11 und Audioaufzeichnung des Verfassers dieser Arbeit.

1689 P. Püspök, im Gespräch, ebd. 11 und Audioaufzeichnung des Verfassers dieser Arbeit.

1690 Zu den hier angesprochenen Geldinstituten, die Spar- und tlw. auch Giroeinlagen ethisch nachhaltig veranlagen, zählen neben anderen auch die in dieser Arbeit mehrfach erwähnten, wie: Oikocredit Austria, Bankhaus Schelhammer & Schattera, die Steyler Bank, u.a. Vgl. K. Gabriel im Gespräch, ebd. 11.

zent Rendite zu verzichten, wenn ethisch veranlagt wird? Diese Frage möchte ich heute noch nicht stellen. „[1691]

An dieser Stelle kann *zusammenfassend* festgehalten werden, dass die am Round Table diskutierenden Experten einerseits marktverändernde Wirkungen auf Seiten der BankkundInnen als realistisch betrachten, dass aber andererseits auch von der Notwendigkeit politischen Veränderungswillens gesprochen wurde. Die beiden Entitäten korrelieren naturgemäß im gegenseitigen Aufeinander-angewiesen-Sein. Wächst der Wählerwille, sieht die Politik vermehrten Handlungsbedarf. Andererseits könnten die Politiker auch ohne Druck von der Basis die postkrisenhaften Zeichen der Zeit zum Anlass nehmen, um aus eigenem Antrieb Gemeinwohlanliegen wie die nachhaltige Sanierung des Finanzmarktes in Angriff zu nehmen. Um Möglichkeiten und das Für und Wider regulativer politischer Interventionen ging es im dritten Teil der Expertenrunde.

Mit einem nachdrücklichen Appell an die Eigenverantwortung des Menschen distanziert sich Bobek vom Modell politischer Eingriffe in finanzwirtschaftliche Vorgänge und nimmt damit einen eindeutig liberalen Standpunkt ein: „Bei komplexen Themen, und das ist ethisches Investment, sollte man mit dem Ruf nach Regulierung sehr vorsichtig sein. Regulierung erzeugt nicht immer das Umfeld, das man damit anstrebt."[1692] Auf diese sehr grundsätzlich formulierte Ablehnung regulativer politischer Interventionen relativiert Gabriel die Gefahr staatlicher Lenkungsmechanismen, indem er zunächst die persönliche Verantwortung, richtige Entscheidungen zu treffen, hervorhebt. Jedoch findet diese Entscheidung immer innerhalb systemischer Vorgaben statt und diese ließen sich sehr wohl schrittweise ethisch verantwortungsvoll gestalten, mit der Zielsetzung, „dem derzeit kleinen Nischenmarkt aber sehr wohl eine Initialzündung durch Regulatorien (zu) geben. Indem man etwa Zuschüsse an Pensionskassen an nachhaltige Investmentstrategien bindet. Dort, wo es gemacht wird, etwa in England, merkt man, dass der Markt deutliche Impulse bekommt."[1693] Die politische Verpflichtung eines Landes, sich in vielen wirtschaftsrelevanten Sektoren an vorgegebene Standards zu halten, führe folgerichtig und logisch zum Übertrag dieser Haltung auf staatliche und staatsnahe Betriebe, schlussfolgert Gabriel. Außerdem habe der Staat in seinen Entscheidungen auch Vorbildwirkung für viele. Staatlicher Einfluss habe aber in letzter Zeit eher unnachhaltig gewirkt, merkt Urschitz kritisch an. Umso mehr müsse man vom Staat die positive Vorbildwirkung einfor-

1691 P. Püspök, im Gespräch, ebd. 11 und Audioaufzeichnung des Verfassers dieser Arbeit. Hierzu kann relativierend angemerkt werden: Nach den herben, nicht selten zweistelligen Verlusten beinahe aller Assetklassen aufgrund der Finanzwirtschaftskrise wären viele AnlegerInnen mit Abschlägen von *nur* zwei Prozent ihrer Rendite noch gut ausgestiegen.

1692 Th. Bobek, im Gespräch, ebd. 11 und Audioaufzeichnung des Verfassers dieser Arbeit.

1693 K. Gabriel, im Gespräch, ebd.11 und Audioaufzeichnung des Verfassers dieser Arbeit.

dern, argumentiert hierauf Gabriel, denn es gehe darum, den Entscheidungsträgern gute Ideen und Werkzeuge zu deren Umsetzung in die Hände zu geben.[1694]

„Staatsbanken empfanden sich lange als unsinkbare Schiffe“, befindet Püspök „da sie immer den Rückhalt des Eigentümers hatten und somit wenig ertüchtigt und ermutigt waren, sich dem harten Wettbewerb auszusetzen. Deshalb wurden sie leichter ‚drogenabhängig‘, das heißt: die Versuchung, auf riskanten Märkten mit wenig Aufwand große Gewinne zu erzielen, die andere im mühsamen Wettkampf um die Gunst der Bankkunden erringen müssen. Deshalb ist es Zeit, Bewusstsein zu schaffen und den Kunden einen neuen Deal anzubieten. Das sollte allen Banken ein dringendes Anliegen sein.“ Einen regulatorischen Bedarf für ethisches Investment ortet Püspök nur zum Teil. Systemische, politische Unterstützung hingegen sei erwünscht.

Um ethisches Investment auf eine breitere Basis zu stellen, seien politische Lenkungsmaßnahmen wie die Einhaltung verpflichtender Nachhaltigkeitskriterien für staatliche und staatsnahe Unternehmen sehr wohl hilfreich, unterstreicht Gabriel und führt als weiteres Beispiel das Modell der privaten Altersvorsorge an. „Der Staat könnte hier sagen: Zuschüsse und Förderungen gibt es nur dann, wenn die Gelder dafür nach sozialen und ökologischen Gesichtspunkten, ethisch nachhaltig angelegt werden. Diese Anreize könnten so etwas wie eine regulatorische Leitplanke sein.“ Diesem Vorschlag kann Püspök einiges abgewinnen, bezweifelt jedoch seine politische Umsetzbarkeit. „Das genau ist der Knackpunkt“, pflichtet Gabriel bei, weist aber im selben Atemzug darauf hin, dass wir uns alle die enormen Ausmaße der Geldvernichtung der letzten Zeit mithilfe staatlicher Regularien für ethische Veranlagung und im wahrsten Sinne des Wortes „ersparen“ hätten können. „Hätte man nämlich im Vorfeld bereits die Nachhaltigkeitsstandards auch am Finanzmarkt berücksichtigt, hätten wir die Krise vielleicht sogar abwenden können, denn es geht bei den Nachhaltigkeitsaspekten um systemische Fragen.“[1695]

Zum Abschluss erging an die Expertenrunde die Frage, wie der Schwungradeffekt in Gang gesetzt werden könnte, welcher den von mündigen AnlegerInnen eingeforderten Willen nach mehr Transparenz am Finanzmarkt und der Förde-

---

1694 Folgende Gesprächsbeiträge der Round Table Teilnehmer entstammen den Audioaufzeichnung des Verfassers dieser Arbeit.

1695 An dieser Stelle sei zu Gabriels Statement auch angemerkt, dass an dem der Finanzwirtschaftskrise 2008 vorangegangenem großen Wirtschaftswachstum der letzten 15 Jahre nur relativ wenige Menschen partizipieren konnten. Der überwiegenden Mehrheit der Weltbevölkerung erwuchsen daraus keine Vorteile, dafür waren die Auswirkungen des globalen konjunkturellen Abwärtstrends in den Schwellen- und Entwicklungsländern umso einschneidender.

rung ethisch verantwortbarer Geldanlage vorantreibt und mithilfe politischer und medialer Unterstützung weitertransportiert.

Püspok erinnert daran, dass die gestellte Frage direkt zum Gründungsimpuls von Oikocredit bei der ökumenischen Kirchenversammlung 1968 führt, als Menschen aufgestanden sind und angesichts des Vietnamkrieges ihre Kirchen gefragt haben: Wisst ihr eigentlich, was mit eurem Geld geschieht, das ihr für Rücklagen und Pensionsfonds der Priester anlegt? Könnt ihr ausschließen, dass damit der Krieg finanziert und Kriegsmaterialien produziert oder der Drogenhandel finanziert wird? Alle der Angesprochen mussten zugeben: Nein, das wissen wir leider nicht. Da wurde die Idee geboren, dem Geld ab nun ein „Mascherl" zu geben und eine ökumenische Entwicklungsgenossenschaft zu gründen, die Gelder ethisch verantwortbar und gerecht anlegt. „Wir sollten zu dem Punkt kommen, dass jeder Mensch die Frage: Wissen Sie, was mit Ihrem Geld geschieht? Mit einem Ja beantworten kann und darüber hinaus auch noch hinter dem Verwendungszweck seiner Geldanlage voll stehen kann."

Große Hoffnung setzt Püspök in die wachsende Zahl ethisch bewegter Menschen. Die positive Entwicklung von Fairtrade oder des weltweit agierenden Mikrokreditfinanzierers Oikocredit zeigt das Wachstumspotenzial derer, die bereit sind, neue Wege zu gehen und darüber auch berichten und dabei als Multiplikatoren wirken.

Gabriel sieht komplementär zu seinen weiter oben erhobenen Forderungen nach staatlichen Regularien die Notwendigkeit, die ethisch engagierten Menschen zu mobilisieren; etwa durch Zusammenschluss der AnlegerInnen in Foren und Plattformen[1696], durch vermehrte öffentliche Meinungsbildung oder durch den in dieser Arbeit bereits ausführlich beschriebenen „Engagement-Ansatz", der das Ziel des konstruktiven Dialogs, aber auch der bewussten Einflussnahme der InvestorInnen auf die jeweiligen Unternehmensführungen in sich trägt.

Bobek wiederholt seine Warnung vor politischen Eingriffen und staatlichen Regularien, hält aber die vermehrte politische Interessenswahrnehmung für ethisches Investment für durchaus wirkungsvoll und begrüßenswert. So etwa würden schon politische Empfehlungen an große Institutionen hilfreich sein, um längerfristiges Finanzengagement ethisch verantwortbar anzulegen. Förderungseinschränkende Regulierungsmaßnahmen stuft Bobek jedoch als bedenklich ein, da seiner Meinung nach überregional kein Konsens zu finden sei, was nun per definitionem als ethisches Investment zu gelten hat und was nicht. Eine gute Nachricht aus Investorensicht sei, dass es sich noch um ein kleines Marktsegment

1696 Vgl. dazu die entsprechenden Lehrgänge, Seminare und Kompetenzentwicklungsprogramme der Plattform CRIC und ksoe. Siehe Details im Internet-Verzeichnis im Literatur und Internetverzeichnis dieser Arbeit.

handle. Das zu verzeichnende zunehmende Interesse würde wirtschaftliche Vorteile für den Gesamtmarkt mit sich bringen, weil damit immer öfter die Frage gestellt werde: Wohin wollen wir? In einen mehr ethisch orientierten oder rein auf maximale Rendite abzielenden und von kurzfristigen Entscheidungen getragenen Markt? Hierin liege mittelfristig eine große Chance.

18.1.1 Feedbacks

Wie stark die Wirkkräfte Politik, Gesellschaft und Medien in Interaktion treten, konnte auch am Nachhall von dem für diese Arbeit initiierten und danach publizierten Round Table Gespräch[1697] wahrgenommen werden. Unmittelbar nach Erscheinen des Zeitungsberichts erhielt Peter Püspök von verschiedenen gesellschaftsrelevanten Netzwerken Einladungen, um über die ökumenische Entwicklungsgenossenschaft Oikocredit Vorträge zu halten. Klaus Gabriel wurde vom ORF Radiosender Ö1 zu einem Gespräch über ethische Geldanlagen gebeten.[1698] Thomas Bobek berichtete von vermehrter Kundennachfrage hinsichtlich einer Erweiterung der allgemein als zukunftsträchtig eingeschätzten Produktschiene ethisches Investment. Diesen Anfragen Rechnung tragend, sprach man sich bankinternen für eine Ausweitung dementsprechender Anlageformen aus.

Resümee: Mit zunehmender öffentlicher Wahrnehmung des Themas ethisches Investment steigt nachweislich die Zahl jener Menschen, die ihr Geldanlageverhalten kritisch hinterfragen und nach substantieller Information Ausschau halten. Noch liegen keine aussagekräftigen Untersuchungen darüber vor, ob die teilweise schmerzlich hingenommen Geldeinbußen im Zuge der Finanzwirtschaftskrise und/oder andere krisenbedingte Auswirkungen zu einem veränderten Reflexionsniveau in Sachen Geld beitragen können oder bereits beigetragen haben. Die allgemein verzeichneten hohen Zuwachsraten bei ethisch nachhaltigen Anlageformen im Jahr 2009, die von praktisch allen Geldinstituten, NGOs, Initiativen, Genossenschaften, u.a. unisono bestätigt werden, könnten sehr wohl auf eine Korrelation mit der Finanzwirtschaftskrise hindeuten.[1699] Jedenfalls scheint sich die ökonomische Regel zu bewahrheiten, der zufolge man einen Markt auch

---

1697 Vgl. Josef Urschitz: Dem Geld ein Mascherl geben. Round-Table Gespräch zum Thema Ethisches Investment. In: Die Presse, 02.01.2010, 11.

1698 Vgl. Das Wirtschaftsmagazin „Saldo", ORF Ö1, 29.01.2010.

1699 Vgl. erste Untersuchungen, die in Zusammenarbeit mit Banken und institutionellen Investoren durchgeführt wurden. Alle Befragten bestätigten den Vormarsch von Ethikfonds im Jahr 2009 und hoben dabei die unerwartet hohen Renditen hervor. Bsp: Erste Sparinvest: ESPA Vinis Stock Global oder DWS Invest Responsibility. Vgl. Starke Performance und gutes Gewissen. In: Börsenkurier 43, 22.10.2009, 11 u. 27.

erschaffen kann, wenn genügend Kundenpotential vorhanden ist. In Abwägung der Für und Wider staatlicher Lenkungsmaßnahmen erscheint m.E. ein auf Anreiz abgestelltes, staatliche Förderungsmöglichkeiten in Aussicht stellendes Modell nicht nur plausibel und der Sache dienlich, sondern ließe auch auf hohe Akzeptanz und damit auf Durchführbarkeit schließen. Der von manchen Menschen apriorischen bis reflexartigen Ablehnung staatlicher Steuerungsmaßnahmen für wirtschaftliche Abläufe, möge an dieser Stelle entgegengehalten werden, dass die vulgärliberale Maxime vom größtmöglichen Unbehelligtsein durch den Staat als Garant für das freie Verfolgen der Einzel- und Gesamtinteressen zum größtmöglichen Vorteil aller, schlicht und ergreifend falsch ist und oftmals falsifiziert werden konnte. Nicht zuletzt auch im desaströsen Scheitern der frei flottierenden Wirkkräfte der Finanzwirtschaft. Denn wo Wirtschaftsfreiheit mit Beliebigkeit verwechselt wird und Individualismus zum puren Self-Interest verkommt, partizipiert die Gesellschaft nur mehr an den Nachteilen und Verlustgeschäften pseudoliberaler Umtriebe, die nur dem ökonomischen Imperativ verpflichtet scheinen, der da lautet: Was Gewinn (kurzfristig) bringt, darf nicht verhindert werden. Eine solche Verengung und Missinterpretation des Freiheitsgedankens birgt ein beträchtliches Gefahrenpotenzial für die Gesellschaft.

Der deutsche Alt-Bundeskanzler Helmut Schmidt forderte bereits Anfang 2007 in einem großen Artikel der Wochenzeitung *Die Zeit* imperativisch: „Beaufsichtigt die neuen Großspekulanten!“[1700] Schmidt hält die Asymmetrie für „grotesk“, in welcher jede kleine lokale Sparkasse und Genossenschaftsbank von den Finanzaufsichtsbehörden überwacht wird, „während die hundert- und tausendmal größeren Fonds mit Sitz in der Karibik völlig unbehelligt bleiben. ... Genauso wie der globale See- oder Luftverkehr strikten Sicherheits- und Verkehrsregeln unterliegt, bedarf der globale Kapitalverkehr der Regulierung, damit Katastrophen verhindert werden. Das ist ein Gebot der vorsorgenden Vernunft – von Anstand und Moral ganz zu schweigen.“[1701] In der Conclusio dieser Arbeit soll darauf noch gezielt eingegangen werden.

18.2 Diskussions-Topos Ethik-Sparbuch in der Wochenzeitung „Börsen-Kurier“

Als Beispiel für den Versuch, Interesse für das ethisch relevante Thema „Ethik-Sparbuch“ über ein Print-Medium zu generieren, soll an dieser Stelle die Zusammenschau eines Round-Table-Gesprächs in der Wochenzeitung Börsen-

1700 Zit. in: R. Marx: Das Kapital, 251.
1701 Ebd. 251.

Kurier dargeboten werden. Seit einigen Jahren erheben ethisch orientierte AnlegerInnen wiederholt die Forderung nach einem Ethik-Sparbuch. Aufgerufen sind somit nicht nur die Bankinstitute. Es bedarf auch einer finanzpolitischen wie einer gesellschaftspolitischen Willensbildung, solche Desiderate stützend zu begleiten.

Bewusst wurden zu dieser Thematik nicht nur Finanzfachleute, sondern auch andere prominente TeilnehmerInnen des öffentlichen Lebens geladen, um einerseits eine allfällige *vox populi* zu dieser Thematik eloquent zu verstärken und andererseits sich ihrer Vorreiterrolle und Vorbildwirkung bewusst zu sein, mitunter als „Werbeträger“ für ein gleichermaßen gesellschaftliches, wirtschaftliches wie ethisch-relevantes Anliegen dienen zu wollen.[1702] Folgende Ausschnitte aus dem Gesprächsverlauf der GesprächspartnerInnen werden unkommentiert wiedergegeben, um den dramaturgischen Aufbau im Duktus nicht zu stören.

Die Theologin und Journalistin Renata Schmidtkunz eröffnet die Diskussion thematisch mit einem sehr persönlichen, emotional aufgeladenen Erlebnis: „Vor 15 Jahren habe ich mich in meiner Bank nach einem Ethik-Sparbuch erkundigt. Die Dame am Schalter meinte, sie wüsste nicht, ob sie ethnische Sparbücher hätten. Alle weiteren Fragen haben sich dann natürlich erübrigt.“[1703]

Für Richard Lernbass ergibt sich die Forderung nach einem Ethik-Sparbuch aus einer Grundsatzfrage, denn jeder Sparer habe das Recht zu wissen, was mit seinem Geld am Sparbuch passiert. Dies sei die Voraussetzung eines Ethik-Sparbuchs überhaupt. Wenn nun der Sparer auch noch bevorzugt jene Bereiche mit seinem Sparbuch unterstützen könnte, welche er im Rahmen seiner „nachhaltigen Präferenzen“ bevorzugte, könne man von einem „Ethik-Sparbuch“ sprechen.[1704]

Der Banker der Runde, Peter Püspök, dämpft allzu hoch gesteckte Erwartungen und führt auch bankpragmatische Topoi ins Treffen. „Ich möchte vorerst einwenden, dass ich die Umsetzung für schwierig halte, weil die Formulierung und Einhaltung der ethischen Kriterien sehr komplex ist und das Sparbuch von der Einfachheit lebt. Aus diesem Grund ist die Vertrauenskomponente besonders wichtig. Ein Ethik-Sparbuch wäre eine schöne Bereicherung der Angebotspalette, verlangt aber viel Transparenz, wie überall im Bereich der ethischen Veranlagung. Der Anbieter eines solchen Produktes übernimmt eine hohe Verantwor-

1702 Vgl. Helmut Berg: Dem Sparen Sinn geben: Trend-Thema „Ethik-Sparbuch“. Zum Round Table geladen waren: Renata Schmidtkunz (3 SAT), Barbara Stöckl (ORF), Klaus Gabriel (Institut für Sozialethik der Universität Wien), Richard Lernbass (software-systems) und Peter Püspök (Oikocredit). In: Börsen-Kurier, Beilage Geld und Ethik, 21.10.2010, I. Link: www.ksoe.at/geldundethik/BK42_2010_Buch6.pdf. Download: 06.12.2010.

1703 Ebd. I.

1704 Vgl. ebd. I.

tung. Gleichzeitig ist hohes Vertrauen der Anleger erforderlich."[1705] Jedoch, so Püspök fortfahrend, sei das Sparbuch die am meisten verbreitete Anlageform, demnach wäre eine ethische Alternative eigentlich logisch.

Unter den Teilnehmenden am Round-Table Gespräch verstärkt sich die konsensuale Auffassung darüber, dass die Bewusstseinsbildung zum ethisch orientierten Sparen im Zunehmen begriffen ist. Mit anderen Worten, dass die Zeit für ein Ethik-Sparbuch reif sei, denn „immer mehr Menschen fühlen sich dafür verantwortlich, was ihr Geld so anstellt, wenn es *arbeitet*; ... ich finde das eine großartige und längst überfällige Idee, unterstreicht Barbara Stöckl ihre eindeutig befürwortende Position und fügt erläuternd hinzu, dass es einen wesentlichen Unterschied mache, ob jemand mit seinem Investment Waffenhandel, Blutdiamanten oder Atomenergie fördere „oder in Nachhaltigkeit, Fairness, Ökologie und Menschlichkeit investiert."[1706]

Klaus Gabriel zweifelt nicht an der guten Idee eines Ethik-Sparbuchs, meldete jedoch Zweifel darüber an, ob man ein Ethik Sparbuch wirklich „braucht", ganz ungeachtet des zweifellos vorhandenen Bedürfnisses vieler Sparer, „ihr Geld sinnvoll anzulegen und nicht der Anonymität des Kapitalmarktes zu überlassen."[1707]

Genau hier sei eben einzuhaken, bekräftigt Lernbass, denn Banken sollten als Dienstleister ihrer Kunden auch diese „Dienstleistungsaufgabe" dem Sparer gegenüber ernst nehmen.

Dem ethischen Nukleus der Idee näherte sich schließlich Schmidtkunz mit der Aussage an, dass es „nicht sein kann und darf, dass ich durch die Zinsgewinne meiner Ersparnisse anderen Menschen auf der Welt schade, indem sie weniger Lohn, weniger Arbeitsrechte, weniger Gesundheit und weniger politische Rechte haben, damit ich höhere Zinsen bekomme." Man entkäme ohnehin kaum der „shareholder-value"-Welt, denn auch auf dem Girokonto werde das Geld tagtäglich in den Kreislauf des Geldmarktes eingespeist, „ohne dass mich jemand fragt, einfach deshalb, weil meine Bank mit meinem Geld Geschäfte macht, von denen ich nichts weiß. Aber dort, wo ich bestimmen kann, was mit meinem Geld unter welchen Bedingungen passiert, möchte ich diese Verantwortung auch gerne übernehmen."[1708]

Ein *erstes Resümee* kann festhalten, dass bei allem Feuer und Engagement für die Idee, die Trägheit des Bankensystems und des politischen Willens in alle Veränderungsszenarien mit einbezogen werden muss. Der Weg der kleinen

---

1705 Ebd. I.
1706 Ebd. I.
1707 Ebd. I.
1708 Ebd. I.

Schritte scheint dem Nischenprodukt *Ethische Geldanlage* ohnehin inhärent. Dennoch hält Schmidtkunz nicht zuletzt auch aus einer theologischen Begründung daran fest, dass ein Ethik-Sparbuch die einzig sinnvolle Form des Sparens wäre. Dieser Position kann auch Gabriel aus sozialethischer Perspektive beipflichten, denn wenn auch ein Ethik- Sparbuch allein die Welt vermutlich nicht retten kann, ist es doch, „wie zum Beispiel der Kauf von Fair-Trade-Produkten, Ausdruck eines verantwortlichen Lebensstils und damit ein weiterer Schritt in die richtige Richtung.“[1709] Lernbass fügt dieser Sichtweise affirmierend hinzu, dass mitzubestimmen, wofür das eigene ersparte Geld am Markt eingesetzt werden soll, legitimes Recht eines jeden Sparers sei. „Somit höchste Zeit, in dieser Richtung eine Initiative für eine breite Voraussetzung zur Umsetzung zu setzen.“[1710]

Als *Zusammenschau* des Börsen-Kurier Round-Table-Gesprächs kann festgehalten werden, dass sich die Diskussion um ein Ethik-Sparbuch in einem hohen Maß inhaltsverwandt mit vielfach erhobenen Forderungen auf Fachtagungen erweist,[1711] wo wiederholt der Wunsch nach einer möglichst transparenten öffentlichen Kommunikation des Themas geäußert wurde.[1712] Unter diesem Aspekt kann das im Rahmen dieser Arbeit publizierte Round-Table-Gespräch als Versuch einer offensiven Öffentlichkeitsarbeit gelten und lehnt sich somit inhaltlich wie formal an den breit geführten Fachdiskurs an.

18.2.1 Ein halbes Jahr danach: Product-Launch „Ethik-Sparbuch“

Gleich vorweg: Es wäre nicht nur kühn, sondern gleichzeitig wissenschaftlich unredlich, einen direkten Konnex zwischen der für diese Arbeit in den Medien platzierten Diskussion um die Forderung eines Ethik-Sparbuchs und der durch das Bankhaus Schelhamer & Schattera knappe sechs Monate später vollzogenen Präsentation eines solchen Sparproduktes herzustellen.[1713] Es zeigt sich vielleicht nur, dass das Thema „in der Luft lag“, wie gesagt werden kann, wenn selbst

---

1709 Ebd. I.

1710 Ebd. I.

1711 Siehe dazu auch die gesammelten Diskussionsbeiträge der CRIC Workshops in Kapitel 16 dieser Arbeit

1712 Vgl. K. Gabriel: Ethisches Investment: Standortbestimmung und Ausblick, 5.

1713 Anlässlich ihrer Bilanzpressekonferenz präsentierte das Bankhaus am 04.04.2011 das Ethik-Sparbuch mit fixen Laufzeiten von 12 Monaten zu 1,5% und 24 Monaten zu 2%. Die ethischen Veranlagungen der Bank werden mithilfe der Rating-Agentur oekom-research definiert. Vgl. Rudolf Erdner: Ethik-Sparbuch. Ein erfreuliches Produkt auf dem Markt. In: Börsen-Kurier v. 07.04.2011, 19.

seitens der Bank, die auf ethisch-nachhaltige Veranlagungsprodukte spezialisiert ist, von einem „lang geforderten Produkt“ gesprochen wird. Man habe die Marktlücke erkannt und geschlossen, lautete die bankkaufmännische Begründung. „Mit diesem Sparbuch erhält der Sparer die Garantie, dass sein Geld ausschließlich für nachhaltige Zwecke verwendet wird“, gibt sich CEO Helmut Jonas zufrieden und betrachtet das Ethik-Sparbuch als Stärkung seiner Bank in ihrer Position als Spezialanbieter für ethisch-nachhaltige Geldanlagen.

Aus dem Blickwinkel der in dieser Arbeit vertretenen Sichtweise ein zweifellos richtiger Schritt, dessen Markttauglichkeit sich allerdings erst bewähren muss. Das Produkt Ethik-Sparbuch steht für eine vielleicht noch spannend werdende Trendumkehr im Umgang mit Geld.

19 Conclusio, Forschungsthese und sich daraus ergebende Forderungen

Wenn zusehends wirtschaftlich orientierte Imperative der Ökonomie die Lebenswelt und die sozialen Interaktionen der Menschen bestimmen und kolonialisieren, ist es Aufgabe der Politik und staatlicher Kräfte, die gesamtpolitisch relevanten Rahmenbedingungen hinsichtlich eines gelingenden Miteinanders der wechselseitig aufeinander bezogenen Entitäten Wirtschaft, Ethik und Gesellschaft neu zu justieren.

19.1 Das Desiderat „Vitalökonomie"

In Anlehnung an Alexander Rüstovs Begriff der *Vitalpolitik*,[1714] welcher auf eine anthropologische Begründung der Sozialpolitik abzielt, die möglichst alle Lebenslagen der Menschen berücksichtigt, möchte ich, dem Anliegen dieser Arbeit gerecht werdend, von einer *Vitalökonomie* sprechen, die für biophiles, ethisch verantwortbares und nachhaltiges Wirtschaften stehen soll. Vital steht in diesem Sinnzusammenhang für die möglichst allumfassende, schöpfungsgerechte und verantwortbare Gestaltung der vita humana. Eine Vitalökonomie sollte dem guten Gelingen menschlichen Daseins zuarbeiten und die gesamte Wirtschaft auf ein dezidiert ethisches Fundament stellen. Davon direkt betroffen ist auch der Geldumgang, näherhin die Finanzwirtschaft, deren ethische Ausrichtung im vitalökonomischen Setting, in welchem der Markt nur Mittel zum Zweck ist, zum Standard und lebensdienlichem Best Practice –Modell wird.

1714 Vgl. A. Rüstov: Paläoliberalismus, Kommunismus und Neoliberalismus. In: Franz Geiß / Fritz W. Mayr (Hgg.): Wirtschaft, Gesellschaft, Kultur. Festgabe für Alfred Müller-Armack zum 60. Geburtstag. Berlin 1961, 68. Auch der katholische Sozialwissenschafter und spätere Kölner Erzbischof Joseph Höffner stimmte dem Anliegen Rüstovs bereits 1953 zu: „Wir müssen den Menschen in seiner Ganzheit, in seiner Lebenssituation sehen, also ‚vitalpolitisch' denken." J. Höffner: Soziale Sicherheit und Eigenverantwortung. Der personale Faktor in der Sozialpolitik (1953). In: Karl Gabriel / Hermann-Josef Große-Kracht (Hgg.): Joseph Höffner (1906–1987). Soziallehre und Sozialpolitik. Paderborn u.a. 2006, 151. Positiv dazu äußert sich auch: R. Marx: Das Kapital, 299f.

19.2 Ethischer Wettbewerb durch Anreizethik

Das Prinzip der von Karl Homann postulierten Anreizethik auszubreiten, würde den Rahmen dieser Arbeit sprengen, jedoch soll auf einen darin enthaltenen Grundgedanken nicht verzichtet werden, welcher traditionell ethische Ansätze mit der Begründung ihrer individualethischen Konzeptionen ablehnt, welche darauf abzielen, mit moralischen Appellen die Motivation der AkteurInnen zu beeinflussen, was Homann für moderne Gesellschaften als wirkungslos einstuft, in denen die Ökonomik weite Aufgabenfelder der Ethik übernimmt.[1715] Im Subsystem der Wirtschaft kann Moral nur innerhalb des ökonomischen Paradigmas ihre Kräfte entfalten, was bei Homann bedeutet, dass letztendlich die Ökonomik die Aufgaben der Ethik übernimmt. Handlungen der Menschen werden dabei weniger durch Motivation, sondern nur durch Regeln, insbesondere aber durch Anreize gesteuert, oder mit Homann auf den Punkt gebracht: Ökonomik ist „Ethik mit anderen Mitteln."[1716]

Eine allfällige Durchsetzbarkeit von Normen ergibt sich für Homann durch strukturelle Anreize, dank deren Menschen aus (Eigen-)Interesse und Vorteilsüberlegungen heraus agieren, „und eben nicht auf der Basis moralischer Intentionen. Ethik wird dabei im Wesentlichen zu einer Anreizethik, welche die Intentionen der Moral aufnimmt und sie in Vor- und Nachteilskalküle sowie Anreizstrukturen „übersetzt".[1717]

Moralische Appelle verhallen somit im Handlungsraum komplexer, anonymer, großgesellschaftlicher Strukturen; lediglich die Vorgaben klarer, auch restriktiver Spielregeln könnten Anreize schaffen. Diesen Überlegungen liegt jedoch ein Verhaltensmodell zugrunde, welches den Menschen als einen *homo oeconomicus* einstuft, einem sich der eigenen Wohlfahrt verschriebenen, zweckrational handelnden Wesen. Freilich dient dieses Konstrukt nur als Deutefolie der wissenschaftlichen Theoriebildung und bezieht sich nicht auf die soziale und psy-

---

1715 Vgl. K. Homann / F. Bloom-Drees: Wirtschaftethik und Unternehmensethik, Göttingen 1992, 19. In Anlehnung an Niklas Luhmanns Systemtheorie erkennt Homann in den gesellschaftlichen Subsystemen eine historische Entwicklung der funktionalen Ausdifferenzierung gesellschaftlicher Teilbereiche. „Moralische Normen einzelner Akteure kollidieren dabei mit den Funktions- und Regellogiken der Subsysteme und sind ungeeignet, wenn es darum geht, komplexe gesellschaftliche Problemstellungen zu lösen." K. Gabriel: Nachhaltigkeit am Finanzmarkt, 67.

1716 K. Homann: Ethik und Ökonomik. Zur Theoriestrategie der Wirtschaftethik. In: ders. (Hg.): Wirtschaftsethische Perspektiven I, Berlin 1994, 13.

1717 K. Gabriel: Nachhaltigkeit am Finanzmarkt, 68, unter Heranziehung von: J. Gerlach: Ethik und Wirtschaftstheorie. Modelle ökonomischer Wirtschaftsethik in theologischer Analyse. Gütersloh 2002, 223.

chische Ausstattung der Menschen. Homann unterstellt nur, dass Menschen in sogenannten Dilemmasituationen sich eher für „unbändiges Vorteilsstreben" entscheiden, welches dann allerdings den Kern aller Moral darstellt; auch das christliche Liebesgebot ist für ihn unter diesem Aspekt zu betrachten.[1718]

In diesem Kontext wäre es zumindest nachdenkenswert, inwieweit auch anreizbezogene Faktoren ein ethisch orientiertes Investment-Umfeld unterstützen könnten. Davon beeinflusst wären Entscheidungen auf der Unternehmensseite, womit beispielsweise der Anreiz an einem ethischen Wettbewerb zur Optimierung der Natur- Kultur- und Sozialverträglichkeit der corporate governance gemeint sein kann. In Folge besteht dadurch die berechtigte Hoffnung auf vermehrten Investmentzufluss.

Seitens der AnlegerInnen wäre der Anreiz zu nennen, mithilfe ethisch verantwortbaren Assetprodukten im Portfolio, eine nachhaltigere und verlässlichere Vermögensabsicherung zu erzielen und dabei eventuell auch in den Genuss staatlicher Förderungen zu kommen, wovon im Anschluss die Rede sein wird.

19.3 Politische Anerkennung nachhaltigen Investierens im staatlichen Sektor

Dank gesetzlicher Berichtspflichten konnte das Wachstum nachhaltiger Finanzprodukte in einigen Ländern Europas beschleunigt werden, angeführt von Großbritannien. Erging doch dort bereits 1995 an die Pensionskassen die Verpflichtung, regelmäßige Nachhaltigkeitsberichte über das veranlagte Vermögen zu verfassen. Im Jahr 2000 wurden alle Wohltätigkeitsorganisationen aufgefordert, den reporting-issues nachzukommen. 2001 schloss sich Schweden dem englischen Vorbild an, und 2003 implementierte die Schweiz in ihrem Pensionsgesetz die Berichtspflicht für nachhaltiges Investment. Mit der 2003 in Kraft getretenen EU-Modernisierungsrichtlinie wird Unternehmen vorgeschrieben, „in ihren Abschlüssen über extrafinanzielle Informationen zu berichten. Diese Richtlinie wird seit 2003 laufend von einzelnen EU-Staaten in nationales Recht umgesetzt."[1719] Im Jahr 2004 schloss sich Norwegen der Berichtspflicht für ihre Pensionsfonds an, und ein Jahr später, 2005, willigten Deutschland, Österreich, Frankreich, Italien und Spanien in diese Bestimmungen ein. So heißt es zum Beispiel im

1718 Vgl. K. Homann: Sinn und Grenze der ökonomischen Methode in der Wirtschaftsethik. In: D. Aufderheide, M. Dabrowski (Hg.): Wirtschaftsethik und Moralökonomik. Normen, soziale Ordnung und der Beitrag der Ökonomik. Berlin 1997, 37.

1719 Wolfgang Pinner: Nachhaltig investieren und Gewinnen. Profitieren vom ökologischen Megatrend. Wien 2008, 152–153.

österreichischen Pensionskassengesetz (PKG) seit September 2005, dass Pensionskassen „die allfällige Auswahl der Vermögenswerte nach ethischen, ökologischen und/oder sozialen Kriterien" in ihre schriftlichen Erklärungen über die Grundsätze der Anlagepolitik integrieren müssen."[1720]

Pinner ist der Auffassung, dass diese Berichtspflicht, die immerhin den Spielraum der Freiwilligkeit einräumt, besser sei als eine explizite Verpflichtung zur ethisch-nachhaltigen Geldanlage. Reporting-Issues müsse man vor den Augen aller Kontrollorgane darstellen und verantworten. Man ist zwar nicht zur konkreten Umsetzung verpflichtet, aber jeder Pensionsfonds, jede Vorsorgeeinrichtung würde es sich wohl „zweimal überlegen, ob sie zugeben wollen, dass ihnen Nachhaltigkeit egal ist. Außerdem sollen die Investoren ja durch die attraktiven Performanceeigenschaften der nachhaltigen Anlagevariante überzeugt werden. Beginnt auch nur *ein* Pensionsfonds im jeweiligen Land mit nachhaltigem Investment und hat dieser Erfolg, so werden die übrigen wohl umgehend nachziehen."[1721]

Gegen den Vorhalt, dieses Modell sei zahnlos, da kein Pensions- oder Vorsorgefond in die Pflicht genommen werden kann, ethisch investieren zu müssen, führt Pinner das Momentum einer „Freiwilligkeit" ins Treffen, welche durch bestimmte, wettbewerbsindizierte Anreize stark beeinflussbar ist.

Aus einer gesellschaftphilosophischen Betrachtungsweise heraus analysiert Jürgen Habermas die Finanzkrise als „Systemversagen" der Politik und warnt vor der Heuchelei, mit dem Finger auf Sündenböcke zu zeigen, denn „die Spekulanten haben sich im Rahmen der Gesetze konsequent nach der gesellschaftlichen Logik der Gewinnmaximierung verhalten. Die Politik macht sich lächerlich, wenn sie moralisiert, statt sich auf das Zwangsrecht des demokratischen Gesetzgebers zu stützen. Sie und nicht der Kapitalismus ist für die Gemeinwohlorientierung zuständig."[1722]

Damit plädiert Habermas eindeutig dafür, der Finanzwirtschaft strengere gesetzliche Regeln aufzuerlegen, für deren politische Umsetzung es aber im Vorfeld einer parlamentarischen Mehrheit für die Verabschiedung strikterer regulativer Maßnahmen bedarf.

1720 Ebd. 152.

1721 Ebd. 153. (Eigene Kursivsetzung)

1722 J. Habermas im Interview: Ein-Mann-Gelehrtenrepublik. In: Die Presse, 18.06.2009, 23.

19.3.1 Den Staat mit ins Boot holen. Eine conditio sine qua non für die Zukunft des ethischen Investments?

Nach Bekanntwerden der wahren Ausmaße ihrer krisenbedingten Verluste wurden einige der weltweit ins Wanken geratenen Großbanken als „too big to fail" und somit als staats- und systemtragend eingestuft, sodass kein Land einen Konkurs seiner mächtigen Investmenthäuser in Kauf nehmen wollte. Auch für viele andere Banken wurden staatliche Stützungsfonds zur temporären Durstrecken-Überbrückung bereitgestellt. Durch ihre lautstarken Rettungsrufe, so ist sich Wolf-Gero Reichert in seiner Analyse sicher, haben die Banken selbst den Primat der Politik zurückgefordert.[1723] Aufgrund dieser Stützungsmaßnahmen in einem bislang eher wirtschaftsliberalen Umfeld muss auch der Staat als politischer Souverän seine Handlungsfähigkeit unter Beweis stellen. Um dem Finanzsystem wieder seine eigentliche Aufgabe zu ermöglichen, nämlich die Realwirtschaft mit ausreichend Kapital zu versorgen, ist der staatliche Eingriff notwendig, jedoch sollte dieser an einige konkrete Maßnahmen gekoppelt sein, die Reichert wie folgt auflistet:[1724]

1. Die Einbeziehung aller Finanzunternehmen (nicht nur Banken) in eine internationale öffentliche Aufsicht, verbunden mit einer erhöhten Eigenkapitalausstattung.
2. Die Überprüfung neuer, innovativer Finanztitel, verbunden mit einer Umkehrung der Beweislast in Form einer Positivliste für Finanzdienste, nach Vorbild des Gesundheitssystems. Die Erfinder neuer Finanztitel müssten nachweisen, dass sie einen gesamtwirtschaftlich sinnvollen Zweck erfüllen.
3. Zur Entschleunigung kurzfristig angelegter, hochspekulativer Kapitalströme sollte eine Transaktionssteuer nach dem Vorbild von James Tobin (auch Tobinsteuer genannt) eingeführt werden, deren Einnahmen zur Stabilisierung der weltweiten Finanzmärkte, aber vor allem derer von Entwicklungsländern dienen sollen.
4. Ärmere, krisenanfälligere Volkswirtschaften sollten von IWF, WTO oder Weltbank nicht dahingehend beraten werden, sich so schnell wie möglich in die internationalen Finanzmärkte zu integrieren, sondern mithilfe großer EU- und US-Zentralbanken vorerst das eigene Bankensystem abstützen.
5. Dem Hauptgrund der Finanzkrise, der übergroßen Kapitalakkumulation, sollte vorgebeugt werden. Die global und regional weit geöffnete Schere der

1723 Vgl. Wolf-Gero Reichert: Cash statt Crash. Sozialethische Orientierungen in der Finanzkrise, hg. v. Oswald von Nell-Breuning Institut für Wirtschafts- und Gesellschaftsethik. In: QuerBlick-Rundbrief der IKvu. November 2008, 4–10.

1724 Nachstehende Forderungsliste, vgl. ebd. 9.

Einkommens- und Vermögensverteilung muss durch eine solidarische Tarif- und Sozialpolitik geschlossen werden.

Bei Erfüllung dieser Maßnahmen sieht Reichert die Chancen für das ethische Investment, welches er stets in den Kontext zur christlichen Sozialehre und ihrer Forderung nach Sozialpflichtigkeit des Eigentums stellt, besser gegeben denn je. Seriösen Finanzinstituten würde durch die oben angeführten Maßnahmen der Rücken gestärkt. Sie treten in der Regel mit genau dem Anspruch auf, den viele andere Finanzmarktakteure nicht formulieren wollen oder nicht formulieren können: „Eine Fundierung der Geschäfte in Werten."[1725] Mithilfe des Instruments Geld sollen Werte der Nachhaltigkeit und des ethisch verantwortbaren Wirtschaftens im Finanzsystem installiert werden. Den Staat selbst sieht Reichert dabei stets aktiv in die Kontrolle der aufgestellten Maßnahmen eingebunden. „So gesehen ist ethisches Investment, ähnlich wie der faire Handel, eine Art Stachel im Fleisch des derzeitigen Systems, der immer wieder darauf hinweist, wie Geld anders und verantwortlicher angelegt werden kann."[1726]

19.3.2 Ordnungspolitische Maßnahmen zur Sicherstellung eines ethisch verantwortlichen Umgangs mit dem Geld

Grundsätzlich geht es um die Frage, ob ordnungspolitische Rahmensetzungen und Vorgaben in einem an Deregulierung und Liberalisierung gewöhnten Finanzmarkt Sinn machen und ob auf der Makroebene mithilfe politischen Gestaltungswillens überhaupt so etwas wie eine „globale Finanzarchitektur" entwickelt werden kann, ohne auf ebenfalls gescheiterte planwirtschaftliche Muster zurückzugreifen. Zunächst erscheint durchaus plausibel, dass eine global gewordene Finanzwirtschaft auch globaler Regeln bedarf, schon allein um weltweit die gleichen Bedingungen vorzufinden, wenngleich die Wirksamkeit und Durchsetzbarkeit mundial gültiger Verbindlichkeiten und Normen nicht zuletzt seit der Finanzwirtschaftskrise mehr als infrage zu stellen ist, da sich einige Finanzakteure immer wieder gekonnt virtuos über geltendes Recht hinweggesetzt haben. Diesen moralischen Werteverfall thematisiert auch Benedikt XVI. in seiner Sozialenzyklika Caritas in veritate: „Die Wirtschaft und das Finanzwesen können, insofern sie Mittel sind, tatsächlich schlecht gebraucht werden, wenn der Verantwortliche sich nur von egoistischen Interessen leiten lässt. So können an sich gute Mittel in schadensbringende Mittel verwandelt werden." (Nr.36). Dem

1725 Ebd. 9.
1726 Ebd. 10.

paränetischen Teil folgt der hoffnungsvolle Aufruf zu einer „Zivilisierung der Wirtschaft“ (Nr.38) und als Antwort auf die globalen Herausforderungen unserer Zeit wird ein globaler Schulterschluss gefordert, der einer „echte(n) politische(n) Weltautorität bedarf.“ (Nr.67)[1727]

Gabriel und Schlagnitweit wenden diesbezüglich ein, die Weltwirtschaft sei teilweise und unmittelbar auch durch nationalstaatliche Maßnahmen zivilisierbar. Ein erster Schritt in diese Richtung wäre getan, würden einzelne Staaten und deren staatsnahe Unternehmen sich darauf verpflichten, „Gelder nur mehr nach … ethischen und nachhaltigen Gesichtspunkten anzulegen.“[1728] Analog zu anderen internationalen Abkommen wie die verpflichtende Einhaltung der Menschenrechte, Klimaschutz, Steuerabkommen usw., könnten staatliche Verpflichtungen zur Art und Weise der Geldanlage erlassen werden, die für staatliche und staatsnahe Einrichtungen gelten. Der Staat könnte, so hoffen Gabriel und Schlagnitweit, mit gutem Beispiel vorangehen, denn es käme ja einer Konterkarierung der eigenen Politik gleich, die private Wirtschaft „auf bestimmte ethische Regeln und Standards zu verpflichten und andererseits als Investor auf den internationalen Finanzmärkten zu agieren, ohne dabei die selben Regeln und Standards geltend zu machen.“[1729] Darüber hinaus sollten staatliche Förderungen und Zuschüsse denselben Regeln unterworfen werden, „indem etwa Förderungen für private Pensionsvorsorgeprodukte nur gewährt werden, wenn die Gelder nachweislich unter Beachtung dieser gesetzlich verankerten Ziele veranlagt werden, oder indem die Ausschüttung von Bausparprämien an die Bedingung geknüpft wird, die Vergabe von Bauspardarlehen etwa an ökologisch vertretbare Baustandards zu koppeln.“[1730] Hier wird m.E. deutlich gezeigt, dass staatliche Lenkungsmaßnahmen durchaus Sinn machen, wo berechtigterweise der Gemeinwohlaspekt leitend ist und das Schwingen der Liberalismuskeule gegen mögliche staatliche Förderungen ethischer Geldanlageformen schon aus rein sachlich-inhaltlichen Gründen bestenfalls als Deregulierungsreflex verständlich ist, aber sich als Argument als invalide entpuppt.

1727 Wobei Benedikt XVI. völlig offen lässt, wie man sich eine solche politische Weltautorität vorzustellen habe, ohne dabei zwangsläufig eine Schwächung demokratischer Strukturen ins Kalkül ziehen zu müssen.

1728 K. Gabriel/M. Schlagnitweit: Das Gute Geld, 31–32.

1729 Ebd. 32

1730 Ebd.32.

19.3.3 Die Notwendigkeit staatlicher Lenkungsmaßnahmen zur Implementierung eines anreizunterstützten, gesellschaftspolitisch wirksamen Investmentmodells

Die Gewährung staatlicher Zuschüsse, Förderung oder Prämien für Sozial- und Pensionsvorsorgefonds, Abfertigungsrücklagen, bzw. für die Rücklagenbildung staatlicher und staatsnaher Einrichtungen und Unternehmen[1731], aber auch privater Versicherungen, die über die jeweils partikularen Interessen auch gegenüber dem Gemeinwohl Verantwortung tragen, sollte in Hinkunft mit der Auflage verbunden sein, die Gelder zu einem noch auszuhandelnden Prozentsatz nach ethisch verantwortbaren Kriterien, unter Berücksichtigung der Natur-, Kultur- und Sozialverträglichkeit des Investments anzulegen.

Zweifellos würde es sich bei dieser Forderung um einen staatlichen Eingriff in Form einer Lenkungsmaßnahme handeln, die aber aufgrund ihrer Gemeinwohlausrichtung politisch gut argumentierbar ist, da dadurch eine Win-Win-Situation für alle Beteiligten entstehen kann. Einer zuweilen aufkeimenden Angst vor regulativen staatlichen Maßnahmen kann plausibel genug begegnet werden, um den Anreizcharakter des Modells hervorzustreichen, denn auch bei anderen Investments ist die Gewährung staatlicher Geldzuwendungen in Form von Zuschüssen, Förderungen, Prämien und unterschiedlich gestalteten Formen finanzieller Unterstützungen an eine conditio sine qua non rückgebunden. Zahlreiche Belege dafür finden sich am Wohnbau- und Versicherungssektor. Hier werden zur Erlangung staatlicher Vergünstigungen klare Vorgaben nach Geldobergrenzen, Verwendungszwecken (z.B. energie- und umweltschonend) und Anlageformen festgelegt. Noch restriktiver sind staatliche Rahmensetzungen hinsichtlich der steuerlichen Geltendmachung von Aufwendungen, selbst, wenn diese der privaten sozialen Absicherung oder den mildtätigen Spenden gewidmet werden.

Mutatis mutandis wäre es nur recht und billig, nach Vorliegen der in dieser Arbeit mehrfach und detailliert ausformulierten Kriterien für ethisch-nachhaltiges Investment, welches sich neben den ökonomischen Aspekten auch ökologischen und sozialen Belangen verpflichtet weiß, den politischen Willen mit

1731 Der entscheidende politische Wille für eine „Deklarationspflicht von Pensionsfonds hinsichtlich deren Anlagekriterien" wurde zwar im Zuge einer Nachdenkphase in Sachen Nachhaltigkeit in Aussicht gestellt, blieb aber im Ansatz stecken. Vgl. Österreichische Bundesregierung. Österreichs Zukunft Nachhaltig Gestalten. Die Österreichische Strategie zur Nachhaltigen Entwicklung. Wien 2002, 25. Außerdem fehlt auf internationaler, wie nationaler Ebene die Möglichkeit, verbindliche und sanktionsfähige Normen einzuführen. Einen Terminus aus der technischen Aktienanalyse anwendend, spricht Gabriel in diesem Zusammenhang von einer „Widerstandslinie", die zu durchbrechen gelingen sollte. Vgl. K. Gabriel: Nachhaltigkeit am Finanzmarkt, 190.

dem Stand der Wissenschaft in diesem Sektor in Einklang zu bringen und den daraus resultierenden Erträgen auch gesetzlich Rechnung zu tragen.[1732] Die längst fälligen anreizindizierten Förderungsmodelle zur Steuerung lebensdienlicher Wirtschaftsprozesse, die dem Gemeinwohl dienen, unterstützen den staatlichen und nahstaatlichen Vermögensaufbau und verleihen diesen aufgrund ihrer ethisch orientierten Ausrichtung zusätzliche Absicherungen gegen mögliche Turbulenzen auf den Finanzmärkten, deren Nachhall beim Verfassen dieser Arbeit noch immer deutlich spürbar ist. Eine staatliche Förderung ethisch investierter Gelder wäre ein wichtiges Signal für den mittlerweile in Gang gebrachten Umdenkprozess, hätte Vorbildcharakter und würde zur allgemeinen Bewusstmachung beitragen, wie eminent wichtig es ist, den lebensdienlichen Aspekt des Geldes niemals aus den Augen zu verlieren. Mit dem Anreiz auf entsprechende Förderung, wenn Geld qua Kapital ethisch verantwortbar investiert wird, liefe keiner der dafür notwendigen Lenkungsmechanismen Gefahr, sich dem Vorwurf staatlicher Regulierungs- und Kontrollmaßnahmen auszusetzen, die wirtschaftliche Prozesse erschweren. Ganz im Gegenteil: Mithilfe dieser Maßnahmen würde wirtschaftspolitisch jenes Verhalten gefördert, das substanziell auf eine nachhaltige, ethisch solide Basis abzielt und aus jenen Fehlern gelernt hat, die maßgeblich zur weltweiten Finanzwirtschaftskrise beigetragen haben, deren angerichteter Schaden und seine Sanierungskosten erst recht der Allgemeinheit in Rechnung gestellt werden, indem die enormen Verluste kurzerhand sozialisiert wurden, während die zuvor erzielten Gewinne privatisiert in die Taschen nur weniger Menschen flossen.

Im Sinne einer dem Gemeinwohl verpflichteten Politik und im Sinne der christlichen Soziallehre, welche die Sozialpflichtigkeit jedweden Vermögens betont, wäre es hoch an der Zeit, geeignete wirtschaftliche Rahmenbedingungen zu setzen, die auf breiter Front ethisch nachhaltigen Geldumgang fördern, um diese Haltung aus ihrem im Special Interest Segment fristenden Schattendasein in eine Mainstream-Selbstverständlichkeit zu wandeln. Vom Gelde, das dem Leben dient, profitieren schließlich alle Menschen.

1732 Für eine Förderung auf nationalstaatlicher Ebene mittels „Anreizsystemen" spricht sich aus Klaus Gabriel aus. Als Beispiele dienen ihm das prämiengestützte Bausparmodell und steuerliche Vergünstigungen im Bereich der Altersvorsorge, die von einer nachhaltigen Geldanlage abhängig gemacht werden sollten. Erträge aus nachhaltigen Geldanlagen sollten denen aus nicht nachhaltigen besser gestellt werden. Gabriel kann sich auch den teilweisen oder kompletten Wegfall der Kapitalertragssteuer für ethische Geldanlagen als Anreiz-Impuls vorstellen. Vgl. K. Gabriel: Nachhaltigkeit am Finanzmarkt, 190.

19.3.4 Forderung nach Steuerbegünstigung für ethisches Investment in Mikrofinanzprodukte

Der Verfasser der Arbeit regt zunächst im Sinne einer gleichsam wirtschaftsethisch wie gesellschafts- und entwicklungspolitisch begründbaren Maßnahme an, generell den Anreiz in ethischen Investments zu veranlagen durch staatliche Fördermaßnahmen und/oder steuerliche Erleichterungen attraktiver zu gestalten und zwar auch im Sinne des Gesamtwohlverständnisses der christlichen Soziallehre und weiterer, zu generierender volkswirtschaftlicher Vorteile. Als konkrete Maßnahme wäre es durchaus vorstellbar, jährliche Renditen aus längerfristig ethisch-veranlagten Investments für PrivatanlegerInnen bis zu einem gewissen Prozentsatz von der Kapitalertragssteuer zu befreien.

Vor allem die Investitionen in den Mikrofinanzbereich würden eine steuerliche Begünstigung aufgrund ihrer dezidiert entwicklungspolitischen Zielsetzungen durchaus rechtfertigen. Anhand eines äußerst überlegenswerten und attraktiven Ansatzes von Johannes Krall soll hier die Plausibilität dieser Forderung untermauert werden.

Krall regt an, bei Investments in das Mikrofinanzsystem „eine jährliche Verzinsung von bis zu 4% kapitalertragssteuerfrei zu stellen. Der Renditeanteil, der über 4% liegt, sollte in Analogie zu den Bestimmungen der Wohnbauanleihen der vollen Kapitalertragssteuer unterliegen.“[1733] In Weiterentwicklung dieser Forderung und in Einbeziehung gewisser Schwankungsbreiten der Zinssätze, sowie allenfalls inflationsabhängiger Zinsanpassungen, hielte ich eine Orientierung am Euribor-Zinssatz für sinnvoll. So könnte beispielsweise eine erzielte Mikrofinanz-Rendite bis maximal 2% über Euribor von der Kapitalertragssteuer unangetastet bleiben.

Eine mögliche Argumentationsfigur zugunsten dieser Forderung ist m.E. in Analogie zu der steuerlichen Absetzbarkeit von Spenden an mildtätige Organisationen zu finden, die ebenso wie die Mikrofinanz entwicklungs- und sozialpolitisch relevante Hilfsprogramme für Menschen in Armutsländern finanzieren.[1734] Mutatis mutandis wären demnach fiskalpolitisch auch jene Mikrofinanzorganisationen zu behandeln, die sich den UN-Prinzipien für sozial verantwortliche Mik-

---

1733 J. Krall: Kirchenvermögen – Nachhaltigkeit – Wirtschaftsethik, 214. Darüber hinaus, so Krall, wäre es überlegenswert, Mikrofinanzanleihen auch für institutionelle Investoren steuerlich interessant zu gestalten, verfolgt dieses Investment doch immer einen prononciert entwicklungspolitischen Zweck. Vgl. ebd. 231. Diese steuerlichen Förderungen sollten m.E. nur für jene Mikrofinanzprodukte gewährt werden, die sich den UN-Richtlinien für sozial verantwortliche Mikrofinanz und dem damit verbundenen obligaten Monitoring unterziehen.

1734 Vgl. die „Liste der begünstigten Spendenempfänger“ des Bundeministeriums für Finanzen. In: http://www.bmf.gv.at/Service/allg/spenden/show_mast.asp. Download: 26.02.2011.

rofinanz unterwerfen, und somit ein UN-Gütesiegel tragen.[1735] Aufgrund der Tatsache, dass einige dieser Organisationen (wie EFSE, Oikocredit, KfW Entwicklungsbank, u.v.a.), gemeinnützig arbeiten und einen Teil der Renditen nicht ausschütten, sondern damit Schulungs- und Sozialprogramme vor Ort finanzieren[1736] und zu guter Letzt sozial verantwortlich betriebene Mikrofinanz per se in vieler Hinsicht ein prononciertes Entwicklungsprogramm ist, wäre m.E. der vom Finanzministerium geforderte Aspekt der Mildtätigkeit gleich mehrfach nachzuweisen. Damit stünde einer rechtlichen Gleichstellung zu anderen mildtätigen Entwicklungsorganisationen hinsichtlich einer steuerlichen Besserstellung der AnlegerInnen, ob als aliquote Abschreibung einer bestimmten Investitionsobergrenze, oder in Form einer Befreiung von der Kapitalertragssteuer bis zu einem festzulegenden Renditen-Prozentsatz nichts im Wege. Darüber hinaus würde der Staat auch ein wichtiges, sozial- und entwicklungspolitisches Zeichen in Richtung Fair-Banking setzen und die m.E. notwendige Gleichstellung zu Spenden herbeiführen, die denselben mildtätigen Zwecken dienen.

Wer hier mit dem Liberalisierungsreflex sofort gegen jedwede staatliche Regulierungsmaßnahme protestiert, dem muss gesagt werden, dass andere staatliche Zuschüsse und Förderungen ebenfalls an die Erfüllung und Einhaltung geltender Standards gebunden sind, wie beispielsweise Umweltauflagen, medizinische Standards, Bauordnungen, usw. – A priori spricht auch nichts dagegen, für ethisch-nachhaltige Geldanlagen, die beispielsweise der Pensionsvorsorge dienen, über Standards für allfällige staatliche Zuschüsse oder Steuererleichterungen nachzudenken, geht es doch um nichts Geringeres als eine lebensdienliche, ethisch verantwortlich-nachhaltige und somit zukunftssichernde Geldanlage.[1737]

1735 Vgl. United Nations Global Compact und UNEP Finance Initiative: Innovative Financing for Sustainabilitiy (Hgg.): Pinciples for Responsible Investments. In: www.unpri.org. 1–3. Download: 26.02.2011.

1736 Vgl. dazu die in dieser Arbeit beschriebenen TA-Facility des EFSE die Im Jahr 2010 5,6 Mio. € in begleitende Schulungs- und Hilfsprojekte investiert hat. In.: www.efse.lu Download: 23.11.2010.

1737 Es soll in diesem Zusammenhang nicht unerwähnt bleiben, dass sich K. Gabriel und M. Schlagnitweit mehrfach für die Einführung der Tobin-Steuer aussprechen, welche vorsieht, von jeder Finanztransaktion eine Steuer von 0,01 Prozent einzubehalten. Da dieser Vorschlag aber während des Abfassungszeitraums dieser Arbeit von zahlreichen Wirtschaftsforschern und Politikern bereits eingebracht und diskutiert wurde, trat diese Forderung gegenüber der originär auf Gabriel und Schlagnitweit zurückgehenden Idee eines ordnungspolitischen Eingriffs auf der Makroebene leider in den Hintergrund. Die Grundidee zu dieser globalen Finanztransaktionssteuer stammt bereits aus den 1970er Jahren und wurde vom US-Wirtschaftswissenschafter James Tobin als Bagatellsteuer zur Stabilisierung der Finanzmärkte entwickelt. Der österreichischen Wirtschaftswissenschafter Stephan Schulmeister

20 Epilog

Geld ist also sui generis weder ein *malum* noch *bonum*. Erst sein *usus* ermöglicht eine qualifizierte Aussage über seinen *Status*.

„Den Himmel und die Erde rufe ich heute als Zeugen gegen euch an. Leben und Tod lege ich dir vor, Segen und Fluch. Wähle also das Leben, damit du lebst, du und deine Nachkommen." (Dtn 30,19)

Diese berühmte Bibelstelle aus dem Alten Testament paraphrasierend, könnte im Kontext des Themas dieser Arbeit der Appell Gottes lauten: „Wähle also den lebensdienlichen Einsatz deines Geldes, damit du und deine Nachkommen leben können."

Das lebensdienliche Potenzial des Geldes steht stets im scharfen Kontrast zu seinen schädlichen Eigenschaften. Dem Rat Gottes, das Leben zu wählen, folgt in diesem rund zweieinhalbtausend Jahre alten Text der Hinweis auf das Wohl kommender Generationen, und damit leuchtet auch der „moderne" Nachhaltigkeitsgedanke auf.

20.1 Geld und Besitz mit Samthandschuhen anfassen, wie heilige Geräte

Diese Anordnung für den äußerst sorgsamen Umgang mit irdischen Gütern ist ein hilfreicher Impuls für die Achtsamkeit, die wir im Geldumgang walten lassen sollten. Sie ist der Ordensregel des Benedikt von Nursia entnommen und an keinen Geringeren als den Ökonomen des Ordens gerichtet: „Alle Geräte und den ganzen Besitz des Klosters betrachte er als heiliges Altargerät. Nichts darf er vernachlässigen."[1738]

Wäre nicht schon viel gewonnen, würden diesen Aufruf alle, die mit Geld und seiner Veranlagung zu tun haben, beherzigen?

---

hält eine Tobin-Tax mit einem Steuersatz von 0,01% für realistisch. Vgl. K. Gabriel/ M. Schlagnitweit: Das Gute Geld, 31.

1738 Salzburger Äbtekonferenz (Hg.): Die Benediktusregel (lateinisch/deutsch), Beuron 1992, RB31.Kapitel 10 u.11.

Sub specie aeternitatis bleibt zu hoffen, dass Menschen im Hinblick eines eschatologischen Lebens- und Sinnzusammenhangs sich nicht mehr über ihr Geld per se definieren, sondern lieber darüber, ob sie es lebensdienlich eingesetzt haben.

21 Anhang

21.1 Darmstädter Definition Nachhaltiger Geldanlagen

Nachhaltige Geldanlagen tragen zu einer zukunftsfähigen Entwicklung bei. Sie ermöglichen dies durch eine umfassende Analyse der Anlageobjekte. Diese Analyse berücksichtigt wirtschaftliche und soziale Leistungen, Naturverträglichkeit und gesellschaftliche Entwicklungen.

In ökonomischer Sicht erfordern nachhaltige Geldanlagen, dass Gewinne auf Basis langfristiger Produktions- und Investitionsstrategien statt in kurzfristiger Gewinnmaximierung erwirtschaftet werden, Erträge aus Finanzanlagen in vertretbarer Relation mit Erträgen aus realer Wertschöpfung stehen, die Erfüllung elementarer Bedürfnisse (z. B. Wasser) nicht gefährdet wird, Gewinne nicht auf Korruption beruhen.

In ökologischer Sicht erfordern nachhaltige Geldanlagen, dass die Gewinnerzielung im Einklang steht mit der Steigerung der Ressourcenproduktivität, Investition in erneuerbare Ressourcen, Wiedergewinnung und Wiederverwendung verbrauchter Stoffe, Funktionsfähigkeit globaler und lokaler Ökosysteme (z. B. Regenwälder, Meere).

In sozialer und kultureller Sicht erfordern nachhaltige Geldanlagen, dass die Gewinnerzielung im Einklang steht mit der Entwicklung des Humankapitals (Verantwortung für Arbeitsplätze, Aus- und Weiterbildung, Förderung selbstverantwortlichen Arbeitens, Vereinbarkeit von Beruf und Familie, Respekt vor der Verschiedenheit der Einzelnen), Entwicklung des Sozialkapitals (Schaffung von Erwerbschancen, Ausgewogenheit zwischen den Generationen, diskriminierungsfreier Umgang mit Minderheiten, Funktionsfähigkeit der Regionen, Förderung zivilgesellschaftlichen Handelns), Entwicklung des Kulturkapitals (Respekt vor kultureller Vielfalt unter Wahrung persönlicher Freiheitsrechte und gesellschaftlicher Integrität, Mobilisierung der Potentiale kultureller Vielfalt).“[1739]

1739 *Hoffmann* Johannes / *Scherhorn* G. / *Busch* T.: Darmstädter Definition Nachhaltiger Geldanlagen. Darmstadt 2004. In: www.wupperinst.org/uploads/tx_wibeitrag/ws31.pdf. (Stand 10/08). Download: 05.01.2009.

21.2 Musteranalyse aus dem rfu Nachhaltigkeitsmodell

Sustainability Rating Summary Report

bene AG, 2009

Die bene AG ist ein österreichischer Hersteller von Büromöbeln. Unter Punkt 3 sind die Teilratings der Stakeholdergruppen sowie der Managementebenen und Produkte dargestellt. Diese werden unter Punkt 4 zum Gesamtrating A– aggregiert. bene qualifiziert sich somit über die Absolute Inclusion Regel für das Anlageuniversum Österreich bzw. den Nachhaltigkeitsindex VÖNIX.

BENE AG

A- 2009 rfu sustainability rating

1. KEY DATA

COUNTRY	**Austria**	
INDUSTRY	**Consumer Goods**	
SECTOR	**Furnishings**	
EXCHANGE	**Vienna**	
ISIN / TICKER	**AT0000BENE6 / BENE**	
MARKET CAP	**40 mil EUR**	9/2009
TOTAL ASSETS	**146 mil EUR**	2008/09
TURNOVER	**269 mil EUR**	2008/09
EMPLOYEES	**1.518**	2008/09
FISCAL YEAR	**1.2. – 31.1.**	
ADDRESS & WWW	**A-3340 Waidhofen/Ybbs Schwarzwiesenstrasse 3 www.bene.com**	

2. EXCLUSIONARY SCREENS

ARMAMENT	No	NUCLEAR ENERGY	No
GMO	No	ADDICTIVE DRUGS	No
GAMING	No	OTHERS	No

3. STAKEHOLDER & PRODUCT SCREENS

EMPLOYEES	B+	PRINCIPLES & STRATEGIES	B+
SOCIETY	B+	MGMT.SYSTEMS & ORGANISATION	A-
CUSTOMERS	A-		
MARKET PARTNERS	ba	PRODUCTS & SERVICES	A-
INVESTORS	B+	PROGRAMMES, ACTIVITIES & ACHIEVEMENTS	B+
ENVIRONMENT	A-		

4. OVERALL SUSTAINABILITY RATING

RATING	A+	A	**A-**	B+	B	B-	C+	C	C-	EX
INDICATIVE RATING			a			b			c	NR
			ab			bc				
				ba						

PREVIOUS RATING A- 6/2008

DATA RATE 58%

5. PROFILE

bene AG is the leading manufacturer of office furniture in Austria.

The Company operates through numerous subsidiaries and affiliated companies. Besides the production and sales of office furniture, bene provides services concerning planning and logistics and is also engaged in the development, planning and implementation of office building projects.

The company's production plant is located in Austria. bene operates about 80 points of sale in more than 30 countries. Major markets are Austria, Germany, Russia and the United Kingdom.

Main shareholders are the bene Privatstiftung with a 42% stake and the company's management with 6%. The remaining 52% are free float.

Exclusionary screens relating to sustainability are not affected.

The company has defined explicit principles and strategies concerning social responsibility, dealing with several important ethical, sustainability and stakeholder issues.

Management systems (widely certified acc. to ISO 14001, ISO 9000 and ISO 10014) exist for all essential areas and stakeholders.

Programmes, activities and achievements are widely in accordance with own principles and goals and general requirements to a sustainable corporation. A Sustainability / CSR report has not been published yet, but an Environmental Brochure does exist.

The company's products are of high quality and usefulness and contain environmentally friendly materials.

bene is member of the VÖNIX Austrian Sustainability Index in the season 2009/2010.

VÖNIX INDEX MEMBER 09/10

21.3 Round Table Gespräch in der Tageszeitung Die Presse, 02.01.2010

Samstag, 2. Jänner 2010 — ECONOMIST — Die Presse 11

„Dem Geld ein Mascherl geben“

ROUND TABLE. *Ethisches Investment ist noch ein winziger Nischenmarkt, der aber schnell wächst. Der Schlüssel liegt bei den Anlegern – die ihr gutes Investorengewissen derzeit aber oft noch mit Renditeverzicht erkaufen.*

VON JOSEF URSCHITZ

Peter Püspök: „Der Umgang mit Geld ist wenig reflektiert. Es kommt kaum jemand in eine Bank und fragt, was mit seinem Geld passiert.“

„Die Presse“: *Wir reden hier über Ethik und Geldanlage – ist das nicht ein Widerspruch in sich?*
Peter Püspök: Ich mache die Beobachtung, dass der Umgang mit Geld wenig reflektiert ist. Die Leute haben nur zwei Ziele: möglichst viel Ertrag und möglichst viel Sicherheit. Was aber mit dem Geld passiert, ob es auch ethisch verwendet wird, ist nie Diskussionspunkt. Es kommt kaum jemand in eine Bank und fragt, was mit seinem Geld passiert.

Trotzdem wächst das Segment der ethischen Geldanlage stark. Kann man ethisches Investieren schon verkaufen?
Thomas Bobeck: Es ist noch keine Mehrheit, die das verlangt . . .
Püspök: . . . sondern eine verschwindend kleine Minderheit. Ich bin sehr enttäuscht, dass sich die Menschen zu dem Thema so schwer ansprechen lassen. Und wenn, dann eher defensiv. Man möchte ein sauberes Gewissen haben, ist aber nicht primär daran interessiert, sein Geld dorthin zu leiten, wo es etwas bewirkt.

Hauptmotive sind also auch bei der ethischen Geldanlage Sicherheit und Rendite?
Klaus Gabriel: Ja, das ist aber aus der ethischen Perspektive zu wenig. Ethik bedeutet auch, dass ich mich in einen Prozess einbringe und versuche, etwas zu verbessern, das nicht in Ordnung ist. Dass man versucht, mit der Macht seines Kapitals auf wirtschaftliche Entscheidungen Einfluss zu nehmen.

Sollen sich die Banken in diesem Bereich mehr engagieren?
Gabriel: Derzeit ist es so, dass die Kunden über ethisches Investment oft besser informiert sind als die Bankberater.
Püspök: Das ist ja auch ein technisches Problem. Bei geringer Nachfrage zahlt es sich für eine Bank nicht aus, Berater extra zu schulen. Wir reden hier von einem Anteil von unter einem Prozent an der Nachfrage.

Einen Markt kann man aber auch schaffen.
Püspök: Man könnte beispielsweise mit Gütesiegeln arbeiten, wie etwa bei Fairtrade. Aber man soll sich keinen Illusionen hingeben: Beim Geld wollen die meisten Menschen das Maximum herausholen. Wir sollten zuerst jene ansprechen, die bewusst Renditeverzicht üben wollen. Das sind aber noch sehr wenige.

Wo liegt denn das Problem aus der Sicht des Fondsmanagers?
Bobeck: Sobald man sich in riskanteren Assetklassen bewegt, braucht man eine längerfristige Perspektive. Wir brauchen vom Kunden, der kurzfristige Ergebnisse sehen will, die Bereitschaft, diesen Weg mitzugehen. Ein Segment, in dem man in dieser Richtung mehr machen kann, sind die institutionellen Anleger. Es gibt ja viele Institutionelle, die einen sehr langen Investmentzeitraum haben, etwa Pensionskassen.
Püspök: Ich sehe auch eine gewisse Hoffnung für mehr ethisches Investment bei Institutionen. Der Druck muss aber von unten kommen. Die Leute müssen wollen, dass ihr Pensionsfonds ethisch veranlagt.

Unternehmen könnten ethische Investmentgesichtspunkte ja auch zum Teil ihrer PR-Strategie machen. Wäre das sinnvoll?
Püspök: Natürlich, das ist ja nicht schlecht, wenn das Resultat stimmt.
Gabriel: Man sollte das Bewusstsein in der Bevölkerung nicht unterschätzen. Alle Menschen, die in diesem Bereich tätig sind, bestätigen mir, dass das Interesse an nachhaltigen Investments in der Krise enorm gewachsen ist.

Auf Rendite wollen die meisten Menschen aber trotzdem nicht verzichten.
Püspök: Derzeit sind wir in einer Phase der Überraschung, Ratlosigkeit und Resignation. Wir sehen überall, dass die Systeme des 19. Jahrhunderts scheitern, aber es fehlt uns noch die positive Perspektive. Um Alternativen zu den bisherigen Prioritäten Wachstum und materiellen Zuwachs zu entwickeln, stehen die Menschen noch zu sehr unter Schock.

Was kann der Einzelne denn tun, um ethische Gesichtspunkte ins System zu bringen?
Gabriel: Indem er sich beispielsweise die Frage stellt: Soll ich eine Blase mitproduzieren, indem ich mit Devisen handle?
Püspök: Sie nehmen aber auch an einer Spekulation teil, wenn Sie eine Spareinlage machen.
Gabriel: Nicht immer. Es gibt auch schon Anbieter von Sparprodukten, bei denen man mitbestimmen kann, wie das Geld angelegt wird.
Püspök: Das ist aber eine verschwindend kleine Minderheit.

Lässt sich das nicht ausbauen?
Püspök: Es geht darum, dem Geld ein Mascherl zu geben, indem man sagt, was mit seiner Einlage geschehen soll. Die Kontrolle ist da wegen der Vielzahl der Geschäftsvorgänge aber schwierig. Einfacher geht es etwa beim Kauf von Einzelaktien. Da gebe ich mein Geld bewusst einem ganz bestimmten Unternehmen.

Wird der Aufwand für die Banken nicht ein wenig hoch, wenn effizient kontrolliert werden soll?
Püspök: Die Banken machen alles, was der Konsument will. Von oben werden wir das nicht verändern, das liegt in der Macht des Konsumenten. Das Problem ist, dass das politisch von einer relativ breiten Mehrheit getragen werden muss. Das scheint mir noch nicht so weit zu sein. Die Gretchenfrage wäre ja: Sind Sie bereit, in der Pensionskasse auf ein, zwei Prozent Rendite zu verzichten, wenn ethisch veranlagt wird? Diese Frage möchte ich heute noch nicht stellen.

Sollte der Staat regulatorisch ein wenig nachhelfen?
Bobeck: Bei komplexen Themen, und das ist ethisches Investment, sollte man mit dem Ruf nach Regulierung sehr vorsichtig sein. Regulierung erzeugt nicht immer das Umfeld, das man damit anstrebt, und das Gegenteil von gut ist oft gut gemeint. Wir sollten hier wirklich an die Eigenverantwortung der Menschen appellieren.
Gabriel: Richtig, man ist als Person aufgerufen, richtige Entscheidungen zu treffen. Man könnte dem derzeit kleinen Nischenmarkt aber sehr wohl eine Initialzündung durch Regulatorien geben. Indem man etwa Zuschüsse an Pensionskassen an nachhaltige Investmentstrategien bindet. Dort, wo das gemacht wird, etwa in England, merkt man, dass der Markt deutliche Impulse bekommt.

Ein klassisches ethisches Investment ist die Investition in Mikrokredite, wie läuft denn dieses Geschäft?
Püspök: Wir haben sehr hohe Zuwächse, obwohl wir konstant nur zwei Prozent Zinsen bezahlen. Aber man muss auch hier aufpassen. Es gibt schon Anbieter, die Gewinnmaximierung betreiben. Es gehen viele mit dem guten Namen Mikrokredit herum und missbrauchen ihn.
Gabriel: Womit wir wieder beim Ausgangspunkt wären: Beim ethischen Investieren muss man eben immer selbst aufpassen, wohin das Geld geht.

Thomas Bobeck: „Bei komplexen Themen, und das ist ethisches Investment,

Klaus Gabriel: „Ethik bedeutet auch, dass ich mich in einen Prozess einbringe

AUF EINEN BLICK

Ethik und Investment – zu diesem Thema diskutierten im Rahmen eines „Presse“-Round-Table der Ethikexperte Mag. Dr. Klaus Gabriel von der Katholisch-Theologischen Fakultät der Universität Wien, der frühere Generaldirektor der Raiffeisen Landesbank NÖ-Wien und jetzige Vorstandschef der auf Mikrokredite spezialisierten gemeinnützigen Entwicklungsbank Oikokredit, Dkfm. Peter Püspöck, und der Assetmanager Mag. Thomas Bobek von der Erste-Sparinvest KAG, der Fondstochter der Erste Group. Die Initialzündung für die Diskussion lieferte eine Forschungsarbeit/Dissertation von Mag. Helmut Berg am Institut für Gesellschaftslehre der Katholisch-Theologischen Universität Linz.

21.4 Round Table „Ethik-Sparbuch“ in der Wochenzeitung Börsen – Kurier, 21.10.2010

GELD UND ETHIK

BK42 ANLEGEN MIT MEHR WERT SEITE I

Round-Table zum Trend-Thema „Ethik-Sparbuch“

Dem Sparen Sinn geben

Der Börsen-Kurier lud Barbara Stöckl, Richard Lernbass , Renata Schmidtkunz, Peter Püspök und Klaus Gabriel zum Round-Table-Gespräch (Fotos v. r. o. n. l. u.). Die Fragen stellte Helmut Berg.

***Börsen-Kurier:** Seit einigen Jahren erheben ethisch orientierte AnlegerInnen wiederholt die Forderung nach einem Ethik-Sparbuch. Aufgerufen sind somit die Bankinstitute. Was ist Ihre Meinung zu diesem Thema?*

Schmidtkunz: Dazu fällt mir spontan ein Erlebnis ein: Vor 15 Jahren habe ich mich in meiner Bank nach einem Ethik-Sparbuch erkundigt. Die Dame am Schalter meinte, sie wüsste nicht, ob sie ethnische Sparbücher hätten. Alle weiteren Fragen haben sich dann natürlich erübrigt.

Lernbass: Für mich ist es für den Sparbuch-Sparer vorerst einmal wichtig, dass er weiß, was mit seinem Geld am Sparbuch passiert. Dies ist die Voraussetzung eines „Ethik-Sparbuches“. Wenn nun der Sparer auch noch bevorzugt jene Bereiche mit seinem Sparbuch unterstützen kann, welche er im Rahmen seiner „nachhaltigen Präferenzen“ bevorzugen würde, kann man von einem „Ethik-Sparbuch“ sprechen.

Püspök: Ein Ethik-Sparbuch wäre eine schöne Bereicherung der Angebotspalette, verlangt aber viel Transparenz, wie überall im Bereich der ethischen Veranlagung. Der Anbieter eines solchen Produktes übernimmt eine hohe Verantwortung. Gleichzeitig ist hohes Vertrauen der Anleger erforderlich. Und: das Sparbuch ist die am meisten verbreitete Anlageform, demnach wäre eine ethische Alternative eigentlich logisch.

Gabriel: Wenn das Geld einer guten Sache zugeführt wird und das auch transparent und nachvollziehbar erfolgt, ist ein Ethik-Sparbuch eine gute Idee.

Stöckl: Ich finde das eine großartige und längst überfällige Idee. Immer mehr Menschen fühlen sich dafür verantwortlich, was ihr Geld so anstellt, wenn es „arbeitet“. Es ist ein Unterschied, ob man Waffen kauft, Blutdiamanten oder Atomenergie fördert, oder in Nachhaltigkeit, Fairness, Ökologie und Menschlichkeit investiert.

***Börsen-Kurier:** Es erhebt sich angesichts der breiten Angebotspalette ethischer Geldanlageformen zweifellos die Frage nach der praktischen Umsetzung, der Sinnhaftigkeit, und: Würden die BankundInnnen ein Ethik-Sparbuch annehmen? Würden Sie so ein Sparprodukt nutzen?*

Stöckl: Ich würde mich sehr für so ein Produkt interessieren.

Lernbass: Ja auf alle Fälle, und ich kenne sehr viele Personen, die dies als wichtigen Schritt sehen würden.

Schmidtkunz: Für mich ist ein Ethik-Sparbuch die einzig sinnvolle Form des Sparens.

***Börsen-Kurier:** Warum?*

Schmidtkunz: Weil es nicht sein kann und darf, dass ich durch die Zinsgewinne meiner Ersparnisse anderen Menschen auf der Welt schade indem sie weniger Lohn, weniger Arbeitsrechte, weniger Gesundheit und weniger politische Rechte haben, nur damit ich höhere Zinsen bekomme.

Püspök: Ich möchte vorerst einwenden, dass ich die Umsetzung für schwierig halte, weil die Formulierung und Einhaltung der ethischen Kriterien sehr komplex ist und das Sparbuch von der Einfachheit lebt. Aus diesem Grund ist die Vertrauenskomponente besonders wichtig.

***Börsen-Kurier:** Angenommen, es gelänge, diese Hürden zu überwinden. Würden Sie selbst ein Ethik-Sparbuch eröffnen?*

Püspök: Wenn der dahinter stehende Anbieter sehr vertrauenswürdig ist, dann ja. Wobei mir hier erlaubt sei, zu sagen, dass die Veranlagung bei Oikocredit besser ist als ein ethisches Sparbuch, weil jederzeit behebbar, kein Kursrisiko und keine komplizierten Ethik-Kriterien, sondern direkter Geldfluss zu Bedürftigen in Entwicklungsländern.

Gabriel: Ich bin mir nicht ganz sicher, ob man ein Ethik Sparbuch „braucht“. Aber das Bedürfnis, sein Geld sinnvoll anzulegen und nicht der Anonymität des Kapitalmarktes zu überlassen, ist meines Erachtens in der Bevölkerung auf jeden Fall gewachsen.

***Börsen-Kurier:** Herrscht darüber Konsens, dass die Bewusstseinsbildung zum ethisch orientierten Sparen im Zunehmen begriffen ist? Mit anderen Worten: Ist die Zeit reif für ein Ethik-Sparbuch?*

Lernbass: Es ist höchste Zeit! Banken als Dienstleister ihrer Kunden sollten diese „Dienstleistungsaufgabe“ dem Sparer gegenüber ernst nehmen. Wenn das Geld der Sparer z. B. für Unternehmungen in der Region eingesetzt wird, für infrastrukturelle Einrichtungen vor Ort usw., macht das Sparen doppelten Sinn.

Schmidtkunz: Ich entkomme ohnehin kaum der sogenannten „Shareholder-value“-Welt, denn auch mein Girokonto wird in den Kreislauf des Geldmarktes eingespeist, ohne dass mich jemand fragt, einfach deshalb, weil meine Bank mit meinem Geld Geschäfte macht, von denen ich nichts weiß. Aber dort, wo ich bestimmen kann, was mit meinem Geld unter welchen Bedingungen passiert, möchte ich diese Verantwortung auch gerne übernehmen.

Gabriel: Ein Ethik-Sparbuch allein kann die Welt vermutlich nicht retten. Aber es ist - wie zum Beispiel der Kauf von Fair-Trade-Produkten - Ausdruck eines verantwortlichen Lebensstils und damit ein weiterer Schritt in die richtige Richtung. Und Schritt für Schritt in die richtige Richtung zu gehen führt bekanntlich ans Ziel.

***Börsen-Kurier:** Der Weg der kleinen Schritte scheint dem Nischenprodukt ethische Geldanlage ohnehin inhärent. Soll er weiter begangen werden?*

Lernbass: Grundsätzlich geht es, wenn es um Ethik oder Nachhaltigkeit im Finanzproduktebereich geht, vor allem darum, Transparenz nicht nur anzukündigen, sondern auch tatsächlich zu leben. Mitbestimmen, wofür das eigene ersparte Geld am Markt eingesetzt werden soll, ist ein legitimes Recht eines Sparers. Somit höchste Zeit, in dieser Richtung eine Initiative für eine breite Voraussetzung zur Umsetzung zu setzen.

Stöckl: Auf jeden Fall. Dann könnte der Weltspartag endlich zum „Eine Welt! (One World) - Spartag werden!“

Danke für das Gespräch!

***Barbara Stöckl**, Moderatorin und TV Produzentin,*

***Richard Lernbass**, Geschäftsführer von software-systems.at*

***Mag. Renata Schmidtkunz**, Theologin und Fernseh-Journalistin,*

***Dkfm. Peter Püspök**, Vorstandsvorsitzender von Oikocredit Austria,*

***Dr. Klaus Gabriel**, Sozialethiker, Universität Wien,*

Das nächste Geld & Ethik erscheint am **18. 11. 2010.**
Verantwortlich für das Sonderthema: Rudolf Erdner, erdner@finanzdl.at

Foto: Schlagnitweit

ETHIKKOMMENTAR

MARKUS SCHLAGNITWEIT

„Sparen“?

Sparen ist derzeit in - nicht nur im zeitlichen Umfeld des Weltspartags, sondern auch angesichts krisenbedingt überstrapazierter Staatshaushalte. Gerade der Weltspartag könnte aber dazu angetan sein, etwas zu entlarven, was dem leidgeprüften p. t. Publikum zeitgenössischen Polit-Sprechs schon alltäglich zu werden droht: die unverschämte Meisterschaft in euphemistischer Rede, in der moderne Politik-Profis sich unentwegt üben. Beispiel: Der Begriff „Sparbudget“.

„Sparen“ bedeutet nach einschlägigen Lexika der deutschen Sprache „(Geld) nicht völlig aufbrauchen bzw. ausgeben“ und wurzelt in älteren Begriffen der Bedeutungsgruppe „(auf-) bewahren“. „Aufbewahren“ bzw. „nicht völlig ausgeben“ kann man aber logischer Weise nur etwas, was man bereits hat. „Spare in der Zeit (des Wohlstands bzw. Überflusses), dann hast Du in der Not!“, weiß denn auch der Volksmund und will damit zu vorausschauend-vorsorgendem Wirtschaften anhalten. Sparen hat insofern etwas mit Nachhaltigkeit und Verantwortung für die Zukunft zu tun. Auf der Ebene der Nationalökonomie entspräche der Volksweisheit in etwa das, was man „Keynesianismus“ nennt; aber der ist ja nicht mehr modern.

Wenn heutige PolitikerInnen von „sparen“ sprechen, meinen sie eigentlich etwa völlig anderes bzw. nur oberflächlich gleiches: Auch sie sprechen von Ausgabenkürzungen, Budgeteinsparungen u. dgl. - aber nicht, um etwas zurücklegen zu können für schlechtere Zeiten, sondern um sich nicht noch weiter zu verschulden, um nicht noch mehr von dem auszugeben, was gar nicht da ist. Sie verkehren also eigentlich die alte Volksweisheit nach dem Motto „Spare in der Not, dann hast Du . . .“ - ja, was eigentlich und wann???

Es mag schon sein, dass derzeit wenig Alternativen zum Schuldenabbau bleiben - aber dann sollte man es so nennen, anstatt sich mit einem Tugendbegriff zu schmücken und damit zu übertünchen, dass es genau an der Tugend der Sparsamkeit zu lange gefehlt hat.

DR. MARKUS SCHLAGNITWEIT IST MITARBEITER DER KSOE (KATH. SOZIALAKADEMIE ÖSTERREICHS), WWW.GELDUNDETHIK.ORG

PERSONALIA

Bankpionier verabschiedet

Der Steyler-Missionsprokurator **Pater Johann Resch** veranlasste im Jahr 2002 die Gründung der Steyler Bank im Missionshaus in Mödling bei Wien und leitete damit eine neue Epoche im österreichischen Bankensystem ein.

Jetzt legt Pater Resch, der auch nach der Gründung der Bank, alles daran setzte, dass sie sich gut entwickelte, sein Amt als Missionsprokurator in die Hände von **Pater Franz Pilz**. Ruhestand ist dabei ein Wort, das der 70-Jährige überhaupt nicht mag. „Ein Missionar ist niemals im Ruhestand, er widmet sich nur andere Aufgaben, denn unser Auftrag ist zeitlich ungebunden“, so Resch. Zugleich wird sein Nachfolger Pater Franz Pilz vorgestellt, der ebenfalls als Missionar von 1982 bis 1987 in Ghana war und dort von Pater Resch in seinen Dienst eingeführt wurde.

22 Literaturliste

Abkürzungen gemäß: Internationales Abkürzungsverzeichnis für Theologie und Grenzgebiete (IATG²), hg. v. *Schwertner* Siegfried M., Berlin / New York ²1992.

Alkier Stefan: Wirtschaftsleben in der Antike. In: Bibel und Kirche, 62. Jg. 1/2007. Im Angesicht des Geldes – Bibel und Ökonomie. 2–8.

Anonymus: Fortunatus. Als Reclam Studienausgabe nach der Editio Princeps von 1509. Stuttgart 1996.

Anonymus: Historia von D. Johann Fausten. Text des Drucks von 1587. Kritische Ausgabe, hg. v. *Füssel* Stefan / *Kreutzer* Hans J. Reclam, Stuttgart 1988.

Akerlof George A., *Shiller* Robert J.: Animal Spirits. Wie Wirtschaft wirklich funktioniert. Frankfurt 2009.

Anzenbacher Arno: Christliche Sozialethik, Paderborn 1997.

Arend Walter: Geschichte in Quellen, Band 2, München 1965.

Baecker Dirk: Die Beobachtung der Paradoxie des Geldes. In: Hans-Ulrich Gumprecht/K. Ludwig Pfeiffer (Hgg.): Situationen offener Epistemologie. Frankfurt 1991, 170–185.

Baecker Dirk: Volkszählung. Als Manuskript in Vorbereitung für: Kapitalismus als Religion, Berlin 2002. Siehe auch unter: *Weiß* Jochen: Mammon, 204.

Baecker Dirk (Hg.) Kapitalismus als Religion, Berlin ²2004.

Balz Horst: Art. Mamonas, in: EWNT II, Stuttgart (²1992) 941 f.

Bauer Dietrich: Geldgeschichten der Bibel. Stuttgart 2006.

Beck Steve / *Ogden* Tim: Beware of Bad Microcredit. Harvard Business Review, March 2007. In: www.hbsp.harvard.edu/hbsp/hbr/articles/article.jsp;jsessionid =SFNMG54TGU… 1. Download: 15.03.2008.

Bedford-Strohm Heinrich: Armut und Beteiligungsgerechtigkeit. Ökumenische Grundkonsense und Zukunftsherausforderungen der Sozialethik. In: www.uni bamberg.de/fileadmin/uni/fakultaeten/ppp_lehrstuehle/evangelische_theologie _1/pdf_Dateien/Vortrag_ber_Armut_H._Bedford-Strohm.pdf 3. Download: 14.05.2008.

Beinert Wolfgang (Hg.): Glaubenszugänge. Lehrbuch der Katholischen Dogmatik, 3, Paderborn u.a. 1995.

Beloe S. / *Scherer* J. / *Knoepfel* I.: Values for Money: Reviewing the Quality of SRI Research, London 2004.

Bender Klaus W.: Geldmacher. Das geheimste Gewerbe der Welt. Weinheim 2004.

Benedikt XVI.: Enzyklika Caritas in veritate. Verlautbarungen des Apostolischen Stuhls 186, Bonn 2009. Siehe auch: www.diepresse.com/enzyklika.at. Download 08.07.2009.

Benjamin Walter: Kapitalismus als Religion (1921). In: Gesammelte Schriften. Unter Mitwirkung von Theodor W. Adorno und Gershom Scholem. Vol. 6, Fragment 74. Frankfurt 1985.

Benjamin Walter: Kapitalismus als Religion (1921), (Fragment Nr. 74), in: GS 6, hg. v. Tiedemann Rolf / Schweppenhäuser Hermann, Frankfurt a. M. 1985, 100–103.

Benjamin Walter: Gesammelte Schriften. Hrsg. V. R. Tiedemann u. H. Schweppenhäuser. Frankfurt am Main 1991.

Benveniste Emile: Indoeuropäische Institutionen. Wortschatz, Geschichte, Funktionen (1969). Frankfurt/New York 1993.

Berg Helmut: Geldsegen Mikrokredit? Teilhabe und Empowerment von Menschen in Armutsländern. Seminararbeit an der Katholisch Theologischen Privatuniversität. Linz 2008, 9f, 37f. Als Abstract in: WER Preis der Industriellenvereinigung: http://www.iv-mitgliederservice.at/iv-all/dokumente/doc_3082.pdf. Download: 05.02.2011.

Blumenberg Hans: Geld oder Leben. Eine metaphorische Studie zur Konsistenz der Philosophie Georg Simmels. In: *Böhringer* Hannes / *Gründer* Karlfried (Hg.): Ästhetik und Soziologie um die Jahrhundertwende, 121–134 (o.O. u. J.).

Bogaert Raymond: Art. Geld (Geldwirtschaft) in : RAC 9 (1976) 891–899.

Böger Richard: Die Finanzmarktkrise als Ideologiekrise. Katholische Soziallehre versus angloamerikanischer Marktfundamentalismus. In: ThGl 100 (2010) 62–84.

Boff Leonardo: Erfahrungen von Gnade. Entwurf einer Gnadenlehre, Düsseldorf 1978.

Bolz Norbert: Wo Geld fließt, fließt kein Blut. In: K. P. Liessmann (Hg.): Geld. Was die Welt in ihrem Innersten zusammenhält. Wien 2009.

Bornscheuer Lothar: Zur Geltung des „Mythos Geld" im religiösen, ökonomischen und poetischen Diskurs. In: Bielefelder Schriften zu Linguistik und Literaturwissenschaft. Band 10: Mythos im Text: www.goethezeitportal.de/db/wiss/epoche/bornscheuer_geld.pdf, 1. Download: 16.09.2010.

Boschert Friedhelm: Sicherung der Qualität von Mikrofinanzinstitutionen. In: Zeitschrift für das gesamte Kreditwesen. 63. Jahrgang. Frankfurt 2–2010, 92–95.

Bovon Francois: Das Evangelium nach Lukas 1,1–9,50 (EKK III/1), 1989.

Brau James C. / *Woller* Gary M.: Microfinance: A Comprehensive Review of the Existing Literature. In: Journal of Entrepreneurial Finance and Business Ventures, Vol. 9, Issue 1, 2004, 1–26. (Ohne Ortsangabe).

Brecht Bertolt: Niedrig gilt das Geld. In: Gesammelte Werke, 3. Frankfurt am Main 1967.

Brecht Bertolt: Die Geschäfte des Herrn Julius Caesar. In: Gesammelte Werke, 14. Frankfurt am Main. 1967.

Brennecke H.C.: Christliche Existenz in einer nichtchristlichen Welt: Tetullian von Karthago. In: Klassiker der Theologie, Bd. 1: Von Tertullian bis Calvin, hg. v. F.W. Graf, München 2005, 28–42.

Brodbeck Karl-Heimz: Die Herrschaft des Geldes. Geschichte und Systematik. Darmstadt 2009.

Brown J. P.: The role of Women and the Treaty in the Ancient World, in: BZ 25 (1981) 1–28.

Buchbinder R.: Bibelzitate, Bibelanspielungen, Bibelparodien, theologische Vergleiche und Analogien bei Marx und Engels, Berlin 1976.

Büchele Herwig: Global Governance. Eine Herausforderung der Global Marshall Plan Initiative. (Beiträge zur mimetischen Theorie. Religion-Gewalt-Kommunikation-Weltordnung 23). Berlin 2007.

Burke K.: A Grammar of Motives. New York 1962.

Burkhart Helmut u.a. (Hgg.): Das Grosse Bibellexikon, Band 1–6, Wuppertal und Zürich 1996.

Busche Hubertus: Das Geld als Zeichen – Orientierung an einem Medium von undefinierter Bedeutung. In: Werner Stegmaier (Hg.) Kultur der Zeichen. Zeichen und Interpretation VI. Frankfurt 2000, 202–222.

Cardenal Ernesto: Das Evangelium der Bauern von Solentiname. Gespräche über das Leben Jesu in Lateinamerika. GTS 327, Bd. 1, ²1980.

Charlesworth James: The Old Testament Pseudepigrapha. Volume 1. Apocalyptic Literature and Testaments. New York 1983.

Charlesworth James: The Old Testament Pseudepigrapha. Volume 2. Expansions of the „Old Testament“ and Legends, Wisdom and Philosophical Literature, Prayers, Psalms, and Odes, Fragments of Lost Judeo-Hellenistic Works. New York 1983.

Cicero: Über den Staat, übersetzt v. Walther Sontheimer. Reclams Universal-Bibliothek, Stuttgart 1987.

Clemens Alexandrinus: „Quis dives salvetur“, i.d. Übersetzung v. Otto Stählin BKV^2 8. München 1934,

Clementz Heinrich: Des Flavius Josephus’ Jüdische Altertümer. Wiesbaden ^{5}1983.

Clévenot Miche: Lieber Jesus, mach mich reich! Geschichte des Christentums im XIV. und XV. Jahrhundert. Luzern 1993.

Crawford Tad: Das geheime Leben des Geldes. Mythen, Symbolik, Rituale. Was den Umgang mit Geld über uns verrät. Zürich 2000.

Crüseman Frank: „... wie wir vergeben unseren Schuldigern.“ Schulden und Schuld in der biblischen Tradition. In: Marlene Crüseman und Willy Schottroff (Hgg.): Schuld und Schulden: biblische Traditionen in gegenwärtigen Konflikten. München 1992, 90–103.

Crüsemann Marlene und *Schottroff* Willy (Hgg.): Schuld und Schulden: Biblische Traditionen in gegenwärtigen Konflikten. München 1992.

Daley-Harris Sam: Debate on Microcredit. In: FPIF (Foreign Policy in Focus) Commentary, a project of the Institute for Policy Studies. Washington, DC 2007. www.fpif.org/fpiftxt/4324 1–5. Download: 11.02.2008.

Davies James B.: The world distribution of household wealth, UNU-WIDER. Helsinki 2006.

de Brosses Charles: Du culte des dieux fetiches. Paris 1760, auf Deutsch: Über den Dienst der Fetischgötter oder Vergleichung der alten Religionen Egyptens mit der heutigen Religion. Berlin 1785.

Delekat Friedrich: Der Christ und das Geld. Eine theologisch-ökonomische Studie. München 1957.

Deneault Alain: Das Geld als kulturelles Vorbewusstes. Gekreuzte Lektüren von Sigmund Freud und Georg Simmel. In: Sigmund Freud Museum (Hg.) Internationale Konferenz „Geld und Seele“. Booklet zur Tagung. 15.10.2010 Wien. 1–4

Derrida Jaques: Falschgeld. Zeit geben 1, München 1993.

DH: Denzinger Heinrich. Kompendium der Glaubensbekenntnisse und kirchlichen Lehrentscheidungen. Verbessert, erweitert und unter Mitarbeit von Helmut Hoping. Hg. V. Peter Hünermann u.a. ^{37}1991.

Deutschmann Christoph: Die Verheißung des absoluten Reichtums. Zur religiösen Natur des Kapitalismus. Frankfurt 1999.

Deutschmann Christoph: Kapitalismus, Religion und Unternehmertum: eine unorthodoxe Sicht. In: Ders. (Hg.): Die gesellschaftliche Macht des Geldes, Wiesbaden 2008, 85–103.

Develtere Patrick / *Huybrechts* An: The Impact of Microcredit on the Poor in Bangladesh. In: Alternatives 30 (2005), 165–189.

Diallo-Sahli Yvonne: Mikrokredite und Genderverhältnisse: Bei Kleinunternehmerinnen hervorgerufene Veränderungen. Eine kritische Situationsanalyse im Rahmen eines Mikrokreditprojekts von SWISSAID in Dar es Salaam / Tansania. Lizentiatsarbeit an der Philosophisch-Historischen Fakultät der Universität Bern 2003.

DIE BIBEL. Jerusalemer Bibel. Die Heilige Schrift des Alten und Neuen Bundes, Freiburg im Breisgau, 1965.

Die Bibel. Altes und Neues Testament. Einheitsübersetzung, Stuttgart 1997.

Diesner Hans-Joachim / *Barth* Hannelore (Hgg.): Herodot. Das Geschichtswerk, Vol 1. Berlin/Weimar 1985.

Dodd Nigel: The Sociology of Money. Economics, Reason & Contemporary Society. Cambridge 1994.

Döpfner Claudia: Kirchliche Geld- und Kapitalanlagen nach ethisch-ökologischen Kriterien. Bericht über das Forschungsprojekt „Ethisch-ökologisches Rating". In: Gott oder Mammon. Christliche Ethik und die Religion des Geldes. 2. Ökumenische Sommerakademie Kremsmünster 2000, hg. von Severin J. Lederhilger. Frankfurt 2001, 179–199.

Döpfner Claudia: Der Frankfurt-Hohenheimer Leitfaden. In: Katholische Sozialakademie Österreichs (Hg.): Dossier Geld und Ethik: ethische Geldanlagen. 09/2006, 25–27.

Dostojewski Fjodor M.: Aufzeichnungen aus einem Totenhaus (und drei Erzählungen). München / Zürich 1980.

Duchrow Ulrich: Wirtschaften für das Leben. Alternative wirtschaftliche Ansätze aus biblisch-theologischer Sicht. In: Gott oder Mammon. Christliche Ethik und die Religion des Geldes. 2. Ökumenische Sommerakademie Kremsmünster 2000, hg. von Severin J. Lederhilger. Frankfurt 2001, 145–160.

Duchrow Ulrich: Alternativen zur kapitalistischen Weltwirtschaft. Biblische Erinnerung und politische Ansätze zur Überwindung einer lebensbedrohenden Ökonomie. Gütersloh/Mainz ^{2}1997.

DUDEN: Das Fremdwörterbuch. 8., neu bearbeitete und erweiterte Auflage. Mannheim 2005.

Eco Umberto: Semiotik. Entwurf einer Theorie der Zeichen. München 1976.

Eliade Mircea: Die Religionen und das Heilige. Elemente der Religionsgeschichte (1954). Darmstadt 1966.

Emunds Bernhard: Die Krise der globalen Finanzwirtschaft – eine Analyse und sozialethische Einschätzungen. In: ThGl 100 (2010) 44–61.

Enzensberger Hans Magnus: Zahlungsmittel. In: ders.: Leichter als Luft. Moralische Gedichte. Frankfurt 1999.

Erckenbrecht Ulrich: Das Geheimnis des Fetischs. Grundmotive der Marxschen Erkenntniskritik. Frankfurt 1976.

Eucken Walter: Grundsätze der Wirtschaftspolitik, Bern u.a. 1952.

Europäische Kommission (Hg.): Europäische Rahmenbedingungen für die soziale Verantwortung von Unternehmen – Grünbuch. Generaldirektion Beschäftigung und Soziales, Referat EMPL/D.1, 2001.

Europäische Kommission (Hg.): Die soziale Verantwortung von Unternehmen: ein Unternehmensbeitrag zur Nachhaltigen Entwicklung. KOM 2002, 347 end.

European Multistakeholder Forum on CSR: Corporate Social Responsibility. Final results & recommandations. Report, 2004. In: www.forum.europa.eu.int/irc/empl/csre_eu_multi-stakeholder_forum/info/data/en/CSR%20Forum%20final%20report.pdf. Download: 15.06.2008.

Evangelischer Erwachsenenkatechismus: Glauben – Erkennen – Leben, hg. v. *Kießig* Manfred (u.a.) im Auftrag der Vereinigten Evangelisch-Lutherischen Kirche Deutschlands, Hannover [6]1975.

Ferenczi Sándor: Pecunia olet (1917), in: Internationale Zeitschrift für Psychoanalyse, Jg. IV., erläutert in: In: Kursbuch 130. Das liebe Geld. Berlin 1997, 152.

FIAN, Foodfirst Information and Action Network (Hg.): Wirtschaft global-Hunger egal? Für das Menschenrecht auf Nahrung. Hamburg 2005.

Fiedler Peter: Das Matthäusevangelium (Theologischer Kommentar zum Neuen Testament 1) Stuttgart 2006.

Finsinger Jörg und Thomas Sedliacik: Sind Nachhaltige Investments ertragreicher? Ein Vergleich europaweit und weltweit anlegender Fonds. In: Karl-Heinz Brodbeck (Hg.): Von der Trendanalyse zu ethisch fundierten Kennzahlen mit Zukunft. Aachen 2009, 34–49.

Fischer Thomas R.: Handel mit der Zukunft. In: Kursbuch 130. Das liebe Geld. Berlin 1997, 117–128.

Fischill Christian: Magnet Mammon. In Geld we trust. Interview mit Jochen Hörisch, vom 18.09.2008, am Rande des „Philosophicums Lech". Thema des Jahres 2008 (v. 17.–21.09.) war: „Geld. Was die Welt im Innersten zusammenhält." In: www.fischill.com/download/interview-Mammon-long.pdf, 3. Download: 04.01.2009.

Forum nachhaltige Geldanlagen (Hg.): Statusbericht nachhaltige Geldanlagen 2005. Berlin 2006.

Friedell Egon: Kulturgeschichte der Neuzeit. Die Krisis der europäischen Seele von der schwarzen Pest bis zum ersten Weltkrieg. München 1960.

Friesenbichler Reinhard: Das rfu Nachhaltigkeitsmodell. (Hg): rfu sustainability, research, consulting Unternehmensberatung: Präsentationspapier, Wien 2010.

Fromm Erich: Haben oder Sein. Die seelischen Grundlagen einer neuen Gesellschaft. Stuttgart 1976.

Fromm Erich: Vom Haben zum Sein. Wege und Irrwege der Selbsterfahrung. München 1989.

Funck Hans Joachim (Hg.): Geld. 3., überarb. Auflage, Frankfurt 1987.

Fuchs Gotthard: Geldanschauung. Aufgabenbeschreibung für eine konkrete Theologie. In: Diakonia 19 (1988), 251–257.

Fuchs Ottmar: Was „bringt" Gott für das diesseitige und jenseitige Leben? In: JBTh Band 21 (2006) Gott und Geld, 297–322.

Fuhrmann Horst: Überall ist Mittelalter. Von der Gegenwart einer vergangenen Zeit. München 1996.

Füssel Kuno: Die ökonomischen Lehrstücke im 25. Kapitel des Matthäusevangeliums. In: Max Küchler / Peter Reinl (Hg.): Randfiguren in der Mitte (FS Hermann-Josef Venetz), Luzern / Freiburg 2003, 333–343.

Füssel Kuno: Gold, Geld und der Wille des wahren Gottes. Anmerkungen zum kapitalistischen Götzendienst. In: Diakonia 38 (2007), 32–37.

Gabriel Klaus: Wirtschaft gestalten. In: Katholische Sozialakademie Österreichs (Hg.): Dossier Geld und Ethik: ethische Geldanlagen. 09/2006, 17–20.

Gabriel Klaus: Nachhaltigkeit am Finanzmarkt. Mit ökologisch und sozial verantwortlichen Geldanlagen Wirtschaft gestalten. München, 2007.

Gabriel Klaus: Ethik in der Geldanlage: Grundlagen, Kriterien und Herausforderungen. In: Martin Faust / Stefan Scholz (Hg.): Nachhaltige Geldanlagen. Frankfurt 2008, 21–37.

Gabriel Klaus: Es war einmal in Amerika … Die Geschichte des nachhaltigen Investierens. In: politische ökologie, 26. Jahrgang (2008), 31–33.

Gabriel Klaus: Das schnelle Geld. Die Spekulation als solche und ihre ethische Bewertung. In: Sustainability als Gestaltungsprinzip für die Rahmenordnungen von Finanz- und Gütermärkten. Symposium der Projektgruppe Ethisch-Ökologisches Rating. Universität Frankfurt am Main 2008, 131–142.

Gabriel Klaus: Das Zinsverbot in den Religionen und seine aktuelle Relevanz. Manus. Institut für Sozialethik der Theologischen Fakultät der Universität Wien 2008.

Gabriel Klaus: Ethisches Investment: Standortbestimmung und Ausblick. Ergebnisse der CRIC-Workshops in Wien (16.09.2010), Zürich (22.09.2010) und Frankfurt (23. u. 24.09.2010), Frankfurt 2010.

Gabriel Klaus / Schlagnitweit Markus: Das Gute Geld. Ethisches Investment. Hintergründe und Möglichkeiten. Innsbruck 2009.

Gegen Unmenschlichkeit in der Wirtschaft. Der Hirtenbrief der katholischen Bischöfe der USA „Wirtschaftliche Gerechtigkeit für alle". Aus deutscher Sicht kommentiert von Friedhelm Hengsbach. Freiburg / Basel / Wien 1987.

Gerlach Jochen: Ethik und Wirtschaftstheorie. Modelle ökonomischer Wirtschaftsethik in theologischer Analyse. Gütersloh 2002,

Gerstenberger Erhard S.: In der Schuldenfalle: Zwangsvollstreckung? Insolvenzregelungen in Lev 25 und ihre theologischen Folgen. In: Bibel und Kirche. 62. Jg. 1/2007, 16–21.

Gerstenberger Erhard S.: Das alttestamentliche Zinsverbot – und wie man es umging. In: Welt und Umwelt der Bibel Nr. 47 – 1/2008, 48–51.

Geßner Wilfried: Das Geld als Paradigma. Magdeburg 2002.

Giglinger Fritz: Christliches Wirtschaften zwischen Radikalität und Kompromiss. Die Franziskusgemeinschaft Pinkafeld. In: Gott oder Mammon. Christliche Ethik und die Religion des Geldes. 2. Ökumenische Sommerakademie Kremsmünster 2000, hg. von Severin J. Lederhilger. Frankfurt 2001, 200–202.

Gigon Olof, Das Zinsverbot. Politik und Staat der Athener, mit Übersetzung von Aristoteles: Die zwei Arten der Erwerbskunst. Zürich, Stuttgart 1955.

Gorz André: Auswege aus dem Kapitalismus. Zürich 2009.

Grab Walter (Hg.): Die Französische Revolution. Eine Dokumentation. München 1989.

Gubitzer Luise: Wirtschaft ist mehr! Sektorenmodell der Gesamtwirtschaft als Grundlage für Geschlechtergerechtigkeit. In: Amsler Ruth, u.a. (Hg.): Widerspruch Nr. 50. Zürich 2006, 17–29.

Halbmayr Alois: Die Wechselwirkung von Gott und Geld. Georg Simmels *Philosophie des Geldes* als Beitrag zur Relativität der Gottesrede. Habilitationsschrift. Katholisch-Theologische Fakultät der Paris-Lodron-Universität Salzburg, 2007.

Halbmayr Alois: Ökonomien des Heils. Über die Wechselwirkung von Gott und Geld. In: ThG 51 (2008), 242–263.

Halbmayr Alois: Zwischen Menschwerdung und Geldwertung. In: ThPQ 156 (2008) 346–355.

Hamm Berndt: Den Himmel kaufen. Heilskommerzielle Perspektiven des 14. bis 16. Jahrhunderts. In: JBTh, Band 21 (2006) Gott und Geld, 239–276.

Hanselmann Johannes / *Swarat* Uwe (Hgg.): Fachwörterbuch Theologie. 2., verb. und erw. Aufl., Wuppertal 1996.

Harlandt Hans: Die Evolution des Geldes. Heidelberg 1989.

Hauck Friedrich: Art. mamonas, in: ThWNT IV (1942) 390–392;

Hauck Friedrich: mamonas. In: Gerhard Kittel (Hg.): THWNT, Vol. IV. Stuttgart 1942, 390f.

Hauck Friedrich / *Schwinge* Gerhard: Theologisches Fachwörterbuch. 8., erneut durchges. und erg. Aufl., Göttingen 1997, 15.

Hegel Georg. Friedrich Wilhelm: Grundlinien der Philosophie des Rechts. Hamburg 2006.

Heiler Friedrich: Die Religionen der Menschheit in Vergangenheit und Gegenwart. Reclam, Stuttgart 1959.

Heine Heinrich: Die romantische Schule. Historisch-kritische Gesamtausgabe der Werke, Vol. 8[1]. Hamburg 1979, 221f.

Heine Heinrich: „Lutetia" (langjährige Berichterstattung für die „Allgemeine Zeitung", Artikel 52, v. 04.12.1842. Auch als Buch erschienen, 1854. Hier als Zitat v. Tristan Abromeit: Das Geld, das „Giralgeld", das Kapital, der Zins und die Produktionsfaktoren haben schon viele kluge Köpfe verwirrt. Manus v. Mai 2006. In: www.tristanabromeit.de/pdf/vom%20Gelde%20und%20vom %20kapital%204.06.pdf. Download: 17.02.2010.

Heine Susanne: Grundlagen der Religionspsychologie. Göttingen 2005.

Heiserer Reinhard: Kinderrechte. In: Kathweb www.kathpress.co.at/site/nach richten/database/35823.html?SWS=dc2b0feb5e2c2bc41fa58492fcef6ae3 Download: 16.11.2010

Heissenberger Angela: Startkapital statt Almosen, in: www.report.at/artikel_ print.asp?view=print&mid=1&aid=10332 Download 19.06.2008.

Helferich Christoph: Geschichte der Philosophie. 2., überarb. und erw. Aufl., Stuttgart 1992.

Hengel Martin: Eigentum und Reichtum in der frühen Kirche. Aspekte einer frühchristlichen Sozialgeschichte. Stuttgart 1973.

Hengsbach Friedhelm: Die Finanzmärkte im Börsenrausch. Wer stellt sie in den Dienst menschlicher Entwicklung? In: Gott oder Mammon. Christliche Ethik und die Religion des Geldes. 2. Ökumenische Sommerakademie Kremsmünster 2000, hg. von Severin J. Lederhilger. Frankfurt 2001, 161–178.

Hertz Anselm / *Korff* Wilhelm (Hgg.): Handbuch der christlichen Ethik. 3 Bände, Freiburg i. Br. 1978ff. (Ebenso in der Neuausgabe 1993).

Hess Moses: Ökonomische Schriften. Hg. und eingeleitet von Detlev Horster. Darmstadt 1972.

Hess Moses: Ausgewählte Schriften. Ausgewählt und eingeleitet von Horst Lademacher. Wiesbaden o.J. [1981].

Hinkelammert Franz Josef: Die ideologischen Waffen des Todes. Zur Metaphysik des Kapitalismus. Münster-Freiburg, 1985.

Hobbes Thomas: Leviathan, or the Matter, Form, and Power of a Commonwealth, Ecclesiastical and Civic. Hg. v. Michael Oakeshott, Oxford (o. J.).

Hödl Heinz: I pose the following questions to those who unnecessarily glorify Dr. Yunus and his bank. In: Aussendung der Koordinierungsstelle der Bischofskonferenz für Mission und Entwicklungszusammenarbeit, Wien, 2008, 1f.

Höhn Hans-.Joachim: Mythos Kapital. Zur kulturellen und religiösen Relevanz des Geldes. In: ThGl 100 (2010) 31–45.

Hoffmann Johannes: Zur Bedeutung der Kulturverträglichkeit. In: ders. u. a.: Ethische Kriterien für die Bewertung von Unternehmen. Frankfurt-Hohenheimer Leitfaden. Frankfurt a. M. 1997

Hoffmann Johannes & Gerhard Scherhorn. Saubere Gewinne. Freiburg 2002.

Hoffmann Johannes / *Scherhorn* G. / *Busch* T.: Darmstädter Definition Nachhaltiger Geldanlagen. Darmstadt 2004. In: www.wupperinst.org/uploads/tx_wibeitrag/ws31.pdf. (Stand 10/08). Download: 05.01.2009.

Hoffmann Paul / *Heil* Christoph (Hg): Die Spruchquelle Q. Studienausgabe Griechisch und Deutsch, Darmstadt ²2007.

Hofmannsthal Hugo von: Jedermann. Das Spiel vom Sterben des reichen Mannes (1901). Frankfurt, 1973.

Höffner Joseph: Soziale Sicherheit und Eigenverantwortung. Der personale Faktor in der Sozialpolitik (1953). In: Karl Gabriel / Hermann-Josef Große-Kracht (Hgg.): Joseph Höffner (1906–1987). Soziallehre und Sozialpolitik. Paderborn u.a. 2006, 139–155.

Homann Karl / F. Bloom-Drees: Wirtschaftethik und Unternehmensethik, Göttingen 1992,

Homann Karl: Ethik und Ökonomik. Zur Theoriestrategie der Wirtschaftethik. In: ders. (Hg.): Wirtschaftsethische Perspektiven I, Berlin 1994, 12f.

Homann Karl: Sinn und Grenze der ökonomischen Methode in der Wirtschaftsethik. In: D. Aufderheide, M. Dabrowski (Hg.): Wirtschaftsethik und Moralökonomik. Normen, soziale Ordnung und der Beitrag der Ökonomik. Berlin 1997, 37–57.

Homann Karl / *Suchanek* Andreas: Ökonomik. Eine Einführung, Tübingen 2000.

Homolka Walter, Tung-Quan Nguyen-Khac: Ethisches-ökologisches Rating. In: H. E. Büschgen / O. Everling (Hgg.): Handbuch Rating. München 1996, 675–699.

Honecker Martin: Art. Geld. In: TRE 12, Berlin / New York 1984, 277–298.

Honecker Martin: Geld – der sichtbare Gott? In: Lutherische Kirche in der Welt 52 (2005) 39–57.

Honecker Martin: Nicht Kupfer, sondern Glaube. Zum Ethos des Geldes. In: Wolfgang Böhme u.a. (Hg.): Zeitwende. Wissenschaft Spiritualität Literatur. Jahrgang 54 (O.O.), 173f.

Hörisch Jochen: Poesie des Geldes. In: UNIVERSITAS. Zeitschrift für Wissenschaft, Kunst und Literatur, Jahrgang 45, Heft 4, 1990, 334–44.
Hörisch Jochen: Kopf oder Zahl. Die Poesie des Geldes, Frankfurt a.M. 1996.
Hörisch Jochen: Gott, Geld, Medien. Studien zu den Medien, die die Welt im Innersten zusammenhalten. Frankfurt a.M. 2004.
Huber Wolfgang: „Gott und Geld – Christliche Ethik und wirtschaftliches Handeln“ – Festvortrag anlässlich der Eröffnung der KD Bank in Dortmund am 06.06.2006. In: www.ekd.de/print.php?file=/vortraege/huber/060606_huber_dortmund.html,1. Download: 23.11.2008.

Ihne Hartmut / Wilhelm Jürgen (Hg.): Einführung in die Entwicklungspolitik, 2. Auflage, Hamburg 2006, 175–261.
ILO (International Labour Organisation): Compendium of official statistics on employment in the informal sector. STAT Working Papers No. 1, 2002. (Ohne Ortsangabe). www.ilo.org/public/english/bureau/stat/download/ilo comp.pdf. Download: 22.05.2008.

Jahn Franziska: Der „Engagement“-Ansatz. In: Katholische Sozialakademie Österreichs (Hg.): Dossier Geld und Ethik: ethische Geldanlagen. 09/2006, 34–35.
Jhering Rudolf von: Der Zweck im Recht (1877–1883) Zit. b. Armin J. Kammel: Ökonomische Reflexionen zum Mythos Geld. In: Diakonia 38 (2007), 10.
Johannes XXIII.: Enzyklika Mater et magistra, 1961, In: Texte zur katholischen Soziallehre, Bornheim/Kevelaer 1992, 171–240.
Johannes Paul II.: Enzyklika Laborem exercens, 1981. In: Texte zur katholischen Soziallehre, Bornheim/Kevelaer 1992, 529–601.
Johannes Paul II.: Enzyklika Sollicitudo rei socialis, 1987. In: Texte zur katholischen Soziallehre, Bornheim/Kevelaer 1992, 619–681.
Johannes Paul II.: Enzyklika Centesimus annus. Zum hundersten Jahrestag von Rerum Novarum. 1991. In: Texte zur katholischen Soziallehre, Bornheim/Kevelaer 1992, 689–764.

KAB, Katholische Arbeitnehmer-Bewegung Deutschlands (Hg), Texte zur katholischen Soziallehre. Die sozialen Rundschreiben der Päpste und andere kirchliche Dokumente, 8., erw. Aufl., Bornheim/Kevelaer 1992.
Kaiser Helga: Erlassjahr, Sabbatjahr und Jobeljahr. In: Welt und Umwelt der Bibel Nr. 47 – 1/2008, 46–47.
Kaiser Herbert: Studien zum Deutschen Roman nach 1849. Duisburg 1977.
Kalka Joachim: Das bespiene Antlitz Christi und der Geldspeicher von Dagobert Duck. In: Kursbuch 130. Das liebe Geld. Berlin 1997, 165–175.

Kant Immanuel: Eine Theorie des Geldes. In: Die drei Kritiken, Stuttgart 1949.

Karnani Aneel: Employment, not Microcredit, is the Solution. Stephen M. Ross School of Business at the University of Michigan. Working Paper No. 1065. January 2007. In: http://ssrn.com/abstract=962941. Download: 25.03.2008.

Kasch Wilhelm F.: Geld und Glaube, Paderborn 1979.

Katechismus der Katholischen Kirche (KKK), München 2003.

Kent Robert / *Schmidt* Lothar (Hgg.): Geld – Aphorismen und Zitate aus drei Jahrtausenden. Königstein 1988 und Reinbeck bei Hamburg 1990.

Kern Tanja: Barefoot Banking: Replications of the Grameen Bank Model as a Means to Eliminate Global Poverty? In: SEPT working papers no. 03 2000, Universität Leipzig. www.uni-leipzig.de/sept/, 1–10. Download: 18.03.2008.

Kessler Rainer: Das Erlassjahrgesetz Dtn 15,1–11. Ein Gebot und seine Umsetzung. In: ThGl 100 (2010) 15–30.

Kessler Rainer: Staat und Gesellschaft im vorexilischen Juda. Vom 8. Jahrhundert bis zum Exil. Leiden 1992.

Keynes John Maynard: Liebe zu Geld. Finanzierungsprozesse, Investition und Instabilität des Kapitalismus, 1990, (ohne Ortsangabe).

Kienast Burkart: Zum altbabylonischen Pfandrecht. In: ZSavRG Rom. Abt 83 (1966), 334–338.

Kinder Peter D.: Values and money. A Research Practioner's Perpective on Value for Money, Boston 2004.

Kippenberg Hans G.: Die Entlassung aus Schuldknechtschaft im antiken Judäa: Eine Legitimitätsvorstellung von Verwandtschaftsgruppen. In: G. Kehrer (Hg.): Vor Gott sind alle gleich. Düsseldorf 1983, 94–124.

Kloberdanz Sylvia: Nachhaltigkeitsrating-Agenturen. In: Katholische Sozialakademie Österreichs (Hg.): Dossier Geld und Ethik: ethische Geldanlagen. 09/2006, 28–30.

Klobuchar Jim and Cornell Wilkes Susan: The Miracles of Barefoot Capitalism. Minneapolis 2007.

Kluge Friedrich: Etymologisches Wörterbuch der deutschen Sprache. Bearbeitet von Elmar Seebold. Berlin / New York 1995.

Koch Klaus: Die Profeten. 3., völlig neu bearb. Aufl. Stuttgart 1995.

Köhler Michael: Von Walhall zur Wallstreet. Bemerkungen zur Raffgier. In: Neue Gesellschaft/Frankfurter Hefte, Jahrgang 44, Heft 4, April 1997, 335–339.

Kortüm Hans-Henning: Menschen und Mentalitäten. Einführung in die Vorstellungswelten des Mittelalters, Berlin 1996.

Köß Hartmut: Globale Entwicklung und Option für die Armen. In: Heimbach-Steins Marianne (Hg.): Christliche Sozialethik. Ein Lehrbuch. Bd. 2: Konkretionen, Regensburg 2005, 109–136.

Krall Johannes: Kirchenvermögen – Nachhaltigkeit – Wirtschaftsethik. Rechtliche Gestaltungsmöglichkeiten bei der Verwaltung von Kirchenvermögen unter nachhaltigen und wirtschaftsethischen Überlegungen. Frankfurt, Wien 2009

Kramer Rolf: Ethik des Geldes. Eine theologische und ökonomische Verhältnisbestimmung. Berlin 1996.

Krass Stephan: In God We Trust. Der Dollar als Botschaft. In: Merkur, Jahrgang 56, Heft 5, Mai 2002 (o.O.). 444–451.

Kraus Fritz Rudolf: Königliche Verfügungen in altbabylonischer Zeit. (Studia et documenta ad iura Orientis antiqui pertinentia 1), Leiden 1984.

Krech Volkhard: ‚Geld oder Leben' oder ‚Geld zum Leben?' Anmerkungen zu zwei Rezeptionsvarianten der Philosophie des Geldes, in: Simmel Newsletter 3 (1993) 174–179.

Kreiner Armin: Rationalität zwischen Realismus und Relativismus, in: R. Bernhardt / P. Schmidt-Leukel: Kriterien interreligiöser Urteilsbildung [Beiträge zu einer Theologie der Religionen 1]. Zürich 2005, 21–35, 312.

Kremer Ulrich: Geld und Bibel. In: Diagonal – Zeitschrift der Universitäts-Gesamthochschule-Siegen. Zum Thema: Geld, No.1 1991, 273–275

Krüger Wolfgang: Die Faszination des Geldes: Begierde, Sehnsucht, Leidenschaft. München 1998, 51.

Krüger René: Gott oder Mammon? Wirtschaftstexte im Lukasevangelium. In: BiKi 62 (2007) 22–29.

Kruip Gerhard: Caritas in veritate. Ein kritischer Kommentar aus sozialethischer Perspektive. In: ThGl 100 (2010) 85–107.

Künzli A.: Karl Marx. Eine Psychographie. Wien 1966.

Lademacher Horst: Einleitung: Apostel und Philosoph. In: Moses Hess. Ausgewählte Schriften. Wiesbaden o.J. [1981]. 5–55.

Lehmann Karl: Geld. – Segen oder Mammon? Biblische Aspekte. – Ein Arbeitspapier, in: *Hesse* Helmut / *Issing* Otmar (Hg.): Geld und Moral. München 1994, 125–137.

Leo XIII.: Rerum Novarum. Über die Arbeiterfrage, 1891. In: Texte zur katholischen Soziallehre, Bornheim/Kevelaer 1992, 1–40. Siehe auch unter: KAB.

Lernbass Richard: Die Kennzahl EDA. In: Karl-Heinz Brodbeck (Hg.): Von der Trendanalyse zu ethisch fundierten Kennzahlen mit Zukunft. Schriftenreihe der Finance & Ethics Academy Bd. 3. Aachen 2009, 8–10.

Lernbass Richard: EDA – Selektion nach Wertigkeiten. In: . In: Karl-Heinz Brodbeck (Hg.): Von der Trendanalyse zu ethisch fundierten Kennzahlen mit Zukunft, Schriftenreihe der Finance & Ethics Academy Bd. 3. Aachen 2009, 97–134.

Lesch Walter: Kapitalismus und Konsum als Religionsersatz. In: Bulletin ET 17 (2006/1) Special Issue, 69–91.

Leutzsch Martin: Verschuldung und Überschuldung, Schuldenerlaß und Sündenvergebung. Zum Verständnis des Gleichnisses Mt 18,23–35. In: Marlene Crüsemann und Willy Schottroff (Hgg.): Schuld und Schulden: biblische Traditionen in gegenwärtigen Konflikten. München 1992, 104–131.

Lévi-Strauss Claude: Einleitung in das Werk von Marcel Mauss. In: *Mauss* Marcel: Soziologie und Anthropologie, Vol. 2, Frankfurt 1950, 25–38.

Liessmann Konrad Paul (Hg.): Geld. Was die Welt im Innersten zusammenhält? Wien 2009.

Lietaer Bernard A.: Mysterium Geld. Emotionale Bedeutung und Wirkweise eines Tabus. Mönchengladbach 2000.

Luchinat Christina Acidini (Hg.) Benozzo Gozzolli: La Capella die Magi. Mailand 1993.

Lücker Claus F.: Zinsverbot und Schuldenerlaß. Eine bibeltheologisch-sozialgeschichtliche Studie zur Frage nach ethischen Kriterien für Kapitalanlagen kirchlich-institutioneller Anleger in Deutschland. Frankfurt/Main 1999.

Ludwig Günter / *Wermusch* Günter: Silber. – Aus der Geschichte eines Edelmetalls. 2. Auflage, Berlin 1988.

Luhmann Niklas: Wirtschaft als soziales System. In: ders.: Soziologische Aufklärung. Opladen 1971, 204–231.

Luhmann Niklas: Knappheit, Geld und die bürgerliche Gesellschaft, in: Jahrbuch für Sozialwissenschaft 23 (1972), 186–210.

Luhmann Niklas: Die Wirtschaft der Gesellschaft. Frankfurt ^{2}1996.

Luhmann Niklas: Die Wirtschaft der Gesellschaft, Frankfurt a.M. 1988.

Luther Martin: Deutsch Katechismus (Der Große Katechismus, 1529). Dr. Martin Luthers Werke, Vol. 30^{1}. Wittenberg 1964.

Luther Martin: Der große Katechismus [WA 30 / 1, 123–238, 133].

Luther Martin: Von Kaufshandlung und Wucher (1524). Dr. Martin Luthers Werke. Kritische Gesamtausgabe, Vol. 15. Graz 1966.

Luther Martin: Ein Sermon von dem Wucherer. In: Ausgewählte Schriften, hg. v. Karl Bornkamm und Gerhard Ebeling, Band VI (Briefe), Frankfurt 1982, 120–121.

Luther Martin: Erklärung zum Ersten Gebot im „Großen Katechismus." In: Die Bekenntnisschriften der evangelischen Kirche, VELKD, (1986) Nr. 587, 589.

Lutherischer Weltbund: Päpstlicher Rat zur Förderung der Einheit der Christen, (Hgg.): Gemeinsame Erklärung zur Rechtfertigungslehre. 4. Auflage, Frankfurt a. M. / Paderborn, 2000.

Luz Ulrich: Das Evangelium nach Matthäus (EKK 1). Düsseldorf / Zürich ^{5}2002,

Mainka Iris: Das große Geschäft. In: Kursbuch 130. Das liebe Geld. Berlin 1997, 153–165.
Mann Thomas: Heckgeld nehmen, aus: Der Erwählte, Frankfurt am Main 1983.
Marguerat Daniel: Gott und Geld – ein Widerspruch? In: Welt und Umwelt der Bibel Nr. 47 – 1/2008, 10–15.
Marquard Friedrich-Wilhelm: Was dürfen wir hoffen, wenn wir hoffen dürften? Bd. 1: Eine Eschatologie. Gütersloh 1993.
Marquard Friedrich-Wilhelm : Wir Theologen in der bürgerlichen Gesellschaft. In: EvTh 31 (1971) 161–170, 169f.
Martin Peter: Der Dollar: Leitwährung oder Leidwährung? In: Kursbuch 130. Das liebe Geld. Berlin 1997, 84–96.
Marx Karl: Auszüge aus James Mills Buch „Éléments d'économie politique." Trad. par. J.T. Pariso, Paris 1823. In: MEW, Ergänzungs-Vol., Teil 1, 1981, 448f.
Marx Karl: Ökonomisch-philosophische Manuskripte (1844). In: MEW, Ergänzungs-Vol., Teil 1. Berlin 1981 und MEGA 1, 3. Manche Textbeispiele von Marx und Engels werden auch nach der seit 1957 im (Ost-)Berliner Dietz Verlag herausgegebenen Werkausgabe zitiert: MEW (Karl Marx / Friedrich Engels, Werke).
Marx Karl: Zur Judenfrage (1844). In: MEW Vol.1, hg. v. Institut für Marxismus-Leninismus beim ZK der SED. Berlin 1981, 347–377 und: MEGA^2 I/2, 141–169.
Marx Karl / *Engels* Friedrich: Die Heilige Familie (1845). In: MEW 2, 115–117.
Marx Karl: Das Manifest der Kommunistischen Partei (1848). In: *Marx* Karl: Die Frühschriften, (Hg.) Siegfried Landshut, Stuttgart 1953, 550ff.
Marx Karl: Grundrisse der Kritik der Politischen Ökonomie. (Rohentwurf 1857–1858). In: MEW, Ergänzungs-Vol., Teil 3, Berlin 1974, 80ff.
Marx Karl: Zur Kritik der Politischen Ökonomie (1859). In: MEW, Vol. 13. 1978, 133–145.
Marx Karl: Das Kapital. Kritik der politischen Ökonomie. Buch 1: Der Produktionsprocess des Kapitals (1867). In: MEW, Vol. 23. Hamburg 1977.
Marx Karl: Das Kapital. Kritik der politischen Ökonomie. Buch II: Der Circulationsprozess des Kapitals (1885). In: MEW, Vol. 24, Hamburg 1981.
Marx Karl: Thesen über Feuerbach, MEW 3, 5–7.
MEW Ökonomisch-philosophische Manuskripte (1844). In: Erg. Bd. 1, 563 u. 565; MEW 4, 475; MEW 23, 654; MEW 23, 741 f.
Marx Reinhard: Das Kapital. Ein Plädoyer für den Menschen. München 2008.
Mauss Marcel: Die Gabe. Form und Funktion des Austauschs in archaischen Gesellschaften. Frankfurt a. M. 1990. (Originaltitel: Essai sur le don. Paris, EA 1924).

Mendelsohn Isaac: Slavery in the Ancient Near East, Oxford 1949.

Merz Anette: Mammon als schärfster Konkurrent Gottes. Jesu Vision vom Reich Gottes und das Geld. In: Severin Lederhilger (Hg.): Gott oder Mammon. Christliche Ethik und die Religion des Geldes. Frankfurt 2001, 34–90.

Mieth Dietmar: Christus. Das Soziale im Menschen. Düsseldorf 1971.

Möller Carola: Tauschen gestern und heute. In: Katholische Sozialakademie Österreichs (Hg.): Dossier Geld und Leben: Positionen Feministischer Ökonomie. 05/2007, 11–14.

Morduch J. Jonathan: The Grameen Bank: A Financial Reckoning. Working Paper, Princeton University 1999 und

Morduch J. Jonathan: The Microfinance Promise. In: Journal of Economic Perspectives, Vol. 37, 1569–1614. 1999.

Müller Johannes: Entwicklungspolitik als globale Herausforderung. Methodische und ethische Grundlegung. Stuttgart-Berlin-Köln 1997, 159–165.

Müller Sigrid: Vom Obolus zum „ehrlichen Gewinn". In Diakonia 38 (2007), 24–31.

Na'aman Shlomo: Emanzipation und Messianismus. Leben und Werk des Moses Heß. Frankfurt 1982.

Na'aman Shlomo: Moses Hess, in: Lexikon des Sozialismus, hg. von Thomas Meyer, Köln 1986. 252–253.

Nancy Jean-Luc: Entzug der Göttlichkeit. Zur Dekonstruktion und Selbstüberschreitung des Christentums. In: Lettre International Nr. 59 (2002), 76–80.

Nausner Helmut: Die „Option für die Armen" als kirchlicher Auftrag. Ein Zwischenruf aus der Perspektive der Methodistischen Kirche Österreichs. In: Gott oder Mammon. Christliche Ethik und die Religion des Geldes. 2. Ökumenische Sommerakademie Kremsmünster 2000, hg. von Severin J. Lederhilger. Frankfurt 2001, 203–205.

Nedelmann Brigitta: Georg Simmel (1858–1918), in: Dirk Kaesler (Hg.): Klassiker der Soziologie1. Von Auguste Comte bis Norbert Elias. München 1999.

Needleman Jacob: Geld und der Sinn des Lebens. (Money and the meaning of life). Frankfurt 1993.

Nell-Breuning Oswald v.: Grundzüge der Börsenmoral. Freiburg im Breisgau 1928.

Nell-Breuning, Oswald von und Müller J. Heinz: Vom Geld zum Kapital. Freiburg 1962.

Nell-Breuning, Oswald von: Katholische Kirche und Marxsche Kapitalismuskritik. In: Stimmen der Zeit 180 (1976) 365–374.

Niemand Christoph: Jesus und sein Weg zum Kreuz. Ein historisch-rekonstruktives und theologisches Modellbild. Stuttgart 2007.

Niemand Christoph: Jesus von Nazareth: Wirken und Botschaft. VL-Skriptum, Katholisch Theologische Privatuniversität Linz, WS 2008/09.

Nietzsche Friedrich: Morgenröthe. Gedanken über die moralischen Vorurtheile (1881). In: Sämtliche Werke, Vol. 3. München 1988.

Nilges Thorsten: Zunehmende Verschuldung durch Mikrokredite. Auswertung eines Experiments in Südindien. Duisburg Working Papers On East Asian Studies, No. 63/2005. Institut für Ostasienwissenschaften der Universität Duisburg 2005. http://www.in-east.de. Download 12.03.2008.

Nohlen Dieter: Entwicklung/Entwicklungstheorien. In: ders. (Hg): Lexikon Dritte Welt. Länder, Organisationen, Theorien, Begriffe, Personen. 3. Aufl., Bonn 2000, 216–218.

Oakman D. E.: Jesus and the Economic Questions of His Day (Studies in the Bible and Early Christianity 8), Lewiston – Queenston 1985.

Odean Terrance: Do Individual Day Traders Make Money? In: www.faculty.haas.berkeley.edu./odean/papers/Day%20Traders/Day%20Trade%20040330.pdf. Download: 27.10.2008.

Ostergaard Lise (Hg.): Gender and development. A practical guide. London 1992.

Päpstlicher Rat für Gerechtigkeit und Frieden (Hg.): Kompendium der Soziallehre der Kirche, Freiburg 2006.

Paul VI.: Enzyklika Populorum progressio (PP) 1967. In: Texte zur katholischen Soziallehre, Bornheim/Kevelaer 1992, 405–440.

Paul VI.: Populorum Progressio (1967). In: KAB, Katholische Arbeitnehmer-Bewegung Deutschlands (Hg), Texte zur katholischen Soziallehre. Die sozialen Rundschreiben der Päpste und andere kirchliche Dokumente, 8., erw. Aufl., Bornheim/Kevelaer 1992. 405–440.

Paul VI.: Enzyklika Octogesima adveniens (OA) 1971. In: Texte zur katholischen Soziallehre, Bornheim/Kevelaer 1992, 457–494.

Pesch Rudolf: Das Markusevangelium. II. Teil (HThK), 1984, 260–264.

Petersen Britta: Grameen – die Bank der Armen. In: UNIVERSITAS 729 (03/2007) 256–263.

Petracca Vincenco: Lazarus, Zachäus und das Nadelöhr. Geld und Reichtum in der Bibel. In: Diakonia 38 (2007), 18–23.

Petschow Herbert: Neubabylonisches Pfandrecht AAL Philhist. Kl Bd. 48, Berlin 1956.

Phelps Edmund: Offener Brief an Ministerpräsident Gordon Brown v. 17.03.2009. In: www.ofce.sciences-po.fr/pdf/documents/letterG20-2009.pdf. Download: 17.11.2009, 1–2.

Pius XI.: Enzyklika Quadragesimo anno (QA) 1931. In: Texte zur katholischen Soziallehre, Bornheim/Kevelaer 1992, 61–122.

Pinner Wolfgang: Ethische Investments: Rendite mit „sauberen“ Fonds. Wiesbaden 2003.

Pinner Wolfgang: Nachhaltig investieren und Gewinnen. Profitieren vom ökologischen Megatrend. Wien 2008,

Polany Karl: Die große Transformation. Politische und ökonomische Ursprünge von Gesellschaften und Wirtschaftssystemen. Frankfurt 1978.

Pollin Robert: Microcredit. False Hopes and Real Possibilities. In: FPIF (Foreign Policy in Focus) Commentary, a project of the Institute for Policy Studies. Washington, DC 2007. www.fpif.org/fpiftxt/4323 1–3. Download: 11.02. 2008.

Rahner Karl, *Vorgrimler* Herbert (Hg.): Kleines Konzilskompendium. Sämtliche Texte des Zweiten Vatikanums. 24. Auflage, Freiburg im Breisgau 1966 / 1993.

Raimund Ferdinand: Das Hobellied, aus dem Zaubermärchen „Der Verschwender“ (1833), dritter Aufzug. In: www.ferdinandraimund.at/stuecke/verschwender/verschwender.pdf, 117–118. Download: 05.12.2008.

Reed S. Bradley (Hg.): Coin World Almanac. New York 1990.

Reichert Wolf-Gero: Ethisches Investment – eine ökonomische Einordnung in den Horizont der Finanzkrise des Herbstes 2008, hg. vom Oswald von Nell-Breuning Institut für Wirtschafts- und Gesellschaftsethik. Frankfurt, Vortrag v. 11.10.2008, 1–17. In: www.sankt-georgen.de/nbi/VortragNuernberg.pdf. Download: 26.01.2009.

Reichert Wolf-Gero: Cash statt Crash. Sozialethische Orientierungen in der Finanzkrise, hg. v. Oswald von Nell-Breuning Institut für Wirtschafts- und Gesellschaftsethik. In: QuerBlick-Rundbrief der IKvu. November 2008, 4–10.

Reisinger Ferdinand: Christentum und Marxismus – ein Beispiel ideologischer Auseinandersetzung. In: Funkkolleg Religion. Studienbegleitbrief 12, Weinheim 1984. (=Studientexte Funkkolleg Religion, P. Fiedler u.a. (Hg), Weinheim Gütersloh/Düsseldorf 1986.)

Reisinger Ferdinand: Nota zum Wirtschaftskapitel in „Gaudium et Spes“, in: F.-M. Schmölz (Hg.): Kirche – Wirtschaft. Überwundene Berührungsängste. Innsbruck 1989.

Reisinger Ferdinand: Haben und Sein. Ein bedenkenswertes Thema der Soziallehre der Kirche. In: Salzburger Jahrbuch für Philosophie XXXVI / 1991, 115–123.

Reisinger Ferdinand: Fragmentarisches über „Haben und Sein". Anmerkungen zu „Sollicitudo rei socialis" Nr 28. In: H. Schambeck / R. Weiler (Hgg.): Der Mensch ist der Weg der Kirche, Berlin 1992, 205–219.

Reisinger Ferdinand: „Geld oder Leben!" – Über die Wirkkräfte des Geldes auf/über die Menschen. In: Gott oder Mammon. Christliche Ethik und die Religion des Geldes. 2. Ökumenische Sommerakademie Kremsmünster 2000, hg. von Severin J. Lederhilger. Frankfurt 2001, 91–107.

Renstorf K. H., Art: doulos ktl, in: ThWNT II, 264–283.

Ritter Adolf Martin: Christentum und Eigentum bei Klemens von Alexandrien auf dem Hintergrund der frühchristlichen „Armenfrömmigkeit" und der Ethik der kaiserzeitlichen Stoa In: ZKG 86 (1975) 1–25.

Robol Günther: Wie „Geld" entsteht. In: IWIP – Institut für Wirtschaft und Politik (Hg.): Geld statt Arbeit. Die Träume der Finanzwirtschaft. Anleitungen zum Aufwachen. Wien 1999, 50f.

Röhser Günter: Erlösung als Kauf. Zur neutestamentlichen Lösegeld-Metaphorik. In: JBTh Band 21 (2006) Gott und Geld 161–192.

Rosen Zwi: Moses Hess und Karl Marx. Ein Beitrag zur Entstehung der Marxschen Theorie. Hamburg 1983 (=Hamburger Beiträge zur Sozial- und Zeitgeschichte, Bd. 18).

Rosenberger Michael: Im Zeichen des Lebensbaumes. Ein theologisches Lexikon der christlichen Schöpfungsspiritualität, Würzburg 2001.

Rosenberger Michael / *Reisinger* Ferdinand / *Kreutzer* Ansgar (Hgg.): Geschenkt – umsonst gegeben? Gabe und Tausch in Ethik, Gesellschaft und Religion. (Linzer Philosophisch-Theologische Beiträge, Band 14), Frankfurt am Main 2006.

Rosenberger Michael: Abwendung von Gott: Theologische Deutung der Schuld als Sünde. In: Frei zu Leben. Entwurf einer Fundamentalmoral. Vorlesungsskriptum an der Katholisch Theologischen Privatuniversität Linz, WS 2008/09, Kapitel 8.2.3.

Röser Johannes: Mein Eigentum gehört mir? In: CIG Nr. 44/2008, 487–488.

Rozario Santi: The dark side of micro-credit. In: Open Democracy. www.opendemocracy.net/node/35350/print 1–3. Download: 11.02.2008.

Rüger Hans Peter: „Mit welchem Maß ihr meßt, wird euch gemessen werden." In: ZNW 60, 1969, 174–182.

Rüstov Alexander: Paläoliberalismus, Kommunismus und Neoliberalismus. In: Franz Geiß / Fritz W. Mayr (Hgg.): Wirtschaft, Gesellschaft, Kultur. Festgabe für Alfred Müller-Armack zum 60. Geburtstag. Berlin 1961, 61–70.

Ruster Thomas: Jenseits aller Ethik: Geld als Religion? In: Hermann Kochanek (Hg.): Ich habe meine eigene Religion. Sinnsuche jenseits der Kirchen. Zürich / Düsseldorf 1999, 182–209.

Ruster Thomas: Art. Geld, in: Norbert Mette / Folkert Ricker (Hg.): Lexikon der Religionspädagogik 1. Neukirchen-Vluyn 2001, 669–675.
Ruster Thomas: Der verwechselbare Gott. Theologie nach der Entflechtung von Christentum und Religion (QD181). Freiburg 2000 (^{7}2004).
Ruster Thomas: Von Menschen, Mächten und Gewalten. Eine Himmelslehre. Mainz 2005.

Sal. Oppenheim (Hg.): The European Fund for Southeast Europe (EFSE). Luxembourg 2010.
Salzburger Äbtekonferenz (Hg.): Die Benediktusregel (lateinisch/deutsch), Beuron 1992, RB 31.Kapitel 10 u.11.
Schasching Johannes: Zeitgerecht. Zeitbedingt. Nell-Breuning und die Sozialenzyklika Quadragesimo anno nach dem Vatikanischen Geheimarchiv, Bornheim, 1994.
Scherhorn Gerhard: Markt und Wettbewerb unter dem Nachhaltigkeitsziel. Zeitschrift für Umweltpolitik & Umweltrecht. 28 (2005), 135–154.
Scherhorn Gerhard: Gleiche Chancen für das Kapital. In: K. Woltron / H. Knoflacher & A. Rosik-Kölbl (Hgg.): Wege in den Postkapitalismus. Wien 2005, 79–94.
Scherhorn Gerhard: Was kann ethisches Investment leisten, was nicht? In: Katholische Sozialakademie Österreichs (Hg.): Dossier Geld und Ethik: ethische Geldanlagen. 09/2006, 21–24.
Schlagnitweit Markus: … dass aus Geld mehr Geld wird? In: Katholische Sozialakademie Österreichs (Hg.): Dossier Geld und Ethik: ethische Geldanlagen. 09/2006, 7–9.
Schlagnitweit Markus L.: Machen Sie mit Ihrem Geld doch, was SIE wollen! In: Diakonia 38 (2007) 50–55.
Schlagnitweit Markus: Ethik-Investment – ein politischer Prozess. In: Katholische Sozialakademie Österreichs (Hg.): Dossier Geld und Ethik: ethische Geldanlagen. 09/2006, 39–40.
Schleiermacher Friedrich D. E.: Versuch einer Theorie des geselligen Betragens (1799). In: KGA Abt. 1, Band 2, hg. v. *Birkner* Hans Joachim, Berlin 1984, 163–184.
Schmidt Reinhard H.: Microfinance, Kommerzialisierung und Ethik, in: Sustainabilitiy als Gestaltungsprinzip für die Rahmenordnungen von Finanz- und Gütermärkten. Symposium der Projektgruppe Ethisch-Ökologisches Rating. Universität Frankfurt am Main 2008, 99–102.
Schneeweiss Antje: Mein Geld soll Leben fördern. Hintergrund und Praxis ethischer Geldanlagen. Neukirchen-Vluyn 1998.
Schneider Thomas (Hg.): Handbuch der Dogmatik, 2 Bände, Düsseldorf ^{2}1995.

Schockenhoff Eberhard: Geschichtliche Entwicklungen und gegenwärtige Herausforderungen. In: ThPh 83 (3 / 2008), 321–354.
Schumpeter Josef: Das Sozialprodukt und die Rechenpfennige. In: Archiv für Sozialwissenschaft und Sozialpolitik, Band 44, 1917/18. Zit. nach: Stefan Welzk: Geld regiert die Welt. In: Kursbuch 130. Das liebe Geld. Berlin 1997, 15.
Schumpeter Joseph: Theorie der wirtschaftlichen Entwicklung. München 1926.
Schwager Raymund: Der wunderbare Tausch. Zur Geschichte und Deutung der Erlösungslehre, München 1986.
Schwanitz Dietrich: Das Shylock-Syndrom oder die Dramaturgie der Barbarei. Frankfurt, 1997.
Schwarz Alois: Verantwortung in der Veranlagung unter Berücksichtigung ethischer Maßstäbe. In: Karl-Heinz Brodbeck (Hg.): Von der Trendanalyse zu ethisch fundierten Kennzahlen mit Zukunft. Aachen 2009, 16–24.
Selby Peter: Grace and Mortgage. The Language of Faith and the Dept of the World. London 1997.
Sennett Richard: Die Kultur des neuen Kapitalismus, Berlin 2005.
Serres Michel: Der Parasit. Frankfurt 1980.
Serries Christoph: Art. Geld, in: $LThK^3$ 4, Freiburg 1995, 404–407.
Sharma Sudhirendar: Womens's empowerment, or a debt trap? In: Analysis of the Ecological Foundation, Delhi (O.J.). www.infochangeindia.org/microc _article5print.jsp 1–2. Download: 11.02.2008.
Sharp Daryl: Jung Lexicon. Toronto 1991.
Simmel Georg: Das Geld in der modernen Cultur. Sociologische Studie (1896). In: Gesamtausgabe, Vol. 5., Frankfurt 1989.
Simmel Georg: Philosophie des Geldes (1900). In: Gesamtausgabe, Vol. 3. Berlin 1989.
Simmel Georg: Philosophie des Geldes (1900), GSG 6, Frankfurt a.M. ^{4}1996.
Sinclair Paul: One World One People. In: www.oneworldonepeople.org/articles/ World%20Poverty/Grameen.htm 1–3. Download: 11.02.2008.
Singh Kavaljit: Micro Credit: Band-aid or Wound? In: Indian Economy Overview. www.ieo.org/kav001.html, 1–5. Download: 11.02.2008.
Sophokles: Antigone, übersetzt von Wilhelm Kuchenmüller. Reclams Universal-Bibliothek, Stuttgart 1987.
Sozialwort des ökumenischen Rates der Kirchen in Österreich. Ökumenischer Rat der Kirchen in Österreich (Hg.) 2003.
Staats Reinhart: Deposita pietatis. – Die Alte Kirche und ihr Geld. In: ZThK 76 (1979) 1–29.
Stegemann E. Wolfgang: Urchristliche Sozialgeschichte. Die Anfänge im Judentum und die Christusgemeinden in der mediterranen Welt. Stuttgart u.a. 1995.

Steinhilber Andrea: Die Dritte Seite der Medaille. Zu Georg Simmels Philosophie des Geldes und ihrem Beitrag zu einem Verständnis von Wirtschaft. Heidelberg 2003.

Stiglitz Joseph E.: Volkswirtschaftslehre, München ²1999.

Stiglitz Joseph: The New Development Economics. In: World Development, Vol. 14 (1984), 257–265.

Slade Giles: Made to brake. Technology and obsolescence in America. Harvard University Press, 2007.

Soosten Joachim von: Schwarzer Freitag: Die Diabolik der Erlösung und die Symbolik des Geldes. In: Dirk Baecker (Hg.): Kapitalismus als Religion. Berlin ²2009, 121–144.

Streicher Eva Maria: Ethisches Investment. Eine Geldanlageform für katholische Ordensgemeinschaften? Bachelorarbeit Wien 2009.

Sugranyes Ramon de Franch: Études sur le droit palestinien à l'époque évangélique. Fribourg 1946.

Sutor Bernhard: Politische Ethik. Gesamtdarstellung auf der Basis der Christlichen Gesellschaftslehre. Paderborn 1991.

Thomas v. Aquin: Summe der Theologie, 3. Band, Stuttgart 1985.

Theißen Gerd: Jesus und die symbolpolitischen Konflikte seiner Zeit. In: EvTheol 57 (1997) 378–400.

Tietmeyer Hans: Art. Geld, in: RGG⁴ Bd.3, 597–602.

Trier Peter: Verzicht und Unverzichtbarkeit – Herausforderung und Wegweisung in Wissenschaft , Recht, Technik und Ökonomie. In: Renovatio (2003), 59. Jg., 56–96.

Tucker Jeffrey: Der Mikrokredit-Kult. In: liberty.li – Magazin. Institut für Wertewirtschaft. http://de.liberty.li/magazine/print.php?id=3526&q=Der+Mikro kredit-Kult 1. Download: 11.02.2008.

Ulrich Jörg: Clemens Alexandrinus' „Quis dives salvetur" als Paradigma für die Beurteilung von Reichtum Geld in der Alten Kirche. In: JBTh Band 21 (2006) Gott und Geld, 213–238.

United Nations Capital Development Fund (Hg.): UNCDF Working Paper on Microfinance. New York 1999.

United Nations Capital Development Fund, SUM (Special Unit for Microfinance) (Hg.): Increasing Access And Benefits For Women. Practices and Innovations among Microfinance Institutions. Survey Results. New York, 2002.

United Nations Capital Development Fund, SUM (Special Unit for Microfinance) (Hg.): Supporting Women's Livelihoods: Microfinance that Works for the Majority. A Guide to Best Practices. New York 2002.

United Nations Capital Development Fund (Hg.): UNCDF Strategy for Policy Impact And Replication in Local Governance and Microfinance. New York 2002.
United Nations Capital Development Fund (Hg.): International Year of Microcredit 2005. Final Report. New York 2006.
United Nation. Department of Economic and Social Affairs (Hg.): Formalizing Microcredit: Crossing The Bridge Between Non-Governmental Organizations And Commercial Banks. Technical Paper. New York 1999.
Ulrich Peter: Die Wirtschaft *in* der Gesellschaft. Der Ansatz der integrativen Wirtschaftsethik. In: Gott oder Mammon. Christliche Ethik und die Religion des Geldes. 2. Ökumenische Sommerakademie Kremsmünster 2000, hg. von Severin J. Lederhilger. Frankfurt 2001, 118–144.
Ulrich Jörg: Clemens Alexandrinus' „Quis dives salvetur", als Paradigma für die Beurteilung von Reichtum Geld in der Alten Kirche. In: JBTh Band 21 (2006) Gott und Geld, 213–238.

Vondrak Thomas (Hg.): Funktionsweise von Mikrokrediten sowie erfolgreichen europäischen Mikrofinanz-Initiativen, Innsbruck 2006.

Wagner Falk: Geld oder Gott? Zur Geldbestimmtheit der kulturellen und religiösen Lebenswelt. Stuttgart 1985.
Wallmann Johannes: Zins VI. Christentum. In: RGG Bd. 8, ^{4}2005, 1868f.
Watzlawick Paul / Beavin Janet H. / Jackson Don: Menschliche Kommunikation. Formen, Störungen, Paradoxien (1967). Bern / New York 1982.
Weber Max: Gesammelte Aufsätze zur Religionssoziologie, Bd. I, Tübingen 1920.
Weber Max: Wirtschaftsgeschichte. Abriss der universalen Sozial- und Wirtschaftsgeschichte. Berlin 1958.
Weber Max: Die protestantische Ethik I. Eine Aufsatzsammlung, hrsg. v. Johannes Winckelmann, Hamburg 1965 / Gütersloh 1979.
Weimer Wolfram: Geschichte des Geldes, Frankfurt und Leipzig 1992.
Weiß Peter, Interview: Engagement in der ethischen Geldanlage. In: www.ciw-wirtschaftsnachrichten.de/aktuell/artikel/zdk-gibt-tipps-zu-ethischen-geldanla gen.html, 1. Download: 03.01.2009.
Weiß Jochen: Mammon. Eine Motivgeschichte zur Religiosität des Geldes. Inauguraldissertation an der Fakultät für Sprach- und Literaturwissenschaft der Universität Mannheim 2004.
Welzk Stefan: Geld regiert die Welt. Aber wie? In: Kursbuch 130. Das liebe Geld. Berlin 1997, 1–18.

Wesley John: Predigt über Lk 16,9: „The Use of Money“. In: Wesley’s Standard Sermons, ed. E.H. Sudgen. London ^{2}1956, 309–327.

Whittaker Molly / *Holtermann* Horst. Einführung in die griechische Sprache des Neuen Testaments. 5. Auflage, Göttingen 1989.

Wilcox M.: Art. MAMMON, in: ABD 4 (1992) 490.

Wilfred Felix: Theologie am Rand der Gesellschaft. Eine indische Vision. Freiburg 2006. (Original: The Sling of Utopia. Struggles for a Different Society, Delhi 2005).

Williams-Krapp Werner: „Dieser mensch was ein schneider.“ Der Homobonus-Kult im deutschsprachigen Raum, mit einer Edition der Legende „Von sant Gutman“. In: Litz u.a. (Hgg.): Frömmigkeit – Theologie – Frömmigkeitstheologie. Contributions to European Church History, Festschrift für Berndt Hamm, Leiden / Boston 2005.

Wissenschaftliche Arbeitsgruppe für weltkirchliche Aufgaben der Deutschen Bischofskonferenz: Mit Geldanlagen die Welt verändern? Eine Orientierungshilfe zum ethikbezogenen Investment. Bonn, 2010.

Woeß Friedrich von: Personalexekution und cessio bonorum im römischen Reichsrecht. In: ZSavRG Rom Abt. 43 (1922), 485–529.

Yuran Noam: Geld als Verdrängung. Ansichten aus der Psychoanalyse und der heterodoxen Ökonomie. In: Sigmund Freud Museum (Hg.) Internationale Konferenz „Geld und Seele“. Booklet zur Tagung. 15.10.2010 Wien, 5.

Yunus Muhammad, *Jolis* Alan: Grameen. – Eine Bank für die Armen. Bergisch Gladbach 1998.

Yunus Muhammad: Interview beim Weltwirtschaftsgipfel in Tavos, 2009. In: ORF 2, ZIB 1, 19:40 Uhr, 29.01.2009.

Zauner Wilhelm: Religion und Geld. In: Diakonia 26 (1995), 71–78.

Zdrahal-Urbanek Julia: Internationale Literatur-Recherche zu Mikrokredit-Finanzierungsmodellen, hg. v. ibw, Institut für Bildung und Wissenschaft. Schriftenreihe Nr. 134, Wien 2007.

ZdK: Zentralkomitee der Katholiken in Deutschland (Hg.): Ethisches Investment – Mit Geldanlagen Verantwortung wahrnehmen! Handreichung für private und kirchliche Anleger, 27.08.2007. In: www.zdk.de/erklaerungen/erklaerung.php?id=162, 2–17. Download: 03.01.2009.

ZdK / BKU (Hg.): Katholiken fordern verantwortungsvolleren Umgang mit Geldanlagen, Frankfurt 29.02.2008. In: www.ciw-wirtschaftsnachrichten.de/aktuelle-nachrichten/meldung/artikel/katholiken-fordern-verantwortungsvolleren-umgang-mit-geldanlagen.html, 1. Download: 07.01.2009.

Zeitungen / Zeitschriften / Kleinpublikationen

Auer Matthias: Interview mit Martin Hagleitner: „Die Entzauberung der Börsen". In: Die Presse, 14.09.2009, 16.

Benedikt XVI.: Initiative zugunsten der Entwicklungshilfe für die ärmsten Länder, in: Apostolischer Stuhl (Hg.): L'osservatore Romano, Deutsche Ausgabe, Vatikan Stadt, 36. Jg., Nr. 48, 01.12.2006, 12.

Berg Helmut: Interview mit Peter Püspök: „Die schwarzen Schafe trennen." In: Börsen-Kurier, Geld und Ethik-Beilage, 20.05.2010, III.

Berg Helmut: Dem Sparen Sinn geben: Round Table zum Trend-Thema „Ethik-Sparbuch". In: Börsen-Kurier, Geld und Ethik Beilage, 21.10.2010, I.

Berg Helmut: Mikrokredite als Anschubfinanzierung für Kleinstunternehmer in Entwicklungsländern und als ethisches Investment für Anleger, in: Raiffeisenblatt 15.07.2010, 8–10.

Berg Helmut: Neue UN-Richtlinien unterstützen sozial verantwortliche Investoren. Gute Nachrichten für Geldanlage in Mikrofinanz. In: Börsen-Kurier, Geld und Ethik Beilage, 20.04.2011, , II.

Berndorff Jan / Verena Lugert: Ein Visionär scheitert. Warum Muhammad Yunus die Armen noch ärmer macht. In: Natur und Kosmos, 11/2010, 1, 20–25.

Bude Heinz: Kritiker der ethischen Inkompetenz. Laudatio zur Verleihung der Heinrich-Tessenow-Medaille an Richard Sennet. In: taz, 21./22.03.2009, taz mag, II.

Deckers Daniel: Gott und der Mammon. Ein Plädoyer für internationale Beteiligungsgerechtigkeit. In: FAZ Nr. 109, 12.05.2003, 10.

Djikic Samir: Folder: „Kredite die nachhaltig entwickeln." Praktische Erfahrungen des EFSE mit Finanzierungen und Südosteuropa und der östlichen Nachbarschaftsregion der EU. Frankfurt, 09.12.2010.

EFSE (Hg.) Flyer: Entwicklungsbeitrag Daten und Fakten 2. Quartal 2010. Hauptmerkmale der Endkredite. Luxembourg 2010.

EFSE (Hg.) Pressemitteilung: G-20-Initiative: Der Europäische Fonds für Südosteuropa ist mit seinem Konzept weltweit zur Nummer 1 gewählt. Frankfurt 08.12.2010. 1–2.

EFSE (Hg.) Arbeitspapier: EFSE – Eine entwicklungspolitische Initiative. Frankfurt Dezember 2010.

Erdner Rudolf: Ethik-Sparbuch. Ein erfreuliches Produkt auf dem Markt. In. Börsen-Kurier v. 07.04.2011, 19.

Evangelische Kirche Rheinland (Hg.): Wirtschaften für das Leben. Stellungnahme zur wirtschaftlichen Globalisierung und ihren Herausforderungen für die Kirchen. Ergebnisse der Landessynode 2008. Textheft Mai 2008. (Ohne Ortsangabe).

Evangelische Kirche im Rheinland (Hg.): Wirtschaften für das Leben. Arbeitshilfe zur Stellungnahme der Landessynode, Düsseldorf August 2008.

Fembek Michael: Innovationen für eine bessere Welt. In: Die Presse, 24.03.2011, Beilage Social Entrepreneur, I.

Fleischhacker Michael: Die Antwort des Papstes auf die Krise: Wahrheit statt Wirklichkeit. In: Die Presse, 08.07.2009, 1–2

Friesenbichler Reinhard: Zinsen, Zinsen, Zinseszinsen. Kann Geld Junge bekommen? In: Börsen-Kurier, Beilage Geld und Ethik, 16.12.2010, 17.

Fuchs Gotthard: Diskretion, bitte! „Nach Golde drängt / Am Golde hängt doch alles“: Zur Mystik des Geldes. In: Die Furche, 08.05.2008, 10.

Gabriel Klaus: Auf dem Prüfstand. In: Börsen-Kurier Nr. 50, Beilage: Geld und Ethik, 11.12.2008, 4.

Gaulhofer Karl: Die Geldwäscher Gottes. In: Die Presse, 27.09.2009, 20.

Gaulhofer Karl: „Nicht jedem steht die Gier ins Gesicht geschrieben.“ Interview mit der an der IESE Universität Barcelona lehrenden Ethikerin Johanna Mair. In. Die Presse, 25.01.2010, 16.

Giegold Sven: Mit Geld die Welt verändern, aber richtig! In: Finanzdienstleistungen für alle. Beilage zur taz, Die Tageszeitung, Berlin 30.10.2008, 1.

Gorz André: Das Ende von etwas. In: Die Presse, Spectrum I–II, 09.05.2009.

Habermas Jürgen im Interview: Ein-Mann-Gelehrtenrepublik. In: Die Presse, 18.06.2009, 23.

Iritani Evelyn: Tiny Loans Seen as Big Way to Invest in Developing Nation’s Poor. Microcredit programs offer borrowers as little as $30 and are credited with improving lives. In: Los Angeles Times, 28.07.2006. www.latimes.com/business/la-fi-microcredit28jul28,1,3887509.story Download: 17.03.2008.

Kary Christine: Trotz Krise halbwegs ruhig schlafen. In: Die Presse, Beilage Financial Presse, 10.12.2008, 13.

KFW-Entwicklungsbank (Hg.): KFW-Development Bank. Microfinance activities. Frankfurt 2010.

Knopp Sandra: Interview mit P. Püspök: UN-Gütesiegel gegen Profitgier. In: Die Furche, 20.01.2011, 2.

Kolerus Harald: Neue Orientierungshilfe. In: Börsen-Kurier 17.03.2011, 17.

Lueken Verena: Zwischen Ufern. In: FAZ, 15.11.2008, 46.

Marx Reinhard: „Kapitalismus ist ein Ethikfresser!" Interview, Süddeutsche Zeitung, 26.11.2008. In: www.sueddeutsche.de/wirtschaft/55/359879/text/print.html, 1–9. Download: 02.01.2009.

Microfinance under scrutiny. Overcharging Microlending is under attack, unfairly. In: The Economist, Nov 18th 2010 www.economist.com/node/17522350. Download: 02.12.2010.

Mikrokredite finden ihren Weg in die Industrieländer. Das Selbsthilfemodell aus den Entwicklungsländern verzeichnet ein rasantes Wachstum. (Ohne Autorenangabe): In: FAZ Nr. 64, 15.03.2008, 25.

OeEB (Hg.) Factsheet – Österreichische Entwicklungsbank AG. Wien, 09.12.2010.

Ohne Autorenangabe: Starke Performance und gutes Gewissen. In: Börsenkurier 43, 22.10.2009, 11 u. 27.

Ohne Autorenangabe: The Economist: Big trouble for microfinance, 02.12.2010. In: http://www.economist.com/blogs/freeexchange/2010/12/microfinance. Download: 24.01.2011.

Pieper Nikolaus: „Großbanken müssen zerschlagen werden." In: Süddeutsche Zeitung, 22.10.2009, 1.

Polgreen Lydia and Vikas Bajaj: Tiny Loans, Big Depts Worry India. In: The New York Times, 29.11.2010, 1 u. 3.

Püspök Peter im Interview: „Geldaufwertung zugunsten der Armen." In: Börsen-Kurier Nr. 50, v. 11.12.2008. Beilage: Geld und Ethik, 1.

Projektgruppe „Ethisch-Ökologisches Rating" über das Thema „Sustainability als Gestaltungsprinzip für die Rahmenordnungen von Finanz- und Gütermärkten". In: Börsen-Kurier Nr. 50, v. 11.12.2008. Beilage: Geld und Ethik, 2. (Ohne Autorenangabe)

Rabl Gabriele: Kleine Kredite mit großer Wirkung. In: Die Presse, Beilage „Financial Presse", 21.05.2008, 6.

Rabl Gabriele:Auf der Jagd nach sauberen Renditen. In: Die Presse, Beilage Financial Presse, 10.12.2008, 12.

Raiser Konrad: Globalisierung, 08.01.2008, Vortrag bei der Landessynode. In: www.ekir.de/ekir/47496_47884.php, 1–4. Download: 11.01.2009.
Remele Kurt: Gemeinwohl und fehlende Konsequenz. In: Die Presse, 14.07.2009, 26.
Rief Norbert: Ohne Gott geht gar nichts. In: Die Presse, Spectrum, I–II, 14.07.2007.
Riecher Stefan: Die Nonnen bei der Hauptversammlung. In: Die Presse, 07.03.2010, 15.
Rosenkranz Clemens: Auftrieb für Nachhaltigkeit? In: Die Presse, Beilage Financial Presse, 12.11.2008, 2.
Rosner Peter: Aktien, gefühlt. Buchbesprechung zu „Animal Spirits“ von Akerlof und Shiller. In: Die Presse, 04.07.2009, Spectrum VII.

Salomon Martina: Und die Moral von der Geschicht? In: Die Presse v. 22.04. 2009, 1.
Schlagnitweit Markus: Back to the roots? In: Börsen-Kurier Nr. 50, v. 11.12. 2008. Beilage: Geld und Ethik, 1.
Schröder Edda: Finanzier der Armen. In: Cash Special. Investmentfonds. 27. Jahrgang (1/2009), 62.
Schulmeister Stephan: Großes Geld, große Krise. In: Der Standard, 25.04.2009, Album A 1–2.
Seiler Leopold im Interview, in: Wirtschaftsblatt, 21.02.2008, 8. www.wirt schaftsblatt.at/archiv/314675/index.do Download: 12.06.2008.

Tanzer Oliver: „… dann wird es gefährlich.“ Interview mit Josef Taus über den sozialen Sprengstoff der Wirtschaftskrise. In: Die Furche, 23.04.2009, 9.
Tanzer Oliver: 115 Millionen Menschen am Abgrund. In: DIE FURCHE, 19.03.2009, Fokus 3.
Tzschentke Karin: UN schafft Gütesiegel für Mikrokredite. In: Der Standard, 08.02.2011,21.

Urschitz Josef: Dem Geld ein Mascherl geben. Ein für diese Arbeit initiiertes Presse-Round-Table Gespräch zum Thema Ethisches Investment. In: Die Presse, 02.01.2010, 11.

Vohs Kathleen: Geld macht stark und schmerzfrei. In: Die Presse, 16.05.2009, 27.

Weitere, für die Arbeit verwendete Internetquellen

BaumInvest GmbH & Co KG: www.bauminvest.de/wissenswertes/ethisches-investment Download: 29.07.2009.

Bundesministerium für Finanzen: „Liste der begünstigten Spendenempfänger" In: http://www.bmf.gv.at/Service/allg/spenden/show_mast.asp. Download: 26.02.2011.

CIW-Wirtschaftsnachrichten: www.ciw-wirtschaftsnachrichten.de/aktuelle-nachrichten/meldungen/artikel/in-ethik-investieren-zahlt-sich-aus.html. Download: 05.01.2009.

CIW-Wirtschaftsnachrichten: www.ciw-wirtschaftsnachrichten.de/aktuelle-nachrichten/meldungen/artikel/usa-religiöse-anlageformen-auf-dem-vormarsch.html. Download: 05.01.2010.

Corporate Responsibility Interface Center (CRIC): www.cric-online.org. Verein für ethisch orientierte Investoren auf Basis des Frankfurt-Hohenheimer Leitfadens. CRIC ist eine Plattform zur Förderung des ethischen Investments mit themenrelevanten Informationen, Vernetzungsmöglichkeiten und Aktivitäten. Download: 13.11.2010.

Cradle to Cradle Prinzip: www.epea.com. Download 20.01.2020.

Denizbank: aggressive Werbekampagne für täglich fällige Einlagen: www.denizbank.at. Download: 22.01.2010.

ECOreporter: www.ECOreporter.de. Download: 05.01.2009.

Engagement als Methode nachhaltigen Investments. Bericht über den Einfluss von *engagement* auf Unternehmen hinsichtlich der Entwicklung ethischer Kriterien. In: www.ftse.com/indices/FTSE4Good_New_Criteria_&_Future_Impact_report.pdf. Download: 25.09.2008.

www.ethisches–consulting.de: Webseite der Projektgruppe Ethisch-Ökologisches Rating mit aktuellen Forschungsergebnissen und darauf aubauender Publikationen.

Erste Bank. In: http://de.wikipedia.org/wiki/Erste_Bank, 1. Download: 12.03.2011.

Euribor: http://de.euribor-rates.eu/. Download: 24.02.2011.

EUROSIF: European Social Investment Forum: www.eurosif.org/publications/sri_studies. Europäischer Dachverband nationaler Foren für ethische und nachhaltige Geldanlagen, vergibt seit 2008 ein Transparenzsiegel für Fonds,

die klar verständliche und nachvollziehbare Auswahlkriterien haben. Berichte und Transparenzrichtlinien für ethische Investments. Download: 18.01.2010.
Europäische Wertestudie: www.europeanvalues.nl. Download: 26.01.2009.

Forum Nachhaltige Geldanlagen (Hg.): Statusbericht Nachhaltige Geldanlagen 2007. In: www.forum-ng.de/upload/Statusbericht_07-12-11_web.pdf, Stand 10/08. Download: 27.12.2008.
Forum Nachhaltige Geldanlagen e. V. (Hg.) (2008): Statusbericht Nachhaltiger Anlagenmarkt 2008. In: www.forum-ng.de/upload/pdf/Interne_Studien/Status bericht_FNG_2008.pdf. Download: 18.01.2009.
Frankfurt-Hohenheimer Leitfaden: www.cric-ev.de. Download: 16.01.2009.

German Watch: umfassende Linkliste und aufschlussreiche Berichterstattung zum Thema Finanz und Nachhaltigkeit: www.germanwatch.org Download: 15.02.2010.
Global Compact: www.unglobalcompact.org. Download: 11.11.2010.
Grameen Bank und ihr Gründer Muhammad Yunus. Informationen: www.grameen-info.org. Download: 12.03.2008.
Grünes Geld: Informationsplattform für KonsumentInnen aus den Mitteln des Österreichischen Lebensministeriums. www.gruenesgeld.at/about/definition. Download: 29.07.2009)
Gull Tor, CEO von Oikocredit International. Interview über den Jahresbericht 2010. In: http://www.oikocredit.org/at/aktuelles/752/tor-g-gull-geschaftsfuhrer -von-oikocredit-international-uber-die-jahresergebnisse-2010-krisenerscheinu ngen-in-indien-und-die-neue-un-richtlinien, 1. Download 12.02.2011.

Hawken Paul: The Truth About Ethical Investing. AlterNet 29.04.2005: www.alternet.org/story/21888/. Download: 08.10.2008.
Hess Moses: http://de.wikipedia.org/wiki/Moses_Hess, 1–4. Download: 06.07. 2007.

Ilisu Staudammprojekt www.stopilisu.com. Download 16.11.2010.
Ing-Diba: aggressive, flächendeckende Werbekampagnen für täglich fälliges Geld: www.ing-diba.at. Download: 22.10.2010.
Institute for Policy Studies. Washington, DC. www.ips.-dc.org Download: 14.05.2008.
Institut für Markt-Umwelt-Gesellschaft: www.ethisches-investment.de. Umfangreiche Informationen, laufende Studien und Berichte zum Thema. Download: 12.01.2010.

Institut zur Cooperation bei Entwicklungsprojekten www.icep.at Download 14.06.2008.
International Year of Microcredit 2005. Final Report. United Nations Capital Development Fund (UNCDF). www.uncdf.org/english/microfinance/news letter/pages/2005_11/news_results.php. Download: 14.05.2008.

Jugend Eine Welt der Salesianer Don Boscos: Ethikfonds für Sozial- und Bildungsprojekte mit Schwerpunkt Jugendarbeit in den Entwicklungsländern. www.jugendeinewelt.at. Download: 02.02.2010.

Katalog der Deutschen Nationalbibliothek: http://dispatch.opac.d-nb.de/DB=4.1/REL?PPN=118550373. Download: 07.08.2007.
Katholische Sozialakademie Österreichs (ksoe), Informationsplattform, Grundlageninformation, Beispiele für konkrete Möglichkeiten des ethischen Investments, ausgesuchte Fachliteratur, Lehrgänge zum Thema Geld und Ethik und zahlreiche einschlägige Internetlinks: www.geldundethik.org. Download 16.01.2010
Konferenz der Vereinten Nationen über Umwelt und Entwicklung, 1992, Rio de Janeiro. Programm der Konferenz in: http://www.un.org/Depts/german/conf/agenda21/rio.pdf. Download: 04.04.2011.
Kritische Aktionäre in Deutschland bieten Beispiele für „engagement“ qua proaktiv-kritisches Aktionärswesen: www.kritischeaktionaere.de. Download: 13.02.2010.

Mikrofinanz-Rating: www.mixmarket.org. Download: 12.11.2011.
Mikrofinanz-Analyse und Rating: www.symbioticsgroup.com mit Angeboten der Marktanalyse für Mikrofinanzmärkte und MFIs. Beide Downloads: 02.04.2011.

Oikocredit: Internationale Kreditgenossenschaft: www.oikocredit.org Download: 03.02.2010.
Oikocredit: „Social Perfomance Report“. In: www.oikocredit.org/socialperfor mance. Download: 21.12.2010.
Oikocredit: Preisverleihung des CGAP (The Consultative Group to Assist the Poor) Awards In: http://www.oikocredit.org/at/aktuelles/684/oikocredit-fur-soziale-verantwortung-ausgezeichnet. Download: 22.02.2011.
Oikocredit: Interview G. Ledesma zu den „Principles for Inclusive Finance“, in: http://www.oikocredit.org/socialperformance/en/home/principles-for-inclusive-finance. Download: 23.02.2011.

Oikocredit: „Social Performance Management“ in: http://www.oikocredit.org/socialperformance/en/home. Download: 15.02.2011.

Plattform „Ethisch-ökologische Veranlagung“ der Österreichischen Gesellschaft für Umwelt und Technik (ÖGUT). AkteurInnen des Bereichs ethisches und nachhaltiges Investment bieten Informationen zu Personen, Institutionen und Initiativen des ethischen und nachhaltigen Investments. www.gruenesgeld.at Download: 17.01.2010.

PPI: Progress out of Poverty Index: „The Operational Fit. The Social Performance Network“ In: http://www.progressoutofpoverty.org/understanding-the-progress-out-poverty-index-0. Download: 25.02.2011.

PPI: Harnessing the results. In: http://www.progressoutofpoverty.org/under standing-the-progress-out-poverty-index-1. Download: 25.02.2011.

PPI: „Technical Platform“ In: http://www.progressoutofpoverty.org/en/technical-platform. Download: 25.02.2011.

PPI by Country: http://www.progressoutofpoverty.org/ppi-country. Download: 25.02.2011.

PPI allgemein: www.progressoutofpoverty.org. Download: 24.02.2011.

Ratingagenturen, deutschsprachiger Raum, Übersicht: www.nachhaltiges-investment.org. Download: 19.01.2009.

Sustainable Business Institute (SBI) mit seiner Plattform „Nachhaltiges Investment“: umfassendes Hintergrundmaterial zu Möglichkeiten des ethischen und nachhaltigen Investments mit einer Datenbank für die Auswahl geeigneter Produkte. www.nachhalitges-investment.de. Download: 15.03.2010.

Social Investment Forum (2007): 2007 Report on Socially Responsible Investing Trends in the United States. In: www.socialinvest.org/pdf/SRI_Trends _ExecSummary_2007.pdf. Download: 18.01.2009.

Software Systems www.software-systems.at/php/fea.cms_fer_sensible_werte.ht ml. Download: 16.11.2010.

Special Unit for Microfinance (SUM). United Nations Capital Development Fund (UNCDF). www.uncdf.org/sum. Download: 24.04. 2008.

State Of The Microcredit Summit Campaign Report, Washington DC 2006: http://www.microcreditsummit.org und http://www.globalmicrocreditsummit 2006.org. Download: 04.03.2008.

Steyler Bank: www.steyler-bank.at. Download: 01.02.2010.

Sustainable Micro-finance for Women's Empowerment. In: www.gen finance.info/index.htm Download 02.12.2010.

The European Fund for Southeast Europe www.efse.lu Download: 23.11.2010.
The Jewish Agency for Israel: http://www.jafi.org.il/education/100/german/people/Moses_Hess.html, 1–3. Download: 06.07.2007.

UNEP Finance: eine Initiative der Vereinten Nationen, welche die zunehmende Bedeutung von Ethik und Nachhaltigkeit am Finanzsektor dokumentiert: www.unepfi.org. Download: 15.01.2010.
United Nations Global Compact und UNEP Finance Initiative: Innovative Financing for Sustainabilitiy (Hgg.): Pinciples for Responsible Investments. In: www.unpri.org. 1–3. Download: 26.02.2011.
United Nations Global Compact und UNEP Finance Initiative. (Hgg.) Principles for Investors in Inclusive Finance. www.unpri.org, 1–4. Download: 26.02. 2011.
United Nations Global Compact und UNEP Finance Initiative. (Hgg.): Global investors launch inclusive and responsible finance principles. In: www.unpri.org 1–3. Download: 01.03.2011.
UNO-Jahr des Mikrokredits 2005: www.yearofmicrocredit.org. Download: 04.03.2008.

Vision Microfinance: Anbieter von Fonds, die sich direkt an der Mikrofinanzindustrie beteiligen. www.visonmicrofinance.com.

23 Expertengespräche

Bobek Thomas, Assetmanager der Erste Sparinvest, am 22.12.2008 in Wien

Boschert Friedhelm, CEO Volksbank International, laufend, im Bereich Microfinance und CSR Oikocredit, von Februar 2010 bis zur Fertigstellung der Arbeit, Wien.

Friesenbichler Reinhard: Geschäftsführer der rfu sustainability, research, consulting Unternehmensberatung, laufend, von Oktober 2009 bis zur Fertigstellung der Arbeit die Entwicklungsschritte des von ihm entwickelten Ratingmodells verfolgend.

Friesl Christian, Bereichsleiter Gesellschaftspolitik der Industriellenvereinigung, am 05.03.2010 in Wien

Gabriel Klaus, Assistent am Institut für Sozialethik der Theologischen Fakultät der Universität Wien und Erster Vorsitzender des Corporate Responsibility Interface Centers (CRIC) Frankfurt, am 10.12.2009 und am 13.01.2010 in Wien

Heiserer Reinhard, Geschäftsführer von Jugend Eine Welt – Don Bosco Aktion Austria, am 03.12. 2009, 16.12.2009 und 13.02.2010 in Wien

Hödl Heinz, Geschäftsführer der Koordinierungsstelle der Bischofskonferenz für Mission und Entwicklungszusammenarbeit, am 17.12.2009 in Wien

Krall Johannes, Leitung der Abteilung für kirchliche Veranlagungen in der Bank Austria Unicreditgroup, lfd. seit Mai 2009, Wien und St. Georgen / Längsee.

Lessmann Andreas, Direktor Institutional Asset Management Sal. Oppenheim. Mikrofinanz als Anlagemodell für institutionelle Investoren, am 05.11.2010 in Wien

Lernbass Richard, Geschäftsführer von Software Systems, am 01.10. 2010, Finance & Ethics Kongress, St. Georgen / Längsee

Pinner Wolfgang, Head of Sustainable Investment, Erste Bank, am 29.10.2009 in Wien

Püspök Peter, Vorstandsvorsitzender von oikocredit Austria, am 22.12.2009 und am 02.01.2010 in Wien

Sammer Katharina, Wissenschaftliche Projektmanagerin, Österreichische Gesellschaft für Umwelt und Technik (ÖGUT), am 21.10.2009 in Wien

Schlagnitweit Markus, Direktor der Katholischen Sozialakademie (ksoe), lfd. seit September 2009 in Wien

Simmes Ben, Oikocredit-International Direktor für soziale Leistungsfähigkeit und Finanzanalyse. Wie kann soziale Auswirkung gemessen werden? 21.04.2010, Wien

Streicher Sr. Maria Martha, Ass. Ökonomin der Barmherzigen Schwestern vom Heiligen Vinzenz und Paul, am 11.12.2009 in Wien

Tometschek Gerhard, Fondmanager im Bankhaus Schellhammer & und Schattera, am 23.06.2009 in Wien.

Vardanyan Arman, Fondsmanager für Mikrokredite bei „Vision Microfinance", am 04.11.2008 in Wien

Weber Andreas, Direktor der Diözesanfinanzkammer Feldkirch, Vorsitzender der Diözesanökonomen, am 29.10.2009 in Wien.

24 Teilnahme an Seminaren, Workshops, Tagungen, Symposien und Veranstaltungen außerhalb des Studienprogramms der KTU Linz

Ethik-Stammtisch, interdisziplinär geführtes, wissenschaftlich Gesprächsforum mit Proponenten der Plattform CRIC, des ÖGUT sowie Investment- und Bankfachleuten aus dem Bereich ethisch-nachhaltiger Geldanlage, regelmäßig von Mai 2009 bis Fertigstellung der Arbeit, einmal pro Monat, in Wien

Doppelte Dividende, Trend im ethischen Investment. 29. 10. 2009, Enquete, Kardinal König Haus, Wien

Der Homo oeconomicus. Der Mensch – rationaler Egoist? Vom Nutzenkalkül in den Wirtschafts-, Verhaltens- und Lebenswissenschaften, 10.12.2009, Tagung am Juridicum der Universität Wien

Seminar Doppelte Dividende der Plattform CRIC, Corporate Responsible Interface Center, 08.–09.02.2010, Frankfurt/Main

Finance & Ethics Kongress, Stift St. Georgen am Längsee, Teilnahme am gesamten Programm, 04.–05.05.2010

ÖGUT-Plattform: Symposium: „Ethisch-ökologische Veranlagung", und andere Tagungen der ÖGUT, ab 20.10.2009 regelmäßig, einmal im Monat, Wien

Workshop CRIC (Corporate Responsibility Interface Center), Kardinal König Haus, Wien, 16.09.2010

Finance & Ethics Academy, Seminar, Stift ST. Georgen am Längsee, Kärnten, 01.10.2010

Interdisziplinäre, internationale Konferenz zum komplexen Verhältnis von „Geld und Seele", Teilnahme und Moderation, Sigmund Freud Privatstiftung, Wien, 15.10.2010

Tagung des Mikrofinanz-Forums: Assetklasse Mikrofinanz – Entwicklung für das Portfolio, 22.11.2010, Hotel Ambassador in Wien

Tagung EFSE European Fund for Southeast Europe – Entwicklung der Mikrofinanzen in Südosteuropa anlässlich des fünfjährigen Bestehens des Fonds. Hotel Imperial, Wien, 10.12.2010.

25 Eigene Publikationen zum Themenfeld

Oikocredit warnt vor steigendem Missbrauch und sozialer Unschärfe bei der Vergabe von Mikrokrediten. Presseaussendung für APA, auch in: cursillo.at, 27.01.2010

Mikrokredite als Armutsbekämpfungsinstrument, Co-Autorenschaft für Beiträge und Gespräche, in: Stöckl am Samstag, ORF 2, 20.03.2010

Islamic Banking, eine Einführung, in: Börsen-Kurier, Beilage Geld und Ethik, 25. 03. 2010

Zur Geschichte des christlichen Zinsverbots. Ein historischer Aufriss zeigt, dass das Verbot des Zinsnehmens keine genuin muslimische Idee ist, in: Börsen-Kurier, Beilage Geld und Ethik, 25. 03. 2010

Empowerment für Frauen am Beispiel Mikrokredit. Die Anschubfinanzierung zur Existenzgründung verleiht Frauen in Entwicklungsländern das Gefühl von Selbstsicherheit und Anerkennung, in: Börsen-Kurier, Beilage Geld und Ethik, 22.04.2010

Social Impact von Mikrokrediten, in: SOL 04/2010

Mikrokredite als Anschubfinanzierung. Hilfe zur Selbsthilfe für realwirtschaftliche Prozesse in Entwicklungsländern, in: Börsen-Kurier, Beilage Geld und Ethik, 20.05.2010

Ethisches Investment für Anleger? Portfolio-Diversifizierung durch Mikrofinanzierung, in: Börsen-Kurier, Beilage Geld und Ethik, 24. 05. 2010

„Die schwarzen Schafe trennen“, Interview mit Oikocredit Vorstandsvorsitzendem Peter Püspök über die Notwendigkeit des sozialen Engagements in der Mikrofinanzierung, in: Börsen-Kurier, Beilage Geld und Ethik, 24.05.2010

Mikrokredite als Anschubfinanzierung für Kleinstunternehmer in Entwicklungsländern und als ethisches Investment für Anleger, in: Raiffeisenblatt 15.07.2010

ÖGB: Aus Fehlern gelernt? Mit Unterstützung seines Ethikbeirats nähert sich der Österreichische Gewerkschaftsbund mit Vorbehalt den Möglichkeiten ethischer Geldanlage an, in: Börsen-Kurier, Beilage Geld und Ethik, 17.06.2010

Vom trügerischen Glanz des Goldes. Taugt Gold als Komplementärwährung? Eine kritische Betrachtung des gelben Edelmetalls als Wertanlage in Krisenzeiten, in: Börsen-Kurier, Beilage Geld und Ethik, 16.09.2010

Busfahrkarten und Schulhefte statt Geld. Complementary Currency gekoppelt mit der Vergabe von Mikrokrediten in Lokalwährung am Beispiel der brasilianischen Stadt Curitiba, in: Börsen-Kurier, Beilage Geld und Ethik, 16.09. 2010

Dem Sparen Sinn geben. Round Table Gespräch zum Trend-Thema „Ethik Sparbuch“, in: Börsen-Kurier, Beilage Geld und Ethik, 21.10. 2010

Wenn Fonds-Sparer fair investieren wollen. Bildung überwindet Armut. Der Don Bosco Fonds Ansparplan, in: Börsen-Kurier, Beilage Geld und Ethik, 21.10.2010

Sozial verantwortliche Geldanlage mit Mikrokrediten. 20 Jahre Armut ersparen, in: Börsen-Kurier, Beilage Geld und Ethik, 21.10.2010

Zu Weihnachten: Schenken mit Bedacht. Sind ethisch nachhaltige Geldideen gefragt oder sogar en vogue?, in: Börsen-Kurier, Beilage Geld und Ethik, 18.11. 2010

Eine garantiert ertrag-, inflations-, und krisensichere „Veranlagung“: Mehrwert Soziales Engagement, in: Börsen-Kurier, Beilage Geld und Ethik, 16.12.2010

Windenergie 2011 im Aufwind, in: Börsen-Kurier, Beilage Geld und Ethik, 20.01.2011.

Investmentthema Wasser: Die vielen Facetten des Wassers, in: Börsen-Kurier, Beilage Geld und Ethik, 17.02.2011

Des Klimawandels menschliches Antlitz, in: Börsen-Kurier, Beilage Geld und Ethik, 24.03.2011

Interkulturelle Ethik & Investmentbereich LEBENS-Mittel. Mittel zum Leben oder Mittel zur Renditesteigerung?, in: Börsen-Kurier, Beilage Geld und Ethik, 21.04.2011

Spekulation mit Nahrung treibt Preise nach oben. In: Die Furche, 12.05.2011, 6.

Neue UN-Richtlinien unterstützen sozial verantwortliche Investoren. Gute Nachrichten für Geldanlage in Mikrofinanz, in: Börsen-Kurier, Beilage Geld und Ethik, 18.05.2011

Der 9. Finance & Ethics Kongress. Das Investmentsegment Lebensmittel darf nicht zum Spekulationsobjekt werden. In: Börsen-Kurier, Beilage Geld und Ethik, 18.05.2011

Gemeinsam entwickeln. Dossier: 50 Jahre österreichische Entwicklungszusammenarbeit, in: Die Furche, 16.06. 2011

Förderungen sind notwendig. Sonnenstrom ist noch teuer aber Solarzellen werden billiger, in: Börsen-Kurier, Beilage Geld und Ethik, 21.04.2011.

Eine unnachgiebige Aktivistin. Projektkredite von Oikocredit unterstützen Agrarreform auf den Philippinen, in: Die Furche, 22.06.2011, 21

Barefoot-Banking. Faires Geld für faire Chancen, in: Die Furche, 07.07.2011, 6
Knetmasse Gott, in: Die Furche, 28.07.2011, 7
Das Geldwesen humanisieren, in: Die Furche, 04.08.2011, 7

26 Informationen zum Autor

Medienbetreuer der ökumenischen Entwicklungsgenossenschaft Oikocredit Austria,Wien.
Fundraising, Public Relations und Organisation von Kunst- und Kulturprojekten für WALK*forhelp*, Wien.
Redaktionsmitglied des Börsen-Kurier, Beilage Geld und Ethik, sowie Mitglied des Geld & Ethik-Beirats der Zeitung, Wien.
Diverse journalistische Tätigkeiten, siehe auch Publikationsliste.
Public Relations und Media Consulting mit BERG*media*.
Kontakt: buch@bergmedia.at; www.bergmedia.at

Finance & Ethics

Series editor: Johannes Krall

Band 1 Ingeborg Spitzer: Kirchliches Spitalwesen in Österreich. Am Beispiel der Barmherzigen Brüder. Historisch und aktuell. 2010.

Band 2 Helmut Berg: Vom Gelde, das dem Leben dient. Mikrofinanz und andere Aspekte sozial verantwortbaren Umgangs mit Geld im Licht der ökonomischen Bedingtheit des Menschen. 2011.

www.peterlang.de

Printed by
CPI books GmbH, Leck

Kolibri 360 GmbH
Ferdinand-Jühlke-Straße 7
99095 Erfurt, Deutschland
produktsicherheit@kolibri360.de